Linien der Rechtsprechung des Bundesverfassungsgerichts

erörtert von den wissenschaftlichen Mitarbeiterinnen und Mitarbeitern

herausgegeben von
Fabian Scheffczyk und Kathleen Wolter

Band 4

DE GRUYTER

ISBN 978-3-11-042644-1
e-ISBN (PDF) 978-3-11-042186-6
e-ISBN (EPUB) 978-3-11-042194-1

Library of Congress Cataloging-in-Publication Data
A CIP catalog record for this book has been applied for at the Library of Congress.

Bibliografische Information der Deutschen Nationalbibliothek
Die Deutsche Nationalbibliothek verzeichnet diese Publikation in der Deutschen Nationalbibliografie; detaillierte bibliografische Daten sind im Internet über http://dnb.dnb.de abrufbar.

Einbandabbildung: Stephan Baumann/bild_raum, Karlsruhe
Druck und Bindung: CPI books GmbH, Leck
♾ Gedruckt auf säurefreiem Papier
Printed in Germany

www.degruyter.com

Geleitwort

Mit dem vorliegenden Werk erscheint der vierte Band der von wissenschaftlichen Mitarbeiterinnen und Mitarbeitern verfassten „Linien der Rechtsprechung des Bundesverfassungsgerichts“. Der Erfolg dieser Reihe zeigt, welche Bedeutung Wissenschaft und Praxis der Perspektive der Mitarbeiterinnen und Mitarbeiter auf die Entscheidungen des Gerichts beimessen.

Die Beiträge in den Linienbänden bieten eine durch die besonderen Einblicke und die hervorragende Sachkenntnis der Verfasserinnen und Verfasser geprägte Übersicht über aktuelle Tendenzen der verfassungsgerichtlichen Rechtsprechung. Zugleich sind sie ein Spiegel ihrer Zeit und erlauben aufgrund der erfreulichen Kontinuität ihres Erscheinens einen Blick auf die Entwicklung der Sachthemen, mit denen sich das Bundesverfassungsgericht im Laufe der Jahre zu befassen hatte.

Deshalb ist zu wünschen, dass auch dieser Band das Interesse vieler geneigter Leserinnen und Leser findet.

Karlsruhe, den 30. Juni 2016

Prof. Dr. *Andreas Voßkuhle*
Präsident des
Bundesverfassungsgerichts

Vorwort

Wir freuen uns, den nunmehr vierten Band der Reihe „Linien der Rechtsprechung des Bundesverfassungsgerichts“ vorlegen zu können. Wie auch bei den vorangegangenen Linienbänden hat sich wieder eine große Zahl der Wissenschaftlichen Mitarbeiterinnen und Mitarbeiter bereit erklärt, ihre aus der Praxis der alltäglichen Arbeit am Bundesverfassungsgericht und damit am „lebenden“ Verfassungsrecht gewonnenen Erkenntnisse zu Papier zu bringen und damit der öffentlichen wie internen Diskussion zugänglich zu machen. Dafür sei ihnen herzlich gedankt.

Die Beiträge behandeln erneut ein breites Spektrum verfassungsrechtlicher und verfassungsprozessualer Themen. Manche davon kann man mittlerweile als „Klassiker“ betrachten, wenn sie teilweise zum zweiten oder gar dritten Mal in einem Linienband behandelt werden. Das belegt aber nur, dass diese Fragen dauerhaft aktuell bleiben, noch nicht abschließend geklärt sind oder die Art und Weise ihrer Klärung aus Sicht der jeweiligen Autorin oder des jeweiligen Autors kritikwürdig ist. Andere behandeln erst in jüngerer Zeit akut gewordene Fragen und widmen sich einer Einordnung und Analyse der aktuellen Rechtsprechung auch im Hinblick auf mögliche zukünftige Entwicklungen. Auch nach 65 Jahren Rechtsprechung und drei Linienbänden bleibt genug Raum für Versuche der Systematisierung, neue Gedanken und Perspektiven sowie kritische Würdigung.

Nach unserer Auffassung – und erfreulicher Weise auch der des Verlags – ist deshalb ein vierter Linienband mehr als gerechtfertigt. Die Beiträge befinden sich überwiegend auf dem Stand vom Juni 2016. Sie geben die persönliche Auffassung der Autorinnen und Autoren wieder, die sich aber eben unter den besonderen Bedingungen der Arbeit am Gericht bilden konnte.

Dem Präsidenten des Bundesverfassungsgerichts, Herrn Professor Dr. Andreas Voßkuhle, danken wir herzlich für sein freundliches Geleitwort.

Berlin, im Juli 2016

Kathleen Wolter *Fabian Scheffczyk*

Inhalt

Geleitwort — V

Vorwort — VII

I. Verfassungsprozessrecht

Anne Käßner
Die Rechtsprechung des Bundesverfassungsgerichts zum Ausschluss und zur Ablehnung seiner Mitglieder nach §§ 18, 19 BVerfGG — 3

Roland Otto
(K)ein Rechtsbehelf gegen die Missbrauchsgebühr? — 29

Sonja Schweitzer
Die Anhörungsrüge in der Rechtsprechung des Bundesverfassungsgerichts — 43

Fabian Scheffczyk
Entlastungsmöglichkeiten im Annahmeverfahren – ungenutzte Potenziale des § 93a Abs. 2 BVerfGG — 63

II. Allgemeine Grundrechtslehren sowie einzelne grundrechtliche und grundrechtsgleiche Gewährleistungen

Tristan Barczak
Konstitutionalisierung der Privatrechtsordnung — 91

Sebastian Schulenberg
Der Schutz des Kernbereichs privater Lebensgestaltung bei heimlichen staatlichen Überwachungsmaßnahmen — 123

Kathleen Wolter
Keine Unsicherheiten mehr bei der Sicherungsverwahrung? — 173

Marco Mayer und Daniel Hunsmann
Zur verfassungsrechtlich gebotenen Begründungstiefe in Untersuchungshaftsachen — 205

Dirk Diehm
Der subjektive Anspruch auf effektive Strafverfolgung — 223

Christoph Burmeister
Alles zum Wohl des Kindes? – Zur aktuellen Rechtsprechung des Bundesverfassungsgericht in Sorgerechtsverfahren — 247

Birgit Schäder
Verfassungsrechtliche Prüfungsmaßstäbe bei der Regelung des elterlichen Umgangsrechts — 265

Isabel Röcker
Enteignung = Aneignung? Zum Verständnis der Enteignung als Mittel hoheitlicher Güterbeschaffung — 291

III. Verfassungsrecht des öffentlichen Dienstes

Christof Berthold
Einstellungshöchstaltersgrenzen in der Rechtsprechung des Bundesverfassungsgerichts — 317

Markus Jerxsen
Besoldungsfragen vor dem Bundesverfassungsgericht — 343

IV. Staatsorganisationsrecht und Europäische Integration

Arne Misol
Die Rechtsprechung des Bundesverfassungsgerichts zur Sperrklausel bei der Wahl des Europäischen Parlaments – eine kritische Würdigung — 359

Lars Bechler
Verdeckte staatliche Parteienfinanzierung – Kein Fall für das Bundesverfassungsgericht? — 387

Thomas Kliegel
Äußerungsbefugnisse von Amtsträgern gegenüber politischen Parteien — 413

Alexander Kees
Grundlagen und Grenzen der europäischen Integration — 439

Kai Hamdorf
Auskunftsrechte des Deutschen Bundestages gegenüber der Bundesregierung — 467

Andrea Diehl
Parlamentarische Minderheiten- und Oppositionsrechte — 491

Autorenverzeichnis — 519

Sachregister — 523

I. Verfassungsprozessrecht

Anne Käßner

Die Rechtsprechung des Bundesverfassungsgerichts zum Ausschluss und zur Ablehnung seiner Mitglieder nach §§ 18, 19 BVerfGG

Leitentscheidungen des Bundesverfassungsgerichts (Senat)

BVerfGE 73, 330 – Sitzblockade (Simon)
BVerfGE 78, 331 – Nordhorn (Franßen)
BVerfGE 82, 30 – Wasserpfennig (P. Kirchhof)
BVerfGE 94, 241 – Kindererziehungszeiten (Jaeger)
BVerfGE 133, 163 – Missbrauchsgebühr (Gaier, Paulus, Britz)
BVerfGE 135, 248 – Kopftuch II (F. Kirchhof)
BVerfG, Urteil des Zweiten Senats vom 22. September 2015 – 2 BvE 1/11 –, juris – Arbeitsgruppen des Vermittlungsausschusses (P. Müller)
BVerfG, Beschlüsse des Zweiten Senats vom 1. März 2016 – 2 BvB 1/13 –, juris – NPD-Verbotsverfahren (P. Müller und Huber)

Wichtige Kammerentscheidungen

BVerfG, Beschluss der 2. Kammer des Zweiten Senats vom 11. August 2009 – 2 BvR 343/09 –, juris – Führung eines Bewerbungsgesprächs (Landau)
BVerfGK 19, 110 – Währungsunion-Finanzstabilitätsgesetz (Di Fabio)
BVerfG, Beschluss der 3. Kammer des Zweiten Senats vom 7. Juni 2015 – 2 BvR 740/15 –, NVwZ 2015, S. 1673 f. – Missbräuchliches Verhalten (zahlreiche Richter)

Schrifttum (Auswahl)

Benda, Befangenes zur Befangenheit, NJW 2000, S. 3620 ff.; *Brocker*, Ausschluss und Ablehnung von Richtern des Bundesverfassungsgerichts, 1996; *Epping*, Die Selbstablehnung von Richtern am Bundesverfassungsgericht, DVBl. 1994, S. 449 ff.; *Geck*, Wahl und Amtsrecht der Bundesverfassungsrichter, 1986; *Lamprecht*, Karlsruher Befangenheits-Logik, NJW 1999, S. 2791 ff.; *Lovens*, Bundesverfassungsrichter zwischen freier Meinungsäußerung, Befangenheit und Verfassungsorgantreue, 2009; *Müller*, Zur Ablehnung von Bundesverfassungsrichtern wegen Besorgnis der Befangenheit nach § 19 BVerfGG, NVwZ 1993, S. 1167 ff.; *Trautwein*, Bestellung und Ablehnung von Bundesverfassungsrichtern, 1994; *Wand*, Zum Begriff „Besorgnis der Befangenheit" in § 19 des Gesetzes über das Bundesverfassungsgericht, in: Rüthers/Stern (Hrsg.), Festgabe zum 10jährigen Jubiläum der Gesellschaft für Rechtspolitik, 1984, S. 515 ff.; *Wassermann*, Richterlicher Selbstschutz bei der Ablehnung von Richtern des BVerfG? Zur Befangenheitsbesorgnis im verfassungsgerichtlichen Verfahren, NJW 1987, S. 418 ff.; *Zähle*, Die Ausschließung und Ablehnung eines

DOI 10.1515/9783110421866-001

Richters nach §§ 18, 19 BVerfGG in der Rechtsprechung des Bundesverfassungsgerichts, AÖR 137 (2012), S. 173 ff.

Inhalt

I. Einleitung — 4
II. Mitwirkungsausschluss nach § 18 BVerfGG — 5
 1. § 18 Abs. 1 Nr. 1, Abs. 2 BVerfGG — 6
 2. § 18 Abs. 1 Nr. 2, Abs. 3 BVerfGG — 7
  a) „in derselben Sache“ — 8
  b) „von Amts oder Berufs wegen“ — 9
  c) § 18 Abs. 3 BVerfGG — 10
 3. Verfahrensfragen — 12
  a) Entscheidung über den Mitwirkungsausschluss — 12
  b) Folgen des Mitwirkungsausschlusses — 16
III. Ablehnung wegen Besorgnis der Befangenheit — 17
 1. § 19 Abs. 1 BVerfGG — 17
  a) Grundsätze — 17
  b) Verhältnis zu § 18 BVerfGG — 19
  c) Zusätzliche Umstände — 20
  d) Weitere Beispiele — 21
 2. Verfahrensfragen — 23
  a) Allgemeines — 23
  b) Offensichtlich unzulässige Ablehnungsgesuche — 25
  c) Selbstablehnung — 25
  d) Tenorierungen — 26
  e) Folgen der erfolgreichen Ablehnung — 27
IV. Ausblick — 28

I. Einleitung

Vorschriften zum Ausschluss von der Ausübung des Richteramts sowie zur Ablehnung eines Richters wegen Besorgnis der Befangenheit finden sich in jeder fachgerichtlichen Verfahrensordnung der Bundesrepublik.[1] Sie sind in ihrer Systematik deckungsgleich und unterscheiden sich in ihren einzelnen Regelungen allenfalls durch kleinere fachspezifische Besonderheiten. Die Notwendigkeit dieser Vorschriften ergibt sich aus Art. 101 Abs. 1 Satz 2 GG – dem verfassungsrechtlichen Recht auf den gesetzlichen Richter. Aus diesem folgt nicht nur, dass der zur Entscheidung berufene Richter von vornherein generell-abstrakt so ein-

1 Vgl. §§ 41 ff. ZPO, §§ 22 ff. StPO, § 49 ArbGG, § 54 VwGO, § 60 SGG, § 51 FGO, § 6 FamFG.

deutig wie möglich bestimmt sein muss,[2] sondern auch das Recht, einem Richter gegenüber zu stehen, der als nichtbeteiligter Dritter unabhängig und unparteilich ist und die Gewähr für Neutralität und Distanz gegenüber den Verfahrensbeteiligten bietet.[3]

Diese Grundsätze gelten (selbstverständlich) auch für das Bundesverfassungsgericht. Insbesondere im Hinblick auf die große Tragweite seiner Entscheidungen und die besondere Stellung als judikatives Verfassungsorgan kommt der Sicherung der Neutralität der Richter und dem Vertrauen der Bevölkerung in die Unparteilichkeit seiner Rechtsprechung besondere Bedeutung zu. Gleichwohl gebieten die Besonderheiten des verfassungsgerichtlichen Verfahrens und der Stellung der Bundesverfassungsrichter eine von den fachgerichtlichen Vorschriften losgelöste Regelung. In den §§ 18 und 19 BVerfGG finden sich daher spezielle Vorschriften zur Sicherung der Unparteilichkeit im verfassungsgerichtlichen Verfahren. Hierbei hat der Gesetzgeber an der grundsätzlichen, auch den fachgerichtlichen Verfahrensordnungen immanenten Unterscheidung zwischen dem Ausschluss von der Ausübung des Richteramts kraft Gesetzes (§ 18 BVerfGG) und der Ablehnung eines Richters wegen Besorgnis der Befangenheit (§ 19 BVerfGG) festgehalten und diese Rechtsinstitute an die verfassungsprozessualen Bedürfnisse angepasst.

In der täglichen Arbeit des Gerichts spielen diese Vorschriften eine nicht unerhebliche Rolle. Insbesondere offensichtlich unzulässige Befangenheitsanträge gehören zum bundesverfassungsgerichtlichen Alltag. Aber auch darüber hinaus besteht immer wieder berechtigter Anlass für die Senate und die Kammern, sich zu der Mitwirkungsbefugnis einzelner oder mehrere Mitglieder in der Sache zu äußern. Hierbei wendet das Gericht einen eher strengen, die Besonderheiten des verfassungsgerichtlichen Verfahrens im Blick behaltenden Maßstab an.

Mit diesem Beitrag sollen die Grundzüge der Ausschluss- und Ablehnungsvorschriften anhand der jüngeren Rechtsprechung des Bundesverfassungsgerichts erörtert werden.

II. Mitwirkungsausschluss nach § 18 BVerfGG

Der Mitwirkungsausschluss kraft Gesetzes nach § 18 BVerfGG folgt im Wesentlichen aus der Beteiligung des Richters an der zur Entscheidung stehenden Sache (Abs. 1 Nr. 1) oder aus einer vorangegangenen Tätigkeit in derselben Sache (Abs. 1

2 BVerfGE 82, 159 (194); 95, 322 (327 f.).
3 BVerfGE 60, 175 (214); 82, 286 (298); BVerfGK 10, 142 (145); 11, 434 (440).

Nr. 2). Nach der Rechtsprechung des Gerichts ist die Ausschlussregelung als Ausnahmetatbestand konstruiert und deshalb eng auszulegen.[4]

1. § 18 Abs. 1 Nr. 1, Abs. 2 BVerfGG

Gemäß § 18 Abs. 1 Nr. 1 BVerfGG ist ein Richter des Bundesverfassungsgerichts von der Ausübung seines Richteramts (kraft Gesetzes) ausgeschlossen, wenn er an der Sache beteiligt oder mit einem Beteiligten verheiratet ist oder war, eine Lebenspartnerschaft führt oder führte, in gerader Linie verwandt oder verschwägert oder in der Seitenlinie bis zum dritten Grad verwandt oder bis zum zweiten Grad verschwägert ist. Dieser Ausschluss bei eigener Betroffenheit bzw. bei Betroffenheit naher Angehöriger beruht auf der rechtsstaatlichen Selbstverständlichkeit, dass niemand Richter in eigener Sache sein kann. Für die Beteiligung an der Sache fordert das Bundesverfassungsgericht eine Beteiligung an der Sache im konkreten, strikt verfahrensbezogenen Sinne.[5] Als „Sache" versteht es das verfassungsgerichtliche Verfahren und das diesem Verfahren unmittelbar vorausgegangene, ihm sachlich zugeordnete Ausgangsverfahren.[6]

Der Grad der notwendigen Beteiligung wird durch § 18 Abs. 2 BVerfGG konkretisiert. Danach gilt ausdrücklich nicht schon als beteiligt, wer auf Grund seines Familienstandes, seines Berufs, seiner Abstammung, seiner Zugehörigkeit zu einer politischen Partei oder aus einem ähnlich allgemeinen Gesichtspunkt am Ausgang des Verfahrens interessiert ist. Dieses sog. Gruppenprivileg, das auch anderen Befangenheitsvorschriften außerhalb des Verfassungsprozessrechts immanent ist, unterstreicht, dass eine Beteiligung im Sinne des § 18 Abs. 1 Nr. 1 BVerfGG nur bei einer unmittelbaren rechtlichen Betroffenheit in Betracht kommt und gerade nicht bereits bei einem bloßen allgemeinen Interesse am Ausgang des Verfahrens durch Zugehörigkeit zu einer bestimmten Personengruppe. Dem liegt die (berechtigte) grundsätzliche Erwartung des Gesetzgebers zugrunde, dass sich ein Richter pflichtgemäß verhält und nicht von derartigen Interessen, sofern sie überhaupt berührt sind, beeinflussen lässt.[7] Als „ähnlich allgemeiner Gesichtspunkt" im Sinne des § 18 Abs. 2 BVerfGG, der eine den Mitwirkungsausschluss

4 BVerfGE 133, 163 (165); 135, 248 (254).

5 BVerfGE 72, 278 (288).

6 BVerfG, Beschluss des Zweiten Senats vom 18. Februar 2016 – 2 BvE 6/15 –, juris, Rn. 9 unter Hinweis auf die zu § 18 Abs. 1 Nr. 2 BVerfGG ergangenen Entscheidungen BVerfGE 82, 30 (35 f.); 133, 163 (165 f.); 135, 248 (254).

7 BVerfGE 102, 192 (195 f.); BVerfG, Beschluss des Zweiten Senats vom 18. Februar 2016 – 2 BvE 6/15 –, juris, Rn. 10.

bewirkende Beteiligung des Richters an der Sache nicht begründet, hat das Gericht etwa die Mitgliedschaft in einem Verein[8] und die Religions- oder Konfessionszugehörigkeit genannt.[9]

Beteiligt sind damit in erster Linie die Beteiligten des verfassungsgerichtlichen Verfahrens, das heißt die Beschwerdeführer, Antragsteller,[10] Antragsgegner etc. sowie die sie vertretenden Personen. Ebenso besteht eine Beteiligung im Sinne des § 18 Abs. 1 Nr. 1 BVerfGG bei den Beteiligten des Ausgangsverfahrens sowie des gegebenenfalls vorgelagerten Verwaltungsverfahrens. So hat der Zweite Senat die Voraussetzungen einer eigenen Beteiligung bei Richter Mahrenholz in einem Verfahren bejaht, das im Ausgangsverfahren einen Verwaltungsakt zum Gegenstand hatte, für den der Richter in seiner früheren Funktion als Behördenleiter die Verantwortung zu tragen hatte.[11] Dagegen hat der Erste Senat eine eigene Beteiligung von Richterin Jaeger verneint, die vor ihrer Ernennung zur Bundesverfassungsrichterin an einer Äußerung des Deutschen Juristinnenbundes mitgewirkt hatte, die das Bundesverfassungsgericht auf Grundlage von § 22 Abs. 5 GOBVerfG eingeholt hat.[12]

2. § 18 Abs. 1 Nr. 2, Abs. 3 BVerfGG

Nach § 18 Abs. 1 Nr. 2 BVerfGG ist ein Verfassungsrichter von der Ausübung seines Richteramts ausgeschlossen, wenn er in derselben Sache bereits von Amts oder Berufs wegen tätig gewesen ist. Nach der Rechtsprechung des Bundesverfassungsgerichts zeigt der historische Hintergrund der Regelung in Anlehnung an die in den fachgerichtlichen Prozessordnungen geltenden Ausschlussgründe, dass § 18 Abs. 1 Nr. 2 BVerfGG im Wesentlichen drei Fallgruppen erfassen soll: die Tätigkeit als Beteiligtenvertreter in sämtlichen Stadien des Verfahrens, die Tätigkeit als entscheidender Richter in früheren Rechtszügen sowie die Tätigkeit in der Behörde im vorausgegangenen Ermittlungs- oder Verwaltungsverfahren.[13]

---

8 BVerfGE 88, 17 (23).
9 BVerfG, Beschluss der 3. Kammer des Ersten Senats vom 3. Juli 2013 – 1 BvR 782/12 –, juris, Rn. 6.
10 So in BVerfGE 79, 311 (326).
11 BVerfGE 72, 278 (288).
12 BVerfGE 94, 241 (256).
13 BVerfGE 78, 331 (337).

a) „in derselben Sache“

Dreh- und Angelpunkt der Anwendbarkeit der Vorschrift ist in aller Regel die Frage, ob es sich um eine Tätigkeit „in derselben Sache“ handelt. Parallel zu der Auslegung der Beteiligung „an der Sache“ im Sinne des § 18 Abs. 1 Nr. 1 BVerfGG legt das Bundesverfassungsgericht das Tatbestandsmerkmal in einem konkreten, strikt verfahrensbezogenen Sinn aus. Es genügt danach nicht, dass der Richter in seiner früheren amtlichen oder beruflichen Eigenschaft in einem mit dem anhängigen Verfahren in irgendeinem Zusammenhang stehenden Verfahren tätig geworden ist. Zu seinem Ausschluss kann vielmehr regelmäßig nur eine Tätigkeit in dem verfassungsrechtlichen Verfahren selbst oder in dem diesem unmittelbar vorausgegangenen und ihm sachlich zugeordneten Verfahren führen.[14] Eine richterliche Vorbefassung mit einer Sache führt nur dann zum Ausschluss, wenn sie in einem früheren Rechtszug erfolgt ist und eine Mitwirkung an der aktuell mit der Verfassungsbeschwerde angefochtenen Entscheidung zum Inhalt hat. Ausschließend wirkt daher nur eine richterliche Tätigkeit, die im Ausgangsverfahren erfolgte und die Gegenstand der anstehenden verfassungsrichterlichen Überprüfung ist.[15] Auch eine Vorbefassung als Prozessbevollmächtigter eines Beteiligten vor Ernennung zum Bundesverfassungsrichter führt nur dann zum Mitwirkungsausschluss, wenn sie das verfassungsgerichtliche Verfahren selbst oder das unmittelbare Ausgangsverfahren betraf, und nicht bereits dann, wenn dessen Gegenstand lediglich mit dem zur Entscheidung stehenden Verfahren teilweise übereinstimmt.[16]

Obwohl damit die Maßstäbe für die Anwendbarkeit des § 18 Abs. 1 Nr. 2 BVerfGG relativ eng sind, ist die Vorschrift von nicht unerheblicher praktischer Relevanz. Dies gilt zum einen vor dem Hintergrund des § 2 Abs. 3 Satz 1 BVerfGG, wonach (mindestens) drei Richter jedes Senats aus der Zahl der Richter an den obersten Gerichtshöfen des Bundes gewählt werden. Dass gelegentlich auch Entscheidungen vor dem Bundesverfassungsgericht angegriffen werden, an denen sie zuvor als Bundesrichter mitgewirkt haben, lässt sich nicht vermeiden.[17] Zum anderen waren zahlreiche Verfassungsrichter bereits vor ihrer Berufung zum Bundesverfassungsgericht als Hochschullehrer tätig. Diese werden nicht selten von Beteiligten als Bevollmächtigte zum verfassungsgerichtlichen Verfahren oder

---

14 BVerfGE 47, 105 (107 f.); 82, 30 (35 f.); 133, 163 (165 f.); 135, 248 (254); BVerfG, Beschluss der 2. Kammer des Zweiten Senats vom 11. August 2009 – 2 BvR 343/09 –, juris, Rn. 8.

15 BVerfGE 78, 331 (337 f.); 133, 163 (166).

16 BVerfGE 109, 130 (132).

17 Vgl. etwa BVerfGE 111, 54 (80); BVerfG, Beschluss des Zweiten Senats vom 21. April 2015 – 2 BvR 1322/12, 2 BvR 1989/12 –, juris, Rn. 49; BVerfGK 8, 388 (390).

bereits zu fachgerichtlichen Verfahren mit verfassungsrechtlichem Schwerpunkt hinzugezogen.[18]

Die Gelegenheit, sich zu dem Tatbestandsmerkmal „in derselben Sache" zu äußern, hatte zuletzt der Erste Senat in einem Verfassungsbeschwerdeverfahren, in dem sich der Beschwerdeführer gegen verwaltungsgerichtliche Entscheidungen wandte, mit denen seine Klage gegen die Festsetzung einer Missbrauchsgebühr durch das Bundesverfassungsgericht nach § 34 Abs. 2 BVerfGG als unzulässig abgewiesen worden war. Der Senat hat das Vorliegen eines Mitwirkungsausschlusses nach § 18 Abs. 1 Nr. 2 BVerfGG im Hinblick auf die Richter, die an der unanfechtbaren Entscheidung über die Missbrauchsgebühr in dem vorangegangenen und abgeschlossenen Verfassungsbeschwerdeverfahren beteiligt waren, verneint. Er führte aus, dass zumindest in verfassungsgerichtlichen Verfahren die Mitwirkung an solchen Entscheidungen nicht mehr eine Tätigkeit „in derselben Sache" sei, die endgültig ein Verfahren abschließen und gegen die unter keinem erdenklichen Gesichtspunkt Rechtsmittel gegeben sind. Durch den Schlusspunkt einer endgültig abschließenden Entscheidung soll ein Regress ad infinitum abgeschnitten werden.[19] Letztlich verhindert der Senat durch die Feststellung der Zäsurwirkung der Unanfechtbarkeit der verfassungsgerichtlichen Entscheidung die (weitere) missbräuchliche Nutzung der prozessualen Möglichkeiten durch den Beschwerdeführer.

Das Merkmal des „Tätigwerdens in derselben Sache" setzt überdies voraus, dass der Betreffende in irgendeiner Weise mit Wissen und Wollen konkret verfahrensbezogene Tätigkeiten entfaltet hat. Werden lediglich Passagen aus früher in anderen Verfahren verfassten Schriftsätzen wörtlich wiedergegeben und wird der Richter dadurch passiv zitiert, ohne dass er an der Abfassung des neuen Schriftsatzes beteiligt war, liegt darin kein Tätigwerden in dieser Sache.[20]

b) „von Amts oder Berufs wegen"

Die Tätigkeit in derselben Sache führt nur dann zum Mitwirkungsausschluss, wenn diese Tätigkeit von Amts oder Berufs wegen erfolgte. Dieses Tatbestandsmerkmal ist selten von entscheidender Relevanz. Verneint wurde es aber in einer Entscheidung des Ersten Senats im Hinblick auf die Mitwirkung der Richterin

---

18 Vgl. etwa BVerfG, Beschluss des Ersten Senats vom 23. Mai 2000 – 1 BvR 1762/95 u. a. –, juris; BVerfG, Beschluss des Zweiten Senats vom 25. Oktober 2001 – 2 BvE 1/97–, juris; BVerfG, Beschluss des Ersten Senats vom 2. Juni 2004 – 1 BvR 782/94 u. a. –, juris.

19 BVerfGE 133, 163 (166).

20 BVerfGE 135, 248 (255).

Jaeger an einer Äußerung des Deutschen Juristinnenbundes zum verfassungsgerichtlichen Verfahren. Abstrakt verneinte der Senat das Merkmal „von Amts oder Berufs wegen" in Fällen, in denen sich jemand für eine Vereinigung des Privatrechts, die wegen ihrer besonderen Erfahrung oder Sachkunde vom Bundesverfassungsgericht um eine Stellungnahme ersucht wird, äußert. Dies gelte selbst dann, wenn der Stellungnahme Sach- und Rechtskenntnisse zugrunde liegen, die – zumindest auch – in einem Beruf erworben worden sind.[21]

c) § 18 Abs. 3 BVerfGG

Mit § 18 Abs. 3 BVerfGG benennt der Gesetzgeber bestimmte frühere Tätigkeiten, die mit dem verfassungsgerichtlichen Verfahren zwar in Zusammenhang stehen, jedoch von vorne herein nicht als Tätigkeit in derselben Sache im Sinne des § 18 Abs. 1 Nr. 2 BVerfGG gelten sollen,[22] namentlich die Mitwirkung im Gesetzgebungsverfahren (Nr. 1) sowie die Äußerung einer wissenschaftlichen Meinung zu einer Rechtsfrage, die für das Verfahren bedeutsam sein kann (Nr. 2).

aa) Mit § 18 Abs. 3 Nr. 1 BVerfGG trägt der Gesetzgeber – so das Bundesverfassungsgericht[23] – dem besonderen Charakter des Gesetzgebungsverfahrens Rechnung. Es ist in der Demokratie auf einen öffentlichen demokratischen Prozess der Meinungs- und Willensbildung ausgerichtet, um das Erreichen einer am Gemeinwohl orientierten Entscheidung zu ermöglichen und zu fördern. Diese Eigenart des Gesetzgebungsverfahrens steht seiner Gleichstellung mit einem Gerichts- oder Verwaltungsverfahren entgegen. In einem verfassungsgerichtlichen Streit um die Gültigkeit eines Gesetzes kann das Gesetzgebungsverfahren daher nicht wie ein „Ausgangsverfahren" behandelt werden, von dem ein Richter aufgrund seiner früheren Tätigkeit ausgeschlossen wäre.

Es liegt auf der Hand, dass die Mitwirkung im Gesetzgebungsverfahren Richter erfasst, die als Abgeordnete an der parlamentarischen Beratung und/oder Entscheidung beteiligt waren.[24] Gleiches hat das Bundesverfassungsgericht aber auch bereits in seinen frühen Jahren für die Tätigkeit im Gesetzgebungsverfahren als Referent im Bundespräsidialamt sowie als Sekretär des Rechtsausschusses des Bundesrats angenommen.[25] Der Anwendungsbereich der Vorschrift ist damit nicht auf die Mitwirkung von früheren Mitgliedern gesetzgebender Organe begrenzt.

21 BVerfGE 94, 241 (256 f.).
22 Lenz/Hansel, BVerfGG, 2. Aufl. 2015, § 18 Rn. 17.
23 BVerfGE 82, 30 (36 f.).
24 BVerfGE 58, 177 (188).
25 BVerfGE 2, 299 (300).

Dies hat der Erste Senat zuletzt anlässlich der sog. Kopftuch II-Verfahren betont.[26] Darin hat er die Mitwirkung im Gesetzgebungsverfahren im Sinne des § 18 Abs. 3 Nr. 1 BVerfGG ausdrücklich darauf erstreckt, dass ein Richter als Sachverständiger in einem parlamentarischen Ausschuss angehört und/oder um eine schriftliche Stellungnahme gebeten worden ist.[27] Auch die Erstellung des Entwurfs einer mit der angegriffenen inhaltsgleichen gesetzlichen Regelung eines anderen Bundeslandes zur Vorbereitung einer Gesetzesinitiative sowie die beratende Begleitung im Gesetzgebungsverfahren lassen sich – so der Senat – als Mitwirkung im Gesetzgebungsverfahren verstehen. Wollte man dies anders sehen, würde es sich jedenfalls um die Äußerung einer wissenschaftlichen Meinung im Sinne des § 18 Abs. 3 Nr. 2 BVerfGG handeln, die im Ergebnis ebenso nicht zu einem Mitwirkungsausschluss führen kann.[28]

Keine bloße Mitwirkung im Gesetzgebungsverfahren hat der Zweite Senat in der Beteiligung des Richters Müller an einem Vermittlungsverfahren und den Beschlüssen über die Besetzung seiner informellen Arbeitsgruppen gesehen.[29] Danach ist § 18 Abs. 3 Nr. 1 BVerfGG nicht anwendbar, wenn sich das verfassungsgerichtliche Verfahren nicht gegen das unter Beteiligung des Richters zustande gekommene Gesetz richtet, sondern gegen einen bestimmten Vorgang innerhalb des Gesetzgebungsverfahrens selbst. Zwar kann von einem Richter, der zuvor als Abgeordneter für oder gegen ein Gesetz gestimmt hat, erwartet werden, dass er die zur Prüfung gestellte Vereinbarkeit dieses Gesetzes mit dem Grundgesetz unbefangen beurteilt. Dies gilt jedoch nicht gleichermaßen, wenn im verfassungsgerichtlichen Verfahren nicht das Gesetz selbst Gegenstand ist, sondern in einem Organstreit der Vorwurf erhoben wird, in dem Gesetzgebungsverfahren sei unter Beteiligung des Richters ein Beschluss gefasst worden, der Mitwirkungsrechte von Abgeordneten in verfassungswidriger Weise verletzt habe.

bb) Mit § 18 Abs. 3 Nr. 2 BVerfGG bringt der Gesetzgeber die seit jeher bestehende Erwartung zum Ausdruck, dass ein Richter auch dann unvoreingenommen an die Beurteilung einer Sache herantritt, wenn er sich schon früher über eine entscheidungserhebliche Rechtsfrage ein Urteil gebildet hat. In der wissenschaftlichen Arbeitsweise ist es angelegt, dass der Autor eines rechtswissenschaftlichen Textes bereit ist, seine Auffassungen auch im Bereich des mit guten Gründen Vertretbaren in Frage zu stellen und seine Rechtsansicht gegebenenfalls zu ändern.[30]

---

26 BVerfGE 135, 248 (255 f.).
27 Offen noch in BVerfGE 82, 30 (37).
28 BVerfGE 82, 30 (37); 135, 248 (256).
29 BVerfG, Urteil des Zweiten Senats vom 22. September 2015 – 2 BvE 1/11 –, juris, Rn. 51.
30 BVerfGE 82, 30 (38).

Die Herausnahme der wissenschaftlichen Meinungsäußerung aus dem Anwendungsbereich des § 18 Abs. 1 Nr. 2 BVerfGG ist nicht nur in der Sache sinnvoll, sondern folgt auch einer praktischen Notwendigkeit. Zahlreiche Verfassungsrichter stammen in beruflicher Hinsicht aus der Wissenschaft oder haben sich bereits wissenschaftlich betätigt. Gerade mit den Grundsatzfragen, über die das Bundesverfassungsgericht zu entscheiden hat, haben sich viele bereits wissenschaftlich auseinandergesetzt. Wollte man hier einen Ausschlussgrund annehmen, würde nicht nur die Zusammensetzung der Spruchkörper einer starken Fluktuation unterliegen, sondern auch Sachverstand verloren gehen, der in seiner Vielfalt das verfassungsgerichtliche Verfahren ausmacht. Gleichwohl darf von den Verfassungsrichtern erwartet werden, dass sie jedenfalls während ihrer richterlichen Amtszeit eine gewisse Zurückhaltung bei der Äußerung wissenschaftlicher Meinungen über Themen üben, deren bevorstehender „Weg nach Karlsruhe" auf der Hand liegt.

3. Verfahrensfragen

a) Entscheidung über den Mitwirkungsausschluss

aa) Über das Vorliegen oder Nichtvorliegen eines Ausschlussgrundes entscheidet der zur Entscheidung über die Hauptsache berufene Spruchkörper von Amts wegen.[31] Er hat seine ordnungsgemäße Besetzung zur Wahrung des Anspruchs aus Art. 101 Abs. 1 Satz 2 GG zu prüfen, soweit Anlass hierzu besteht.[32] Ein Richter hat ihm bekannte Gründe, die zu einem Ausschluss führen könnten, unaufgefordert offenzulegen.[33] Häufig werden jedoch auch von den Verfahrensbeteiligten Umstände aufgezeigt, die das Gericht zu einer Entscheidung nach § 18 BVerfGG veranlassen. Die Entscheidung über das Vorliegen eines Ausschlussgrundes ist deklaratorisch.[34] Das Gericht tenoriert die Feststellung, dass der Richter von der Ausübung des Richteramts (nicht) ausgeschlossen ist.

bb) Die Entscheidung erfolgt grundsätzlich ohne Mitwirkung des betreffenden Richters, über dessen Mitwirkung an der Entscheidung der Hauptsache befunden wird.[35] Dies bedeutet in einem Verfahren, über das nach § 93b Satz 1 BVerfGG oder

---

31 BVerfGE 133, 163 (165).

32 BVerfGE 40, 356 (361); 65, 152 (154); 89, 359 (362); 131, 230 (233).

33 *Heusch*, in: Burkiczak/Dollinger/Schorkopf (Hrsg.), BVerfGG, 2015, § 18 Rn. 30.

34 Lenz/Hansel, BVerfGG, 2. Aufl. 2015, § 18 Rn. 5; *Heusch*, in: Burkiczak/Dollinger/Schorkopf (Hrsg.), BVerfGG, 2015, § 18 Rn. 7.

35 Vgl. etwa BVerfGE 78, 331 (336, 339); 82, 286 (298); 131, 230 (233).

§ 81a Satz 1 BVerfGG eine Kammer entscheidet, dass der nach dem Geschäftsverteilungsbeschluss des jeweiligen Senats zuständige Vertreter (vgl. § 15a Abs. 2 BVerfGG) statt seiner an der Entscheidung der Kammer über den Mitwirkungsausschluss beteiligt wird. Während eine Kammer also stets in vollständiger Besetzung zu dritt zu entscheiden hat (vgl. § 15a Abs. 1 Satz 2 BVerfGG), entscheidet ein Senat über den Mitwirkungsausschluss in – um den betreffenden Richter – verminderter Besetzung.

Anders wird dies dann gehandhabt, wenn die aufgezeigten Umstände den Spruchkörper zwar veranlassen, eine Entscheidung über das Vorliegen der Voraussetzungen des § 18 Abs. 1 BVerfGG zu treffen, sie jedoch offensichtlich ungeeignet sind, einen Mitwirkungsausschluss zu begründen. Hiervon ist der Erste Senat in seiner Entscheidung zum Ausschluss der drei Richter ausgegangen, die zuvor in einem abgeschlossenen Verfassungsbeschwerdeverfahren unanfechtbar eine Missbrauchsgebühr verhängt hatten, gegen die der Betreffende anschließend unzulässigerweise den Rechtsweg zu den Fachgerichten beschritten und anschließend Verfassungsbeschwerde erhoben hat. Hier verneinte der Senat nicht nur – wie bereits erörtert – die Vorbefassung der drei Richter im Sinne des § 18 Abs. 1 Nr. 2 BVerfGG, sondern ließ diese auch an der Entscheidung über die Frage des Mitwirkungsausschlusses mitwirken. Er begründete dies damit, dass ein neuer Verfahrensgegenstand vorliege, der von vornherein nicht geeignet sei, einen Mitwirkungsausschluss zu begründen.[36] Hätte der Senat diese Offensichtlichkeit verneint, wäre er nach § 15 Abs. 2 Satz 1 BVerfGG beschlussunfähig gewesen. Denn betrifft ein möglicher Ausschlussgrund mehrere Richter gleichermaßen und aus denselben Gründen, kann über dessen Vorliegen nicht getrennt im Hinblick auf jeweils einen einzelnen Richter entschieden werden. Vielmehr wären dann alle drei Richter von der Entscheidung ausgeschlossen gewesen, so dass der Senat nur noch aus fünf Richtern bestanden hätte.

Wie das Bundesverfassungsgericht mit einer solchen Situation der Beschlussunfähigkeit umgehen wird, bleibt abzuwarten. Die dargestellte Konstellation unterscheidet sich erheblich von dem Fall einer Besetzungsrüge, mit der die personelle Besetzung des Spruchkörpers grundlegend in Frage gestellt wird. So hat der Zweite Senat über eine Besetzungsrüge, mit der die Ordnungsgemäßheit der Wahl der vier vom Deutschen Bundestag berufenen Senatsmitglieder in Frage gestellt wurde, in voller Besetzung entschieden. Dies hat er damit begründet, dass mit vier Senatsmitgliedern derart viele Richter betroffen seien, dass die Beurteilung der vorschriftsmäßigen Senatsbesetzung mit der Frage nach der ordnungsgemäßen Einrichtung des Spruchkörpers gleichzusetzen sei, über die dieser selbst

---

36 BVerfGE 133, 163 (167 f.).

zu befinden habe.[37] Die Frage, ob drei Richter wegen Vorbefassung mit derselben Sache von der Mitwirkung ausgeschlossen sind, wirft dagegen nicht die Frage nach der ordnungsgemäßen Einrichtung des Spruchkörpers als solchem auf. Die Rechtsprechung zu der mehrere Richter betreffenden Besetzungsrüge kann daher auf diese Fallkonstellation nicht übertragen werden.

Als Ausweg aus der Beschlussunfähigkeit ist auch ein Rückgriff auf die Zulosungsregelung des § 19 Abs. 4 BVerfGG nicht zu erwarten. Das Bundesverfassungsgericht hat eine analoge Anwendung dieser Vorschrift im Kontext des § 18 BVerfGG bisher stets abgelehnt.[38] Zuletzt hat die 3. Kammer des Zweiten Senats die Gefahr der Beschlussunfähigkeit weiter dadurch eingeschränkt, dass sie die Rechtsprechung des Gerichts zu den offensichtlich missbräuchlichen Ablehnungsgesuchen nach § 19 BVerfGG, die keinen Einfluss auf die Besetzung des zur Entscheidung berufenen Spruchkörpers haben,[39] auf solche Fälle des § 18 BVerfGG erstreckt hat, in denen das Vorliegen der Voraussetzungen eines gesetzlichen Mitwirkungsausschlusses im Hinblick auf alle Richter des Spruchkörpers auf ein offensichtlich missbräuchliches Verhalten des Beschwerdeführers zurückgeht.[40]

Offen bleibt damit lediglich noch der Umgang mit der drohenden Beschlussunfähigkeit in Fällen, in denen der Mitwirkungsausschluss nicht offensichtlich zu verneinen ist und zugleich eine offensichtlich missbräuchliche Herbeiführung des Ausschlusses nicht vorliegt. Zu denken ist dabei letztlich nur noch an eine Heranziehung des § 15 Abs. 2 Satz 2 BVerfGG. Diese „Dringlichkeitszulosung" ist eigentlich für eine andere Fallkonstellation gedacht und stellt eine zurückhaltend anzuwendende Ausnahme dar.[41] Nach der Vorstellung des Gesetzgebers ist eine Entscheidung dann nicht besonders dringlich, wenn ohne Gefährdung von wichtigen Interessen des Einzelnen oder der Allgemeinheit der Wegfall des Verhinderungsgrundes abgewartet werden kann.[42] In der oben dargelegten Fallkonstellation war die Verfassungsbeschwerde inhaltlich sicherlich nicht mit einer besonderen Dringlichkeit verbunden. Allerdings würde die Be-

---

37 BVerfGE 131, 230 (233) unter Hinweis auf BVerfG, Beschlüsse der 1. Kammer des Ersten Senats vom 27. April 1989 – 1 BvR 268/88 –, NJW 1990, S. 39, und der 3. Kammer des Zweiten Senats vom 26. Juni 1989 – 2 BvR 1484/88 –, NJW 1990, S. 39; ebenso jüngst BVerfG, Beschluss des Zweiten Senats vom 18. Februar 2016 – 2 BvC 69/14 –, juris, Rn. 2 und BVerfG, Beschluss des Zweiten Senats vom 1. März 2016 – 2 BvB 1/13 –, juris, Rn. 10.

38 Siehe dazu sogleich unter b).

39 Vgl. dazu unten unter III. 2. b).

40 BVerfG, Beschluss der 3. Kammer des Zweiten Senats vom 7. Juni 2015 – 2 BvR 740/15 –, NVwZ 2015, S. 1673 (1674).

41 BTDrucks 10/2951, S. 9; *Diehm*, in: Burkiczak/Dollinger/Schorkopf (Hrsg.), BVerfGG, 2015, § 15 Rn. 15.

42 BTDrucks 10/2951, S. 9.

schlussunfähigkeit im Hinblick auf die Entscheidung über den Mitwirkungsausschluss der drei Richter erst dann entfallen, wenn die Amtszeit eines der Richter abläuft und ein neuer Richter in den Senat eintritt. Je nach den zeitlichen Gegebenheiten kann ein Abwarten dieses Ereignisses im Hinblick auf die Effektivität des verfassungsgerichtlichen Rechtsschutzes und vor dem Hintergrund der §§ 97a ff. BVerfGG kaum zumutbar sein, so dass die Bejahung einer Dringlichkeit zur Vermeidung eines dauerhaften Stillstandes des Verfahrens durchaus naheliegt.

cc) In zeitlicher Hinsicht liegt auf der Hand, dass die eigentliche Beratung und Entscheidung darüber, ob ein gesetzlicher Ausschlussgrund vorliegt oder nicht, zwingend vor der Entscheidung des Spruchkörpers über die Hauptsache stattzufinden hat. Unterschiedlich wird jedoch der Zeitpunkt der Bekanntgabe der Entscheidung gehandhabt. Ohne dass insoweit eine Systematik zu erkennen wäre, ergeht teilweise eine gesonderte Zwischenentscheidung über das Vorliegen oder Nichtvorliegen eines Mitwirkungsausschlusses,[43] gegebenenfalls auch in Kombination mit einer ebenso anstehenden Entscheidung über ein Ablehnungsgesuch nach § 19 BVerfGG.[44] Häufig wird die Entscheidung darüber aber auch in die Entscheidung über die Hauptsache integriert. Die Gründe hinsichtlich des Ausschlusses werden dann den Gründen zur Hauptsache vorangestellt. Je nachdem, ob es sich um einen Fall des offensichtlichen Nichtvorliegens eines Ausschlussgrundes handelt oder nicht, erfolgt insoweit ein Hinweis, ob dieser Teil der Entscheidung unter Mitwirkung des betreffenden Richters gefällt wurde[45] oder ob der Senat hierüber – anders als über die Hauptsache – in verminderter Besetzung entschieden hat.[46]

Auch eine den Mitwirkungsausschluss bejahende Entscheidung integrieren die Senate und Kammern regelmäßig in die Entscheidung über die Hauptsache, geben sie also nicht vorab als eigenständige Zwischenentscheidung bekannt.[47] Soweit das Vorliegen eines Ausschlussgrundes nach § 18 Abs. 1 BVerfGG offensichtlich ist, wie das zuletzt etwa im Verfahren zur verfassungsrechtlichen Rechtfertigung von Höchstaltersgrenzen für die Verbeamtung, an deren Mitwir-

---

43 So etwa in BVerfGE 1, 66 (67); 47, 105 (108); BVerfG, Beschluss des Ersten Senats vom 2. Juni 2004 – 1 BvR 782/94 u. a. –, juris; BVerfG, Beschluss der 2. Kammer des Ersten Senats vom 14. Mai 2007 – 1 BvR 971/07 –, juris; BVerfG, Beschluss des Zweiten Senats vom 18. April 2012 – 2 BvE 2/09, 2 BvE 2/10 –, juris.

44 BVerfGE 82, 30 (35 ff.); 109, 130 (131); 135, 248 (254 ff.); BVerfGK 3, 36 (38).

45 BVerfGE 133, 163 (167 f.).

46 BVerfGE 78, 331 (339); 78, 344 (347); 94, 241 (256 f.).

47 BVerfGE 11, 1 (3); 51, 356 (361); 53, 313 (323); 72, 278 (287 f.); 78, 306 (315); BVerfG, Beschluss des Zweiten Senats vom 21. April 2015 – 2 BvR 1322/12, 2 BvR 1989/12 –, juris, Rn. 49; BVerfG, Urteil des Zweiten Senats vom 22. September 2015 – 2 BvE 1/11 –, juris, Rn. 49 ff.; BVerfGK 8, 388 (390).

kung Richter Maidowski aufgrund seiner Beteiligung an den angegriffenen Entscheidungen des Bundesverwaltungsgerichts ausgeschlossen war,[48] der Fall war, ist diese Verfahrensweise weniger problematisch. Eher erstaunlich ist sie jedoch, wenn die Bejahung eines Mitwirkungsausschlusses ohne Präzedenz auf einer erstmals vorgenommenen Auslegung des § 18 BVerfGG beruht, wie dies etwa im Verfahren zur Besetzung der Arbeitsgruppen des Vermittlungsausschusses der Fall war, an dem mitzuwirken Richter Müller wegen seiner früheren Mitgliedschaft im betreffenden Vermittlungsausschuss, ausgeschlossen war.[49] Dies gilt umso mehr, als über dieses Organstreitverfahren aufgrund einer mündlichen Verhandlung entschieden wurde.[50] Kraft Gesetzes nach § 18 BVerfGG von der Mitwirkung an einem Verfahren ausgeschlossene Richter dürfen nicht nur nicht an der Endentscheidung mitwirken. Vielmehr sind sie auch von den Beratungen und der Mitwirkung an der mündlichen Verhandlung ausgeschlossen. Die Entscheidung über den Mitwirkungsausschluss – mag sie auch nur deklaratorischer Natur sein – muss daher zwingend bereits vor der mündlichen Verhandlung ergehen und kann somit nicht auf den später liegenden Zeitpunkt der Entscheidung in der Hauptsache datieren. Überdies sollten gerade bei Durchführung einer mündlichen Verhandlung weder die Beteiligten noch die Öffentlichkeit im Unklaren darüber gelassen werden, weshalb sich die Richterbank so zusammensetzt, wie sie am Verhandlungstag erscheint.

b) Folgen des Mitwirkungsausschlusses

aa) Im Fall des Ausschlusses eines Richters von der Mitwirkung nach § 18 BVerfGG entscheidet der Senat über die Hauptsache in verminderter Besetzung. Zuletzt hat der Zweite Senat in seiner Entscheidung zur Besetzung der Arbeitsgruppen des Vermittlungsausschusses daran festgehalten, dass § 19 Abs. 4 BVerfGG, der im Falle der begründeten Ablehnung wegen Besorgnis der Befangenheit die Nachlosung eines Richters des anderen Senats als Vertreter vorsieht, keine analoge Anwendung findet.[51] Dies hatte zwar etwa im Verfahren des Zweiten Senats zur

---

48 BVerfG, Beschluss des Zweiten Senats vom 21. April 2015 – 2 BvR 1322/12, 2 BvR 1989/12 –, juris, Rn. 49.

49 BVerfG, Urteil des Zweiten Senats vom 22. September 2015 – 2 BvE 1/11 –, juris, Rn. 49 ff.

50 Ebenso bei BVerfGE 79, 311 (326). Hier war das Vorliegen eines Ausschlussgrundes jedoch im Falle beider Richter offensichtlich.

51 BVerfG, Urteil des Zweiten Senats vom 22. September 2015 – 2 BvE 1/11 –, juris, Rn. 52; zuvor bereits u.a. BVerfGE 78, 306 (315); 79, 127 (140 f.); 83, 363 (374); 102, 347 (369), in denen jeweils keine Zulosung eines Vertreters erfolgt ist.

Parteienfinanzierung die etwas erstaunlich anmutende Folge, dass für den Richter Jentsch, dessen Selbstablehnung nach § 19 BVerfGG für begründet erklärt worden war, eine Richterin aus dem Ersten Senat zugelost wurde, während im selben Verfahren Richter Gerhardt, der wegen Vorbefassung nach § 18 Abs. 1 Nr. 2 BVerfGG kraft Gesetzes von der Mitwirkung ausgeschlossen war, nicht durch einen Vertreter ersetzt wurde.[52]

Jedoch fehlt es für eine Analogie an einer planwidrigen Regelungslücke. Der Gesetzgeber wollte mit Einführung des § 19 Abs. 4 BVerfGG der Gefahr begegnen, dass Befangenheitsanträge mit dem bewussten Ziel gestellt werden, die Zusammensetzung der Senate berechenbar zu beeinflussen oder gar Beschlussunfähigkeit nach § 15 Abs. 2 Satz 1 BVerfGG zu provozieren.[53] Eine vergleichbare Gefahr hat er bei dem von Amts wegen zu prüfenden gesetzlichen Mitwirkungsausschluss nicht gesehen und daher bewusst auf eine entsprechende Regelung im Rahmen des § 18 BVerfGG verzichtet. Der ohne weiteres denkbare Fall, dass mehrere Richter gleichzeitig einem Mitwirkungsausschluss unterliegen oder ein Senat aufgrund von Erkrankungen oder sonstigen Verhinderungen ohnehin nicht voll besetzt ist, sodass der Ausschluss eines Richters zur Beschlussunfähigkeit führt, ist bisher nicht eingetreten. Auch hier bleibt abzuwarten, wie das Gericht mit einer solchen Situation umgeht und ob es in diesem Fall eine Zulosung nach § 15 Abs. 2 Satz 2 BVerfGG in Betracht zieht. Insoweit wird auf die obigen Ausführungen verwiesen.

bb) Anderes gilt wiederum in Verfahren, über die eine Kammer entscheidet. Da eine Kammer nur mit drei Richtern beschlussfähig ist, rückt im Falle eines Mitwirkungsausschlusses der nach dem Geschäftsverteilungsbeschluss des jeweiligen Senats zuständige Vertreter nach und wirkt statt des Ausgeschlossenen an der Entscheidung mit.

III. Ablehnung wegen Besorgnis der Befangenheit

1. § 19 Abs. 1 BVerfGG

a) Grundsätze

Gemäß § 19 Abs. 1 Hs. 1 BVerfGG kann ein Richter des Bundesverfassungsgerichts – wie es auch in jeder fachgerichtlichen Verfahrensordnung vorgesehen ist – wegen

---

52 BVerfGE 111, 54 (80).
53 BTDrucks 10/2951, S. 10.

Besorgnis der Befangenheit abgelehnt werden. Zwar muss auch die Besorgnis der Befangenheit auf objektiven Umständen beruhen. Im Vergleich zum Mitwirkungsausschluss nach § 18 BVerfGG spielen im Rahmen von § 19 BVerfGG jedoch wertende Gesichtspunkte eine größere Rolle.

Die Besorgnis der Befangenheit eines Richters des Bundesverfassungsgerichts setzt voraus, dass ein Grund vorliegt, der geeignet ist, Misstrauen gegen seine Unparteilichkeit zu rechtfertigen. Dabei kommt es nach der ständigen Rechtsprechung des Gerichts nicht darauf an, ob der Richter tatsächlich parteilich oder befangen ist oder ob er sich selbst für befangen hält. Entscheidend ist allein, ob ein am Verfahren Beteiligter bei vernünftiger Würdigung aller Umstände Anlass hat, an der Unvoreingenommenheit und objektiven Einstellung des Richters zu zweifeln.[54] Es kommt also nicht auf die subjektive Einschätzung der Beteiligten, sondern auf eine neutrale Sichtweise an.[55] Zwar ist grundsätzlich davon auszugehen, dass Richter über jene innere Unabhängigkeit und Distanz verfügen, die sie befähigen, in Unvoreingenommenheit und Objektivität zu entscheiden. Die Vorschriften über die Besorgnis der Befangenheit bezwecken jedoch, bereits den bösen Schein einer möglicherweise fehlenden Unvoreingenommenheit zu vermeiden.[56] Das Vertrauen in die Unabhängigkeit des Richters kann durch solche Umstände gefährdet sein, die aus Sicht eines Verfahrensbeteiligten Anlass zu der Befürchtung geben, der Richter sei bei der Entscheidungsfindung einem offenen rechtlichen Diskurs nicht mehr zugänglich und werde die Argumente nicht ernsthaft erwägen.[57]

Obwohl es definitionsgemäß darauf ankommt, bereits den bösen Schein der Parteilichkeit zu vermeiden, legt das Bundesverfassungsgericht seit jeher einen strengen Maßstab an das Vorliegen der Besorgnis der Befangenheit seiner Richter an. Dies begründete es – vor Einführung des § 19 Abs. 4 BVerfGG – unter anderem damit, dass jede erfolgreiche Ablehnung eine Verkleinerung des Senats zur Folge hatte und unter Umständen zur Beschlussunfähigkeit führen konnte. Zudem ging es davon aus, dass die Richter aufgrund der Eigenart des verfassungsgerichtlichen Verfahrens und ihres Ranges eine besondere Gewähr für ihre Unvoreingenommenheit bieten.[58] Auch nach Einführung der Zulosung eines Vertreters hat das

54 BVerfGE 43, 126 (127); 73, 330 (335); 82, 30 (37 f.); 88, 17 (22 f.); 99, 51 (56); 101, 46 (50 f.); 102, 192 (194 f.); 135, 248 (257).

55 BVerfG, Beschluss der 2. Kammer des Zweiten Senats vom 11. August 2009 – 2 BvR 343/09 –, juris, Rn. 11.

56 BVerfGE 108, 122 (129).

57 BVerfGE 46, 15 (17); 102, 122 (125); BVerfGK 19, 110 (117 f.).

58 BVerfGE 32, 288 (290 f.); 35, 171 (173); 43, 126 (128).

Bundesverfassungsgericht zunächst ausdrücklich an dem strengen Maßstab festgehalten.[59] Zuletzt scheint es sich hiervon jedoch etwas zu lösen.[60]

b) Verhältnis zu § 18 BVerfGG

Bei der Beurteilung, ob eine Besorgnis der Befangenheit besteht, sind die gesetzgeberischen Wertungen des § 18 BVerfGG zu berücksichtigen.[61]

In § 18 Abs. 2 BVerfGG hat der Gesetzgeber die Wertung getroffen, dass ein allgemeines Interesse am Ausgang eines Verfahrens auf Grund der Zugehörigkeit zu einer bestimmten Gruppe nicht dazu führen soll, dass ein Richter an einer verfassungsgerichtlichen Entscheidung nicht mitwirken darf. Würde ein solcher objektiver Gesichtspunkt dann jedoch dazu führen können, dass eine Besorgnis der Befangenheit nach § 19 BVerfGG bejaht wird, würde die gesetzgeberische Wertung ausgehebelt. Daher vermag die Zugehörigkeit zu einer der in § 18 Abs. 2 BVerfGG genannten Gruppen bzw. das auf einem ähnlichen allgemeinen Gesichtspunkt beruhende Interesse am Ausgang eines Verfahrens für sich allein nicht die Besorgnis der Befangenheit zu rechtfertigen.[62]

Gleiches gilt für die in § 18 Abs. 3 BVerfGG getroffenen Regelungen. Es wäre ein Wertungswiderspruch, könnte wegen der Mitwirkung im Gesetzgebungsverfahren und der Äußerung einer wissenschaftlichen Meinung zu einer Rechtsfrage, die für das Verfahren bedeutsam sein kann, trotz der Entscheidung des Gesetzgebers, dass hieraus gerade kein Mitwirkungsausschluss folgen soll, dennoch über eine Befangenheitsablehnung ein Richter von der Mitwirkung abgehalten werden. Es müssen daher weitere Gesichtspunkte hinzutreten, um eine Besorgnis der Befangenheit annehmen zu können.[63]

Auch die Wertungen des § 18 Abs. 1 BVerfGG sind im Rahmen des § 19 BVerfGG zu berücksichtigen. Insbesondere hat der Gesetzgeber in § 18 Abs. 1 Nr. 2 BVerfGG

---

59 BVerfGE 73, 330 (335 ff.); kritisch hierzu u. a.: *Wand*, Zum Begriff „Besorgnis der Befangenheit" in § 19 des Gesetzes über das Bundesverfassungsgericht, in: Rüthers/Stern (Hrsg.), Festgabe zum 10jährigen Jubiläum der Gesellschaft für Rechtspolitik, 1984, S. 515 (520 ff.); *Wassermann*, NJW 1987, S. 418 (419 f.); *Lamprecht*, Karlsruher Befangenheits-Logik, NJW 1999, S. 2791 (2792 f.); *Heusch*, in: Burkiczak/Dollinger/Schorkopf (Hrsg.), BVerfGG, 2015, § 19 Rn. 8 ff.

60 Vgl. etwa BVerfGE 82, 30 (40), wonach die Anwendbarkeit des strengen Maßstabs offen bleibt, sowie beispielsweise BVerfGE 102, 122 (125); 108, 122 (226 ff.); 135, 248 (256 f.), in denen der strenge Maßstab jedenfalls nicht mehr ausdrücklich herangezogen wird.

61 BVerfGE 82, 30 (38); 88, 17 (23); 102, 192 (195); 108, 122 (126); 135, 248 (257).

62 BVerfGE 2, 295 (297); 11, 1 (3); 43, 126 (128); BVerfG, Beschluss der 3. Kammer des Ersten Senats vom 3. Juli 2013 – 1 BvR 782/12 –, juris, Rn. 6.

63 BVerfGE 82, 30 (38); 135, 248 (257).

festgelegt, dass ein Richter nur dann von der Mitwirkung ausgeschlossen ist, wenn er bereits in derselben Sache von Amts oder Berufs wegen tätig war. Sind diese Voraussetzungen nicht erfüllt, so kann eine frühere richterliche Tätigkeit eines Verfassungsrichters außerhalb derselben Sache für sich allein auch nicht die Besorgnis der Befangenheit rechtfertigen.[64]

c) Zusätzliche Umstände

Um trotz der gesetzgeberischen Wertungen aus § 18 BVerfGG eine Besorgnis der Befangenheit anzunehmen, müssen jeweils zusätzliche Umstände hinzutreten. Solche hat das Bundesverfassungsgericht beispielsweise angenommen bei der Anfertigung eines Gutachtens für ein Gesetzesvorhaben im Auftrag der Landesregierung, wobei der Gutachtensauftrag schon bei seiner Vergabe mit einem spezifischen Erwartungshorizont verbunden war und es so in eine besondere Gewährfunktion für die Verfassungsmäßigkeit hineinwuchs.[65] In einer ähnlichen Konstellation hat es zusätzliche Umstände, die über die bloße wissenschaftliche Äußerung zu einer für das Verfahren bedeutsamen Rechtsfrage hinausgehen, in einem Fall angenommen, in dem die Gutachtenserstellung den erkennbaren Zweck hatte, die umstrittene Position des Auftraggebers oder einer diesem nahestehenden Person oder Organisation zu unterstützten, so dass die Auftragserteilung von dem voraussehbaren Ergebnis abhängig war.[66] Auch im Fall einer ergebnisoffenen Erteilung des Gutachtensauftrags wurden zusätzliche Umstände bejaht, wenn den Auftraggebern aus früheren wissenschaftlichen Äußerungen bekannt war, dass sich der Richter bislang in ihrem Sinne geäußert hat.[67]

Zusätzliche Umstände nimmt das Gericht auch an, wenn ein Richter Äußerungen zu verfassungsrechtlichen Fragen als Bevollmächtigter eines an einem früheren Verfahren vor dem Bundesverfassungsgericht Beteiligten abgegeben hat und der in dem früheren Verfahren verfolgte Rechtsstandpunkt auch im anhängigen Verfahren von wesentlicher Bedeutung ist. Dabei hat es aber betont, dass Umstände, wie etwa ein erheblicher zeitlicher Abstand zur früheren Prozessvertretung sowie eine Veränderung der Rechtslage oder der Beurteilungsgrundlage, eine andere Beurteilung rechtfertigen könnten.[68] In Fortführung dessen hat es

64 BVerfGE 131, 239 (253); 133, 377 (406); BVerfGK 3, 36 (39); BVerfG, Beschluss der 1. Kammer des Zweiten Senats vom 31. August 2011 – 2 BvR 1979/08 –, juris, Rn. 8.
65 BVerfGE 82, 30 (38 ff.).
66 BVerfGE 88, 1 (4); ähnlich 98, 134 (138) und 108, 279 (281).
67 BVerfGE 102, 122 (126).
68 BVerfGE 95, 189 (191 f.); 109, 130 (132).

später eine zeitliche und sachliche Verklammerung zwischen der früheren Tätigkeit bzw. Äußerung sowie dem zur Entscheidung stehenden Verfahren gefordert.[69]

Weitere Umstände, die über die bloße Tatsache der Mitwirkung am Gesetzgebungsverfahren und das Äußern einer wissenschaftlichen Meinung hinausgehen und daher die Besorgnis der Befangenheit begründen, hat der Erste Senat zuletzt in den sog. Kopftuch II-Verfahren im Hinblick auf Vizepräsident Kirchhof gesehen. Hierbei nannte der Senat die Vertretung des Landes Baden-Württemberg vor dem Bundesverfassungsgericht im Rahmen des sog. Kopftuch I-Verfahrens und den anschließenden Entwurf einer gesetzlichen Vorschrift für die Landesregierung sowie die beratende und unterstützende Begleitung des Gesetzgebungsverfahrens. Auch im Hinblick auf die verfahrensgegenständliche nordrhein-westfälische Bestimmung, die mit der entworfenen baden-württembergischen im Wesentlichen übereinstimmte, hatte der Richter – so der Senat – im Rahmen des Gesetzgebungsverfahrens die Verfassungsmäßigkeit attestiert sowie das Regelungskonzept in weiteren gerichtlichen Verfahren nachdrücklich verteidigt. Der Senat ging vor diesem Hintergrund davon aus, dass dem Richter – über die übliche Mitwirkung im Gesetzgebungsverfahren und das Äußern wissenschaftlicher Meinungen deutlich hinausgehend – gleichsam eine Art Urheberschaft für das zu beurteilende Regelungskonzept zukam und dies zur Übernahme einer besonderen Gewährfunktion für die Verfassungsmäßigkeit der Regelung gerade in den angegriffenen Punkten führte. Für ausschlaggebend hielt er dabei die summative Wirkung aller Umstände.[70]

d) Weitere Beispiele

Die Besorgnis der Befangenheit besteht nicht bei einem Berichterstatter, der gegenüber den Beteiligten einen schriftlichen rechtlichen Hinweis erteilt hat, der die Rechtsauffassung des Berichterstatters in sachlicher Form wiedergibt.[71] Derartige Hinweise dienen der rechtlichen Klärung und liegen im Interesse einer sachgerechten Verfahrensgestaltung. Solche Maßnahmen liegen im Rahmen einer zulässigen richterlichen Aufklärungstätigkeit und sind üblich. Auch die Führung eines erfolglosen Bewerbungsgesprächs mit einem späteren Verfahrensbeteiligten

69 BVerfGE 101, 46 (52 f.).

70 Zum Ganzen BVerfGE 135, 248 (257 ff.).

71 BVerfGE 4, 143 (144); 42, 88 (90); BVerfG, Beschluss des Zweiten Senats vom 19. August 2011 – 2 BvE 3/11 –, juris, Rn. 2; BVerfG, Beschluss des Zweiten Senats vom 18. Februar 2016 – 2 BvE 6/15 –, juris, Rn. 12; BVerfGK 19, 110 (117 f.).

sowie die Befragung als Zeuge in einem parlamentarischen Untersuchungsausschuss begründen für sich genommen keine Zweifel an der Unvoreingenommenheit eines Richters.[72]

Immer wieder geben auch politische Äußerungen der Richter in der Öffentlichkeit Anlass, über die Frage der Besorgnis der Befangenheit zu entscheiden. Dabei geht das Bundesverfassungsgericht von der Prämisse aus, dass die Richter politische Auffassungen nicht nur haben, sondern auch vertreten dürfen und gleichwohl ihr Amt unvoreingenommen und im Bemühen um Objektivität wahrnehmen. Das freie Wort zu politischen Vorgängen kann ihnen nicht abgesprochen werden. Machen sie davon Gebrauch, kann ein Verfahrensbeteiligter darin – so das Gericht – vernünftigerweise keine Festlegung auf eine bestimmte Rechtsauffassung sehen. Wiederum nur bei Hinzutreten weiterer Umstände können daher öffentliche Äußerungen eine Besorgnis der Befangenheit rechtfertigen. Das kann insbesondere bei zeitlicher Nähe zu einem anhängigen Verfahren der Fall sein, wenn sich der innere Zusammenhang der politischen Überzeugung mit der rechtlichen Auffassung aufdrängt.[73] Entscheidend sind die Gesamtumstände der jeweiligen Äußerung sowie der sachliche und zeitliche Bezug zu einem anhängigen Verfahren.[74] Hierbei wird von den Richtern während ihrer Amtszeit eine größere Zurückhaltung bei der Teilnahme an der politischen Auseinandersetzung erwartet werden können, als bei der Beurteilung von Meinungsäußerungen, die vor der Wahl zum Bundesverfassungsrichter erfolgten.[75] Dies gilt vor allem vor dem Hintergrund, dass es sogar erwünscht sein kann, dass Richter ihre politische Erfahrung in die verfassungsgerichtliche Arbeit einbringen.[76] Damit geht sodann die Erwartung des Verfassungs- und Gesetzgebers einher, dass sie ihre neue Rolle als Richter unabhängig von früheren parteipolitischen Auseinandersetzungen ausüben werden.[77]

So ist etwa der Zweite Senat jüngst im Rahmen des NPD-Verbotsverfahrens davon ausgegangen, dass elf und fünfzehn Jahre zurückliegende Äußerungen des früheren Ministerpräsidenten eines Landes und heutigen Richters Müller bei der

72 BVerfG, Beschluss der 2. Kammer des Zweiten Senats vom 11. August 2009 – 2 BvR 343/09 –, juris, Rn. 12, 14.

73 Zum Ganzen BVerfGE 35, 246 (253 f.); 73, 330 (337); 99, 51 (56 f.).

74 BVerfGK 19, 110 (117 f.); BVerfG, Beschlüsse des Zweiten Senats vom 1. März 2016 – 2 BvB 1/13 –, juris, Rn. 15 (P. Müller) und Rn 18 (Huber).

75 Vgl. jüngst im Rahmen des NPD-Verbotsverfahrens BVerfG, Beschlüsse des Zweiten Senats vom 1. März 2016 – 2 BvB 1/13 –, juris, Rn. 14 (P. Müller) und Rn. 17 (Huber).

76 BVerfGE 99, 51 (56 f.).

77 BVerfG, Beschlüsse des Zweiten Senats vom 1. März 2016 – 2 BvB 1/13 –, juris, Rn. 14 (P. Müller) und Rn. 17 (Huber).

gebotenen Gesamtwürdigung keine rechtlich erheblichen Zweifel an seiner Objektivität rechtfertigten. Der Senat ging davon aus, dass der Richter keine juristische Aussagen im Sinne einer Subsumtion unter die Voraussetzungen des Art. 21 Abs. 2 GG, sondern eine politische Bewertung treffen wollte.[78] Auch die Äußerung von Sympathie, Antipathie oder Gleichgültigkeit eines Richters gegenüber Verfahrensbeteiligten sei kein zuverlässiges Anzeichen dafür, dass ein Richter nicht pflichtgemäß ohne Ansehen der Person entscheiden werde.[79] Ähnlich verneinte der Senat auch im Falle des Richters Huber, der als früherer Innenminister eines Landes die Gewährung staatlicher Finanzmittel für extremistische Parteien in Frage gestellt und die Einleitung eines NPD-Verbotsverfahrens befürwortet hatte, eine Vorfestlegung hinsichtlich der tatbestandlichen Voraussetzungen eines Verbots der Partei.[80] Andererseits hat der Zweite Senat zuvor etwa auf die Selbstablehnung der früheren Präsidentin Limbach hin die Besorgnis ihrer Befangenheit in den Mauerschützen-Verfahren wegen ihres wiederholten öffentlichen Einsatzes als Justizsenatorin für die strafgerichtliche Verurteilung wegen Tötungen an der innerdeutschen Grenze angenommen. Als zusätzlichen Umstand hat er hier gewürdigt, dass ihre diesbezüglichen politischen sowie verfassungsrechtlichen Äußerungen in hohem Maße ihr Bild in der politisch interessierten Öffentlichkeit geprägt hatten.[81]

2. Verfahrensfragen

a) Allgemeines

Das Ablehnungsrecht steht den am jeweiligen Verfahren Beteiligten zu.[82] Diese müssen ihr Ablehnungsgesuch rechtzeitig vortragen und es begründen (vgl. § 19 Abs. 2 Satz 1 BVerfGG). Eine Frist benennt das Gesetz lediglich insoweit, als es in § 19 Abs. 2 Satz 3 BVerfGG die Unbeachtlichkeit einer Ablehnung bestimmt, wenn sie nicht spätestens zu Beginn der mündlichen Verhandlung erklärt wird. Da in

---

78 BVerfG, Beschluss des Zweiten Senats vom 1. März 2016 – 2 BvB 1/13 –, juris, Rn. 16ff. (P. Müller).

79 BVerfG, Beschluss des Zweiten Senats vom 1. März 2016 – 2 BvB 1/13 –, juris, Rn. 20 (P. Müller) unter Hinweis auf BVerfGE 73, 330 (338f.).

80 BVerfG, Beschluss des Zweiten Senats vom 1. März 2016 – 2 BvB 1/13 –, juris, Rn. 20ff. (Huber).

81 BVerfGE 91, 226 (227f.); 92, 138 (139).

82 BVerfGE 46, 34 (36); zu der weiteren Frage, wer Beteiligter sein kann vgl. BVerfGE 1, 66 (68); 42, 90 (91); 46, 34 (36ff.); 72, 51 (59).

den wenigsten aller Verfahren, über die das Bundesverfassungsgericht zu entscheiden hat, eine mündliche Verhandlung stattfindet, ist diese Vorschrift von geringer praktischer Bedeutung.[83] Die zeitliche Schranke kann auch nicht für solche Ablehnungsgründe gelten, die erst nach Beginn der mündlichen Verhandlung entstehen oder bekannt werden.[84] In den zahlreichen Verfahren, in denen eine mündliche Verhandlung nicht stattfindet, ist das Ablehnungsgesuch jedenfalls vor der Entscheidung in der Sache anzubringen. Da der Zeitpunkt der Entscheidung den Beteiligten im Vorfeld in der Regel nicht bekannt ist, sollten Ablehnungsgesuche frühestmöglich vorgetragen und begründet werden. Gegebenenfalls obliegt es den Beteiligten, sich über die Zusammensetzung des zur Entscheidung berufenen Spruchkörpers zu informieren. Ob auch nachträgliche Ablehnungsgesuche nach Bekanntgabe der Entscheidung beachtlich sind, ist noch ungeklärt.[85]

Nach Eingang eines nicht offensichtlich unzulässigen Ablehnungsgesuchs hat sich der Abgelehnte im Rahmen einer dienstlichen Stellungnahme dazu zu äußern (§ 19 Abs. 2 Satz 2 BVerfGG). Mit Blick auf Art. 103 Abs. 1 GG sind sowohl das Ablehnungsgesuch, als auch die richterliche Stellungnahme allen Beteiligten zur Kenntnis zu geben.[86] Wird ein Ablehnungsgesuch in öffentlicher Sitzung vor Eintritt in die eigentliche mündliche Verhandlung gestellt, kann die dienstliche Stellungnahme auch im Rahmen der Sitzung abgegeben werden.[87]

Über das Ablehnungsgesuch entscheidet der Senat grundsätzlich unter Ausschluss des abgelehnten Richters in verminderter Besetzung und die Kammer unter Mitwirkung des nach dem Geschäftsverteilungsplan berufenen Vertreters. Die Entscheidung ergeht durch einfache Mehrheit; bei Stimmengleichheit im Senat gibt die Stimme des Vorsitzenden den Ausschlag (§ 19 Abs. 1 Hs. 2 BVerfGG). Die Entscheidung über das Ablehnungsgesuch ist konstitutiv.

---

83 Bedeutsam wurde sie jedoch zuletzt im Rahmen des NPD-Verbotsverfahrens (2 BvB 1/13). Hier brachte die Antragsgegnerin ihr Ablehnungsgesuch gegen die Richter Müller und Huber nach Eröffnung der öffentlichen Sitzung, aber noch vor Eintritt in die mündliche Verhandlung rechtzeitig vor; vgl. hierzu die betreffenden Beschlüsse des Zweiten Senats vom 1. März 2016 – 2 BvB 1/13 –, juris.

84 *Zähle*, AÖR 137 (2012), S. 173 (186); Lenz/Hansel, BVerfGG, 2. Aufl. 2015, § 19 Rn. 19.

85 Offen gelassen in BVerfG, Beschluss der 1. Kammer des Ersten Senats vom 18. Januar 2001 – 1 BvR 2216/96 –, juris, Rn. 9.

86 Lenz/Hansel, BVerfGG, 2. Aufl. 2015, § 19 Rn. 19.

87 So etwa im Rahmen des NPD-Verbotsverfahrens: BVerfG, Beschlüsse des Zweiten Senats vom 1. März 2016 – 2 BvB 1/13 –, juris, Rn. 8 (P. Müller) und Rn. 11 (Huber).

b) Offensichtlich unzulässige Ablehnungsgesuche

Ein Ablehnungsgesuch, das keine Begründung oder lediglich Ausführungen enthält, die zur Begründung der Besorgnis der Befangenheit gänzlich ungeeignet sind, ist offensichtlich unzulässig. Bei offensichtlicher Unzulässigkeit bedarf es keiner dienstlichen Stellungnahme des abgelehnten Richters; dieser ist auch von der Entscheidung über das offensichtlich unzulässige Ablehnungsgesuch nicht ausgeschlossen.[88]

Derartige offensichtlich unzulässigen Ablehnungsgesuche gehören zum Tagesgeschäft der Verfassungsrichter. Insbesondere die nicht unerhebliche Zahl der Beschwerdeführer, die regelmäßig Verfassungsbeschwerden erheben, begründen ihr Ablehnungsgesuch häufig damit, der bzw. die betroffenen Richter hätten an für sie ungünstigen Nichtannahmeentscheidungen in vorangegangenen Verfassungsbeschwerdeverfahren mitgewirkt. Dies allein begründet jedoch offensichtlich nicht die Besorgnis der Befangenheit im Sinne des § 19 BVerfGG.[89] Teilweise spricht das Bundesverfassungsgericht in solchen und ähnlichen Fällen auch von einem Missbrauch des Ablehnungsrechts. In diesem Sinne offensichtlich unzulässig bzw. missbräuchlich ist beispielsweise auch die pauschale Ablehnung des gesamten zur Entscheidung berufenen Spruchkörpers oder gar sämtlicher Richter des Bundesverfassungsgerichts, ohne dass eine individualisierte und tragfähige Begründung hinsichtlich der einzelnen Richter erbracht wird.[90] Gleiches gilt für Ablehnungsgesuche im Hinblick auf Richter, die nicht Mitglieder des zur Entscheidung berufenen Spruchkörpers sind.[91]

c) Selbstablehnung

Gemäß § 19 Abs. 3 BVerfGG gilt § 19 Abs. 1 BVerfGG entsprechend, wenn sich ein Richter, der nicht von einem Verfahrensbeteiligten abgelehnt ist, selbst für befangen erklärt. Mag der Wortlaut der Vorschrift auch auf anderes hindeuten, so setzt ihre Anwendbarkeit nach der ständigen Rechtsprechung des Bundesver-

---

88 BVerfGE 11, 1 (3); 131, 239 (252 f.); 133, 377 (405); BVerfG, Beschluss des Zweiten Senats vom 18. Februar 2016 – 2 BvE 6/15 –, juris, Rn. 11; BVerfGK 8, 59 (60).

89 BVerfG, Beschluss der 3. Kammer des Ersten Senats vom 3. Juli 2013 – 1 BvR 782/12 –, juris, Rn. 7; BVerfG, Beschluss der 2. Kammer des Ersten Senats vom 22. April 2009 – 1 BvR 887/09 –, juris, Rn. 3.

90 BVerfGE 46, 200 (200); 72, 51 (59).

91 BVerfGE 131, 239 (252); 133, 377 (405); BVerfG, Beschluss der 1. Kammer des Ersten Senats vom 31. Juli 2013 – 1 BvQ 28/13 –, juris, Rn. 8.

fassungsgerichts nicht voraus, dass sich der Richter selbst für befangen hält. Es genügt, dass er Umstände anzeigt, die Anlass dazu geben, eine Entscheidung über die Besorgnis der Befangenheit zu treffen.[92] Eher selten äußern sich die Richter ausdrücklich dazu, ob sie einen Ausschluss von der Mitwirkung an dem betreffenden Verfahren befürworten.[93]

d) Tenorierungen

Die Tenorierung der Entscheidungen über Ablehnungsgesuche hängt zunächst davon ab, ob es sich um einen unzulässigen bzw. missbräuchlichen Antrag handelt oder ob über den Ablehnungsantrag in der Sache entschieden wird. Unzulässige Ablehnungsgesuche werden teilweise als unzulässig verworfen.[94] Teilweise geht das Gericht aber auch davon ausgegangen, dass im Falle des Missbrauchs des Ablehnungsrechts über den Antrag gar nicht förmlich entschieden zu werden braucht. Dann erfolgt teils lediglich ein Hinweis im Text der Hauptsacheentscheidung, dass unter Mitwirkung des abgelehnten Richters entschieden werden kann, da das Ablehnungsgesuch offensichtlich unzulässig ist.[95] Bei Nichtannahmeentscheidungen über Verfassungsbeschwerden, die mit Blick auf § 93 Abs. 1 Satz 3 BVerfGG keiner Begründung bedürfen, wird teils ausdrücklich tenoriert, dass die Verfassungsbeschwerde nicht zur Entscheidung angenommen wird, ohne dass es einer förmlichen Entscheidung über das offensichtlich missbräuchliche Ablehnungsgesuch bedarf.

Die Tenorierung von Entscheidungen über zulässige Ablehnungsanträge sowie Selbstablehnungen ist ebenso uneinheitlich. Teilweise wird die Besorgnis, der Richter sei befangen, bzw. die Selbstablehnung „für (nicht) begründet erklärt".[96] Teilweise wird festgestellt, dass „der im Ablehnungsgesuch oder in der Selbstablehnung mitgeteilte Sachverhalt die Besorgnis der Befangenheit des Richters (nicht) begründet".[97] Gelegentlich wird der Ablehnungsantrag auch „als unbegründet zurückgewiesen".[98]

---

92 BVerfGE 20, 26 (29); 88, 1 (3); 95, 189 (191); 98, 134 (137); 101, 46 (50); 102, 192 (194); kritisch hierzu *Epping*, DVBl. 1994, S. 449 (451 ff.).

93 So beispielsweise aber in BVerfGE 98, 134 (137).

94 BVerfG, Beschluss der 3. Kammer des Ersten Senats vom 3. Juli 2013 – 1 BvR 782/12 –, juris; BVerfG, Beschluss der 2. Kammer des Ersten Senats vom 22. April 2009 – 1 BvR 887/09 –, juris.

95 BVerfGE 11, 343 (348); 74, 96 (100).

96 BVerfGE 82, 30 (30); 88, 1 (3); 92, 138 (138).

97 BVerfGE 88, 17 (18); 101, 46 (47); 102, 192 (193); 135, 248 (249).

e) Folgen der erfolgreichen Ablehnung

aa) Hat das Bundesverfassungsgericht die Ablehnung oder Selbstablehnung eines Richters für begründet erklärt, wird gemäß § 19 Abs. 4 BVerfGG durch Los ein Richter des anderen Senats als Vertreter bestimmt. Die Vorsitzenden sind von dieser Vertretung ausgenommen. Diese Regelung setzt ungeschrieben voraus, dass der abgelehnte Richter in dem betreffenden Verfahren ex nunc in keiner Weise mehr tätig werden darf.[99] Ferner trifft sie lediglich eine Regelung für Senatsverfahren. Durch die gesetzlich vorgesehene Zulosung besteht in Fällen des § 19 BVerfGG nicht die Gefahr des Eintritts der Beschlussunfähigkeit des Senats nach § 15 Abs. 2 Satz 1 BVerfGG. Dieser Gefahr wollte der Gesetzgeber mit der Einfügung des § 19 Abs. 4 BVerfGG durch das Gesetz vom 12. Dezember 1985 (BGBl. I S. 226) bewusst begegnen, um zu verhindern, dass Befangenheitsanträge mit dem Ziel gestellt werden, die Zusammensetzung der Senate berechenbar zu beeinflussen oder sie gar handlungsunfähig zu machen.[100]

Die Einzelheiten über die Zulosung regelt die Geschäftsordnung des Bundesverfassungsgerichts. Danach ordnet der Vorsitzende des jeweiligen Senats, in dem der Vertretungsfall eingetreten ist, das Losverfahren an (§ 38 Abs. 1 GOBVerfG). Ist der Vorsitzende selbst derjenige, der an der weiteren Mitwirkung wegen Besorgnis der Befangenheit gehindert ist – wie es etwa jüngst im Ersten Senat in den sog. Kopftuch II-Verfahren der Fall war[101] – wird er durch den dienstältesten, bei gleichem Dienstalter von dem lebensältesten anwesenden Richter des Senats vertreten (vgl. § 38 Abs. 3 GOBVerfG i.V.m. § 15 Abs. 1 Satz 2 BVerfGG). Der Vorsitzende des jeweils anderen Senats führt das Losverfahren durch. Die Mitglieder beider Senate werden von dem Lostermin unterrichtet, zu dem ein Urkundsbeamter zugezogen wird. Eine Niederschrift über das Losverfahren wird zu den Akten des Verfahrens genommen. Das Ergebnis des Losverfahrens ist allen Mitgliedern des Gerichts mitzuteilen (vgl. § 38 Abs. 2 GOBVerfG). Dass auch die Beteiligten über das Ergebnis der Zulosung zu informieren sind, ist zwar nicht ausdrücklich geregelt, versteht sich jedoch mit Blick auf Art. 103 Abs. 1 GG von selbst. Denn nur so besteht für sie die Möglichkeit, zu prüfen, ob auch im Hinblick auf den Zugelosten Umstände vorliegen, die die Besorgnis der Befangenheit begründen können.[102]

---

98 BVerfGE 32, 288 (288); 35, 171 (171); BVerfG, Beschlüsse des Zweiten Senats vom 1. März 2016 – 2 BvB 1/13 –, juris; BVerfGK 3, 36 (36).
99 Lenz/Hansel, BVerfGG, 2. Aufl. 2015, § 19 Rn. 33.
100 BTDrucks 10/2951, S. 10.
101 BVerfGE 135, 248 (249).
102 *Heusch*, in: Burkiczak/Dollinger/Schorkopf (Hrsg.), BVerfGG, 2015, § 18 Rn. 31.

Der Zugeloste wirkt sodann mit allen Rechten und Pflichten eines Senatsmitglieds an dem Verfahren mit. Sollte der für einen abgelehnten Vorsitzenden Zugeloste dienstälter sein als der dienstälteste Richter des zur Entscheidung berufenen Senats, obliegt ihm jedoch nicht die Vertretung des Vorsitzenden im weiteren Verfahren. Der Zugeloste wird durch die Zulosung nicht zu einem Richter des Senats im Sinne des § 15 Abs. 1 Satz 2 BVerfGG.

bb) In Verfahren, die nach § 93b Satz 1 BVerfGG bzw. § 81a Satz 1 BVerfGG durch die Kammer entscheiden werden, bedarf es einer Zulosung nach § 19 Abs. 4 BVerfGG nicht. Es rückt automatisch der nach dem Geschäftsverteilungsbeschluss des jeweiligen Senats zuständige Vertreter für den Abgelehnten in die Kammer ein, so dass die Kammer in Dreierbesetzung beschlussfähig ist.

IV. Ausblick

Während der Umgang mit offensichtlich unzulässigen Befangenheitsanträgen zum verfassungsgerichtlichen Alltag gehört, verdient die Behandlung von in Betracht kommenden Ausschlussgründen nach § 18 BVerfGG sowie von substantiierten Ablehnungsgesuchen bzw. Selbstablehnungen wegen Besorgnis der Befangenheit nach § 19 BVerfGG stets besonderes Augenmerk.[103] Hier gilt es, auch in Zukunft stets die richtige Balance zu finden zwischen dem berechtigten Vertrauen der Verfahrensbeteiligten und der Allgemeinheit auf eine unabhängige und unvoreingenommene verfassungsgerichtliche Rechtsprechung einerseits sowie der Funktionsfähigkeit und Stellung des Bundesverfassungsgerichts und seiner Richter andererseits.

103 Vgl. zu den verschiedenen Interessenlagen *Benda*, NJW 2000, S. 3620 (3621 ff.).

Roland Otto

(K)ein Rechtsbehelf gegen die Missbrauchsgebühr?

Leitentscheidungen des Bundesverfassungsgerichts (Senat)

BVerfGE 50, 217 – Sanktionscharakter der Missbrauchsgebühr
BVerfGE 133, 163 – Voraussetzungen eines Mitwirkungsverbots

Wichtige Kammerentscheidungen

Beschluss der 3. Kammer des Ersten Senats vom 9. Oktober 2008 – 1 BvR 1356/03 –, juris
Beschluss der 2. Kammer des Ersten Senats vom 21. Juli 2009 – 1 BvR 916/08 u. a. –, n.v.
Beschluss der 3. Kammer des Zweiten Senats vom 31. Mai 2012 – 2 BvR 611/12 –, juris
Beschluss der 3. Kammer des Ersten Senats vom 11. November 2013 – 1 BvR 669/13 –, n.v.
Beschluss der 2. Kammer des Ersten Senats vom 19. November 2014 – 1 BvR 963/13 –, n.v.
Beschluss der 3. Kammer des Zweiten Senats vom 28. Oktober 2015 – 2 BvR 740/15 –, juris

Schrifttum

Aderhold, in: Umbach/Clemens/Dollinger (Hrsg.), BVerfGG, 2. Aufl. 2005, § 34; *Graßhof*, in: Maunz/Schmidt-Bleibtreu/Klein/Bethge (Hrsg.), BVerfGG, § 34 (Januar 2004); *Hartmann*, Kostengesetze, 44. Aufl. 2014; *Kröpil*, Missbräuchliche Einlegung von Verfassungsbeschwerden im Vergleich zum Missbrauch im Strafverfahren, NdsVBl 2000, S. 82 ff.; *Küchenhoff*, Die Missbrauchsgebühr des Bundesverfassungsgerichts – Ausnahme von der Kostenfreiheit des Verfahrens nach § 34 Abs. 2 BVerfGG, NJ 2011, S. 92 ff.; *Oestreich*, in: Oestreich/Hellstab/Trenkle (Hrsg.), GKG – FamGKG, § 21 GKG (September 2004); *Reiter*, in: Burkiczak/Dollinger/Schorkopf (Hrsg.), BVerfGG, 2015, § 34; *Sachs*, Kein gesetzlicher Mitwirkungsausschluss wegen richterlicher Vorbefassung bei unzulässiger Anfechtung der unanfechtbaren Vorentscheidung, JuS 2013, S. 767 ff.; *Schluckebier*, Warum hält das Bundesverfassungsgericht eine „Mutwillensgebühr" für erforderlich?, ZRP 2012, S. 133; *Schoreit*, 50 Jahre Missbrauchsgebühr, ZRP 2002, S. 148 ff.; *Winker*, Die Missbrauchsgebühr im Prozessrecht – ein Beitrag zu Missbrauchsgebühren nach § 34 Abs. 2 BVerfGG und nach § 192 Abs. 1 Nr. 2 SGG im Kontext prozessualer Kostensanktionen, 2011; *Zimmermann*, in: Binz/Dörndorfer/Petzold/Zimmermann (Hrsg.), GKG, FamGKG, JVEG, 3. Aufl. 2014, § 8 JBeitrO; *Zuck*, Der populistische Missbrauch des BVerfG, ZRP 2010, S. 241 ff.

DOI 10.1515/9783110421866-002

Inhalt

I. Einleitung — 30
II. Rüge der Verletzung rechtlichen Gehörs denkbar — 31
III. Keine Abänderung der Entscheidung nach § 21 GKG — 31
IV. Kein verwaltungsgerichtlicher Rechtsschutz gegen die Missbrauchsgebühr — 32
V. Kostenrechtliche Erinnerung statthaft? — 33
1. Keine Vollstreckungsabwehrklage — 33
2. Kostenrechtliche Erinnerung gegen die Vollstreckung der Missbrauchsgebühr — 35
a) Richter des Bundesverfassungsgerichts als Einzelrichter? — 36
b) Umgang des Bundesverfassungsgerichts mit kostenrechtlichen Erinnerungen — 37
VI. Keine Verfassungsbeschwerde gegen Entscheidung der Kammer über kostenrechtliche Erinnerung — 38
1. Nichtanfechtbarkeit gemäß § 93d Abs. 1 Satz 2 BVerfGG? — 39
2. Interessenlage — 40
3. Praxis — 41

I. Einleitung

Es gibt viele Versuche, einen irgendwie gearteten Rechtsbehelf gegen eine vom Bundesverfassungsgericht gemäß § 34 Abs. 2 BVerfGG auferlegte Missbrauchsgebühr einzulegen. Allen bisherigen Versuchen ist jedoch gemein, dass sie keinen Erfolg hatten.[1] Eine diesbezügliche Gehörsrüge ist zwar denkbar, eine erfolgreiche aber nicht bekannt (II.). § 21 GKG ist weder direkt noch entsprechend anwendbar (III.) und der Weg vor die Verwaltungsgerichte scheitert schon an der mangelnden Eröffnung des Verwaltungsrechtsweges (IV.). Anderes ist im Hinblick auf einen Rechtsbehelf gegen die Vollstreckung einer Missbrauchsgebühr zumindest in Erwägung zu ziehen, auch wenn das Bundesverfassungsgericht die Einordnung eines solchen Rechtsbehelfs weitgehend offen lässt. Nimmt man – mit einigen Kammerentscheidungen der Bundesverfassungsgerichts – an, dass eine kostenrechtliche Erinnerung gegen die Vollstreckung einer Missbrauchsgebühr statthaft ist (V.), stellt sich in der Folge die Frage, ob die Entscheidung über eine solche kostenrechtliche Erinnerung wiederum mit der Verfassungsbeschwerde angreifbar ist (VI.).

1 „Die Nebenentscheidung über die Auferlegung der Missbrauchsgebühr ist grundsätzlich ebenso wenig anfechtbar oder abänderbar wie die Hauptsacheentscheidung.“ schreibt dazu Graßhof, in: Maunz/Schmidt-Bleibtreu/Klein/Bethge (Hrsg.), BVerfGG, § 34 Rn. 73 (Januar 2004). Die aus der Missbrauchsgebühr resultierende Forderung kann aber im Stadium der Vollstreckung gestundet, erlassen oder niedergeschlagen werden, vgl. *Graßhof*, a.a.O., Rn. 78f.; *Reiter*, in: Burkiczak/Dollinger/Schorkopf (Hrsg.), BVerfGG, 2015, § 34 Rn. 54 m.w.N., kritisch zur Niederschlagung *Winker*, Die Missbrauchsgebühr im Prozessrecht, 2011, S. 203.

II. Rüge der Verletzung rechtlichen Gehörs denkbar

Eine Abänderung der Entscheidung über die Auferlegung einer Missbrauchsgebühr im Wege einer Gehörsrüge ist denkbar. Die Entscheidung über die Auferlegung der Missbrauchsgebühr ergeht als Nebenentscheidung zur Hauptsacheentscheidung.[2] Eine Ausnahme vom Grundsatz der Unanfechtbarkeit der Auferlegung einer Missbrauchsgebühr wird als dann gegeben angesehen, wenn der Beschwerdeführer substantiiert eine Verletzung seines Rechts auf rechtliches Gehör rügt, den jeweiligen Spruchkörper des Bundesverfassungsgerichts zur Abhilfe aufruft und dieser den Gehörsverstoß bejaht. In einem solchen Fall könne die Nebenentscheidung über die Missbrauchsgebühr – die ja von weiteren Kriterien als lediglich dem Misserfolg der Hauptsache abhängt – isoliert abgeändert werden.[3] Dass dies in der Praxis schon einmal geschehen wäre, ist aber nicht bekannt.

III. Keine Abänderung der Entscheidung nach § 21 GKG

Eine Abänderung der Entscheidung über die Auferlegung einer Missbrauchsgebühr nach § 21 GKG ist dagegen nicht statthaft.[4] Ausgangspunkt ist zwar, dass es sich bei der Missbrauchsgebühr gemäß § 34 Abs. 2 BVerfGG um Gerichtskosten handelt.[5] Eine direkte Anwendung des Gerichtskostengesetzes auf das Bundesverfassungsgericht scheidet aber gemäß § 1 GKG aus,[6] und eine entsprechende Anwendung des § 21 GKG kommt deshalb nicht in Betracht, weil dieser nur die im

---

2 *Aderhold*, in: Umbach/Clemens/Dollinger (Hrsg.), BVerfGG, 2. Aufl. 2005, § 34 Rn. 23; *Graßhof*, in: Maunz/Schmidt-Bleibtreu/Klein/Bethge (Hrsg.), BVerfGG, § 34 Rn. 71 f. (Januar 2004), beide m.w.N.

3 *Graßhof*, a.a.O., Rn. 73 (Januar 2004) unter Hinweis auf BVerfGE 107, 395 (409). Die Entscheidung bezieht sich freilich nur auf die Gewährleistung fachgerichtlichen Rechtsschutzes bei Verstößen gegen den Anspruch auf rechtliches Gehör. *Graßhofs* Ansatz setzt deshalb voraus, dass sich das Bundesverfassungsgericht an denselben Maßstäben messsen lassen will. Vgl. auch *Winker*, Die Missbrauchsgebühr im Prozessrecht, 2011, S. 199 f. mit Hinweis auf BVerfGE 72, 84, wonach ein Antrag auf Abänderung eines verfassungsgerichtlichen Urteils wegen einer Verletzung des Art. 103 Abs. 1 GG „möglicherweise“ als Gegenvorstellung zu berücksichtigen sei.

4 *Graßhof*, a.a.O., Rn. 74 (Januar 2004), allerdings unter Bezugnahme auf § 8 GKG.

5 Im Einzelnen siehe unten, Abschnitt V.1.

6 Vgl. BVerfGE 13, 289 (290).

Gerichtskostengesetz geregelten Gebühren betrifft, die kraft Gesetzes mit der Vornahme einer bestimmten Prozesshandlung entstehen. Solche Gebühren werden nicht erhoben, wenn sie bei richtiger Behandlung der Sache nicht entstanden wären. Die Missbrauchsgebühr nach § 34 Abs. 2 BVerfGG wird aber durch eine Entscheidung des Bundesverfassungsgerichts ausdrücklich auferlegt; sie „entsteht" nicht, wie die Gebühren nach dem Gerichtskostengesetz.[7] Dies korrespondiert damit, dass man mit einem Antrag nach § 21 GKG auch im Anwendungsbereich des Gerichtskostengesetzes eine Nachprüfung einer Sachentscheidung auf ihre Richtigkeit nicht erzwingen kann.[8]

IV. Kein verwaltungsgerichtlicher Rechtsschutz gegen die Missbrauchsgebühr

Ein gelegentlich beschrittener Weg, Rechtsschutz gegen die Auferlegung einer Missbrauchsgebühr zu suchen, ist der zu den Verwaltungsgerichten, insbesondere zum Verwaltungsgericht Karlsruhe. Da ein Beschwerdeführer gegen die Abweisung seiner dortigen Klage wiederum Verfassungsbeschwerde eingelegt hatte, hatte das Bundesverfassungsgericht Gelegenheit, sich hierzu klarstellend zu äußern. Dies war allerdings eher deshalb erforderlich, weil sich die Frage stellte, ob die drei Mitglieder des Senats, die in der dazu damals berufenen Kammer die Nichtannahmeentscheidung sowie die Entscheidung über die Auferlegung der Missbrauchsgebühr getroffen hatten, von der Mitwirkung an der Entscheidung über die nunmehrige Verfassungsbeschwerde ausgeschlossen waren.

Der Senat führte – wenig überraschend – aus, dass gegen Entscheidungen des Bundesverfassungsgerichts fachgerichtlicher Rechtschutz ausgeschlossen sei. Auch eine etwa durch den Senat festgesetzte Missbrauchsgebühr sei vor den Fachgerichten nicht anfechtbar. Für stattgebende oder nichtannehmende Entscheidungen der Kammern statuiere das Gesetz ebenfalls deren Unanfechtbarkeit (§ 93d Abs. 1 Satz 2 BVerfGG). Damit sei klargestellt, dass richterlicher Rechtsschutz gegen eine solche Entscheidung im Rahmen der nationalen Rechtsordnung nicht mehr gegeben sei. Die Regelung zur Unanfechtbarkeit der Entscheidung der Kammern in § 93d Abs. 1 Satz 2 BVerfGG beziehe sich ausdrücklich zwar nur auf

---

7 *Graßhof*, in: Maunz/Schmidt-Bleibtreu/Klein/Bethge (Hrsg.), BVerfGG, § 34 Rn. 74 (Januar 2004), allerdings unter Bezugnahme auf § 8 GKG; so im Ergebnis auch *Winker*, Die Missbrauchsgebühr im Prozessrecht, 2011, S. 198.

8 *Hartmann*, Kostengesetze, 44. Aufl. 2014, § 21 GKG Rn. 13; vgl. auch *Oestreich*, in: Oestreich/Hellstab/Trenkle (Hrsg.), GKG – FamGKG, § 21 GKG Rn. 20 (September 2004).

ihre Nichtannahme- und Stattgabebefugnis nach §§ 93b, 93c BVerfGG. Da den Kammern aber auch die Missbrauchsgebührenkompetenz zukomme, die nach dem Wortlaut des § 34 Abs. 2 BVerfGG uneingeschränkt für die Verfassungsbeschwerde gelte, erfasse die Unanfechtbarkeit auch den Ausspruch über die Missbrauchsgebühr. Somit könne die Entscheidung über die Missbrauchsgebühr nicht Gegenstand einer verwaltungsgerichtlichen Entscheidung sein. Eine Vorbefassung „mit derselben Sache" im Sinne des § 18 Abs. 1 Nr. 2 BVerfGG in einem weiteren Verfahren sei damit von vornherein ausgeschlossen.[9]

Insofern ist klargestellt, dass es keinen verwaltungsgerichtlichen Rechtsschutz gegen die Missbrauchsgebühr gibt. Zu einer Entscheidung des Senats zu dieser Frage kam es ohnehin nur, weil die Frage der Vorbefassung „mit derselben Sache" der drei Kammermitglieder damit verbunden war.[10] Diese an sich eindeutige Rechtslage hält aber einige von der Missbrauchsgebühr betroffene Beschwerdeführer dennoch nicht ab, weitere Rechtsbehelfsmöglichkeiten zu suchen.

IV. Kostenrechtliche Erinnerung statthaft?

Spätestens dann (oder erneut), wenn die Vollstreckung der Missbrauchsgebühr ansteht, regt sich mancher Beschwerdeführer und legt einen nicht spezifizierten Rechtsbehelf beim Bundesverfassungsgericht ein, erhebt „Vollstreckungsabwehrklage gemäß § 767 ZPO" – freilich meist verbunden mit Angriffen gegen die ursprüngliche Verhängung der Missbrauchsgebühr, nicht gegen deren jetzige Vollstreckung – oder ähnliches.

1. Vollstreckungsabwehrklage nicht statthaft

Ein solcher Rechtsbehelf ist jedenfalls keine Vollstreckungsabwehrklage im Sinne des § 767 ZPO. Eine Missbrauchsgebühr gemäß § 34 Abs. 2 BVerfGG wird in der Kammerrechtsprechung des Bundesverfassungsgerichts größtenteils als „Gerichtskosten" im Sinne von § 1 Abs. 1 Nr. 4 JBeitrO angesehen.[11] Es scheint im

---

9 BVerfGE 133, 163 (167 Rn. 10).

10 Wobei hier auch nicht zwingend der Senat hätte entscheiden müssen, vgl. *Sachs*, JuS 2013, S. 767 (768).

11 Vgl. BVerfG, Beschluss der 3. Kammer des Zweiten Senats vom 28. Oktober 2015 – 2 BvR 740/15 –, juris, Rn. 8; Beschluss der 3. Kammer des Zweiten Senats vom 31. Mai 2012 – 2 BvR 611/12 –, juris, Rn. 4; Beschluss der 2. Kammer des Ersten Senats vom 21. Juli 2009 – 1 BvR 916/08 u. a. – n.v.; Beschluss der 3. Kammer des Ersten Senats vom 9. Oktober 2008 – 1 BvR 1356/03 –,

Hinblick auf Auseinandersetzungen um die Missbrauchsgebühr vor den Verwaltungsgerichten zwar auch die Bestrebung zu geben, eine Festlegung darauf zu vermeiden, dass es sich bei der Missbrauchsgebühr um Gerichtskosten handele.[12] Insoweit wären die für Gerichtskosten geltenden Vollstreckungsvorschriften lediglich entsprechend anzuwenden. Dies überzeugt aber nicht: Das Bundesverfassungsgericht, das ansonsten gemäß § 34 Abs. 1 BVerfGG keine Gerichtskosten erhebt, wird in § 2 Abs. 2 JBeitrO als möglicher Anspruchsinhaber genannt, für den das Bundesamt für Justiz als Vollstreckungsbehörde tätig werden soll. Die Missbrauchsgebühr entsteht als gerichtliche Gebühr mit ihrer Auferlegung durch die Entscheidung des Senats oder der Kammer. Ihrer Einordnung als gerichtliche Gebühr steht nicht entgegen, dass sie Sanktionscharakter hat.[13] § 34 Abs. 1 und Abs. 2 BVerfGG stehen in einem Regel-Ausnahme-Verhältnis zueinander. Absatz 2 regelt, unter welchen Voraussetzungen der Grundsatz der Kostenfreiheit verfassungsgerichtlicher Verfahren durchbrochen werden kann.[14] Die auf dieser Grundlage verhängte Gebühr ist eine Gegenleistung für die missbräuchliche Inanspruchnahme des Bundesverfassungsgerichts und mithin eine Gebühr im Rechtssinne.[15]

Eine Vollstreckungsabwehrklage ist gegen Kosten im Sinne des § 1 Abs. 1 JBeitrO grundsätzlich nicht statthaft, da § 6 Abs. 1 Nr. 1 JBeitrO nicht § 767 ZPO für sinngemäß anwendbar erklärt. Eine Vollstreckungsabwehrklage ist regelmäßig auch nicht ausnahmsweise gemäß § 8 Abs. 2 Satz 1 JBeitrO statthaft, da diese Vorschrift § 767 ZPO nur bezüglich solcher Einwendungen für anwendbar erklärt, die auf Grund der §§ 781 bis 784 und 786 ZPO erhoben werden, also in Fällen der

juris, Rn. 4; so auch *Aderhold*, in: Umbach/Clemens/Dollinger (Hrsg.), BVerfGG, 2. Aufl. 2005, § 34 Rn. 29; *Graßhof*, in: Maunz/Schmidt-Bleibtreu/Klein/Bethge (Hrsg.), BVerfGG, § 34 Rn. 28, 77 (Januar 2004); *Winker*, Die Missbrauchsgebühr im Prozessrecht, 2011, S. 203.

12 Vgl. BVerfG, Beschluss der 3. Kammer des Ersten Senats vom 11. November 2013 – 1 BvR 669/13 – n.v.

13 Vgl. BVerfGE 50, 217 (230 f.); so auch *Aderhold*, in: Umbach/Clemens/Dollinger (Hrsg.), BVerfGG, 2. Aufl. 2005, § 34 Rn. 14; *Hartmann*, Kostengesetze, 44. Aufl. 2014, Anh. § 38 GKG Rn. 1; zur Rolle des „Verschuldens" vgl. *Kröpil*, NdsVBl 2000, S. 82 m.w.N.; kritisch *Winker*, Die Missbrauchsgebühr im Prozessrecht, 2011, S. 160.

14 Vgl. *Winker*, a.a.O., S. 142 („ein Paradebeispiel eines Regel-Ausnahme-Mechanismus").

15 BVerfG, Beschluss der 3. Kammer des Zweiten Senats vom 28. Oktober 2015 – 2 BvR 740/15 –, juris, Rn. 8; Beschluss der 3. Kammer des Ersten Senats vom 9. Oktober 2008 – 1 BvR 1356/03 –, juris, Rn. 4; so auch *Aderhold*, in: Umbach/Clemens/Dollinger (Hrsg.), BVerfGG, 2. Aufl. 2005, § 34 Rn. 14; *Küchenhoff*, NJ 2011, S. 92 (93 f.); *Reiter*, in: Burkiczak/Dollinger/Schorkopf (Hrsg.), BVerfGG, 2015, § 34 Rn. 32; *Zuck*, ZRP 2010, S. 241 ff.; kritisch *Schoreit*, ZRP 2002, S. 148 ff. m.w.N.; vgl. auch *Graßhof*, in: Maunz/Schmidt-Bleibtreu/Klein/Bethge (Hrsg.), BVerfGG, § 34 Rn. 76 (Januar 2004) („gerichtliche Gebühr"); kritisch *Winker*, Die Missbrauchsgebühr im Prozessrecht, 2011, S. 285.

Zwangsvollstreckung gegen beschränkt haftende Personen wie Erben, Minderjährige oder Vermächtnisnehmer etc.

2. Kostenrechtliche Erinnerung gegen die Vollstreckung der Missbrauchsgebühr

Ein Rechtsbehelf gegen die Vollstreckung einer Missbrauchsgebühr ist demnach allenfalls als kostenrechtliche Erinnerung im Sinne des § 8 Abs. 1 Satz 1 JBeitrO auszulegen,[16] denn diese ist der einzige statthafte Rechtsbehelf zumindest gegen den Kostenansatz – wobei dieser (feststehende) Begriff im Zusammenhang mit der Missbrauchsgebühr nicht ganz passend ist, denn die Kosten werden ja nicht erst durch den Kostenbeamten errechnet und angesetzt, sondern auch ihrer Höhe nach bereits durch die richterliche Entscheidung festgelegt.[17]

Für die Entscheidung über eine solche kostenrechtliche Erinnerung ist das Bundesverfassungsgericht als das Gericht zuständig, bei dem die Kosten angesetzt sind, § 8 Abs. 1 Satz 1 JBeitrO in Verbindung mit § 66 Abs. 1 Satz 1 GKG analog.[18] Eine direkte Anwendung des Gerichtskostengesetzes auf das Bundesverfassungsgericht scheidet gemäß § 1 GKG aus.[19]

Der Kostenbeamte wird dem Rechtsbehelf – soweit er als kostenrechtliche Erinnerung zu werten ist, sich aber gegen die Auferlegung einer Missbrauchsgebühr richtet – regelmäßig nicht abhelfen und die Sache der Kammer zur Entscheidung vorlegen. Die Kammer ist (bisher) zuständig, da eine Entscheidung durch den Einzelrichter – die nach § 66 Abs. 6 S. 1 GKG analog angezeigt wäre – am Bundesverfassungsgericht institutionell nicht vorgesehen ist.[20]

---

16 Für dessen Anwendbarkeit auch *Winker*, a.a.O., S. 199 f.

17 So auch *Reiter*, in: Burkiczak/Dollinger/Schorkopf (Hrsg.), BVerfGG, 2015, § 34 Rn. 49 Fn. 170.

18 Vgl. BVerfG, Beschluss der 3. Kammer des Zweiten Senats vom 31. Mai 2012 – 2 BvR 611/12 –, juris, Rn. 3; Beschluss der 2. Kammer des Ersten Senats vom 21. Juli 2009 – 1 BvR 916/08 u.a. – n.v., S. 3 des Beschlusses; Beschluss der 3. Kammer des Ersten Senats vom 9. Oktober 2008 – 1 BvR 1356/03 –, juris, Rn. 2.

19 Vgl. BVerfGE 13, 289 (290); so auch *Graßhof*, in: Maunz/Schmidt-Bleibtreu/Klein/Bethge (Hrsg.), BVerfGG, § 34 Rn. 74 (Januar 2004).

20 Vgl. zur parallelen Problematik BGH, Beschluss vom 13. Januar 2005 – V ZR 218/04 –, NJW-RR 2005, 584 m.w.N.; vgl. auch BVerfGE 98, 163 (166).

a) Richter des Bundesverfassungsgerichts als Einzelrichter?

Es spricht allerdings einiges dafür, eine solche Entscheidung in Zukunft auch beim Bundesverfassungsgericht durch den Einzelrichter zu treffen. Der Bundesgerichtshof hat seine diesbezügliche frühere ständige Rechtsprechung[21] – der auch die Praxis der Kammern des Bundesverfassungsgerichts entspricht – mittlerweile geändert. Der Bundesgerichtshof ging bisher davon aus, dass die funktionelle Zuständigkeit für Entscheidungen über die Erinnerung gegen den Kostenansatz beim Senat liege. Zwar sehe § 66 Abs. 6 Satz 1 Halbsatz 1 GKG vor, dass über die Erinnerung das Gericht durch eines seiner Mitglieder als Einzelrichter entscheide. Aus dem Umstand, dass § 66 Abs. 6 GKG dem § 568 ZPO nachgebildet wurde,[22] ergebe sich aber, dass die mit einer Entscheidung durch den Einzelrichter möglichen Beschleunigungseffekte nur bei den Gerichten genutzt werden sollten, bei denen eine Entscheidung durch Einzelrichter institutionell auch vorgesehen ist, was beim Bundesgerichtshof nicht der Fall sei. Dasselbe galt für das Bundesverfassungsgericht.

Nach dem mit Wirkung zum 1. August 2013 neu eingeführten § 1 Abs. 5 GKG gehen die Vorschriften des Gerichtskostengesetzes über die Erinnerung und die Beschwerde den Regelungen der für das zugrunde liegende Verfahren geltenden Verfahrensvorschriften vor. Diese Regelung dient nach der Gesetzesbegründung ausdrücklich der Klarstellung, dass der Einzelrichter in den kostenrechtlichen Erinnerungs- und Beschwerdeverfahren auch dann zuständig ist, wenn eine Einzelrichterentscheidung institutionell nicht vorgesehen ist.[23] Dies dürfte – in konsequenter analoger Anwendung des Gerichtskostengesetzes – auch für das Bundesverfassungsgericht gelten, wird von diesem aber bisher noch nicht so gehandhabt.[24]

---

21 Vgl. BGH, Beschluss vom 13. Januar 2005 – V ZR 218/04 –, NJW-RR 2005, 584 m.w.N.
22 BTDrucks 15/1971, S. 157.
23 Vgl. BTDrucks 17/11471 (neu), S. 243; so nun auch BGH, Beschluss vom 23. April 2015 – I ZB 82/14 –, juris, Rn. 7; Beschluss vom 23. April 2015 – I ZB 73/14 –, NJW 2015, S. 2194 (2194 f. Rn. 6 f.); so bereits zur vorhergehenden Rechtslage BVerwG, Beschluss vom 25. Januar 2006 – 10 KSt 5/05 –, NVwZ 2006, S. 479; BSG, Beschluss vom 29. Dezember 2011 – B 13 SF 3/11 S –, juris, Rn. 6.
24 Vgl. zuletzt BVerfG, Beschluss der 3. Kammer des Zweiten Senats vom 28. Oktober 2015 – 2 BvR 740/15 –, juris; Beschluss der 2. Kammer des Ersten Senats vom 19. November 2014 – 1 BvR 963/13 – n.v.

b) Umgang des Bundesverfassungsgerichts mit kostenrechtlichen Erinnerungen

Ob der Rechtsbehelf tatsächlich als kostenrechtliche Erinnerung statthaft und zulässig ist, wird vom Bundesverfassungsgericht in jüngerer Zeit regelmäßig offen gelassen, da er jedenfalls unbegründet sei.[25]

Gegen die Statthaftigkeit und Zulässigkeit spricht, dass die Einwendungen der Beschwerdeführer regelmäßig gerade nicht den Kostenansatz betreffen. Sie beanstanden nicht das „Wie" der Kostenfestsetzung, sie machen keine Verletzung des Kostenrechts durch sachliche oder rechnerische Fehler geltend. Die Einwendungen der Beschwerdeführer betreffen regelmäßig die Frage der Rechtmäßigkeit der Missbrauchsgebühr als solche, also den beizutreibenden Kostenanspruch selbst, mithin die Frage des „Ob" der Kosten, die „Kostengrundentscheidung".

Es besteht Einigkeit, dass die letztgenannten Einwendungen im Verfahren nach § 8 Abs. 1 JBeitrO grundsätzlich nicht berücksichtigt werden.[26] In einem solchen Fall wird zum Teil die Unzulässigkeit der Erinnerung angenommen.[27] Der größere Teil der Rechtsprechung nimmt in einem solchen Fall an, die Erinnerung sei statthaft und zulässig, aber unbegründet.[28] Dafür spricht, dass – obwohl die inhaltliche Richtigkeit der „Kostengrundentscheidung" nicht zu überprüfen ist –

---

25 Vgl. z.B. BVerfG, Beschluss der 3. Kammer des Ersten Senats vom 11. November 2013 – 1 BvR 669/13 – n.v.; Beschluss der 2. Kammer des Ersten Senats vom 19. November 2014 – 1 BvR 963/13 – n.v.

26 Vgl. BVerfG, Beschluss der 3. Kammer des Zweiten Senats vom 28. Oktober 2015 – 2 BvR 740/15 –, juris, Rn. 8 f.; Beschluss der 3. Kammer des Ersten Senats vom 11. November 2013 – 1 BvR 669/13 – n.v., S. 2 des Beschlusses; Beschluss der 3. Kammer des Zweiten Senats vom 31. Mai 2012 – 2 BvR 611/12 – juris, Rn. 5; Beschluss der 2. Kammer des Ersten Senats vom 21. Juli 2009 – 1 BvR 916/08 u. a. – n.v., S. 4 des Beschlusses; so auch BFH, Beschluss vom 15. November 2007 – IX E 11/07 –, juris Rn. 15 m.w.N.; BGH, Beschluss vom 20. September 2007 – IX ZB 35/07 –, juris, Rn. 3 m.w.N.

27 Vgl. BVerfG, Beschluss der 3. Kammer des Zweiten Senats vom 28. Oktober 2015 – 2 BvR 740/15 –, juris, Rn. 6 ff.; Beschluss der 3. Kammer des Zweiten Senats vom 31. Mai 2012 – 2 BvR 611/12 –, juris, Rn. 2 ff.; offengelassen in BVerfG, Beschluss der 3. Kammer des Ersten Senats vom 11. November 2013 – 1 BvR 669/13 – n.v., S. 2 des Beschlusses; Beschluss der 2. Kammer des Ersten Senats vom 19. November 2014 – 1 BvR 963/13 – n.v.

28 BVerfG, Beschluss der 2. Kammer des Ersten Senats vom 21. Juli 2009 – 1 BvR 916/08 u. a. – n.v., S. 2 f. des Beschlusses; Beschluss der 3. Kammer des Ersten Senats vom 9. Oktober 2008 – 1 BvR 1356/03 –, juris, Rn. 2 ff.; so auch BFH, Beschluss vom 15. November 2007 – IX E 11/07 –, juris, Rn. 14 ff. m.w.N.; so wohl auch BGH, Beschluss vom 20. September 2007 – IX ZB 35/07 –, juris, m.w.N.; offengelassen in BVerfG, Beschluss der 3. Kammer des Ersten Senats vom 11. November 2013 – 1 BvR 669/13 – n.v., S. 2 des Beschlusses; Beschluss der 2. Kammer des Ersten Senats vom 19. November 2014 – 1 BvR 963/13 – n.v.

in Ausnahmefällen der Einwand der unzulässigen Rechtsausübung oder des Rechtsmissbrauchs als zu berücksichtigen angesehen wird.[29]

Diese Frage kann in der Praxis allerdings regelmäßig offen gelassen werden, da der Rechtsbehelf jedenfalls nicht begründet ist.[30] Ein solches Vorgehen scheint das Bundesverfassungsgericht zur Vermeidung einer unnötigen Festlegung in dieser Frage in jüngerer Zeit auch vorzuziehen.[31]

V. Keine Verfassungsbeschwerde gegen Entscheidung der Kammer über kostenrechtliche Erinnerung

Interessant wird es, wenn nun der Beschwerdeführer, der erfolglos gegen die ihm auferlegte Missbrauchsgebühr vorgegangen ist, gegen die Entscheidung der Kammer über die kostenrechtliche Erinnerung wiederum Verfassungsbeschwerde einlegt.[32] So etwas geschieht in der Praxis tatsächlich. Wäre diese erneute Verfassungsbeschwerde nun als solche zu behandeln, müsste sie ins Verfahrensregister eingetragen und den Vertretern der nun wirklich „mit derselben Sache" vorbefassten Kammermitglieder zur Entscheidung vorgelegt werden – was in der Praxis noch nicht geschehen ist. Andernfalls – und so wird es vom Bundesverfassungsgericht bisher gehandhabt – wäre diese erneute Verfassungsbeschwerde

---

29 Vgl. BVerfG, Beschluss der 2. Kammer des Ersten Senats vom 21. Juli 2009 – 1 BvR 916/08 u. a. – n.v., S. 3 des Beschlusses m.w.N.; BFH, Beschluss vom 15. November 2007 – IX E 11/07 –, juris, Rn. 16 m.w.N.; weitergehend wohl BVerfG, Beschluss der 3. Kammer des Ersten Senats vom 9. Oktober 2008 – 1 BvR 1356/03 –, juris Rn. 3; enger BGH, Beschluss vom 20. September 2007 – IX ZB 35/07 –, juris, Rn. 3 m.w.N.; offengelassen in BVerfG, Beschluss der 3. Kammer des Ersten Senats vom 11. November 2013 – 1 BvR 669/13 – n.v.; Beschluss der 2. Kammer des Ersten Senats vom 19. November 2014 – 1 BvR 963/13 – n.v.

30 Vgl. BVerfG, Beschluss der 3. Kammer des Ersten Senats vom 11. November 2013 – 1 BvR 669/13 – n.v.; Beschluss der 2. Kammer des Ersten Senats vom 19. November 2014 – 1 BvR 963/13 – n.v.

31 Vgl. BVerfG, Beschluss der 3. Kammer des Ersten Senats vom 11. November 2013 – 1 BvR 669/13 – n.v.; Beschluss der 2. Kammer des Ersten Senats vom 19. November 2014 – 1 BvR 963/13 – n.v.; vgl. aber Beschluss der 3. Kammer des Zweiten Senats vom 28. Oktober 2015 – 2 BvR 740/15 –, juris, Rn. 6 ff.; so auch noch Beschluss der 2. Kammer des Ersten Senats vom 21. Juli 2009 – 1 BvR 916/08 u. a. – n.v.; Beschluss der 3. Kammer des Ersten Senats vom 9. Oktober 2008 – 1 BvR 1356/03 –, juris, Rn. 6.

32 Spätestens dann ist der Fall der „Folgekonflikte" eingetreten, deren Gefahr *Schluckebier* als Effekt der Missbrauchsgebühr sieht, vgl. *Schluckebier*, ZRP 2012, S. 133 (135).

lediglich als Schriftverkehr nach Abschluss eines Verfahrens (von manchen untechnisch „Nachmotz“ genannt) zu behandeln.

1. Nichtanfechtbarkeit gemäß § 93d Abs. 1 Satz 2 BVerfGG?

Eine Nichtanfechtbarkeit einer Entscheidung der Kammer über eine kostenrechtliche Erinnerung ergibt sich jedenfalls nicht unmittelbar aus § 93d Abs. 1 Satz 2 BVerfGG, da die Kammer hier nicht über die Nichtannahme oder Stattgabe einer Verfassungsbeschwerde entschieden hat. Die Regelung zur Unanfechtbarkeit der Entscheidung der Kammer in § 93d Abs. 1 Satz 2 BVerfGG bezieht sich ausdrücklich nur auf ihre Nichtannahme- und Stattgabebefugnis nach §§ 93b, 93c BVerfGG. Da den Kammern aber auch die Missbrauchsgebührenkompetenz zukommt, die nach dem Wortlaut des § 34 Abs. 2 BVerfGG uneingeschränkt für die Verfassungsbeschwerde gilt, erfasst die Unanfechtbarkeit auch den Ausspruch über die Missbrauchsgebühr.[33] Dies betrifft aber nur die Auferlegung der Missbrauchsgebühr, also den beizutreibenden Kostenanspruch selbst, mithin die Frage des „Ob“ der Kosten, die „Kostengrundentscheidung“. Nicht Teil der Kammerentscheidung, mit der eine Missbrauchsgebühr auferlegt wird, ist die Frage des „Wie“ des Kostenansatzes, also etwa die Frage, ob der Kostenbeamte das Kostenrecht durch sachliche oder rechnerische Fehler verletzt hat. Gerade über die letztgenannten Fragen hat aber die Kammer mit der angegriffenen Entscheidung über die kostenrechtliche Erinnerung – oder den entsprechend zu behandelnden Rechtsbehelf – entschieden.

Für eine Anfechtbarkeit einer solchen Entscheidung mit der Verfassungsbeschwerde spricht auch, dass hier die Kammer nur deshalb entschieden hat, weil der eigentlich nach § 66 Abs. 6 Satz 1 GKG analog zuständige Einzelrichter am Bundesverfassungsgericht bisher institutionell nicht vorgesehen ist, auch wenn sich dies zukünftig eventuell ändern muss.[34] Es handelt sich – anders als bei der Entscheidung über die Nichtannahme oder Stattgabe einer Verfassungsbeschwerde und den Ausspruch über die Missbrauchsgebühr – nicht um eine „originäre Kammerentscheidung“.

---

33 BVerfGE 133, 163 (167 Rn. 10); so auch *Graßhof*, in: Maunz/Schmidt-Bleibtreu/Klein/Bethge (Hrsg.), BVerfGG, § 34 Rn. 73 (Januar 2004).

34 Siehe oben, Abschnitt V.2.a).

2. Interessenlage

Für die Statthaftigkeit der Verfassungsbeschwerde spricht auch die Interessenlage: Dass eine kostenrechtliche Erinnerung – oder ein entsprechend zu behandelnder Rechtsbehelf – statthaft sein muss, ergibt sich daraus, dass auch beim Kostenansatz einer Missbrauchsgebühr durch den Kostenbeamten Fehler geschehen können, etwa ein Tippfehler der aus 200,00 € versehentlich 2.000,00 € macht. Sinn und Zweck der kostenrechtlichen Erinnerung ist es gerade, Rechtsschutz gegen solche Fehler zu gewähren. Dieser Interessenlage wird die bisherige Kammerrechtsprechung auch insoweit gerecht, als solche Rechtsbehelfe jeweils ausdrücklich als Erinnerung beschieden wurden,[35] oder jedenfalls der Sache nach, ohne den Rechtsbehelf ausdrücklich als Erinnerung zu bezeichnen.[36]

Die Interessenlage, eine solche Entscheidung über die kostenrechtliche Erinnerung – oder einen entsprechend zu behandelnden Rechtsbehelf – mit einer Verfassungsbeschwerde angreifen zu können, ist aber bei allen Gerichten gleich. So wie dem Kostenbeamten beim Kostenansatz Fehler unterlaufen können, können dem Richter oder Spruchkörper bei der Entscheidung über den Rechtsbehelf ebenfalls Fehler unterlaufen. Es ist nicht zu begründen, warum dies beim Bundesverfassungsgericht ausgeschlossen sein sollte. Für die Entscheidung über eine kostenrechtliche Erinnerung durch das Bundesverfassungsgericht müsste deshalb eigentlich dasselbe gelten, wie für die Entscheidung über jede andere kostenrechtliche Erinnerung: Sie müsste – soweit nicht die Beschwerde gemäß § 66 Abs. 2 GKG (analog) vorgreiflich ist – grundsätzlich mit der Verfassungsbeschwerde angreifbar sein.

Diese Verfassungsbeschwerde müsste dann den Vertretern der vorbefassten Kammermitglieder vorgelegt werden, denn die ursprünglichen Kammermitglieder, die über die kostenrechtliche Erinnerung entschieden haben, sind bezüglich der gegen diese Entscheidung gerichteten Verfassungsbeschwerde gemäß § 18 Abs. 1 Nr. 2 BVerfGG von der Mitwirkung ausgeschlossen.[37]

---

35 BVerfG, Beschluss der 3. Kammer des Zweiten Senats vom 28. Oktober 2015 – 2 BvR 740/15 –, juris, Rn. 6 ff.; Beschluss der 3. Kammer des Ersten Senats vom 11. November 2013 – 1 BvR 669/13 – n.v., S. 2 des Beschlusses; Beschluss der 3. Kammer des Zweiten Senats vom 31. Mai 2012 – 2 BvR 611/12 –, juris, Rn. 3; Beschluss der 2. Kammer des Ersten Senats vom 21. Juli 2009 – 1 BvR 916/08 u.a. – n.v., S. 3 des Beschlusses; Beschluss der 3. Kammer des Ersten Senats vom 9. Oktober 2008 – 1 BvR 1356/03 –, juris, Rn. 1 ff.

36 BVerfG, Beschluss der 2. Kammer des Ersten Senats vom 19. November 2014 – 1 BvR 963/13 – n.v.

37 Vgl. BVerfGE 133, 163 (166 Rn. 7).

3. Praxis

Die Praxis ist – aus verständlichen Gründen – freilich eine andere. Es ist nicht bekannt, dass schon einmal eine erneute Verfassungsbeschwerde gegen die Entscheidung der Kammer über eine kostenrechtliche Erinnerung ins Verfahrensregister eingetragen und beschieden worden wäre. Vielmehr wurden mit „Verfassungsbeschwerde“ überschriebene Schreiben in solchen Fällen als Schriftverkehr nach Abschluss eines Verfahrens behandelt.

Für eine solche Praxis spricht auch einiges: Fälle, in denen eine Verfassungsbeschwerde gegen eine Entscheidung über eine kostenrechtliche Erinnerung Erfolg haben könnten, werden meist solche eines Verstoßes gegen Art. 103 Abs. 1 GG sein. Denkbare Fehler beim Kostenansatz sind – da die Höhe der Missbrauchsgebühr schon aufgrund der richterlichen Entscheidung feststeht und die Kosten deshalb nicht vom Kostenbeamten anhand eines Kostenverzeichnisses errechnet werden müssen – Tippfehler, etwa ein verschobenes Komma oder eine Null zuviel. Sollte ein solcher Fehler tatsächlich einmal geschehen und im Rahmen einer kostenrechtlichen Erinnerung gerügt werden, so ist es schon unwahrscheinlich, dass der Kostenbeamte nicht selbst abhilft. Ebenso unwahrscheinlich ist es, dass die anschließend befasste Kammer der Einwendung des Erinnerungsführers ebenfalls kein Gehör schenkt und diese verwirft oder zurückweist. Macht der Erinnerungsführer nun im Rahmen einer dagegen gerichteten Verfassungsbeschwerde geltend, mit seiner Einwendung nicht gehört worden zu sein, würde die Sache auch nach der bisherigen Praxis dem Spruchkörper zur erneuten Überprüfung vorgelegt – ohne die Sache neu ins Verfahrensregister einzutragen. Denn soweit der mit einer Missbrauchsgebühr belegte Beschwerdeführer einen Verstoß der Entscheidung gegen Art. 103 Abs. 1 GG rügt, wird die Entscheidung schon heute – ähnlich dem Verfahren bei einer Gehörsrüge – dem entscheidenden Spruchkörper zur erneuten Überprüfung vorgelegt und entweder von diesem abgeändert oder mit einem Schreiben der Justizverwaltung des Bundesverfassungsgerichts beantwortet.[38]

Letzte Zweifel bleiben aber bestehen, denn nicht nur Tippfehler, sondern zum Beispiel auch die Einrede der Verjährung gegen den Kostenansatz zählt zu den „Einwendungen“ im Sinne von § 8 Abs. 1 Satz 1 JBeitrO, die mit der Erinnerung

---

38 Vgl. *Reiter*, in: Burkiczak/Dollinger/Schorkopf (Hrsg.), BVerfGG, 2015, § 34 Rn. 50; *Graßhof*, in: Maunz/Schmidt-Bleibtreu/Klein/Bethge (Hrsg.), BVerfGG, § 34 Rn. 73 (Januar 2004); *Winker*, Die Missbrauchsgebühr im Prozessrecht, 2011, S. 199 f.

nach § 66 Abs. 1 Satz 1 GKG analog geltend gemacht werden können.[39] Je komplexer aber die einfachrechtliche Frage ist, die Gegenstand der kostenrechtlichen Erinnerung ist, umso weniger ist einzusehen, warum dem Erinnerungsführer die Möglichkeit der Verfassungsbeschwerde verwehrt bleiben soll, nur weil die Erinnerung „zufällig" vom Bundesverfassungsgericht beschieden wird.

39 BVerfG, Beschluss der 3. Kammer des Ersten Senats vom 9. Oktober 2008 – 1 BvR 1356/03 –, juris, Rn. 5; vgl. *Zimmermann*, in: Binz/Dörndorfer/Petzold/Zimmermann (Hrsg.), GKG, FamGKG, JVEG, 3. Aufl. 2014, § 8 JBeitrO Rn. 3.

Sonja Schweitzer

Die Anhörungsrüge in der Rechtsprechung des Bundesverfassungsgerichts

Leitentscheidungen des Bundesverfassungsgerichts (Senat)

BVerfGE 107, 395 (Plenum) – Fachgerichtlicher Rechtsschutz
BVerfGE 119, 292 – Anhörungsrüge nach Zurückweisung eines Richterablehnungsgesuchs
BVerfGE 126, 1 – Fachhochschullehrer Lehrfreiheit
BVerfGE 134, 106 – Anhörungsrügeverfahren

Wichtige Kammerentscheidungen

BVerfG, Beschluss der 3. Kammer des Ersten Senats vom 25. April 2005 – 1 BvR 644/05 –, NJW 2005, S. 3059
BVerfGK 11, 203
BVerfGK 13, 496
BVerfG, Beschluss der 3. Kammer des Zweiten Senats vom 26. April 2011 – 2 BVR 597/11 –, juris
BVerfGK 19, 23
BVerfG, Beschluss der 3. Kammer des Zweiten Senats vom 14. November 2012 – 2 BvR 2915/10 –, juris
BVerfGK 20, 300
BVerfG, Beschluss der 3. Kammer des Zweiten Senats vom 6. Oktober 2014 – 2 BvR 1569/12 –, juris

Schrifttum (Auswahl)

Allgayer, Auswirkungen des Anhörungsrügeverfahrens auf die Zulässigkeit von Verfassungsbeschwerden?, NJW 2013, S. 3484 ff.; *Esser*, Die Judikatur des EGMR im Strudel der Anhörungsrüge, NJW 2016, S. 604 ff.; *Heinrichsmeier*, Probleme der Zulässigkeit der Verfassungsbeschwerde im Zusammenhang mit dem fachgerichtlichen Anhörungsrügeverfahren, NVwZ 2010, S. 228 ff.; *Jooß*, Sekundäre Anhörungsrüge nach fortgesetztem Verfahren, NJW 2016, S. 1210 ff.; *Rieble/Vielmeier*, Riskante Anhörungsrüge, JZ 2011, S. 923 ff.; *Thiemann*, Die Anhörungsrüge als Zulässigkeitsvoraussetzung der Verfassungsbeschwerde, DVBl 2012, S. 1420 ff.; *Vielmeier*, Rechtswegerschöpfung bei verzögerter Anhörungsrüge, NJW 2013, S. 346 ff.; *Zuck*, Neues zum rechtlichen Gehör?, NVwZ 2012, S. 479 ff.

DOI 10.1515/9783110421866-003

Inhalt

I. Einleitung — 44
II. Grundsatz: Eine (jedenfalls auch) auf Art. 103 Abs. 1 GG gestützte Verfassungsbeschwerde erfordert die vorherige Durchführung des Anhörungsrügeverfahrens — 45
III. Die Rücknahme der Rüge einer Verletzung von Art. 103 Abs. 1 GG im laufenden Verfassungsbeschwerdeverfahren — 47
IV. Die materielle Subsidiarität und die Anhörungsrüge — 48
V. Die Folgen der versäumten Erhebung einer Anhörungsrüge — 49
VI. Ausnahmen von der Pflicht zur Erhebung einer Anhörungsrüge — 52
1. Die offensichtliche Aussichtslosigkeit der Anhörungsrüge — 52
2. Sonderfall: Die sekundäre Gehörsrüge — 56
VII. Die Darlegungspflicht im Rahmen der Verfassungsbeschwerde — 59
VIII. Zusammenfassung — 61

I. Einleitung

Rechtliches Gehör ist nach der Rechtsprechung des Bundesverfassungsgerichts nicht nur prozessuales Urrecht, sondern auch objektivrechtliches Verfahrensprinzip, das für ein rechtsstaatliches Verfahren schlechthin konstitutiv ist.[1] Der Einzelne soll nicht bloßes Objekt des Verfahrens sein[2], sondern vor einer Entscheidung, die seine Rechte betrifft, zu Wort kommen, um Einfluss auf das Verfahren und sein Ergebnis nehmen zu können. Der in Art. 103 Abs. 1 GG verbürgte Anspruch auf rechtliches Gehör steht damit in einem funktionalen Zusammenhang mit der Rechtsschutzgarantie und der Justizgewährungspflicht des Staates.[3] Der „Mehrwert" dieser Verbürgung besteht darin, einen angemessenen Ablauf des Verfahrens zu sichern.[4] Art. 103 Abs. 1 GG vermittelt dem an einem gerichtlichen Verfahren Beteiligten einen Anspruch darauf, im Verfahren zu Wort zu kommen und sich zu dem in Rede stehenden Sachverhalt sowie zur Rechtslage zu äußern,[5] Anträge zu stellen und Ausführungen zu machen.[6] Er gewährleistet somit, sich zu jeder dem Gericht zur Entscheidung unterbreiteten Stellungnahme der Gegenseite

---

1 BVerfGE 107, 395 (408).
2 BVerfGE 89, 28 (35).
3 BVerfGE 81, 123 (129); BVerfGE 119, 292 (295); BVerfG, Beschluss der 3. Kammer des Zweiten Senats vom 14. Dezember 2015 – 2 BvR 3073/14 –, juris, Rn. 10.
4 BVerfGE 119, 292 (296); BVerfG, Beschluss der 3. Kammer des Zweiten Senats vom 14. Dezember 2015 – 2 BvR 3073/14 –, juris, Rn. 10.
5 BVerfGE 19, 32 (36); 49, 325 (328); 55, 1 (6); 60, 175 (210); 64, 135 (143f.).
6 BVerfGE 6, 19 (20); 15, 303 (307); 36, 85 (87).

und deren Rechtsauffassung erklären zu können.[7] Eine Art. 103 Abs. 1 GG genügende Gewährung rechtlichen Gehörs setzt ferner voraus, dass die Verfahrensbeteiligten zu erkennen vermögen, auf welchen Tatsachenvortrag es für die Entscheidung ankommen kann.[8]

Der Bedeutung des Rechtes auf rechtliches Gehör im gerichtlichen Verfahren, wie es Art. 103 Abs. 1 GG garantiert ist, entspricht auf der Seite des Rechtsschutzes die Möglichkeit der Korrektur einer fehlerhaften Verweigerung rechtlichen Gehörs. Erst die Beseitigung eines solchen Fehlers, heißt es im Plenarbeschluss des Bundesverfassungsgerichts vom 30. April 2003,[9] eröffnet das tatsächliche Gehörtwerden im Verfahren im Gegensatz zu einem bloß formalen Offenstehen des Rechtsweges.[10]

Diese ursprüngliche Feststellung des Bundesverfassungsgerichts, die in einer Forderung des Gerichts nach Einführung eines einfachgesetzlichen Rechtsbehelfs zur Geltendmachung einer Verletzung rechtlichen Gehörs und schließlich in die gesetzliche Einführung der Anhörungsrüge in sämtlichen Verfahrensordnungen mündete, hat zwischenzeitlich in der Rechtsprechung des Bundesverfassungsgerichts vielfältige Variationen erfahren, denen vorliegend – vor allem unter Berücksichtigung aktueller Entscheidungen des Bundesverfassungsgerichts – im Einzelnen nachgegangen werden soll.

II. Grundsatz: Eine (jedenfalls auch) auf Art. 103 Abs. 1 GG gestützte Verfassungsbeschwerde erfordert die vorherige Durchführung des Anhörungsrügeverfahrens

Zum Rechtsweg, der grundsätzlich vor Erhebung einer Verfassungsbeschwerde erschöpft sein muss (§ 90 Abs. 2 BVerfGG), gehört nach der Rechtsprechung des Bundesverfassungsgerichts auch die Erhebung einer Anhörungsrüge.[11] Eine ohne vorherige Durchführung des Anhörungsrügeverfahrens erhobene Verfassungsbeschwerde ist mangels Erschöpfung des Rechtsweges unzulässig.[12] Dabei ist es

7 BVerfGE 60, 175 (210).

8 BVerfG, Beschluss der 3. Kammer des Zweiten Senats vom 14. Dezember 2015 – 2 BvR 3073/14 –, juris, Rn. 10.

9 BVerfGE 107, 395.

10 Vgl. BVerfGE 119, 292 (296).

11 Vgl. BVerfGE 122, 190 (198); BVerfGK 5, 337 (338).

12 Vgl. BVerfGE 122, 190 (198).

unerheblich, ob der Beschwerdeführer eine Verletzung von Art. 103 Abs. 1 GG explizit bezeichnet oder nur der Sache nach rügt.[13] Der nicht selten auftretende Versuch, das Versäumnis einer Anhörungsrüge dadurch zu kaschieren, dass anstelle einer Rüge von Art. 103 Abs. 1 GG beispielsweise das willkürliche Verhalten des Gerichts oder eine Verletzung des Justizgewährungsanspruchs moniert wird, ist daher regelmäßig nicht von Erfolg gekrönt.[14]

Zwar bestimmt sich der Gegenstand der Verfassungsbeschwerde, ausgehend von der subjektiven Beschwer des Beschwerdeführers, nach der behaupteten Verletzung eines der in Art. 93 Abs. 1 Nr. 4a GG genannten Rechte.[15] Eine solche Behauptung muss aber nicht explizit unter Benennung des verletzten Rechts erfolgen.[16] Vielmehr kann dem Vorbringen des Beschwerdeführers die Rüge der Verletzung eines weiteren oder anderen, nicht ausdrücklich benannten Grundrechts zu entnehmen sein.[17]

Seine Grenze findet dies in der Dispositionsfreiheit des Beschwerdeführers: Es steht diesem nach der Rechtsprechung des Bundesverfassungsgerichts frei, die von ihm erhobene Verfassungsbeschwerde auf die Rüge bestimmter Grundrechtsverletzungen zu beschränken,[18] wenngleich dies dann auch in der Sache so erfolgen muss. Es reicht daher nicht, wenn der Beschwerdeführer lediglich die Bezeichnung von Art. 103 Abs. 1 GG unterlässt oder gar explizit erwähnt, das Verfahrensgrundrecht nicht rügen zu wollen, wenn er zugleich in seinem weiteren Vorbringen tatsächlich eine Verletzung rechtlichen Gehörs vorträgt.

---

13 Vgl. BVerfG, Beschluss der 3. Kammer des Zweiten Senats vom 6. Oktober 2014 – 2 BvR 1569/12 –, juris, Rn. 9; BVerfGK 19, 23 (23 f.).

14 Dabei ist jedoch vom Grundsatz wohlwollender Auslegung prozessualer Anträge auszugehen, vgl. BVerfGE 134, 106 (114). Vgl. auch *Thiemann*, DVBl 2012, S. 1420 (1425 f.).

15 BVerfGE 96, 251 (257); 126, 1 (17).

16 Umgekehrt ist es jedoch auch unschädlich, wenn der Beschwerdeführer Art. 103 Abs. 1 GG zwar ausdrücklich nennt, in der Sache aber allein die Verletzung anderer Grundrechte geltend macht, vgl. BVerfGK 7, 403 (407). Dies folgt letztlich auch daraus, dass die vorherige Erhebung einer Anhörungsrüge jedenfalls dann aufgrund offensichtlicher Aussichtslosigkeit entbehrlich ist, wenn eine Verletzung des Anspruchs auf rechtliches Gehör nach dem vorgetragenen Sachverhalt offensichtlich nicht vorliegt und der diesbezügliche Vortrag des Beschwerdeführers offensichtlich allein auf unzutreffenden Annahmen über Inhalt und Grenzen dieses Grundrechts beruht, vgl. vor allem BVerfGE 54, 86 (91 f.); 69, 141 (143 f.); BVerfGK 7, 403 (407).

17 BVerfGE 79, 174 (201); 84, 366 (369); 85, 214 (217).

18 BVerfGE 126, 1 (17 f.); BVerfGK 19, 23 (24).

III. Die Rücknahme der Rüge einer Verletzung von Art. 103 Abs. 1 GG im laufenden Verfassungsbeschwerdeverfahren

Vor dem Hintergrund der Dispositionsfreiheit des Beschwerdeführers über den Gegenstand der Verfassungsbeschwerde, steht es dem Beschwerdeführer frei, die (zunächst erhobene) Rüge einer Verletzung von Art. 103 Abs. 1 GG wieder zurückzunehmen.[19] Bis zu welchem Stadium des Verfahrens ihm diese Möglichkeit eröffnet ist, wurde in der Rechtsprechung des Bundesverfassungsgerichts in der Vergangenheit nicht einheitlich beurteilt. Die 1. Kammer des Zweiten Senats hat einer Rücknahme jedenfalls dann eine Absage erteilt, wenn diese erst nach Ablauf der Verfassungsbeschwerdefrist erklärt worden ist.[20] Demgegenüber ging die 3. Kammer des Ersten Senats davon aus, dass eine Rücknahme einzelner Rügen jedenfalls bis zur Entscheidung über die Annahme der Verfassungsbeschwerde grundsätzlich unbeschränkt möglich sei.[21] Bestätigt wurde letzteres durch eine nachfolgende Senatsentscheidung des Ersten Senats, in der es dem Beschwerdeführer unter Bezugnahme auf seine Dispositionsfreiheit grundsätzlich freigestellt wurde, nach Erhebung der Verfassungsbeschwerde diese nachträglich auf die Rüge bestimmter Grundrechtsverletzungen zu beschränken.[22]

Auch dies ist allerdings keine Garantie, die Zulässigkeit der Verfassungsbeschwerde trotz versäumter Erhebung einer Anhörungsrüge zu retten. Analog zu einer bereits bei Erhebung der Verfassungsbeschwerde erfolgten Beschränkung auf materielle Grundrechte überwindet die spätere Rücknahme der Rüge einer Verletzung von Art. 103 Abs. 1 GG nämlich nicht die Hürde der (materiellen) Subsidiarität der Verfassungsbeschwerde.[23]

---

19 Wie jede Prozesserklärung ist allerdings auch die Rücknahme der Rüge bedingungsfeindlich, vgl. BVerfGK 13, 64 (66 f.).

20 BVerfG, Beschluss der 1. Kammer des Zweiten Senats vom 4. September 2007 – 2 BvR 1311/05 –, NStZ-RR 2008, 28 (29).

21 BVerfGK 13, 64 (66); kritisch dazu *Zuck*, NVwZ 2011, S. 795.

22 BVerfGE 126, 1 (17 f.); *Zuck*, NVwZ 2011, S. 795 (797 f.).

23 BVerfGE 126, 1 (18). So auch *Heinrichsmeier*, NVwZ 2010, S. 228 (230).

IV. Die materielle Subsidiarität und die Anhörungsrüge

Der in § 90 Abs. 2 BVerfGG zum Ausdruck kommende Grundsatz der Subsidiarität verlangt nach der Rechtsprechung des Bundesverfassungsgerichts, dass Beschwerdeführer alle nach Lage der Dinge zur Verfügung stehenden prozessualen Möglichkeiten ergreifen, um die geltend gemachte Grundrechtsverletzung schon im fachgerichtlichen Verfahren zu verhindern oder zu beseitigen.[24] Aufgrund des Subsidiaritätsgrundsatzes kann es daher geboten sein, im fachgerichtlichen Verfahren eine Gehörsverletzung mit einer Anhörungsrüge selbst dann anzugreifen, wenn mit der Verfassungsbeschwerde zwar kein Verstoß gegen Art. 103 Abs. 1 GG gerügt werden soll, bei einem Erfolg der Anhörungsrüge jedoch auch andere Grundrechtsverletzungen beseitigt werden können.[25]

Voraussetzung hierfür ist zunächst die Möglichkeit der Erhebung einer zulässigen Anhörungsrüge, also insbesondere das Vorliegen eines Sachverhalts, der eine Verletzung von Art. 103 Abs. 1 GG nahelegt, so dass eine Rüge jedenfalls eine gewisse Aussicht auf Erfolg besitzt.[26] Dies gilt ausdrücklich auch für solche Fälle, in denen der Beschwerdeführer Art. 103 Abs. 1 GG weder ausdrücklich noch in der Sache rügt.[27] Da eine erfolgreiche Anhörungsrüge zu einer Zurückversetzung des Rechtsstreits in die Lage führt, in der er sich vor der Verletzung des rechtlichen Gehörs befand, können so nicht nur die Verletzung von Art. 103 Abs. 1 GG, sondern auch sämtliche weiteren Grundrechtverletzungen, so sie denn vorliegen, im fachgerichtlichen Verfahren beseitigt werden.

Die geforderten, anderweitigen prozessualen Abhilfemöglichkeiten, vorliegend also die Anhörungsrüge, müssen allerdings zumutbar sein.[28] Der Begriff der Zumutbarkeit wird in der Rechtsprechung des Bundesverfassungsgerichts in diesem Zusammenhang allerdings nur rudimentär weiter konkretisiert: Die Wahrung des Subsidiaritätsgrundsatzes verlangt danach dann die vorherige Erhebung einer Anhörungsrüge, „wenn den Umständen nach ein Gehörsverstoß

---

24 Vgl. statt vieler BVerfGE 73, 322 (325); 134, 106 (113 ff.) unter Verweis auf BVerfGE 107, 395 (414); 112, 50 (60).

25 BVerfGE 134, 106 (115); kritisch *Esser*, NJW 2016, S. 604.

26 Vgl. aus jüngerer Zeit BVerfG, Beschluss der 2. Kammer des Zweiten Senats vom 14. April 2016 – 2 BvR 695/16 –, juris, Rn. 2; BVerfG, Beschluss der 2. Kammer des Zweiten Senats vom 23. März 2016 – 2 BvR 544/16 –, juris, Rn. 4; BVerfG, Beschluss der 3. Kammer des Ersten Senats vom 25. August 2015 – 1 BvR 1528/14 –, juris, Rn. 6; vgl. *Desens*, NJW 2006, S. 1243 (1246 f.).

27 BVerfGE 134, 106 (117).

28 BVerfGE 134, 106 (115 f.). Vgl. dazu *Allgayer*, NJW 2013, S. 3484 (3485).

durch die Fachgerichte nahe liegt und zu erwarten wäre, dass vernünftige Verfahrensbeteiligte bereits im gerichtlichen Verfahren einen entsprechenden Rechtsbehelf ergreifen würden".[29] Erforderlich sei die vorherige Anhörungsrüge also insbesondere dann, „wenn auf der Hand liegt, dass mit dem Beschwerdevorbringen der Sache nach ein Gehörsverstoß gerügt wird, die Beschwerdeführer aber ersichtlich mit Rücksicht darauf, dass kein Anhörungsrügeverfahren durchgeführt wurde, ausschließlich die Verletzung eines anderen Grundrechts oder grundrechtsgleichen Rechts geltend machen, das durch ein solches Vorgehen des Gerichts gleichfalls verletzt sein kann".[30]

Rügt ein Beschwerdeführer also nicht ausschließlich eine Verletzung von Art. 103 Abs. 1 GG, kommen daher grundsätzlich zwei Konstellationen in Betracht: Wird Art. 103 Abs. 1 GG ausdrücklich oder der Sache nach gerügt, scheitert die Zulässigkeit einer sogleich erhobenen Verfassungsbeschwerde an der fehlenden Erschöpfung des Rechtswegs. Nimmt der Beschwerdeführer demgegenüber im Rahmen seiner Dispositionsfreiheit wirksam eine Beschränkung auf andere (materielle) Grundrechte (von vornherein oder durch eine Rücknahme der Rüge) vor, ist ungeachtet dessen im Hinblick auf die Subsidiarität der Verfassungsbeschwerde genau zu prüfen, ob nicht dennoch eine Verletzung rechtlichen Gehörs in Betracht kommt und der Beschwerdeführer mit der Erhebung der Anhörungsrüge auch im Hinblick auf die übrigen Grundrechtsverletzungen Abhilfe hätte erreichen können.[31] Dies ist nur folgerichtig, da zwar der Gegenstand der Verfassungsbeschwerde, nicht aber der Grundsatz der Subsidiarität der Dispositionsfreiheit des Beschwerdeführers unterliegt.[32]

V. Die Folgen der versäumten Erhebung einer Anhörungsrüge

Eine auf Art. 103 Abs. 1 GG gestützte Verfassungsbeschwerde, der kein Anhörungsrügeverfahren vorangegangen ist, ist regelmäßig mangels Erschöpfung des Rechtsweges oder wegen Missachtung des Subsidiaritätsgrundsatzes unzulässig. Die Unzulässigkeit erstreckt sich dabei nicht bloß auf die Rüge der Verletzung rechtlichen Gehörs. Vielmehr ist die Verfassungsbeschwerde im Regelfall auch

29 BVerfGE 134, 106 (115 f.).
30 BVerfGE 134, 106 (116).
31 Kritisch hierzu *Thiemann*, DVBl 2012, S. 1420 (1424 f.); *Esser*, NJW 2016, S. 604 (606 f.) hinsichtlich der Verpflichtung der Prozessparteien, auf die Beachtung der EMRK hinzuweisen.
32 Vgl. dazu *Heinrichsmeier*, NVwZ 2010, S. 228 (230) m.w.N.

hinsichtlich der weiteren, neben Art. 103 Abs. 1 GG gerügten Grundrechtsverletzungen unzulässig.[33]

Wurde dieser Grundsatz im Queen-Mary-II-Beschluss des 3. Kammer des Ersten Senats vom 25. April 2005[34] noch mit der Einschränkung versehen, dies gelte jedenfalls dann, wenn sich die behauptete Gehörsverletzung auf den gesamten Streitgegenstand des fachgerichtlichen Verfahrens erstrecke,[35] hat in der weiteren Rechtsprechung des Bundesverfassungsgerichts offenbar kein Fall Anlass geboten, dies näher zu konkretisieren.[36] Soweit ersichtlich sind keine Entscheidungen des Bundesverfassungsgerichts ergangen, in denen mangels Erstreckung der Gehörsverletzung auf den gesamten Streitgegenstand die unterlassene Anhörungsrüge nicht zu einer Unzulässigkeit der Verfassungsbeschwerde auch im Hinblick auf die weiteren Grundrechtsrügen geführt hätte.[37]

Diese Rechtsfolge ist angesichts der oben bereits dargestellten Argumentation des Bundesverfassungsgerichts nur konsequent: Stellt nämlich das Instanzgericht eine Verletzung rechtlichen Gehörs fest, versetzt es den Rechtsstreit insgesamt in den Zustand vor dem Gehörsverstoß und eröffnet wieder in vollem Umfang das fachgerichtliche Verfahren. Zu verlangen, dass der Beschwerdeführer wegen der Verletzung rechtlichen Gehörs Anhörungsrüge erhebt und zugleich wegen der Verletzung anderer Grundrechte Verfassungsbeschwerde erhebt, wäre vor dem Hintergrund von Sinn und Zweck des Subsidiaritätsgrundsatzes bzw. der Rechtswegerschöpfung widersinnig.[38] § 90 Abs. 2 Satz 1 BVerfGG zielt gerade darauf ab, eine ordnungsgemäße Vorprüfung der Beschwerdepunkte durch die

---

33 Vgl. BVerfG, Beschluss der 3. Kammer des Ersten Senats vom 25. April 2005 – 1 BvR 644/05 –, NJW 2005, S. 3059; seither ständige Rechtsprechung. Hierzu auch *Desens*, NJW 2006, S. 1243 (1245 f.); *Heinrichsmeier*, NVWZ 2010, S. 228 (229 ff.); *Jost*, Verfassungsprozessuale Probleme der Anhörungsrüge, in: Rensen/Brink (Hrsg.), Linien der Rechtsprechung des Bundesverfassungsgerichts, Bd. 1, 2009, S. 59 (63 ff.); *Gertler*, Neuere Rechtsprechung des Bundesverfassungsgerichts zur Anhörungsrüge, in: Emmenegger/Wiedmann (Hrsg.), Linien der Rechtsprechung des Bundesverfassungsgerichts, Bd. 2, 2011, S. 53 (57 ff.); *Thiemann*, DVBl 2012, S. 1420 (1420 f.).

34 BVerfG, Beschluss der 3. Kammer des Ersten Senats vom 25. April 2005 – 1 BvR 644/05 –, NJW 2005, S. 3059.

35 Gemeint ist damit der Streitgegenstand des fachgerichtlichen Verfahrens, vgl. BVerfG, Beschluss der 3. Kammer des Ersten Senats vom 25. April 2005 – 1 BvR 644/05 –, NJW 2005, S. 3059 (3060). Kritisch hierzu *Zuck*, NVwZ 2005, S. 739 (7429).

36 Vgl. statt vieler BVerfGE 134, 106 (113). Hierzu auch *Allgayer*, NJW 2013, S. 3484 (3485).

37 So auch *Allgayer*, NJW 2013, S. 3484 (3485).

38 BVerfG, Beschluss der 3. Kammer des Ersten Senats vom 25. April 2005 – 1 BvR 644/05 –, NJW 2005, 3059 (3060). So auch *Jost*, Verfassungsprozessuale Probleme der Anhörungsrüge, in: Rensen/Brink (Hrsg.), Linien der Rechtsprechung des Bundesverfassungsgerichts, 2009, S. 59 (64).

zuständigen gerichtlichen Instanzen zu gewährleisten und dadurch das Bundesverfassungsgericht zu entlasten.

Angesichts dessen müsste eine Verfassungsbeschwerde auch dann insgesamt unzulässig sein, wenn ein Anhörungsrügeverfahren zwar ordnungsgemäß durchgeführt worden ist, der Beschwerdeführer aber in der anschließenden Verfassungsbeschwerde andere oder zusätzliche Aspekte zu einer Verletzung von Art. 103 Abs. 1 GG – geschehen im letztinstanzlichen Verfahren – rügt.[39] Die Kammerrechtsprechung des Bundesverfassungsgerichts ist hierzu jedoch uneinheitlich, ohne dass sich die Entscheidungen näher mit den Ausführungen des Queen-Mary-II-Beschlusses auseinandersetzen.[40] Die Besonderheit liegt dabei darin, dass der Beschwerdeführer nicht etwa eine Gehörsverletzung im Anhörungsrügeverfahren selbst beanstandet. Eine dagegen erhoben Anhörungsrüge wäre zweifellos nicht statthaft. Verletzt das Fachgericht letzter Instanz jedoch nicht nur einmal, sondern gleich mehrfach das rechtliche Gehör eines Beteiligten, müssen sämtliche Verstöße im Rahmen der Anhörungsrüge beanstandet werden. Geschieht dies nicht, müsste die anschließend erhobene Verfassungsbeschwerde nicht nur, wie teilweise in Kammerentscheidungen des Bundesverfassungsgerichts angenommen,[41] hinsichtlich dieser Rügen, sondern vielmehr in Gänze unzulässig sein.

---

39 BVerfGK 11, 368 (371 f.); so auch *Jost*, Verfassungsprozessuale Probleme der Anhörungsrüge, in: Rensen/Brink (Hrsg.), Linien der Rechtsprechung des Bundesverfassungsgerichts, Bd. 1, 2009, S. 59 (70 f.); anders aber: BVerfGK 11, 390 (395 f.); BVerfGK 14, 539 (542 ff.); BVerfG, Beschluss der 3. Kammer des Zweiten Senats vom 25. November 2010 – 2 BvR 2111/09 –, juris, Rn. 5; vgl. dazu auch *Gertler*, Neuere Rechtsprechung des Bundesverfassungsgerichts zur Anhörungsrüge, in: Emmenegger/Wiedmann (Hrsg.), Linien der Rechtsprechung des Bundesverfassungsgerichts, Bd. 2, 2011, S. 53 (63); *Thiemann*, DVBl 2012, S. 1420 (1422 f.). Für einen bloßen „Rügeverbrauch“: *Rieble/Vielmeier*, JZ 2011, S. 923 (925).

40 BVerfGK 11, 390 (395 f.); BVerfGK 14, 539 (542 ff.); BVerfG, Beschluss der 3. Kammer des Zweiten Senats vom 25. November 2010 – 2 BvR 2111/09 –, juris, Rn. 5; *Gertler*, Neuere Rechtsprechung des Bundesverfassungsgerichts zur Anhörungsrüge, in Emmenegger/Wiedmann (Hrsg.), Linien der Rechtsprechung des Bundesverfassungsgerichts, Bd. 2, 2011, S. 53 (63); *Thiemann*, DVBl 2012, S. 1420 (1422 f.).

41 BVerfGK 11, 390 (395 f.); BVerfGK 14, 539 (542 ff.); BVerfG, Beschluss der 3. Kammer des Zweiten Senats vom 25. November 2010 – 2 BvR 2111/09 –, juris, Rn. 5.

VI. Ausnahmen von der Pflicht zur Erhebung einer Anhörungsrüge

Die Pflicht des Beschwerdeführers zur vorgeschalteten Erhebung der Anhörungsrüge gilt nicht ausnahmslos. Erscheint die Durchführung des Anhörungsrügeverfahrens als offensichtlich aussichtslos, bedarf es seiner Einleitung nicht.[42] Es entspricht vielmehr allgemeinen Grundsätzen, dass der Beschwerdeführer nicht auf ein offensichtlich aussichtsloses Rechtsmittel verwiesen werden kann.[43] Andererseits ist ein offensichtlich aussichtsloser Rechtsbehelf auch nicht geeignet, die Beschwerdefrist des § 93 Abs. 1 BVerfGG offenzuhalten.[44] Eine Sonderform stellt hierbei die so genannte sekundäre Gehörsrüge dar.

1. Die offensichtliche Aussichtslosigkeit der Anhörungsrüge

Das Bundesverfassungsgericht geht davon aus, dass die Erhebung einer Anhörungsrüge dann nicht geboten ist, wenn diese offensichtlich keine Aussicht auf Erfolg hat.[45] Die offensichtlich aussichtslose Anhörungsrüge ist nicht stets ein Problem der Rechtswegerschöpfung im Sinne des § 90 Abs. 2 BVerfGG, sondern kann sich unter Umständen auch als Fristproblem offenbaren.[46]

Vorrangig ein Problem der Rechtswegerschöpfung stellen offensichtlich aussichtslose Anhörungsrügen regelmäßig dann dar, wenn die Aussichtslosigkeit vom Beschwerdeführer herbeigeführt worden ist, etwa weil die Rügefrist versäumt wurde.[47] Insoweit verbleibt es bei dem Grundsatz, dass es der Beschwerdeführer nicht in der Hand haben soll, durch Einlegung eines unstatthaften oder aus

---

42 Gleiches gilt für diejenigen Fälle, in denen der Zweck des Anhörungsrügeverfahrens im Prozessverlauf schon anderweitig erreicht worden ist, vgl. *Thiemann*, DVBl 2012, S. 1420 (1423 f.); *Gertler*, Neuere Rechtsprechung des Bundesverfassungsgerichts zur Anhörungsrüge, in: Emmenegger/Wiedmann (Hrsg.), Linien der Rechtsprechung des Bundesverfassungsgerichts, Bd. 2, 2011, S. 53 (60)

43 BVerfGE 68, 376 (381); 107, 299 (308 f.).

44 BVerfGE 28, 1 (6); 107, 299 (308).

45 Vgl. BVerfGE 126, 1 (19); BVerfGK 7, 403 (407); BVerfGK 11, 368 (370 f.); aus neuerer Zeit: BVerfG, Beschluss der 2. Kammer des Zweiten Senats vom 14. April 2016 – 2 BVR 695/16 –, juris, Rn. 3; BVerfG, Beschluss der 2. Kammer des Zweiten Senats vom 11. September 2015 – 2 BVR 1586/15 –, juris, Rn. 4; BVerfGK 20, 300 (302 f.).

46 Vgl. BVerfGK 20, 300; kritisch hierzu *Thiemann*, DVBl 2012, S. 1420 (1421 f.).

47 Zustimmend *Thiemann*, DVBl 2012, S. 1420 (1423).

sonstigen Gründen eindeutig unzulässigen Rechtsbehelfs den Ablauf der Verfassungsbeschwerdefrist hinauszuzögern oder diese erneut in Gang zu setzen.[48]

Hat der Beschwerdeführer allerdings nicht erkannt, dass seine Anhörungsrüge offensichtlich aussichtslos erscheint und diese dennoch erhoben, ist seine Verfassungsbeschwerde regelmäßig verfristet. Die Monatsfrist des § 93 Abs. 1 BVerfGG beginnt in diesen Fällen nicht etwa erst mit der Bekanntgabe der Entscheidung über die Anhörungsrüge, sondern bereits mit der letztinstanzlichen Sachentscheidung zu laufen.[49] Eine von vornherein aussichtslose Anhörungsrüge gehört nämlich bereits nicht zum Rechtsweg und kann den Beginn der Frist des § 93 Abs. 1 Satz 1 BVerfGG nicht hinausschieben.[50]

Diese Konstellation birgt Konfliktstoff:[51]: Während die Frage der Verfristung einer Anhörungsrüge noch eindeutig zu beurteilen ist, divergieren die Einschätzungen der Aussichtslosigkeit (aus anderen Gründen) bisweilen sehr.[52] Offensichtlich aussichtslos ist eine Anhörungsrüge nach der Rechtsprechung des Bundesverfassungsgerichts dann, wenn der Beschwerdeführer bei Erhebung der Anhörungsrüge nicht darüber im Ungewissen sein konnte, dass keine Gehörsverletzung vorliegt.[53] So vermag etwa die Behauptung, das Gericht habe den vorgetragenen tatsächlichen Umständen nicht die richtige Bedeutung für die weitere tatsächliche oder rechtliche Folgerung beigemessen, grundsätzlich keinen Verstoß nach Art. 103 Abs. 1 GG zu begründen.[54] Auch der nicht selten erhobene Vorwurf, das Instanzgericht sei der Rechtsauffassung des Beschwerdeführers nicht gefolgt, begründet keinen Verstoß gegen Art. 103 Abs. 1 GG, denn Sinn und Zweck der Anhörungsrüge ist es nicht, das Gericht schlechthin zu einer Über-

---

48 StRspr., vgl. BVerfGE 28, 88 (95); 63, 80 (85); 91, 93 (106). Dazu auch *Hömig*, in: Maunz/Schmidt-Bleibtreu/Klein/Bethge (Hrsg.), BVerfGG, § 93 Rn. 35 m.w.N. (Juli 2013).

49 Vgl. BVerfGK 20, 300 (302 f.).

50 Anders ist dies aber dann, wenn die Anhörungsrüge mangels Einhaltung der Rügefrist unzulässig ist: Dann scheitert die Verfassungsbeschwerde zugleich an der fehlenden Erschöpfung des Rechtsweges.

51 Kritisch hierzu *Jost*, Verfassungsprozessuale Probleme der Anhörungsrüge, in: Rensen/Brink (Hrsg.), Linien der Rechtsprechung des Bundesverfassungsgerichts, Bd. 1, 2009, S. 67 ff.; *Heinrichsmeier*, NVwZ 2010, S. 228 (230); *Thiemann*, DVBl 2012, S. 1420 (1422 f.).

52 *Heinrichsmeier*, NVwZ 2010, S. 228 (230).

53 Teilweise behandelt das Bundesverfassungsgericht den gesamten Komplex als offensichtliche Unzulässigkeit der Anhörungsrüge, vgl. etwa BVerfGK 11, 203 (205 ff.). Kritisch hierzu *Jost*, Verfassungsprozessuale Probleme der Anhörungsrüge, in: Rensen/Brink (Hrsg.), Linien der Rechtsprechung des Bundesverfassungsgerichts, 2009, S. 59 (66). Insgesamt werden die Grenzen zwischen Zulässigkeits- und Begründetheitsprüfung verwischt, vgl. *Heinrichsmeier*, NVwZ 2010, S. 228 (230).

54 Vgl. BVerfG, Beschluss der 2. Kammer des Zweiten Senats vom 11. September 2015 – 2 BvR 1586/15 –, juris, Rn. 4.

prüfung seiner Rechtsauffassung zu veranlassen.[55] Schließlich verletzt auch der bloße Umstand, dass das Gericht sich in den Entscheidungsgründen nicht mit jedem Vorbringen der Verfahrensbeteiligten befasst hat, Art. 103 Abs. 1 GG nicht.[56] Ist die Frage der Statthaftigkeit einer Anhörungsrüge indes noch nicht höchstrichterlich geklärt, entbindet dies den Beschwerdeführer gleichwohl nicht von der Pflicht zur Erhebung einer Anhörungsrüge.[57]

Das Risiko der Beurteilung der Aussichtslosigkeit einer Anhörungsrüge trägt der Beschwerdeführer. Verschärft wird dieses Risiko dadurch, dass das Bundesverfassungsgericht – ungeachtet der Beurteilung durch das Instanzgericht – die Zulässigkeit der Verfassungsbeschwerde selbst prüft.[58] Mit anderen Worten hilft es dem Beschwerdeführer auch dann nicht über die offensichtlich unzulässige, weil verfristete Anhörungsrüge hinweg, dass das Instanzgericht seine (unzulässige) Rüge als (nur) unbegründet zurückweist und dabei den gerügten Gehörsverstoß in der Sache prüft. Als Zulässigkeitsvoraussetzung der Verfassungsbeschwerde prüft das Bundesverfassungsgericht vielmehr die ordnungsgemäße Rechtswegerschöpfung und damit die Zulässigkeit der Anhörungsrüge eigenständig und nimmt im dargestellten Fall die Verfassungsbeschwerde aufgrund deren Unzulässigkeit nicht zur Entscheidung an.[59]

Angesichts der sonst geübten Zurückhaltung des Bundesverfassungsgerichts bei der Auslegung und Anwendung des einfachen Rechts erscheint dies überra-

55 Vgl. BVerfGK 7, 115 (116).

56 Dies lässt nach der Rechtsprechung des Bundesverfassungsgerichts nur unter besonderen Umständen den Rückschluss auf die Nichtberücksichtigung entscheidungserheblichen Vorbringens zu, vgl. BVerfGE 13, 132 (149), anders nur bei evidenter Nichtberücksichtigung des Vorgebrachten durch das Gericht, vgl. BVerfGE 27, 248 (252) oder wenn das Gericht auf den wesentlichen Kern des Tatsachenvortrags zu einer Frage, die für das Verfahren von zentraler Bedeutung ist, nicht eingeht, sofern der entsprechende Vortrag des Verfahrensbeteiligten nicht nach dem Rechtsstandpunkt des Gerichts unerheblich oder offensichtlich unsubstantiiert ist.

57 BVerfG, Beschluss der 1. Kammer des Ersten Senats vom 16. Juni 2014 – 1 BvR 1443/12 –, NJW 2014, S. 2635 (2635 f.). Unzumutbar ist die Einlegung eines Rechtsmittels erst dann, wenn dessen Zulässigkeit höchst zweifelhaft ist, vgl. BVerfGE 17, 252 (257); 39, 302 (311 f.); 60, 7 (13); 60, 96 (99); 64, 203 (206).

58 Vgl. BVerfGK 11, 203 (205 f.); BVerfG, Beschluss der 1. Kammer des Ersten Senats vom 25. Januar 2014 – 1 BvR 1126/11 –, NJW 2014, S. 991 (992). Dabei legt das Bundesverfassungsgericht jedoch einen sachdienlichen, nicht zu engen Maßstab zugrunde (so etwa BVerfG, Beschluss der 1. Kammer des Ersten Senats vom 25. Januar 2014 – 1 BvR 1126/11 –, NJW 2014, S. 991 (992)). Anders aber: BVerfGK 11, 390 (394 f.); hierzu *Thiemann*, DVBl 2012, S. 1420 (1423); *Heinrichsmeier*, NVwZ 2010, S. 228 (231); *Hömig*, in: Maunz/Schmidt-Bleibtreu/Klein/Bethge (Hrsg.), BVerfGG, § 93 Rn. 35 (Juli 2013); *Rieble/Vielmeier*, JZ 2011, S. 923 (927).

59 Vgl. auch *Heinrichsmeier*, NVwZ 2010, S. 228 (231).

schend.[60] Während die eigenständige Prüfung durch das Bundesverfassungsgericht in den Fällen, in denen der Beschwerdeführer eine Anhörungsrüge nicht erhoben und daher auch das Fachgericht keine Beurteilung von deren Zulässigkeit oder Begründetheit abgegeben hat, noch unproblematisch erscheint, setzt sich das Bundesverfassungsgericht dann, wenn das Fachgericht die Rüge ausdrücklich als zulässig erachtet, mit seiner eigenen Prüfung über die grundsätzlich bestehende Bindung an die Anwendung des einfachen Rechts durch das Fachgericht hinweg.[61]

Die Substantiierungspflichten des Beschwerdeführers gebieten es, im Rahmen der Verfassungsbeschwerde hinreichend darzulegen, dass und gegebenenfalls warum dem Beschwerdeführer eine vorherige Anhörungsrüge nicht möglich oder nicht zumutbar gewesen wäre.[62] Dieses Vorgehen ist riskant: Bewertet das Bundesverfassungsgericht die Zumutbarkeit anders, ist die Verfassungsbeschwerde mangels Erschöpfung des Rechtsweges oder aufgrund der Subsidiarität der Verfassungsbeschwerde unzulässig. Die anschließend erfolgende Erhebung einer Anhörungsrüge dürfte dann in aller Regel verfristet sein.[63]

Insgesamt ist es daher ratsam, in Zweifelsfällen die Anhörungsrüge sowie zugleich Verfassungsbeschwerde zu erheben.[64] In letzterer sollte zudem auf das noch anhängige Anhörungsrügeverfahren hingewiesen und darum gebeten werden, die Verfassungsbeschwerde zunächst im Allgemeinen Register aufzunehmen. Ganz ohne (Kosten-)Risiko ist indes auch ein solches Vorgehen nicht: Gibt das Fachgericht der Anhörungsrüge statt und versetzt es den Rechtsstreit in die Lage vor der Gehörsverletzung, hat sich die bereits erhobene Verfassungsbeschwerde erledigt. Da der Rechtsweg aber im Zeitpunkt der Erhebung der Verfassungsbeschwerde noch nicht erschöpft, die Verfassungsbeschwerde im Zeit-

---

60 *Jost*, Verfassungsprozessuale Probleme der Anhörungsrüge, in: Rensen/Brink (Hrsg.), Linien der Rechtsprechung des Bundesverfassungsgerichts, Bd. 1, 2009, S. 59 (66 f.); *Heinrichsmeier*, NVwZ 2010, S. 228 (231 f.).

61 So BVerfGK 11, 203 (205 f.). Kritisch *Jost*, Verfassungsprozessuale Probleme der Anhörungsrüge, in Rensen/Brink (Hrsg.), Linien der Rechtsprechung des Bundesverfassungsgerichts, 2009, Bd. 1, S. 59 (67); *Heinrichsmeier*, NVwZ 2010, S. 228 (231).

62 BVerfG, Beschluss der 2. Kammer des Zweiten Senats vom 6. Dezember 2008 – 2 BvR 1082/08 –, juris, Rn. 21; BVerfG, Beschluss der 3. Kammer des Zweiten Senats vom 20. Mai 2010 – 2 BvR 1226/09 –, juris, Rn. 4; BVerfG, Beschluss der 3. Kammer des Zweiten Senats vom 10. Dezember 2013 – 2 BvR 759/13 –, NStZ-RR 2014, 84 (84).

63 Ausführlich dazu *Schlaich/Korioth*, Das Bundesverfassungsgericht, 10. Aufl. 2015, Rn. 246.

64 Dies wird vom Bundesverfassungsgericht grundsätzlich gebilligt, vgl. BVerfG, Beschluss der 2. Kammer des Ersten Senats vom 17. Dezember 2012 – 1 BvR 2059/12 –, juris, Rn. 13.

punkt ihrer Erledigung also unzulässig war, scheidet eine Erstattung der notwendigen Auslagen des Verfassungsbeschwerdeverfahrens aus.[65]

Abschließend sei noch erwähnt, dass die vorstehenden Erwägungen nicht nur dann gelten, wenn der Beschwerdeführer Art. 103 Abs. 1 GG ausdrücklich oder der Sache nach rügt.[66] Auch dann wenn Art. 103 Abs. 1 GG nicht gerügt wird, der Grundsatz der Subsidiarität der Verfassungsbeschwerde aber die vorherige Erhebung einer Anhörungsrüge fordert, bildet die Aussichtlosigkeit eine Grenze. Der Erste Senat des Bundesverfassungsgerichts hat hierzu klarstellend ausgeführt, dass „offensichtlich aussichtslose fachgerichtliche Rechtsbehelfe (...) auch unter Berücksichtigung der Subsidiarität der Verfassungsbeschwerde nicht erhoben werden“[67] müssen.

2. Sonderfall: Die sekundäre Gehörsrüge

Rügt der Beschwerdeführer eine Gehörsverletzung in der Vorinstanz, die lediglich – nach seiner Auffassung – letztinstanzlich nicht geheilt worden ist, bedarf es ebenfalls keiner Anhörungsrüge gegen die letztinstanzliche Entscheidung.[68] Die verfassungsrechtliche Garantie eines (einmaligen) fachgerichtlichen Rechtsbehelfs zur Geltendmachung von Gehörsverstößen, wie sie das Plenum des Bundesverfassungsgerichts in seiner Entscheidung vom 30. April 2003 postuliert hat, erstreckt sich nicht auch auf solche Fälle, in denen die Vorinstanz mutmaßlich das Recht einer Prozesspartei auf rechtliches Gehör verletzt hat und dies von der Rechtsmittelinstanz nicht geheilt worden ist (so genannte sekundäre Gehörsrüge).[69] Eine dennoch erhobene Anhörungsrüge ist nicht statthaft und – jedenfalls nunmehr[70] – offensichtlich unzulässig. Schon im Plenarbeschluss heißt es, die einmalige gerichtliche Kontrolle einer behaupteten Rechtsverletzung bei einem gerichtlichen Verfahrenshandeln sei ausreichend. Eine solche kann auch im Rechtsmittelverfahren erfolgen. Die unterlassene Heilung eines Gehörsverstoßes

---

65 Vgl. BVerfG, Beschluss der 1. Kammer des Ersten Senats vom 25. April 2015 – 1 BvR 689/15 –, juris, Rn. 3.
66 Siehe hierzu unter IV.
67 BVerfGE 126, 1 (18).
68 Ausführlich dazu BVerfGK 13, 496 (499 f.); 18, 301; hierzu *Thiemann*, DVBl 2012, S. 1420 (1423 f.).
69 BVerfGK 13, 496 (499 f.); BVerfG, Beschluss der 3. Kammer des Zweiten Senats vom 18. Oktober 2012 – 2 BvR 2776/10 –, NJW 2013, S. 592 (592); BVerfG, Beschluss der 3. Kammer des Zweiten Senats vom 26. April 2011 – 2 BvR 597/11 –, juris, Rn. 5.
70 Vgl. BVerfGK 11, 390 (394 f.); *Lindner*, AnwBl 2008, S. 362 (362 f.).

begründet demgegenüber für sich gesehen keine neue Verletzung rechtlichen Gehörs. In Betracht kommt höchstens eine neue, eigenständige Gehörsverletzung durch die letzte Entscheidung des Fachgerichts.[71]

Schwierig ist die Beurteilung des Vorliegens eines neuen, eigenständigen Gehörsverstoßes allerdings dann, wenn im letztinstanzlichen Verfahren bereits ein Gehörsverstoß durch die Vorinstanz gerügt worden ist, die letztinstanzliche Entscheidung jedoch nicht mit einer Begründung versehen ist.[72] Ist lediglich eine Heilung des ursprünglichen Gehörsverstosses unterblieben, ist eine Anhörungsrüge unzulässig. Ist aber ein neuer (anderer) Gehörsverstoß durch das letztinstanzliche Gericht erfolgt, muss der Betroffene vor Erhebung der Verfassungsbeschwerde das Anhörungsrügeverfahren beschreiten. Diese Abgrenzung ist ohnehin bereits nicht einfach zu treffen.[73] Unmöglich wird sie, wenn der letztinstanzliche Beschluss nicht mit einer Begründung versehen ist. Dies ist allerdings von Verfassungs wegen nicht zu beanstanden. In der Rechtsprechung des Bundesverfassungsgerichts ist allgemein geklärt, dass eine mit ordentlichen Rechtsmitteln nicht mehr anfechtbare, letztinstanzliche gerichtliche Entscheidung von Verfassungs wegen regelmäßig keiner Begründung bedarf.[74] Dies gilt auch dann, wenn ein Verfahrensbeteiligter im Rahmen des Rechtsmittels die Verletzung rechtlichen Gehörs gerügt hat.[75] Zwar ist ihm die Erhebung einer Anhörungsrüge gegen die letzte Entscheidung damit praktisch unmöglich, denn er kann mangels Begründung der letztinstanzlichen Entscheidung weder erkennen, ob, noch darlegen, welche eigenständige Gehörsverletzung durch das letztinstanzliche Gericht erfolgt ist.[76] Dennoch ist die Entscheidung nur folgerichtig: Art. 103 Abs. 1 GG garantiert dem Beschwerdeführer in Verbindung mit dem Justizgewährungsanspruch (Art. 20 Abs. 3 GG) bzw. der Rechtsweggarantie des Art. 19 Abs. 4 GG die einmalige fachgerichtliche Überprüfung auf eine Verletzung des Anspruchs auf rechtliches Gehör.[77] Unproblematisch erfolgt diese im Rechtsmittelverfahren, sofern ein solches noch vorgesehen ist. Nur für letztinstanzliche Entscheidungen ist das Anhörungsrügeverfahren eröffnet. Folglich wird demjenigen Beschwer-

---

71 Vgl. dazu *Zuck*, NJW 2008, S. 2366. Zu beachten ist, dass dies nicht für den Anhörungsrügebeschluss selbst gilt. Enthält dieser eine neue, eigenständige Gehörsverletzung kann diese ausschließlich im Rahmen der Verfassungsbeschwerde geltend gemacht werden.

72 Vgl. BVerfGK 18, 301 (303 ff.).

73 Vgl. hierzu *Lindner*, AnwBl 2008, S. 362 (363).

74 BVerfGE 50, 287 (289 f.); 65, 293 (295); 71, 122 (135 f.); 81, 97 (106); 86, 133 (146); 94, 166 (210); 104, 1 (7 f.); 118, 212 (238); BVerfGK 2, 213 (220); 18, 301.

75 Vgl. BVerfGK 18, 301 (303 f.).

76 Vor diesem Problem steht der Beschwerdeführer allerdings stets bei nicht begründeten, letztinstanzlichen Entscheidungen, so auch BVerfGK 18, 301 (303 f.).

77 Vgl. BVerfGE 107, 395 (408 ff.).

deführer, der bereits in der Vorinstanz einen Gehörsverstoß wähnt, die Überprüfung desselben weder erschwert noch unmöglich gemacht. Die Effektivität dieser Kontrolle wird nicht davon beeinflusst, ob der letztinstanzliche Beschluss näher begründet wird. Da diese Entscheidung ohnehin nicht mehr mit einem ordentlichen Rechtsmittel angefochten werden kann, ist deren Begründung nicht geeignet, die Wirksamkeit des Rechtsschutzes im fachgerichtlichen Rechtsmittelzug weiter zu beeinflussen.[78]

Dass die Überprüfung der letztinstanzlichen Entscheidung auf das Vorliegen einer neuen und eigenständigen Gehörsverletzung durch das letztinstanzliche Gericht damit faktisch unmöglich[79] ist, ist nach der Rechtsprechung des Bundesverfassungsgerichts hinzunehmen.[80] Eine solche Erschwerung lasse die von Verfassungs wegen zu gewährleistende einmalige fachgerichtliche Kontrolle auf eine Verletzung des Anspruchs auf rechtliches Gehör aus Art. 103 Abs. 1 GG weder „leerlaufen" noch sei diese unzumutbar.[81] Der Gesetzgeber habe sich vielmehr auch mit den Begründungserleichterungen für letztinstanzliche Entscheidungen innerhalb seines weiten Spielraums bei der Ausgestaltung der Kontrolle gehalten.[82] Die Begründungserleichterungen dienten der Erhaltung der Funktionsfähigkeit des letztinstanzlichen Gerichts und damit der Effektivität der Rechtsverfolgung im Interesse aller Rechtsschutzsuchenden.[83] In diesen Fällen kann und muss daher unmittelbar Verfassungsbeschwerde erhoben werden.

Unzulässig ist jedenfalls eine (weitere) Anhörungsrüge gegen den (verwerfenden oder zurückweisenden) Beschluss über die Anhörungsrüge selbst.[84] Dies gilt selbst dann, wenn ein neuer, eigenständiger Gehörsverstoß im Anhörungsrügeverfahren selbst geltend gemacht wird. Hintergrund ist auch hier die verfas-

78 BVerfGK 18, 301 (306). Überdies stellt die unterlassene Heilung der Gehörsverletzung durch die letztinstanzliche Entscheidung ohnehin keine eigenständige Gehörsverletzung dar. Eine hierauf gestützte Anhörungsrüge wäre als sekundäre Gehörsrüge gerade nicht statthaft.

79 Denkbar wäre eine Anhörungsrüge allerdings dann, wenn das Gericht eine Schriftsatzfrist missachtet und den Beschluss bereits vor Ablauf der Frist gefasst hat. In diesen Fällen dürfte eine Begründung des Beschlusses für den Beschwerdeführer entbehrlich sein. Vgl. dazu *Zuck*, NJW 2008, S. 479.

80 BVerfGK 18, 301 (306).

81 BVerfGK 18, 301 (306).

82 Vgl. BVerfGE 107, 395 (411).

83 Vgl. BVerfG, Beschluss der 3. Kammer des Ersten Senats vom 6. September 1996 – 1 BvR 1485/89 –, NJW 1997, 1693 (1693); vgl. auch BTDrucks V/2849, S. 3, zum Entwurf des späteren Gesetzes zur Entlastung des Bundesgerichtshofes in Zivilsachen vom 15. August 1969, BGBl I S. 1141.

84 Vgl. etwa BVerfG, Beschluss der 3. Kammer des Zweiten Senats vom 26. April 2011 – 2 BVR 597/11 –, juris, Rn. 3; *Heinrichsmeier*, NVwZ 2010, S. 228 (232).

sungsrechtlich Forderung nach der Möglichkeit einer einmaligen Kontrolle einer Verletzung des Anspruchs auf rechtliches Gehör.[85] Diese Kontrolle ist durch das Anhörungsrügeverfahren erfolgt. Gegen einen dieses Verfahren beendenden Beschluss ist die Anhörungsrüge nicht statthaft und führt wiederum zu deren offensichtlicher Unzulässigkeit, die den Fristbeginn des § 93 Abs. 1 BVerfGG nicht hinauszuschieben vermag.

Eine „zweite" Anhörungsrüge ist allerdings dann statthaft und zur Erschöpfung des Rechtsweges auch geboten, wenn das instanzgerichtliche Verfahren auf die erste Anhörungsrüge hin fortgeführt und eine neue Sachentscheidung getroffen worden ist.[86] Denn in diesen Fällen wird das Verfahren in die Lage zurückversetzt, in der es sich vor dem Schluss der mündlichen Verhandlung oder des an diese Stelle tretenden Zeitpunkts befand. Das Verfahren findet dann seinen normalen Fortgang und endet in einer Sachentscheidung, die nach den allgemeinen Vorschriften mit Rechtsmitteln anfechtbar sind.[87] Soweit im Rahmen dieser Fortführung neue, also nicht bereits der ersten Entscheidung anhaftende Gehörsverstöße begangen wurden, sind diese wiederum mit einer Anhörungsrüge anzugreifen.[88]

VII. Die Darlegungspflicht im Rahmen der Verfassungsbeschwerde

Eine Verfassungsbeschwerde ist innerhalb der Monatsfrist des § 93 Abs. 1 Satz 1 BVerfGG nicht nur einzulegen, sondern auch zu begründen.[89] Zur Begründung einer Verfassungsbeschwerde gehört die Darlegung, dass der Rechtsweg erschöpft und die erstrebte Korrektur des gerügten Verfassungsverstoßes im fachgerichtlichen Verfahren unterblieben ist.[90] Dem Beschwerdeführer obliegt es daher, die (fristgemäße) Erhebung der Anhörungsrüge mitzuteilen und sich mit den Gründen der hierauf ergangenen Entscheidung auseinanderzusetzen.[91] Hat der Be-

85 BVerfGE 107, 395 (402).
86 Voraussetzung hierfür ist die Zulässigkeit und Begründetheit der Anhörungsrüge, vgl. hierzu *Jooß*, NJW 2016, S. 1210 (1210f.).
87 Vgl. die Nachweise bei *Jooß*, NJW 2016, S. 2010 (2010f.).
88 Vgl. *Jooß*, NJW 2016, S. 2010 (2010f.).
89 StRspr., vgl. BVerfGE 21, 359 (361).
90 Vgl. BVerfG, Beschluss der 3. Kammer des Zweiten Senats vom 14. November 2012 – 2 BvR 2915/10 –, juris, Rn. 3; BVerfG, Beschluss der 3. Kammer des Ersten Senats vom 6. Dezember 2011 – 1 BvR 1681/11 –, juris, Rn. 6.
91 Siehe hierzu *Klein/Sennekamp*, NJW 2007, 945 (952ff.).

schwerdeführer keine Anhörungsrüge erhoben und liegt eine solche jedenfalls nicht völlig fern, hat er substantiiert darzulegen, warum eine Anhörungsrüge ausnahmsweise[92] nicht erforderlich gewesen ist. Dabei wird der Beschwerdeführer sich auch mit dem Grundsatz der materiellen Subsidiarität auseinanderzusetzen und darzutun haben, dass er alle der Sache nach zur Verfügung stehenden prozessualen Möglichkeiten ergriffen hat, um eine Korrektur der geltend gemachten Verfassungsverletzungen zu erwirken.[93]

Zur Begründungspflicht gehört überdies die (wiederum fristgemäße) Vorlage der der Verfassungsbeschwerde zugrunde liegenden Entscheidungen. Dies birgt vor allem dann Fallstricke, wenn der Beschwerdeführer – wie häufig der Fall – Anhörungsrüge und Verfassungsbeschwerde gleichzeitig erhebt. Regelmäßig geschieht dies bereits mit der Bitte, die Verfassungsbeschwerde zunächst im Allgemeinen Register des Bundesverfassungsgerichts bis zu einer Entscheidung über die Anhörungsrüge zu „parken“. Ein solches Vorgehen bietet den Vorteil, unabhängig von der Frage, ob die Vorinstanz oder das Bundesverfassungsgerichts die Anhörungsrüge für offensichtlich aussichtslos beurteilt, die Monatsfrist der Verfassungsbeschwerde jedenfalls nicht zu versäumen. Vor dem Hintergrund der Pflicht zur fristgemäßen Begründung einer Verfassungsbeschwerde und der damit verbundenen Pflicht zur fristgemäßen Vorlage oder jedenfalls inhaltlichen Wiedergabe der maßgeblichen Entscheidungen ist das Nachreichen der Anhörungsrügeentscheidung allerdings nur binnen eines Monats nach Bekanntgabe dieser Entscheidung möglich. Wird diese Frist versäumt, ist die Verfassungsbeschwerde insgesamt unzulässig.[94] Die Darlegungserfordernisse des § 93 Abs. 1 Satz 1 BVerfGG verlangen überdies, dass der Beschwerdeführer, sofern dies nicht etwa durch einen Eingangstempel offensichtlich ist, dem Bundesverfassungsgericht mit der Vorlage der Anhörungsrügeentscheidung unaufgefordert mitteilt, wann ihm die Entscheidung zugegangen ist. Ohne einen solchen Vortrag ist es dem Bundesverfassungsgericht nicht möglich, die Einhaltung der Monatsfrist des § 93 Abs. 1 Satz 1 BVerfGG zu prüfen.

92 Siehe unter IV.

93 Vgl. statt vieler BVerfG 73, 322 (325).

94 BVerfG, Beschluss der 3. Kammer des Zweiten Senats vom 14. November 2012 – 2 BvR 2915/10 –, juris, Rn. 3.

VIII. Zusammenfassung

Auch mehr als zehn Jahre nach der Plenumsentscheidung des Bundesverfassungsgerichts zum Erfordernis einer Anhörungsrüge ist auf diesem Gebiet noch vieles unübersichtlich und ungeklärt. Der sicherste Weg scheint die gleichzeitige Erhebung von Anhörungsrüge und Verfassungsbeschwerde zu sein, wobei auch diese Vorgehensweise viele Fallstricke birgt. Eine Entlastung des Bundesverfassungsgerichts dürfte angesichts dieser vielgeübten Praxis jedenfalls nicht durch einen Rückgang der Verfahrenszahlen erzielt worden sein.[95] Allenfalls könnte durch das „Parken" der Verfassungsbeschwerde im Allgemeinen Register, gegebenenfalls verbunden mit dem Hinweis auf die Unzulässigkeit der Verfassungsbeschwerde und die Möglichkeit einer Rücknahme, die Belastung der Bundesverfassungsrichter selbst reduziert worden sein. Insbesondere die Möglichkeit der Rücknahme einer Rüge nach Art 103 Abs. 1 GG einerseits sowie andererseits auch die sehr weitgehende Verpflichtung zur Durchführung des Anhörungsrügeverfahrens nach dem Grundsatz der materiellen Subsidiarität erschweren es dem Rechtsanwender erheblich, eine zulässige Verfassungsbeschwerde zu erheben, wenngleich die dogmatische Herleitung nachvollziehbar und richtig erscheint.

95 Vgl. die Statistik unter www.bundesverfassungsgericht.de.

Fabian Scheffczyk

Entlastungsmöglichkeiten im Annahmeverfahren – ungenutzte Potenziale des § 93a Abs. 2 BVerfGG

Leitentscheidungen des Bundesverfassungsgerichts

BVerfGE 9, 120 – Schwerer Nachteil I
BVerfGE 47, 102 – Schwerer Nachteil II
BVerfGE 90, 22 – Annahmegründe
BVerfGE 96, 245 – Besonders schwerer Nachteil
BVerfGE 107, 395 – Fachgerichtlicher Rechtsschutz

Schrifttum (Auswahl)

Albers, Freieres Annahmeverfahren für das BVerfG?, ZRP 1997, S. 198 ff.; *Benda*, Entlastung des Bundesverfassungsgerichts, 1998; *Faller*, Das Ringen um Entlastung des Bundesverfassungsgerichts, in: Gebauer/Kreuzer/Robbers/Schiedmair/Weber (Hrsg.), Grundrechte, Sozialordnung und Verfassungsgerichtsbarkeit. Festschrift für Ernst Benda zum 70. Geburtstag, 1995, S. 43 ff.; *Jaeger*, Erfahrungen mit Entlastungsmaßnahmen zur Sicherung der Arbeitsfähigkeit des Bundesverfassungsgerichts, EuGRZ 2003, S. 149 ff.; *Maatsch*, Die Annahme der Verfassungsbeschwerde zur Entscheidung, in: Emmenegger/Wiedmann (Hrsg.), Linien der Rechtsprechung des Bundesverfassungsgerichts, Bd. 2, 2011, S. 31 ff.; *Rinck*, Die Vorprüfung der Verfassungsbeschwerde, NJW 1959, S. 169 ff.

Inhalt

I. Einleitung — 64
II. Die gesetzliche Ausgestaltung des Annahmeverfahrens — 65
  1. Die historische Entwicklung des Annahmeverfahrens in der Gesetzgebung — 65
  2. Entstehung und Inhalt der heutigen Fassung von § 93a BVerfGG — 67
III. Die gegenwärtige Praxis des Annahmeverfahrens — 72
  1. Die Auslegung von § 93a Abs. 2 BVerfGG durch die Senate und das Plenum — 72
  2. Die Annahmegründe in der weiteren Rechtsprechung des Gerichts — 77
IV. Keine Gefährdung des Grundrechtsschutzes bei effektiver Nutzung des Annahmeverfahrens — 83
V. Verpasste Chancen: Möglichkeiten zur (Selbst-)Entlastung des Bundesverfassungsgerichts im Annahmeverfahren — 86

DOI 10.1515/9783110421866-004

I. Einleitung

Der Ruf nach Entlastung des Bundesverfassungsgerichts ist beinahe so alt wie das Gericht selbst. Bereits 1955 legte die Bundesregierung angesichts der hohen Zahl von Verfassungsbeschwerden einen ersten Gesetzentwurf zur Entlastung des Gerichts vor.[1] Knappe 60 Jahre später sah sich der amtierende Präsident des Bundesverfassungsgerichts genötigt, sein Vorwort zur Jahresstatistik 2014 mit der Überschrift „Der Ruf nach Entlastung des Bundesverfassungsgerichts – eine unendliche Geschichte?“ zu versehen und neue Maßnahmen für eine deutliche Entlastung des Gerichts zu fordern; andernfalls würden das Bundesverfassungsgericht und seine Rechtsprechung Gefahr laufen, ernsthaft Schaden zu nehmen.[2]

Entlastungsversuche gab es in der Vergangenheit viele. Der Gesetzgeber berücksichtigte dabei weitgehend die im Gericht selbst entwickelten Vorschläge und Vorstellungen, wie Abhilfe geschaffen werden könnte.[3] Mit seiner Forderung nach der Einführung einer „Mutwillensgebühr“[4] konnte sich das Gericht bislang aber nicht durchsetzen.[5] Alternative gesetzgeberische Maßnahmen sind derzeit – soweit ersichtlich – nicht geplant.

In der Rechtsprechung des Bundesverfassungsgerichts finden sich sowohl Tendenzen, mit denen das Gericht seine Belastung selbst erhöht,[6] als auch Linien, die das Ziel seiner Entlastung verfolgen. Entlastend wirken sollen etwa der Rechtsprechung zum Grundsatz der Subsidiarität,[7] zur Anhörungsrüge[8] oder die (bisher) strengen Anforderungen an die Zulässigkeit von Richtervorlagen nach

---

1 BTDrucks II/1662, S. 10.

2 *Voßkuhle*, in: Bundesverfassungsgericht, Jahresstatistik 2014, 2015, S. 1. Angesichts der Stagnation der Verfahrenszahlen im Jahr 2015 stellte der Präsident fest, dass keine konkreten Umstände erkennbar seien, dass es sich dabei um eine echte Trendwende handle, *Voßkuhle*, in: Bundesverfassungsgericht, Jahresstatistik 2015, 2016, S. 1.

3 *Faller*, in: Gebauer/Kreuzer/Robbers/Schiedmair/Weber (Hrsg.): Grundrechte, Sozialordnung und Verfassungsgerichtsbarkeit, FS Benda, 1995, S. 43 (44).

4 Vgl. dazu *Schluckebier*, ZRP 2012, S. 133 ff.; ablehnend *Zuck*, ZRP 2012, S. 219 f.; *ders.* NVwZ 2012, S. 1292 ff.; *Foth*, ZRP 2012, S. 251; zu einer ähnlichen Vorgängerregelung unten Fn. 21.

5 *Voßkuhle*, in: Bundesverfassungsgericht, Jahresstatistik 2014, 2015, S. 1.

6 Vgl. dazu etwa *Faller*, in: Gebauer/Kreuzer/Robbers/Schiedmair/Weber (Hrsg.): Grundrechte, Sozialordnung und Verfassungsgerichtsbarkeit, FS Benda, 1995, S. 43, (55 f.); *H.P. Schneider*, NJW 1996, S. 2630 (2631); *Krämer*, AnwBl 1999, S. 247 (250).

7 Dazu etwa *Lübbe-Wolff*, EuGRZ 2003, 509 ff.

8 BVerfGE 107, 395.

Art. 100 Abs. 1 GG.[9] In jüngerer Zeit[10] kommt auch der Rechtsprechung zu den Begründungsanforderungen aus § 23 Abs. 1, § 92 BVerfGG eine verstärkte Entlastungsfunktion zu.[11] Der vorliegende Beitrag zeigt hingegen die Linien der Rechtsprechung des Bundesverfassungsgerichts zum letzten gesetzgeberischen Entlastungsversuch, der Neugestaltung der Annahmevoraussetzungen des § 93a Abs. 2 BVerfGG, auf. Daran anschließend wird untersucht, wie das Bundesverfassungsgericht das darin liegende Entlastungspotenzial nutzt.

II. Die gesetzliche Ausgestaltung des Annahmeverfahrens

Zur Beurteilung des Entlastungspotenzials der in den § 93a Abs. 2 BVerfGG geregelten Annahmevoraussetzungen und seiner Ausnutzung durch das Bundesverfassungsgerichts ist zunächst ein Blick auf die historische Entwicklung des Annahmeverfahrens in der Gesetzgebung (hierzu 1.), insbesondere die Absichten des Gesetzgebers bei der Schaffung der heutigen Fassung von § 93a Abs. 2 BVerfGG (hierzu 2.) erforderlich.[12] Anschließend ist die Rechtsprechung der Spruchkörper des Bundesverfassungsgerichts zu dieser Vorschrift kritisch zu beleuchten (hierzu 3. und 4.). Schließlich ist die Frage zu beantworten, ob sich aus einer intensiveren Nutzung der Annahmevoraussetzungen eine Gefährdung für den Grundrechtsschutz ergeben würde (hierzu 5.)

1. Die historische Entwicklung des Annahmeverfahrens in der Gesetzgebung

Ursprung des Annahmeverfahrens war eine Denkschrift des Plenums des Bundesverfassungsgerichts vom 23. Dezember 1954, der ein Vorschlag zur Änderung des Bundesverfassungsgerichtsgesetzes beigefügt war. Darin wurde – angelehnt an das „writ of certiorari"-Verfahren vor dem United States Supreme Court[13] – die

9 Vgl. etwa BVerfG, Beschluss der 2. Kammer des Ersten Senats vom 11. März 2015 – 1 BvL 8/14 –, juris, Rn. 16 ff. m.w.N.

10 Noch 1999 kam § 92 BVerfGG keine größere Bedeutung zu, vgl. *Krämer*, AnwBl 1999, S. 247 (253).

11 Kritisch dazu etwa *Zuck*, Das Recht der Verfassungsbeschwerde, 4. Aufl. 2013, Rn. 683.

12 Ausführlich *Schäfer*, Grundrechtsschutz im Annahmeverfahren, 2015, S. 124 ff.

13 Vgl. dazu *Graßhof*, in: Maunz/Schmidt-Bleibtreu/Klein/Bethge (Hrsg.), BVerfGG, § 93a Rn. 24 ff. (März 2006); *Rinck*, NJW 1959, S. 169 (170).

Einführung einer Vorprüfung gefordert. Ein vereinfachtes Verfahren sollte Verfassungsbeschwerden von geringem sachlichem Gewicht ausscheiden und eine Konzentration der Arbeit auf die einer Entscheidung durch ein Verfassungsgericht würdigen Fälle ermöglichen.[14]

Der damalige Wunsch nach einem tendenziell freien Annahmeverfahren nach dem Vorbild der Vereinigten Staaten blieb jedoch – zu Recht und bis heute – unerfüllt. Stattdessen wurde 1956[15] § 91a in das Bundesverfassungsgerichtsgesetz eingefügt. Gemäß dieser Vorschrift konnten die aus drei Richtern eines Senats bestehenden Vorprüfungsausschüsse der Senate eine Verfassungsbeschwerde durch einstimmigen Beschluss verwerfen, wenn von einer Entscheidung weder die Klärung einer verfassungsrechtlichen Frage zu erwarten war, noch dem Beschwerdeführer durch die Versagung der Entscheidung zur Sache ein schwerer und unabwendbarer Nachteil entstand. In der Folgezeit wurde die ganz überwiegende Zahl der Verfassungsbeschwerden – mehr als 86 % – nach dem in § 91a BVerfGG a.F. geregelten Verfahren erledigt,[16] wobei nach § 91a Abs. 3 BVerfGG a.F. gemäß § 24 Satz 2 BVerfGG von einer Begründung des ablehnenden Beschlusses abgesehen werden konnte. Die Beschwerdeführer waren vielmehr vor der Verwerfung auf Bedenken gegen die Zulässigkeit oder Begründetheit der Verfassungsbeschwerde hinzuweisen.

Das vereinfachte Verwerfungsverfahren nach § 91a BVerfGG a.F. trug nach der Auffassung des Gesetzgebers wesentlich mit dazu bei, dass das Bundesverfassungsgericht der Vielzahl offensichtlich unzulässiger und unbegründeter Verfassungsbeschwerden Herr werden konnte. Es habe jedoch dazu geführt, dass über 95 % aller Verfassungsbeschwerden nicht zur Entscheidung durch die Senate gelangten. Die Bundesregierung schlug deshalb 1963 auf Anregung des Bundesverfassungsgerichts vor, dieses Verfahren durch ein „positives Annahmeverfahren“ zu ersetzen. Es sollte die materielle Entscheidungskompetenz von den Vorprüfungsausschüssen auf die beiden Senate zurückverlagern. Zugleich sollte eine summarische Vorprüfung im „Dreierausschuss“ und im Senat sicherstellen, dass nur die verfassungsrechtlich bedeutsamen Verfahren zur sachlichen Entscheidung der Senate gelangten. Dieses Verfahren wurde im neu in das Bundesverfassungsgerichtsgesetz eingefügten § 93a BVerfGG geregelt.[17]

Seit der Verankerung der Verfassungsbeschwerde im Grundgesetz im Jahr 1969 sieht zudem Art. 94 Abs. 2 Satz 2 GG ausdrücklich vor, dass durch Bundesgesetz für Verfassungsbeschwerden ein besonderes Annahmeverfahren vorgese-

14 Näher *Rinck*, NJW 1959, S. 169 (170).
15 BGBl 1956 I, S. 662.
16 *Rinck*, NJW 1959, S. 169.
17 BGBl 1963 I, S. 589.

hen werden kann.[18] Dieses wurde Ende 1985[19] als erneute Reaktion auf die Überlastung des Bundesverfassungsgerichts[20] grundlegend neu gestaltet. Im Zentrum der Regelung stand die Umwandlung der Vorprüfungsausschüsse in Kammern, die nach dem damaligen § 93b Abs. 1 BVerfGG die Annahme der Verfassungsbeschwerde einstimmig ablehnen konnten, wenn der Gebührenvorschuss nach dem damaligen § 34 Abs. 6 BVerfGG[21] nicht eingezahlt wurde (Nummer 1), wenn die Verfassungsbeschwerde unzulässig war oder aus anderen Gründen keine hinreichende Aussicht auf Erfolg hatte (Nummer 2) oder zu erwarten war, dass der Senat die Verfassungsbeschwerde nicht annehmen werde, weil nicht davon auszugehen war, dass eine verfassungsrechtliche Frage geklärt oder dem Beschwerdeführer kein „schwerer und unabwendbarer Nachteil“ entstehen würde (Nummer 3 i.V.m. § 93c Satz 2 BVerfGG[22]).

2. Entstehung und Inhalt der heutigen Fassung von § 93a BVerfGG

Nachdem in den Folgejahren die Eingangszahlen beim Bundesverfassungsgericht weiter in die Höhe geschnellt waren,[23] sah der Gesetzgeber bereits 1992 erneut die Notwendigkeit, das Bundesverfassungsgericht vor allem im Bereich der Verfassungsbeschwerdeverfahren zu entlasten und legte einen auf Anregungen des

---

18 BGBl 1969 I, S. 97. Vgl. zur Genese von Art. 94 Abs. 2 Satz 2 *Albers*, ZRP 1997, S. 198 (200), dort insbesondere Fn. 25.

19 BGBl 1985 I, S. 2226.

20 BTDrucks 10/2951, S. 1.

21 Die Vorschrift lautete: „Der Berichterstatter kann dem Beschwerdeführer aufgeben, binnen eines Monats einen Vorschuss auf die Gebühr nach Absatz 2 Satz 1 zu zahlen. Der Berichterstatter hebt die Anordnung auf oder ändert sie ab, wenn der Beschwerdeführer nachweist, dass er den Vorschuss nach seinen persönlichen und wirtschaftlichen Verhältnissen nicht, nur zum Teil oder nur in Raten aufbringen kann. Die Anordnungen des Berichterstatters sind unanfechtbar.“ Sie entfaltete nicht die erhoffte Entlastungswirkung (*Gehle*, in: Umbach/Clemens/Dollinger (Hrsg.), BVerfGG, 2. Aufl. 2006, Vor §§ 93a ff., Rn. 4). Der Grund dafür dürfte gewesen sein, dass die Gebühr vom Berichterstatter anzufordern war, vgl. *Schluckebier*, ZRP 2012, S. 133 (134 f.).

22 Die Vorschrift lautete auszugsweise: „Hat die Kammer weder die Annahme der Verfassungsbeschwerde abgelehnt noch der Verfassungsbeschwerde stattgegeben, so entscheidet der Senat über die Annahme. Er nimmt die Verfassungsbeschwerde an, wenn mindestens zwei Richter der Auffassung sind, daß von der Entscheidung die Klärung einer verfassungsrechtlichen Frage zu erwarten ist oder dem Beschwerdeführer durch die Versagung der Entscheidung zur Sache ein schwerer und unabwendbarer Nachteil entsteht. § 93b Abs. 3 gilt entsprechend. [...]“

23 Vgl. die Zahlen in BTDrucks 12/3628, S. 7.

Gerichts zurückgehenden[24] Gesetzentwurf vor. Aufgrund der erheblich gestiegenen Zahl der Verfassungsbeschwerden und der weiterhin hohen Zahl der am Jahresende noch anhängigen Verfahren („Rückstau“) bestehe die Gefahr einer Überlastung des Gerichts. Es bedürfe daher Maßnahmen zur Erhaltung seiner Funktionsfähigkeit. Dieses Ziel sollte insbesondere durch eine Modifizierung des Annahmeverfahrens erreicht werden. So erhielt § 93a BVerfGG im Jahr 1993[25] seine heutige Fassung.

Den Kammern und Senaten wurden verbindliche Maßstäbe für die Annahme einer Verfassungsbeschwerde vorgegeben. Danach bedarf eine Verfassungsbeschwerde der Annahme zur Entscheidung (§ 93a Abs. 1 BVerfGG). Sie „ist“ – verpflichtend[26] – zur Entscheidung anzunehmen, soweit ihr grundsätzliche verfassungsrechtliche Bedeutung zukommt (§ 93a Abs. 2 Buchstabe a BVerfGG, „Grundsatzannahme“) oder wenn es zur Durchsetzung der in § 90 Abs. 1 BVerfGG genannten Rechte angezeigt ist; dies kann auch dann der Fall sein, wenn dem Beschwerdeführer durch die Versagung der Entscheidung zur Sache ein besonders schwerer Nachteil entsteht (§ 93a Abs. 2 Buchstabe b BVerfGG, „Durchsetzungsannahme“). Bei der rechtlichen Prüfung, ob ein Annahmegrund vorliegt, wurde dem Gericht gleichzeitig die Möglichkeit eröffnet, seine Tätigkeit im Rahmen der Annahmeentscheidung zu „gewichten“.[27]

Das Annahmeverfahren ist somit ein der Sachprüfung und -entscheidung vorgelagerter Filter[28] und von der Prüfung der Erfolgsaussichten in der Sache unabhängig. Das ergibt sich aus der ausdrücklichen Formulierung in der Gesetzesbegründung, wonach „nunmehr (...) das Kriterium der objektiven oder subjektiven Wichtigkeit einer Sachentscheidung der rechtlichen Prüfung jeder Verfassungsbeschwerde, die nicht von grundsätzlicher verfassungsrechtlicher Bedeutung ist, vorangestellt“ ist.[29]

---

24 *N.N.*, DRiZ 1992, S. 269 (271).

25 BGBl 1993 I, S. 1442.

26 BTDrucks 12/3628, S. 13.

27 BTDrucks 12/3628, S. 1.

28 Vgl. *Bethge*, in: Maunz/Schmidt-Bleibtreu/Klein/Bethge (Hrsg.), BVerfGG, § 90 Rn. 123 (Oktober 2013).

29 BTDrucks 12/3628, S. 13 f.; s.a. *Voßkuhle*, in: v. Mangoldt/Klein/Starck (Hrsg.), GG, Bd. 3, 6. Aufl. 2010, Art. 94 Rn. 43.

a) Grundsatzannahme

Die Regelung der Grundsatzannahme in § 93a Abs. 2 Buchstabe a BVerfGG trägt der Erkenntnis Rechnung, dass ein Zweck der Verfassungsbeschwerde im Sinne von Art. 93 Abs. 1 Nr. 4a GG darin besteht, der Wahrung des objektiven Verfassungsrechts und der Auslegung und Fortbildung des Verfassungsrechts zu dienen. Mit der Regelung wird die wesentliche Funktion der Rechtsprechung des Bundesverfassungsgerichts herausgestellt, für die Verwaltung und die Rechtsprechung, aber auch für den Gesetzgeber, das Grundgesetz verbindlich auszulegen und Leitlinien für die künftige Verfahrensweise herauszuarbeiten. Soweit es allerdings dieser Funktion nicht mehr bedarf, muss die Verfassungsbeschwerde auch nicht zur Entscheidung angenommen werden – es sei denn, es liegen die weiteren Voraussetzungen von § 93a Abs. 2 Buchstabe b BVerfGG vor.[30]

Nach dem Willen des Gesetzgebers müssen die in § 93a Abs. 2 BVerfGG genannten Annahmevoraussetzungen also nicht kumulativ vorliegen. Die Annahmepflicht besteht vielmehr bereits beim Vorliegen eines einzelnen der beiden Annahmegründe. Umgekehrt darf das Bundesverfassungsgericht eine Verfassungsbeschwerde nicht zur Entscheidung annehmen, wenn keiner der Annahmegründe vorliegt.[31] Die gesetzlich benannten Annahmegründe sind abschließend.[32]

b) Durchsetzungsannahme

Bei der Durchsetzungsannahme muss das Bundesverfassungsgericht die Verfassungsbeschwerde zur Sicherung des Individualrechtsschutzes zur Entscheidung annehmen, wenn eine Entscheidung zur Durchsetzung der in § 90 Abs. 1 BVerfGG genannten Rechte angezeigt ist. Im Vordergrund der Annahme steht in dieser Fallgruppe daher der individuelle Rechtsschutz. Das Bundesverfassungsgericht soll im Rahmen seiner Annahmeentscheidung zunächst das Vorliegen dieser Voraussetzung prüfen. Durch die Auslegung des Begriffs „angezeigt", der durch

---

30 BTDrucks 12/3628, S. 13.

31 *Lenz/Hansel*, BVerfGG, 2. Aufl. 2015, § 93a Rn. 25; *Lechner/Zuck*, BVerfGG, 7. Aufl. 2015, § 93a Rn. 5.

32 Vgl. *Schenk*, in: Burkiczak/Dollinger/Schorkopf (Hrsg.), BVerfGG, 2015, § 93a Rn. 44; *Lenz/Hansel*, BVerfGG, 2. Aufl. 2015, § 93a Rn. 25; *Graßhof*, in: Maunz/Schmidt-Bleibtreu/Klein/Bethge (Hrsg.), BVerfGG, § 93a Rn. 72 (März 2006); missverständlich deshalb etwa BVerfG , Beschluss der 3. Kammer des Zweiten Senats vom 30. Mai 2013 – 2 BvR 885/13 –, juris, Rn. 1; Beschluss der 3. Kammer des Zweiten Senats vom 12. Juni 2014 – 2 BvR 1004/13 -, juris, Rn. 1.

das Beispiel des Entstehens eines „besonders schweren Nachteils“ konkretisiert wird, soll das Gericht nach dem Willen des Gesetzgebers einen Entscheidungsspielraum hinsichtlich der Annahme einer Verfassungsbeschwerde gewinnen.[33] Der Gesetzgeber geht dabei davon aus, dass eine Sachentscheidung „in der Regel“ in vier Fallgruppen angezeigt sei:

aa) Erste Fallgruppe: Existenzielle Bedeutung

Erstens soll dies bei einer existenziellen Bedeutung für den Beschwerdeführer gelten. Davon sei regelmäßig auszugehen, wenn einem Beschwerdeführer durch eine Versagung der Entscheidung zur Sache ein besonders schwerer Nachteil entstehe oder sich die Existenzerheblichkeit aus der Art des betroffenen Grundrechts ergebe. In den Fällen, die für einen Beschwerdeführer schon keine existenzielle Bedeutung haben, beziehungsweise in denen ihm durch die Versagung der Entscheidung zur Sache schon kein besonders schwerer Nachteil entsteht, werde die Verfassungsbeschwerde schon aus diesem Grund nicht zur Entscheidung angenommen. Es bedarf in diesen Fällen also nicht der weiteren Prüfung, ob die Verfassungsbeschwerde auch hinreichende Aussicht auf Erfolg hat.[34] In dieser Prüfungsreihenfolge – erst Annahmegründe, dann Erfolgsaussichten in der Sache – liegt demnach das zentrale Entlastungspotenzial der Einführung der Durchsetzungsannahme. Der zweite wichtige Entlastungsaspekt ist das Erfordernis eines „besonders schweren Nachteils“ für den einzelnen Beschwerdeführer, dessen Gewicht über den eines „schweren und unabwendbaren Nachteils“ hinausgehen muss, wie er noch in § 91a Abs. 2 BVerfGG a.F. bzw. § 93b Abs. 1 i.V.m. § 93c Satz 2 BVerfGG a.F. Kriterium für die Annahme war und der noch heute für ein Absehen vom Erfordernis der Rechtswegerschöpfung (§ 90 Abs. 2 Satz 2 BVerfGG) oder den Erlass einer einstweiligen Anordnung (§ 32 Abs. 1 BVerfGG) ausreicht.

Diese Zugangshürde eines „besonders“ schweren Nachteils hatte der Bundesrat jedenfalls in solchen Fällen als unangemessen hoch bezeichnet, in denen eine Verfassungsbeschwerde zwar offensichtlich begründet sei, ihr jedoch keine grundsätzliche verfassungsrechtliche Bedeutung zukomme und dem Beschwerdeführer im Fall der Versagung der Entscheidung ein zwar nicht besonders schwerer, aber immerhin ein schwerer Nachteil entstehen würde.[35] Eine Zurück-

33 BTDrucks 12/3628, S. 13 f.

34 BTDrucks 12/3628, S. 14. Die Möglichkeit der Nichtannahme offensichtlich begründeter Verfassungsbeschwerden bei Fehlen eines „schweren“ Nachteils war in der Rechtsprechung anerkannt, vgl. BVerfGE 9, 120 (121); 46, 313 (314); 47, 102 (104). Vgl. zur Intention einer „Vorprüfung“ der Annahmevoraussetzungen schon *Rinck*, NJW 1959, S. 169 f.

35 BTDrucks 12/3628, S. 16.

führung auf das Maß eines „schweren Nachteils“ lehnten aber sowohl die Bundesregierung[36] als auch der Rechtsausschuss des Deutschen Bundestages[37] ausdrücklich ab. Letzterer ließ sich dabei vom Hinweis von Mitgliedern des Bundesverfassungsgerichts überzeugen, dass es im Annahmeverfahren seit 1956 das Annahmekriterium des „schweren Nachteils“ gegeben habe. Dieses Kriterium sei in der Praxis des Gerichts aber sehr restriktiv interpretiert worden, weshalb es zu seiner Entlastung erforderlich sei, ein weiteres eingrenzendes Kriterium hinzuzufügen.[38]

Wie weitgehend die Annahme von Verfassungsbeschwerden danach nach dem Willen des Gesetzgebers durch das Erfordernis eines „besonders schweren Nachteils“ beschränkt werden kann und soll, ergibt sich aus einem Blick auf die vorangegangene Rechtsprechung der Senate zum „schweren Nachteil“.[39] Bereits danach war eine Verfassungsbeschwerde etwa nicht zur Entscheidung anzunehmen, wenn Untersuchungshaft voll auf die Strafe angerechnet worden und ein durch Versagung rechtlichen Gehörs entstandener Nachteil somit ausgeglichen war,[40] eine finanzielle Belastung von annähernd einem halben Wochenlohn eines Treckerführers in Rede stand,[41] Streitwerte nicht die Rechtsmittelwerte erreichten,[42] die Auferlegung von Verfahrenskosten gerügt wurde,[43] eine Zurückweisung als Verteidiger künftig durch das „Tragen eines weißen Langbinders“ ohne unzumutbare Belastung abzuwenden war,[44] wenn lediglich geringe Geldstrafen verhängt[45] oder Geldbußen wegen Ordnungswidrigkeiten angegriffen wurden, die nicht ins Verkehrszentralregister eingetragen wurden.[46]

bb) Weitere Fallgruppen

Zweitens ist die Verfassungsbeschwerde nach der Gesetzesbegründung zur Entscheidung anzunehmen im Fall einer grundrechtswidrigen Praxis der Fachgerichte, drittens bei extremer richterlicher Nachlässigkeit oder unverständlichem

36 BTDrucks 12/3628, S. 18.
37 BTDrucks 12/4842, S. 11f.
38 BTDrucks 12/4842, S. 12.
39 BVerfGE 9, 2 (3); 33, 236 (240); 35, 377 (378); 37, 305 (311ff.); 43, 53 (57f.); 44, 124 (125); 46, 313 (315).
40 BVerfGE 8, 256 (258f.).
41 BVerfGE 9, 120 (122).
42 BVerfGE 9, 120 (122); 47, 102 (104); 47 128 (129).
43 BVerfGE 33, 247 (260); 37, 305 (312); 38, 206 (212); 68, 334 (336).
44 BVerfGE 34, 138 (139).
45 BVerfGE 38, 206 (211f.).
46 BVerfGE 42, 261 (263); 66, 211 (213f.).

richterlichem Verhalten. Als vierte Fallgruppe benennt der Gesetzgeber fehlende Erfahrung der Gerichte im Umgang mit den Grundrechten und grundrechtsgleichen Gewährleistungen.[47] Letztere Fallgruppe dürfte allerdings im Zusammenhang mit dem Zeitpunkt der gesetzlichen Regelung – drei Jahre nach der Wiedervereinigung – stehen[48] und ihre Bedeutung deshalb weitgehend eingebüßt haben.

III. Die gegenwärtige Praxis des Annahmeverfahrens

Für die Beantwortung der Frage, inwieweit das Bundesverfassungsgericht das Entlastungspotenzial des Annahmeverfahrens nutzt, muss die gegenwärtige Praxis des Gerichts in den Blick genommen werden. Von zentraler Bedeutung dafür sind zwei Entscheidungen der Senate, in denen die bis heute maßgebliche Auslegung von § 93a Abs. 2 BVerfGG vorgenommen wurde und die später durch das Plenum mittelbar bestätigt wurde (hierzu 1.). Darüber hinaus muss die Handhabung der so ausgelegten Norm im „Alltag“ des Gerichts, also der Spruchpraxis der Kammern untersucht werden (hierzu 2.).

1. Die Auslegung von § 93a Abs. 2 BVerfGG durch die Senate und das Plenum

Bereits kurz nach Inkrafttreten der gegenwärtigen Fassung von § 93a Abs. 2 BVerfGG nutzte der Erste Senat in seinem Beschluss vom 8. Februar 1994[49] die Gelegenheit, die Auslegung dieser Vorschrift zu konkretisieren. Den Maßstäben des Ersten Senats schloss sich der Zweite Senat drei Jahre später an.[50] Im Jahr 2003 wurden sie durch das Plenum mittelbar bestätigt, das klarstellte, dass die gesetzlichen Annahmevoraussetzungen dem Gericht einen Spielraum bei der Auslegung und Anwendung der für die Annahmeentscheidung maßgebenden, ausfüllungsfähig formulierten Rechtsbegriffe lassen.[51]

---

47 BTDrucks 12/3628, S. 14.
48 Ebenso *Albers*, ZRP 1997, S. 198 (199).
49 BVerfGE 90, 22.
50 BVerfGE 96, 245.
51 BVerfGE 107, 395 (414 f.).

a) Grundsätzliche verfassungsrechtliche Bedeutung

Grundsätzliche verfassungsrechtliche Bedeutung im Sinne von § 93a Abs. 2 Buchstabe a BVerfGG sei, so der Erste Senat, nur gegeben, wenn die Verfassungsbeschwerde eine verfassungsrechtliche Frage aufwerfe, die sich nicht ohne weiteres aus dem Grundgesetz beantworten lasse und noch nicht durch die verfassungsgerichtliche Rechtsprechung geklärt oder durch veränderte Verhältnisse erneut klärungsbedürftig geworden sei. Über die Beantwortung der verfassungsrechtlichen Frage müssten also ernsthafte Zweifel bestehen. Anhaltspunkt für eine grundsätzliche Bedeutung in diesem Sinne könne sein, dass die Frage in der Fachliteratur kontrovers diskutiert oder in der Rechtsprechung der Fachgerichte unterschiedlich beantwortet werde. An ihrer Klärung müsse zudem ein über den Einzelfall hinausgehendes Interesse bestehen. Das könne etwa dann der Fall sein, wenn sie für eine nicht unerhebliche Anzahl von Streitigkeiten bedeutsam sei oder ein Problem von einigem Gewicht betreffe, das in künftigen Fällen erneut Bedeutung erlangen könne. Bei der Prüfung der Annahme müsse bereits absehbar sein, dass sich das Bundesverfassungsgericht bei seiner Entscheidung über die Verfassungsbeschwerde mit der Grundsatzfrage werde befassen müssen. Sei sie hingegen nicht entscheidungserheblich, sei eine Annahme nach § 93a Abs. 2 Buchstabe a BVerfGG nicht geboten.[52] Diesem Maßstab schloss sich der Zweite Senat mit Beschluss vom 9. Juli 1997 vollumfänglich an.[53]

b) Besonders gewichtige Grundrechtsverletzung und existenzielle Betroffenheit

Der Erste Senat stellte fest, dass die Annahme der Verfassungsbeschwerde im Sinne von § 93a Abs. 2 Buchstabe b BVerfGG angezeigt sei, wenn die geltend gemachte Verletzung von Grundrechten oder grundrechtsgleichen Rechten besonderes Gewicht habe oder den Beschwerdeführer in existenzieller Weise betreffe. Besonders gewichtig sei demnach eine Grundrechtsverletzung, die auf eine generelle Vernachlässigung von Grundrechten hindeute oder wegen ihrer Wirkung geeignet sei, von der Ausübung von Grundrechten abzuhalten. Eine geltend gemachte Verletzung habe ferner dann besonderes Gewicht, wenn sie auf der groben Verkennung des durch ein Grundrecht gewährten Schutzes oder einem geradezu

52 BVerfGE 90, 22 (24 f.).
53 BVerfGE 96, 245 (248).

leichtfertigen Umgang mit grundrechtlich geschützten Positionen beruhe oder rechtsstaatliche Grundsätze krass verletze.[54]

Eine existenzielle Betroffenheit des Beschwerdeführers kann sich vor allem aus dem Gegenstand der angegriffenen Entscheidung oder seiner aus ihr folgenden Belastung ergeben. Ein besonders schwerer Nachteil besteht jedoch nie, wenn die Verfassungsbeschwerde keine hinreichende aus auf Erfolg hat oder wenn deutlich abzusehen ist, dass der Beschwerdeführer auch im Fall einer Zurückverweisung an das Ausgangsgericht im Ergebnis keinen Erfolg haben würde.[55] Auch diese Maßstabsbildung übernahm der Zweite Senat im Jahr 1997.[56]

c) Anwendung der Maßstäbe auf die entschiedenen Fälle

Der Entscheidung des Ersten Senats aus dem Jahr 1994 lag ein Mietrechtsstreit zugrunde, in dem die späteren Beschwerdeführer zur Zahlung von 4.109,43 DM nebst Zinsen verurteilt worden waren. Der Senat kam zu dem Ergebnis, dass die Verfassungsbeschwerde nicht zur Entscheidung anzunehmen sei, weil die Voraussetzungen hierfür nicht vorlägen, ihr also keine grundsätzliche verfassungsrechtliche Bedeutung zukomme und ihre Annahme nicht zur Durchsetzung der Rechte der Beschwerdeführer angezeigt sei. Hierzu prüfte er zunächst knapp die inhaltlichen Erfolgsaussichten der Rügen des Beschwerdeführers, die nicht durchgriffen. Im Anschluss daran führte der Senat aus, dass den Beschwerdeführern „schließlich" durch die Versagung einer Entscheidung zur Sache kein besonders schwerer Nachteil entstehe, der die Annahme der Verfassungsbeschwerde rechtfertigen könne. Bei der – inhaltlich zuvor geprüften – auf Art. 3 Abs. 1 GG gestützten Rüge gehe es im Ergebnis um eine Beschwer in Höhe von rund 1.500 DM. Aus dem Vortrag der Beschwerdeführer ergebe sich kein Anhaltspunkt dafür, dass diese Belastung sie besonders schwer treffe.

Im der Entscheidung des Zweiten Senats zugrunde liegenden Ausgangsverfahren war der Beschwerdeführer wegen Widerstands gegen einen Vollstreckungsbeamten (§ 113 StGB) zu einer Geldstrafe von zehn Tagessätzen zu je 70 DM verurteilt worden. Der Senat kam zu dem Schluss, dass der Verfassungsbeschwerde keine grundsätzliche verfassungsrechtliche Bedeutung zukomme,[57] bejahte jedoch im Anschluss eine grundsätzliche existenzielle Betroffenheit jedes Beschwerdeführers, der sich gegen eine strafrechtliche Verurteilung wende, ver-

54 BVerfGE 90, 22 (25).
55 BVerfGE 90, 22 (25 f.).
56 BVerfGE 96, 245 (248).
57 BVerfGE 96, 245 (248).

neinte sie letztlich aber im konkreten Fall aufgrund der mangelnden Erfolgsaussichten in der Sache.

Die Kriminalstrafe stelle die stärkste staatliche Sanktion für begangenes Unrecht dar. Für die Frage, ob eine strafgerichtliche Verurteilung für einen Beschwerdeführer existenzielle Bedeutung im Sinne von § 93a Abs. 2 Buchstabe b BVerfGG habe, komme es deshalb in erster Linie auf das im Schuldspruch konkretisierte sozial-ethische Unwerturteil über Tat und Täter an. Demgegenüber könnten die an den Schuldspruch geknüpften Rechtsfolgen im Einzelfall mehr oder minder großes Gewicht haben. Aus diesen Erwägungen folgert der Senat, dass ein Beschwerdeführer im Sinne von § 93a Abs. 2 Buchstabe b BVerfGG regelmäßig dann existenziell betroffen sei, wenn er sich mit der Verfassungsbeschwerde gegen den Schuldspruch wende.[58]

Eine Ausnahme komme dann in Betracht, wenn die gegen den Schuldspruch gerichtete Rüge nur einen Punkt von untergeordneter Bedeutung betreffe, dessen Wegfall den Schuldspruch unberührt lassen würde und für die Strafe von keiner nennenswerten Bedeutung wäre. Soweit sich der Beschwerdeführer mit der Verfassungsbeschwerde allein gegen den Rechtsfolgenausspruch eines strafgerichtlichen Urteils wende, werde es dagegen von den Umständen des Einzelfalls, insbesondere von Art und Maß der angegriffenen Rechtsfolge abhängen, ob eine existenzielle Betroffenheit angenommen werden könne. In solchen Fällen sei für die existenzielle Betroffenheit weniger der Gegenstand der angegriffenen Entscheidung als vielmehr die aus ihr folgende Belastung des Beschwerdeführers maßgebend.[59] Damit sei für die Annahme der Verfassungsbeschwerde maßgeblich, ob sie hinreichende Aussicht auf Erfolg habe. Das verneinte der Zweite Senat mit knapper Begründung.

d) Kritik

Auf den ersten Blick scheint es so, als ob beide Senate die Entlastungsversuche des Gesetzgebers durch die Reform von 1993 dankbar aufgegriffen hätten. Bei einer genaueren Betrachtung zeigt sich jedoch, dass mit beiden Beschlüssen die Intention des Gesetzgebers auf unterschiedliche Weise konterkariert wurde und eine effektive Nutzung des modifizierten Annahmeverfahrens dadurch von Anfang an zumindest behindert wurde. *Ernst Benda* sah sich sogar zu der Feststellung genötigt, dass es das in den Beschlüssen verordnete Prüfprogramm bei konsequenter

58 BVerfGE 96, 245 (249).
59 BVerfGE 96, 245 (249 f.).

Anwendung verbiete, eine Verfassungsbeschwerde in einem vereinfachten Verfahren zu entscheiden.[60]

Für den Beschluss des Ersten Senats gilt dies in zweierlei Hinsicht:

Erstens kehrt er das gesetzlich vorgesehene Prüfprogramm um, indem er nach der Verneinung der grundsätzlichen verfassungsrechtlichen Bedeutung zunächst die Erfolgsaussichten der Verfassungsbeschwerde in der Sache – wenn auch ebenfalls mit knapper Begründung[61] – verneint und sich erst dann der Frage des Vorliegens eines besonders schweren Nachteils zuwendet. Dadurch leistete er – wohl orientiert an der Reihenfolge der Ablehnungsgründe in § 93b Abs. 1 Satz 1 a.F. – der bis heute innerhalb des Gerichts weit verbreiteten Praxis Vorschub, stets und gründlich die Erfolgsaussichten einer Verfassungsbeschwerde zu prüfen und das Fehlen eines besonders schweren Nachteils allenfalls als Hilfsargument für die Nichtannahme der Verfassungsbeschwerde heranzuziehen,[62] anstatt – wie dies derzeit in einigen (wenigen) Dezernaten bzw. Kammern durchaus geschieht – zunächst unabhängig von den Erfolgsaussichten in der Sache das Vorliegen der gesetzlich vorgesehen Annahmegründe zu prüfen.

Zweitens schraubte er die Anforderungen an das Vorliegen eines besonders schweren Nachteils dadurch in die Höhe, dass er dies lediglich für einen Teil des von den Beschwerdeführer zu zahlenden Betrags in Höhe von 1.500 DM verneinte, hinsichtlich der Gesamtverurteilung in Höhe von 4.109,43 DM eine diesbezügliche Prüfung aber unterließ und die Erfolgsaussichten in der Sache prüfte.

Der Zweite Senat verhinderte mit seiner Feststellung, dass jede auch noch so geringe strafgerichtliche Verurteilung für einen Beschwerdeführer existenzielle Bedeutung im Sinne von § 93a Abs. 2 Buchstabe b BVerfGG habe, für den gesamten Bereich des Straf- und wohl regelmäßig auch des Strafvollstreckungsrechts den Eintritt einer entlastenden Wirkung durch die Nutzung des Annahmeverfahrens. Damit gab er die vorherige Rechtsprechung auf, dass geringfügige Geldstrafen schon keinen die Annahme der Verfassungsbeschwerde rechtfertigenden (nur) „schweren“ Nachteil für den Beschwerdeführer darstellten.[63] Es hätte sich aber jedenfalls angeboten, in Anlehnung an die vorangegangene Rechtsprechung zu

---

60 *Benda*, Entlastung des Bundesverfassungsgerichts, 1998, S. 11 f.

61 Das schließt aber nicht aus, dass diese Frage in beiden Fällen umfangreich votiert und beraten wurde.

62 Das zeigt sich etwa an folgender Aussage einer Verfassungsrichterin aus dem Jahr 2003 (*Jaeger*, EuGRZ 2003, S. 149 [154]): „Wäre die Verfassungsbeschwerde nicht unzulässig gewesen, wäre allerdings die Annahme zur Entscheidung dennoch zweifelhaft gewesen, weil es an einem schweren Nachteil gefehlt hätte, zumal die Unterstellkosten höher waren als der Wert des PKW.“

63 Vgl. BVerfGE 38, 206 (211 f.).

Eintragungen im Verkehrszentralregister[64] eine existenzielle Betroffenheit dann zu verneinen, wenn eine Verurteilung zu einer Geldstrafe von nicht mehr als neunzig Tagessätzen nach § 32 Abs. 2 Nr. 5 Buchstabe a BZRG nicht in das Führungszeugnis nach § 30 BZRG aufgenommen wird und sonst keine besonderen Umstände die Annahme eines besonders schweren Nachteils rechtfertigen.[65]

Positiv hervorzuheben im Hinblick auf das Entlastungspotential des Annahmeverfahrens ist allerdings ein anderer Aspekt des Beschlusses des Ersten Senats. An dessen Ende findet sich die Feststellung, dass es im Ergebnis um rund 1500 DM gehe und sich aus dem Vortrag der Beschwerdeführer kein Anhaltspunkt dafür ergebe, dass diese Belastung sie besonders schwer treffe.[66] Damit stellt der Senat klar, dass jedenfalls im Bereich der Durchsetzungsannahme Begründungsobliegenheiten des Beschwerdeführers bestehen, wenn eine existenzielle Betroffenheit nicht evident ist.

2. Die Annahmegründe in der weiteren Rechtsprechung des Gerichts

Jedenfalls in den mit einer Begründung versehenen Entscheidungen der Kammern und Senate spielen die Annahmegründe seit den beiden Senatsentscheidungen kaum eine Rolle. Im Hinblick auf die Auslegung des Begriffs der „grundsätzlichen verfassungsrechtlichen Bedeutung" wurde lediglich klargestellt, dass diese nicht gegeben ist, wenn es sich bei dem der Verfassungsbeschwerde zugrunde liegenden Sachverhalt um eine „besondere Fallkonstellation" oder einen „seltenen Einzelfall" mit „außergewöhnlichen Umständen" handelt.[67] Ferner ergibt sich aus der Rechtsprechung, dass diese Annahmevoraussetzung regelmäßig nicht gegeben ist, wenn der Sache außer Kraft getretenes[68] oder nicht mehr anwendbares[69] Recht zugrunde liegt. Eine Ausnahme hiervon kann allerdings gelten, wenn noch eine Vielzahl von Fällen nach der alten Rechtslage zu beurteilen ist.[70] Auch durch eine

64 BVerfGE 42, 261 (263); 66, 211 (213 f.).

65 Vgl. auch BVerfGE 37, 305 (312).

66 BVerfGE 90, 22 (27).

67 BVerfG, Beschluss der 3. Kammer des Ersten Senats vom 9. Dezember 2009 – 1 BvR 1542/06 –, juris, Rn. 14.

68 BVerfGE 44, 124 (125); 91, 186 (200).

69 BVerfG, Beschluss der 2. Kammer des Ersten Senats vom 8. Dezember 2015 – 1 BvR 2146/10 –, juris, Rn. 5 ff.

70 BVerfG, Beschluss der 2. Kammer des Ersten Senats vom 13. März 2001 – 1 BvR 1974/98 –, juris, Rn. 14.

Parallelentscheidung des Bundesverfassungsgerichts oder der Fachgerichte[71] sowie eine zwischenzeitlich erfolgte Gesetzesänderung[72] kann die grundsätzliche verfassungsrechtliche Bedeutung entfallen.

a) Besonderes Gewicht der Grundrechtsverletzung

Im Hinblick auf die Durchsetzungsannahme ergeben sich aus der weiteren Rechtsprechung des Gerichts zunächst einige Konkretisierungen hinsichtlich des Vorliegens eines „besonderen Gewichts“ der Grundrechtsverletzung. Für die Bejahung dieser Voraussetzung ist das Vorliegen eines „qualifizierten“ Verfassungsverstoßes erforderlich.[73] Einfache Versehen,[74] aber auch rechtlich bedenkliche oder überzogene Maßnahmen[75] sowie selbst schwerwiegende Rechtsanwendungsfehler eines Fachgerichts[76] begründen deshalb nicht aus sich heraus eine besonders gewichtige Grundrechtsverletzung.

Von einer generellen Vernachlässigung der Grundrechte ist nach der Kammerrechtsprechung etwa dann auszugehen, wenn eine verfassungswidrige ständige Praxis eines Gerichts vorliegt[77] oder zu erwarten ist, dass ein Gericht in vergleichbaren Fällen an seiner Rechtsauffassung festhalten würde.[78] Gleiches soll gelten, wenn eine gerichtliche Entscheidung eine – verfassungswidrige – herrschende Meinung in Literatur und Rechtsprechung beziehungsweise eine

71 BVerfG, Beschluss der 2. Kammer des Ersten Senats vom 10. Juni 1998 – 1 BvR 1485/86 –, juris, Rn. 2; Beschluss der 1. Kammer des Ersten Senats vom 15. Februar 2006 – 1 BvR 1317/96 –, juris, Rn. 54 ff.

72 BVerfG, Beschluss der 2. Kammer des Ersten Senats vom 24. Juni 1999 – 1 BvR 2033/98 –, juris, Rn. 5; Beschluss der 2. Kammer des Ersten Senats vom 27. April 2001 – 1 BvR 1282/99 –, juris, Rn. 1.

73 BVerfG, Beschluss der 3. Kammer des Ersten Senats vom 22. Dezember 2005 – 1 BvR 1216/05 –, juris, Rn. 8.

74 BVerfG, Beschluss der 3. Kammer des Zweiten Senats vom 11. September 1998 – 2 BvR 1929/07 –, juris, Rn. 6.

75 BVerfG, Beschluss der 2. Kammer des Ersten Senats vom 13. März 2012 – 1 BvR 210/12 –, juris, Rn. 9.

76 BVerfG, Beschluss der 1. Kammer des Ersten Senats vom 19. Dezember 2001 – 1 BvR 218/01 –, juris, Rn. 13.

77 BVerfG, Beschluss der 1. Kammer des Zweiten Senats vom 27. Juni 2006 – 2 BvR 677/05 –, juris, Rn. 11 m.w.N.

78 BVerfG, Beschluss der 2. Kammer des Ersten Senats vom 22. September 2000 – 1 BvR 1059/00 –, juris, Rn. 12; Beschluss der 1. Kammer des Zweiten Senats vom 14. September 2011 – 2 BvR 449/11 –, juris, Rn. 25 m.w.N.

systematisch rechtswidrige Rechtsanwendungspraxis widerspiegelt oder begünstigt.[79]

Praktisch gänzlich schweigt sich die Kammerrechtsprechung zu der Frage aus, wann eine Grundrechtsverletzung geeignet ist, von der Ausübung von Grundrechten abzuhalten. Verneint wurde dies, wenn in einem parallel gelagerten Sachverhalt die Grundrechtsausübung uneingeschränkt blieb,[80] oder eine Änderung in der Rechtsprechung dazu führte, dass nicht mehr zu befürchten war, dass der Beschwerdeführer zukünftig von der Ausübung seiner Grundrechte abgehalten werde.[81]

Wann eine grobe Verkennung des durch ein Grundrecht gewährten Schutzes, ein geradezu leichtfertiger Umgang mit grundrechtlich geschützten Positionen oder eine krasse Verletzung rechtstaatlicher Grundsätze vorliegt, wird in der Kammerrechtsprechung nicht weiter ausdifferenziert, was allerdings angesichts der gleichen Rechtsfolge auch verzichtbar ist.[82] Terminologisch handelt es sich um Umschreibungen für Fälle von Willkür bzw. offensichtlicher Unhaltbarkeit. Es muss allerdings auch hier ein „qualifizierter" Verfassungsverstoß gegeben sein,[83] so dass unter Berücksichtigung von Sinn und Zweck des Annahmeverfahrens zu dem Vorliegen objektiver Willkür noch ein zusätzliches subjektives Element der Vorwerfbarkeit gegeben sein muss,[84] das den Grundrechtsverstoß nicht als bloßes Versehen erscheinen lässt.[85] So müssen etwa Verfahrensrechte „sehenden Auges" nicht beachtet worden sein.[86]

---

79 BVerfG, Beschluss der 3. Kammer des Ersten Senats vom 15. März 2007 – 1 BvR 2138/05 –, juris, Rn. 23; Beschluss der 3. Kammer des Zweiten Senats vom 16. März 2014 – 2 BvR 2381/13 –, juris, Rn. 4.

80 BVerfG, Beschluss der 1. Kammer des Ersten Senats vom 8. April 1999 – 1 BvR 1498/92 –, juris, Rn. 17.

81 BVerfG, Beschluss der 2. Kammer des Ersten Senats vom 29. April 2004 – 1 BvR 649/04 –, juris, Rn. 15.

82 *Schenk*, in: Burkiczak/Dollinger/Schorkopf (Hrsg.), BVerfGG, 2015, § 93a Rn. 36.

83 BVerfG, Beschluss der 3.Kammer des Ersten Senats vom 22. Dezember 2005 – 1 BvR 1216/05 –, juris, Rn. 8.

84 *Scheffczyk*, in: Walter/Grünewald (Hrsg.), BeckOK BVerfGG, § 93a Rn. 45 (i.E.).

85 Vgl. BVerfG, Beschluss der 1. Kammer des Ersten Senats vom 30. Januar 1996 – 1 BvR 2388/95 –, juris, Rn. 14; BVerfG, Beschluss der 3. Kammer des Ersten Senats vom 2. Juni 2009 – 1 BvR 2295/08 –, juris, Rn. 28.

86 BVerfG, Beschluss der 3. Kammer des Zweiten Senats vom 6. Juni 2011 – 1 BvR 2076/08 –, juris, Rn. 3; näher zum Ganzen *Scheffczyk*, in: Walter/Grünewald (Hrsg.), BeckOK BVerfGG, § 93a Rn. 45 ff. (i.E.).

b) Besonders schwerer Nachteil

Einen besonders schweren Nachteil, der sich bereits aus dem Gegenstand der Entscheidung ergibt, haben die Kammern des Bundesverfassungsgerichts angenommen, wenn Leben und Gesundheit des Beschwerdeführers gefährdet sind[87] oder das Freiheitsgrundrecht des Art. 2 Abs. 2 GG in Rede steht.[88] Ebenfalls existenzielle Bedeutung haben nach der Rechtsprechung die Verweigerung der Aufnahme als Spätaussiedler[89] und die Anerkennung als Asylbewerber.[90] Auch eine Verletzung des Elternrechts wurde als besonders schwerer Nachteil angesehen.[91]

Ansonsten ist das Vorliegen eines besonders schweren Nachteils vom Einzelfall abhängig. Es ist etwa dann zu verneinen, wenn mit einer stattgebenden Entscheidung keine konkreten Verbesserungen für den Beschwerdeführer erreicht werden können[92] oder dieser anderweitig ausreichend Genugtuung erfahren hat.[93] Gleiches gilt, wenn deutlich abzusehen ist, dass der Beschwerdeführer auch im Fall einer Stattgabe und Zurückverweisung an das Ausgangsgericht im Ergebnis keinen Erfolg haben würde.[94]

Eine existenzielle Betroffenheit ist auch dann zu verneinen, wenn die wirtschaftliche Bedeutung der Sache für den Beschwerdeführer gering ist. Dass hierbei keine starren Betragsgrenzen gelten können, versteht sich von selbst. Vielmehr ist auf die wirtschaftlichen Verhältnisse des konkreten Beschwerde-

---

87 BVerfG, Beschluss der 3. Kammer des Zweiten Senats vom 15. November 2012 – 2 BvR 683/11 –, juris, Rn. 5; Beschluss der 2. Kammer des Ersten Senats vom 2. Mai 1994 – 1 BvR 549/94 –, juris, Rn. 10.

88 BVerfG, Beschluss der 1. Kammer des Ersten Senats vom 14. Juni 2007 – 1 BvR 338/07 –, juris, Rn. 45.

89 BVerfG, Beschluss der 2. Kammer des Ersten Senats vom 23. Februar 2011 – 1BvR 500/07 –, juris, Rn. 26

90 BVerfG, Beschluss der 1. Kammer des Zweiten Senats vom 14. Mai 2003 – 2 BvR 134/01 –, juris, Rn. 12; Beschluss der 1. Kammer des Zweiten Senats vom 4. September 2000 – 2 BvR 2377/99 –, juris, Rn. 2.

91 BVerfG, Beschluss der 1. Kammer des Ersten Senats vom 8. Dezember 2005 – 1 BvR 364/05 –, juris, Rn. 20.

92 BVerfG, Beschluss der 3. Kammer des Ersten Senats vom 19. August 2015 – 1 BvR 1917/15 –, juris, Rn. 11; Beschluss der 3. Kammer des Ersten Senats vom 22. Dezember 2014 – 1 BvR 2195/14 –, juris, Rn. 7; Beschluss der 3. Kammer des Zweiten Senats vom 16. März 2014 – 2 BvR 2381/13 –, juris, Rn. 4.

93 BVerfG, Beschluss der 2. Kammer des Zweiten Senats vom 15. September 2014 – 2 BvR 2192/13 –, juris, Rn. 17.

94 BVerfGE 119, 292 (320); näher *Scheffczyk*, in: Walter/Grünewald (Hrsg.), BeckOK BVerfGG, § 93a Rn. 59 f. (i.E.).

führers abzustellen. Ist dann eine existenzielle Betroffenheit zu verneinen, kann die Verfassungsbeschwerde nicht zur Entscheidung angenommen werden, selbst wenn der wirtschaftliche Verlust tatsächlich durch eine Grundrechtsverletzung verursacht wurde.[95] Das Bundesverfassungsgericht hat allerdings – soweit ersichtlich – in keiner begründeten Entscheidung unter der jetzigen Gesetzeslage einen existenziellen Nachteil bei einer „Schadenssumme" von über 1.000 Euro verneint.[96]

c) Begründungsanforderungen

Im Anschluss an den Beschluss des Ersten Senats haben die Kammern wiederholt deutlich gemacht, dass der Beschwerdeführer auch zu den Annahmevoraussetzungen vortragen muss, wenn hierzu Anlass besteht. Das gilt jedenfalls für das Vorliegen eines besonders schweren Nachteils,[97] wird aber gelegentlich auch hinsichtlich des besonderen Gewichts einer Grundrechtsverletzung[98] und der grundsätzlichen verfassungsrechtlichen Bedeutung verlangt.[99]

d) Kritik

Die Rechtsprechung der Kammern des Bundesverfassungsgerichts lässt – den Vorgaben der Senate folgend – das Entlastungspotenzial des Annahmeverfahrens ebenfalls weitgehend ungenutzt. Dies zeigt zumindest eine Analyse der Fälle, in denen die Kammer eine Begründung für die Nichtannahme gegeben hat. Das gilt hinsichtlich beider von den Senaten entwickelten Voraussetzungen für eine Durchsetzungsannahme, also das Vorliegen einer Grundrechtsverletzung von besonderem Gewicht bzw. eines existenziellen Nachteils für den Beschwerdeführer.

---

95 BVerfG, Beschluss der 1. Kammer des Ersten Senats vom 2. Juni 2006 – 1 BvR 1350/03 –, juris, Rn. 1; Beschluss der 1. Kammer des Ersten Senats vom 19. Dezember 2001 – 1 BvR 218/01 –, juris, Rn. 13.

96 Siehe hierzu die Aufzählung bei *Scheffczyk,* in: Walter/Grünewald (Hrsg.), BeckOK BVerfGG, § 93a Rn. 57 (i.E.).

97 Vgl. nur BVerfG, Beschluss der 1. Kammer des Ersten Senats vom 24. März 2011 – 1 BvR 143/11 –, juris, Rn. 8.

98 BVerfG, Beschluss vom 22. Dezember 2005 – 1 BvR 1216/05 –, juris, Rn. 8.

99 Vgl. etwa BVerfG, Beschluss der 3. Kammer des Zweiten Senats vom 9. November 2001 – 2 BvR 810/01 –, juris, Rn. 1; Beschluss der 3. Kammer des Ersten Senats vom 14. April 2010 – 1 BvR 362/10 –, juris, Rn. 8, 11.

Entscheidungen, in denen das Vorliegen einer Grundrechtsverletzung bejaht, das besondere Gewicht dieser Grundrechtsverletzung hingegen verneint oder im umgekehrten Fall ausdrücklich festgestellt wird, sind kaum dokumentiert. Hier fehlt es bereits an einer Verständigung zwischen den Spruchkörpern des Gerichts über die Maßstäbe für die Annahme dieser Voraussetzung. Die Ansätze, die durchaus eine Entlastungswirkung entfalten könnten, werden – soweit ersichtlich – nicht weiterentwickelt.

Noch offensichtlicher bleiben die Kammern in ihren ebenfalls wenigen mit einer Begründung versehenen Entscheidungen hinter den gesetzlichen Möglichkeiten für die Verneinung eines besonders schweren Nachteils zurück, soweit es um die Frage einer existenziellen Betroffenheit des Beschwerdeführers geht. Sie senken – wiederum als Folge der Leitentscheidungen der Senate – die Schwelle des „besonders schweren Nachteils“ noch unter die des „schweren Nachteils“ ab, wie ein Vergleich mit der Senatsrechtsprechung von vor 1993 zeigt, und verkehren so die Intention der in diesem Jahr erfolgten Gesetzesänderung in ihr Gegenteil. Zur Erinnerung: Bundesverfassungsgericht, Bundesregierung und Bundestag wollten – anders als der Bundesrat – bei der Neuregelung des Annahmeverfahrens gerade sicherstellen, dass die Anforderungen an das Vorliegen eines „besonders schweren Nachteils“ erkennbar über der vorherigen Kategorie des „schweren Nachteils“ liegen.

Legion ist hingegen die Zahl der Kammerentscheidungen, die die Nichtannahme der Verfassungsbeschwerde auf die mangelnden Erfolgsaussichten in der Sache stützen. Das setzt allerdings eine – je nach Qualität der Verfassungsbeschwerde – mehr oder minder ausführliche materielle Prüfung voraus, die in der täglichen Arbeit des Gerichts erhebliche Zeit beansprucht. Schon manchem mit einer Begründung versehenen Nichtannahmebeschluss ist jedenfalls nicht auf den ersten Blick anzusehen, worin der besonders schwere Nachteil für den Beschwerdeführer möglicherweise liegen könnte. Diesen Beschlüssen kann häufig aber immerhin eine gewisse „Steuerungswirkung“ zugemessen werden. Bei Verfassungsbeschwerden, bei denen die Annahmevoraussetzungen mehr oder weniger eindeutig nicht vorliegen, verliert die Prüfung der Erfolgsaussichten in der Sache jedoch grundsätzlich ihre Berechtigung. Anderes kann nur dann gelten, wenn die mangelnden Erfolgsaussichten evident sind, etwa bei klaren Fristversäumnissen oder bei einer eindeutig mangelnden Erschöpfung des Rechtswegs.

Positiv hervorzuheben ist wiederum nur die Klarstellung durch die Kammern, dass der Beschwerdeführer Darlegungslasten hinsichtlich des Vorliegens der Annahmevoraussetzungen trägt, wenn dies nicht evident ist. Das Gericht ist also insoweit davon entbunden, über die Beschwerdeschrift selbst und dort gegebenenfalls konkret in Bezug genommene Anlagen hinaus nach dem Vorliegen der tatsächlichen Voraussetzungen eines Annahmegrundes zu „suchen“. Die rechtliche Beurteilung – insbesondere die Bejahung der grundsätzlichen verfassungsrechtlichen Bedeutung oder einer besonders gewichtigen Grundrechtsverletzung – ist aber selbstverständlich genuine Aufgabe des Gerichts. Es ist allerdings nicht ersichtlich, dass eine relevante Anzahl von Verfassungsbeschwerden an der fehlenden Darlegung eines besonders schweren Nachteils scheitert, obwohl kaum eine von ihnen hierzu überhaupt nähere Ausführungen enthält.

IV. Keine Gefährdung des Grundrechtsschutzes bei effektiver Nutzung des Annahmeverfahrens

Die in der Praxis der Rechtsprechung des Bundesverfassungsgerichts vorherrschende restriktive Anwendung der Möglichkeiten der Annahmekriterien beruht möglicherweise auf der Sorge, bei einer konsequenteren Nutzung würde der individuelle Grundrechtsschutz gefährdet. Das ist jedoch durch den Gesamtmechanismus des Annahmeverfahrens ausgeschlossen:

Erstens müssen die Annahmevoraussetzungen nicht kumulativ vorliegen, so dass einerseits auch weiterhin „kleine Fälle großes Verfassungsrecht“[100] machen können, wenn ihnen denn tatsächlich grundsätzliche verfassungsrechtliche Bedeutung zukommt. Andererseits kann ein Beschwerdeführer auch dann Erfolg haben, wenn die verfassungsrechtlichen Maßstäbe geklärt sind und deshalb von deren grundsätzlicher Befolgung durch die öffentliche Gewalt auszugehen ist, die Annahme der Verfassungsbeschwerde aber dennoch zur Durchsetzung seiner individuellen Rechte angezeigt ist. Die Kammern haben zudem klargestellt, dass bei einer Grundrechtsverletzung von besonderem Gewicht eine Annahme trotz Geringfügigkeit oder völligen Fehlens einer materiellen Belastung angezeigt ist.[101]

Es besteht zweitens – im Unterschied zu einem freien Annahmeverfahren – im Rahmen des § 93a BVerfGG eine Pflicht zur Annahme der Verfassungsbeschwerde, wenn eine der Annahmevoraussetzungen vorliegt.[102] Diese Voraussetzungen sind gesetzlich festgelegt und durch die Gesetzesbegründung näher erläutert und damit im Grundsatz erkennbar und ihre Anwendung vorhersehbar, wenn auch weit gesteckt und sehr flexibel.[103] Eine konsequentere Anwendung der Annah-

---

100 Vgl. *Zuck*, ZRP 2012, S. 219.

101 BVerfG, Beschluss der 3. Kammer des Zweiten Senats vom 14. August 2013 – 2 BvR 1548/13 –, juris, Rn. 4; Beschluss der 3. Kammer des Zweiten Senats vom 9. November 2011 – 2 BvR 2553/09 –, juris, Rn. 8.

102 *Krämer*, AnwBl 1999, S. 247 (250).

103 *Faller*, in: Gebauer/Kreuzer/Robbers/Schiedmair/Weber (Hrsg.), Grundrechte, Sozialordnung und Verfassungsgerichtsbarkeit. FS Benda, 1995, S. 43 (64); *Albers*, KritV 1998, S. 193 (206).

mevoraussetzungen durch das Gericht könnte bei einer entsprechenden Vermittlung gegenüber der Öffentlichkeit – also in Form begründeter Entscheidungen – die vom Gesetzgeber gezogenen Grenzen für die Annahme einer Verfassungsbeschwerde erklären und verhindern, dass an das Gericht Erwartungen gestellt werden, die es in der Praxis nicht erfüllen kann.[104] Im Übrigen bestünde auch nicht die Gefahr einer „Dogmatisierung" der Rechtsprechung zum besonders schweren Nachteil, wenn die Annahmevoraussetzungen im Sinne des Gesetzgebers genutzt werden. Danach ist einerseits der „besonders schwere Nachteil" in jedem Fall individuell zu bestimmen und dem Gericht andererseits ausdrücklich ein Spielraum bei der Beurteilung des „Angezeigtseins" der Annahme eingeräumt worden. Die Möglichkeit und die Vornahme dieser Beurteilung sollte den Prüfungs- und Bearbeitungsaufwand „erheblich vermindern",[105] was durch eine umfassende (Selbst-)Bindung bei der Ausübung dieses Spielraums durch vorangegangene Entscheidungen konterkariert würde.

Drittens gewährleistet das Einstimmigkeitserfordernis für eine Nichtannahmeentscheidung durch die Kammer (§ 93d Abs. 3 BVerfGG), dass jeder einzelne Richter in dieser Kammer eine Entscheidung über die Annahme der Verfassungsbeschwerde durch den Senat erzwingen kann. Dort ist dann lediglich die Zustimmung von drei Senatsmitgliedern für die Annahme erforderlich. Angesichts des Selbstverständnisses des Gerichts und seiner Richter ist also nicht zu erwarten, dass Fälle durch die Kammern „unter den Teppich gekehrt" werden, in denen eine der Annahmevoraussetzungen vorliegt.

Viertens können auch auf den Annahmegründen basierende Nichtannahmeentscheidungen zum Grundrechtsschutz beitragen, wenn aus ihrer Begründung etwa hervorgeht, dass die Entscheidung zwar möglicherweise oder gar tatsächlich die Grundrechte des Beschwerdeführers verletzt hat, die Annahme aber dennoch nicht zur Durchsetzung seiner Grundrechte angezeigt ist. Dem kommt eine klare Warnfunktion zu.[106] Denn wenn die öffentliche Hand ihr Verhalten daraufhin nicht ändert, so wird das Bundesverfassungsgericht früher oder später von einer ständigen verfassungswidrigen Praxis ausgehen und nachfolgende Verfassungsbeschwerden zur Entscheidung annehmen.

---

104 Vgl. *Albers*, KritV 1998, S. 193 (206). Gerade die Befürchtung eines Verlusts des Ansehens des Bundesverfassungsgerichts als „Bürgergericht" scheint eine effektive Nutzung des Annahmeverfahrens aber zu behindern: „Die Erfolgsgeschichte eines Gerichts verpflichtet zugleich, die Entlastung nicht in einer Weise zu suchen, die den Erfolg schmälern könnte.", *Jaeger*, EuGRZ 2003, S. 149.

105 BTDrucks 12/3628, S. 9.

106 Ähnlich *Hömig*, in: Hohmann-Dennhardt/Masuch/Villiger (Hrsg.): Grundrechte und Solidarität, FS Jaeger, 2010, S. 767 (778).

Das mag zwar für den ersten Beschwerdeführer ernüchternd sein, ist aber einerseits notwendige Voraussetzung dafür, dass der gewünschte Entlastungseffekt tatsächlich eintritt, den der Gesetzgeber – in verfassungsmäßiger Weise[107] – herbeiführen wollte. Andererseits dürfte die Ernüchterung derjenigen Beschwerdeführer, deren Verfassungsbeschwerde etwa an den – zur anderweitigen Entlastung genutzten – immer strenger werdenden Begründungsanforderungen im Hinblick auf den Sachverhalt, das einfache Recht und die verfassungsrechtliche Beurteilung scheitert, kaum geringer sein. Darüber hinaus ergibt sich aus letzterem häufig eine Belastung des Verhältnisses von Prozessbevollmächtigtem und Beschwerdeführer. Die Aufgabe des Prozessbevollmächtigten würde sich bei einem – nach außen erkennbar gemachten – intensiveren Abstellen auf die Annahmevoraussetzungen stärker auf die Darlegung von deren Vorliegen verlagern. Im Gegenzug wäre dann eine Absenkung der äußerst strengen Begründungsanforderungen in anderen Bereichen möglich, was dem Ansehen des Gerichts wiederum durchaus förderlich sein dürfte.

Fünftens würde die Nutzbarmachung des Annahmeverfahrens den Individualrechtsschutz durch den damit verbundenen Beschleunigungseffekt sogar stärken.[108] Es könnte so besser vermieden werden, dass Verfassungsbeschwerden teilweise jahrelang der Entscheidung harren, bis sie entweder wegen Zulässigkeitsmängeln nicht zur Entscheidung angenommen werden,[109] der Beschwerdeführer aufgibt,[110] stirbt[111] oder es in seltenen Fällen zu einer stattgebenden Entscheidung kommt, die dann möglicherweise zum Grundrechtsschutz des Beschwerdeführers nichts mehr beitragen kann.

---

107 BVerfG, Beschluss der 2. Kammer des Zweiten Senats vom 13. Februar 1997 – 2 BvR 2726/93 –, juris, Rn. 3; Beschluss der 1. Kammer des Ersten Senats vom 4. April 1998 – 1 BvR 968/97 –, juris, Rn. 3; *Benda*, Entlastung des Bundesverfassungsgerichts, 1998, S. 11, 13; *Voßkuhle*, in: v. Mangoldt/Klein/Starck (Hrsg.), GG, Bd. 3, 6. Aufl. 2010, Art. 94 Abs. 2 Rn. 40.

108 Ähnlich *Maatsch*, in: Emmenegger/Wiedmann (Hrsg.), Linien der Rechtsprechung des Bundesverfassungsgerichts, Bd. 2, 2011, S. 31 (34) m.w.N.

109 Vgl. etwa BVerfG, Beschluss der 2. Kammer des Ersten Senats vom 16. Februar 2016 – 1 BvR 1739/12.

110 Vgl. BVerfG, Beschluss der Beschwerdekammer vom 20. August 2015 – 1 BvR 2781/13 – Vz 11/14 –, juris, Rn. 10.

111 BVerfG, Urteil des Ersten Senats vom 20. April 2016 – 1 BvR 966/09 u.a. –, juris, Rn. 77.

V. Verpasste Chancen zur (Selbst-)Entlastung des Bundesverfassungsgerichts im Annahmeverfahren

Die Untersuchung der Linien der Rechtsprechung des Bundesverfassungsgerichts zu den Annahmekriterien des § 93a Abs. 2 BVerfGG hat gezeigt, dass das Gericht das Potenzial des Annahmeverfahrens nicht ansatzweise ausschöpft. Dies hat schon die Kommission zur Entlastung des Bundesverfassungsgerichts in ihrem Bericht aus dem Jahr 1997 hervorgehoben.[112] Auch aus dem Kreis der Wissenschaftlichen Mitarbeiterinnen und Mitarbeiter ist die mangelnde Nutzung der gesetzlichen Möglichkeiten wiederholt kritisiert worden.[113] Der Befund gilt nach wie vor.

Die dem Gericht vom Gesetzgeber eingeräumten substantiellen Freiräume hinsichtlich der Ausübung eines Ermessens bei der Annahmeentscheidung, das durch § 93a Abs. 2 rechtlich eingehegt wird, werden praktisch nicht genutzt. Das zeigt sich in der gängigen Prüfungsreihenfolge des Gerichts, in der nicht einer Annahmeentscheidung eine verfassungsrechtliche Prüfung folgt, sondern oft ausschließlich deren Ergebnis darüber entscheidet, ob eine Verfassungsbeschwerde zur Entscheidung angenommen wird. Dadurch wird die gesetzlich vorgesehene Prüfungsreihenfolge umgekehrt und der Prüfungsaufwand für das Gericht unnötig erhöht. Das Gericht bleibt zudem insbesondere in seiner Rechtsprechung zum „besonders schweren Nachteil" entgegen seinen eigenen Forderungen und gegen den gesetzgeberischen Willen sogar noch hinter den früheren Anforderungen an die Annahme eines „schweren Nachteils" zurück.

Es bestehen also im Rahmen des Annahmeverfahrens nach wie vor Entlastungsmöglichkeiten, die das Gericht durch seine eigene Rechtsprechung schärfer konturieren und nutzen kann und – will es seiner Belastung dauerhaft Herr werden – muss. Denn die Frage nach Abhilfe bei der zweifellos hohen Belastung des Gerichts kann nicht nur an den Gesetzgeber gerichtet werden. Das Gericht selbst muss sie sich ebenso stellen.[114] Das gilt umso mehr, wenn ihm mit den

---

112 Bundesministerium der Justiz (Hrsg.), Entlastung des Bundesverfassungsgerichts, 1998, S. 36f. Zuvor bereits *Wahl/Wieland*, JZ 1996, S. 1137 (1140).

113 *Albers*, ZRP 1997, S. 198 (201 ff.), deren Analyse der Gründe für die mangelnde Umsetzung der gesetzlichen Vorgaben nach wie vor zutreffend ist (daran anschließend hinsichtlich der Beharrungskräfte von Routinemechanismen *Voßkuhle*, in: v. Mangoldt/Klein/Starck, GG, Bd. 3, 6. Aufl. 2010, Art. 94 Rn. 43); *Maatsch*, in: Emmenegger/Wiedmann (Hrsg.), Linien der Rechtsprechung des Bundesverfassungsgerichts, Bd. 2, 2011, S. 31 (34ff.; 50f.).

114 *Böckenförde*, ZRP 1996, S. 281 (282); *Albers*, ZRP 1997, S. 198 (203).

Annahmevoraussetzungen des § 93a Abs. 2 BVerfGG bereits ein gesetzlich vorgesehenes, verfassungsgemäßes und effektives Mittel hierfür zur Verfügung steht. Ziel dieser Vorschrift ist die Entlastung des Bundesverfassungsgerichts. Bei ihrer Auslegung und Anwendung muss dieser Zweck Berücksichtigung finden. Damit kann die Arbeit des Gerichts auf die einer Entscheidung durch das Gericht bedürfenden Fälle konzentriert werden.[115] Bevor andere interne oder gesetzgeberische Vorgehensweisen in Betracht gezogen werden, muss dieses Mittel wirksam genutzt werden. Ein geringeres Niveau des Grundrechtsschutzes wäre damit nicht verbunden.

115 Vgl. schon BVerfGE 9, 120 (121) zu § 91a a.F. und BVerfGE 47, 102 (104) zu § 93a Abs. 4 a.F.

II. Allgemeine Grundrechtslehren sowie einzelne grundrechtliche und grundrechtsgleiche Gewährleistungen

Tristan Barczak

Konstitutionalisierung der Privatrechtsordnung

Leitentscheidungen des Bundesverfassungsgerichts

BVerfGE 7, 198 – Lüth
BVerfGE 25, 256 – Blinkfüer
BVerfGE 34, 269 – Soraya
BVerfGE 42, 143 – Deutschland-Magazin
BVerfGE 81, 242 – Handelsvertreter
BVerfGE 84, 212 – Aussperrung
BVerfGE 89, 214 – Bürgschaft
BVerfGE 90, 27 – Parabolantenne I
BVerfGE 96, 375 – Kind als Schaden
BVerfGE 103, 89 – Ehevertrag
BVerfGE 128, 226 – Fraport
BVerfGE 129, 78 – Anwendungserweiterung
BVerfGE 137, 273 – Kirchliche Arbeitsverhältnisse
BVerfGE 138, 377 – Auskunftsanspruch des Scheinvaters

Wichtige Kammerentscheidungen

BVerfGK 1, 308 – Kopftuch am Arbeitsplatz
BVerfGK 9, 83 – Marlene Dietrich
BVerfGK 9, 353 – Schweigepflichtentbindung
BVerfGK 18, 14 – Preiserhöhungsklausel
BVerfG, Beschluss der 3. Kammer des Ersten Senats vom 18. Juli 2015 – 1 BvQ 25/15 –, NJW 2015, S. 2485 f. – „Bierdosen-Flashmob"

Schrifttum (Auswahl)

Barczak, Richterrecht – Vervollkommnung des Rechtsstaats oder Verkehrung in einen Richterstaat?, AL 2016, S. 99 ff.; *Bieder*, Das ungeschriebene Verhältnismäßigkeitsprinzip als Schranke privater Rechtsausübung, 2007; *Böckenförde*, Zur Lage der Grundrechtsdogmatik nach 40 Jahren Grundgesetz – Erweiterte Fassung eines Vortrages gehalten in der Carl Friedrich von Siemens Stiftung am 19. Oktober 1989, 1990; *Burkiczak*, Grundrechtswirkungen zwischen Privaten, in: Becker/Lange (Hrsg.), Linien der Rechtsprechung des Bundesverfassungsgerichts, Bd. 3, 2014, S. 115 ff.; *Canaris*, Grundrechte und Privatrecht – eine Zwischenbilanz, 1999; *Christensen*, Die Paradoxie richterlicher Gesetzesbindung, in: Lerch (Hrsg.), Die Sprache des Rechts, Bd. 2, Recht verhandeln: Argumentieren, Begründen und Entscheiden im Diskurs des Rechts, 2005, S. 1 ff.; *Classen*, Gesetzesvorbehalt und Dritte Gewalt – Zur demokratischen Legitimation der Rechtsprechung, JZ 2003, S. 693 ff.; *Diederichsen*, Die Selbstbehauptung des Privatrechts gegenüber dem

DOI 10.1515/9783110421866-005

Verfassungsrecht, Jahrbuch für Italienisches Recht 10 (1997), S. 3 ff.; *ders.*, Das Bundesverfassungsgericht als oberstes Zivilgericht – ein Lehrstück juristischer Methodenlehre, AcP 198 (1998), S. 171 ff.; *Dürig*, Grundrechte und Zivilrechtsprechung, in: Maunz (Hrsg.), Vom Bonner Grundgesetz zur gesamtdeutschen Verfassung, FS Nawiasky, 1956, S. 157 ff.; *Gusy*, Grundrechtsbindungen Privater, in: Masing/Jestaedt/Capitant/Divellec (Hrsg.), Strukturfragen des Grundrechtsschutzes in Europa, Grundrechtecharta – Grundrechtsbindung – Vertrauensschutz, 2015, S. 93 ff.; *Hager*, Von der Konstitutionalisierung des Zivilrechts zur Zivilisierung der Konstitutionalisierung, JuS 2006, S. 769 ff.; *Haltern/Mayer/Möllers*, Wesentlichkeitstheorie und Gerichtsbarkeit – Zur institutionellen Kritik des Gesetzesvorbehalts, DV 30 (1997), S. 51 ff.; *Hesse*, Verfassungsrecht und Privatrecht, 1988; *Heun*, Verfassungsrecht und einfaches Recht – Verfassungsgerichtsbarkeit und Fachgerichtsbarkeit, VVDStRL 61 (2002), S. 80 ff.; *Ipsen*, Verfassungsprivatrecht?, JZ 2014, S. 157 ff.; *Isensee*, Privatautonomie, in: ders./Kirchhof (Hrsg.), HStR VII, 3. Aufl. 2009, § 150; *Jestaedt*, Diskriminierungsschutz und Privatautonomie, VVDStRL 64 (2005), S. 298 ff.; *Jarass*, Die Konstitutionalisierung des Rechts, insb. durch Grundrechte, in: Wittreck (Hrsg.), 60 Jahre Grundgesetz – Verfassung mit Zukunft!?, 2010, S. 47 ff.; *Knauff*, Konstitutionalisierung im inner- und überstaatlichen Recht – Konvergenz oder Divergenz?, ZaöRV 68 (2008), S. 453 ff.; *Maultzsch*, Die Konstitutionalisierung des Privatrechts als Entwicklungsprozess – Vergleichende Betrachtungen zum deutschen und amerikanischen Recht, JZ 2012, S. 1040 ff.; *Medicus*, Der Grundsatz der Verhältnismäßigkeit im Privatrecht, AcP 192 (1992), S. 35 ff.; *Nettesheim*, Grundrechtsschutz der Privatheit, VVDStRL 70 (2011), S. 7 ff.; *Nipperdey*, Grundrechte und Privatrecht, 1961; *Oeter*, „Drittwirkung" der Grundrechte und die Autonomie des Privatrechts – Ein Beitrag zu den funktionell-rechtlichen Dimensionen der Drittwirkungsdebatte, AöR 119 (1994), S. 529 ff.; *Papier*, Drittwirkung der Grundrechte, in: Merten/ders. (Hrsg.), HGR II, 2006, § 55; *Rensmann*, Wertordnung und Verfassung – Das Grundgesetz im Kontext grenzüberschreitender Konstitutionalisierung, 2007; *Riesenhuber*, Privatautonomie und Diskriminierungsverbote, in: ders./Nishitani (Hrsg.), Wandlungen oder Erosion der Privatautonomie? Deutsch-japanische Perspektiven des Vertragsrechts, 2007, S. 19 ff.; *Röthel*, Normkonkretisierung im Privatrecht, 2004; *dies.*, Verfassungsprivatrecht aus Richterhand? – Verfassungsbindung und Gesetzesbindung der Zivilgerichtsbarkeit, JuS 2001, S. 424 ff.; *Rüfner*, Grundrechtsadressaten, in: Isensee/Kirchhof (Hrsg.), HStR IX, 3. Aufl. 2011, § 197; *ders.*, Drittwirkung der Grundrechte – Versuch einer Bilanz, in: Selmer/von Münch (Hrsg.), GS Martens, 1987, S. 215 ff.; *Ruffert*, Vorrang der Verfassung und Eigenständigkeit des Privatrechts – Eine verfassungsrechtliche Untersuchung zur Privatrechtswirkung des Grundgesetzes, 2001; *ders.*, Die Rechtsprechung des Bundesverfassungsgerichts zum Privatrecht, JZ 2009, S. 389 ff.; *Schuppert/Bumke*, Die Konstitutionalisierung der Rechtsordnung – Überlegungen zum Verhältnis von verfassungsrechtlicher Ausstrahlungswirkung und Eigenständigkeit des „einfachen" Rechts, 2000; *Schwabe*, Bundesverfassungsgericht und „Drittwirkung" der Grundrechte, AöR 100 (1975), S. 442 ff.; *Stern*, Staatsrecht, Bd. III/1 – Allgemeine Lehren der Grundrechte, 1988, S. 1509 ff.; *ders.*, Probleme der Ausstrahlungswirkung der Grundrechte auf das Privatrecht, in: Wank/Hirte/Frey/u. a. (Hrsg.), FS Wiedemann, 2002, S. 133 ff.; *Stürner*, Der Grundsatz der Verhältnismäßigkeit im Schuldvertragsrecht – Zur Dogmatik einer privatrechtsimmanenten Begrenzung von vertraglichen Rechten und Pflichten, 2010; *Wahl*, Konstitutionalisierung – Leitbegriff oder Allerweltsbegriff?, in: Eberle/Ibler/Lorenz (Hrsg.), Der Wandel des Staates vor den Herausforderungen der Gegenwart, FS Brohm, 2002, S. 191 ff.

Inhalt

I. Einführung — 93
II. Ausgangslage: gesetzesmediatisierte Konstitutionalisierung — 97
1. Privatautonomie — 97
a) Sinngehalt — 97
b) Ausgestaltung und Grenzen — 99
2. Privatrechtswirkung der Grundrechte — 101
3. Privatrechtsfortbildung durch den Richter — 105
III. Neue Linien: gesetzesübersteigende Konstitutionalisierung — 107
1. Neue „Einbruchstellen“ — 107
2. Der Vorbehalt des Gesetzes im Privatrecht — 108
3. Staatsgleiche Grundrechtsbindung Privater — 113
4. Gleichheit und Verhältnismäßigkeit als Maßstäbe privaten Handelns — 115
5. Grundrechtsschutz durch Organisation und Verfahren — 118
6. Auswirkungen — 119
a) Kompetenzverschiebungen zwischen Bundesverfassungsgericht und Fachgerichtsbarkeit — 119
b) Rückwirkungen auf die Gestaltungsfreiheit des Privatrechtsgesetzgebers — 121
IV. Fazit und Ausblick — 121

I. Einführung

Die Zweiteilung der Rechtsordnung in öffentliches Recht und Privatrecht ist das Ergebnis eines historischen Prozesses, in dessen Verlauf sich das Privatrecht von der Quelle zum Gegenstand normativer Bindungen entwickelt hat.[1] Sie beherrscht unser – insofern dualistisches – Rechtsdenken bis heute. Das öffentliche Recht, insbesondere das Verfassungsrecht, und das Privatrecht sind jedoch keine beziehungslosen Rechtsmassen sondern vielfältig miteinander verflochten.[2] Man spricht von wechselseitigen „Auffangordnungen“.[3] Diese Verflechtungen sind

---

1 Die Zweiteilung hat eine horizontale und eine vertikale Komponente, fußt die deutsche Rechtsordnung doch – hierdurch unterscheidet sie sich von derjenigen anderer Staaten – genau genommen auf einer zweifachen Differenzierung: vertikal auf der Unterscheidung von Verfassungsrecht und einfachem Recht und horizontal auf der Trennung zwischen öffentlichem Recht und Privatrecht, vgl. *Ipsen*, JZ 2014, S. 157 (157).

2 *Bethge*, in: Maunz/Schmidt-Bleibtreu/Klein/ders. (Hrsg.), BVerfGG, § 90 Rn. 286 (Oktober 2013); *Ruffert*, JZ 2009, S. 389 (390).

3 Vgl. Hoffmann-Riem/Schmidt-Aßmann (Hrsg.), Öffentliches Recht und Privatrecht als wechselseitige Auffangordnungen, 1996, *passim*; *Hoffmann-Riem*, AöR 119 (1994), S. 590 (609 ff.); *ders.*, DVBl. 1994, S. 1381 (1386 f.); siehe auch *de Wall*, Die Anwendbarkeit privatrechtlicher Vorschriften im Verwaltungsrecht, 1999, S. 42 f.; *Poelzig*, Normdurchsetzung durch Privatrecht,

zunächst Ausdruck der Normenhierarchie: Sowohl der Privatrechtsgesetzgeber als auch die Zivilgerichtsbarkeit sind an die Grundrechte und die verfassungsmäßige Ordnung gebunden (vgl. Art. 1 Abs. 3, 20 Abs. 3 GG). Umgekehrt nahm das historisch gewachsene Privatrecht als gleichsam „zivilistische Verfassung"[4] maßgeblichen Einfluss auf die Entwicklung des Verfassungsrechts, weniger verfassungstextlich als vielmehr auf dem Gebiet des juristischen Denkens, der Herausbildung verfassungsrechtlicher Prinzipien und der Rechtsmethodik.[5] Schließlich geht es im Zivilrecht durchweg um den Ausgleich widerstreitender Rechte und Interessen, welche stets auf eine grundrechtliche Rechtsposition zurückgeführt werden können – nach der Elfes-Entscheidung zumindest über die jede Form menschlichen Handelns schützende allgemeine Handlungsfreiheit (Art. 2 Abs. 1 GG).[6] Die Kollision von Grundrechten lässt sich insofern als für das Privatrecht typisch bezeichnen.[7] In seiner reichhaltigen Parabolantennen-Rechtsprechung betont das Bundesverfassungsgericht beispielsweise, dass die Installation einer entsprechenden Antenne zum Zweck des Empfangs eines ausländischen Rundfunkprogramms vom Schutzbereich des Grundrechts auf Informationsfreiheit (Art. 5 Abs. 1 Satz 1 Halbs. 2 GG) des beschwerdeführenden Mieters umfasst und mit dem von Art. 14 Abs. 1 GG geschützten Eigentümerinteresse des Vermieters an der optisch ungeschmälerten Erhaltung des Wohnhauses abzuwägen sei.[8] Dabei werden mitunter die zugrunde liegenden mietrechtlichen Vorschriften, um deren Anwendung und Auslegung es geht (vgl. §§ 535, 536, 541, 242 BGB), gar nicht mehr bemüht, vielmehr wird direkt auf die grundrechtlichen Rechtspositionen rekurriert.

2012, S. 565 ff.; *Calliess*, DV 34 (2001), S. 169 ff.; ähnlich *Di Fabio*, in: Maunz/Dürig (Hrsg.), GG, Art. 2 Abs. 1 Rn. 105 (Juli 2001): „Arbeitsteilung der unterschiedlichen Rechtsordnungen".

4 *Maultzsch*, JZ 2012, S. 1040 (1041).

5 Grundlegend *Hesse*, Verfassungsrecht und Privatrecht, 1988, S. 12 ff.; siehe auch *Hager*, JuS 2006, S. 769 ff.

6 BVerfGE 6, 32 (36 ff.); ferner BVerfGE 54, 143 (146); 80, 137 (152 f.); 89, 214 (232).

7 *Papier*, Drittwirkung der Grundrechte, in: Merten/ders. (Hrsg.), HGR II, 2006, § 55 Rn. 13; *Hager*, Strukturen des Privatrechts in Europa, 2012, S. 142; *Schmolke*, Grenzen der Selbstbindung im Privatrecht, 2014, S. 74; *Medicus*, AcP 192 (1992), S. 35 (69); *Diederichsen* spricht von einer „Verdoppelung" der subjektiven Rechte des Privatrechts durch „verfassungsrechtliche Überhöhung", vgl. *ders.*, Jahrbuch für Italienisches Recht 10 (1997), S. 3 (10 ff.).

8 BVerfGE 90, 27 (33 f.); BVerfG, Beschluss der 1. Kammer des Ersten Senats vom 10. März 1993 – 1 BvR 1192/92 –, NJW 1993, S. 1252 (1253); vom 24. Januar 2005 – 1 BvR 1953/00 –, NJW-RR 2005, S. 661 (662); vom 17. März 2005 – 1 BvR 42/03 –, BayVBl. 2005, S. 691 (691 f.); Beschluss der 3. Kammer des Ersten Senats vom 9. Juni 1994 – 1 BvR 439/93 –, NJW 1994, S. 2143 (2143); vom 31. März 2013 – 1 BvR 1314/11 –, NJW 2013, S. 2180 (2181).

Man kann danach den Rechtsordnungsdualismus aus gutem Grund für überkommen halten und ihn – etwa durch Schaffung eines Gemeinrechts – zu modifizieren suchen, weil öffentliches Recht und Privatrecht „eben Kinder einer Mutter" seien.[9] Oder man kann die Trennung zwischen Privatrecht und öffentlichem Recht dadurch relativieren, dass man die Privatrechtsordnung stärker und unmittelbarer als bislang verfassungsrechtlichen Maximen unterwirft, mit der Folge, dass die Beziehungen der Bürger untereinander den Staat-Bürger-Verhältnissen angeglichen oder im Ergebnis gleichgestellt werden. Die Diskussion, die unter dem ebenso „attraktiven wie rätselhaften"[10] Stichwort der *Konstitutionalisierung*[11] im Sinne einer verfassungsrechtlichen Durchdringung und Überformung der Privatrechtsordnung geführt wird und zwischen den Antipoden eines „Grundrechtstotalitarismus" und der „Selbstbehauptung des Zivilrechts" schwankt, ist in der rechtswissenschaftlichen Literatur keineswegs neu.[12] Konkret zur Frage der Grundrechtswirkung im privatrechtlichen Bereich sind Bibliotheken

---

9 Prominent insoweit insbesondere *von Gierke*, Die soziale Aufgabe des Privatrechts (1889), 1943, S. 34.

10 *Waldhoff*, DV 48 (2015), S. 85 (88).

11 Aus der Vielzahl der Beiträge *Schmidt*, Konstitutionalisierung des Zivilrechts?, in: Verh. des 61. DJT, Bd. II/1, 1996, S. O 43 ff.; *Schuppert/Bumke*, Die Konstitutionalisierung der Rechtsordnung, 2000, S. 9 ff.; *Wahl*, Konstitutionalisierung – Leitbegriff oder Allerweltsbegriff?, in: Eberle/Ibler/Lorenz (Hrsg.), FS Brohm, 2002, S. 191 ff.; *Jarass*, Die Konstitutionalisierung des Rechts, insb. durch Grundrechte, in: Wittreck (Hrsg.), 60 Jahre Grundgesetz, 2010, S. 47 ff.; *Bryde*, Soziologie der Konstitutionalisierung, in: Mahlmann (Hrsg.), Gesellschaft und Gerechtigkeit, FS Rottleuthner, 2011, S. 267 ff.; *Terhechte*, Konstitutionalisierung und Normativität der europäischen Grundrechte, 2011, S. 7 f.; *Stolleis*, Geschichte des öffentlichen Rechts in Deutschland, Bd. 4, 2012, S. 226 ff.; *Volkmann*, Geltungsanspruch und Wirksamkeit des Grundgesetzes, in: Isensee/Kirchhof (Hrsg.), HStR XII, 3. Aufl. 2014, § 256 Rn. 24; *Morlok*, Soziologie der Verfassung, 2014, S. 66 ff.; *Heun*, VVDStRL 61 (2002), S. 80 (109); *Knauff*, ZaöRV 68 (2008), S. 453 (476 f.); *Maultzsch*, JZ 2012, S. 1040 ff.; *Payandeh*, RW 2013, S. 397 ff.; *Keiser*, KritV 2013, S. 83 (85 f.); hinsichtlich einer Konstitutionalisierung globaler Privatrechtsregimes durch die Expansion staatlicher Grundrechte *Ladeur/Viellechner*, AVR 46 (2008), S. 42 ff.; teilweise wird mit Blick auf die verfassungsrechtliche Durchdringung des bürgerlichen Rechts auch von „Verfassungsprivatrecht" gesprochen, obschon dieser Neologismus eher einen Normenkanon mit Geltungsvorrang insinuiert, vgl. *Krause*, JZ 1984, S. 656 ff.; siehe auch *Ladeur*, Die Drittwirkung der Grundrechte im Privatrecht – „Verfassungsprivatrecht" als Kollisionsrecht, in: Calliess/Fischer-Lescano/Wielsch/Zumbansen (Hrsg.), Soziologische Jurisprudenz, FS Teubner, 2009, S. 543 ff.; *Röthel*, JuS 2001, S. 424 ff.; *Rösler*, ZGS 2003, S. 383 (384 f.); *Ipsen*, JZ 2014, S. 157 ff.

12 *Canaris*, Grundrechte und Privatrecht, 1999, S. 11 ff. *et passim*; *Ruffert*, Vorrang der Verfassung und Eigenständigkeit des Privatrechts, 2001, S. 7 ff. *et passim*; *Wahl*, NVwZ 1984, S. 401 (406 ff.); *Sendler*, NJW 1994, S. 709 f.; *Diederichsen*, AcP 198 (1998), S. 171 ff.; *Jestaedt*, DVBl. 2001, S. 1309 ff.; *Simon*, AcP 204 (2004), S. 264 ff.

gefüllt worden.[13] Auch vor einem allfällig inflationären Gebrauch des Topos der Konstitutionalisierung, der auch in den Spielarten der Unter- und Über-, Selbst- und Fremd-, horizontalen und vertikalen, De-, Re- und Entkonstitutionalisierung anzutreffen ist, wird bereits gewarnt.[14] Gleichwohl erscheint ein erneuter Blick auf die Problematik lohnenswert: Schon der Begriff der Konstitutionalisierung fußt auf dem Umstand, dass die Bedeutung einer Verfassung für eine Rechtsordnung höchst unterschiedlich und im Laufe der Zeit Schwankungen unterworfen sein kann.[15] Kurzum: „Konstitutionalisierung ist ein komplexer Prozess, keine Einbahnstraße".[16] Das Bundesverfassungsgericht, dem im Prozess der Konstitutionalisierung naturgemäß eine Schlüsselfunktion zukommt,[17] hat gerade in jüngerer Zeit den Schritt hin zu einer stärkeren und umfassenderen Konstitutionalisierung der Privatrechtsordnung beschleunigt. Es hat immer mehr den Anschein, dass sich im Zivilrechtsstreit nicht mehr grundsätzlich freie Vertragspartner gegenüberstehen, sondern Träger und Verpflichtete von Grundrechten, deren Individualvereinbarungen sich vor dem Hintergrund grundgesetzlich verbürgter Individualrechte und Gemeinwohlziele bewähren müssen.[18] Private werden nicht mehr länger nur als Träger und Hersteller, sondern immer stärker auch als „Gefährder der Freiheit" betrachtet.[19] Vertragsfreiheit wird nicht mehr allein nach Maßgabe der Privatrechtsordnung gewährt, sondern sieht sich grundrechtlichen Rechtfertigungsanforderungen ausgesetzt. Die Folge ist selbst in der Wahrnehmung der Verfassungsrichter eine weitgehende Verwischung der Grenzen zwischen einfachem Recht und Verfassungsrecht.[20]

Weil hiermit zwangsläufig Abstriche an die Privatautonomie und die Möglichkeiten judikativer Normsetzung im Wege richterlicher Rechtsfortbildung („Richterrecht") verbunden sind und immer häufiger zivilgerichtliche Richtersprüche auf dem verfassungsgerichtlichen Prüfstand stehen, verdient diese neue

13 *Rüfner*, Grundrechtsadressaten, in: Isensee/Kirchhof (Hrsg.), HStR IX, 3. Aufl. 2011, § 197 Rn. 83: „Kaum ein juristisches Problem wurde mit solcher Leidenschaft diskutiert wie die sogenannte Drittwirkung der Grundrechte".

14 Siehe *Alleweldt*, Bundesverfassungsgericht und Fachgerichtsbarkeit, 2006, S. 195, m.w.N.

15 *Jarass*, a.a.O. (Fn. 11), S. 48.

16 *Waldhoff*, DV 48 (2015), S. 85 (90); zum prozesshaften Charakter der Konstitutionalisierung ferner instruktiv *Schuppert/Bumke*, a.a.O. (Fn. 11), S. 36 ff.

17 *Jarass*, a.a.O. (Fn. 11), S. 48; *Busch*, DRiZ 2010, S. 63 (63).

18 *Röthel*, JuS 2001, S. 424 (424 f.), unter Verweis darauf, dass auch die Zivilrechtsprechung mit immer selbstbewussteren Rekursen auf das Grundgesetz ihren Teil zur verfassungsrechtlichen Überformung des Privatrechts geleistet habe.

19 So etwa *Gusy*, Grundrechtsbindungen Privater, in: Masing/Jestaedt/Capitant/Divellec (Hrsg.), Strukturfragen des Grundrechtsschutzes in Europa, 2015, S. 93 (93).

20 *Voßkuhle*, in: von Mangoldt/Klein/Starck (Hrsg.), GG, Bd. 3, 6. Aufl. 2010, Art. 93 Rn. 55.

Tendenz in der verfassungsgerichtlichen Dogmatik eine kritische Würdigung (III.). Bevor auf diese neuen Linien in der Rechtsprechung des Bundesverfassungsgerichts im Einzelnen eingegangen werden kann, sollen im Folgenden zunächst die Parameter dargestellt werden, anhand derer sich bislang die Implementation verfassungsrechtlicher, namentlich grundrechtlicher Wertvorstellungen in die Privatrechtsordnung vollzog (II.).

II. Ausgangslage: gesetzesmediatisierte Konstitutionalisierung

1. Privatautonomie

a) Sinngehalt

Ausgangspunkt der folgenden Betrachtungen muss die Privatautonomie als die dem Privatrecht eigene Systemidee[21] sein. Nach ständiger Rechtsprechung des Bundesverfassungsgerichts[22] ist die Gestaltung der Rechtsverhältnisse durch den Einzelnen nach seinem Willen ein Teilgehalt der allgemeinen Handlungsfreiheit, ein sogenanntes Innominatfreiheitsrecht.[23] Art. 2 Abs. 1 GG gewährleistet die Privatautonomie als Selbstbestimmung des einzelnen im Rechtsleben[24] und Strukturelement einer freiheitlichen Gesellschaftsordnung[25]. Privatautonomie ist die Freiheit, Privatrechtsverhältnisse nach eigenem Willen zu begründen, zu gestalten und zu beenden, ohne dass der Einzelne seine rechtlich erheblichen Willensentscheidungen rechtfertigen müsste.[26] Der Privatautonomie ist die *Freiheit zu diskriminieren* wesensimmanent, wodurch heterogenen Präferenzen und

21 Beispielhaft *Rittner*, Über den Vorrang des Privatrechts, in: Dieckmann/Frank/Hanisch/Simitis (Hrsg.), FS Müller-Freienfels, 1986, S. 509 (514 f.); *Röthel*, Normkonkretisierung im Privatrecht, 2004, S. 74; *Calliess*, DV 34 (2001), S. 169 (185).

22 BVerfGE 8, 274 (328); 72, 155 (170); 89, 214 (231); 103, 89 (100); 114, 1 (34); 115, 51 (68 f.); BVerfGK 6, 92 (97 f.); 8, 126 (131).

23 *Dreier*, in: ders. (Hrsg.), GG, Bd. 1, 3. Aufl. 2013, Art. 2 I Rn. 35, 63.

24 So die Formel von *Flume*, Allgemeiner Teil des Bürgerlichen Rechts, Bd. 2, 1965, S. 19; im Anschluss an diesen, wenngleich ohne Hinweis auf den Urheber BVerfGE 89, 214 (231); 99, 341 (350); 114, 73 (89); 115, 51 (67); BVerfKG 7, 283 (296); BVerfG, Beschluss der 1. Kammer des Ersten Senats vom 2. Mai 1996 – 1 BvR 696/96 –, NJW 1996, S. 2021 (2021).

25 BVerfGE 81, 242 (254); BVerfG, Beschluss der 1. Kammer des Ersten Senats vom 1. August 2001 – 1 BvR 1188/92 –, NJW 2001, S. 3403 (3404).

26 So auch BGH, Urteil vom 9. März 2012 – V ZR 115/11 –, NJW 2012, S. 1725 (1725).

Neigungen auch bei der Wahl des Vertragspartners Ausdruck verliehen werden kann.[27] Im Privatrechtsverkehr darf von Verfassungs wegen auch nach dem Staat absolut verbotenen Kriterien (Geschlecht, Sprache, Heimat, Herkunft, religiöse und politische Anschauungen) differenziert werden.[28] Der oder die Einzelne kann sich heimatbezogen mit anderen zu Vertriebenenverbänden zusammenschließen oder zum Deutschen Juristinnenbund e.V., dessen Mitgliedschaft nur Frauen offensteht,[29] einen Tendenzbetrieb[30] nach politischer, erzieherischer oder religiöser Anschauung gründen und der Erblasser ist von Verfassungs wegen nicht zu einer Gleichbehandlung seiner Abkömmlinge gezwungen und kann seinen einzigen Sohn gegenüber seinen Töchtern bevorzugen.[31] Gerade dies unterscheidet das Privatrechtssubjekt vom Hoheitsträger. Während der Staat sich jede nicht zu rechtfertigende Ungleichbehandlung als „Diskriminierung" entgegenhalten lassen muss, verläuft es nach dem asymmetrischen Rechtfertigungssystem des Grundgesetzes beim Privaten genau umgekehrt: Der Diskriminierung muss er sich nur dort enthalten, wo einfach-rechtliche Vorschriften (z. B. § 612 Abs. 3 Satz 1 BGB a.F., § 75 Abs. 1 BetrVG, § 2 AGG), die Ausdruck eines aus Art. 3 Abs. 1 bis 3 GG folgenden Schutzgebotes sein oder auf europarechtlichen Diskriminierungsverboten (vgl. Art. 19, 157 AEUV sowie entsprechende Sekundärrechtsakte[32]) basieren können,[33] ihn auf eine Gleichbehandlung verpflichten und diese Verpflichtungen vor seinen Grundrechten, die ihm die Freiheit zu legitimer Willkür sichern, Bestand haben.[34]

Maßgebliches rechtliches Instrument zur Verwirklichung freien und eigenverantwortlichen Handelns in Beziehung zu anderen ist der Vertrag, mit dem die

---

27 *Isensee*, Privatautonomie, in: ders./Kirchhof (Hrsg.), HStR VII, 3. Aufl. 2009, § 150 Rn. 140; *Riesenhuber*, Das Allgemeine Gleichbehandlungsgesetz – Grundsatz- und Praxisfragen, 2007, S. 5; *ders.*, Privatautonomie und Diskriminierungsverbote, in: ders./Nishitani (Hrsg.), Wandlungen oder Erosion der Privatautonomie?, 2007, S. 19 (25); *Adomeit*, NJW 2002, S. 1622 f.; *Säcker*, ZRP 2002, S. 286 ff.; *Neuner*, JZ 2003, S. 57 (59); grds. anderer Auffassung *Britz*, VVDStRL 64 (2005), S. 355 (365 ff.); *Baer*, ZRP 2002, S. 290 (292): „Wer Freiheit nicht isoliert, sondern im Zusammenhang mit anderen Grundrechten denkt, kommt zwangsläufig zu dem Schluss, dass kein Grundrecht dazu ermächtigen kann, Freiheit diskriminierend zu nutzen".

28 *Osterloh/Nußberger*, in: Sachs (Hrsg.), GG, 7. Aufl. 2014, Art. 3 Rn. 75, 238; *Jarass*, in: ders./Pieroth, GG, 14. Aufl. 2016, Art. 3 Rn. 133.

29 Vgl. § 2 Abs. 1 der Satzung vom 17. September 2000.

30 § 118 BetrVG; § 9 AGG.

31 BVerfGE 67, 329 (345); 112, 332 (349).

32 Exemplarisch die Richtlinie 2000/78/EG des Rates vom 27. November 2000 zur Festlegung eines allgemeinen Rahmens für die Verwirklichung der Gleichbehandlung in Beschäftigung und Beruf (ABl. EG Nr. L 303 S. 16).

33 Hierzu *Britz*, Kulturelle Rechte und Verfassung, 2000, S. 157 ff.

34 Übereinstimmend *Jestaedt*, VVDStRL 64 (2005), S. 298 (333).

Vertragspartner selbst bestimmen, wie ihre individuellen Interessen zueinander in einen angemessenen Ausgleich gebracht werden.[35] Der zum Ausdruck gebrachte übereinstimmende Wille der Vertragsparteien lässt deshalb in der Regel auf einen durch den Vertrag hergestellten sachgerechten Interessenausgleich schließen, den der Staat grundsätzlich zu respektieren hat.[36] Auch das Hausrecht ist – je nach Fallgestaltung ergänzt durch die unternehmerische Freiheit (Art. 12 Abs. 1 GG) und die Eigentumsgarantie (Art. 14 Abs. 1 GG) – Ausdruck der Privatautonomie. Die Erteilung eines Hausverbots für einen ehemaligen NPD-Vorsitzenden wegen möglicher Gefährdung der „Wohlfühlatmosphäre" eines Wellnesshotels[37] sowie auf das Hausrecht gestützte Stadionverbote gegen Fußballfans[38] sind Anwendungsbereiche, in denen möglicherweise nun das Bundesverfassungsgericht den Ausgleich zwischen Privatautonomie und kollidierenden grundrechtlichen Gewährleistungen, insbesondere dem allgemeinen Persönlichkeitsrecht (Art. 2 Abs. 1 i.V.m. Art. 1 Abs. 1 GG), herstellen muss. Die Entscheidungen des Ersten Senats und seiner 3. Kammer zum Konfliktbereich von privatem Hausrecht und Versammlungsfreiheit in Sachen „Fraport"[39] und „Bierdosen-Flashmob"[40] lassen erwarten, dass sich der private Hausrechtsinhaber zukünftig stärker für seine Willensentscheidungen rechtfertigen muss, zumindest soweit er – etwa aufgrund eines besonderen Versorgungsauftrags – quasistaatliche Funktionen wahrnimmt.[41]

b) Ausgestaltung und Grenzen

Privatautonomie verlangt nach der Rechtsordnung als Korrelat[42] und findet naturgemäß ihre Grenzen in der Entfaltungsfreiheit anderer. Sie bedarf deshalb auch nach der Rechtsprechung des Bundesverfassungsgerichts der Ausgestaltung

35 BVerfGE 81, 242 (254); 114, 73 (89); 128, 157 (176); 134, 204 (222 ff. Rn. 67 ff.); BVerfGK 18, 14 (23); näher auch *Isensee*, a.a.O. (Fn. 27), § 150 Rn. 10 ff.

36 BVerfGE 103, 89 (100); BVerfGK 9, 353 (359).

37 BGH, Urteil vom 9. März 2012 – V ZR 115/11 –, NJW 2012, S. 1725 (1725); die Entscheidung ist mit der Verfassungsbeschwerde angegriffen und unter dem Az. 1 BvR 879/12 derzeit im Ersten Senat anhängig.

38 BGH, Urteil vom 30. Oktober 2009 – V ZR 253/08 –, NJW 2010, S. 534 (535); die Verfassungsbeschwerde gegen diese Entscheidung (Az. 1 BvR 3080/09) sowie ein weiteres Verfahren (Az. 1 BvR 2914/14) sind ebenfalls im Ersten Senat anhängig.

39 BVerfGE 128, 226.

40 BVerfG, Beschluss der 3. Kammer des Ersten Senats vom 18. Juli 2015 – 1 BvQ 25/15 –, NJW 2015, S. 2485.

41 Hierzu näher unten III. 3.

42 *Flume*, a.a.O. (Fn. 24), S. 1.

durch die Rechtsordnung und setzt voraus, dass die Bedingungen der Selbstbestimmung des Einzelnen tatsächlich gegeben sind.[43] Speziell die Vertragsfreiheit lässt sich insoweit – im Einklang mit ihren verwandten Gewährleistungen der Eigentums- und Erbrechtsgarantie – als normgeprägtes Grundrecht *par excellence* auffassen.[44] Gleichwohl werden gesetzliche Regelungen von der verfassungsgerichtlichen Judikatur überwiegend als Schranken eingestuft, und zwar auch dort, wo sie als von der Verfassung zum Schutz des schwächeren Vertragspartners vor Fremdbestimmung geforderte staatliche Maßnahmen bezeichnet werden. Das Bekenntnis des Gerichts zur Ausgestaltungsbedürftigkeit der Privatautonomie bleibt insoweit „merkwürdig folgenlos".[45]

Abgesehen davon beruht die Privatautonomie auf dem Gedanken der faktischen Symmetrie, nach welchem jeder Bürger grundsätzlich über die gleichen Chancen in der Verfolgung und Durchsetzung seiner Interessen verfügt. Diese faktische Symmetrie wird heute nicht nur durch die Macht des Staates beeinträchtigt, der sich infolge einer in den vergangenen Jahren weit vorangetriebenen Privatisierung in den marktwirtschaftlichen Wettbewerb begeben hat,[46] sondern auch durch wirtschaftliche und soziale Kräfte, durch global agierende Konzerne, marktmächtige Unternehmen und Verbände, einflussreiche Standesorganisationen und Interessengruppierungen.[47]

Man mag die Grundrechte bei einem *formal-rechtsstaatlichen Verfassungsverständnis* gleichwohl als bloße Abwehrrechte gegen den Staat betrachten, sodass die Bürger ihre Rechtsbeziehungen weitgehend frei von staatlicher Intervention durch Markt und Wettbewerb koordinieren können.[48] Für eine Privatrechtswirkung der Grundrechte ist nach einer solchen ordoliberalen Lesart kein Raum. Man kann in ihnen aber auch – nach einem eher *material orientierten Verfassungsverständnis* – in erster Linie institutionelle Garantien und Direktiven sehen, die geeignet sind, das Privatrecht zu überformen und eingetretene Asymmetrien zwischen Privaten sachgerecht und schonend auszugleichen.[49] Ihre

---

43 BVerfGE 81, 242 (254 f.); 114, 73 (89); BVerfKG 7, 283 (296).

44 Übereinstimmend *Roscher*, Vertragsfreiheit als Verfassungsproblem, 1974, S. 46 ff.; *Gellermann*, Grundrechte in einfachgesetzlichem Gewande, 2000, S. 131 ff.; *Cremer*, Freiheitsgrundrechte, 2003, S. 85; *Poscher*, Grundrechte als Abwehrrechte, 2003, S. 133.

45 *Cornils*, Die Ausgestaltung der Grundrechte, 2005, S. 172.

46 Zu der damit einhergehenden Wandlung der Grundrechte von Abwehrrechten in Schutzpflichten instruktiv *Kämmerer*, Privatisierung, 2001, S. 449 (452 f.); konkret mit Blick auf den Schutz der Privatheit *Nettesheim*, VVDStRL 70 (2011), S. 7 (30 ff.).

47 *Pieroth/Schlink/Kingreen/Poscher*, Grundrechte – Staatsrecht II, 31. Aufl. 2015, Rn. 205.

48 *Böhm*, in: ders./Lutz/Meyer, ORDO 17 (1966), S. 75 (83).

49 In diese Richtung *Hesse*, Grundzüge des Verfassungsrechts der Bundesrepublik Deutschland, 20. Aufl. 1999, Rn. 357; *Teubner*, KritV 2000, S. 388 (399 f.); zur Diskussion siehe jeweils m.w.N.

Freiheits- und Gleichheitsversprechen können bei einer solchen Lesart indes dazu verleiten, die Vertragsfreiheit über Gebühr zurückzudrängen und systemwidrige Korrekturen vorzunehmen.

Einschränkungen der Privatautonomie hat das Bundesverfassungsgericht seit jeher für den Fall anerkannt, dass aufgrund erheblich ungleicher Verhandlungspositionen einer der Vertragspartner ein solches Gewicht hat, dass er den Vertragsinhalt faktisch einseitig bestimmen kann („gestörte Vertragsparität"). Dann sei es Aufgabe des Rechts, auf die Wahrung der Grundrechtspositionen der beteiligten Parteien hinzuwirken, um zu verhindern, dass sich für einen Vertragsteil die Selbstbestimmung in eine Fremdbestimmung verkehrt und sich das „Recht des Stärkeren" durchsetzt.[50] Bereits diese Begrenzung der Privatautonomie, der im Ausgangspunkt der Schutz von Familienangehörigen bei Bürgschaftsverträgen zugrunde lag, ist bei den Vertretern der ersten Lesart jedoch auf erhebliche Kritik gestoßen, weil die bürgerlich-rechtlichen, auf dem Gedanken freier Selbstverantwortung beruhenden Wertungen des Gesetzgebers im Interesse eines fürsorglich bevormundenden Staates überspielt würden.[51]

2. Privatrechtswirkung der Grundrechte

Das Privatrecht ist keineswegs verfassungsindifferent oder gar grundrechtsresistent. Es ist Teil des staatlich verantworteten Rechts, bei dem es sich um keine extrastaatliche, präkonstitutionelle Materie handelt, der das Grundgesetz bestenfalls nachträglich übergestülpt worden wäre.[52] Gerade die Grundrechte fungieren im Bereich des Privatrechts als „Haupteinfallstor"[53] für die Konstitutionalisierung und starker „Konstitutionalisierungsmotor"[54]. Um die privatautonome Gestaltung ihrer Rechtsbeziehungen durch die Bürger jedoch soweit als möglich zu achten, wird eine Grundrechtsbindung aller gegenüber allen heute einhellig abgelehnt.[55] Wie die Geltungsanordnung des Art. 1 Abs. 3 GG bekräftigt,

---

Wrase, Zwischen Norm und sozialer Wirklichkeit, 2016, S. 158 f.; *Maultzsch*, JZ 2012, S. 1040 (1040 f.).

50 StRspr, vgl. BVerfGE 89, 214 (232); 98, 365 (395); 103, 89 (100 f.); 114, 1 (34); 114, 73 (90); 115, 51 (67 f.); 134, 204 (224 Rn. 70); BVerfGK 6, 92 (98); 8, 126 (131); 9, 353 (359); 18, 14 (23).

51 Zur Kritik *Murswiek*, in: Sachs (Hrsg.), GG, 7. Aufl. 2014, Art. 2 Rn. 55c, m.w.N.

52 *Bethge*, a.a.O. (Fn. 2), § 90 Rn. 286.

53 *Jarass*, a.a.O. (Fn. 11), S. 59.

54 *Knauff*, ZaöRV 68 (2008), S. 453 (477).

55 Statt vieler *Pieroth/Schlink/Kingreen/Poscher*, a.a.O. (Fn. 47), Rn. 196 ff.; *Stern*, Staatsrecht, Bd. III/1, 1988, S. 1509 (1531 f.); anders noch BAGE 1, 185 (193 f.); *Nipperdey*, Grundrechte und Privatrecht, 1961, S. 13 ff.

entfalten sich die Grundrechte im Verhältnis des Einzelnen zur staatlichen Gewalt, nicht jedoch zwischen Privatrechtssubjekten untereinander. Die Frage der Privatrechtswirkung der Grundrechte kann danach allein mit Blick auf Aufgabe und Funktion der Grundrechte in der verfassungsmäßigen Ordnung des Grundgesetzes beantwortet werden.[56]

Der Norm des Art. 1 Abs. 3 GG liegt zunächst die elementare Unterscheidung zwischen Grundrechtsberechtigtem und -verpflichtetem zugrunde, die das Bundesverfassungsgericht zuletzt in der Fraport-Entscheidung betont hat: „Während der Bürger prinzipiell frei ist, ist der Staat prinzipiell gebunden".[57] Für den Bürger gilt danach eine allgemeine Vermutung für die Freiheit, während für den Staat von einer prinzipiellen Bindung seiner Gewalt und einer nur ausnahmsweisen Grundrechtsberechtigung[58] auszugehen ist. Dieses Regel-Ausnahme-Verhältnis lässt sich auf die Rechtsbeziehungen Privater untereinander nicht übertragen, denn hier kollidiert nicht die Regel mit der Ausnahme, sondern die Regel mit der Regel. Die Freiheitsvermutung – *zu Gunsten wessen Freiheit?* – kann hier nicht Platz greifen.[59]

Auch die systematische Auslegung belegt, dass nur bei wenigen Grundrechten oder grundrechtsgleichen Rechten (vgl. Art. 9 Abs. 3 Satz 2, 20 Abs. 4, 48 Abs. 2 GG) eine direkte Wirkung auf Private oder ein privatrechtliches Rechtsverhältnis gewollt und eine solche *argumentum e contrario* im Regelfall nicht intendiert ist. Grundrechte sind nach ihrem genetischen Code subjektive Abwehrrechte des Bürgers gegen den Staat. Eine originäre Drittwirkung gegenüber privaten Rechtsbeziehungen ist dem Grundgesetz mithin fremd und erschiene zudem zutiefst unfreiheitlich.[60] Der Privatrechtsgesetzgeber ist indes den sich aus Art. 1 Abs. 3 GG ergebenden Anforderungen dem Grunde nach ohne Abstriche unterworfen, denn die Bindung der Legislative als Teil der öffentlichen Gewalt ist stets identisch, unabhängig ob der Erlass von Vorschriften auf dem Gebiet des Polizei- und Ordnungsrechts oder des Privatrechts in Rede steht.[61] Weil das Gleiche auch

56 *Hesse*, a.a.O. (Fn. 49), Rn. 352.

57 BVerfGE 128, 226 (244).

58 Wo der Staat als grundrechtsschützender „Sachwalter" des Einzelnen bei der Wahrnehmung seiner Grundrechte auftritt (z. B. Rundfunkanstalt, Universität), vgl. nur BVerfGE 61, 82 (103).

59 *Gusy*, a.a.O. (Fn. 19), S. 106.

60 *Geiger*, Die Grundrechte in der Privatrechtsordnung, 1960, S. 13; *Herdegen*, in: Maunz/Dürig (Hrsg.), GG, Art. 1 Abs. 3 Rn. 59 (Februar 2005); *Rüfner*, a.a.O. (Fn. 13), § 197 Rn. 103; *ders.*, Drittwirkung der Grundrechte – Versuch einer Bilanz, in: Selmer/von Münch (Hrsg.), GS Martens, 1987, S. 215 (220).

61 *Di Fabio*, a.a.O. (Fn. 3), Art. 2 Abs. 1 Rn. 106; *Canaris*, a.a.O. (Fn. 12), S. 16 ff.; *Singer*, Die Grundrechte im deutschen Arbeitsrecht, in: Neuner (Hrsg.), Grundrechte und Privatrecht aus rechtsvergleichender Sicht, 2007, S. 245 (248); *Hattenhauer*, Einseitige private Rechtsgestaltung,

für die prozessuale Ausgestaltung des Zivilverfahrens und die Entscheidung in der Sache durch die Judikative gilt, ist die Frage der Privatrechtswirkung der Grundrechte eine solche, die lediglich die Anwendung bürgerlich-rechtlicher Vorschriften im materiellen Rechtsverhältnis zwischen Privatrechtssubjekten betrifft.[62]

Durchgesetzt hat sich dabei bekanntlich die zuerst von *Günter Dürig*[63] formulierte These einer bloß mittelbaren Drittwirkung der Grundrechte. Diese hat das Bundesverfassungsgericht im Lüth-Urteil aufgegriffen und betont, dass die Grundrechte ihre Wirkkraft als verfassungsrechtliche Wertentscheidungen im Privatrechtsverkehr durch das Medium der Vorschriften entfalten, die das jeweilige Rechtsgebiet unmittelbar beherrschen, damit vor allem durch die zivilrechtlichen Generalklauseln und unbestimmten Rechtsbegriffe als „Einbruchstellen".[64]

In der Drittwirkungsrechtsprechung des Gerichts, die im deliktischen Bereich ihren Ausgang nahm (Lüth[65], Blinkfüer[66], Deutschland-Magazin[67]) und sich anschließend einer Konstitutionalisierung des Vertragsrechts zuwandte (Handelsvertreter[68], Mietrecht[69], Bürgschaft[70], Kleinbetriebsklausel[71], Ehevertrag[72], Lebensversicherung[73], kirchliche Arbeitsverhältnisse[74]), ist zum einen von der

2011, S. 278; *Röthel*, JuS 2001, S. 424 (425); *Wahl*, JuS 2001, S. 1041 (1042, 1045), jeweils m.w.N. auch zur Gegenansicht.

62 Siehe auch *Hesse*, a.a.O. (Fn. 49), Rn. 353.

63 *Dürig*, Grundrechte und Zivilrechtsprechung, in: Maunz (Hrsg.), Vom Bonner Grundgesetz zur gesamtdeutschen Verfassung, FS Nawiasky, 1956, S. 157 (176 ff.).

64 BVerfGE 7, 198 (206); siehe auch BVerfGE 42, 143 (148); 89, 214 (229); 103, 89 (100); 137, 273 (313 Rn. 109); BVerfGK 1, 308 (311); 3, 112 (118); 9, 353 (357).

65 BVerfGE 7, 198.

66 BVerfGE 25, 256.

67 BVerfGE 42, 143; aus späterer Zeit zudem BVerfGE 96, 375 (Kind als Schaden); 99, 185 (Scientology).

68 BVerfGE 81, 242.

69 BVerfGE 82, 6 (Eintritt des nichtehelichen Lebenspartners in das Mietverhältnis); 89, 1 (Besitzrecht des Mieters); 90, 27 (Parabolantenne I); *Roellecke* sprach bezeichnend von einem „Mietrecht des BVerfG", vgl. *ders.*, NJW 1992, S. 1649 ff.; *Sendler* sah das BVerfG in der Rolle als „oberstes Amtsgericht insbesondere für Eigenbedarfsklagen von Vermietern", vgl. *ders.*, NJW 1994, S. 1518 (1519).

70 BVerfGE 89, 214; 115, 51; sowie BVerfG, Beschluss der 1. Kammer des Ersten Senats vom 2. Mai 1996 – 1 BvR 696/96 –, NJW 1996, S. 2021.

71 BVerfGE 97, 169; 97, 186.

72 BVerfGE 103, 89.

73 BVerfGE 114, 73.

74 BVerfGE 137, 273; aus der Kammerrechtsprechung zudem BVerfGK 1, 308 (Kopftuch am Arbeitsplatz); 3, 112 (Ebenbürtigkeitsklausel); 9, 353 (Schweigepflichtentbindung); 18, 14

„‚Ausstrahlungswirkung' der Grundrechte"[75] die Rede, andererseits wird betont, die Fachgerichte seien von Verfassungs wegen verpflichtet, bei der Auslegung und Anwendung zivilrechtlicher Vorschriften „die Grundrechte als ‚Richtlinien'" zu beachten.[76]

Durch die nebulösen Wendungen der Dritt- und Ausstrahlungswirkung ist dogmatisch freilich wenig gewonnen. Offen bleibt zudem, wie diese im Ansatz rein objektiv-rechtliche Begründung der mittelbaren Drittwirkung der Grundrechte zu einer individualschützenden, verfassungsbeschwerdefähigen Rechtsposition resubjektiviert werden kann.[77]

Entscheidend ist letztlich zum einen, dass die Grundrechte allein *gesetzesmediatisiert* zur Anwendung kommen und hierdurch der legislative Gestaltungsspielraum bei der Implementation ihrer Schutzwirkungen geachtet werden soll, worin die eigentliche Bedeutung der Drittwirkungskonstruktion gesehen wird.[78] Zum anderen gehört es mittlerweile zum gesicherten Erkenntnisstand, dass es bei der Drittwirkungskonstruktion nicht etwa um die Grundrechte in ihrer Abwehrfunktion gegenüber öffentlicher Gewalt geht, sondern sich die Grundrechte hier vielmehr maßgeblich in ihrer *Schutzpflichtendimension* entfalten.[79] Anders als die Spruchpraxis des Bundesverfassungsgerichts speziell zu Anfang insinuierte,[80] stehen Drittwirkungs- und Schutzpflichtenrechtsprechung mithin nicht unverbunden nebeneinander und handelt es sich bei der mittelbaren Drittwirkung um keine eigenständige Grundrechtsfunktion.[81] Während *Dürig* die Lehre von der

(Preiserhöhungsklausel); BVerfG, Beschluss der 3. Kammer des Ersten Senats vom 31. März 2013 – 1 BvR 1314/11 –, NJW 2013, S. 2180 (Parabolantenne).

75 So etwa BVerfGE 7, 198 (207); vgl. auch *Jarass*, a.a.O. (Fn. 28), Art. 2 Rn. 12, Art. 3 Rn. 133; zurückhaltend *Kunig*, in: von Münch/ders. (Hrsg.), GG, Bd. 1, 6. Aufl. 2012, Art. 2 Rn. 18a.

76 So demgegenüber BVerfGE 89, 214 (229); 96, 375 (398); 115, 51 (67).

77 *Schwabe*, AöR 100 (1975), S. 442 (448 f.); *Böckenförde*, Zur Lage der Grundrechtsdogmatik nach 40 Jahren Grundgesetz, 1990, S. 41 (48 ff.); *Hermes*, NJW 1990, S. 1764 (1765); *Maultzsch*, JZ 2012, S. 1040 (1044); *Burkiczak*, Grundrechtswirkungen zwischen Privaten, in: Becker/Lange (Hrsg.), Linien der Rechtsprechung des Bundesverfassungsgerichts, Bd. 3, 2014, S. 115 (138).

78 *Rensmann*, Wertordnung und Verfassung, 2007, S. 117; siehe auch *Gusy*, a.a.O. (Fn. 19), S. 96.

79 *Herdegen*, a.a.O. (Fn. 60), Art. 1 Abs. 3 Rn. 65; *Rüfner*, a.a.O. (Fn. 13), § 197 Rn. 93; *Papier*, a.a.O. (Fn. 7), § 55 Rn. 9 f.; *Rensmann*, a.a.O. (Fn. 78), S. 65 ff.; *Canaris*, a.a.O. (Fn. 12), S. 38 ff.; *ders.*, JuS 1989, S. 161 (163); *Hermes*, NJW 1990, S. 1764 (1765); in diese Richtung jetzt wohl auch BVerfGE 103, 89 (100); 137, 273 (313 Rn. 109), wo die Privatrechtswirkung der Grundrechte maßgeblich mit der Schutzfunktion begründet wird.

80 Zu dieser *Burkiczak*, a.a.O. (Fn. 77), S. 118 ff. einerseits und S. 128 ff. andererseits.

81 So auch *Ruffert*, a.a.O. (Fn. 12), S. 253; *Unruh*, Der Verfassungsbegriff des Grundgesetzes, 2002, S. 551, m.w.N.; *Poscher*, a.a.O. (Fn. 44), S. 283; *Lee*, Grundrechtsschutz unter Untermaßverbot?, in: Grote/Härtel/Hain/u.a. (Hrsg.), Die Ordnung der Freiheit, FS Starck, 2007, S. 297

mittelbaren Drittwirkung noch zum Schutz der „Eigenständigkeit des Privatrechts“[82] propagierte, wird das Lüth-Urteil heute jedoch mit Recht als Ausgangspunkt einer immer weiter um sich greifenden Konstitutionalisierung desselben betrachtet.[83]

3. Privatrechtsfortbildung durch den Richter

Zum Wesen der Privatrechtsordnung gehört es schließlich, dass richterliche Rechtsfortbildung allgemein anerkannt ist und Rechtslücken durch Richterspruch in weit größerem Umfang geschlossen werden können, als es das vom strikten Gesetzlichkeitsprinzip des Art. 103 Abs. 2 GG beherrschte Strafrecht oder das vom Vorbehalt des Gesetzes dominierte Verwaltungsrecht zulassen. Schöpferische Rechtsfindung durch zivilrichterliche Rechtsfortbildung wird vom Bundesverfassungsgericht seit jeher anerkannt, weil sie in der deutschen Rechtsgeschichte eine traditionelle Funktion der Rechtsprechung gewesen sei.[84] Nach der Soraya-Formel ist sogar eine Rechtsfortbildung *contra legem* zulässig, wenn mit ihr Grundrechte im Privatrechtsbereich verstärkt werden, und verboten, soweit sie zu einer Verkürzung des Grundrechtsschutzes Privater führt.[85] Allgemein wachse mit zunehmendem zeitlichen Abstand zwischen Gesetzesbefehl und richterlicher Einzelfallentscheidung notwendig die Freiheit des Richters zur schöpferischen Fortbildung des Rechts.[86] Angesichts des beschleunigten Wandels der gesellschaftlichen Verhältnisse und der begrenzten Reaktionsmöglichkeiten des Gesetzgebers sowie der offenen Formulierung zahlreicher Normen gehöre die Anpassung des geltenden Rechts an veränderte Verhältnisse im Gegenteil zu den Aufgaben der Dritten Gewalt. Die Auslegung einer Gesetzesnorm könne nicht auf die Dauer bei dem ihr zu ihrer Entstehungszeit beigelegten Sinn stehenbleiben. Es

---

(301 f.); *Pieroth/Schlink/Kingreen/Poscher*, a.a.O. (Fn. 47), Rn. 205: „Ausprägung der Schutzfunktion“.

82 *Dürig*, a.a.O. (Fn. 63), S. 177.

83 *Diederichsen*, Jahrbuch für Italienisches Recht 10 (1997), S. 3 (5 f.); *Hager*, JuS 2006, S. 769 (769); ähnlich *Rensmann*, a.a.O. (Fn. 78), S. 119.

84 StRspr, vgl. BVerfGE 34, 269 (287 f.); 49, 304 (318); 65, 182 (190 f.); 71, 354 (362); 128, 193 (210); 132, 99 (127 Rn. 74); 138, 377 (391 Rn. 39); BVerfGK 9, 83 (87); kritisch zu dieser Herleitung aber *Hillgruber*, in: Maunz/Dürig (Hrsg.), GG, Art. 97 Rn. 64 ff. (Mai 2008).

85 BVerfGE 34, 269 (290 f.); ferner BVerfGE 49, 304 (320 ff.).

86 BVerfGE 34, 269 (288); siehe auch BVerfGE 96, 375 (394); 98, 49 (59 f.); BVerfGK 9, 83 (87); zuletzt BVerfG, Beschluss der 3. Kammer des Zweiten Senats vom 19. Mai 2015 – 2 BvR 1170/14 –, juris, Rn. 51 (Stichtagsregelung).

sei vielmehr zu berücksichtigen, welche vernünftige Funktion sie im Zeitpunkt der Anwendung haben könne.[87]

Damit liegt auch der Zusammenhang zwischen der richterlichen Rechtsfortbildung und der Privatrechtswirkung der Grundrechte auf der Hand:[88] Beide setzen bei offenen Normen wie Generalklauseln und unbestimmten Rechtsbegriffen an, bei denen es sich jeweils um ein „Stück offengelassener Gesetzgebung"[89] handelt, welches der Richter zu schließen befugt ist. In diesem Lückenbereich kann (und muss) der Zivilrichter rechtsschöpferisch tätig werden und grundrechtlichen Schutzpflichten zur Geltung verhelfen. Dies galt nach der mittlerweile wohl überholten[90] Entscheidung des Bundesverfassungsgerichts in Sachen „Aussperrung" auch dort, wo – legte man die Maßstäbe des Vorbehalts des Gesetzes zugrunde – eigentlich eine gesetzliche Regelung unabdingbar gewesen wäre. Nur so könnten die Gerichte die ihnen vom Grundgesetz auferlegte Pflicht erfüllen, jeden vor sie gebrachten Rechtsstreit sachgerecht zu entscheiden (*Rechtsverweigerungsverbot*).[91] Die vom Bundesverfassungsgericht[92] entwickelte Lehre, dass der Gesetzgeber in grundlegenden normativen Bereichen alle wesentlichen Entscheidungen selbst treffen muss (*Wesentlichkeitstheorie*), gelte für das Verhältnis zwischen Staat und Bürger; bei Eingriffen in die grundrechtliche Freiheitssphäre unterliege der Staat dem Vorbehalt des Gesetzes. Er dürfe in weiten Bereichen nur tätig werden, wenn er durch ein vom Parlament erlassenes Gesetz dazu ermächtigt sei. Diese Maximen seien auf das Verhältnis gleichgeordneter Grundrechtsträger indes nicht übertragbar.[93] Die Bindung der Rechtsprechung an Gesetz und Recht im Sinne der Art. 20 Abs. 3, 97 Abs. 1 GG entfaltet sich danach ausschließlich im Vorrang, nicht jedoch im Vorbehalt des Gesetzes. Aus dem Vorrang des Gesetzes allein folge kein Verbot für den Richter, „gegebenenfalls vorhandene gesetzliche Lücken im Wege der richterlichen Rechtsfortbildung zu schließen".[94]

---

87 BVerfGE 34, 269 (288).

88 Vgl. auch *Cremer*, a.a.O. (Fn. 44), S. 446; unter Verweis darauf, dass in der Methodenlehre die Grenzen zwischen Auslegung und Rechtsfortbildung unscharf geworden seien *Ruffert*, a.a.O. (Fn. 12), S. 224; *Pieroth/Aubel*, JZ 2003, S. 504 (505 f.).

89 *Hedemann*, Die Flucht in die Generalklauseln, 1933, S. 58.

90 Hierzu sogleich unten III. 2.

91 BVerfGE 84, 212 (226), unter Verweis auf BVerfGE 81, 242 (256); siehe zuletzt mit Blick auf einen gewerkschaftlichen Aufruf zu einer Flashmob-Aktion BVerfG, Beschluss der 3. Kammer des Ersten Senats vom 26. März 2014 – 1 BvR 3185/09 –, NJW 2014, S. 1874 (1877).

92 BVerfGE 49, 89 (126 f.), m.w.N.

93 BVerfGE 84, 212 (226).

94 So noch explizit BVerfGE 108, 150 (160); BVerfGK 16, 449 (456).

III. Neue Linien: gesetzesübersteigende Konstitutionalisierung

Von diesen und weiteren Gewissheiten einer schonenden, weil durch das einfache Recht vermittelten verfassungsrechtlichen Durchdringung des Privatrechts hat sich die jüngere Judikatur des Bundesverfassungsgerichts jedoch ersichtlich verabschiedet und redet mittlerweile einer nahezu umfassenden Konstitutionalisierung des bürgerlichen Rechts das Wort. Man kann hier in Abgrenzung zur gesetzesmediatisierten Konstitutionalisierung mit einigem Recht von einer *gesetzesübersteigenden*[95] verfassungsrechtlichen Durchdringung privater Rechtsverhältnisse sprechen, d.h. einer solchen, die sich nicht mehr an Wortlaut, Teleologie und Systematik des Zivilgesetzes orientiert und die strukturbildenden Unterschiede zwischen privatem und öffentlichem Recht in den Blick nimmt, sondern auf einen darüber hinausgreifenden Rechtsgedanken rekurriert, der sich allzu häufig in der Herstellung von Einzelfallgerechtigkeit erschöpft.

1. Neue „Einbruchstellen"

Die gerade in jüngerer Zeit verfassungsgerichtlich forcierte Durchdringung des Privatrechts mit grundgesetzlichen Wertentscheidungen wird bereits in der Frage der „Einbruchstellen" für die Grundrechte deutlich. Das Lüth-Urteil enthielt diesbezüglich – entgegen anders lautender Prognosen[96] – keine abschließenden Aussagen: Hieß es nach der Lüth-Doktrin noch, die Grundrechte kämen durch das Medium der Vorschriften, die das jeweilige Rechtsgebiet unmittelbar beherrschten und Teil eines mit dem öffentlichen Recht verwandten *ordre public* seien, mithin vor allem durch die zivilrechtlichen Generalklauseln und unbestimmten Rechtsbegriffe zur Geltung,[97] soll sich der Einfluss der Grundrechte nach neuerer Rechtsprechung des Bundesverfassungsgerichts auf *alle auslegungsfähigen und -bedürftigen* Tatbestandsmerkmale der zivilrechtlichen Vorschriften erstrecken.[98]

---

95 In Anlehnung an den Topos der gesetzesübersteigenden Rechtsfortbildung, vgl. zu dieser *Larenz*, Methodenlehre der Rechtswissenschaft, 6. Aufl. 1991, S. 413 f.; *Barczak*, AL 2016, S. 99 (102 f.).

96 *Schwabe*, AöR 100 (1975), S. 442 (469).

97 Siehe oben II. 2. sowie BVerfGE 7, 198 (206).

98 Vgl. BVerfGE 129, 78 (102) – Hervorhebungen nur hier, unter Verweis auf BVerfGE 99, 185 (196); 112, 332 (358); noch weitergehend *Stern*, a.a.O. (Fn. 55), S. 1557 ff.

Hier zielt das Bundesverfassungsgericht auf die „Achillesferse“[99] im Verhältnis zwischen Zivil- und Verfassungsrecht: Handelt es sich bei Generalklauseln wie beispielsweise § 138, § 242 und § 307 BGB und unbestimmten Rechtbegriffen („Arglist“, „gute Sitten“, „Verkehrssitte“, „Verwirkung“, „unbillige Härte“, „wichtiger Grund“) um einen begrenzten Kanon an Delegationsnormen, mittels derer der Gesetzgeber der Judikative, konkret dem Tatrichter, gezielt eine Konkretisierungs- und Letztentscheidungsbefugnis eingeräumt hat und die deshalb durch Auslegung *lege artis* zu ermitteln sind, geht die Zahl schlicht auslegungsfähiger Tatbestandsmerkmale gegen unendlich.[100] Letztlich lassen sich sämtliche Tatbestandsmerkmale einer zivilrechtlichen Vorschrift als auslegungsfähig und -bedürftig deklarieren.

Der in der Rechtsprechung des Bundesverfassungsgerichts vorausgesetzte semantische Normativismus, nach welchem zwischen auslegungsfähigen und nicht auslegungsfähigen Tatbestandselementen differenziert werden kann, scheitert bereits an den Unwägbarkeiten von Sprache als Werkzeug.[101] Gesetzesbindung ist stets „Paradoxiemanagement“.[102] Eine Norm vermag nie eindeutig und unwiderruflich vorzuzeichnen, was in jedem Einzelfall ihre korrekte Befolgung ist oder wie ihre Tatbestandsmerkmale einzelfallbezogen zu verstehen sind. Die Rede von den „Einbruchstellen“ der Grundrechte erübrigt sich nach dieser neuen Rechtsprechungslinie, denn bei Lichte betrachtet wäre hiernach die gesamte Privatrechtsordnung grundrechtskonform auszulegen.[103]

2. Der Vorbehalt des Gesetzes im Privatrecht

Ungeachtet dessen sollen Generalklauseln und unbestimmte Rechtsbegriffe nicht als beliebige Reserve für die Konkretisierung verfassungsimmanenter Schranken durch Gesetz taugen. Zumindest wesentliche Beschränkungen grundrechtlicher

99 *Di Fabio*, a.a.O. (Fn. 3), Art. 2 Abs. 1 Rn. 107.

100 Dieser Unterschied schlägt sich z. B. bei der revisionsgerichtlichen Prüfung nieder: Während die bloße Auslegung des Gesetzes eine Rechtsfrage ist und zum Kernbereich der revisionsrechtlichen Überprüfung gehört, hat das Revisionsgericht den tatrichterlichen Beurteilungsspielraum bei der Subsumtion des festgestellten Sachverhalts unter unbestimmte Rechtsbegriffe oder Generalklauseln zu respektieren, vgl. *Ball*, in: Musielak/Voit (Hrsg.), ZPO, 12. Aufl. 2015, § 546 Rn. 4, 12.

101 *Christensen*, Die Paradoxie richterlicher Gesetzesbindung, in: Lerch (Hrsg.), Die Sprache des Rechts II, 2005, S. 1 (16).

102 *Christensen*, a.a.O., S. 92.

103 Dies offenlegend *Rüfner*, a.a.O. (Fn. 13), § 197 Rn. 91: „Es geht nicht nur um die Generalklauseln, sondern generell um die Verfassungsmäßigkeit des Zivilrechts und seiner Anwendung“.

Freiheiten im Zivilrecht bedürften einer hinreichend eindeutigen Festlegung durch den Gesetzgeber selbst und könnten nicht ohne weiteres durch den Richter in verfassungsunmittelbarer Güterabwägung geleistet werden.[104] Hatte das Bundesverfassungsgericht die Anwendung der Wesentlichkeitslehre und des Vorbehalts des Gesetzes gegenüber der Dritten Gewalt in seinem Aussperrungsdiktum noch strikt abgelehnt,[105] mehren sich gerade in neuerer Zeit die befürwortenden Stimmen.[106]

Auch der Erste Senat des Bundesverfassungsgerichts fordert neuerdings „konkretere gesetzliche Anknüpfungspunkte" als die bürgerlich-rechtlichen Generalklauseln, soweit es um den Ausgleich konfligierender Grundrechtspositionen im Privatrecht geht.[107] In dem Beschluss vom 24. Februar 2015 ging es um einen „Scheinvater", der seine Vaterschaft erfolgreich angefochten hatte und von der Mutter des Kindes, seiner Ex-Ehefrau, wegen des geleisteten Unterhalts die Benennung des leiblichen Vaters begehrte. Gegen diesen steht dem Scheinvater nach § 1607 Abs. 3 BGB ein Regressanspruch zu; eine Auskunftsverpflichtung zur Effektuierung des Regressanspruchs sieht das Gesetz dagegen nicht vor. Der Bundesgerichtshof verpflichtete die Mutter gleichwohl zur Erteilung der Auskunft und stützte den Auskunftsanspruch mangels spezieller Gesetzesgrundlage auf Treu und Glauben in Verbindung mit nachehelicher Pflichtenstellung (§ 1353 Abs. 1 i.V.m. § 242 BGB).[108] Darin sah das Bundesverfassungsgericht eine unzulässige, weil gegen den Vorbehalt des Gesetzes verstoßende Rechtsfortbildung: Gegen die

---

104 *Herdegen*, a.a.O. (Fn. 60), Art. 1 Abs. 3 Rn. 65.

105 Siehe oben II. 3.

106 Vgl. *Herdegen*, a.a.O. (Fn. 60), GG, Art. 1 Abs. 3 Rn. 65; *Ossenbühl*, Vorrang und Vorbehalt des Gesetzes, in: Isensee/Kirchhof (Hrsg.), HStR V, 3. Aufl. 2007, § 101 Rn. 60; *Müller*, „Richterrecht" – Elemente einer Verfassungstheorie IV, 1986, S. 37, 96 f., 109 f. *et passim*; *Lücke*, Vorläufige Staatsakte, 1991, S. 71 f.; *Röthel*, a.a.O. (Fn. 21), S. 63 ff.; *Henninger*, Europäisches Privatrecht und Methode, 2009, S. 66 f.; *Burkiczak*, Der Vorbehalt des Gesetzes als Instrument des Grundrechtsschutzes, in: Emmenegger/Wiedmann (Hrsg.), Linien der Rechtsprechung des Bundesverfassungsgerichts, Bd. 2, 2011, S. 129 (138 ff.); *Hermes*, VVDStRL 61 (2002), S. 119 (136 ff.); *Pieroth/Aubel*, JZ 2003, S. 504 (509); mit grds. Kritik am Vorbehalt des Gesetzes als Medium zur Abgrenzung der Sphären von Gesetzgebung und Rechtsprechung aber *Bumke*, Verfassungsrechtliche Grenzen fachrichterlicher Rechtserzeugung, in: ders. (Hrsg.), Richterrecht zwischen Gesetzesrecht und Rechtsgestaltung, 2012, S. 33 (43 ff.); sowie *Haltern/Mayer/Möllers*, DV 30 (1997), S. 51 (60 ff., 63), die die Übertragung der Wesentlichkeitslehre für „besonders unglücklich" halten; zurückhaltend bis ablehnend ferner *de Wall*, a.a.O. (Fn. 3), S. 93 f. (hier bei Fußn. 14); *Meys*, Rechtsfortbildung extra legem im Arbeitsrecht, 2009, S. 25; *Classen*, JZ 2003, S. 693 (697 ff.); zur Diskussion auch *Rieckhoff*, Der Vorbehalt des Gesetzes im Europarecht, 2007, S. 6 f.

107 BVerfGE 138, 377 (395 Rn. 48).

108 BGHZ 191, 259 (265 ff.).

gerichtliche Begründung von Auskunftsansprüchen in Sonderverbindungen auf Grund der Generalklausel des § 242 BGB sei verfassungsrechtlich zwar im Grundsatz nichts einzuwenden; schöpferische Rechtsfindung durch gerichtliche Rechtsauslegung und Rechtsfortbildung sei „praktisch unentbehrlich" und werde vom Bundesverfassungsgericht seit jeher anerkannt.[109]

Die gerichtliche Rechtsfortbildung stoße jedoch an verfassungsrechtliche Grenzen. Solche ergäben sich „auch aus den Grundrechten".[110] Soweit die von den Fachgerichten im Wege der Rechtsfortbildung gewählte Lösung dazu diene, verfassungsmäßigen Rechten des Einzelnen zum Durchbruch zu verhelfen, seien die Grenzen richterlicher Rechtsfortbildung – hier knüpft der Senat an die Soraya-Formel an[111] – weiter, da insoweit eine auch den Gesetzgeber treffende Vorgabe der höherrangigen Verfassung konkretisiert werde. Umgekehrt seien die Grenzen richterlicher Rechtsfortbildung demgemäß bei einer Verschlechterung der rechtlichen Situation des Einzelnen enger gesteckt; die Rechtsfindung müsse sich umso stärker auf die Umsetzung bereits bestehender Vorgaben des einfachen Gesetzesrechts beschränken, je schwerer die beeinträchtigte Rechtsposition auch verfassungsrechtlich wiege.[112]

Das dabei auftretende Dilemma ist schnell erkannt: Bei der gerichtlichen Entscheidung zivilrechtlicher Streitigkeiten treffe nämlich regelmäßig die Beeinträchtigung einer Rechtsposition auf der einen Seite mit der Förderung einer Rechtsposition auf der anderen Seite zusammen. Belaste ein Zivilgericht eine Person etwa mit einer im Wege der Rechtsfortbildung begründeten Pflicht, so erfolge dies zumeist, um die Rechtsposition einer anderen Person zu stärken. Je schwerer der verfassungsrechtliche Gehalt der gestärkten Position wiege, umso klarer sei eine entsprechende Lösung dem Gericht wie dem Gesetzgeber durch die Verfassung vorgezeichnet und umso weiter könne die Befugnis der Gerichte reichen, diese Position im Wege der Rechtsfortbildung – auch unter Belastung einer gegenläufigen, aber schwächeren Rechtsposition – durchzusetzen. Umgekehrt gelte jedoch genauso: Je schwerer die Belastung verfassungsrechtlich wiege und je schwächer der verfassungsrechtliche Gehalt der damit durchzusetzenden Gegenposition sei, umso enger seien die Grenzen für die Rechtsfortbildung gesteckt, umso strikter müsse sich also die zivilgerichtliche Rechtsfindung innerhalb der Grenzen des gesetzten Rechts halten: „Die Grenzen richterlicher Rechtsfindung verlangen gerade dort besondere Beachtung, wo sich die rechtliche Situation des

109 BVerfGE 138, 377 (391 Rn. 39), m.w.N.
110 BVerfGE 138, 377 (392 Rn. 40).
111 Siehe oben II. 3.
112 BVerfGE 138, 377 (392 f. Rn. 42).

Bürgers verschlechtert, ohne dass verfassungsrechtliche Gründe dafür ins Feld geführt werden können".[113]

Die grundrechtlichen Grenzen richterlicher Rechtsfortbildung seien danach im vorliegenden Fall enger gesteckt, weil die Auskunftsverpflichtung verfassungsrechtlich geschützte Rechtspositionen in erheblichem Maße beeinträchtige (das Sexualleben der Kindesmutter sowie das Familienleben des zu benennenden Mannes), die für die Auskunftspflicht ins Feld geführten Gründe (die Stärkung des einfach-gesetzlichen Regressanspruchs des Scheinvaters) hingegen verfassungsrechtlich gering wögen.[114] Wie das Interesse der Mutter an der Geheimhaltung intimer Daten ihres Geschlechtslebens einerseits und das finanzielle Regressinteresse des Scheinvaters andererseits zum Ausgleich gebracht werden, liege danach im alleinigen Ausgestaltungsspielraum des Privatrechtsgesetzgebers.[115]

Diese strengere Linie bei der Akzeptanz richterlicher Rechtsfortbildung ist zwar im Grundsatz zu begrüßen, ihre Begründung vermag jedoch nicht zu überzeugen: Indem der Erste Senat im vorliegenden Kontext auf die grundrechtlichen Rechtspositionen der Beteiligten abstellt und daraus – wenngleich nicht explizit – den Vorbehalt des Gesetzes als Schranke richterlicher Rechtsfortbildung ableitet, suggeriert er, dass die Grundrechte im Privatrechtsverhältnis unmittelbar miteinander in Konflikt geraten könnten. Dies ist aber nichts anderes als die Aufgabe der Lehre von der mittelbaren Drittwirkung zugunsten einer unmittelbaren Anwendbarkeit der Grundrechte zwischen gleichgeordneten Privatrechtssubjekten.[116]

Soweit das Gericht zur Begründung maßgeblich auf das Sondervotum zur Entscheidung des Zweiten Senats bezüglich der Zulässigkeit einer nachträglichen Rügeverkümmerung im Strafverfahren verweist, verkennt es zudem, dass die dortige Situation mit der vorliegenden nicht im Ansatz vergleichbar ist: Während es hier um den Ausgleich eines Interessenkonflikts zwischen Privaten geht, war dort die Frage zu beantworten, ob eine ordnungsgemäß eingelegte Revision durch eine nachträgliche Protokollberichtigung und damit unter Durchbrechung der Beweiskraft des § 274 StPO unbegründet werden kann.[117] Die Grenzen richterlicher

---

113 BVerfGE 138, 377 (393 Rn. 42), unter Verweis auf das Sondervotum von *Voßkuhle/Osterloh/Di Fabio* in BVerfGE 122, 248 (282, 301).

114 BVerfGE 138, 377 (393 f. Rn. 44 ff.)

115 BVerfGE 138, 377 (394 Rn. 46); zur Grundrechtsrelevanz des Privatrechts siehe allgemein *Röthel*, a.a.O. (Fn. 21), S. 66 ff.

116 *Barczak*, AL 2016, S. 99 (104 f.).

117 Was von der Mehrheitsmeinung im Zweiten Senat bekanntlich bejaht wurde und zu Recht auf Kritik gestoßen ist, vgl. *Kuhlen*, Unbestimmtheit und unbegrenzte Auslegung des Strafrechts?, in: Murmann (Hrsg.), Recht ohne Regeln? – Die Entformalisierung des Strafrechts, 2011, S. 19 (25);

Rechtsfortbildung lassen sich aber nicht einfach von einem auf das andere Rechtsgebiet übertragen oder in einer konzisen Formel zusammenfassen.[118]

Schließlich bewegt sich die Entscheidung zwar auf der Linie der Soraya-Rechtsprechung; das Erfordernis einer gesetzgeberischen Regelung davon abhängig zu machen, ob die ersatzweise getroffene richterliche Rechtsfortbildung Grundrechte im Privatrechtsbereich verstärkt oder verkürzt, vermochte indes nie wirklich zu überzeugen. Dass es sich dabei mit Blick auf die für das Zivilrecht typischen Kollisionslagen um ein abwägungstheoretisches Nullsummenspiel handelt, hat der Senat dargelegt, ohne hieraus jedoch die notwendigen Konsequenzen zu ziehen. Vielmehr hatte er das seiner Meinung nach entgegen der übereinstimmenden Ansicht von Amtsgericht, Oberlandesgericht und Bundesgerichtshof vorzugswürdige Ergebnis, wonach das Sexualleben der Kindesmutter und das Familienleben des zu benennenden Mannes überwögen, schnell gefunden. Ebenso plausibel hätte sich aber – mit der Folge der Zulässigkeit der Rechtsfortbildung – begründen lassen, dem Interesse des Scheinvaters an einer Stärkung der Durchsetzungsfähigkeit seines einfach-gesetzlichen Regressanspruchs den Vorzug gegenüber dem Sexualleben einer Kindesmutter zu geben, die in der Empfängniszeit unstreitig mit einem anderen Mann Geschlechtsverkehr hatte und die Auskunft ohne Angabe nachvollziehbarer Gründen und mit dem bloßen Hinweis verwehrte, dass sie „nach all dem Streit einfach zu nichts weiter bereit" sei.[119]

Möchte man den Vorbehalt des Gesetzes im Verhältnis zur Judikative zum Tragen bringen, so hätte es nahe gelegen, diesen nicht mit dem Bundesverfassungsgericht aus den Grundrechten abzuleiten, sondern aus dem Rechtsstaats- und Gewaltenteilungsgrundsatz (Art. 20 Abs. 2, 3 GG). Denn in letzter Konsequenz geht es – und so argumentiert auch der Erste Senat[120] – um den Schutz der Willensentscheidung des Privatrechtsgesetzgebers gegenüber richterrechtlicher Rechtsfortbildung *praeter* oder *contra legem*. Damit fallen aber die Grenzen der zulässigen Rechtsfortbildung mit denen der Gesetzesauslegung und damit der Bindung an das Gesetz im Sinne von Art. 20 Abs. 3 GG zusammen, sodass der

Momsen, Zur Beweiskraft des Sitzungsprotokolls bei Verfahrensabsprachen, in: Heinrich/Jäger/Schünemann/u. a. (Hrsg.), Strafrecht als Scientia Universalis, FS Roxin, 2011, S. 1403 (1404); *Rüthers*, NJW 2009, S. 1461 f.

118 BVerfGE 34, 269 (288); so auch *Steiner*, Richterliche Rechtsfortbildung und Grundgesetz, in: Müller/Osterloh/Stein (Hrsg.), FS Hirsch, 2008, S. 611 (618); *Barczak*, AL 2016, S. 99 (103).

119 Vgl. OLG Schleswig, Urteil vom 23. Juni 2009 – 8 UF 16/09 –, juris, Rn. 14.

120 BVerfGE 138, 377 (393 Rn. 42; 395 Rn. 49).

Vorbehalt des Gesetzes für den Bereich der Rechtsfortbildung durch die Gerichte und damit für weite Teile des Privatrechts keine eigenständige Bedeutung hat.[121]

3. Staatsgleiche Grundrechtsbindung Privater

Dass die Lehre von der „mittelbaren" Drittwirkung der Grundrechte nach der neueren Rechtsprechung des Bundesverfassungsgerichts zumindest in Teilbereichen als obsolet gelten kann, wird bei einem Blick auf die Entscheidungen in Sachen „Fraport"[122] und „Bierdosen-Flashmob"[123] deutlich. In diesen ging es jeweils um den Konflikt zwischen Versammlungsfreiheit und privatem Hausrecht (Versammlung gegen Abschiebungen im Flughafenterminal, „Bierdosen-Flashmob für die Freiheit" auf privatem Platz). Ein wesentlicher Unterschied zwischen beiden Fällen bestand zwar *prima vista* darin, dass die Fraport-AG mehrheitlich in öffentlicher Hand lag, es sich mithin um ein gemischtwirtschaftliches Unternehmen handelte,[124] während der Passauer Nibelungenplatz im Eigentum einer GmbH&Co. KG stand, ohne dass eine staatliche Beteiligung ersichtlich gewesen wäre. Insofern räumt auch die 3. Kammer des Ersten Senats in ihrem Beschluss vom 18. Juli 2015 ein, als private Grundstückseigentümerin sei die GmbH&Co. KG nicht wie die staatliche Gewalt unmittelbar an Grundrechte gebunden. Unter Bezugnahme auf ein entsprechendes *obiter dictum* in der Fraport-Entscheidung macht die Kammer jedoch deutlich, dass auch Private im Wege der „mittelbaren" Drittwirkung von Grundrechten unbeschadet ihrer eigenen Grundrechte *ähnlich* oder *genauso weit wie der Staat* durch die Grundrechte in die Pflicht genommen werden könnten, insbesondere, wenn sie in tatsächlicher Hinsicht in eine vergleichbare Pflichten- oder Garantenstellung hineinwüchsen wie traditionell der Staat.[125] Je nach Gewährleistungsinhalt und Fallgestaltung könne die „mittelbare" Grundrechtsbindung Privater einer Grundrechtsbindung des Staates nahe oder

---

121 So auch *Grzeszick*, in: Maunz/Dürig (Hrsg.), GG, Art. 20 Abs. 3 Rn. 90 (Dezember 2013).
122 BVerfGE 128, 226.
123 BVerfG, Beschluss der 3. Kammer des Ersten Senats vom 18. Juli 2015 – 1 BvQ 25/15 –, NJW 2015, S. 2485.
124 Weiterführend *Harks*, Grundrechtsberechtigung öffentlicher und gemischtwirtschaftlicher Unternehmen, in: Emmenegger/Wiedmann (Hrsg.), Linien der Rechtsprechung des Bundesverfassungsgerichts, Bd. 2, 2011, S. 107 ff., m.w.N.
125 BVerfG, Beschluss der 3. Kammer des Ersten Senats vom 18. Juli 2015 – 1 BvQ 25/15 –, NJW 2015, S. 2485 (2486), unter Verweis auf BVerfGE 128, 226 (248). Da die Anteile der Fraport-AG zu mehr als 50 Prozent von öffentlichen Anteilseignern gehalten wurden, war diese nach Art. 1 Abs. 3 GG unmittelbar an die Grundrechte gebunden.

auch gleich kommen. Für den Schutz der Kommunikation komme das insbesondere dann in Betracht, wenn private Unternehmen die Bereitstellung schon der Rahmenbedingungen öffentlicher Kommunikation selbst übernähmen und damit in Funktionen einträten, die früher in der Praxis allein dem Staat zugewiesen waren.

Die Frage, was hieraus konkret folgt und nach welchen konkreten Grundsätzen die Grundrechtskollision zwischen Privaten untereinander künftig aufzulösen sein wird, hat die Kammer indessen offen gelassen, da diese Entscheidung im Eilverfahren nicht möglich gewesen sei.[126] Diese Frage mag ihrem materiellrechtlichen Gehalt nach „erst am Anfang ihrer Beantwortung" stehen.[127] Mochte man dem Gericht nach der Fraport-Entscheidung allerdings noch entgegnen, der Senat antworte auf Fragen, die der Fall nicht aufwirft, mit Verfassungsgrundsätzen, die das Grundgesetz nicht enthält,[128] muss man nach dem Kammerbeschluss zur Kenntnis nehmen, dass sich eine Erstreckung der Theorie des *öffentlichen Forums*[129] auf gänzlich Private abzeichnet. Damit scheint sich die Befürchtung zu bestätigen, wonach die Kollision mit dem Eigentumsrecht und der Privatautonomie als grundrechtliche Gegenpositionen „von vornherein auf der Schutzbereichsebene zu Gunsten des Versammlungsgrundrechts vorentschieden" ist und diese „allein noch auf der Rechtfertigungsebene in Bezug auf die Art und Weise der Durchführung der Versammlung berücksichtigt werden".[130]

Jenseits des versammlungsrechtlichen Kontextes bleibt abzuwarten, inwiefern eine quasistaatliche Grundrechtsbindung Privater in der Zukunft eine Rolle spielen wird. Die denkbaren Fallgestaltungen sind zahllos und könnten insbesondere Unternehmen mit Monopolstellung oder besonderer Marktmacht betreffen. Vorstellbar wäre etwa, dass die *Schufa Holding* als führende Wirtschaftsauskunftei zukünftig mit unmittelbar auf das informationelle Selbstbestimmungsrecht gestützten Auskunfts- und Löschungsansprüchen konfrontiert wird und danach möglicherweise auch die Methode der Scorewertberechnung („Scoreformel") mitteilen muss.[131]

---

126 BVerfG, Beschluss der 3. Kammer des Ersten Senats vom 18. Juli 2015 – 1 BvQ 25/15 –, NJW 2015, S. 2485 (2486).

127 *Schulenberg*, DÖV 2015, S. 55 (65), auch zu verfahrensrechtlichen Dimensionen dieser Frage.

128 So die viel zitierte Einleitung des Sondervotums *Lübbe-Wolff* in BVerfGE 112, 1 (44).

129 Hierzu eingehend BVerfGE 128, 226 (253 f.); *Barczak*, DVBl. 2014, S. 758 (761 f.).

130 Vgl. das Sondervotum *Schluckebier* in BVerfGE 128, 226 (269, 275); übereinstimmend *Smets*, NVwZ 2016, S. 35 (36); kritisch auch *Burkiczak*, a.a.O. (Fn. 77), S. 135.

131 Zur bisherigen Reichweite möglicher Auskunftsansprüche nach § 34 BDSG gegen die Schufa vgl. BGHZ 200, 38; die Entscheidung ist mit der Verfassungsbeschwerde angegriffen und unter dem Az. 1 BvR 756/14 derzeit beim Ersten Senat anhängig.

4. Gleichheit und Verhältnismäßigkeit als Maßstäbe privaten Handelns

Vertragsfreiheit als Inbegriff der Privatautonomie wird überdies weitgehend nur noch nach den Kautelen der Gleichheitssätze und des Verhältnismäßigkeitsprinzips gewährt. In seinen Parabolantennen-Judikaten machte der Erste Senat ein Verbot durch den Vermieter beispielsweise von einer „einzelfallbezogene[n] Abwägung" der widerstreitenden Interessen abhängig.[132] Noch stärker ist die Betonung der Interessenabwägung im Beschluss zur kündigungsschutzrechtlichen Kleinbetriebsklausel.[133] Der Erste Senat spricht hier zwar formaliter von einer Schutzpflicht zugunsten der Arbeitnehmer, steigt dann aber in eine unspezifische Abwägung von Arbeitgeber- und Arbeitnehmerinteressen in Kleinbetrieben ein um mit der Feststellung zu schließen, dass die bestehenden Regelungen unter Einbeziehung der zivilrechtlichen Generalklauseln (§§ 138, 242 BGB) dem Schutzbedürfnis genügten.[134]

Dass eine Übertragung des Gleichheitssatzes auf die Beziehungen von Privatrechtssubjekten untereinander in hohem Maße bedenklich ist, wurde bereits dargelegt; hierdurch wird „die Privatautonomie an der Wurzel getroffen".[135] Nichts anderes kann für eine unbesehene Transformation[136] des Verhältnismäßigkeitsgrundsatzes als Ordnungsprinzip zwischen Privaten gelten,[137] wie sich Herkunft und Zwecksetzung dieser „übergreifende[n] Leitregel allen *staatlichen* Handelns"[138] entnehmen lässt. Gleichwohl hat der Bundesgerichtshof vor nicht allzu langer Zeit dessen Anwendbarkeit in privatrechtlichen Beziehungen mit grundsätzlichen Erwägungen bejaht: Zu den wesentlichen Grundsätzen des deutschen

---

132 Siehe oben I. sowie zuletzt BVerfG, Beschluss der 3. Kammer des Ersten Senats vom 31. März 2013 – 1 BvR 1314/11 –, NJW 2013, S. 2180 (2182); ähnlich für das von einer Wohnungseigentümerversammlung gegenüber dem Besucher einer Wohnungseigentümerin beschlossene Hausverbot BVerfGK 16, 267 (273).

133 BVerfGE 97, 169 (175 ff.).

134 Mit berechtigter Kritik insoweit *Ruffert*, JZ 2009, S. 389 (391).

135 *Stern*, a.a.O. (Fn. 55), S. 1581; sowie bereits oben II. 1.

136 *Bieder*, Das ungeschriebene Verhältnismäßigkeitsprinzip als Schranke privater Rechtsausübung, 2007, S. 25, 27 *et passim*; *Stürner*, Der Grundsatz der Verhältnismäßigkeit im Schuldvertragsrecht, 2010, S. 20.

137 Übereinstimmend *Rüfner*, a.a.O. (Fn. 13), § 197 Rn. 109; *Diederichsen*, AcP 198 (1998), S. 171 (252 ff.).

138 BVerfGE 23, 127 (133); 38, 348 (368) – Hervorhebung nur hier; zur Konstitutionalisierung und Europäisierung des Verhältnismäßigkeitsgrundsatzes *Barczak*, VerwArch 105 (2014), S. 142 (147 ff.), m.w.N.

Rechts gehöre der aus dem Rechtsstaatsprinzip folgende Grundsatz der Verhältnismäßigkeit, der auch in der Zivilrechtsordnung Geltung beanspruche.[139]

Das Verhältnismäßigkeitsprinzip ist ohne Zweifel seiner polizeirechtlichen Wurzel entwachsen, hat sich zu einem verfassungsrechtlichen und besonders wirkkräftigen rechtlichen Querschnittsprinzip entwickelt und ist mit der für das Privatrecht typischen Interessenabwägung durchaus wesensverwandt.[140] Der Staat muss sich im Privatrechtsstreit als Schiedsrichter zwischen Grundrechtsträgern und ihren miteinander konkurrierenden Ansprüchen bewähren und diese letztlich durch Abwägung ins Verhältnis setzen. Jedes Zugeständnis auf der einen Seite ist mit Einschränkungen auf der Gegenseite verbunden und umgekehrt.

Nicht unproblematisch erscheint allerdings bereits, inwiefern sich die spezifischen Anforderungen des Verhältnismäßigkeitsgrundsatzes an den Privatrechtsgesetzgeber richten, der ja grundsätzlich den Bindungen des Art. 1 Abs. 3 GG unterliegt.[141] Will man das Übermaßverbot darüber hinaus zwischen Privatrechtssubjekten untereinander zum Tragen bringen, erscheint dieses jedoch allenfalls unter den Vorzeichen eines eigenständigen „privatrechtlichen" Verhältnismäßigkeitsprinzips und nicht durch bloße Rezeption der für staatliches Eingriffshandeln entwickelten Kontrollstruktur möglich.[142] Jene ausgewogene Kontrollstruktur (legitimes Ziel, Geeignetheit, Erforderlichkeit, Angemessenheit) muss in privatrechtlichen Konfliktlagen bereits deshalb versagen, weil sie einer anderen Wirkrichtung geschuldet ist.[143] In privaten Rechtsverhältnissen geht es nicht um die Verwirklichung legitimer staatlicher Zielsetzungen, sondern ist

139 BGHZ 118, 312 (343).

140 *Bieder*, a.a.O. (Fn. 136), S. 16 ff.

141 Siehe oben II. 2.; im Handelsvertreter-Beschluss nahm der Erste Senat an, der völlige Ausschluss der Karenzentschädigung nach § 90a Abs. 2 Satz 2 HGB a.F. sei unverhältnismäßig, weil die undifferenzierte und vollständige Verweigerung einer Vergütung für jedwede Fallgestaltung und für die höchstmögliche Dauer der Karenzzeit von zwei Jahren keine sachliche Grundlage in den Besonderheiten einer vorzeitigen und verschuldeten Vertragsbeendigung finde. Eine solche Sanktion sei „nicht erforderlich, um wettbewerbsrechtlichen Nachteilen des kündigenden Unternehmers zu begegnen", vgl. BVerfGE 81, 242 (262 f.). Die Entscheidung ist auf Kritik gestoßen, weil die verfassungsgerichtliche Erforderlichkeitsprüfung den spezifischen Anforderungen des privatrechtlichen Regelungszusammenhangs nicht gerecht werde, vgl. *Maultzsch*, JZ 2012, S. 1040 (1045).

142 So etwa *Stürner*, a.a.O. (Fn. 136), S. 19 ff., 288 ff.; wohl ebenso *Gusy*, a.a.O. (Fn. 19), S. 105 ff.; a.A. *Hanau*, Der Grundsatz der Verhältnismäßigkeit als Schranke privater Gestaltungsmacht, 2004, S. 4 ff., 93 ff., 140 f. *et passim*; mit Blick auf die Drittwirkung privater Regelordnungen *Buck-Heeb/Dieckmann*, Selbstregulierung im Privatrecht, 2010, S. 271; grundlegend auch *Medicus*, AcP 192 (1992), S. 35 ff.

143 *Stürner*, a.a.O. (Fn. 136), S. 20.

vielmehr die Frage zu beantworten, welcher rechtlich garantierte Herrschafts- und Gestaltungsraum dem einen gegenüber dem anderen Bürger einzuräumen ist.[144]

Diesen Ausgleichsprozess hat der Zivilrichter zu aller erst nach den privatrechtlichen Rechtsnormen vorzunehmen und darf sich nicht vorschnell auf eine bloße Abwägung der kollidierenden Grundrechtspositionen nach Maßgabe des Prinzips praktischer Konkordanz beschränken.[145] So kann er dem *Erkenntnisvorrang*[146] des Privatrechts als dem älteren Rechtsgebiet Rechnung tragen, dem verfassungsrechtliche Prinzipien nicht erst von außen vorgegeben werden mussten, sondern welche vielmehr im Privatrecht vorgeformt und von der Verfassung übernommen und fortentwickelt wurden.[147]

Dass „Grundrechtswidrigkeit" und „Privatrechtswidrigkeit" trotz aller verfassungsrechtlichen Durchdringung des einfachen Rechts eben nicht identisch sind,[148] sollten auch die Verfassungsrichter und – hier ist entsprechende Selbstreflexion und wo notwendig -kritik gefordert – ihre wissenschaftlichen Mitarbeiter zukünftig wieder stärker berücksichtigen und sich weniger vom konkreten Fall und dem Hang zur Herstellung vermeintlicher Einzelfallgerechtigkeit gefangen nehmen lassen.[149] Dabei ist dem Grundgesetz eine reine „Schrittmacherfunktion" zuzuweisen, die auch dem Fachrichter einen Spielraum belässt, der nicht durch die eigenen Billigkeitserwägungen überspielt werden darf.[150]

---

144 *Maultzsch*, JZ 2012, S. 1040 (1045); *Hager*, JuS 2006, S. 769 (771).

145 So auch *Rüfner*, a.a.O. (Fn. 13), § 197 Rn. 109; *ders.*, Drittwirkung, a.a.O. (Fn. 60), S. 224; *Stern*, Probleme der Ausstrahlungswirkung der Grundrechte auf das Privatrecht, in: Wank/Hirte/Frey/u.a. (Hrsg.), FS Wiedemann, 2002, S. 133 (142 ff.); a.A. *Hirsch*, Der Vertrag, in: Kube/Mellinghoff/Morgenthaler/u.a. (Hrsg.), Leitgedanken des Rechts, FS Kirchhof, Bd. 1, 2013, § 109 Rn. 7.

146 *Ruffert*, a.a.O. (Fn. 12), S. 49 ff.; *ders.*, JZ 2009, S. 389 (391).

147 *Medicus*, AcP 192 (1992), S. 35 (59 ff.); *Hager*, JuS 2006, S. 769 (771); sowie bereits oben I.

148 *Stern*, a.a.O. (Fn. 55), S. 1581; *Dürig*, a.a.O. (Fn. 63), S. 167 ff., 173 ff.

149 Vgl. *Diederichsen*, Jahrbuch für Italienisches Recht 10 (1997), S. 3 (26); sowie *Nettesheim*, VVDStRL 70 (2011), S. 7 (32): „In manchen der Entscheidungen scheint es letztlich nur das Lebensgefühl der Richter zu sein, das dabei anleitet, die Sachkunde der Fachrichter zu übertrumpfen".

150 Zu den Folgerungen für den fachrichterlichen Wertungsspielraum im Zusammenhang mit der Urteilsverfassungsbeschwerde siehe unten 6. a).

5. Grundrechtsschutz durch Organisation und Verfahren

Die verfahrens- und organisationsrechtliche Funktion der Grundrechte entfaltet im Privatrecht bislang allenfalls geringe Wirkungen.[151] Das Bundesverfassungsgericht hat sich dieser den materiellen Grundrechten innewohnenden Dimension jedoch auch im privatrechtlichen Zusammenhang bereits bedient. So hat es beispielsweise in seiner Entscheidung zum heimlichen Vaterschaftstest angenommen, das allgemeine Persönlichkeitsrecht des Vaters schütze vor der Vorenthaltung erlangbarer Informationen und fordere danach die Eröffnung eines Verfahrens, das einem Mann Zugang zu den ihm vorenthaltenen Informationen ermögliche, die für die Kenntnis der Abstammung eines Kindes von ihm erforderlich seien.[152]

Gerade das allgemeine Persönlichkeitsrecht ist als organisations- bzw. verfahrens*betroffenes* Grundrecht, dessen Gewährleistung sich weder in einer organisatorischen oder prozeduralen Garantie erschöpft noch sich auf eine solche Garantie konzentriert,[153] von vordringlicher Bedeutung. Das bundesweite Stadionverbot, welches dem Schutzbereich des allgemeinen Persönlichkeitsrechts zugeordnet wird, weil der Stadionbesuch für den Einzelnen persönlichkeitsbildende Facetten und soziale Bezüge aufweisen soll,[154] wird in der Literatur ebenfalls verfahrensrechtlichen Hürden unterworfen. So sollen Vereine und Verbände den betroffenen Fan vor Verhängung des Verbotes anhören, das Verbot begründen, zugrundeliegende Vergehen gegebenenfalls selbst hinreichend ausermitteln und ein Recht auf Akteneinsicht gewähren.[155] Es bleibt abzuwarten, ob der Erste Senat des Bundesverfassungsgerichts in den anhängigen Stadionverbotsverfahren[156] auf derartige verfahrensrechtliche Ausprägungen des Grundrechtsschutzes zurückgreifen wird, die sich – in Abgrenzung zum Vaterschaftsfeststellungsverfahren – nicht an den staatlichen Gesetzgeber, sondern unmittelbar an die privatrechtlich organisierten Vereine bzw. die Verbände als private Normgeber (Deutscher Fußball-Bund e.V., Deutsche Fußball Liga GmbH) richten würden.

---

151 *Ruffert*, a.a.O. (Fn. 12), S. 285.

152 BVerfGE 117, 202 (226 ff.).

153 Zur Abgrenzung von den organisations- bzw. verfahrens*abhängigen* (Art. 4 Abs. 3, 16a GG) und organisations- bzw. verfahrens*geprägten* Grundrechten (z. B. die Rundfunkfreiheit) vgl. *Ossenbühl*, Grundrechtsschutz im und durch Verfahrensrecht, in: Müller/Rhinow/Schmid/u. a. (Hrsg.), Staatsorganisation und Staatsfunktionen im Wandel, FS Eichenberger, 1982, S. 183 (184 ff.); *ders.*, DÖV 1981, S. 1 (5).

154 Näher StGH BW, Urteil vom 2. November 2015 – 1 VB 28/15 –, juris, Rn. 55; *Schmitt*, Das bundesweite Fußball-Stadionverbot, 2013, S. 137 ff., m.w.N.

155 Hierzu *Klesczewski*, JZ 2010, S. 251 (254); *Stoll/Lüers*, DÖV 2014, S. 222 (227 f.).

156 Siehe oben Fn. 38.

6. Auswirkungen

a) Kompetenzverschiebungen zwischen Bundesverfassungsgericht und Fachgerichtsbarkeit

Gegen die Überprüfung der Judikate der Dritten Gewalt durch das Bundesverfassungsgericht im Rahmen der Verfassungsbeschwerde (Art. 93 Abs. 1 Nr. 4a GG) ist prinzipiell nichts einzuwenden. Sie ist im Gegenteil eine zwangsläufige verfassungsrechtliche Konsequenz der Grundrechtsbindung auch der Rechtsprechung und Art. 93 Abs. 1 Nr. 4a GG insofern eine zwingende Komplementärnorm des Art. 1 Abs. 3 GG.[157] Jene Konstellationen, in denen der Fachgerichtsbarkeit angelastet wird, bei der Anwendung von Vorschriften des einfachen Rechts die grundrechtlichen Implikationen eines Falles zu Lasten des Beschwerdeführers fehlerhaft bemessen zu haben, sollen sogar den Hauptanwendungsfall der Urteilsverfassungsbeschwerde ausmachen.[158]

Seit seinem Lüth-Urteil betont das Bundesverfassungsgericht, dass ein Streit zwischen Privaten über Rechte und Pflichten aus grundrechtlich beeinflussten Verhaltensnormen des bürgerlichen Rechts materiell und prozessual ein bürgerlicher Rechtsstreit bleibe.[159] Ausgelegt und angewendet werde bürgerliches Recht, wenn auch seine Auslegung dem öffentlichen Recht, der Verfassung, zu folgen habe. Dem Bundesverfassungsgericht obliege es lediglich, die Beachtung der grundrechtlichen Normen und Maßstäbe durch die ordentlichen Gerichte sicherzustellen. Daher könne es einer rechtskräftigen zivilgerichtlichen Entscheidung nicht schon dann entgegentreten, wenn es selbst bei der Beurteilung widerstreitender Grundrechtspositionen die Akzente anders gesetzt und daher anders entschieden habe. Die Schwelle eines Verfassungsverstoßes, den das Bundesverfassungsgericht zu korrigieren habe, sei erst erreicht, wenn die angegriffenen Entscheidungen Auslegungsfehler erkennen ließen, die auf einer grundsätzlich unrichtigen Auffassung von der Bedeutung eines Grundrechts, insbesondere vom Umfang seines Schutzbereichs, beruhten und auch in ihrer materiellen Bedeutung für den konkreten Rechtsfall von einigem Gewicht seien.[160] Es sei nicht seine Aufgabe, nach Art einer „Superinstanz" seine Vorstellungen von

157 *Bethge*, in: Maunz/Schmidt-Bleibtreu/Klein/ders. (Hrsg.), BVerfGG, Vorbem. Rn. 185 f. (Mai 2011).

158 *Bethge*, a.a.O., § 90 Rn. 279 (Oktober 2013).

159 BVerfGE 7, 198 (205 f.).

160 BVerfGE 42, 143 (148); 89, 214 (230), m.w.N.

einer zutreffenden Entscheidung an die Stelle derjenigen der ordentlichen Gerichte zu setzen.[161]

Ungeachtet dieser Prämissen zeichnete sich die Rechtsprechung des Gerichts stets durch eine „starke Kontrollfreudigkeit“ aus.[162] Mit der wachsenden verfassungsrechtlichen Durchdringung des Privatrechts nimmt zwangsläufig auch die Kontroll- und Kassationsbefugnis des Bundesverfassungsgerichts zu.[163] Die Konstitutionalisierung ist der Hauptgrund dafür, dass mit der Verwischung der Trennung von einfachem und Verfassungsrecht auch die Grenzen von Fach- und Verfassungsgerichtsbarkeit unschärfer werden.[164] Der gerade den Zivilgerichten im Verfassungsbeschwerdeverfahren eingeräumte *fachrichterliche Wertungsspielraum*,[165] der als grundgesetzlicher Toleranzbereich für die fachgerichtliche Interpretation und Anwendung einfachen Rechts gelesen werden kann, wird so – obschon seit jeher vage – zu einem reinen Feigenblatt.

Ging das Bundesverfassungsgericht stets von einer Aufgabenparallelität beim Grundrechtsschutz aus, nach welcher vorrangig die Instanzgerichte dazu berufen waren, im Rahmen ihrer Zuständigkeiten bei Verfassungsverletzungen Rechtsschutz zu gewähren,[166] bevor die Verfassungsrichter zu einem nachgelagerten Rechtsschutz besonderer Art schritten, wird die anspruchsvolle „Doppelbindung“[167] für die Fachgerichte in Zukunft noch wachsen: Sie dürfen einerseits das einfache Recht nicht aus den Augen verlieren und müssen andererseits immer öfter den verfassungsorientierten Blick „hinter das Gesetz“ wagen.[168] Mit Blick auf das Bundesverfassungsgericht ist es Aufgabe einer problembewussten Verfassungsrechtsdogmatik, die verfassungsrechtliche Effektuierung von Grundrechten qua Einzelfallentscheidung besser einzufangen, kontrollierbarer zu machen und auf eine stärkere Beachtung des fachrichterlichen Spielraums hinzuwirken, denn die Richter wie die Mitarbeiter des Verfassungsgerichts sind in der Regel längst nicht so intensiv aus tagtäglicher Beschäftigung mit den konkreten Einzelproblemen des Falles vertraut wie die Fachgerichte.[169]

---

161 BVerfGE 42, 143 (148).

162 *Medicus*, AcP 192 (1992), S. 35 (58).

163 Siehe auch *Lübbe-Wolff*, Die Grundrechte als Eingriffsabwehrrechte, 1988, S. 38; *Bickenbach*, Die Einschätzungsprärogative des Gesetzgebers, 2014, S. 381; *Bethge*, a.a.O. (Fn. 157), Vorbem. Rn. 187.

164 *Papier*, DVBl. 2009, S. 473 (478).

165 Zuletzt BVerfG, Beschluss der 3. Kammer des Ersten Senats vom 14. Juli 2015 – 1 BvR 1127/14 –, NJW 2016, S. 389 (390).

166 BVerfGE 47, 144 (145).

167 *Dreier*, DV 36 (2003), S. 105 (105).

168 *Stern*, a.a.O. (Fn. 55), S. 1422 (1474).

169 *Oeter*, AöR 119 (1994), S. 529 (557, 559).

b) Rückwirkungen auf die Gestaltungsfreiheit des Privatrechtsgesetzgebers

Neben diesen Auswirkungen auf das Verhältnis zwischen Verfassungs- und Fachgerichtsbarkeit zeitigt die verfassungsgerichtlich vorangetriebene Konstitutionalisierung der Rechtsordnung schließlich verdeckte Folgen im Verhältnis zum parlamentarischen Gesetzgeber. Dessen Gestaltungsspielräume schrumpfen mit der verfassungsrechtlichen Durchdringung des Privatrechts in vielen Bereichen ebenso schleichend wie kontinuierlich, demgegenüber wachsen die Einflussmöglichkeiten des Normgebers gerade mit Blick auf die Ordnung asymmetrischer Verträge, wenn ihm von Verfassungs wegen – etwa über Art. 2 Abs. 1 GG i.V.m. dem Sozialstaatsprinzip – neue Eingriffsmöglichkeiten zum Schutz des schwächeren Vertragsteils eröffnet werden. Diese Folgen, auf die an dieser Stelle des Beitrags nicht weiter eingegangen werden kann, haben *Böckenförde* und *Ossenbühl* bereits zutreffend beschrieben.[170]

IV. Fazit und Ausblick

Grundrechte gewähren ihrer Funktion nach nur einen Mindeststandard individueller Freiheit. Wo das Privatrecht mehr Freiheit als das Grundgesetz belässt, darf dieser Freiheitsraum nicht durch Bindung an die Grundrechte und andere objektiv-rechtliche Verfassungsprinzipien eingeschränkt werden. Diesen Weg scheint jedoch speziell der Erste Senat des Bundesverfassungsgerichts immer nachhaltiger zu verfolgen und bringt die Privatrechtsordnung mit ihrer seit dem Lüth-Urteil kontinuierlich fortschreitenden verfassungsrechtlichen Durchdringung aus der Balance. Das Ergebnis ist eine schiefe Ebene, auf der sich Private wachsenden, mittlerweile sogar offen als „staatsgleich" bezeichneten Rechtfertigungsanforderungen ausgesetzt sehen, die weder mit der Lehre von der mittelbaren Drittwirkung noch mit Art. 1 Abs. 3 GG in Einklang zu bringen sind.

Die bisherige Entwicklung scheint unumkehrbar, wurde von den Fachgerichten mit- und vorangetragen und ist zu einem nicht unerheblichen Teil europarechtlich vorprogrammiert. Ein „schonender" Rückgriff auf verfassungsrechtliche Schutzgebote trägt, wo er *lege artis* in die bürgerlich-rechtlichen Rechtsnormen implementiert wird, auch durchaus zur Entfaltung personaler Freiheit gegenüber wirtschaftlichen und sozialen Mächten unter weitgehender Achtung der Privatautonome bei und ist unter dem Geltungs- und Wertsetzungsanspruch des Grundgesetzes unabdingbar. Die neuere verfassungsgericht-

170 *Böckenförde*, a.a.O. (Fn. 77), S. 70 f.; *Ossenbühl*, DVBl. 1995, S. 904 (910).

liche Judikatur, alle auslegungsfähigen Tatbestandsmerkmale der zivilrechtlichen Vorschriften grundrechtskonform auszulegen, mag demgegenüber normenhierarchisch noch einleuchten. Sie führt jedoch im Zusammenspiel mit den Aussagen zur unmittelbaren Grundrechtsbindung Privater, der Geltung des Vorbehalts des Gesetzes sowie des Verhältnismäßigkeitsprinzips in privaten Rechtsbeziehungen zu einer Fortschreibung in der Konstitutionalisierung der Privatrechtsordnung, die deren Eigenständigkeit und Erkenntnisvorrang gänzlich unberücksichtigt lässt, vertragliche Freiheit unter Verfassungsvorbehalt stellt und private durch staatliche Fremdbestimmung ersetzt. Das Ergebnis ist kein Mehr, sondern ein Weniger an Freiheit.

Sebastian Schulenberg

Der Schutz des Kernbereichs privater Lebensgestaltung bei heimlichen staatlichen Überwachungsmaßnahmen

Leitentscheidungen des Bundesverfassungsgerichts

BVerfGE 80, 367 – Tagebuchaufzeichnung
BVerfGE 109, 279 – großer Lauschangriff
BVerfGE 113, 348 – Telekommunikationsüberwachung
BVerfGE 120, 274 – Online-Durchsuchung
BVerfGE 124, 43 – E-Mail-Beschlagnahme
BVerfGE 129, 208 – TKÜ-Neuregelung
BVerfGE 130, 1 – Al Qaida-Fall
BVerfG, Urteil des Ersten Senats vom 20. April 2016 – 1 BvR 966/09, 1 BvR 1140/09, juris – Bundeskriminalamtgesetz

Wichtige Kammerentscheidungen

BVerfGK 11, 164 – akustische Wohnraumüberwachung

Inhalt

I. Einleitung — 124
II. Das Konzept des Kernbereichsschutzes in der Rechtsprechung des Bundesverfassungsgerichts — 126
1. Die Entscheidung des Ersten Senats zum „großen Lauschangriff" — 126
a) Das Kernbereichs- und Schutzkonzept der Entscheidung — 126
aa) Grundlagen des Kernbereichs privater Lebensgestaltung — 126
bb) Begriffliche Bestimmung des Kernbereichs privater Lebensgestaltung — 127
cc) Das zweistufige Modell des Kernbereichsschutzes — 128
b) Offene Fragen und Brüche des Schutzkonzepts — 131
2. Die nachfolgende Rechtsprechungsentwicklung — 134
a) Die Entscheidung des Ersten Senats zur Telekommunikationsüberwachung — 135
b) Die Entscheidung zur Online-Durchsuchung — 137
aa) Das Schutzkonzept der Entscheidung — 137
bb) Bewertung, offene Fragen und Brüche des Schutzkonzepts — 139
c) Die Entscheidung zur E-Mail-Beschlagnahme — 142
d) Die Entscheidung zur TKÜ-Neuregelung — 143
aa) Das Schutzkonzept der Entscheidung — 144
bb) Bewertung, offene Fragen und Brüche des Schutzkonzepts — 146

DOI 10.1515/9783110421866-006

(1) Erste Stufe des Kernbereichsschutzes — 146
(2) Zweite Stufe des Kernbereichsschutzes — 150
e) Die Entscheidung zum „Al Qaida-Fall“ — 151
3. Die Entscheidung des Ersten Senats zum Bundeskriminalamtgesetz — 152
a) Aussagen der Entscheidung — 153
aa) Maßstabsteil — 153
bb) Subsumtionsteil — 155
(1) Regelungsbedürftigkeit des Kernbereichsschutzes — 155
(2) Wohnraumüberwachung — 155
(3) Zugriff auf informationstechnische Systeme — 157
(4) Telekommunikationsüberwachung — 159
b) Bewertung, offene Fragen und Brüche des Schutzkonzepts — 161
III. Fazit und Ausblick — 168

I. Einleitung

Die Rechtsprechung zum Schutz des Kernbereichs privater Lebensgestaltung ist der Versuch, angesichts immer tiefer in die Privatsphäre eindringender Ermittlungsmaßnahmen strafprozessualer Art, zum Zwecke der Gefahrenabwehr oder auch im Vorfeld der Abwehr von Gefahren einen Bereich zu schaffen, der selbst bei Vorliegen der jeweiligen Eingriffsvoraussetzungen staatlichem Zugriff entzogen bleiben muss. Aus Art. 1 Abs. 1 GG hergeleitet, soll der Kernbereichsschutz abwägungsfest und durch staatliche Sicherheitsinteressen nicht relativierbar sein.[1] Der Schutz des Kernbereichs privater Lebensgestaltung beschreibt damit die äußerste Grenze aller staatlichen Ermittlungsmaßnahmen und setzt ein Tabu.

Mit dem Schutz des Kernbereichs privater Lebensgestaltung sucht die Rechtsprechung eine Schutzdimension zu eröffnen, die von den allgemeinen rechtsstaatlichen Instrumentarien (Anforderungen an Eingriffsschwellen, Gewicht der Rechtsgüter und Verhältnismäßigkeitsabwägungen) nicht erfasst wird. Da deren Prinzip die isolierend-relationierende Gegenüberstellung von Einzelmaßnahme und Einzelfallbetroffenheit bei Annahme der konkreten Eingriffsvoraussetzungen ist, wird durch sie der Anspruch des Einzelnen auf einen unantastbaren Privatbereich von vornherein relativiert.[2] Es wird praktisch keine heimliche Ermittlungsmaßnahme geben, die rechtsstaatlich schon als solche verboten ist und die nicht auch, zumindest bei gravierenden Szenarien und hohen Eingriffsvoraussetzungen, nach Maßgabe subjektiver Entscheidungen der Sicherheitsbehörden zum Einsatz gebracht werden darf. Mit dem Kernbereichs-

1 Vgl. BVerfGE 109, 279 (311 ff., 314).
2 Vgl. BVerfGE 80, 367 (373); 109, 279 (314); 120, 274 (339), jeweils m.w.N.

schutz sollen die instrumentell strukturierten Eingriffsvoraussetzungen um ein zusätzliches und anders geartetes Kriterium ergänzt und so eine Grenze gezogen werden, die einen letzten Kern individueller Unverfügbarkeit *im Ergebnis* sichert. Die Perspektive setzt hier nicht an der Bewertung der rechtfertigenden Wirkung eines Eingriffszwecks an, sondern ergebnisbezogen an der Frage, welcher Schutz in jedem Fall gewährleistet sein muss.

Nicht zufällig wurde das Konzept vom Schutz des Kernbereichs privater Lebensgestaltung im Fall heimlicher staatlicher Überwachungsmaßnahmen zunächst bezogen auf die Wohnraumüberwachung näher ausgearbeitet, mit der damals eine weitere, tief in die Privatsphäre eingreifende Ermittlungsmaßnahme neu geschaffen wurde.[3] Es wurde dann aber seinem Ansatz nach konsequent schnell als querschnittsförmiges allgemeines Instrument verstanden, das grundsätzlich für alle heimlichen Ermittlungsmaßnahmen Geltung beansprucht.[4]

Der Schutz des Kernbereichs privater Lebensgestaltung gewinnt damit eine Bedeutung, die auch für das Problem der Addition der verschiedenen Ermittlungsmaßnahmen eine erste rechtsstaatliche Antwort bereithält: Auch im Zusammenwirken der verschiedenen Ermittlungsmaßnahmen darf der Kernbereich nicht verletzt werden. Damit kommt der Frage des Kernbereichsschutzes gerade angesichts der neuen technischen Entwicklungen und der sich hierdurch immer weiter in den Privatbereich und das Innenleben hineinschiebenden Ermittlungsmöglichkeiten eine wichtige Rolle zu. Es kann keine Zweifel geben, dass jedenfalls in der Kombination verschiedener (heimlicher) Überwachungsmaßnahmen dann, wenn eine Person einmal in den Fokus der Ermittler geraten ist, auf der Grundlage der je für sich betrachteten Eingriffsvoraussetzungen eine lückenlose Überwachung auch der privatesten Aktivitäten und Kommunikationsvorgänge ermöglicht wird. Ermittlungstaktisch hat das auch plausible Gründe auf seiner Seite: Zur Abwehr beispielsweise der Gefahren des internationalen Terrorismus sollen alle Mittel zur Überwachung aller Aktivitäten und zur Erfassung aller möglichen Vorstellungen des potentiellen Täters genutzt werden. Rechtsstaatlich bedarf es in Anerkennung der Unverfügbarkeit der Subjektivität des Menschen jedoch Grenzen. Der Kernbereichsschutz ist ein Versuch, diesen Konflikt von legitimen Ermittlungsinteressen und der Menschenwürdegarantie des Grundgesetzes wenigstens ein Stück weit einer Lösung zuzuführen: Es soll eine Grenze geben, an der alle Ermittlungen enden müssen.

---

3 Vgl. BVerfGE 109, 279 (313 ff.).
4 Vgl. BVerfGE 120, 273 (335).

II. Das Konzept des Kernbereichsschutzes in der Rechtsprechung des Bundesverfassungsgerichts

1. Die Entscheidung des Ersten Senats zum „großen Lauschangriff"

Die Entscheidung zum „großen Lauschangriff" betraf die Verfassungsmäßigkeit strafprozessualer Regelungen zur Wohnraumüberwachung. Die Beschwerdeführer hatten geltend gemacht, eine Wohnraumüberwachung verstoße generell gegen die Menschenwürde, so dass es sich bei dem damals noch relativ neuen Art. 13 Abs. 3 GG, der die akustische Wohnraumüberwachung gestattet, um verfassungswidriges Verfassungsrecht handle. Der Senat folgte dem Vorbringen nicht, nahm es aber ernst und versuchte den Bedenken mit ausführlichen und detaillierten Vorgaben zum Schutz des Kernbereichs privater Lebensgestaltung Rechnung zu tragen.[5] Die in der Entscheidung entwickelten Vorgaben sind Ausgangspunkt und Fundament der verfassungsgerichtlichen Rechtsprechung zum Schutz des Kernbereichs privater Lebensgestaltung bis zum heutigen Tag.

a) Das Kernbereichs- und Schutzkonzept der Entscheidung

Die Entscheidung des Bundesverfassungsgerichts zum „großen Lauschangriff" sichert die *Grundlagen* des Kernbereichsschutzes ab (aa), *bestimmt* den Kernbereich privater Lebensgestaltung *begrifflich* (bb) und entwickelt ein *zweistufiges Schutzkonzept* mit einer ersten Stufe zur möglichst weitgehenden Verhinderung von Kernbereichsverletzungen und einer zweiten Stufe zur strikten Verhinderung jeglicher Verwertung von kernbereichsrelevanten Informationen, sollten solche doch erhoben worden sein (cc).

aa) Grundlagen des Kernbereichs privater Lebensgestaltung

Der Kernbereich privater Lebensgestaltung wurzelt nach der Rechtsprechung des Bundesverfassungsgerichts zum „großen Lauschangriff" in der Menschenwürdegarantie des Grundgesetzes, konkret in dem aus der Menschenwürdegarantie folgenden, absolut geschützten Achtungsanspruch des Einzelnen. Vor dem Hin-

---

5 Vgl. BVerfGE 109, 279.

tergrund der jeweiligen grundrechtlichen Gewährleistung bedarf es gesetzlicher Ausgestaltungen, die eine Kernbereichsverletzung ausschließen.

Dabei führt ein heimliches Vorgehen des Staates an sich noch nicht zu einer Verletzung des absolut geschützten Achtungsanspruchs. Wird jemand zum Objekt einer Beobachtung, geht damit nicht zwingend eine Missachtung seines Wertes als Mensch einher. Bei Beobachtungen ist aber ein unantastbarer Kernbereich privater Lebensgestaltung zu wahren (...) Würde der Staat in ihn eindringen, verletzte dies die jedem Menschen unantastbar gewährte Freiheit zur Entfaltung in den ihn betreffenden höchstpersönlichen Angelegenheiten.[6]
(...)
Art. 13 Abs. 3 GG ist dahingehend zu verstehen, dass seine gesetzliche Ausgestaltung die Erhebung von Informationen durch die akustische Überwachung von Wohnungen dort ausschließen muss, wo die Ermittlungsmaßnahme in den durch Art. 13 Abs. 1 in Verbindung mit Art. 1 Abs. 1 und Art. 2 Abs. 1 GG geschützten unantastbaren Bereich der privaten Lebensgestaltung vordringen würde. (...) Erforderlich sind dementsprechend gesetzliche Regelungen, die unter Beachtung des Grundsatzes der Normenklarheit sicherstellen, dass die Art und Weise der akustischen Wohnraumüberwachung nicht zu einer Verletzung der Menschenwürde führt.[7]

bb) Begriffliche Bestimmung des Kernbereichs privater Lebensgestaltung

Der Erste Senat bestimmt den Kernbereich privater Lebensgestaltung, betont seine soziale Dimension und schlussfolgert hieraus, dass Kommunikationsakte diesem grundsätzlich unterfallen. Die Zuordnung eines Sachverhalts zum unantastbaren Bereich privater Lebensgestaltung oder zum Sozialbereich, der dem staatlichen Zugriff grundsätzlich offen steht, kann demnach nicht bereits danach vorgenommen werden, ob der Sachverhalt sich überhaupt durch eine soziale Bedeutung oder Beziehung auszeichnet. Art und Intensität der sozialen Bedeutung eines Sachverhalts bedürfen vielmehr einer näheren Qualifizierung. Hierzu greift der Senat auf die Rechtsprechung des Zweiten Senats in seiner Tagebuchentscheidung zurück und entwickelt diese fort:

Zur Entfaltung der Persönlichkeit im Kernbereich privater Lebensgestaltung gehört die Möglichkeit, innere Vorgänge wie Empfindungen und Gefühle sowie Überlegungen, Ansichten und Erlebnisse höchstpersönlicher Art zum Ausdruck zu bringen, und zwar ohne Angst, dass staatliche Stellen dies überwachen. Vom Schutz umfasst sind auch Gefühlsäußerungen, Äußerungen des unbewussten Erlebens sowie Ausdrucksformen der Sexualität.
(...)
Vorkehrungen zum Schutz der Menschenwürde sind nicht nur in Situationen gefordert, in denen der Einzelne mit sich allein ist, sondern auch dann, wenn er mit anderen kommuniziert (vgl. BVerfGE 6, 389 [433]; 35, 202 [220]). Der Mensch als Person, auch im Kernbereich seiner

---

6 BVerfGE 109, 279 (312 f.).
7 BVerfGE 109, 279 (318).

> *Persönlichkeit, verwirklicht sich notwendig in sozialen Bezügen (vgl. BVerfGE 80, 367 [374]) (...) Gespräche, die Angaben über begangene Straftaten enthalten, gehören ihrem Inhalt nach nicht dem unantastbaren Kernbereich privater Lebensgestaltung an (vgl. BVerfGE 80, 367 [375]). Daraus folgt jedoch nicht, dass bereits jedwede Verknüpfung zwischen dem Verdacht einer begangenen Straftat und den Äußerungen des Beschuldigten zur Bejahung des Sozialbezugs ausreicht. Aufzeichnungen oder Äußerungen im Zwiegespräch, die zum Beispiel ausschließlich innere Eindrücke und Gefühle wiedergeben und keine Hinweise auf konkrete Straftaten enthalten, gewinnen nicht schon dadurch einen Gemeinschaftsbezug, dass sie Ursachen oder Beweggründe eines strafbaren Verhaltens freizulegen vermögen. Ein hinreichender Sozialbezug besteht demgegenüber bei Äußerungen, die sich unmittelbar auf eine konkrete Straftat beziehen.*[8]

Informationen, die dem Kernbereich privater Lebensgestaltung zuzuordnen sind, können folglich auch solche sein, die *mittelbar* Aufschlüsse über Straftaten oder zukünftige Schutzgutsverletzungen geben und daher für die Behörden als Ermittlungsansatz relevant sein können, z. B. Erfahrungen aus dem Intimbereich einer Person, die eine erfolgte Radikalisierung erklären und damit Aufschluss über zukünftiges Verhalten geben können. Trotz ihrer Ermittlungsrelevanz sind diese Erfahrungen dem staatlichen Zugriff entzogen. Diese Klarstellung ist wichtig, da eine Gleichsetzung von „kernbereichsrelevant" und „ermittlungsirrelevant" den Kernbereichsschutz faktisch leerlaufen lassen würde. Die Erhebung ermittlungsirrelevanter Daten mit Persönlichkeitsbezug dürfte im Regelfall ohnedies bereits unverhältnismäßig sein.

Während demgemäß Informationen mit einem bloß mittelbaren Bezug zum Ziel der Überwachungsmaßnahme dem Kernbereich privater Lebensgestaltung unterfallen können, gilt dies gemäß vorstehender Ausführungen nicht für solche Informationen, die einen unmittelbaren Bezug zum Ermittlungsziel aufweisen, z. B. die Schutzgutverletzung bei Maßnahmen der Gefahrenabwehr.

cc) Das zweistufige Modell des Kernbereichsschutzes

Ausgehend von der Absolutheit des in der Menschenwürdegarantie wurzelnden Kernbereichsschutzes, liegt diesem ein umfassendes, durch den Gesetzgeber normativ abzusicherndes Schutzkonzept zugrunde, dessen Ausgangspunkt die möglichste Vermeidung der Erhebung von kernbereichsrelevanten Informationen ist.[9] Eine vorgeschaltete Prüfung der Sicherheitsbehörden soll eine Einschätzung ermöglichen, wieweit durch die Überwachungsmaßnahme Kernbereichsinformationen betroffen sein können. In der Folge dieser Prüfung ist die Maßnahme

---

8 BVerfGE 109, 279 (318 f.).

9 Vgl. BVerfGE 109, 279 (318, 320, 323).

unzulässig oder zu beschränken. Werden derartige Informationen etwa angesichts von Prognoseunsicherheiten, Abgrenzungsschwierigkeiten zur Sozialsphäre oder aufgrund von Behördenfehlern gleichwohl erhoben, ist deren Verwertung auszuschließen:[10]

- Auf einer *ersten Schutzstufe* ist eine möglichst weitgehende Verhinderung bereits der Erhebung von Kernbereichsinformationen anzustreben. Eine Überwachung muss in solchen Situationen von vornherein unterbleiben, in denen Anhaltspunkte dafür bestehen, dass die Menschenwürde durch die Datenerhebung verletzt wird.[11]
  - Erforderlich für die Verhinderung bereits der Erhebung von Kernbereichsinformationen ist eine der Datenerhebung vorgelagerte Prüfung hinsichtlich einer etwaigen Kernbereichsrelevanz der Überwachung: Besteht die Wahrscheinlichkeit einer Kernbereichsverletzung, muss die Ermittlungsmaßnahme unterbleiben.[12]
  - Für die „Kernbereichsprognose" gelten vom Gericht entwickelte Vermutungsregeln und Typisierungen:
    - Für die Beurteilung der Wahrscheinlichkeit einer Kernbereichsverletzung ist insbesondere auf die Art der abgehörten Räumlichkeiten[13] abzustellen sowie darauf, wer sich in ihnen aufhält. Eine Vermutung für den Kernbereichsschutz gilt dann, wenn dieses Personen des höchstpersönlichen Vertrauens sind, das heißt solche Personen, zu denen der Betreffende in einem besonderen, den Kernbereich betreffenden Vertrauensverhältnis steht.[14]
    - Zu den Personen des höchstpersönlichen Vertrauens gehören etwa Ehepartner, engste Familienangehörige, zum Beispiel Geschwister und Verwandte in gerader Linie, Geistliche, Strafverteidiger, Ärzte oder auch enge persönliche Freunde.[15]
    - Hinsichtlich der Art der zu überwachenden Räumlichkeiten führt das Gericht als Leitlinie für die anzustellende Kernbereichsprognose aus, dass in Betriebs- und Geschäftsräumen geführte Gespräche regelmäßig geschäftlichen Charakter und damit typischerweise Sozialbezug hätten. Anderes gelte für Räume, die sowohl dem Arbeiten als auch dem Wohnen dienen, für Räume, die Berufen dienen, die ein

10 Vgl. BVerfGE 109, 279 (318 f., 331 f.).
11 Vgl. BVerfGE 109, 279 (318).
12 Vgl. BVerfGE 109, 279 (320).
13 Vgl. dazu BVerfGE 109, 279 (320 f.).
14 Vgl. BVerfGE 109, 279 (319 ff.).
15 Vgl. BVerfGE 109, 279 (321 ff.).

besonderes Vertrauensverhältnis voraussetzen und für Privatwohnungen.[16]

- Ein Abhören ist grundsätzlich unzulässig, wenn sich die Zielperson allein oder ausschließlich mit einer Vertrauensperson in der Wohnung aufhält. Auch wenn Gespräche mit Vertrauenspersonen nicht ausschließlich höchstpersönliche Fragen betreffen und also nicht umfassend dem Kernbereich privater Lebensgestaltung zuzurechnen sind („Gemengelage" aus Kernbereichsrelevantem und Banalem), spricht bei dem Abhören solcher Gespräche eine Vermutung für deren Kernbereichsrelevanz.[17]
- Anderes im Sinne einer Rückausnahme der Vermutung für Kernbereichsverletzungen gilt, wenn es konkrete Anhaltspunkte dafür gibt, dass die zu erwartenden Gespräche nach ihrem Inhalt einen unmittelbaren Bezug zu Straftaten aufweisen, etwa aufgrund einer anzunehmenden Tatbeteiligung auch der Vertrauensperson.[18] Gleiches gilt für Gespräche in der von Dritten angemieteten, konspirativen Wohnung.[19] Die konkreten Anhaltspunkte müssen, etwa aufgrund von Vorermittlungen, vor der Abhörmaßnahme spezifisch erkennbar sein. Demgegenüber darf in den Kernbereich nicht eingegriffen werden, um erst festzustellen, ob es sich allein um höchstpersönliche Gespräche handelt.[20]
- Überwachungsmaßnahmen, die als „Rundumüberwachung" eingerichtet sind, damit insbesondere automatisierte Aufzeichnungen ohne begleitende gleichzeitige Beobachtung durch eine Observationsperson, tragen die Wahrscheinlichkeit der Kernbereichsverletzung in sich und sind in der Regel unzulässig.[21]
- Besteht keine Wahrscheinlichkeit für eine Erfassung von Kernbereichsinformationen, darf die Überwachungsmaßnahme durchgeführt werden; die bloß abstrakte, sich auch mittels Typisierungen nicht zu einer Wahrscheinlichkeit verdichtende Möglichkeit der Erfassung solcher Informationen hindert eine Überwachung nicht. Fehlt es an Voraussetzungen, die eine sichere Prognoseentscheidung ermöglichen würden, stehen derartige verbleibende Unsicherheiten einer Datenerhebung nicht entgegen.[22]

---

16 Vgl. BVerfGE 109, 279 (320f.).
17 Vgl. BVerfGE 109, 279 (320, 330).
18 Vgl. BVerfGE 109, 279 (319f., 328).
19 Vgl. BVerfGE 109, 279 (352).
20 Vgl. BVerfGE 109, 279 (323, 329).
21 Vgl. BVerfGE 109, 279 (323).
22 Vgl. BVerfGE 109, 279 (332).

- Auf einer *zweiten Schutzstufe* ist sicherzustellen, dass die Folgen einer etwaigen Kernbereichsverletzung für den Betroffenen minimiert werden; insbesondere ist sicherzustellen, dass es nicht zu einer Verwertung derartiger Daten kommt.
  - Ist eine Überwachungsmaßnahme zulässig, da die Vorermittlungen keine Wahrscheinlichkeit für einen Kernbereichsbezug ergeben haben, stellt sich dann aber im Zuge der Überwachungsmaßnahme heraus, dass ein solcher Kernbereichsbezug tatsächlich gegeben ist, so ist die Maßnahme abzubrechen und müssen die erhobene Kernbereichsinformationen (verbunden mit einer Protokollierungspflicht) sofort gelöscht werden.[23]
  - Eine „erste Sichtung“ der erhobenen Daten auf ihre Ermittlungs- und Kernbereichsrelevanz und die Löschung etwaiger Kernbereichsdaten durch die Sicherheitsbehörde selbst ist unter diesen Voraussetzungen zulässig.[24]
  - Da der von der heimlichen Überwachungsmaßnahme Betroffene von dieser regelmäßig nicht zeitnah Kenntnis erlangen wird und daher keinen Rechtsschutz gegen seine Überwachung erlangen kann, bedarf es aber in jedem Fall der Durchsicht der erhobenen Daten auf ihre Kernbereichsrelevanz durch eine „unabhängige“, auch die Interessen des Betroffenen wahrnehmende Stelle. Informationen aus der Wohnraumüberwachung dürfen nur unter dieser Voraussetzung verwertet werden.[25]

b) Offene Fragen und Brüche des Schutzkonzepts

Die Ausführungen zum Kernbereichsschutz in der Entscheidung zum „großen Lauschangriff“ sind ersichtlich der Versuch, einem Dilemma zu begegnen, das in dem Schutzkonzept selbst begründet liegt und auf das das Sondervotum zu der Entscheidung auch eindeutig hinweist:[26] Ausgehend von der postulierten Absolutheit des Kernbereichs privater Lebensgestaltung und seiner Verwurzelung in der Menschenwürdegarantie des Grundgesetzes, ist jeder Eingriff in diesen strikt zu verhindern. Das Postulat von der Absolutheit des Kernbereichsschutzes ernst genommen bedeutete dies, dass sämtliche Überwachungsmaßnahmen von Verfassungs wegen zu verbieten wären, die ihrer Typik nach die Wahrscheinlichkeit einer Kernbereichsverletzung in sich tragen. Denn lässt man derartige Überwa-

---

23 Vgl. BVerfGE 109, 279 (324, 332 f.)
24 Vgl. BVerfGE 109, 279 (323, 333).
25 Vgl. BVerfGE 109, 279 (333 f.).
26 Vgl. BVerfGE 109, 279 (383).

chungsmaßnahmen dem Grunde nach zu, geht dies notwendigerweise mit einer (früher oder später erfolgenden) Erhebung von Kernbereichsdaten einher. Ist die Überwachungsmaßnahme erst einmal angelaufen, lässt sich die Erhebung von Kernbereichsinformationen nicht mehr verhindern. Denn ob kernbereichsrelevante Daten erhoben werden oder nicht, lässt sich erst durch deren Sichtung klären. Bereits die staatliche Erhebung von Daten aus dem Kernbereich privater Lebensgestaltung begründet aber dessen Verletzung.

Da Gewissheit darüber, ob der Kernbereich privater Lebensgestaltung verletzt wurde, erst nach Erhebung der fraglichen Daten zu erlangen ist, bereits diese Datenerhebung aber eine Kernbereichsverletzung begründet, erachteten die Richterinnen *Jaeger* und *Hohmann-Dennhardt* eine Verletzung des Kernbereichs privater Lebensgestaltung bei Maßnahmen der heimlichen Wohnraumüberwachung für unvermeidlich. Konsequenterweise bewerteten sie daher schon Art. 13 Abs. 3 GG als verfassungswidriges Verfassungsrecht.[27] Die Senatsmehrheit wählte demgegenüber den Weg eines Schutzmodels, das schwerpunktmäßig auf der Ebene vor der Datenerhebung ansetzt und mittels Vermutensregelungen und Typisierungen bereits die Erhebung kernbereichsrelevanter Daten weitestgehend ausschließen soll. Die zweite Schutzstufe soll dann verbleibende Schutzlücken für den Betroffenen abmildern. Wo es trotz vorzunehmender Kernbereichsprognose zur Erhebung kernbereichsrelevanter Daten kommt, sind diese unverzüglich zu löschen; jede Verwertung aus der Wohnraumüberwachung stammenden Daten setzt die vorherige Sichtung durch eine unabhängige Stelle voraus.

Die Entscheidung erscheint damit als Kompromisslösung. Dogmatisch konsequent und in sich schlüssig ist der Ansatz des Sondervotums, einen als absolut erkannten Kernbereich privater Lebensgestaltung auch weitestgehenden Schutz zukommen zu lassen, was nur mit dem vollständigen Verbot der Überwachung von Privatwohnungen zu erreichen ist. Will man den Sicherheitsbehörden (etwa aus Gründen der effektiven Strafverfolgung oder aus Gründen der Gefahrenabwehr) mit Blick auf den Kernbereich privater Lebensgestaltung demgegenüber nicht bestimmte Datenerhebungsmaßnahmen per se aus der Hand nehmen, bedarf es Regelungen, die bereits vor der eigentlichen Informationserhebung ansetzen und eine nachfolgende Kernbereichsverletzung weitestgehend ausschließen. Hiermit wird indes eine mögliche Erhebung von Daten aus dem Kernbereich privater Lebensgestaltung zumindest im Ergebnis in Kauf genommen, weshalb das Postulat eines „absolut“ geschützten Kernbereichs zweifelhaft erscheint. Diese Widersprüchlichkeit des Kernbereichsschutzes war freilich bereits in der Tagebuchentscheidung des Zweiten Senats angelegt. Danach dürften Tagebücher und

27 Vgl. BVerfGE 109, 279 (383 f.).

ähnliche private Aufzeichnungen trotz ihrer gesteigerten Kernbereichsrelevanz darauf durchsehen werden, ob sie der prozessualen Verwertung zugängliche Informationen enthalten; hierbei sei aber „größtmögliche Zurückhaltung" zu wahren.[28]

Über die der Schutzkonzeption innewohnenden „dogmatischen Unschlüssigkeiten" hinausgehend lässt die Entscheidung auch einige Fragen „handwerklicher Natur" offen, die für die praktische Anwendung des Kernbereichsregimes jedoch von besonderer Bedeutung sind.

Dies betrifft zum einen die Frage, unter welchen Voraussetzungen die Überwachungsmaßnahe unterbleiben muss. Während es einerseits heißt, die Ermittlungsmaßnahme müsse dort unterbleiben, wo das Abhören des nichtöffentlich gesprochenen Wortes mit Wahrscheinlichkeit zu einer Kernbereichsverletzung führen werde, führt das Gericht noch im Satz zuvor aus, der Schutz des Kernbereichs fordere, dass vor Maßnahmen der Wohnraumüberwachung tatsächliche Anhaltspunkte gegeben seien, aus denen zumindest in typisierender Weise geschlossen werden könne, dass das abzuhörende Gespräch nicht den Bereich des Höchstpersönlichen betrifft.[29] Der Unterschied beider Aussagen ist für die Arbeit der Sicherheitsbehörden von grundlegender Bedeutung. Während in ersterem Fall eine auch unter Heranziehung von Typisierungen und Vermutensregelungen unergiebige Prognoseentscheidung eine Wohnraumüberwachung ermöglicht, lässt letztere Aussage die Überwachungsmaßnahme nur zu, wenn Aufgrund der Prognoseentscheidung positiv feststeht, dass es nicht zu einer Kernbereichsverletzung kommt. Zwar wird an späterer Stelle die zweite Ebene des Kernbereichsschutzes damit begründet, dass eine sichere Prognoseentscheidung nicht immer möglich sei,[30] was die Möglichkeit einer Wohnraumüberwachung auch im Fall der „unergiebigen" Kernbereichsprognose nahe legt; an einer eindeutigen Aussage zu dieser zentralen Fragestellung fehlt es jedoch.

Darüber hinaus lässt die Entscheidung die für die Arbeit der Sicherheitsbehörden entscheidende Frage offen, wie mit einem „Mischgespräch" aus einer Gemengelage von Kernbereichsrelevantem und unmittelbar Ermittlungsrelevantem umzugehen ist. Unklar ist beispielsweise, was gilt, wenn es konkrete Anhaltspunkte für unmittelbar ermittlungsrelevante Gespräche gibt, die aufzuzeichnende Unterhaltung aber zunächst mit dem Austausch höchstpersönlicher Informationen beginnt. Zwar wird die Notwendigkeit eines Maßnahmeabbruchs bei erkennbarer Kernbereichsverletzung statuiert. Wann aber die Überwa-

28 Vgl. BVerfGE 80, 367 (375).
29 Vgl. BVerfGE 109, 279 (320).
30 Vgl. BVerfGE 109, 279 (332).

chungsmaßnahme fortgesetzt werden darf, wie mit einem Gespräch umzugehen ist, in dem kernbereichsrelevante und ermittlungsrelevante Informationen sich beständig abwechseln oder wie zu verfahren ist, wenn der Betroffene Kernbereichsinformationen und Ermittlungsrelevantes gezielt verknüpft, um der Überwachung zu entgehen, dazu verhält die Entscheidung sich nicht.

Nicht ganz eindeutig wird in der Entscheidung auch, was genau unter einer „unabhängigen Stelle“ zur Sichtung der erhobenen Daten zu verstehen ist und wie sich deren Tätigkeit zur ausdrücklich für möglich erklärten „ersten Sichtung“[31] der Daten durch die Ermittlungsbehörde verhält. Da eine Wohnraumüberwachung gemäß Art. 13 Abs. 3 GG nur bei Vorliegen einer „dringenden Gefahr“ und damit im Falle einer qualifizierten Gefahrenlage zulässig ist, liegt es nahe, dass die Ermittlungsbehörde bei der „ersten Sichtung“ gewonnene Erkenntnisse zur Gefahrenabwehr unmittelbar in das weitere Verfahren einfließen lässt. Gleichwohl soll eine Verwendung der erhobenen Daten ohne die vorherige Sichtung durch die „unabhängige Stelle“ aber unzulässig sein.[32]

Schließlich bleibt das Verhältnis von unmittelbar ermittlungsrelevanten Informationen, denen bereits per Definition keine Kernbereichsrelevanz zukommen soll[33] und der Vermutung kernbereichsrelevanter Gespräche für den Fall eines Gesprächs mit Geistlichen oder Strafverteidigern als Vertrauenspersonen[34] ungeklärt. Die Besonderheit des Beichtgesprächs und des Gesprächs mit dem Strafverteidiger liegt gerade darin, dass hier unmittelbar über schwerste Verfehlungen berichtet werden können soll, ohne dass diese Informationen Dritten gegenüber offenbar werden.

2. Die nachfolgende Rechtsprechungsentwicklung

Das in der Entscheidung zum „großen Lauschangriff“ entwickelte zweistufige Konzept zum Schutz des Kernbereichs privater Lebensgestaltung wurde durch das Gericht nachfolgend auf weitere heimliche Überwachungsmaßnahmen übertragen.

31 Vgl. BVerfGE 109, 279 (323, 333).
32 Vgl. BVerfGE 109, 279 (334).
33 Vgl. BVerfGE 109, 279 (319).
34 Vgl. BVerfGE 109, 279 (322).

a) Die Entscheidung des Ersten Senats zur Telekommunikationsüberwachung

Die Entscheidung des Ersten Senats zur Telekommunikationsüberwachung (BVerfGE 113, 348) hatte die Frage der Straftatenverhütung und der Verfolgungsvorsorge zum Gegenstand und ihren Fokus dementsprechend auf verfassungsrechtlich gebotenen Bestimmtheitsanforderungen und Eingriffsschwellen. Der Senat beanstandete darüber hinaus die angegriffenen Regelungen zur Telekommunikationsüberwachung aber auch insoweit, als es an gesetzlichen Vorkehrungen zum Schutz des Kernbereichs privater Lebensgestaltung fehlte. Die diesbezüglichen Ausführungen des Senats waren aber eher ergänzender Natur, weshalb sie insgesamt als wenig konkret zu bewerten sind.

Im Ergebnis knüpft die Entscheidung an die Rechtsprechung zum Kernbereichsschutz im 109. Band an, lässt aber weitgehend offen, was hieraus für die Telekommunikationsüberwachung folgt. Sicher ist nach der Entscheidung, dass es im Fall der Telekommunikationsüberwachung Vorschriften zum Schutz eines absolut geschützten Kernbereichs geben muss.[35] Unklar bleibt aber, ob und wo konkret sich Unterschiede zum Kernbereichsschutz im Fall der Wohnraumüberwachung ergeben.

Festgehalten wird ausdrücklich an einem zweistufigen Modell. Bestehen im konkreten Fall tatsächliche Anhaltspunkte für die Annahme einer Kernbereichsverletzung, so ist die Maßnahme zu unterlassen (Stufe 1)[36]; werden Inhalte des höchstpersönlichen Bereichs dennoch erfasst, dürfen sie nicht gespeichert und verwertet werden. Die ausnahmsweise gleichwohl erhobenen Daten sind unverzüglich zu löschen (Stufe 2).[37] Auf beiden Stufen werden „Vorkehrungen“ und „geeignete Verfahren“, also ausdrückliche rechtliche Regelungen, verlangt.[38] Die Anforderungen bleiben auf beiden Stufen aber unscharf.

Hinsichtlich der ersten Stufe des Kernbereichsschutzes bleibt unklar, wie sich die „tatsächlichen Anhaltspunkte“ zum Maßstab der Wahrscheinlichkeit im 109. Band verhalten. Auch bleibt unklar, woraus die „tatsächlichen Anhaltspunkte“ für die Annahme, es werde zu einer Erfassung von Kernbereichsinformationen kommen, resultieren sollen und wie diese näher zu qualifizieren sind. Anders als in der Entscheidung zum „großen Lauschangriff“ finden sich in der Entscheidung zur Telekommunikationsüberwachung keine Anhaltspunkte für die Notwendigkeit einer „Kernbereichsprognose“, die der Überwachungsmaßnahme vorzugehen hat. Auch fehlt es an Typisierungen und Vermutungsregeln, die die

35 Vgl. BVerfGE 113, 348 (390 f.).
36 Vgl. BVerfGE 113, 348 (391 f.).
37 Vgl. BVerfGE 113, 348 (392).
38 Vgl. BVerfGE 113, 348 (391 f.).

Ermittlungsbehörde bei ihrer Prognoseentscheidung anleiten könnten. Damit fehlt es den Ausführungen zum zweistufigen Kernbereichsschutz gemäß obiger Ausführungen aber an einem ganz wesentlichen Element. Da bereits die Erhebung kernbereichsrelevanter Daten die Verletzung des unantastbaren Bereichs privater Lebensgestaltung begründet, muss bereits im Vorfeld zur Datenerhebung weitestgehend sichergestellt werden, dass eine solche Informationserhebung unterbleibt. Dies ist aber nur mittels einer Prognoseentscheidung anhand von Typisierungen und Vermutungsregeln möglich. Solche erscheinen für die Telekommunikationsüberwachung auch nicht ausgeschlossen. Zumindest bedarf es der näheren Begründung, warum das Gespräch mit Personen des höchstpersönlichen Vertrauens in der Privatwohnung die Vermutung der Kernbereichsrelevanz in sich trägt, dies aber nicht für das Telefongespräch zum Beispiel von einer Privatwohnung eine andere gelten soll.

Wenn die Entscheidung für die zweite Stufe des Kernbereichsschutzes Vorkehrungen verlangt, dass erfasste Kernbereichsinformationen nicht gespeichert und verwertet, sondern unverzüglich gelöscht werden,[39] bleibt unklar, wie diese Vorkehrungen konkret auszusehen haben. Insbesondere ergibt sich aus der Entscheidung nicht, ob auch hier eine unabhängige Stelle vorzusehen ist, ohne deren vorherige Sichtung eine Verwertung der Daten stets ausgeschlossen wäre, und wie und wann diese gegebenenfalls einzuschalten wäre.

Die Entscheidung zur Telekommunikationsüberwachung lässt damit nicht nur die in der Entscheidung zum großen Lauschangriff offen gebliebenen Fragestellungen zum Schutz des Kernbereichs privater Lebensgestaltung unbeantwortet. Darüber hinaus wirft die Entscheidung auch die Frage auf, ob der Schutz des Kernbereichs privater Lebensgestaltung je nach betroffenem Grundrecht unterschiedlich auszugestalten ist. Hierfür spricht, dass die Entscheidung explizit ausführt, die Bürger seien zur höchstpersönlichen Kommunikation nicht in gleicher Weise auf Telekommunikation angewiesen wie auf eine Wohnung.[40] Sieht man den Schutz des Kernbereichs privater Lebensgestaltung indes in der Menschenwürde fundiert und als „unantastbar" an, scheinen weitergehende Differenzierungen je nach betroffenem Freiheitsgrundrecht zunächst fernliegend.

---

39 Vgl. BVerfGE 113, 348 (392).
40 Vgl. BVerfGE 113, 348 (391).

b) Die Entscheidung zur Online-Durchsuchung

In der Entscheidung zur Online-Durchsuchung (BVerfGE 120, 274) begründete der Erste Senat die Notwendigkeit spezifischer gesetzlicher Vorkehrungen zum Schutz vor Eingriffen in den absolut geschützten Kernbereich privater Lebensgestaltung bezogen auf den heimlichen Zugriff auf informationstechnische Systeme. Ausgangspunkt der Begründung ist die hierbei gesteigerte Gefahr der Erhebung kernbereichsrelevanter Daten, die aus der Art der Daten, welche sich auf dem Zielsystem befänden, der zunehmenden Nutzung der in Rede stehenden Systeme für höchstpersönliche Angelegenheiten sowie aus der fehlenden Möglichkeit des Einzelnen, sich des staatlichen Zugriffs auf das informationstechnische System zu erwehren, folge.[41]

aa) Das Schutzkonzept der Entscheidung

Für den Kernbereichsschutz würden je nach Art der Informationserhebung und der fraglichen Informationen verschiedene verfassungsrechtliche Anforderungen gelten.[42] Dabei hält das Gericht aber an seinem zweistufigen Modell des Kernbereichsschutzes fest, welches gleichsam den „Rahmen" des zu normierenden Kernbereichsschutzes bildet.

> *Eine gesetzliche Ermächtigung zu einer Überwachungsmaßnahme, die den Kernbereich privater Lebensgestaltung berühren kann, hat so weitgehend wie möglich sicherzustellen, dass Daten mit Kernbereichsbezug nicht erhoben werden. Ist es – wie bei dem heimlichen Zugriff auf ein informationstechnisches System – praktisch unvermeidbar, Informationen zur Kenntnis zu nehmen, bevor ihr Kernbereichsbezug bewertet werden kann, muss für hinreichenden Schutz in der Auswertungsphase gesorgt sein. Insbesondere müssen aufgefundene und erhobene Daten mit Kernbereichsbezug unverzüglich gelöscht und ihre Verwertung ausgeschlossen werden.*[43]

Entsprechend den Anforderungen im 109. Band ist also sicherzustellen, dass erstens eine Verletzung des Kernbereichs so weitgehend wie möglich zu verhindern ist und dass zweitens jegliche Verwertung gleichwohl erhobener Informationen des Kernbereichs ausgeschlossen ist.

Auf der ersten Stufe verlangt der Senat auch in dieser Entscheidung eine vorgelagerte Prüfung der Gefahr einer Erfassung kernbereichsrelevanter Informationen. Die Erhebung solcher Informationen müsse „soweit wie informat-

---

41 Vgl. BVerfGE 120, 273 (335 ff.).
42 Vgl. BVerfGE 120, 274 (337).
43 Vgl. BVerfGE 120, 274 (337).

ionstechnisch und ermittlungstechnisch möglich" unterbleiben.[44] Gebe es im Einzelfall konkrete Anhaltspunkte dafür, dass eine bestimmte Datenerhebung den Kernbereich privater Lebensgestaltung berühren werde, so habe sie grundsätzlich zu unterbleiben.[45]

Auch hier dürfen umgekehrt Untersuchungen aber dann durchgeführt werden, wenn ein unmittelbarer Straftatenbezug der erstrebten Informationen zu erwarten ist. Zulässig für den Fall des „Mischgesprächs" beziehungsweise einer Gemengelage aus Kernbereichsrelevantem und Ermittlungsrelevantem sei ein Zugriff, wenn zum Beispiel konkrete Anhaltspunkte dafür bestehen, dass kernbereichsbezogene Kommunikationsinhalte mit Inhalten verknüpft werden, die dem Ermittlungsziel unterfallen, um eine Überwachung zu verhindern.[46] In einem solchen Fall sind Online-Durchsuchungen zulässig, auch wenn dabei zugleich kernbereichsrelevante Informationen miterfasst werden.

Im Übrigen trägt der Senat auf der ersten Schutzstufe allerdings auch den spezifischen sachlichen Bedingungen von Online-Durchsuchungen Rechnung und erkennt damit zugleich auch die grundsätzliche Bedeutung von praktischen Erfordernissen an. Bei der Durchführung einer derartigen Maßnahme sei in der Regel nicht sicher vorhersehbar, welchen Inhalt die erhobenen Daten haben werden. Auch könne es Schwierigkeiten geben, die Daten inhaltlich während der Erhebung zu analysieren. So liege es etwa bei fremdsprachlichen Textdokumenten oder Gesprächen. Auch in derartigen Fällen könne die Kernbereichsrelevanz der überwachten Vorgänge nicht stets vor oder bei der Datenerhebung abgeschätzt werden. In solchen Fällen sei es verfassungsrechtlich nicht gefordert, den Zugriff wegen des Risikos einer Kernbereichsverletzung auf der Erhebungsebene von vornherein zu unterlassen, da Grundlage des Zugriffs auf das informationstechnische System tatsächliche Anhaltspunkte einer konkreten Gefahr für ein überragend wichtiges Schutzgut seien.[47]

Für die Online-Durchsuchung gilt also wie für die Wohnraumüberwachung: Bestehen im Einzelfall konkrete Anhaltspunkte für eine Kernbereichsverletzung, hat die Überwachungsmaßnahme (insoweit) zu unterbleiben.[48] Kann eine eindeutige Aussage über den Inhalt der Daten und damit deren Kernbereichsrelevanz aber erst nach deren Erhebung getätigt werden, soll diese Unsicherheit der Da-

44 Vgl. BVerfGE 120, 274 (338).
45 Vgl. BVerfGE 120, 274 (338).
46 BVerfGE 120, 274 (338).
47 BVerfGE 120, 274 (337 f.).
48 Vgl. BVerfGE 120, 274 (338).

tenerhebung nicht entgegenstehen. Letzteres soll beim Zugriff auf informationstechnische Systeme der Regelfall sein.[49]

Der Senat weist beim Zugriff auf informationstechnische Systeme danach dem Kernbereichsschutz auf der zweiten Stufe „entscheidende Bedeutung" zu. Er verlangt insoweit vom Gesetzgeber, durch „geeignete Verfahrensvorschriften" sicherzustellen, dass dann, wenn Daten mit Bezug zum Kernbereich privater Lebensgestaltung erhoben wurden, die Intensität der Kernbereichsverletzung und ihre Auswirkungen für den Betroffenen „so gering wie möglich" bleiben.[50] In der Subsumtion wird dieses dann nochmals konkretisiert: Diesen Vorgaben genügt eine Vorschrift nicht, die die Löschung erhobener Daten lediglich für den Fall anordnet, dass die erhobenen Informationen nicht oder nicht mehr benötigt werden. Schon weil der Schutz von kernbereichsrelevanten Informationen einer Relativierung nicht zugänglich sei, könne seine Achtung nicht mit dem Gebot der Erforderlichkeit gleichgesetzt werden.[51]

bb) Bewertung, offene Fragen und Brüche des Schutzkonzepts

Indem der Erste Senat eine im Vorhinein zu erkennende Kernbereichsverletzung dort ablehnt, wo konkrete Anhaltspunkte „dafür bestehen, dass kernbereichsbezogene Kommunikationsinhalte mit Inhalten verknüpft werden, die dem Ermittlungsziel unterfallen, um eine Überwachung zu verhindern"[52], greift er das in den bisherigen Entscheidungen offen gebliebene Problem des „Mischgesprächs" auf, bei dem eine Gemengelage von Inhalten mit einem unmittelbaren Bezug zum Ermittlungsziel und solchen mit Kernbereichsrelevanz vorliegt. Ein Gespräch oder Datenbestand unterfällt demgemäß jedenfalls dann nicht dem Kernbereich privater Lebensgestaltung, wenn letztere Inhalte gezielt genutzt werden, um die staatlichen Ermittlungen zu behindern.

Im Übrigen stärkt die Entscheidung das Erfordernis eines zweistufigen Kernbereichsschutzes für heimliche Überwachungsmaßnahmen staatlicher Stellen als übergreifendes Prinzip. Hiermit im Zusammenhang steht freilich die Feststellung, dass die Anforderungen an die konkrete Ausgestaltung des Kernbereichsschutzes je nach Art der Informationserhebung unterschiedlich sein können.[53]

---

49 Vgl. BVerfGE 120, 274 (337 f.).
50 Vgl. BVerfGE 120, 274 (338 f.).
51 Vgl. BVerfGE 120, 274 (339).
52 BVerfGE 120, 274 (338).
53 Vgl. BVerfGE 120, 274 (337).

Wenn in der Entscheidung dann nachfolgend zwischen der ersten und der zweiten Stufe des Kernbereichsschutzes dahingehend relationiert wird, dass der zweiten Schutzstufe besondere Bedeutung zukomme, da ein Schutz auf der ersten Schutzstufe nur eingeschränkt möglich sei,[54] überzeugt dieser Ansatz nicht. Zwar gibt es auch hier grundsätzlich die Pflicht zu einer vorgängigen Prüfung, wenn ausgeführt wird, die Erhebung von Kernbereichsinformationen müsse soweit „ermittlungstechnisch möglich" unterbleiben.[55] Typisierende Konstellationen, in denen ein Zugriff grundsätzlich nicht erlaubt ist, nennt der Senat indes nicht.

Dabei erscheint fraglich, ob diese Schwächung der ersten Stufe des Kernbereichsschutzes, wie die Entscheidung ausführt, mit dem Charakter des Zugriffs auf informationstechnische Systeme überhaupt begründet werden kann: Ausgangspunkt für die Schwächung der ersten Stufe des Kernbereichsschutzes und die im Vergleich dazu starke Stellung der zweiten Stufe des Kernbereichsschutzes ist die in der Entscheidung getroffene Aussage, bei einer Online-Durchsuchung lasse sich die Kernbereichsrelevanz der zu erhebenden Daten nicht im Vorhinein oder während der Datenerhebung klären. Bereits dieser Grundansatz überzeugt nicht. Nicht zuletzt angesichts der Ausführungen des Gerichts selbst zur heutigen Nutzung informationstechnischer Systeme dürfte bei lebensnaher Betrachtung davon auszugehen sein, dass jedenfalls bei einem Komplettzugriff auf ein informationstechnisches System nahezu sicher auch kernbereichsrelevante Daten erhoben werden.[56] Indem das Gericht aber für Online-Durchsuchungen die Nichterkennbarkeit der Kernbereichsrelevanz der zu erhebenden Daten postuliert, wird es möglich, den Zugriff auf informationstechnische Systeme für den Regelfall für zulässig zu erklären, ohne zur Aussage kommen zu müssen, dass die erkennbare Erhebung von Kernbereichsdaten zulässig sei. Vielmehr kann die Entscheidung insoweit an die Entscheidung zur Wohnraumüberwachung anknüpfen[57] – freilich ohne dies offenzulegen – und es bei der Aussage belassen, bei konkreten Anhaltspunkten für eine Berührung des Kernbereichs privater Lebensgestaltung müsse die Datenerhebung grundsätzlich unterbleiben.[58]

Nicht überzeugend ist in diesem Zusammenhang, dass das Gericht die vergleichsweise „starke" Bedeutung der zweiten Stufe des Kernbereichsschutzes propagiert, ohne sich mit der Möglichkeit einer Prognoseentscheidung hinsichtlich der Wahrscheinlichkeit einer Kernbereichsverletzung auf Grundlage von Typisierungen und Vorermittlungen nach dem Vorbild der Wohnraumüberwachung

54 Vgl. BVerfGE 120, 274 (339).
55 Vgl. BVerfGE 120, 274 (338).
56 Vgl. BVerfGE 120, 274 (335 f.).
57 Vgl. BVerfGE 109, 279 (332).
58 Vgl. BVerfGE 120, 274 (338).

auch nur näher auseinanderzusetzen. Durch die Einführung dieser vor der Datenerhebung liegenden Prüfungsebene gab das Gericht noch in der Entscheidung zum „großen Lauschangriff", wie ausgeführt, eine Antwort auf die Problematik, dass Klarheit über die Kernbereichsrelevanz von Daten erst mit deren Sichtung zu erlangen ist, bereits die Erhebung kernbereichsrelevanter Daten jedoch dessen Verletzung begründet. Wenn der Erste Senat nun ausführt, im Fall des Zugriffs auf informationstechnische Systeme sei eine Bestimmung der Kernbereichsrelevanz der zu erhebenden Daten im Vorfeld oder während der Überwachungsmaßnahme aufgrund der regelmäßig automatisiert erfolgenden Datenerhebung, Schwierigkeiten einer Datenanalyse bereits bei der Datenerhebung und der Unvorhersehbarkeit ihres konkreten Inhalts kaum möglich, geht die Argumentation am eigentlichen Gehalt des zweistufigen Kernbereichsschutzes vorbei. Dass die Kernbereichsrelevanz von Daten nicht bereits in ihrer Erhebungsphase sicher beurteilt werden kann, ist, wie dargelegt, gerade das „Grunddilemma" aller Entscheidungen zur heimlichen Informationsgewinnung. Insofern unterscheidet sich der Zugriff auf ein informationstechnisches System nicht von dem Zugriff auf ein Tagebuch, von Maßnahmen zur Wohnraumüberwachung oder vom Abhören von Telefonaten. Will man die Notwendigkeit eines Kernbereichsschutzes auf der Ebene der Datenauswertung statt auf der Ebene der Datenerhebung begründen, hätte es folglich der Darlegung bedurft, warum Maßnahmen *im Vorfeld* zur eigentlichen Datenerhebung aussichtslos sind, dass also eine Prognose anhand von Typisierungen und Vorfeldermittlungen grundsätzlich nicht erfolgsversprechend erscheint. Gerade hierzu verhält sich die Entscheidung aber nicht.

Insgesamt scheint die Entscheidung die erste Stufe des Kernbereichsschutzes mit dem Moment der Datenerhebung gleichzusetzen. Dies ist aber nach der Entscheidung zum „großen Lauschangriff" unzutreffend. Wenn der Erste Senat insofern ausführt, für hinreichenden Schutz in der Auswertungsphase sei zu sorgen, da es beim Zugriff auf ein informationstechnisches System praktisch unvermeidbar sei, Informationen zur Kenntnis zu nehmen, bevor ihr Kernbereichsbezug bewertet werden könne,[59] ist dem mit der Entscheidung zum „großen Lauschangriff" entgegenzuhalten, dass bei dieser Sachlage nicht die Auswertungsphase gestärkt werden muss, sondern dafür Sorge zu tragen ist, dass der Kernbereich mittels einer Prognoseentscheidung auf Grundlage von Vorermittlungen und Typisierungen einen umfassenden Schutz bereits *vor* der eigentlichen Datenerhebung erfährt.[60] Dieser Ansatz erscheint denklogisch geradezu zwingend, vergegenwärtigt man sich noch einmal, dass die Erhebung kernbereichsrelevanter

59 Vgl. BVerfGE 120, 274 (337).
60 Vgl. BVerfGE 109, 279 (320ff.).

Informationen bereits eine Kernbereichsverletzung begründet. Welch großer Unterschied zwischen der Entscheidung zur Online-Durchsuchung und derjenigen zur Wohnraumüberwachung besteht, wird offensichtlich, wenn man sich vergegenwärtigt, dass letztere Entscheidung automatisierten Datenerhebungen für den Regelfall eine Absage erteilt, da hierbei Kernbereichsverletzungen nicht zu vermeiden seien.[61] Die Entscheidung zur Online-Durchsuchung erklärt demgegenüber dem Schutz des Kernbereichs privater Lebensgestaltung bereits im Vorfeld zur Datenerhebung unter anderem deswegen schlicht eine Absage, weil der Zugriff auf informationstechnische Systeme regelmäßig automatisiert erfolge (erfolgen müsse).[62] Dass der Erste Senat auf die Notwendigkeit einer Prognoseentscheidung anhand von Vorermittlungen und Typisierungen verzichtet, erscheint dabei umso virulenter, als die Entscheidung das besondere Risiko der Verletzung des Kernbereichs privater Lebensgestaltung beim Zugriff auf informationstechnische Systeme ausdrücklich anerkennt.[63]

Jedenfalls wird angesichts dieser Lage dann der „zweiten Stufe des Kernbereichsschutzes“ die „entscheidende Bedeutung“ zugeschrieben.[64] Allerdings werden die diesbezüglichen Anforderungen nicht erneut expliziert. In dem Verweis auf ein „geeignetes Verfahren“[65] dürfte zwar naheliegender Weise eine Bezugnahme auf die „unabhängige Stelle“ der Entscheidung zum „großen Lauschangriff“ liegen. Dies gilt umso mehr, als das Verfahren „den Belangen des Betroffenen hinreichend Rechnung“ tragen soll.[66] Ausgeführt ist dies jedoch nicht.

c) Die Entscheidung zur E-Mail-Beschlagnahme

In der Entscheidung zur E-Mail-Beschlagnahme auf dem Mailserver des Providers (BVerfGE 124, 43) äußerte sich nachfolgend der Zweite Senat zum Schutz des Kernbereichs privater Lebensgestaltung bei heimlichen Überwachungsmaßnahmen staatlicher Stellen. Die Verfassungsbeschwerde betraf die Beschlagnahme von E-Mails beim Provider in einem gegen einen Dritten gerichteten Strafverfahren auf Grundlage der §§ 94, 98 StPO und im Anwendungsbereich des Art. 10 GG.

Während die Entscheidung hinsichtlich der materiellen Vorgaben an den Schutz des Kernbereichs privater Lebensgestaltung in der Linie der Rechtspre-

61 Vgl. BVerfGE 109, 279 (323 f.).
62 Vgl. BVerfGE 120, 274 (337).
63 Vgl. BVerfGE 120, 274 (335 f.).
64 Vgl. BVerfGE 120, 274 (339).
65 Vgl. BVerfGE 120, 274 (339).
66 Vgl. BVerfGE 120, 274 (339).

chung des Ersten Senats steht, ist auffällig, dass sie die Notwendigkeit von Vorkehrungen zum Kernbereichsschutz allein auf Anwendungsebene, nicht aber im Zusammenhang mit den verfassungsrechtlichen Anforderungen schon an die gesetzlichen Grundlagen zur Rechtfertigung einer Beschlagnahme von E-Mails aufgreift. Vielmehr werden explizite Vorkehrungen selbst im Rahmen der die Sichtung erlaubenden richterlichen Anordnung ausdrücklich nicht für erforderlich gehalten.[67] Auf die rechtsstaatlich sichtbare und verfahrensrechtlich wirksame Implementierung wird insoweit kein Gewicht gelegt. Hintergrund dürfte sein, dass es den §§ 94, 98 StPO an kernbereichsschützenden Aussagen fehlt. Geht man mit dem Ersten Senat davon aus, dass kernbereichssensible Eingriffsbefugnisse im Anwendungsbereich des Art. 10 GG nur dann verfassungskonform sind, wenn bereits auf Ebene der Ermächtigungsnorm selbst hinreichende Vorkehrungen zum Schutz des Kernbereichs privater Lebensgestaltung bestehen,[68] wären die Normen folglich als verfassungswidrig zu beurteilen gewesen. Hierzu war der Zweite Senat ersichtlich nicht bereit. Damit steht die Entscheidung nur ihrem Duktus nach in einer Linie zur Rechtsprechung des Ersten Senats. In der ganz wesentlichen Frage, wann es normativer Vorkehrungen zum Schutz des Kernbereichs privater Lebensgestaltung bedarf, weicht sie demgegenüber von der Rechtsprechung des Ersten Senats ab und verwickelt sich hierbei zwischen Maßstabs- und Subsumtionsebene in Widersprüche, da Vorkehrungen zum Kernbereichsschutz im Gewährleitungsbereich des Art. 10 GG rein abstrakt durchaus anerkannt, dann aber im konkreten Fall nicht eingefordert werden.[69]

d) Die Entscheidung zur TKÜ-Neuregelung

Eine weitere Entscheidung des Zweiten Senats zum Schutz des Kernbereichs privater Lebensgestaltung im Zusammenhang mit heimlichen Überwachungsmaßnahmen staatlicher Stellen betraf das Gesetz zur Neuregelung der Telekommunikationsüberwachung und anderer verdeckter Ermittlungsmaßnahmen, mit dem einzelne Vorschriften der Strafprozessordnung geändert wurden. Konkret in Rede standen die Regelungen der §§ 100a, 100f, 101, 110, und 160a StPO. Die Normen ermächtigen zur verdeckten Überwachung und Aufzeichnung der Telekommunikation und zum Abhören und Aufzeichnen des nichtöffentlich gesprochenen Wortes mit technischen Mitteln außerhalb von Wohnungen.

67 Vgl. BVerfGE 124, 43 (76f.).
68 Vgl. BVerfGE 113, 348 (390f.).
69 Vgl. BVerfGE 124, 43 (69, 76f.).

aa) Das Schutzkonzept der Entscheidung

Der Zweite Senat bestätigt das Erfordernis eines zweistufigen Kernbereichsschutzes unter Bezugnahme auf eine „Erhebungsebene" und eine „Auswertungsphase".[70] Gleich einleitend greift er dann die Aussage des Ersten Senats auf, nach der die verfassungsrechtlichen Anforderungen an die konkrete Ausgestaltung des Kernbereichsschutzes je nach Art der Informationserhebung und der durch sie erfassten Informationen unterschiedlich sein können.[71] Er verschafft sich hiermit Raum für eine distanzierende Auslegung, begrenzt seine Ausführungen damit aber umgekehrt auf die Anforderungen allein an die Telekommunikationsüberwachung.

Für die erste Stufe des Kernbereichsschutzes hält der Senat an der Notwendigkeit fest, eine Erhebung von kernbereichsrelevanten Informationen nach Möglichkeit zu vermeiden. Er bestätigt insoweit, dass bei konkreten Anhaltspunkten für eine Kernbereichsverletzung eine Überwachung zu unterbleiben habe, soweit nicht eine Rückausnahme in der Weise besteht, dass umgekehrt konkrete Anhaltspunkte für eine missbräuchliche Verknüpfung von ermittlungsrelevanten und kernbereichsrelevanten Informationen bestehen.[72]

Der Senat macht dann aber unter Bezugnahme auf die Entscheidung zur Online-Durchsuchung sogleich deutlich, dass es „in vielen Fällen" praktisch unvermeidbar sei, dass die Ermittlungsbehörden Informationen zur Kenntnis nähmen, bevor sie deren Kernbereichsbezug erkennen könnten. Ein Kernbereichsschutz auf der ersten Stufe wird daher für kaum möglich und geboten erachtet und die Erfassung von Kernbereichsinformationen insoweit für nicht ausgeschlossen erklärt.[73] Der Zweite Senat verweist auf erhebliche praktische Schwierigkeiten, die ein umfassender Kernbereichsschutz schon auf Ebene der Datenerhebung bedeuten würde. Im Voraus lasse sich häufig kaum bestimmen, wann, wo und mit wem Kommunikation stattfinden werde. In der Folge fehle es an operationalisierbaren Kriterien, um die Erhebung kernbereichsrelevanter Daten vorausschauend zu vermeiden. Die Telekommunikationsüberwachung werde automatisiert durchgeführt, eine persönliche Überwachung (durch paralleles Mithören) in Echtzeit könne nur punktuell stattfinden. Selbst im Fall des persönlichen Mithörens sei ein effektiver Kernbereichsschutz oftmals nicht zu gewährleisten, da Gespräche in zum Teil nicht ohne weiteres zu identifizierenden Sprachen und Dialekten oder in Form von Geheimcodes geführt würden, weshalb die Kernbereichsrelevanz von Informationen nicht sofort ersichtlich sei. Auch

70 Vgl. BVerfGE 129, 208 (245).
71 Vgl. BVerfGE 129, 208 (245).
72 Vgl. BVerfGE 208 (245).
73 Vgl. BVerfGE 129, 208 (245).

technische Schwierigkeiten könnten dazu führen, dass ein erstes Hören ohne vorherige Aufbereitung der Daten nicht möglich sei. Ferner gelinge die Zuordnung einer Stimme zu einer Person nicht immer, weshalb die Strafverfolgungsbehörden auch unter günstigen Voraussetzungen vielfach nicht in der Lage seien, durch simultanes Mithören zu erschließen, in welcher persönlichen Beziehung die Gesprächspartner zueinander stehen und eine echte von einer lediglich vorgetäuschten Kernbereichsrelevanz zu unterscheiden.[74]

Dass ein näherer Schutz vor Kernbereichsverletzungen auf der ersten Stufe in prinzipieller Hinsicht kaum für möglich und auch nicht für erforderlich gehalten wird, zeigt die Subsumtion, bei der die damals angegriffenen Bestimmungen als verfassungsgemäß angesehen wurden, nach der die Telekommunikation nur dann verboten wird, wenn „*allein*" Erkenntnisse aus dem Kernbereich privater Lebensgestaltung erlangt würden.[75]

> *Entgegen der Auffassung der Beschwerdeführer müssen Telekommunikationsüberwachungsmaßnahmen aber nicht schon deshalb von vornherein unterlassen werden, weil auch Tatsachen mit erfasst werden, die auch den Kernbereich des Persönlichkeitsrechts berühren. Ein entsprechendes umfassendes Erhebungsverbot würde die Telekommunikationsüberwachung in einem Maße einschränken, dass eine wirksame Strafverfolgung gerade im Bereich schwerer und schwerster Kriminalität nicht mehr gewährleistet wäre. Der Schutz des Kernbereichs privater Lebensgestaltung ist in diesen Fällen durch einen hinreichenden Grundrechtsschutz in der Auswertungsphase sicherzustellen.*[76]

Freilich erkennt der Zweite Senat in Anlehnung an die Entscheidung zum großen Lauschangriff an, dass ein „ausschließlicher Kernbereichsbezug" angenommen werden könne, wenn der Betroffene mit Personen kommuniziere, zu denen er in einem besonderen, den Kernbereich betreffenden Vertrauensverhältnis stehe, wie zum Beispiel engsten Familienangehörigen, Geistlichen, Telefonseelsorgern, Strafverteidigern oder im Einzelfall auch Ärzten. Soweit ein derartiges Vertrauensverhältnis für Ermittlungsbehörden erkennbar sei, dürften Maßnahmen der Telekommunikationsüberwachung nicht durchgeführt werden.[77]

Soweit die Erfassung von kernbereichsrelevanten Informationen auf der ersten Stufe nicht verhindert werden kann, verlangt die Entscheidung in Übereinstimmung mit der vorangegangenen Rechtsprechung Schutz auf der zweiten Stufe, in der „Auswertungsphase".[78] Als verfassungsrechtlich geboten werden ein

---

74 Vgl. BVerfGE 129, 208 (248 f.).
75 Vgl. BVerfGE 129, 208 (246).
76 BVerfGE 129, 208 (247).
77 Vgl. BVerfGE 129, 208 (247).
78 Vgl. BVerfGE 129, 208 (246).

absolutes Verbot der Verwertung von Kernbereichsinformationen, auch als Ermittlungs- oder Spurenansatz, unverzügliche Löschungspflichten und eine dazugehörige Dokumentationsverpflichtung angesehen.[79] Von Verfassungs wegen sei es demgegenüber nicht geboten, zusätzlich zu den staatlichen Ermittlungsbehörden eine staatliche Stelle einzurichten, die über die (Nicht-)Verwertbarkeit der gewonnenen Erkenntnisse in weiteren Ermittlungsverfahren entscheide. Zu berücksichtigen sei hierbei, ob die in Rede stehenden Maßnahmen der richterlichen Anordnung oder Bestätigung bedürften, ob nach Beendigung der Maßnahme eine Unterrichtungspflicht gegenüber dem Gericht bestehe und ob die behördliche Einschätzung, es bestehe kein Verwertungsverbot, der gerichtlichen Überprüfung unterliege.[80]

bb) Bewertung, offene Fragen und Brüche des Schutzkonzepts

Im Ergebnis scheint die Entscheidung zur TKÜ-Neuregelung von dem Ziel geprägt, das Konzept des Kernbereichsschutzes zurückzufahren. Für die erste Stufe des Kernbereichsschutzes steuert die Argumentation unmittelbar darauf zu, dass die Kenntnisnahme von kernbereichsrelevanten Informationen vielfach unvermeidbar sei und deshalb dann die allgemeinen Eingriffsvoraussetzungen der Überwachung auch die Erhebung von Kernbereichsinformationen rechtfertigten. Schutz sei dann erst auf der zweiten Stufe zu gewährleisten (die dann ihrerseits sehr reduziert verstanden wird).[81]

(1) Erste Stufe des Kernbereichsschutzes

Bereits vom Grundverständnis her unterscheidet sich das zweistufige Modell des Kernbereichsschutzes nach der Rechtsprechung des Zweiten Senats wesentlich von dem durch den Ersten Senat entwickelten Modell. Da Sicherheit über die Kernbereichsrelevanz zu erhebender Informationen erst mit der Datenerhebung zu erlangen ist, so die Ratio der Entscheidung zum „großen Lauschangriff", bereits die Datenerhebung als solche aber die Verletzung des Kernbereichs privater Lebensgestaltung begründen kann, bedarf es verfahrensrechtlicher Sicherungen bereits im Vorfeld zur eigentlichen Datenerhebung (will man das staatliche Vorgehen mit den Sondervoten der Entscheidung nicht bereits wegen der „Unvermeidbarkeit" der Kernbereichsverletzung als solcher für verfassungswidrig er-

79 Vgl. BVerfGE 129, 208 (249).
80 Vgl. BVerfGE 129, 208 (249 f.).
81 Vgl. BVerfGE 129, 208 (245 f.).

klären). In der Folge ist eine „erste Stufe" des Kernbereichsschutzes zu etablieren, auf der mittels Typisierungen und anhand von Vorermittlungen so weit wie möglich verhindert wird, dass die durchzuführende Datenerhebung den Kernbereich privater Lebensgestaltung verletzt. Erst wenn eine Prognose der Behörde nicht zu einem eindeutigen Wahrscheinlichkeitsurteil hinsichtlich etwaiger Kernbereichsverletzungen kommt oder diese positiv ausschließen kann, darf mit der eigentlichen Datenerhebung fortgefahren werden. In der Entscheidung des Ersten Senats zur Online-Durchsuchung finden diese Erwägungen noch durch die Bezugnahme auf eine zu verhindernde Kernbereichsverletzung „soweit ermittlungstechnisch möglich"[82] einen Widerklang.

Diese Ratio wird in der Entscheidung des Zweiten Senats dahingehend aufgegeben, aus der praktischen Unvermeidbarkeit einer Kernbereichsverletzung folge nicht das Gebot, den staatlichen Zugriff zu unterlassen, vielmehr sei es geboten, für hinreichenden Schutz in der Phase der Datenauswertung zu sorgen.[83] Da die zweite Ebene des Kernbereichsschutzes aber bloß der Minimierung der Folgen einer Kernbereichsverletzung dient, lässt dies nur den Schluss zu, dass eine solche verfassungsrechtlich hinzunehmen ist, wenn andernfalls erhebliche praktische Schwierigkeiten auf die Ermittlungsbehörden zukommen.

Bezeichnend ist, dass der Entscheidung des Zweiten Senats kaum zu entnehmen ist, worin genau die Unmöglichkeit eines Kernbereichsschutzes bereits im Vorfeld zur eigentlichen Datenerhebung begründet liegen soll. Sofern der Zweite Senat ausführt, es sei vielfach praktisch unvermeidbar, Informationen zur Kenntnis zu nehmen, bevor deren Kernbereichsbezug offenbar werde, die Telekommunikationsüberwachung erfolge oftmals in automatisierter Form, auch bei einem parallelen Mithören in Echtzeit lasse sich die Kernbereichsrelevanz der Informationen aus (technischen oder sprachlichen) Verständnisgründen oftmals nicht sofort beurteilen,[84] ist diese Aussage auf das bereits angesprochene Grunddilemma aller heimlichen Überwachungsmaßnahmen (Beschlagnahme eines Tagebuchs, Wohnraumüberwachung, Online-Durchsuchung oder Abhören eines Telefongesprächs) zu reduzieren, wonach vollständige Sicherheit über die Kernbereichsrelevanz der zu erhebenden Daten erst mit dem Zugriff auf diese zu erlangen ist. Eine Aussage zu der eigentlich entscheidenden Frage, warum der Datenerhebung vorgelagerte Typisierungen und Vorermittlungen zum Schutz des Kernbereichs privater Lebensgestaltung nichts beitragen können sollen, ist diesen Ausführungen hingegen nicht zu entnehmen. Insoweit bleibt es bei der allgemein

82 Vgl. BVerfGE 120, 274 (338).
83 Vgl. BVerfGE 129, 208 (245 f.).
84 Vgl. BVerfGE 129, 208 (245, 248 f.).

gehaltenen Aussage, im Voraus lasse sich häufig kaum bestimmen, wann, wo und mit wem Telekommunikation stattfinden werde.[85] Diese Feststellung dürfte einem der Datenerhebung vorgelagertem Kernbereichsschutz indes kaum entgegenstehen, da hierfür vielmehr die Erkenntnis entscheidend sein dürfte, wer zu den Vertrauenspersonen und mutmaßlich Tatbeteiligten des Betroffenen gehört und welche Anschlussnummer und Stimme diesen Personen zugeordnet werden kann. Dass letztere Fragen sich im Vorfeld einer Telekommunikationsüberwachung nicht klären lassen sollen, ist aber nicht ersichtlich. Ganz im Gegenteil führt die insoweit in sich widersprüchliche Entscheidung zur Frage, wann von der Erhebung „allein" kernbereichsrelevanter Daten ausgegangen werden könne sogar selbst eine Typisierung für bestimmte „Vertrauenspersonen" ein.

Da etwaige Vorermittlungen und Prognosen der Ermittlungsbehörden in der Entscheidung des Zweiten Senates keinerlei Erwähnung finden, zugleich aber eine Norm bereits dann als verfassungskonform angesehen wird, wenn sie bloß der „zielgerichteten" Erhebung kernbereichsrelevanter Daten entgegensteht und auch ein ausschließlicher Kernbereichsbezug von Gesprächen nur dann als Ermittlungshindernis anerkannt wird, wenn dieser für die Behörden „erkennbar" ist,[86] wird der Kernbereichsschutz der „ersten Ebene" letztlich auf das Verbot einer „sehenden Auges" erfolgenden Verletzung des Kernbereichs privater Lebensgestaltung reduziert. Zwar folgt auch aus den Entscheidungen des Ersten Senats, dass bei „offener Ermittlungslage" heimlich erfolgende Datenerhebungen verfassungsrechtlich nicht zu beanstanden sind.[87] Hieraus folgt im Umkehrschluss aber gerade nicht, dass ausschließlich sehenden Auges erfolgende Kernbereichsverletzungen verfassungsrechtlich zu beanstanden wären. Die Datenerhebung bei „offener Erkenntnislage" knüpft nach der Rechtsprechung des Ersten Senats an eine Prognoseentscheidung auf Grundlage von Vorermittlungen und Typisierungen an. Die „fahrlässige Unkenntnis" etwaiger Kernbereichsverletzungen aufgrund des Absehens von einer Prognoseentscheidung ist nach der Rechtsprechung des Ersten Senats folglich verfassungsrechtlich zu beanstanden, nach der Rechtsprechung des Zweiten Senats, der Vorermittlungen und Prognoseentscheidungen nicht einfordert, aber bereits nicht denkbar. Wollte man bloß „sehenden Auges" erfolgende Kernbereichsverletzungen unabhängig von etwaigen Vorermittlungen verfassungsrechtlich beanstanden, bliebe hiermit auch, wie dargelegt, das „Grunddilemma" unbeantwortet, dass die Kernbereichsrelevanz von Daten sich erst mit ihrer Erhebung sicher feststellen lässt, bereits die Erhe-

85 Vgl. BVerfGE 129, 208 (247).
86 Vgl. BVerfGE 129, 208 (246 f.).
87 Vgl. BVerfGE 109, 279 (332); 120, 274 (337 f.).

bung derartiger Daten aber eine Verletzung des Kernbereichs privater Lebensgestaltung begründet.

Ein deutlicher Gegensatz der Entscheidung zur TKÜ-Neuregelung zu den Entscheidungen des Ersten Senats wird darüber hinaus erkennbar, wenn ausgeführt wird, dass Überwachungsmaßnahmen nicht schon dann unterlassen werden müssten, wenn „auch" Tatsachen miterfasst würden, die den Kernbereich berührten, und hierfür auf die Notwendigkeit einer wirksamen Strafverfolgung sowie Probleme bei der Charakterisierung der zu erhebenden Daten hingewiesen wird.[88] Dies steht jedenfalls im Widerspruch zu dem vom Ersten Senat erhobenen Anspruch, dass der Kernbereichsschutz absolut zu gewährleisten und durch Strafverfolgungsinteressen nicht relativierbar ist,[89] mit der Folge, dass eine Erhebung stets bei einer Gemengelage von Kernbereichsrelevantem und Banalem zu unterlassen beziehungsweise abzubrechen ist.[90] Auch mit den Vermutungs- und Widerlegungsregeln der Entscheidung zum „großen Lauschangriff" passt diese Aussage kaum zusammen. Wie der Erste Senat bereits festgestellt hat, dürfte eine Situation, in der es „ausschließlich" zum Austausch kernbereichsrelevanter Informationen kommt, selbst im Falle von Vertrauenspersonen praktisch niemals anzunehmen sein, weil Gespräche in der Regel durch eine Gemengelage unterschiedlicher Inhalte geprägt sind.[91]

Demgegenüber erkennt der Zweite Senat an, dass die Kommunikation mit Vertrauenspersonen einen „ausschließlichen Kernbereichsbezug" habe und dass damit die diesbezüglichen Überwachungsmaßnahmen, in der Konsequenz dann wohl insgesamt, unzulässig sind (allerdings nur, wenn dies für die Ermittlungsbehörden, wie dargelegt, „erkennbar" ist).[92] Denkbar ist, dass der Zweite Senat mit seiner Aussage zur Erhebung „ausschließlich" kernbereichsrelevanter Informationen das Problem der „Mischgespräche" von Informationen mit einem unmittelbaren Bezug zum Ermittlungsziel und solchen mit Kernbereichsbezug hat lösen wollen. Sollte dies der Fall gewesen sein, wären die diesbezüglichen Ausführungen nach oben Gesagtem aber wohl zu weit gefasst, da nunmehr entgegen den Feststellungen des 109. Bandes auch die Erhebung einer Gemengelage von Banalem und Kernbereichsrelevantem verfassungsrechtlich zulässig sein soll. Eine Rechtfertigung hierfür ist aber nicht ersichtlich.

Im Ergebnis läuft die Rechtsprechung des Zweiten Senats darauf hinaus, dass nur eine Erhebung „ausschließlich" kernbereichsrelevanter Daten ausgeschlossen

88 Vgl. BVerfGE 129, 208 (247).
89 Vgl. BVerfGE 109, 279 (313); 113, 348 (390); 120, 274 (335).
90 Vgl. BVerfGE 109, 279 (330); vgl. auch BVerfGE 120, 274 (338).
91 Vgl. BVerfGE 109, 279 (330).
92 Vgl. BVerfGE 129, 208 (247).

ist und dies auch nur dann, wenn dies ohne Vorermittlungen „erkennbar“ ist. Dass das Gespräch mit „Vertrauenspersonen“ dabei die Vermutung für einen ausschließlichen Kernbereichsgehalt in sich tragen soll, relativiert diese Feststellung nur auf den ersten Blick. Denn während die Gruppe der Vertrauenspersonen dem „Kernbereich“ zuzuordnen ist, lässt der Kernbereich sich nicht auf die Gruppe der Vertrauenspersonen reduzieren. Nach der Entscheidung zur TKÜ-Neuregelung ist die Erhebung von Kernbereichsdaten außerhalb der Gruppe der Vertrauenspersonen also zulässig; hier werden bloß „auch“ kernbereichsrelevante Daten erhoben. Die Gruppe der Vertrauenspersonen markiert nach der Entscheidung des Zweiten Senats folglich die Grenze des Kernbereichsschutzes auf der Erhebungsebene. Bei der Entscheidung zum „großen Lauschangriff“ diente die typisierte Gruppe der „Vertrauenspersonen“ demgegenüber nur der Ermöglichung einer Kernbereichsprognose, ohne die Frage der zulässigen Datenerhebung abschließend zu beschreiben.

(2) Zweite Stufe des Kernbereichsschutzes

Die zweite Stufe des Kernbereichsschutzes wird auf ein Verwertungsverbot reduziert.[93] Die Sichtung von erhobenen Kernbereichsinformationen durch eine unabhängige Stelle wird für entbehrlich angesehen; es reiche, dass die Maßnahme unter Richtervorbehalt stünde, das Gericht über das Ergebnis der Ermittlungen unterrichtet werde und die Betroffenen aufgrund der späteren Benachrichtigung die Rechtmäßigkeit einer etwaigen Datenverwertung gerichtlich nachprüfen lassen könnten.[94] Ausgehend von den Maßgaben zur Wohnraumüberwachung wird damit die zweite Stufe um ihre Pointe gebracht: Diese liegt gerade darin, jegliche Verwendung der aus der heimlichen Überwachungsmaßnahme stammenden Daten unter den Vorbehalt der Prüfung einer auch die Interessen des Betroffenen vertretenden, unabhängigen Stelle zu stellen.[95] Nicht zu überzeugen vermag jedenfalls die Prämisse des Zweiten Senats, dass in Fällen, in denen die in Rede stehende Maßnahme durch ein Gericht angeordnet worden sei, der Kernbereichsschutz bereits im Vorfeld der Maßnahme durch eine unabhängige Stelle Beachtung gefunden habe. Die Ausführungen des Zweiten Senats scheinen unbeachtet zu lassen, dass eine Verlagerung des Kernbereichsschutzes auf die Ebene der Datenverwertung seiner Ratio nach für solche Fallkonstellationen angedacht ist, in denen der Inhalt der zu erhebenden Daten im Vorhinein nicht festgestellt

93 Vgl. BVerfGE 129, 208 (249).
94 Vgl. BVerfGE 129, 208 (250).
95 Vgl. BVerfGE 109, 279 (333 f.).

werden kann, oder wo eine Verknüpfung kernbereichsrelevanter mit ermittlungserheblichen Informationen im Raum steht. Nicht ersichtlich ist aber, wie das Gericht als unabhängige Stelle die Aufgabe des Kernbereichsschutzes gleichsam vorwegnehmen soll, wenn dieser überhaupt nur aufgrund einer unklaren Ausgangslage auf die Ebene der Datenverarbeitung verlagert wird.

Die bloße Unterrichtung des Gerichts über die Ergebnisse der Ermittlungsmaßnahme lässt bereits nicht erkennen, inwiefern hiervon Rückschlüsse auf Informationserhebungen aus dem Kernbereich privater Lebensgestaltung gezogen werden können. Letzteres dürfte allenfalls dann der Fall sein, wenn das Ermittlungsergebnis selbst dem Kernbereich privater Lebensgestaltung zuzuordnen ist, wobei dies nach der Rechtsprechung des Gerichts den Kernbereichsbezug der in Rede stehenden Informationen wiederum in Frage stellt.[96]

Vergleichbares lässt sich auch für die bloße Möglichkeit des Betroffenen sagen, nach Inkenntnissetzung von der Ermittlungsmaßnahme eine gerichtliche Überprüfung erwirken zu lassen. Hier scheint unbeachtet zu bleiben, dass eine Inkenntnissetzung je nach gesetzlicher Ermächtigungsnorm mitunter erst erhebliche Zeit nach der möglichen Verletzung des Kernbereichs privater Lebensgestaltung stattfinden (oder in manchen Fällen auch ganz unterbleiben) kann. Gerade aus diesem Grunde erscheint die zeitnahe Einleitung eines Überprüfungsverfahrens durch eine unabhängige Stelle von Amts wegen sinnvoll, will man die Intensität der Kernbereichsverletzung so gering wie möglich halten. Nur die zeitnahe Durchsicht der erhobenen Daten durch eine neutrale Stelle dürfte gewährleisten, dass kernbereichsrelevante Informationen so weitgehend wie möglich ungenutzt bleiben.

e) Die Entscheidung zum „Al Qaida-Fall"

Die bislang letzte Entscheidung des Zweiten Senats zum Schutz des Kernbereichs privater Lebensgestaltung hatte die Verwertbarkeit rechtswidrig erhobener personenbezogener Informationen im Strafprozess zum Gegenstand.[97] Die von den Beschwerdeführern angegriffene Verurteilung beruhte unter anderem auf den Erkenntnissen aus einer präventiv-polizeilichen Wohnraumüberwachung, die im Jahre 2004 vor Einleitung des strafrechtlichen Ermittlungsverfahrens gegen die Beschwerdeführer wegen des Verdachts der Planung terroristischer Anschläge durchgeführt worden war. Die richterliche Anordnung dieser Überwachungs-

---

96 Vgl. BVerfGE 80, 367 (374); 113, 248 (391).

97 Vgl. BVerfGE 130, 1.

maßnahmen erging auf Grundlage des § 29 des Rheinland-Pfälzischen Polizei- und Ordnungsbehördengesetzes. Die im Jahr 2004 geltende Fassung der Norm enthielt noch keine Regelungen zum Schutz des Kernbereichs privater Lebensgestaltung. Der Zweite Senat entschied in jenem Verfahren, dass, auch wenn die Rechtsgrundlage für die Wohnraumüberwachung damit nicht den verfassungsrechtlichen Anforderungen entsprach, die Verwertung der erhobenen Informationen durch den Bundesgerichtshof verfassungsrechtlich nicht zu beanstanden war. Für eine Verwertung von kernbereichsrelevanten Informationen habe der Beschwerdeführer substantiiert nichts vorgetragen.

Die Entscheidung liegt in weiten Teilen auf einer Linie mit der Entscheidung zum „großen Lauschangriff", ohne das Konzept des zweistufigen Kernbereichsschutzes noch einmal explizit aufzugreifen. Kritisch hinterfragt werden kann, ob, wie der Zweite Senat ausführt, jede Dokumentation, die über die bloße Feststellung einer Aufzeichnung absolut geschützter Gesprächsinhalte und ihrer vollständigen Löschung hinausgeht, mit dem Schutz des Kernbereichs privater Lebensgestaltung unvereinbar sein soll. Mit dem 109. Band spricht einiges dafür, zwar einerseits keine umfangreiche Dokumentation der Ermittlungsbehörden einzufordern, diese aber doch so umfänglich auszugestalten, dass ein nachträglicher Rechtsschutz des Betroffenen möglich ist, Art. 19 Abs. 4 GG.[98] Ausreichend wäre insoweit beispielsweise die Hinzufügung der behördlichen Einschätzung, dass die Aufzeichnung rechtswidrig erfolgt ist oder warum dies gerade nicht der Fall gewesen sein soll beispielsweise weil es im Vorhinein keinerlei Anzeichen für eine mögliche Kernbereichsverletzung gegeben habe.

3. Die Entscheidung des Ersten Senats zum Bundeskriminalamtgesetz

Von besonderer Bedeutung für den Schutz des Kernbereichs privater Lebensgestaltung ist schließlich die Entscheidung des Ersten Senats zum Bundeskriminalamtgesetz (BKAG). Das Verfahren betraf vornehmlich Regelungen des Unterabschnittes 3a zum BKAG, mit denen das Bundeskriminalamt unter anderem zu verdeckten Maßnahmen wie Überwachungen außerhalb von Wohnungen mit besonderen Mitteln der Datenerhebung, akustische wie optische Wohnraumüberwachung, Online-Durchsuchung und Telekommunikationsüberwachung ermächtigt und mit denen dem Bundeskriminalamt über die bisherigen Aufgaben der Strafverfolgung hinaus die bis dahin den Ländern vorbehaltene Aufgabe der

98 Vgl. BVerfGE 109, 279 (332 f.).

Abwehr von Gefahren des internationalen Terrorismus übertragen wurde. Nahezu alle der angegriffenen Normen wurden für mit der Verfassung unvereinbar erklärt. Die Regelungen zum Schutz des Kernbereichs privater Lebensgestaltung betreffend die Wohnraumüberwachung (§ 20h Abs. 5 BKAG) und den Zugriff auf informationstechnische Systeme (§ 20k Abs. 7 BKAG) wurden als verfassungsrechtlich unzureichend erachtet. Für die besonderen Mittel der Datenerhebung (§ 20g BKAG) wurde angemahnt, dass es an kernbereichsschützenden Regelungen überhaupt fehle.

a) Aussagen der Entscheidung

aa) Maßstabsteil

Die Entscheidung zum Bundeskriminalamtgesetz gibt zunächst die bisherige Rechtsprechung zum verfassungsrechtlich gebotenen Schutz des Kernbereichs privater Lebensgestaltung hinsichtlich seiner Verwurzelung in der Menschenwürdegarantie des Art. 1 Abs. 1 GG und des Begriffsverständnisses zusammenfassend wieder.[99] Neu ist insoweit die Klarstellung, dass trotz Straftatenbezugs auch Situationen, in denen Einzelnen gerade ermöglicht werden soll, ein Fehlverhalten einzugestehen oder sich auf dessen Folgen einzurichten, wie Beichtgespräche oder vertrauliche Gespräche mit einem Psychotherapeuten oder einem Strafverteidiger, der höchstpersönlichen Privatsphäre unterfallen, die dem Staat absolut entzogen ist.[100] Hinsichtlich Reichweite und Regelungsbedürftigkeit des Kernbereichsschutzes führt die Entscheidung die bisherige Rechtsprechung dahingehend zusammen, dass es normenklarer gesetzlicher Regelungen durch den Gesetzgeber dort bedarf, wo staatliche Überwachungsmaßnahmen „typischerweise" zur Erhebung von Kernbereichsdaten führen; im Übrigen beanspruche der Kernbereich privater Lebensgestaltung gegenüber allen Überwachungsmaßnahmen Beachtung.[101]

Der Kernbereich privater Lebensgestaltung begründe eine strikte, nicht durch Einzelfallerwägungen überwindbare Grenze. Trotzdem bedeute nicht jede Erfassung von Kernbereichsinformationen bereits als solche eine Menschenwürdeverletzung; angesichts der Handlungs- und Prognoseunsicherheiten, unter denen

99 Vgl. BVerfG, Urteil des Ersten Senats vom 20. April 2016 – 1 BvR 966/09, 1 BvR 1140/09 –, juris, Rn. 119 ff.

100 Vgl. BVerfG, Urteil des Ersten Senats vom 20. April 2016 – 1 BvR 966/09, 1 BvR 1140/09 –, juris, Rn. 122.

101 Vgl. BVerfG, Urteil des Ersten Senats vom 20. April 2016 – 1 BvR 966/09, 1 BvR 1140/09 –, juris, Rn. 123.

Sicherheitsbehörden ihre Aufgaben wahrnähmen, könne ein unbeabsichtigtes Eindringen in den Kernbereich privater Lebensgestaltung im Rahmen von Überwachungsmaßnahmen nicht für jeden Fall von vornherein ausgeschlossen werden. Ausgeschlossen sei damit zunächst, den Kernbereich zum Ziel staatlicher Ermittlungen zu machen und diesbezügliche Informationen in irgendeiner Weise zu verwerten oder sonst zur Grundlage der weiteren Ermittlungen zu nehmen. Des Weiteren folge hieraus, dass bei der Durchführung von Überwachungsmaßnahmen dem Kernbereichsschutz auf zwei Ebenen Rechnung getragen werden müsse. Zum einen seien auf der Ebene der Datenerhebung Vorkehrungen zu treffen, die eine unbeabsichtigte Miterfassung von Kernbereichsinformationen nach Möglichkeit ausschließen. Zum anderen seien auf der Ebene der nachgelagerten Auswertung und Verwertung die Folgen eines dennoch nicht vermiedenen Eindringens in den Kernbereich privater Lebensgestaltung strikt zu minimieren.[102] In diesem Rahmen könne der Gesetzgeber den Schutz des Kernbereichs privater Lebensgestaltung in Abhängigkeit von der Art der Befugnis und deren Nähe zum absolut geschützten Bereich privater Lebensgestaltung für die verschiedenen Überwachungsmaßnahmen verschieden ausgestalten.

Auf der Ebene der Datenerhebung sei bei verletzungsgeneigten Maßnahmen durch eine vorgelagerte Prüfung sicherzustellen, dass die Erfassung von kernbereichsrelevanten Situationen oder Gesprächen jedenfalls insoweit ausgeschlossen sei, als sich diese mit „praktisch zu bewältigendem Aufwand" im Vorfeld vermeiden lasse. Für Gespräche mit Personen höchstpersönlichen Vertrauens könne unter Umständen, die typischerweise auf eine vertrauliche Situation hinwiesen, die Vermutung geboten sein, dass sie dem Kernbereichsschutz unterfielen und nicht überwacht werden dürften. Die Annahme eines höchstvertraulichen Gesprächs werde nicht dadurch widerlegt, dass hierbei neben höchstpersönlichen Fragen auch Alltägliches zur Sprache kommen werde. In jedem Fall sei der Abbruch der Maßnahme vorzusehen, wenn erkennbar werde, dass eine Überwachung in den Kernbereich privater Lebensgestaltung eindringe.[103]

Auf der Ebene der Auswertung und Verwertung habe der Gesetzgeber für den Fall, dass die Erfassung von kernbereichsrelevanten Informationen nicht vermieden werden konnte, in der Regel, nicht aber in allen Fallkonstellationen, die Sichtung der erfassten Daten durch eine unabhängige Stelle vorzusehen. Diese müsse kernbereichsrelevante Informationen vor deren Verwendung durch die Sicherheitsbehörden herausfiltern. Die Erforderlichkeit einer Datensichtung

102 Vgl. BVerfG, Urteil des Ersten Senats vom 20. April 2016 – 1 BvR 966/09, 1 BvR 1140/09 –, juris, Rn. 124 ff.

103 Vgl. BVerfG, Urteil des Ersten Senats vom 20. April 2016 – 1 BvR 966/09, 1 BvR 1140/09 –, juris, Rn. 128.

durch eine „unabhängige Stelle" hänge von der Art sowie gegebenenfalls auch der Ausgestaltung der jeweiligen Befugnis ab. Dabei könne auf die Sichtung durch eine unabhängige Stelle umso eher verzichtet werden, je verlässlicher schon auf der ersten Stufe die Erfassung kernbereichsrelevanter Sachverhalte vermieden werde und umgekehrt. Unberührt bleibe auch die Möglichkeit des Gesetzgebers, die notwendigen Regelungen zu treffen, um den Ermittlungsbehörden für Ausnahmefälle bei Gefahr im Verzug auch kurzfristig erste Handlungsmöglichkeiten einzuräumen. In jedem Fall habe der Gesetzgeber die sofortige Löschung von gegebenenfalls erfassten höchstpersönlichen Daten vorzusehen und jegliche Verwendung auszuschließen. Die Löschung sei in einer Weise zu protokollieren, die eine spätere Kontrolle ermögliche.[104]

bb) Subsumtionsteil

Auf der diesem „Maßstabsteil" nachgelagerten „Subsumtionsebene" konkretisierte der Erste Senat die vorstehenden Maßgaben.

(1) Regelungsbedürftigkeit des Kernbereichsschutzes

Das Gericht präzisiert die Rechtsprechung zur Regelungsbedürftigkeit des Kernbereichsschutzes dahingehend, dass eine Befugnisnorm, die zu längeren Bildaufzeichnungen und einem auf lange Zeit angelegten Abhören und Aufzeichnen des nichtöffentlich gesprochenen Wortes ermächtige (§ 20g BKAG), des gesetzlich verfassten Kernbereichsschutzes bedürfe. Die Norm ermächtige zu Überwachungsmaßnahmen, die typischerweise tief in die Privatsphäre eindringen könnten. Dass die Überwachung sich auf Situationen außerhalb von Wohnungen beschränke, stelle nicht in Frage, dass „mit einiger Wahrscheinlichkeit" höchstvertrauliche Situationen erfasst werden könnten, die dem Kernbereich zuzurechnen seien, beispielsweise im Auto, abseits im Restaurant oder bei einem zurückgezogenen Spaziergang.[105]

(2) Wohnraumüberwachung

Verfassungsrechtlich unzureichend sei die Regelung zum Schutz des Kernbereichs privater Lebensgestaltung im Fall der Befugnis zur Wohnraumüberwachung (§ 20h

104 Vgl. BVerfG, Urteil des Ersten Senats vom 20. April 2016 – 1 BvR 966/09, 1 BvR 1140/09 –, juris, Rn. 129.

105 Vgl. BVerfG, Urteil des Ersten Senats vom 20. April 2016 – 1 BvR 966/09, 1 BvR 1140/09 –, juris, Rn. 176.

Abs. 5 BKAG). Da Wohnraumüberwachungen besonders tief in die Privatsphäre und den persönlichen, zur Wahrung der Menschenwürde besonders wichtigen Rückzugsraum des Einzelnen eindringen könnten, seien ihnen gegenüber die Anforderungen an den Kernbereichsschutz besonders streng.

Für die Ebene der Datenerhebung sei zu prüfen, ob wahrscheinlich höchstprivate Situationen erfasst würden. Dabei gelte die Vermutung, dass Gespräche, die in Privaträumen mit Personen des besonderen persönlichen Vertrauens geführt werden, dem Kernbereich privater Lebensgestaltung unterfallen und nicht überwacht werden dürften. Für Räume, in denen solche Gespräche zu erwarten seien, scheide entsprechend auch eine automatische Dauerüberwachung aus. Die Vermutung eines dem Kernbereich zuzuordnenden Gesprächs könne widerlegt werden, sofern für bestimmte Gespräche konkrete Anhaltspunkte vorliegen, dass sie einen unmittelbaren Straftatenbezug, der auch vorliege, wenn sie mit höchstpersönlichen Inhalten durchsetzt seien, aufweisen oder ihnen insgesamt ein höchstvertraulicher Charakter fehlen werde. Hierfür reiche hingegen nicht schon die Prognose, dass sich in einem Gespräch höchstvertrauliche und alltägliche Fragen mischen werden.[106]

Fehlten auch unter Berücksichtigung der Vermutungsregeln Anhaltspunkte für ein Eindringen in den höchstpersönlichen Privatbereich, dürften die Maßnahmen anders als bei einer wahrscheinlichen Erhebung von Kernbereichsdaten durchgeführt werden. Komme es zur Erfassung höchstvertraulicher Situationen, seien die Maßnahmen unverzüglich abzubrechen. Bestünden in dieser Lage über den höchstvertraulichen Charakter Zweifel oder gebe es konkrete Anhaltspunkte, dass im Zusammenhang mit dem Austausch höchstprivater Gedanken auch Straftaten besprochen werden, könne die Überwachung in Form einer automatischen Aufzeichnung fortgeführt werden.[107]

Auf der Auswertungs- und Verwertungsebene sei eine Sichtung der Ergebnisse der Überwachung durch eine unabhängige Stelle vorzusehen. Diese Sichtung diene sowohl der Rechtmäßigkeitskontrolle als auch dem Herausfiltern höchstvertraulicher Daten, so dass diese nach Möglichkeit der Sicherheitsbehörde gegenüber nicht offenbar werden. Dabei seien der unabhängigen Stelle Aufzeichnungen aus der Wohnraumüberwachung vollständig vorzulegen. Für den Fall, dass ungeachtet aller Schutzvorkehrungen dennoch kernbereichsrelevante In-

---

106 Vgl. BVerfG, Urteil des Ersten Senats vom 20. April 2016 – 1 BvR 966/09, 1 BvR 1140/09 –, juris, Rn. 198.

107 Vgl. BVerfG, Urteil des Ersten Senats vom 20. April 2016 – 1 BvR 966/09, 1 BvR 1140/09 –, juris, Rn. 199.

formationen erfasst werden, seien ein Verwertungsverbot und eine Löschungspflicht, einschließlich der Protokollierung der Löschung, vorzusehen.[108]

In der Folge ließ das Gericht die kernbereichsschützenden Regelungen des § 20h Abs. 5 BKAG zur Ebene der Datenerhebung unbeanstandet.[109] Entgegen den gesetzlichen Vorgaben bedürfe es aber der Sichtung der erhobenen Daten auf ihre Kernbereichsrelevanz durch eine unabhängige Stelle nicht nur im Zweifelsfall, sondern uneingeschränkt. Anderes gelte nur für den Ausnahmefall der Gefahr im Verzug. Darüber hinaus müsse das Protokoll zu einer erfolgten Löschung von Kernbereichsdaten so lang aufbewahrt werden, dass eine Kontrolle durch den Betroffenen und den Datenschutzbeauftragten möglich bleibe. Sinn und Zweck des Löschungsprotokolls dürfe nicht durch eine verkürzte Aufbewahrungsfrist unterlaufen werden.[110]

(3) Zugriff auf informationstechnische Systeme

Hinsichtlich des Zugriffs auf informationstechnische Systeme monierte das Gericht den Kernbereichsschutz auf der Ebene des „nachgelagerten Kernbereichsschutzes".[111] Aufgrund des spezifischen Charakters des Zugriffs auf informationstechnische Systeme verschiebe sich der Schutz hier im Vergleich zur Wohnraumüberwachung von der Ebene der Datenerhebung auf die Ebene der Datenauswertung und -verwertung. Die Anforderungen an den Kernbereichsschutz auf der Erhebungsebene seien ein Stück weit zurückgenommen. Primär gehe es hier nicht um die Verhinderung des Erfassens und Festhaltens eines nur flüchtigen, höchstvertraulichen Moments, sondern um die Verhinderung des Auslesens höchstvertraulicher Informationen aus einem Gesamtdatenbestand. Letzterer zeige, anders als das Verhalten in der Wohnung, typischerweise nicht bereits als solches den Charakter der Privatheit. Der Zugriff auf das informationstechnische System erfolge regelmäßig mit den Alternativen „ganz" oder „gar nicht". Zwar sei demgemäß auch beim Zugriff auf informationstechnische Systeme vorzusehen, dass die Erhebung von Kernbereichsdaten soweit ermittlungstechnisch und informationstechnisch möglich unterbleibe. Könnten aber kernbe-

108 Vgl. BVerfG, Urteil des Ersten Senats vom 20. April 2016 – 1 BvR 966/09, 1 BvR 1140/09 –, juris, Rn. 200 f.

109 Vgl. BVerfG, Urteil des Ersten Senats vom 20. April 2016 – 1 BvR 966/09, 1 BvR 1140/09 –, juris, Rn. 202 ff.

110 Vgl. BVerfG, Urteil des Ersten Senats vom 20. April 2016 – 1 BvR 966/09, 1 BvR 1140/09 –, juris, Rn. 204 f.

111 Vgl. BVerfG, Urteil des Ersten Senats vom 20. April 2016 – 1 BvR 966/09, 1 BvR 1140/09 –, juris, Rn. 217 ff.

reichsrelevante Daten vor oder bei der Datenerhebung nicht ausgesondert werden, sei ein Zugriff auf das informationstechnische System auch dann zulässig, wenn hierbei eine Wahrscheinlichkeit bestehe, dass am Rande auch höchstpersönliche Daten miterfasst würden. Der Gesetzgeber habe insofern die Auswirkungen eines solchen Zugriffs zu minimieren. Entscheidende Bedeutung hierfür komme einer Sichtung der erhobenen Daten durch eine unabhängige Stelle zu, die kernbereichsrelevante Informationen vor ihrer Kenntnisnahme und Nutzung durch das Bundeskriminalamt herausfiltert. Das Gericht präzisiert die Aufgabe der „unabhängigen Stelle" dahingehend, dass dieser neben der Rechtmäßigkeitskontrolle die Aufgabe zukomme, kernbereichsrelevante Daten so frühzeitig herauszufiltern, dass diese den Sicherheitsbehörden nicht offenbar werden. Die Durchsicht der erhobenen Daten auf ihre Kernbereichsrelevanz müsse daher „im Wesentlichen" von externen, nicht mit Sicherheitsaufgaben betrauten Personen wahrgenommen werden. Dies schließe die Zuziehung von ermittlungsspezifischem oder technischem Sachverstand der Sicherheitsbehörde nicht aus. Die „tatsächliche Durchführung" und „Entscheidungsverantwortung" müsse jedoch „maßgeblich" in den Händen von gegenüber der Sicherheitsbehörde unabhängigen Personen liegen.[112]

Diesen Maßgaben, so der Erste Senat, genüge die kernbereichsschützende Regelung des § 20k Abs. 7 BKAG nicht. Nicht ausreichend sei insbesondere, dass die verfassungsrechtlich gebotene Sichtung der Daten auf ihre Kernbereichsrelevanz vom Datenschutzbeauftragten und zwei weiteren Beamten der Sicherheitsbehörde „unter Sachleitung" des Amtsgerichts durchgeführt werde. Dies gelte unbeschadet der Tatsache, dass der Datenschutzbeauftragte weisungsfrei sei und aufgrund seiner Tätigkeit nach dem Wortlaut der Norm nicht benachteiligt werden dürfe. Auch erkannte das Gericht die Aufbewahrungsfrist für Protokolle zur erfolgten Löschung von Kernbereichsdaten als zu kurz.[113]

Nicht beanstandet wurde demgegenüber vom Ersten Senat, dass die kernbereichsschützende Vorschrift den Zugriff auf informationstechnische Systeme nur für den Fall als unzulässig erklärte, dass tatsächliche Anhaltspunkte für die Annahme vorlägen, dass durch die Maßnahme „allein" Erkenntnisse aus dem Kernbereich privater Lebensgestaltung erlangt würden. Der Erste Senat belässt es insoweit bei einer verfassungskonformen Auslegung, dass eine Gemengelage aus

112 Vgl. BVerfG, Urteil des Ersten Senats vom 20. April 2016 – 1 BvR 966/09, 1 BvR 1140/09 –, juris, Rn. 218 ff., 224.

113 Vgl. BVerfG, Urteil des Ersten Senats vom 20. April 2016 – 1 BvR 966/09, 1 BvR 1140/09 –, juris, Rn. 225 f.

Kernbereichsrelevantem und Banalem der Annahme „allein" kernbereichsrelevanter Informationen nicht entgegenstehe.[114]

(4) Telekommunikationsüberwachung

Hinsichtlich der Telekommunikationsüberwachung unterscheidet der Erste Senat diese von der Wohnraumüberwachung und der Online-Durchsuchung. Zwar weise die Telekommunikationsüberwachung eine besondere Kernbereichsnähe auf, weshalb es besonderer gesetzlicher Regelungen zum Kernbereichsschutz bedürfe. Die konkrete Ausgestaltung des Kernbereichsschutzes dürfe jedoch im Vergleich zur Wohnraumüberwachung und der Online-Durchsuchung weniger streng erfolgen. Zu berücksichtigen sei, dass die Telekommunikationsüberwachung ihrem Gesamtcharakter nach nicht in gleicher Weise durch ein Eindringen in die Privatsphäre geprägt sei. Höchstvertrauliche Kommunikation sei nur ein kleiner Teil technisch vermittelter Gespräche und daher nicht prägend für die Telekommunikation. Dies unterscheide die Telekommunikation von der privaten Wohnung als Rückzugsbereich. Und während die Telekommunikationsüberwachung sich auf einzelne Akte unmittelbarer Kommunikation beziehe und ihre Kernbereichsnähe sich hierbei vor allem auf den höchstpersönlichen Austausch von Vertrauenspersonen beschränke, erfasse die Online-Durchsuchung oft über lange Zeit angesammelte Informationen einschließlich höchstprivater Aufzeichnungen in ihrer Gesamtheit. Durch deren Verknüpfung sowie das Verfolgen von Bewegungen im Internet könnten auch geheime Neigungen und Schwächen erschlossen werden.[115]

Auf der Erhebungsstufe sei eine Prüfung geboten, ob die Wahrscheinlichkeit der Erfassung höchstprivater Gespräche bestehe. Dabei müsse der Gesetzgeber nicht für jedes Gespräch mit Vertrauenspersonen die Datenerhebung untersagen. Auch könne er die Vermutung der Erhebung von Kernbereichsdaten widerleglich ausgestalten. Könnten höchstprivate Gespräche nicht mit hinreichender Wahrscheinlichkeit identifiziert werden, dürfte die Überwachungsmaßnahme durchgeführt werden, auch mittels automatischer Dauerüberwachung.[116]

Für die „zweite Stufe" des Kernbereichsschutzes seien Verwertungsverbote und Löschungspflichten einschließlich einer diesbezüglichen Protokollierungspflicht vorzusehen, nicht in jedem Fall aber die Sichtung der erhobenen Daten

---

114 Vgl. BVerfG, Urteil des Ersten Senats vom 20. April 2016 – 1 BvR 966/09, 1 BvR 1140/09 –, juris, Rn. 222.

115 Vgl. BVerfG, Urteil des Ersten Senats vom 20. April 2016 – 1 BvR 966/09, 1 BvR 1140/09 –, juris, Rn. 238 f.

116 Vgl. BVerfG, Urteil des Ersten Senats vom 20. April 2016 – 1 BvR 966/09, 1 BvR 1140/09 –, juris, Rn. 239, 241.

durch eine unabhängige Stelle. Die Sichtung der Daten durch eine unabhängige Stelle könne der Gesetzgeber davon abhängig machen, in welchem Ausmaß mit einer etwaigen Erfassung höchstprivater Informationen zu rechnen sei. Der vollständige Verzicht auf die Sichtung der erhobenen Daten durch eine „unabhängige Stelle" sei beispielsweise dann nicht verfassungsrechtlich zu beanstanden, wenn das Gespräch mit Vertrauenspersonen mit der Annahme höchstpersönlicher Kommunikation gleichgesetzt und die Aufzeichnung entsprechender Gespräche bei deren Erkennbarkeit verboten werde. Werde die Erfassung kernbereichsrelevanter Gespräche in diesem Sinne bereits auf Ebene der Datenerhebung vermieden und würden Zweifelsfälle weitgehend ausgeschlossen, sei die Sichtung der erhobenen Daten durch eine „unabhängige Stelle" verfassungsrechtlich nicht geboten. Anderes gelte für den Fall, dass der Gesetzgeber die Telekommunikationsüberwachung auch bei Zweifeln über die Erfassung von höchstpersönlichen Gesprächen zulasse und beispielsweise die Vermutung für höchstprivate Gespräche im Fall von Vertrauenspersonen als widerleglich ausgestalte.[117]

Konkret bezogen auf § 201 Abs. 6 BKAG erachtete der Erste Senat den Schutz des Kernbereichs privater Lebensgestaltung für die Ebene der Datenerhebung als ausreichend, indem er der Norm eine Lesart unterlegte, wonach der Überwachungsmaßnahme eine Kernbereichsprüfung voranzugehen habe und mit der verbotenen Erhebung „allein" kernbereichsrelevanter Erkenntnisse auch Informationen von Vertrauenspersonen aus einer Gemengelage von Kernbereichsrelevantem und Banalem erfasst seien. Ferner sah der Erste Senat die Möglichkeit einer automatisch erfolgenden Datenerhebung als verfassungsrechtlich hinnehmbar an, auch wenn hierbei dem Wortlaut der Norm nach nicht die nachfolgende Sichtung durch eine „unabhängige Stelle" vorgesehen ist. Die Telekommunikationsüberwachung weise nicht die gleiche Kernbereichsnähe wie die Wohnraumüberwachung auf, weshalb insoweit eine strenge Verhältnismäßigkeitsprüfung und „wirksame Schutzvorkehrungen" auf der Stufe der Datenauswertung ausreichend seien.[118] Insoweit genüge es, dass die Sichtung der Daten durch eine unabhängige Stelle bei „Zweifelsfällen" erfolge und im Übrigen die Verwertung von Kernbereichsdaten verboten und deren Löschung vorgesehen sei.[119]

---

117 Vgl. BVerfG, Urteil des Ersten Senats vom 20. April 2016 – 1 BvR 966/09, 1 BvR 1140/09 –, juris, Rn. 241.
118 Vgl. BVerfG, Urteil des Ersten Senats vom 20. April 2016 – 1 BvR 966/09, 1 BvR 1140/09 –, juris, Rn. 243 f.
119 Vgl. BVerfG, Urteil des Ersten Senats vom 20. April 2016 – 1 BvR 966/09, 1 BvR 1140/09 –, juris, Rn. 245.

Als verfassungswidrig wurde letztlich nur die abermals zu kurze Aufbewahrungsfrist für die bei einer Löschung von Kernbereichsdaten zu erstellenden Löschungsprotokolle angesehen.[120]

b) Bewertung, offene Fragen und Brüche des Schutzkonzepts

Die Entscheidung des Ersten Senats zum Bundeskriminalamtgesetz verdeutlicht, dass aus der Verfassung keine bestimmte Regelungstechnik zum Schutz des Kernbereichs privater Lebensgestaltung folgt. Die Entscheidung führt die bisherige Rechtsprechung dergestalt zusammen und konsolidiert diese dahingehend, dass die inhaltlichen Anforderungen an den Kernbereichsschutz sich entsprechend der jeweiligen grundrechtlichen Gewährleistungen, in die sie eingebunden sind, unterscheiden. Als gemeinsame Grundpfeiler des gesetzlich zu normierenden Kernbereichsschutzes lassen sich die Abschichtung in zwei Stufen, das Verbot der gezielten Ausforschung des Kernbereichs privater Lebensgestaltung, die Notwendigkeit einer der Datenerhebung vorangehenden Prüfung auf Anhaltspunkte für zu erwartende Kernbereichsverletzungen, das Gebot, Überwachungsmaßnahmen abzubrechen, wenn erkennbar wird, dass kernbereichsrelevante Sachverhalte erfasst werden, das Verbot der Verwertung von Kernbereichsdaten, das Gebot ihrer unverzüglichen Löschung unabhängig von einer etwaigen Ermittlungsrelevanz und die Protokollierung der Löschung bei gleichzeitiger Ermöglichung späterer Kontrolle zu nennen.

Bereits die Frage nach den konkreten Anforderungen einer Prüfung auf zu erwartende Kernbereichsverletzungen wird dabei nach der Art der Überwachungsmaßnahme und ihrer Nähe zum Kernbereich privater Lebensgestaltung unterschiedlich beantwortet. Je mehr sich die Erfassung von kernbereichsrelevanten Informationen angesichts der Art der Überwachungsmaßnahme als bloße Möglichkeit darstellt, nach Ansicht des Gerichts für diese aber nicht typusprägend ist, desto mehr Spielraum wird dem Gesetzgeber bei der konkreten Ausgestaltung des Kernbereichsschutzes zuerkannt. Dies ermöglicht es dem Gericht, die Bedeutung der Wohnung als Rückzugsort in die Privatheit hervorzuheben und damit einen Ausgangspunkt für weniger strenge Maßgaben bei anderen Überwachungsmaßnahmen zu schaffen. Die Überzeugungskraft dieses Ansatzes wird freilich dadurch geschmälert, dass ein gesetzlich abzusichernder Kernbereichsschutz ohnedies nur bei Überwachungsmaßnahmen notwendig ist, die bereits die

120 Vgl. BVerfG, Urteil des Ersten Senats vom 20. April 2016 – 1 BvR 966/09, 1 BvR 1140/09 –, juris, Rn. 246.

spezifische Gefahr von Kernbereichsverletzungen in sich tragen. Statt hier nochmals danach differenzieren zu wollen, inwieweit die Erhebung von Kernbereichsinformationen für die jeweilige Art der Überwachungsmaßnahme „typusprägend" ist, hätte man auch dahingehend unterscheiden können, welche Bedeutung den hinter den einzelnen Grundrechten stehenden „Lebenssphären" für die Entfaltung des Einzelnen im Bereich des Höchstpersönlichen zukommt. Entsprechend hatte der Erste Senat bereits zwischen der Wohnraumüberwachung und der Telekommunikationsüberwachung differenziert.[121]

Hinsichtlich des „Mischgesprächs" aus einer Gemengelage von unmittelbar Ermittlungsrelevantem und Kernbereichsrelevantem bringt die Entscheidung zum Bundeskriminalamtgesetz eine für die Sicherheitsbehörden ganz wesentliche Klarstellung. Konkreten Anhaltspunkten für den unmittelbaren Straftatenbezug eines Gesprächs und damit dessen fehlelende Kernbereichsrelevanz soll nicht entgegenstehen, dass das Gespräch mit höchstpersönlichen Inhalten „durchsetzt" ist.[122] Diese Frage war, wie ausgeführt, in der bisherigen Rechtsprechung ungeklärt geblieben.[123] Nunmehr darf bei konkreten Anhaltspunkten für einen Datenbestand beziehungsweise ein Gespräch, das mit Ermittlungsrelevantem und Kernbereichsrelevantem „durchsetzt" ist, die Datenerhebung begonnen werden. Kommt es zur Erhebung von Kernbereichsinformationen, ist die Datenerhebung abzubrechen und automatisiert fortzusetzen. Die erhobenen Informationen sind einer unabhängigen Stelle zur Sichtung vorzulegen. Tatsächlich erscheint das bisherige Schutzkonzept wenig sinnvoll, wonach von den Sicherheitsbehörden zunächst ein Abbruch der Überwachungsmaßnahme gefordert wird, zugleich aber die sofortige Wiederaufnahme der Überwachung zugelassen ist, wenn nach der anzustellenden Prognoseentscheidung weiterhin vom Austausch unmittelbar ermittlungsrelevanter Daten auszugehen ist.[124] Die bisherige Rechtsprechung hatte hierzu – für die Sicherheitsbehörden in der Praxis wohl wenig hilfreich – lediglich ausgeführt, dass die bewusste Verknüpfung von Kernbereichsinformationen und Ermittlungsrelevantem zur Umgehung von Überwachungsmaßnahmen einer Datenerhebung nicht entgegensteht.[125]

Auf einer Linie hiermit steht, dass das Gericht den Begriff der Erhebung „allein" von Kernbereichsinformationen mit der Situation einer Gemengelage von Kernbereichsrelevantem und Banalem gleichsetzt. Während danach Mischge-

121 Vgl. BVerfGE 113, 348 (391).
122 Vgl. BVerfG, Urteil des Ersten Senats vom 20. April 2016 – 1 BvR 966/09, 1 BvR 1140/09 –, juris, Rn. 198.
123 Vgl. BVerfGE 109, 279 (319 f., 328 f., 352).
124 Vgl. BVerfGE 109, 279 (319 f.).
125 Vgl. BVerfGE 120, 274 (338); 129, 208 (245).

spräche von Kernbereichsrelevantem und unmittelbar Ermittlungsrelevantem erhoben werden dürfen und ersichtlich nicht „allein“ Kernbereichsinformationen offenbaren,[126] gilt dies nicht für sonstige Gespräche aus einer Gemengelage von Kernbereichsrelevantem und Banalem. Freilich nähert sich der Kernbereichsschutz damit der Feststellung an, dass Datenerhebungen, die keinerlei Ermittlungsrelevanz haben, unzulässig sind.

Neu ist der Ansatz des Ersten Senats, bei erkannter Wahrscheinlichkeit einer Erfassung von kernbereichsrelevanten Informationen die Datenerhebung nur dann als verfassungswidrig zu untersagen, wenn dies für die Sicherheitsbehörden mit praktisch zu bewältigendem Aufwand möglich ist.[127] Damit wird die sehenden Auges erfolgende Erhebung von Kernbereichsinformationen ermöglicht. In der bisherigen Rechtsprechung galt eine Maßnahme, die wahrscheinlich den Kernbereich privater Lebensgestaltung verletzt, stets, das heißt unabhängig von der konkreten Art der Datenerhebung, als unzulässig.[128] Da bei dem Komplettzugriff auf informationstechnische Systeme die Erhebung kernbereichsrelevanter Daten bei lebensnaher Betrachtung im Regelfall wahrscheinlich sein dürfte, hatte die Entscheidung zur Online-Durchsuchung insoweit, in der Sache wie ausgeführt wenig überzeugend, argumentiert, dass die Kernbereichsrelevanz der zu erhebenden Daten im Vorhinein nicht erkennbar sei.[129] Die Entscheidung zur TKÜ-Neuregelung stellt den Schutz des Kernbereichs privater Lebensgestaltung zwar bereits unter den Vorbehalt von Strafverfolgungsinteressen und seiner praktischen Umsetzbarkeit, stellt die Erhebung „auch“ von Kernbereichsinformationen aber zumindest formal unter den Vorbehalt der Nichterkennbarkeit im konkreten Fall.[130] Zudem gilt hier die Annahme, dass im Fall von Vertrauenspersonen von der Erhebung „allein“ kernbereichsrelevanter Daten auszugehen sei, weshalb eine Telekommunikationsüberwachung insofern unzulässig sein kann.[131] Der in der Entscheidung zum Bundeskriminalamtgesetz verfolgte Ansatz geht hierüber hinaus, da es an einem entsprechenden Korrektiv fehlt. Die neue Rechtsprechung ist im Vergleich zu den vorhergehenden Entscheidungen sicherlich „ehrlicher“, stellt den Kernbereichsschutz aber unter den Vorbehalt des technisch möglichen. Statt bestimmte Überwachungsmaßnahmen erst dann zuzulassen, wenn hierbei zugleich hinreichend sichergestellt ist, dass es nicht zur Erhebung von Kernbe-

---

126 Vgl. hierzu auch BTDrucks 16/10121, S. 31.

127 Vgl. BVerfG, Urteil des Ersten Senats vom 20. April 2016 – 1 BvR 966/09, 1 BvR 1140/09 –, juris, Rn. 128, 220.

128 Vgl. BVerfGE 109, 279 (328); 113, 248 (391); 120, 274 (338); 129, 208 (245).

129 Vgl. BVerfGE 120, 274 (337).

130 Vgl. BVerfGE 129, 208 (247 ff.).

131 Vgl. BVerfGE 129, 208 (247).

reichsdaten kommt, wird die wahrscheinliche Erhebung von Informationen aus dem Kernbereich privater Lebensgestaltung für verfassungsrechtlich zulässig erklärt und auf die Löschung und zu unterbleibende Verwertung dieser Daten verwiesen. Dies dürfte weder mit dem Anspruch eines „absoluten" Kernbereichsschutzes noch mit der Annahme zu vereinbaren sein, dass der Kernbereich privater Lebensgestaltung bereits mit der Datenerhebung durch staatliche Stellen und nicht erst mit der Verwertung dieser Daten verletzt ist. Da der Kernbereichsschutz der technischen Entwicklung gleichsam nachgelagert ist, fehlt es insoweit auch an jeglichem Anreiz für die Sicherheitsbehörden, nicht nur Möglichkeiten der Datenerhebung, sondern zugleich auch kernbereichsschützende Funktionen fortzuentwickeln. Dementsprechend heißt es in der Entscheidung denn auch nur, dass „verfügbare" informationstechnische Sicherungen einzusetzen seien.[132]

Für die in der Rechtsprechung zum Kernbereichsschutz etablierte „unabhängige Stelle" bestimmt die Entscheidung zum Bundeskriminalamtgesetz deren Aufgaben neu. Diente die Sichtung der erhobenen Daten durch eine von der Sicherheitsbehörde unabhängige Stelle bislang der Rechtmäßigkeitskontrolle und insbesondre als Ausgleich für den fehlenden zeitnahen Rechtsschutz des Einzelnen,[133] dient die „unabhängige Stelle" nunmehr dazu, die erhobenen Daten den Sicherheitsbehörden vorzuenthalten, bis diese mit der Distanz einer neutralen Perspektive gesichtet wurden. Etwaige Schwächen des Kernbereichsschutzes auf der „Erhebungsebene" sollen so geschlossen werden. Die noch in der Entscheidung zum „großen Lauschangriff" explizit ermöglichte „erste Sichtung" der Daten durch die Sicherheitsbehörden (mit gegebenenfalls nachfolgender sofortiger Löschung der Kernbereichsdaten)[134] scheidet damit aus.

Mit dem strikten Vorenthalten der Daten vor den Sicherheitsbehörden bis zur Sichtung durch eine unabhängige Stelle wird die Frage virulent, wie ein derartiger Kernbereichsschutz mit der Notwendigkeit einer effektiven Gefahrenabwehr im Einzelfall zu vereinbaren ist. Die Sichtung über mehrere Tage oder gar Wochen erhobener Daten aus einer Wohnraumüberwachung durch externe Dritte dürfte kaum binnen kürzester Zeit zu bewältigen sein und erfordert zumindest einen nicht unerheblichen zeitlichen und personellen Einsatz. Der Erste Senat löst dieses Problem, indem er an die Stelle der „ersten Sichtung" durch die Sicherheitsbehörden „kurzfristige erste Handlungsmöglichkeiten" für den Ausnahmefall der „Gefahr im Verzug" setzt, was ebenso wie die „erste Sichtung" das Gebot der

132 Vgl. BVerfG, Urteil des Ersten Senats vom 20. April 2016 – 1 BvR 966/09, 1 BvR 1140/09 –, juris, Rn. 219.

133 Vgl. BVerfGE 109, 279 (331, 333 f.); 120, 274 (339).

134 Vgl. BVerfGE 109, 279 (323, 332).

sofortigen Löschung von Kernbereichsinformationen und das Verbot ihrer Verwendung einschließt.[135] Versteht man unter „Gefahr im Verzug" der allgemeinen Definition entsprechend eine Sachlage, bei der ein Schaden eintreten würde, wenn nicht an Stelle der zuständigen Behörde eine andere Behörde tätig wird,[136] darf danach eine erste Sichtung der erhobenen Daten auf ihre Ermittlungs- und Kernbereichsrelevanz durch die Sicherheitsbehörde selbst erfolgen, wenn die vorherige Vorlage an die „unabhängige Stelle" den Erfolg zum Beispiel der Gefahrenabwehrmaßnahme gefährden würde. Wichtig ist die Klarstellung, dass die „Gefahr im Verzug" nicht mit dem Begriff der „dringenden Gefahr", der nach Art. 13 Abs. 4 GG ohnedies Voraussetzung für eine Wohnraumüberwachung zur Gefahrenabwehr ist, gleichgesetzt werden kann. Nach der Rechtsprechung des Bundeserfassungsgerichts nimmt der Begriff der „dringenden Gefahr" im Sinne des qualifizierten Rechtsgüterschutzes auf das Ausmaß und darüber hinaus auf die Wahrscheinlichkeit eines Schadens Bezug[137] und ist also in zeitlicher Hinsicht weiter zu verstehen als der Begriff der „Gefahr im Verzug". Wären die „dringende Gefahr" und die „Gefahr im Verzug" gleichzusetzen, ließe sich auch nicht mehr davon sprechen, dass kurzfristige erste Handlungsmöglichkeiten der Sicherheitsbehörden ohne vorherige Einschaltung der unabhängigen Stelle nur im „Ausnahmefall" zulässig sein sollen.

Nicht zu überzeugen vermag die neue Begründung der verfassungsrechtlichen Notwendigkeit einer „unabhängigen Stelle". Wenn der Erste Senat insoweit der Sache nach ausführt, dass auf die Sichtung der erhobenen Daten durch eine „unabhängige Stelle" umso eher verzichtet werden kann, je verlässlicher schon bei der Datenerhebung die Erfassung kernbereichsrelevanter Sachverhalte ausgeschlossen ist,[138] steht dies bereits im Gegensatz zur bisherigen Rechtsprechung. So wurden im Rahmen der Entscheidung zum „großen Lauschangriff" klare Kriterien erarbeitet, anhand derer die Verletzung des Kernbereichs vorhersehbar und vermeidbar sein soll. Gleichwohl wird hier die Datensichtung durch eine „unabhängige Stelle" gefordert.[139] Umgekehrt folgt aus der Rechtsprechung zur TKÜ-Neuregelung, dass bei der Telekommunikationsüberwachung nicht vorher-

---

135 Vgl. BVerfG, Urteil des Ersten Senats vom 20. April 2016 – 1 BvR 966/09, 1 BvR 1140/09 –, juris, Rn. 129, 204.

136 Vgl. Schoch, in: Schoch (Hrsg.), Besonderes Verwaltungsrecht, 15. Aufl. 2013, Kap. 2 Rn. 150, m.w.N.

137 Vgl. BVerfG, Urteil des Ersten Senats vom 20. April 2016 – 1 BvR 966/09, 1 BvR 1140/09 –, juris, Rn. 110.

138 Vgl. BVerfG, Urteil des Ersten Senats vom 20. April 2016 – 1 BvR 966/09, 1 BvR 1140/09 –, juris, Rn. 220, 240f.

139 Vgl. BVerfGE 109, 279 (320ff., 333f.).

sehbar sein soll, wann kernbereichsrelevante Informationen erhoben werden, weshalb ein umfassender Kernbereichsschutz schon auf Ebene der Informationserhebung praktisch unmöglich sein soll. Gleichwohl wurde dort, freilich mit anderen Argumenten, von der Notwendigkeit einer „unabhängigen Stelle abgesehen.[140] Ferner bleibt angesichts dieses Begründungsansatzes unverständlich, warum die Regelung des § 20h Abs. 5 BKAG als verfassungswidrig angesehen wurde, wonach eine gerichtliche Sichtung der erhobenen Daten nur für die automatisierte Aufzeichnung im Zweifelsfall vorgesehen war. Zumindest vom Grundsatz her dürfte gerade dieser Ansatz der nun gültigen Begründung des Ersten Senats für die unabhängige Stelle entsprechen. Schließlich steht die Ausgleichsfunktion der „unabhängigen Stelle“ für etwaige Schwächen des Kernbereichsschutzes auf der Erhebungsebene im Widerspruch zur Annahme, dass der Kernbereich privater Lebensgestaltung bereits mit der Erhebung von Kernbereichsinformationen verletzt ist und nicht erst mit deren Verwertung durch die Sicherheitsbehörden.

Für den Zugriff auf informationstechnische Systeme bedeutet die Begründung für eine „unabhängige Stelle“, dass diese, wie bei der Wohnraumüberwachung, stets notwendig sein dürfte. Denn wird der Kernbereichsschutz auf der Erhebungsebene unter den Vorbehalt des technisch Möglichen gestellt und konstatiert, dass sich die Erhebung von Kernbereichsdaten bei einem solchen Zugriff derzeit nicht sicher ausschließen lasse, bedarf es insoweit der „kompensierenden“ Datensichtung durch eine auch den Interessen des Betroffenen dienende Stelle, bevor die Informationen den Sicherheitsbehörden zugänglich gemacht werden.

Verbunden mit der neuen Aufgabe der „unabhängigen Stelle“ ist die Neubewertung von automatisierten Datenerhebungen durch den Ersten Senat. War die bisherige Rechtsprechung automatisierten Datenerhebungen gegenüber kritisch, weil die Informationserhebung hier besonders umfangreich ausfällt und es an der Möglichkeit fehlt, die Überwachungsmaßnahme bei erkannter Verletzung des Kernbereichs privater Lebensgestaltung abzubrechen,[141] hat es nunmehr den Anschein, dass die automatisierte Datenerhebung als kernbereichsschonend gilt, da die Informationen den Sicherheitsbehörden hier erst in Folge eines neutralisierenden Sichtungsverfahrens offenbar werden – und daher bei bereits bestehenden Zweifeln über die Erhebung von Kernbereichsdaten vorzugswürdig sind.[142] Auch dieser Ansatz steht indes im Widerspruch zur Annahme, dass der Kernbereich bereits mit der staatlich erfolgenden Erfassung intimer Informationen

140 Vgl. BVerfGE 129, 208 (245 ff.).

141 Vgl. BVerfGE 109, 279 (324).

142 Vgl. BVerfG, Urteil des Ersten Senats vom 20. April 2016 – 1 BvR 966/09, 1 BvR 1140/09 –, juris, Rn. 199, 243.

verletzt ist und nicht erst mit deren Nutzung durch die Sicherheitsbehörden. Unklar bleibt die konkrete Abgrenzung zwischen einer „wahrscheinlichen" Kernbereichsverletzung, die auch automatisierte Datenerhebungen ausschließt und Zweifelsfällen, in denen eine automatisierte Datenerhebung mit nachfolgender Sichtung durch eine „unabhängige Stelle" zulässig sein soll. Letzterer Kategorie dürfte zum einen der im Verfahren konkret in Rede stehende Fall einer Wiederaufnahme von Überwachungen nach erfolgter Kernbereichsverletzung unterfallen, darüber hinaus aber wohl auch der Fall, in dem ein unmittelbarer Ermittlungsbezug grundsätzlich kernbereichsrelevanter Daten oder die Konstellation des „Mischgesprächs" aus Ermittlungsrelevantem und Kernbereichsrelevantem sich nicht sicher feststellen lassen. Vor diesem Hintergrund erschließt sich freilich nicht, warum das Gericht im Fall der Telekommunikationsüberwachung die Möglichkeit einer automatisierten Aufzeichnung selbst für den Fall als verfassungskonform ansieht, dass nach dem Wortlaut der Norm keine nachträgliche Sichtung durch eine unabhängige Stelle folgt und die automatisierte Datenerhebung nicht nur bei Zweifelsfällen möglich ist, § 20l Abs. 6 BKAG.[143]

Zu begrüßen sind die Präzisierungen des Gerichts zur Frage, was genau eine „unabhängige Stelle" ausmacht. Die organisatorischen Anforderungen an eine „unabhängige Stelle" orientieren sich am Ziel, die erhobenen Daten den Sicherheitsbehörden bis zur erfolgten Sichtung vorzuenthalten und eine Stelle zu etablieren, die auch die Interessen des von der Datenerhebung Betroffenen wahrnimmt. Indem die Entscheidung fordert, dass die „tatsächliche Durchführung" und „Entscheidungsverantwortung" „maßgeblich" in den Händen von gegenüber der Sicherheitsbehörde unabhängigen Personen liegen müsse, stellt sie sicher, dass es auf dieser Ebene nicht zu Interessenkonflikten zwischen Gefahrenabwehr und Kernbereichsschutz kommt, zugleich aber der notwendige Fachverstand der Sicherheitsbehörden in die Datensichtung einfließen kann.

Ebenfalls zu begrüßen ist die Erweiterung des normativ abzusichernden Kernbereichsschutzes auf die „besonderen Mittel der Datenerhebung". Es entspricht der allgemeinen Lebenserfahrung, dass private Themen gerade aus der Wohnung heraus verlagert werden, um gezielt für sich sein zu können. Zu berücksichtigen ist auch, dass der Einzelne auf Rückzugsräume wie den einsamen Spaziergang oder das Auto in verstärktem Maße angewiesen ist, wenn er in der eigenen Wohnung einen Raum zur Entfaltung im Höchstpersönlichen nicht findet. Beispielhaft zu nennen sind hier Jugendliche, in einer zerrütteten Beziehung lebende Personen, Heimbewohner, Lehrlinge ohne eigene Wohnung oder kaser-

---

143 Vgl. BVerfG, Urteil des Ersten Senats vom 20. April 2016 – 1 BvR 966/09, 1 BvR 1140/09 –, juris, Rn. 244 f.

niertes Personal, Asylbewerber, Obdachlose oder sonstige in räumlich beengten Verhältnissen lebende Personen. Eine Befugnis, die das Abhören von Aufzeichnungen des nichtöffentlich gesprochenen Wortes sowie die Anfertigung von Bildaufnahmen außerhalb von Wohnungen allgemein und damit etwa auch durch die Installation von Mikrofonen in Autos, die Belauschung durch Richtmikrofone an zurückgezogenen Orten oder die Ausstattung persönlicher Gegenstände mit Mikrofonen erlaubt, hat damit eine Kernbereichsnähe, die spezifische Regelungen zum Schutz der Privatsphäre erforderlich macht. Da derartige Maßnahmen keine mit der Wohnraumüberwachung oder Online-Durchsuchung vergleichbare Kernbereichsnähe aufweisen, kann die konkrete Ausgestaltung des Kernbereichsschutzes, abgesehen von oben dargestellten „Grundpfeilern", nach der Rechtsprechung des Gerichts freilich in zurückgenommener Art und Weise erfolgen.

Zu begrüßen ist schließlich die Klarstellung , dass solche Informationen mit einem unmittelbaren Bezug zum Ermittlungsziel dem Kernbereich privater Lebensgestaltung unterfallen, die einer Situation entspringen, in der dem Einzelnen gerade Schutz eingeräumt wird, um sein Fehlverhalten einzugestehen oder sich auf dessen Folgen einzurichten. Es liegt in der konsequenten Fortsetzung der Bestimmung des Kernbereichs privater Lebensgestaltung, einen Sozialbezug von Informationen trotz unmittelbarer Ermittlungsrelevanz dort nicht anzunehmen, wo gesellschaftlich konsentiert selbst schlimmste Verfehlungen ohne Kenntnisnahme Dritter offenbart können werden sollen.

Letztlich gelingt es der Entscheidung zum BKA-Gesetz damit, alle aus der Entscheidung zum „großen Lauschangriff" und den nachfolgenden Entscheidungen resultierenden Fragen einer Lösung zuzuführen. Ohne Brüche und Schwächen bleibt der Schutz des Kernbereichs privater Lebensgestaltung freilich auch nach dieser Entscheidung nicht.

III. Fazit und Ausblick

In der Rechtsprechung des Bundesverfassungsgerichts zum Schutz des Kernbereichs privater Lebensgestaltung liegt eine unaufgelöste Spannung zwischen einerseits einem aus Art. 1 Abs. 1 GG hergeleiteten Absolutheitsanspruch, nach dem jede Informationserhebung im höchstpersönlichen Bereich schon als solche als Menschenwürdeverletzung verstanden wird, die ohne jede Relativierungsmöglichkeit absolut verboten ist,[144] und andererseits der Bereitschaft, in gewissen

144 Vgl. BVerfGE 109, 279 (313, 320, 382 f.).

Konstellationen solche Kernbereichseingriffe dann aber in gewissem Umfang doch hinzunehmen.[145] Schon in der Tagebuchentscheidung[146] war diese Spannung zwischen einem absoluten Kernbereich privater Lebensgestaltung auf der einen Seite und der Notwendigkeit einer gleichwohl möglichen Sichtung der Daten aus strafprozessualen Gründen auf der anderen Seite angelegt und weitgehend unbeantwortet geblieben. In der nachfolgenden Entscheidung zum „großen Lauschangriff" konnte diese Spannung gleichfalls nur begrenzt einer Lösung zugeführt werden,[147] und erst recht wird diese in den Entscheidungen zur Telekommunikationsüberwachung[148] und vor allen zur Online-Durchsuchung[149] deutlich: Hätte man hier die Absolutheit des Kernbereichsschutzes ernstgenommen, hätte jedenfalls für Online-Durchsuchungen die dort schon in der Regel nicht auszuschließende Möglichkeit der Miterfassung auch kernbereichsrelevanter Informationen dazu führen müssen, diese ganz zu untersagen.

Tatsächlich lässt sich die Forderung, jede Informationserhebung im höchstpersönlichen Bereich sei absolut verboten, praktisch nicht durchhalten, ohne die auch ihrerseits im Rechtsstaatsprinzip wurzelnden Interessen an der Gewährleistung von Sicherheit kaum zu rechtfertigend hintanzustellen.[150] Eine Lösung des Postulats vom „absolutem Kernbereichsschutz" einerseits und effektiver Gefahrenabwehr und Strafverfolgung auch mit modernen Datenerhebungsmethoden andererseits kann in einer Absage an einen räumlich-vergegenständlicht verstandenen Menschenwürdeschutz liegen, wonach jede tatsächliche Erfassung von höchstpersönlichen Informationen *per se* bereits eine Würdeverletzung ist.[151]

Hervorzuheben ist mit der Entscheidung zum „großen Lauschangriff" vielmehr das Verständnis des Kernbereichsschutzes als eines in der Menschenwürde wurzelnden Anspruchs auf „Achtung" des „Wertes als Mensch", der „Achtung" einer Sphäre für eine ausschließlich höchstpersönliche Entfaltung[152] sowie des „Respekts" vor einem Bereich der privaten Lebensgestaltung.[153] Hiervon ausge-

---

145 Vgl. BVerfGE 129, 208 (247).

146 Vgl. BVerfGE 80, 367 (374 f.).

147 Schon in der Notwendigkeit einer zweiten Stufe liegt die Anerkennung, dass Informationserhebung aus dem Kernbereich schon aus Gründen der Prognoseunsicherheit letztlich unvermeidbar sind und damit die absolut verbotenen Menschenwürdeverletzungen zum regulären Teil der gesetzlich ausgestalteten Ermittlungspraxis gehören würden. Vgl. BVerfGE 109, 279 (332, 383).

148 Vgl. BVerfGE 113, 348 (392).

149 Vgl. BVerfGE 120, 274 (337 ff.).

150 Vgl. BVerfGE 129, 208 (247); vgl. aber auch BVerfGE 109, 279 (314).

151 Vgl. hierzu BVerfGE 80, 367 (373 f.); 109, 279 (313 f., 320, 383); 113, 348 (391).

152 Vgl. BVerfGE 109, 279 (313).

153 Vgl. BVerfGE 109, 279 (314).

hend muss eine Menschenwürdeverletzung nicht immer schon dann angenommen werden, wenn Sicherheitsbehörden höchstpersönliche Informationen des Kernbereichs überhaupt angelegentlich von Ermittlungen zugänglich werden. Der Gewährleistungsgehalt der Menschenwürde gegenüber Ermittlungen ist spezifischer: Er gebietet den uneingeschränkten Respekt vor einem Privatbereich, der dem Staat grundsätzlich verschlossen und staatlicher Ausforschung entzogen ist. Hieraus folgt zum einen das absolute Verbot, den Kernbereich zum Ziel staatlicher Ermittlungen zu machen und dem Kernbereich entstammende Informationen in irgendeiner Weise zu verwerten oder sonst zur Grundlage der weiteren Ermittlungen zu machen. Zum anderen folgt hieraus aber auch eine Pflicht des Gesetzgebers und der ermittelnden Behörden, Maßnahmen zu treffen, die auch die nur angelegentliche und unbeabsichtigte aber gleichwohl erkennbare Miterfassung von Kernbereichsinformationen im Rahmen sicherheitsbehördlicher Ermittlungen möglichst weitgehend ausschließen. Beispielhaft zu nennen sind hier Vorermittlungen zur eigentlichen Datenerhebung und eine Kernbereichsprognose anhand von Typisierungen. Drittens bedarf es Vorkehrungen für eine Minimierung der Folgen eines etwaigen Eingriffs in den Kernbereich privater Lebensgestaltung. Anders als bei einem räumlich-gegenständlichen Verständnis des Kernbereichs privater Lebensgestaltung bedeutet dann nicht jede akzidentielle Erfassung von Kernbereichsinformationen im Zuge heimlicher staatlicher Überwachungsmaßnahmen bereits als solche eine Menschenwürdeverletzung. Dem entspricht das zweistufige Modell des Kernbereichsschutzes, in dem der Achtungsanspruch des Einzelnen sich dergestalt materialisiert, dass die Erfassung von Kernbereichsinformationen durch Maßnahmen bereits vor der eigentlichen Datenerhebung weitgehend zu verhindern ist und etwaige Folgen einer gleichwohl erfolgenden Erhebung von Kernbereichsdaten weitestgehend zu minimieren sind.

Zugleich birgt ein solches Verständnis des Kernbereichsschutzes genügend Flexibilität, um die von der Rechtsprechung betonten Unterschiede in den Anforderungen je nach Art der Informationserhebung und Information aufnehmen zu können.[154] Was „Achtung“ im Kräftefeld des Art. 1 Abs. 1 GG im Einzelnen bedeutet, kann sich je nach Umständen verschieden bestimmen. Versteht man den „Kernbereichsschutz“ als aus der Menschenwürdegarantie folgenden „Achtungsanspruch“ und nicht als „räumliches Konzept“, dass jede Grenzüberschreitung von vornherein zwingend ausschließen muss, erscheint auch eine Berücksichtigung von Strafverfolgungs- und Gefahrenabwehrinteressen nicht von vornherein ausgeschlossen.

---

154 Vgl. BVerfGE 113, 348 (391); 120, 274 (337); 129, 208 (245, 247 ff.).

Zweifelhaft erscheint jedoch, ob hierbei nicht die auch im „Achtungsanspruch“ des Einzelnen liegenden Grenzen mitunter überschritten wurden. Kritisch zu beurteilen ist insbesondere, dass der Kernbereichsschutz auf Ebene der Datenerhebung weitgehend unter den Vorbehalt des technisch möglichen gestellt wird und sich damit zunehmend zu einem bloßen absoluten Verwertungsverbot wandelt. Auch überzeugt nicht, dass die Rechtsprechung von der Notwendigkeit einer der Datenerhebung vorgelagerten Prognoseentscheidung zunehmend abweicht und sich stattdessen vorschnell und ohne nähere Begründung auf die Nichterkennbarkeit der Kernbereichsrelevanz von Daten vor ihrer Sichtung zurückzieht. Gerade hinsichtlich dieser beiden Punkte wird zu beobachten sein, wie sich die Rechtsprechung in Zukunft entwickelt. Die bisherige Rechtsprechung macht insofern wenig Hoffnung, als der Kernbereichsschutz zwar auf immer weitere Maßnahmen der heimlichen Datenerhebung ausgedehnt wurde, diese Ausweitung des Kernbereichsschutzes aber mit einer zunehmenden Schwächung und Relativierung des Schutzmodells einhergeht. Weniger wäre hier eventuell mehr gewesen.

Kathleen Wolter

Keine Unsicherheiten mehr bei der Sicherungsverwahrung?

Leitentscheidungen des Bundesverfassungsgerichts

BVerfGE 70, 297 – Fortdauer der Unterbringung
BVerfGE 109, 133 – Sicherungsverwahrung I
BVerfGE 109, 190 – Unterbringungsgesetze der Länder
BVerfGE 128, 326 – Sicherungsverwahrung II
BVerfGE 129, 37 – Nachträgliche Sicherungsverwahrung
BVerfGE 131, 268 – Vorbehaltene Sicherungsverwahrung
BVerfGE 133, 40 – Nachträgliche Sicherungsverwahrung nach Erledigung der Unterbringung in einem psychiatrischen Krankenhaus
BVerfGE 134, 33 – Therapieunterbringungsgesetz

Wichtige Kammerentscheidungen (Auswahl)

BVerfGK 4, 176 – Überschreiten der Frist zur Überprüfung der Fortdauer
BVerfGK 19, 62 – Begriff der „psychischen Störung" im Sinne des ThUG

Schrifttum (Auswahl)

Baier, Probleme bei Vollstreckung und Vollzug der Sicherungsverwahrung, StraFo 2014, S. 397 ff.; *Esser*, Sicherungsverwahrung, JA 2011, S. 727 ff.; *Höffler/Stadtland*, Mad or bad? – Der Begriff „psychische Störung" des ThuG im Lichte der Rechtsprechung des BVerfG und des EGMR, StV 2012, S. 239 ff.; *Jahn/Krehl/Löffelmann/Güntge*, Die Verfassungsbeschwerde in Strafsachen, 2011 (2. Aufl. in Vorbereitung); *Knauer*, Die Sicherungsverwahrung nach geltendem Recht, StraFo 2014, S. 46 ff.; *Landau*, Strafrecht nach Lissabon, NStZ 2011, S. 537 ff.; *Leutheusser-Schnarrenberger*, Zwischen Freiheit und Sicherheit – das Recht der Sicherungsverwahrung und die Europäische Menschenrechtskonvention, in: dies. (Hrsg.), Vom Recht auf Menschenwürde, 2013, S. 175 ff.; *Pollähne*, Vollstreckung und Vollzug der Sicherungsverwahrung nach Inkrafttreten des Gesetzes zur bundesrechtlichen Umsetzung des Abstandsgebots im Recht der Sicherungsverwahrung, StV 2013, S. 249 ff.; *Satzger*, Sicherungsverwahrung – Europarechtliche Vorgaben und Grundgesetz, StV 2013, S. 243 ff.; *Streng*, Zur Legitimation der Sicherungsverwahrung, StV 2013, S. 236 ff.

DOI 10.1515/9783110421866-007

Inhalt

I. Einleitung — 174
II. Sicherungsverwahrung zwischen GG und EMRK — 175
1. Urteil des Bundesverfassungsgerichts vom 5. Februar 2004 — 176
2. Urteil des EGMR vom 17. Dezember 2009 und daran anschließende Rechtsprechung — 177
3. Urteil des Bundesverfassungsgerichts vom 4. Mai 2011 — 180
4. Urteile des EGMR im Jahr 2016 — 182
a) Urteil vom 7. Januar 2016 — 183
b) Urteil vom 2. Juni 2016 — 184
5. Offene Fragen — 184
III. Sicherungsverwahrungsfälle in der Praxis des Bundesverfassungsgerichts — 185
1. Verfassungsrechtlicher Ausgangspunkt — 186
2. Anforderungen an die Begründung von Fortdauerentscheidungen — 188
a) Bis zehn Jahre Unterbringung — 188
b) Ab zehn Jahren Unterbringung — 190
c) „Altfälle" — 190
3. Gebot der bestmöglichen Sachaufklärung — 192
a) Einholen eines Sachverständigengutachtens — 192
b) Anhörung des Beschwerdeführers und der Unterbringungseinrichtung — 195
4. Prüfungsfrist — 195
a) Fristbeginn — 196
b) Verfassungsrechtliche Maßstäbe — 197
c) Einfluss der EMRK — 199
5. Substantiierungspflichten — 200
a) Vorlage von für die verfassungsgerichtliche Prüfung unverzichtbaren Dokumenten — 200
b) Darlegung eines Grundrechtsverstoßes durch die angegriffene Entscheidung — 201
c) Einhaltung der sonstigen Zulässigkeitsvoraussetzungen — 202
IV. Fazit und Ausblick — 203

I. Einleitung

„Jede gesellschaftliche Ordnung ist darauf angewiesen, sich vor gefährlichen Straftätern zu schützen."[1] Ab dem Ende des 19. Jahrhunderts hat sich in Deutschland zur Beantwortung der Frage, wie dieser Schutz konkret ausgestaltet sein sollte, das sogenannte dualistische bzw. zweispurige Sanktionensystem herausgebildet. Danach muss die Strafe – als erste Spur – zwar an der Schuld

1 So beginnt die erste grundsätzliche Senatsentscheidung des Bundesverfassungsgerichts zur Verfassungsmäßigkeit der Sicherungsverwahrung, BVerfGE 109, 133 (134). Siehe zur Frage der Legitimation der Sicherungsverwahrung auch *Streng*, StV 2013, S. 236 ff.

orientiert bleiben, sie ist aber – als zweite Spur – durch Maßregeln der Besserung und Sicherung zu ergänzen, soweit sie Präventionsbedürfnisse nicht hinreichend befriedigen kann. Eingang in das Strafgesetzbuch fand das zweispurige Sanktionensystem und damit auch die Maßregel der Sicherungsverwahrung im November 1933 mit dem „Gesetz gegen gefährliche Gewohnheitsverbrecher".[2] In der Folge wurden die Voraussetzungen der Sicherungsverwahrung verschiedentlich den kriminalpolitischen Vorstellungen angepasst.[3]

Die sich im Spannungsfeld zwischen Freiheit und Sicherheit bewegende Maßregel der Sicherungsverwahrung betrifft heutzutage nicht mehr nur das Freiheitsgrundrecht aus Art. 2 Abs. 2 Satz 2 GG, sondern auch das durch die Europäische Konvention zum Schutz der Menschenrechte und Grundfreiheiten (EMRK) garantierte Recht auf Freiheit und Sicherheit, das nur unter den in Art. 5 Abs. 1 EMRK genannten Bedingungen eingeschränkt werden darf. Deshalb ist die Sicherungsverwahrung in den letzten Jahren Gegenstand viel beachteter Entscheidungen nicht nur des Bundesverfassungsgerichts, sondern auch des Europäischen Gerichtshofs für Menschenrechte (EGMR) in Straßburg geworden.

Der vorliegende Beitrag zeichnet zum einen den Dialog von Bundesverfassungsgericht und EGMR um die zulässigen Grenzen der Sicherungsverwahrung im rechtlichen Mehrebenensystem zwischen Grundgesetz und EMRK nach (II.). Darüber hinaus wird herausgearbeitet, welche Anforderungen in der Praxis der Kammerrechtsprechung des Bundesverfassungsgerichts konkret an Verfassungsbeschwerden gestellt werden, die sich gegen die Maßregel der Unterbringung in der Sicherungsverwahrung bzw. die verweigerte Entlassung aus dieser wenden (III.). Dies ermöglicht schließlich die Beantwortung der eingangs gestellten Frage, inwiefern hinsichtlich der Rechtsprechung des Bundesverfassungsgerichts zur Sicherungsverwahrung Unsicherheiten verbleiben (IV.).

II. Sicherungsverwahrung zwischen GG und EMRK

Die Maßregel der Sicherungsverwahrung spielte in der Rechtsprechung des Bundesverfassungsgerichts lange Zeit kaum eine Rolle. Während die Maßregel der Unterbringung in einem psychiatrischen Krankenhaus jedenfalls im Jahr 1985 zu

---

2 RGBl I S. 995.

3 Vgl. zur Geschichte der Sicherungsverwahrung BVerfGE 109, 133 (135 ff.); 128, 326 (335 ff.) sowie *Knauer*, StraFo 2014, S. 46 (46 ff.) und zur Zweispurigkeit des Sanktionensystems *Landau*, NStZ 2011, S. 537 (538 f.); *Kaspar*, ZStW 2015, S. 654 (659 ff.).

einer Grundsatzentscheidung führte,[4] gelangte die Sicherungsverwahrung erst in den frühen 2000er Jahren ins Blickfeld des Gerichts.[5]

Grund dafür dürfte gewesen sein, dass die Voraussetzungen für die Anordnung der Sicherungsverwahrung in den 1970er Jahren zunächst verschärft wurden; im Jahr 1995 befanden sich daher „nur" 163 Personen in Sicherungsverwahrung.[6] Als Reaktion auf mehrere, medial intensiv begleitete Straftaten zu dieser Zeit wurde die Sicherungsverwahrung indes erheblich ausgeweitet: Das Gesetz zur Bekämpfung von Sexualdelikten und anderen gefährlichen Straftaten vom 26. Januar 1998[7] lockerte die formellen Anordnungsvoraussetzungen und ließ die früher festgelegte Zehn-Jahres-Höchstfrist für die erstmals angeordnete Sicherungsverwahrung entfallen, auch mit Wirkung für sogenannte Altfälle, in denen die Anlasstaten vor der Gesetzesänderung begangen wurden. In den Jahren 2002[8] und 2004[9] wurden sodann die vorbehaltene und die nachträgliche Sicherungsverwahrung eingeführt, was zu einem vorläufigen Höchststand von 536 Sicherungsverwahrten im Jahr 2010 führte.[10]

1. Urteil des Bundesverfassungsgerichts vom 5. Februar 2004

Im ersten Grundsatzurteil zur Sicherungsverwahrung vom 5. Februar 2004[11] wies der Zweite Senat des Bundesverfassungsgerichts eine Verfassungsbeschwerde gegen die nachträgliche Verlängerung der Sicherungsverwahrung über die frühere Zehn-Jahres-Grenze hinaus zurück.

Die Unterbringung in der Sicherungsverwahrung verstoße selbst ohne gesetzlich geregelte zeitliche Obergrenze nicht gegen die in Art. 1 Abs. 1 GG veran-

---

4 BVerfGE 70, 297.

5 Soweit ersichtlich hat sich vor den sogleich näher zu besprechenden Entscheidungen nur einmal der Erste Senat des Bundesverfassungsgerichts zur Sicherungsverwahrung geäußert, nämlich in BVerfGE 2, 118 zur Verfassungsmäßigkeit des im Wesentlichen gleichen Vollzugs von Sicherungsverwahrung und „Zuchthausstrafe".

6 *Esser*, JA 2011, S. 727 (729); siehe auch das Schaubild 1 bei *Streng*, StV 2013, S. 236.

7 BGBl I S. 160.

8 Gesetz zur Einführung der vorbehaltenen Sicherungsverwahrung vom 21. August 2002, BGBl I S. 3344.

9 Gesetz zur Einführung der nachträglichen Sicherungsverwahrung vom 23. Juli 2004, BGBl I S. 1838; dies jedenfalls teilweise in Reaktion auf BVerfGE 109, 190, mit dem die Straftäterunterbringungsgesetze der Länder Bayern und Sachsen-Anhalt wegen fehlender Gesetzgebungskompetenz für verfassungswidrig erklärt wurden, vgl. *Knauer*, StraFo 2014, S. 46 (47).

10 *Streng*, StV 2013, S. 236 (Schaubild 1).

11 BVerfGE 109, 133.

kerte Garantie der Menschenwürde, weil der Maßregelvollzug am Resozialisierungsgedanken auszugestalten und mit größeren Freiheiten gegenüber dem Strafvollzug zu versehen sei.[12]

Zudem stelle sich die Aufhebung der Höchstfrist als verfassungskonforme Einschränkung des Freiheitsgrundrechts aus Art. 2 Abs. 2 Satz 2 GG dar. Die einfachrechtliche Regelung trage der verstärkten Geltung des Freiheitsanspruchs Rechnung durch erhöhte materielle Anforderungen an das bedrohte Rechtsgut und die drohenden Straftaten sowie durch die Anordnung der regelmäßigen Erledigung nach Vollzug von zehn Jahren Sicherungsverwahrung. Abgesichert werde dies durch das Verfahrensrecht, das eine regelmäßige Überprüfung der Fortdauer und hinreichende richterliche Sachaufklärung vorschreibe.[13]

Schließlich verstoße die rückwirkende Aufhebung der Zehn-Jahres-Höchstgrenze wegen der sogenannten Zweispurigkeit des deutschen Sanktionensystems auch nicht gegen Art. 103 Abs. 2 GG.[14] Das Rückwirkungsverbot sei nur auf die einen Schuldvorwurf erfordernden Sanktionen anwendbar, wohingegen für die präventiv ausgerichteten Maßregeln wie die Sicherungsverwahrung nur das allgemeine rechtsstaatliche Vertrauensschutzgebot gelte.[15] Als tatbestandliche Rückanknüpfung werde den allgemeinen Grundsätzen des Vertrauensschutzes und der Rechtssicherheit kein genereller Vorrang vor dem jeweils verfolgten gesetzgeberischen Anliegen eingeräumt; ersteren komme hier in der Abwägung mit den Rechten potentieller Opfer der geringere Schutz zu.

Das Bundesverfassungsgericht stellte in dieser Entscheidung aber – wenngleich eher beiläufig – fest, dass die Justizverwaltungen dafür Sorge zu tragen hätten, dass ein Abstand zwischen dem allgemeinen Strafvollzug und dem Vollzug der Sicherungsverwahrung gewahrt bleibe, der den allein spezialpräventiven Charakter der Maßregel deutlich mache.[16] Konkrete Vorgaben zur Ausgestaltung dieses Abstands machte das Gericht aber (noch) nicht.

2. Urteil des EGMR vom 17. Dezember 2009 und daran anschließende Rechtsprechung

Der vom Beschwerdeführer des verfassungsgerichtlichen Verfahrens sodann angerufene Straßburger Gerichtshof kam hinsichtlich der Vereinbarkeit des Wegfalls

12 BVerfGE 109, 133 (149 ff.).
13 BVerfGE 109, 133 (156 ff.).
14 BVerfGE 109, 133 (167 ff.).
15 BVerfGE 109, 133 (180 ff.), insofern auch kodifiziert in § 2 Abs. 6 StGB.
16 BVerfGE 109, 133 (167).

der Zehn-Jahres-Höchstfrist bei der Sicherungsverwahrung mit der Europäischen Menschenrechtskonvention – die vom Bundesverfassungsgericht nicht problematisiert worden war – zu einem gänzlich anderen Ergebnis:[17]

Zum einen stellte der EGMR einen Verstoß gegen das in Art. 5 EMRK normierte Recht auf Freiheit und Sicherheit fest.[18] Die weitere Vollstreckung der Sicherungsverwahrung nach Ablauf der früheren Höchstgrenze stelle keine „rechtmäßige Freiheitsentziehung nach Verurteilung durch ein zuständiges Gericht“ im Sinne von Art. 5 Abs. 1 Satz 2 Buchstabe a EMRK dar, weil der erforderliche Kausalzusammenhang zwischen der Verurteilung des Beschwerdeführers durch das erkennende Gericht und der Fortdauerentscheidung nach Ablauf von zehn Jahren Maßregel weggefallen sei.[19] Die vom Beschwerdeführer ausgehende Gefahr sei auch nicht so hinreichend konkret und spezifisch, dass die Fortdauer der Sicherungsverwahrung gemäß Art. 5 Abs. 1 Satz 2 Buchstabe c EMRK gerechtfertigt sei, weil „begründeter Anlass zu der Annahme besteht, dass es notwendig ist, [die Person] an der Begehung einer Straftat zu hindern“.[20] Dass der Beschwerdeführer psychisch krank und damit nach Art. 5 Abs. 1 Satz 2 Buchstabe e EMRK rechtmäßig in Haft sei, hätten die deutschen Gerichte nicht geltend gemacht.[21]

Zum anderen sei die Sicherungsverwahrung trotz der deutschen Trennung von „Strafe“ und „Maßregeln der Besserung und Sicherung“ bei der gebotenen autonomen Auslegung der Konvention als „Strafe“ im Sinne von Art. 7 Abs. 1 EMRK zu qualifizieren, so dass die rückwirkende Aufhebung der früheren Höchstfrist sehr wohl eine „Strafe ohne Gesetz“ und damit konventionswidrig sei.[22] Der Strafcharakter ergab sich für den Gerichtshof aus einer Gesamtbetrachtung, bei der er u. a. auf die freiheitsentziehende Wirkung der Sicherungsverwahrung, die

---

17 Siehe erstmals EGMR, Urteil vom 17. Dezember 2009 – Nr. 19359/04 –, M. ./. Deutschland (alle in diesem Beitrag zitierten Entscheidungen des EGMR sind auf Englisch und/oder Französisch, teilweise auch mit deutscher Übersetzung, unter http://hudoc.echr.coe.int abrufbar). Danach folgten mit ähnlicher Begründung EGMR,
- Urteil vom 13. Januar 2011 – Nr. 17792/07 –, Kallweit ./. Deutschland;
- Urteil vom 13. Januar 2011 – Nr. 20008/07 –, Mautes ./. Deutschland;
- Urteil vom 13. Januar 2011 – Nr. 27360/04 und 42225/07 –, Schummer ./. Deutschland;
- Urteil vom 14. April 2011 – Nr. 30060/04 –, Jendrowiak ./. Deutschland;
- Urteil vom 24. November 2011 – Nr. 4646/08 –, O.H. ./. Deutschland;
- Urteil vom 19. Januar 2012 – Nr. 21906/09 –, Kronfeldner ./. Deutschland;
- Urteil vom 28. November 2013 – Nr. 7345/12 –, Glien ./. Deutschland.

18 EGMR, Urteil vom 17. Dezember 2009 – Nr. 19359/04 –, M. ./. Deutschland, §§ 79 ff.

19 EGMR, Urteil vom 17. Dezember 2009 – Nr. 19359/04 –, M. ./. Deutschland, §§ 97 ff.

20 EGMR, Urteil vom 17. Dezember 2009 – Nr. 19359/04 –, M. ./. Deutschland, § 102.

21 EGMR, Urteil vom 17. Dezember 2009 – Nr. 19359/04 –, M. ./. Deutschland, § 103.

22 EGMR, Urteil vom 17. Dezember 2009 – Nr. 19359/04 –, M. ./. Deutschland, §§ 106 ff., insbesondere §§ 127 ff.

Tatsache eines weitgehend ähnlichen Vollzugs von Freiheitsstrafe und Sicherungsverwahrung und die sich im Präventionsbereich überschneidenden Zwecke beider Maßnahmen abstellte.

Der EGMR erklärte die Maßregel der Sicherungsverwahrung damit nicht grundsätzlich für konventionswidrig;[23] insbesondere ist die bereits im Strafurteil angeordnete bzw. vorbehaltene Sicherungsverwahrung gemäß Art. 5 Abs. 1 Satz 2 Buchstabe a EMRK regelmäßig gerechtfertigt. Problematisch sind lediglich die Fälle, in denen das Vertrauen eines Betroffenen berührt ist – so wie bei der nachträglichen Verlängerung der Höchstdauer der Sicherungsverwahrung oder deren nachträglicher Anordnung[24] in einem neuen Urteil. Bei diesen kommt – mangels Kausalzusammenhangs zwischen Verurteilung und Sicherungsverwahrung – regelmäßig nur eine Rechtfertigung gemäß Art. 5 Abs. 1 Satz 2 Buchstabe e EMRK in Betracht, der voraussetzt, dass der Untergebrachte „of unsound mind", d. h. „psychisch krank" ist. Eine auf diese Variante gestützte Freiheitsentziehung erkennt der EGMR indes nur an, wenn sie „in einem Krankenhaus, einer Klinik oder einer anderen geeigneten Einrichtung" vollzogen wird, nicht aber im normalen Strafvollzug.[25]

---

23 So zutreffend auch *Leutheusser-Schnarrenberger*, Zwischen Freiheit und Sicherheit – das Recht der Sicherungsverwahrung und die Europäische Menschenrechtskonvention, in: dies. (Hrsg.), Vom Recht auf Menschenwürde, 2013, S. 175 (176).

24 Diese Fallgruppe wird hier angesichts der neuen gesetzlichen Regelungen, mit denen die nachträgliche Anordnung der Sicherungsverwahrung in großen Teilen wieder abgeschafft wurde, nicht näher vertieft.
Siehe zur (für konventionswidrig erachteten) nachträglichen Anordnung der Sicherungsverwahrung gemäß § 66b Abs. 2 StGB a.F. bzw. den Unterbringungsgesetzen der Länder EGMR,
- Urteil vom 13. Januar 2011 – Nr. 6587/04 –, Haidn ./. Deutschland;
- Urteil vom 19. April 2012 – Nr. 61272/09 –, B. ./. Deutschland;

sowie zu dem einzig verbliebenen Anwendungsbereich von § 66b StGB, dem Fall der Erledigung der Unterbringung in einem psychiatrischen Krankenhaus wegen Wegfalls des die Schuldfähigkeit ausschließenden oder vermindernden Zustands, EGMR,
- Urteil vom 28. Juni 2012 – Nr. 3300/10 –, S. ./. Deutschland;
- Urteile vom 7. Juni 2012 – Nr. 65210/09 und 61827/09 –, G. respektive K. ./. Deutschland (nur zu Art. 7 EMRK).

25 Siehe insgesamt dazu EGMR, Urteil vom 13. Januar 2011 – Nr. 17792/07 –, Kallweit ./. Deutschland, §§ 45 f.; Urteil vom 24. November 2011 – Nr. 4646/08 –, O.H. ./. Deutschland, §§ 77–79; Urteil vom 19. Januar 2012 – Nr. 21906/09 –, Kronfeldner ./. Deutschland, §§ 70–72; Urteil vom 28. November 2013 – Nr. 7345/12 –, Glien ./. Deutschland, §§ 72–75.

3. Urteil des Bundesverfassungsgerichts vom 4. Mai 2011

Im Jahr 2011 hatte das Bundesverfassungsgericht erneut über die Verfassungsbeschwerden von vier Sicherungsverwahrten zu entscheiden, die sich gegen die Fortdauer ihrer Unterbringung in der Sicherungsverwahrung nach Ablauf der früher geltenden Zehn-Jahres-Höchstfrist bzw. gegen die nachträgliche Anordnung ihrer Unterbringung in der Sicherungsverwahrung wendeten. Die schwierige Aufgabe, seine eigene Rechtsprechung aus dem Jahr 2004 mit den Vorgaben des Gerichtshofs für Menschenrechte in Einklang zu bringen, hat das Bundesverfassungsgericht durch eine Stärkung des bereits im 109. Band angesprochenen Abstandsgebots bewältigt:[26]

Das Gericht hielt einerseits am zweispurigen System fest und betonte erneut, dass die Sicherungsverwahrung keine „Strafe" im Sinne von Art. 103 Abs. 2 GG sei. Andererseits kam es zu dem Ergebnis, dass sich die Sicherungsverwahrung im Hinblick auf ihren tatsächlichen Vollzug zu sehr einer „Strafe" angenähert habe; dies verletze das „Abstandsgebot" zwischen Sicherungsverwahrung und Strafe. In der Folge qualifizierte das Bundesverfassungsgericht das gesamte Regelungssystem der Sicherungsverwahrung als unverhältnismäßige Einschränkung von Freiheitsrechten und setzte dem Gesetzgeber eine Frist zur Neuregelung.

Das zu entwickelnde Gesamtkonzept müsse, um dem Abstandsgebot zu genügen, die folgenden Aspekte umfassen:[27] Die Sicherungsverwahrung dürfe nur als letztes Mittel angeordnet und vollzogen werden (ultima-ratio-Prinzip). Etwa erforderliche therapeutische Behandlungen müssten schon während des vorangehenden Strafvollzugs so zeitig beginnen und intensiv durchgeführt werden, dass sie möglichst schon vor dem Strafende abgeschlossen würden; aufgrund einer umfassenden Behandlungsuntersuchung spätestens zu Beginn des Vollzugs der Sicherungsverwahrung sei ein Vollzugsplan zu erstellen und es habe eine intensive therapeutische Betreuung des Sicherungsverwahrten durch qualifizierte Fachkräfte stattzufinden, die eine realistische Entlassungsperspektive eröffne (Individualisierungs- und Intensivierungsgebot). Hierzu sei die Mitwirkung des Betroffenen durch gezielte Motivationsarbeit zu fördern (Motivierungsgebot).

Das Leben in der Sicherungsverwahrung sei, um ihrem spezialpräventiven Charakter Rechnung zu tragen, den allgemeinen Lebensverhältnissen anzupassen, soweit Sicherheitsbelange nicht entgegenstünden; dies erfordere zwar keine vollständige räumliche Loslösung vom Strafvollzug, aber eine davon getrennte

26 Vgl. auch die Anmerkungen vom Berichterstatter des Verfahrens selbst: *Landau*, NStZ 2011, S. 537 ff.

27 BVerfGE 128, 326 (378 ff.).

Unterbringung in besonderen Gebäuden und Abteilungen, die den therapeutischen Erfordernissen entsprächen, familiäre und soziale Außenkontakte ermöglichten und über ausreichende Personalkapazitäten verfügten (Trennungsgebot[28]). Ferner müsse das gesetzliche Konzept der Sicherungsverwahrung Vorgaben zu Vollzugslockerungen und zur Entlassungsvorbereitung enthalten (Minimierungsgebot). Dem Untergebrachten müsse zudem ein effektiv durchsetzbarer Rechtsanspruch auf Durchführung der seine Gefährlichkeit reduzierenden Maßnahmen eingeräumt und ein geeigneter Beistand zur Wahrnehmung seiner Rechte und Interessen beigeordnet werden (Rechtsschutz- und Unterstützungsgebot). Schließlich sei die Fortdauer der Sicherungsverwahrung in mindestens jährlichen Abständen gerichtlich zu prüfen (Kontrollgebot).

In den Rückwirkungsfällen wurde nunmehr wegen der „verstärkenden Wertungen der EMRK" – d. h. vor dem Hintergrund der Rechtsprechung des EGMR – darüber hinaus eine Verletzung des rechtsstaatlichen Vertrauensschutzgebots aus Art. 2 Abs. 2 Satz 2 in Verbindung mit Art. 20 Abs. 3 GG angenommen, das sich wegen des nicht eingehaltenen Abstandsgebots einem absoluten Vertrauensschutz annähere.[29] Eine rückwirkend angeordnete oder verlängerte Freiheitsentziehung durch Sicherungsverwahrung könne daher nur noch dann als verhältnismäßig angesehen werden, wenn der gebotene Abstand zur Strafe gewahrt werde, eine hochgradige Gefahr schwerster Gewalt- oder Sexualstraftaten aus konkreten Umständen in der Person oder dem Verhalten des Untergebrachten abzuleiten sei und die Voraussetzungen von Art. 5 Abs. 1 Satz 2 Buchstabe e EMRK, konkretisiert durch das zwischenzeitlich erlassene Therapieunterbringungsgesetz[30], erfüllt seien. Lediglich in solchen Ausnahmefällen könne von einem Überwiegen der öffentlichen Sicherheitsinteressen ausgegangen werden.

Um das Eintreten eines „rechtlichen Vakuums" sowie kaum lösbarer Probleme für Gerichte, Verwaltung und Polizei zu verhindern, erklärte das Bundesverfassungsgericht die als verfassungswidrig erkannten §§ 66 ff. StGB nicht für nichtig, sondern ordnete deren befristete Weitergeltung bis Ende Mai 2013 an. Für die Übergangszeit sollte in Vertrauensschutzfällen auf den bereits genannten Maßstab zurückgegriffen werden, der die Wahrung verfassungsrechtlicher Mindestanforderungen sicherstellt.[31] Die vom Bundesverfassungsgericht geforderte gesetzliche Neuregelung erfolgte sodann durch das Gesetz zur bundesrechtlichen Umsetzung des Abstandsgebots im Recht der Sicherungsverwahrung vom 5. De-

---

28 Siehe dazu auch BVerfGK 20, 1 ff.

29 BVerfGE 128, 326 (388 ff.).

30 Siehe zur Verfassungsmäßigkeit des ThuG bei verfassungskonformer Auslegung auch BVerfGE 134, 33.

31 BVerfGE 128, 326 (404 ff.).

zember 2012, das sich sehr eng an die verfassungsgerichtlichen Vorgaben anlehnte.[32]

In der Folge hat das Bundesverfassungsgericht in einer weiteren Senatsentscheidung festgestellt, dass die im Urteil vom 4. Mai 2011 aufgestellten erhöhten Verhältnismäßigkeitsanforderungen auch über die im dortigen Tenor genannten Fälle hinaus bei Eingriffen in grund- und menschenrechtlich geschütztes Vertrauen wie etwa einer nachträglich angeordneten Sicherungsverwahrung, die zum Zeitpunkt der Aburteilung der Anlasstat noch nicht gesetzlich vorgesehen war, anzuwenden sind.[33] Gleiches gilt für die nachträgliche Sicherungsverwahrung nach Erledigung der Unterbringung in einem psychiatrischen Krankenhaus in Altfällen.[34] Die vorbehaltene Sicherungsverwahrung verstößt demgegenüber – wenn das Abstandsgebot gewahrt ist – nicht gegen andere Bestimmungen des Grundgesetzes wie die Menschenwürde, das Verhältnismäßigkeitsprinzip, das Bestimmtheitsgebot oder das Gebot der Rechtssicherheit.[35]

4. Urteile des EGMR im Jahr 2016

Die erste Entscheidung des Europäischen Gerichtshofs für Menschenrechte nach der vom Bundesverfassungsgericht geforderten gesetzlichen Neuregelung in Deutschland wurde sodann mit Spannung erwartet. Würde der EGMR die vom Bundesverfassungsgericht aufgestellten Einschränkungen bei grundsätzlicher Beibehaltung der Möglichkeit rückwirkender Anwendung bzw. Verlängerung der Sicherungsverwahrung als ausreichend ansehen, um die festgestellten Verstöße gegen Art. 5 und 7 EMRK zu heilen? Den Urteilen vom Januar und Juni 2016 nach zu urteilen, dürfte dies grundsätzlich der Fall sein:

32 BGBl. I S. 2425. Siehe zu den Antworten des Gesetzgebers auf die Entscheidungen aus Straßburg und Karlsruhe – darunter auch das Gesetz zur Neuordnung des Rechts der Sicherungsverwahrung vom 22. Dezember 2010 mit dem Therapieunterbringungsgesetz (BGBl. I S. 2300) – *Esser*, JA 2011, S. 727 (732 ff.) sowie *Leutheusser-Schnarrenberger*, Zwischen Freiheit und Sicherheit – das Recht der Sicherungsverwahrung und die Europäische Menschenrechtskonvention, in: dies. (Hrsg.), Vom Recht auf Menschenwürde, 2013, S. 175 (179 ff.).

33 BVerfGE 129, 37.

34 BVerfGE 133, 40.

35 BVerfGE 131, 268.

a) Urteil vom 7. Januar 2016

Mit seinem ersten Urteil vom 7. Januar 2016 billigte der Straßburger Gerichtshof eine Sicherungsverwahrung über die frühere Zehn-Jahres-Höchstfrist hinaus.[36]

Im Hinblick auf Art. 5 Abs. 1 Satz 2 Buchstabe e EMRK legte er erneut den Maßstab dar, nach dem eine Freiheitsentziehung gerechtfertigt sein kann:[37] Das für diese Gewährleistung zentrale Tatbestandsmerkmal des „unsound mind" setze voraus, dass es sich um eine zuverlässig nachgewiesene psychische Störung („true mental disorder") handele, die eine zwangsweise Unterbringung erfordere, und die fortdauere. Eine abschließende Definition des Begriffs „true mental disorder" existiere nicht; insofern besäßen die Mitgliedstaaten einen Beurteilungsspielraum. Art. 5 Abs. 1 Satz 2 Buchstabe e EMRK verlange darüber hinaus, dass der Betroffene in einem Krankenhaus, einer Klinik oder einer anderen für die Behandlung der psychischen Störung geeigneten Einrichtung untergebracht sei. Schließlich müsse die Freiheitsentziehung auch sonst „lawful" sein, d. h. mit dem nationalen materiellen und prozessualen Recht übereinstimmen.

Im konkreten Fall hielt der EGMR den beim Beschwerdeführer diagnostizierten sexuellen Sadismus für ausreichend, um ihn als „person of unsound mind" zu qualifizieren.[38] Er betonte aber erneut, dass es scheine, als ob der Begriff der psychischen Störung in § 1 Abs. 1 ThUG weiter gefasst sei als derjenige des restriktiv auszulegenden „unsound mind" in der EMRK.[39]

Darüber hinaus sei der Beschwerdeführer auch in einer geeigneten Einrichtung untergebracht.[40] In diesem Zusammenhang lobte der EGMR die weitreichenden Maßnahmen, die auf gerichtlicher, legislativer und exekutiver Ebene angestoßen worden seien und stellte in Bezug auf die konkrete Unterbringung des Beschwerdeführers fest, dass ihm insbesondere diverse Therapien angeboten würden, um seine Gefährlichkeit zu reduzieren.

Auch im Hinblick auf Art. 7 Abs. 1 EMRK erkannte der EGMR keine Verletzung der Konvention mehr.[41] Zwar sei die Maßregel der Sicherungsverwahrung im

---

36 EGMR, Urteil vom 7. Januar 2016 – Nr. 23279/14 –, Bergmann ./. Deutschland.

37 EGMR, Urteil vom 7. Januar 2016 – Nr. 23279/14 –, Bergmann ./. Deutschland, §§ 96 ff.; siehe so auch EGMR, Urteil vom 2. Juni 2016 – Nr. 6281/13 –, Petschulies ./. Deutschland, §§ 59 ff.

38 EGMR, Urteil vom 7. Januar 2016 – Nr. 23279/14 –, Bergmann ./. Deutschland, §§ 106 ff.

39 EGMR, Urteil vom 7. Januar 2016 – Nr. 23279/14 –, Bergmann ./. Deutschland, § 113; so schon EGMR, Urteil vom 28. November 2013 – Nr. 7345/12 –, Glien ./. Deutschland, § 87 und nachfolgend EGMR, Urteil vom 2. Juni 2016 – Nr. 6281/13 –, Petschulies ./. Deutschland, § 76; vgl. in Ansätzen auch schon EGMR, Urteil vom 19. Januar 2012 – Nr. 21906/09 –, Kronfeldner ./. Deutschland, §§ 78 f.; Urteil vom 19. April 2012 – Nr. 61272/09 –, B. ./. Deutschland, §§ 78 ff.

40 EGMR, Urteil vom 7. Januar 2016 – Nr. 23279/14 –, Bergmann ./. Deutschland, §§ 118 ff.

41 EGMR, Urteil vom 7. Januar 2016 – Nr. 23279/14 –, Bergmann ./. Deutschland, §§ 149 ff.

Rahmen der Gesamtwürdigung grundsätzlich nach wie vor als „Strafe“ im Sinne der Konvention zu qualifizieren. In Fällen, in denen die Sicherungsverwahrung aber verlängert werde, um eine psychische Störung zu behandeln, trete angesichts der konkreten therapeutischen Ausgestaltung der Maßregel und ihres präventiven Zwecks indes das punitive Element in einer Weise zurück, die es rechtfertige, sie nicht mehr als „Strafe“ im Sinne der Konvention anzusehen.

b) Urteil vom 2. Juni 2016

In einem weiteren Urteil vom 2. Juni 2016[42] zur Überschreitung der Zehn-Jahres-Frist hat der Straßburger Gerichtshof diese grundsätzliche Haltung zur deutschen Rechtslage zur Sicherungsverwahrung in Vertrauensschutzfällen bestätigt. Zu entscheiden war in diesem zweiten Fall vor allem die Frage, ob das Vorliegen einer dissozialen Persönlichkeitsstörung allein ausreicht, um das Merkmal des „unsound mind“ zu verwirklichen. Der Gerichtshof unterstrich, dass dies – wie er bereits mehrfach dargelegt habe – sehr zweifelhaft sei.[43] Im konkreten Fall allerdings genügten ihm für die Annahme der eine gewisse Erheblichkeit voraussetzenden „true mental disorder“, dass beim Beschwerdeführer neben der dissozialen Persönlichkeitsstörung psychopathische Elemente und Alkoholmissbrauch festgestellt wurden.

5. Offene Fragen

Mit den jüngsten Urteilen des Europäischen Gerichtshofs für Menschenrechte scheint die Frage der grundsätzlichen Vereinbarkeit der Neukonzeption der Maßregel der Sicherungsverwahrung, insbesondere in Vertrauensschutzkonstellationen, mit dem Konventionsrecht weitgehend geklärt zu sein. Im Einzelfall bleiben aber Konflikte zwischen den konventionsrechtlichen Anforderungen und den Voraussetzungen der Sicherungsverwahrung nach dem nationalen einfachen und Verfassungsrecht möglich. Dies ergibt sich vor allem aus den vom EGMR autonom interpretierten Voraussetzungen des Art. 5 Abs. 1 Satz 2 Buchstabe e EMRK. So könnten insbesondere folgende Punkte zu einer abweichenden Beurteilung desselben Sachverhalts durch das Bundesverfassungsgericht einerseits und den EGMR andererseits führen:

42 EGMR, Urteil vom 2. Juni 2016 – Nr. 6281/13 –, Petschulies ./. Deutschland.
43 EGMR, Urteil vom 2. Juni 2016 – Nr. 6281/13 –, Petschulies ./. Deutschland, § 77 m.w.N.

- Das Vorliegen einer bloßen dissozialen Persönlichkeitsstörung kann nach dem Bundesverfassungsgericht eine „psychische Störung“ darstellen,[44] während der EGMR wohl jedenfalls zusätzliche Merkmale fordert, die der Störung einen gewissen Schweregrad verleihen.[45]
- Ob der Sicherungsverwahrte in einer „geeigneten Einrichtung“ untergebracht ist, beurteilt der EGMR anhand einer Prüfung der konkreten Umstände des Einzelfalls, die je nach der konkreten Situation vor Ort unterschiedlich ausfallen kann.
- Eine Sicherungsverwahrung ist nach dem EGMR nur dann „lawful“, wenn sie in Übereinstimmung mit dem geltenden einfachen, insbesondere prozessualen, Recht ergangen ist. Hier könnten Verstöße gegen einfaches Recht, die nach dem Bundesverfassungsgericht nicht zwangsläufig einen Verfassungsverstoß nach sich ziehen, dennoch zu einem Konventionsverstoß führen. Dies könnte insbesondere im Fall der Nichteinhaltung der Überprüfungsfristen des § 67e StGB bedeutsam werden.[46]

III. Sicherungsverwahrungsfälle in der Praxis des Bundesverfassungsgerichts

Nachdem die Frage der grundsätzlichen Verfassungs- und Konventionsmäßigkeit der Sicherungsverwahrung wohl als geklärt anzusehen ist, wird nachfolgend auf die Probleme bei der konkreten Anwendung des Rechts der Sicherungsverwahrung[47] in der Praxis des Bundesverfassungsgerichts eingegangen. Die Sicherungsverwahrung kann in folgenden Konstellationen vom Bundesverfassungsgericht überprüft werden:

- wenn sich ein Beschwerdeführer mit einer Verfassungsbeschwerde gegen ein Strafurteil wehrt, in dem die Sicherungsverwahrung angeordnet wurde,[48]

---

44 BVerfGK 19, 62 (72 f.) sowie unten unter III.2.c).

45 Vgl. zum Begriff der psychischen Störung auch *Höffler/Stadtland*, StV 2012, S. 239 ff.; *Renzikowski*, NJW 2013, S. 1638 (1643); *Satzger*, StV 2013, S. 243 (247 f.); *Fischer*, StGB, 63. Aufl. 2016, § 66 Rn. 10 ff. m.w.N.

46 Siehe dazu ausführlich unter III.4.

47 Siehe zum einfachen Recht auch *Baier*, StraFo 2014, S. 397 ff. sowie *Polllähne*, StV 2013, S. 249 ff.

48 Siehe dazu *Löffelmann*, in: Jahn/Krehl/Löffelmann/Güntge, Die Verfassungsbeschwerde in Strafsachen, 2011, Rn. 563 und 592 ff. sowie BVerfGK 9, 108.

- wenn es um die tatsächliche Anordnung der Vollstreckung der Sicherungsverwahrung gemäß § 67c Abs. 1 StGB geht, die rechtzeitig vor Ende des Strafvollzugs zu prüfen ist,[49] und
- wenn der Beschwerdeführer die Entlassung aus der Sicherungsverwahrung begehrt, die sich zunächst nach § 67d Abs. 2 StGB und nach zehnjährigem Maßregelvollzug nach § 67d Abs. 3 StGB richtet.

Die ersten beiden Fälle verursachen aufgrund der relativ konkreten gesetzlichen Vorgaben in §§ 66, 66a und 66b respektive § 67c StGB kaum nennenswerte Probleme in der verfassungsgerichtlichen Rechtsprechung. Dies gilt indes nicht für die auch in der Praxis häufigste – weil sich potentiell jährlich neu stellende – letzte Fallgruppe der verweigerten Entlassung aus der Sicherungsverwahrung; auf diese soll daher im Folgenden näher eingegangen werden. Der Maßstab, an dem diese Entscheidungen gemessen werden, ist streng (1.). Daraus ergeben sich – mit fortschreitender Dauer der Unterbringung steigende – besondere Anforderungen an Fortdauerbeschlüsse (2.), die zudem dem Gebot der bestmöglichen Sachaufklärung genügen (3.) und innerhalb der gesetzlich vorgesehenen Prüfungsfrist ergehen müssen (4.). Andererseits gelten auch für Verfassungsbeschwerden gegen diese Entscheidungen spezifische Darlegungs- und Begründungspflichten (5.).

1. Verfassungsrechtlicher Ausgangspunkt

Verfassungsbeschwerden von in der Sicherungsverwahrung Untergebrachten werden angesichts des erheblichen und auf präventiven Gründen beruhenden Eingriffs in das Freiheitsgrundrecht der Betroffenen in jedem Einzelfall einer genauen Prüfung durch das Bundesverfassungsgericht unterzogen. Grundlage für die Entscheidung des Bundesverfassungsgerichts sind folgende Überlegungen:[50]

---

49 Siehe dazu *Krehl*, in: Jahn/Krehl/Löffelmann/Güntge, Die Verfassungsbeschwerde in Strafsachen, 2011, Rn. 875 ff. sowie BVerfGK 1, 13 ff. und 5, 67 ff. (zur Möglichkeit der Heilung eines versehentlich unterbliebenen Beschlusses gemäß § 67c StGB durch einen Fortdauerbeschluss gemäß §§ 67d, 67e StGB, sogenannte faktische Sicherungsverwahrung).

50 BVerfGE 109, 133 (157, 159, 162) auf die in BVerfGE 128, 326 (372 f.) explizit verwiesen wird. Die Maßstäbe beruhen wesentlich auf BVerfGE 70, 297; dieser im Jahr 1985 ergangene Beschluss betrifft zwar die Maßregel der Unterbringung in einem psychiatrischen Krankenhaus gemäß § 63 StGB, die Maßstäbe werden indes vom Bundesverfassungsgericht in großen Teilen auch auf die Maßregel der Sicherungsverwahrung übertragen, vgl. so schon BVerfG, Beschluss der 2. Kammer des Zweiten Senats vom 7. Juni 1993 – 2 BvR 1907/91 –, juris.

„Die Freiheit der Person nimmt – als Grundlage und Voraussetzung der Entfaltungsmöglichkeiten des Bürgers – einen hohen Rang unter den Grundrechten ein. Das kommt darin zum Ausdruck, dass Art. 2 Abs. 2 Satz 2 GG sie als „unverletzlich“ bezeichnet, Art. 104 Abs. 1 Satz 1 GG ihre Beschränkung nur auf Grund eines förmlichen Gesetzes zulässt und Art. 104 Abs. 2 bis 4 GG die Einhaltung besonderer Verfahrensgarantien fordert [...]. Eingriffe in dieses Rechtsgut sind im Allgemeinen nur zulässig, wenn der Schutz anderer oder der Allgemeinheit dies unter Berücksichtigung des Verhältnismäßigkeitsgrundsatzes erfordert [...]. Dem Sicherungsbedürfnis der Allgemeinheit vor zu erwartenden erheblichen Rechtsgutverletzungen ist der Freiheitsanspruch des Untergebrachten als Korrektiv entgegenzuhalten; beide sind im Einzelfall abzuwägen. [...]

Das Spannungsverhältnis zwischen dem Freiheitsanspruch des betroffenen Einzelnen und dem Sicherungsbedürfnis der Allgemeinheit vor zu erwartenden erheblichen Rechtsgutverletzungen verlangt nach gerechtem und vertretbarem Ausgleich. Je länger die Unterbringung in der Sicherungsverwahrung andauert, umso strenger sind die Voraussetzungen für die Verhältnismäßigkeit des Freiheitsentzugs. Die Grenzen der Zumutbarkeit müssen gewahrt bleiben. Dabei gilt es, das Freiheitsgrundrecht der Betroffenen sowohl auf der Ebene des Verfahrensrechts als auch materiell abzusichern (vgl. BVerfGE 70, 297).

aa) Materiell fordert das Übermaßverbot, die Sicherungsbelange und den Freiheitsanspruch des Untergebrachten im Einzelfall abzuwägen (vgl. BVerfGE 70, 297 [311]). Der Richter hat im Rahmen der erforderlichen Gesamtwürdigung die von dem Täter ausgehenden Gefahren zur Schwere des mit der Maßregel verbundenen Eingriffs ins Verhältnis zu setzen. Dabei kommt es insbesondere darauf an, ob und welche Art rechtswidriger Taten von dem Untergebrachten drohen, wie ausgeprägt das Maß der Gefährdung ist und welches Gewicht den bedrohten Rechtsgütern zukommt. Je länger die Unterbringung andauert, umso strenger sind die Anforderungen an die Verhältnismäßigkeit des Freiheitsentzugs. Der Einfluss des gewichtiger werdenden Freiheitsanspruchs stößt jedoch dort an Grenzen, wo es nach Art und Maß der von dem Untergebrachten drohenden Gefahren vor dem staatlichen Schutzauftrag für die Rechtsgüter des Einzelnen und der Allgemeinheit unvertretbar erscheint, den Untergebrachten in die Freiheit zu entlassen (vgl. BVerfGE 70, 297 [315]). [...]

bb) Verfahrensrechtlich muss zunächst gewährleistet sein, dass der Strafvollstreckungsrichter die Notwendigkeit weiterer Maßregelvollstreckung regelmäßig überprüft. Hinzu treten Anforderungen an die Wahrheitserforschung, insbesondere an die der Unterbringung zugrunde liegenden Prognosegutachten. Es ist unverzichtbare Voraussetzung rechtsstaatlichen Verfahrens, dass Entscheidungen, die den Entzug der persönlichen Freiheit betreffen, auf ausreichender richterlicher Sachaufklärung beruhen. Dabei steigen die Anforderungen an die Sachverhaltsaufklärung mit der Dauer des Maßregelvollzugs. Insbesondere bei länger dauernder Unterbringung besteht regelmäßig die Pflicht, bei richterlichen Entscheidungen über die Fortdauer der Sicherungsverwahrung einen besonders erfahrenen Sachverständigen zu Rate zu ziehen, der die richterliche Prognose durch ein hinreichend substantiiertes und zeitnahes Gutachten vorbereitet (vgl. BVerfGE 70, 297 [308]).“

2. Anforderungen an die Begründung von Fortdauerentscheidungen

Der vorstehende Maßstab bedingt erhöhte Anforderungen an die Begründung von Fortdauerbeschlüssen. Dass der Richter sich des Grundrechtseingriffs bewusst war und insbesondere die von dem Untergebrachten ausgehenden Gefahren zur Schwere des mit der Maßregel verbundenen Eingriffs ins Verhältnis gesetzt hat, ist daher in der Entscheidung nachvollziehbar darzulegen. Die Fortdauerentscheidung hat sich stets ausführlich und unter Ausschöpfung der Mittel zur Sachverhaltsaufklärung[51] mit den Voraussetzungen des § 67d StGB auseinanderzusetzen.[52]

a) Bis zehn Jahre Unterbringung

Ist die Sicherungsverwahrung noch keine zehn Jahre vollstreckt, ist die Unterbringung nach § 67d Abs. 2 Satz 1 StGB (nur) dann zu beenden, wenn zu erwarten ist, dass der Untergebrachte außerhalb des Maßregelvollzugs keine rechtswidrigen Taten mehr begehen wird. Will das Vollstreckungsgericht daher die Unterbringung zur Bewährung aussetzen, muss es positiv davon überzeugt sein, dass der Untergebrachte ungefährlich (geworden) ist. Im Fall einer Fortdauerentscheidung muss das Vollstreckungsgericht daher darlegen, dass diese positive Überzeugung nicht gewonnen werden konnte; unter Umständen genügt dann, dass keine positiven Entwicklungen beim Untergebrachten zu verzeichnen sind.[53]

Der Grundsatz der Verhältnismäßigkeit ist nach der sogenannten integrativen Betrachtung in die Prüfung der Aussetzungsreife der Maßregel nach § 67d Abs. 2 StGB einzubeziehen. Erforderlich ist also bereits bei der Prognosestellung eine Gesamtwürdigung sämtlicher für die Frage der Aussetzung maßgeblichen Umstände, die im Lichte des Verhältnismäßigkeitsgrundsatzes eingriffsbegrenzende

---

51 Siehe dazu sogleich näher unter 3.

52 Vgl. für stattgebende Kammerbeschlüsse in Sicherungsverwahrungsfällen mangels Einhaltung der Begründungsanforderungen etwa BVerfG, Beschluss der 2. Kammer des Zweiten Senats vom 17. Februar 2014 – 2 BvR 1795/12, 2 BvR 1852/13 –, juris; Beschluss der 2. Kammer des Zweiten Senats vom 29. Oktober 2013 – 2 BvR 1119/12 –, juris; Beschluss der 2. Kammer des Zweiten Senats vom 7. Mai 2013 – 2 BvR 1238/12 –, juris; Beschluss der 2. Kammer des Zweiten Senats vom 28. März 2013 – 2 BvR 553/12 –, juris; siehe auch zum ThUG exemplarisch BVerfG, Beschluss der 3. Kammer des Zweiten Senats vom 23. Januar 2014 – 2 BvR 119/12 –, juris.

53 So auch *Krehl*, in: Jahn/Krehl/Löffelmann/Güntge, Die Verfassungsbeschwerde in Strafsachen, 2011, Rn. 878; vgl. zudem *Fischer*, StGB, 63. Aufl. 2016, § 67d Rn. 8 ff.

Funktion hat. Da es sich um eine wertende Entscheidung handelt, die nach ausfüllungsbedürftigen Kriterien und unter Prognosegesichtspunkten fällt, kann das Bundesverfassungsgericht sie nicht in allen Einzelheiten, sondern nur daraufhin nachprüfen, ob eine Abwägung überhaupt stattgefunden hat und ob die dabei zugrunde gelegten Bewertungsmaßstäbe der Verfassung entsprechen, insbesondere Inhalt und Tragweite des Grundsatzes der Verhältnismäßigkeit nicht verkennen. Je länger die Unterbringung indes andauert, desto höher sind auch die Begründungsanforderungen und damit die verfassungsgerichtliche Kontrolldichte.[54]

Insofern sollten die Vollstreckungsgerichte auch bei einer noch nicht zehn Jahre dauernden Unterbringung insbesondere darlegen, ob und welche Art rechtswidriger Taten von dem Untergebrachten drohen, wie ausgeprägt das Maß der Gefährdung ist (Häufigkeit, Rückfallfrequenz) und welches Gewicht den bedrohten Rechtsgütern zukommt. Dem Gesamtzusammenhang der §§ 66 ff. StGB ist zu entnehmen, dass auf die Gefahr solcher rechtswidriger Taten abzustellen ist, die ihrer Art und ihrem Gewicht nach ausreichen, auch die Anordnung der Maßregel zu tragen; diese müssen mithin im Katalog des § 66 Abs. 1 Satz 1 Nr. 1 StGB genannt sein.[55] Die von dem Untergebrachten ausgehende Gefahr ist hinreichend zu konkretisieren, auch bezüglich des Grads der Wahrscheinlichkeit zukünftiger rechtswidriger Taten; deren bloße Möglichkeit vermag die weitere Maßregelvollstreckung nicht zu rechtfertigen[56] – wobei dieser Grat im Einzelfall schmal ist und ein gewisser fachgerichtlicher Beurteilungsspielraum besteht.

Bei alldem ist auf die Besonderheiten des Einzelfalls einzugehen. Zu erwägen sind das frühere Verhalten des Untergebrachten und von ihm bislang begangene Taten. Abzustellen ist vor allem aber auf die seit der Anordnung der Maßregel veränderten Umstände, die für die künftige Entwicklung bestimmend sind. Dazu gehören nicht nur der Zustand des Untergebrachten, sondern auch die zu erwartenden Lebensumstände. Bei der Prüfung der Verhältnismäßigkeit kann es auch auf die voraussichtlichen Wirkungen der im Falle der Aussetzung der Maßregelvollstreckung zur Bewährung kraft Gesetzes eintretenden Führungsaufsicht (§ 67d Abs. 2 Satz 2 StGB) und der damit verbindbaren weiteren Maßnahme der Aufsicht und Hilfe ankommen (vgl. §§ 68a, 68b StGB), insbesondere also die Tätigkeit eines Bewährungshelfers und die Möglichkeit bestimmter Weisungen.[57]

---

54 Insgesamt stRspr, vgl. daher nur BVerfGE 70, 297 (314 f.); 109, 133 (159).

55 Vgl. *Fischer*, StGB, 63. Aufl. 2016, § 67d Rn. 10.

56 BVerfGE 70, 297 (313) m.w.N.; vgl. auch *Fischer*, StGB, 63. Aufl. 2016, § 67d Rn. 11 f.

57 So BVerfGE 70, 297 (313 f.).

b) Ab zehn Jahren Unterbringung

Sind dagegen bereits zehn Jahre der Unterbringung in der Sicherungsverwahrung vollzogen worden, so ist die Maßregel gemäß § 67d Abs. 3 StGB regelmäßig für erledigt zu erklären, sofern das Vollstreckungsgericht nicht positiv die Gefahr belegen kann, dass der Untergebrachte erhebliche Straftaten begehen wird, durch welche die Opfer seelisch oder körperlich schwer geschädigt werden. Durch dieses umgekehrte Regel-Ausnahme-Verhältnis verbietet sich die schlichte Fortschreibung unwiderlegter Gefährlichkeitshypothesen.[58]

Hinzu kommt, dass die Begründungsanforderungen mit fortschreitender Dauer der Unterbringung in der Sicherungsverwahrung steigen, um dem Bundesverfassungsgericht die Prüfung zu ermöglichen, ob die Vollstreckungsgerichte den strenger werdenden Anforderungen an die Verhältnismäßigkeit des Freiheitsentzugs Rechnung getragen haben.[59] Dem lässt sich dadurch Rechnung tragen, dass der Richter seine Würdigung eingehender abfasst, sich also nicht etwa mit knappen, allgemeinen Wendungen begnügt, sondern seine Bewertung anhand der einfachrechtlichen Kriterien substantiiert offenlegt. Erst dadurch wird es möglich, im Rahmen verfassungsgerichtlicher Kontrolle nachzuvollziehen, ob die von dem Untergebrachten ausgehende Gefahr seinen Freiheitsanspruch gleichsam aufzuwiegen vermag.[60] In der Praxis prüft das Bundesverfassungsgericht jedenfalls bei über zehnjähriger Unterbringung in der Sicherungsverwahrung dann auch regelmäßig genau nach, ob das Vorliegen der einfachrechtlichen Voraussetzungen von den Vollstreckungsgerichten mit nachvollziehbarer Begründung dargelegt wurde.

c) „Altfälle"

In den sogenannten Altfällen, d. h. bei den Sicherungsverwahrten, deren Maßregel (erstmals) noch zu Zeiten der bis 1998 geltenden Zehn-Jahres-Höchstfrist angeordnet wurde, muss die Fortdauerentscheidung nach Ablauf von zehn Jahren zudem den nochmals erhöhten Anforderungen aus dem Urteil des Bundesverfassungsgerichts vom 4. Mai 2011 genügen: Danach ist eine verlängerte Freiheitsentziehung wegen der zusätzlich berührten Vertrauensschutzbelange nur

---

58 BVerfGE 109, 133 (161); siehe auch BVerfGK 14, 254 sowie *Krehl*, in: Jahn/Krehl/Löffelmann/Güntge, Die Verfassungsbeschwerde in Strafsachen, 2011, Rn. 882.

59 StRspr; vgl. BVerfGE 109, 133 (159) sowie für den vergleichbaren Fall der Unterbringung in einem psychiatrischen Krankenhaus gemäß § 63 StGB BVerfGE 70, 297 (315).

60 StRspr, vgl. daher nur BVerfGE 70, 297 (315 f.).

zulässig, wenn der gebotene Abstand zur Strafe gewahrt wird, eine hochgradige Gefahr schwerster Gewalt- oder Sexualstraftaten aus konkreten Umständen in der Person oder dem Verhalten des Untergebrachten abzuleiten ist und die Voraussetzungen des Art. 5 Abs. 1 Satz 2 Buchstabe e EMRK erfüllt sind, d. h. eine psychische Störung vorliegt.[61] Der Verhältnismäßigkeitsgrundsatz fordert außerdem, dass die Anordnung der Fortdauer der Sicherungsverwahrung als letztes Mittel nur in Betracht kommt, wenn andere, weniger einschneidende Maßnahmen nicht ausreichen, um den Sicherheitsinteressen der Allgemeinheit Rechnung zu tragen.[62]

Hinsichtlich der Voraussetzung einer psychischen Störung sieht das Bundesverfassungsgericht die Regelung in § 1 Abs. 1 Nr. 1 ThUG nunmehr als zulässige Konkretisierung der konventionsrechtlichen Norm an. Den Gesetzgebungsmaterialien sei zu entnehmen, dass der Gesetzgeber mit dem Begriff der psychischen Störung ausdrücklich auf die vom EGMR zu Art. 5 Abs. 1 Satz 2 Buchstabe e EMRK entwickelten Voraussetzungen für eine Freiheitsentziehung Bezug genommen habe. Nach der vorherigen Rechtslage sei lediglich zwischen der Unterbringung gefährlicher Straftäter in einer Justizvollzugsanstalt zu Präventionszwecken auf der einen und der Unterbringung psychisch Kranker, die im Zustand der Schuldunfähigkeit oder der verminderten Schuldfähigkeit Straftaten begangen hatten (§§ 20, 21, 63 StGB), auf der anderen Seite unterschieden worden. Abweichend davon sei nunmehr eine weitere Unterbringungsart für psychisch gestörte und für die Allgemeinheit gefährliche Personen geschaffen worden, bei denen im Rahmen des Verfahrens eine psychische Störung festgestellt und die Unterbringung sodann nicht in einer Justizvollzugsanstalt, sondern in einer therapeutischen Anstalt vollzogen werde.

Dementsprechend setze der Begriff der psychischen Störung im Sinne von § 1 Abs. 1 Nr. 1 ThUG gerade nicht voraus, dass der Grad einer Einschränkung der Schuldfähigkeit nach §§ 20, 21 StGB erreicht wird. Vielmehr seien auch spezifische Störungen der Persönlichkeit, des Verhaltens, der Sexualpräferenz sowie der Impuls- und Triebkontrolle unter diesen Begriff zu fassen; gleiches gelte insbesondere auch für die dissoziale Persönlichkeitsstörung.[63]

Ob tatsächlich allein eine dissoziale Persönlichkeitsstörung auch nach Ansicht des EGMR die Voraussetzung des „unsound mind“ im Sinne von Art. 5 Abs. 1 Satz 2 Buchstabe e EMRK erfüllt, ist allerdings sehr fraglich. Der Gerichtshof hat

---

61 BVerfGE 128, 326 (388 ff.).
62 BVerfGE 128, 326 (379); siehe auch BVerfGE 70, 297 (314).
63 BVerfGK 19, 62 (72 f.).

inzwischen mehrfach betont, dass dies grundsätzlich nicht der Fall sei, wenn nicht weitere erschwerende Umstände hinzuträten.[64]

3. Gebot der bestmöglichen Sachaufklärung

Entscheidungen, die wie die Unterbringung in der Sicherungsverwahrung auf einen Entzug der persönlichen Freiheit abzielen, müssen nach der ständigen Rechtsprechung des Bundesverfassungsgerichts auf einer zureichenden richterlichen Sachaufklärung beruhen. Die Mindestanforderungen an eine zuverlässige Wahrheitserforschung[65] sind nicht nur im Erkenntnisverfahren (vgl. § 244 Abs. 2 StPO), sondern auch im Vollstreckungsverfahren zu beachten.[66] Auch in denjenigen Verfahren, die dem sogenannten Freibeweis unterliegen, gilt die richterliche Aufklärungspflicht, wie sie für die Hauptverhandlung im Strafprozess in § 244 Abs. 2 StPO ihren Niederschlag gefunden hat. Dabei hängt die Reichweite des sogenannten Gebots der bestmöglichen Sachaufklärung im Einzelnen davon ab, inwieweit die Umstände des jeweiligen Falls zu – weiterer – Aufklärung Anlass geben.[67] Außerdem steigen die Anforderungen an die Sachverhaltsaufklärung mit zunehmender Dauer des Maßregelvollzugs, mit der auch die verfassungsgerichtliche Kontrolldichte wächst.[68]

a) Einholen eines Sachverständigengutachtens

In Sicherungsverwahrungsfällen kommt dem Gebot der bestmöglichen Sachaufklärung hauptsächlich Bedeutung zu, wenn es um die Frage geht, ob über die vom Untergebrachten ausgehende Gefährlichkeit ein Sachverständigengutachten einzuholen gewesen wäre. § 463 Abs. 3 Satz 3 in Verbindung mit § 454 Abs. 2 StPO normiert diesbezüglich, dass zur Vorbereitung der Entscheidung über die Aus-

64 Vgl. EGMR, Entscheidung vom 28. November 2013 – Nr. 7345/12 –, G. ./. Deutschland, §§ 85, 88 sowie jüngst Urteil vom 2. Juni 2016 – Nr. 6281/13 –, Petschulies ./. Deutschland, § 77; siehe dazu bereits oben unter II.4. und 5.

65 So wohl erstmals BVerfGE 57, 250 (274 f.).

66 Vgl. BVerfGE 70, 297 (309) zur Psychiatrieunterbringung; BVerfGE 109, 133 (162) zur Sicherungsverwahrung; BVerfGE 117, 71 (105) zur Reststrafenaussetzung zur Bewährung und BVerfGK 9, 390 (395) m.w.N. für Entscheidungen im Strafvollzug.

67 Vgl. BVerfGE 59, 280 (282); 63, 332 (337) und zuletzt BVerfG, Beschluss der 3. Kammer des Zweiten Senats vom 18. Februar 2016 – 2 BvR 2191/13 –, juris, Rn. 29.

68 Vgl. BVerfGE 109, 133 (162); 128, 326 (382).

setzung der weiteren Vollstreckung der Sicherungsverwahrung nach § 67d Abs. 2 Satz 1 StGB die Einholung eines Sachverständigengutachtens zur fortbestehenden Gefährlichkeit des Verurteilten (nur) dann erforderlich ist, wenn das Gericht die Aussetzung erwägt. In vielen Fortdauerbeschlüssen findet sich daher oft die lapidare Aussage, dass von der Einholung eines Gutachtens abgesehen worden sei, weil das Gericht die Aussetzung nicht erwogen habe.

Das Bundesverfassungsgericht hat entschieden, dass die strafprozessuale Regelung im Grundsatz verfassungsrechtlich nicht zu beanstanden ist.[69] Über die einfachgesetzliche Regelung hinaus könne aber auch in anderen Fällen die Einholung eines Sachverständigengutachtens nach den Umständen des jeweiligen Einzelfalls von Verfassungs wegen geboten sein:[70] Die Strafvollstreckungsgerichte seien insbesondere nicht von der Prüfung entbunden, ob neuere Entwicklungen in der Person des Verurteilten oder sonstige Gründe – wie vor allem der seit der letzten Begutachtung verstrichene Zeitraum – die bisherige Gefahrenprognose beeinflussen könnten. Sei dies der Fall, hätten die Strafvollstreckungsgerichte die Gefährlichkeit des Verurteilten durch Einholung eines neuen externen Sachverständigengutachtens zu klären. Denn dann versetze erst ein solches neues externes, hinreichend substantiiertes und zeitnahes Gutachten die Vollstreckungsgerichte in die Lage, die Rechtsfrage der fortbestehenden Gefährlichkeit eigenverantwortlich zu beantworten.

Vor diesem Hintergrund hat das Bundesverfassungsgericht etwa folgende Fälle als Verstoß gegen das Gebot bestmöglicher Sachaufklärung angesehen:
- letztes Sachverständigengutachten vor neun Jahren bei zehn Jahren Freiheitsentzug, davon zweieinhalb Jahre Sicherungsverwahrung;[71]
- letztes Sachverständigengutachten vor zwölf Jahren bei Freiheitsentzug seit neun Jahren, davon vier Jahre Sicherungsverwahrung; [72]
- letztes Sachverständigengutachten vor neun Jahren bei dreizehn Jahren Freiheitsentzug, davon neun Jahre Sicherungsverwahrung;[73]

69 Vgl. BVerfGE 109, 133 (163); BVerfG, Beschluss der 3. Kammer des Zweiten Senats vom 8. Juli 2010 – 2 BvR 1771/09 –, juris, Rn. 18; Beschluss der 3. Kammer des Zweiten Senats vom 6. August 2014 – 2 BvR 2632/13 –, juris, Rn. 17.

70 Vgl. nur BVerfG, Beschluss der 3. Kammer des Zweiten Senats vom 6. August 2014 – 2 BvR 2632/13 –, juris, Rn. 17 m.w.N.

71 BVerfG, Beschluss der 1. Kammer des Zweiten Senats vom 18. September 2008 – 2 BvR 728/08 –, juris.

72 BVerfG, Beschluss der 1. Kammer des Zweiten Senats vom 23. September 2008 – 2 BvR 936/08 –, juris.

73 BVerfG, Beschluss der 3. Kammer des Zweiten Senats vom 8. Juli 2010 – 2 BvR 1771/09 –, juris.

- letztes Sachverständigengutachten im Erkenntnisverfahren vor fast dreizehneinhalb Jahren bei dreizehn Jahren Freiheitsentzug, davon viereinhalb Jahre Sicherungsverwahrung.[74]

Aus dieser Rechtsprechung folgt, dass jedenfalls ein im Erkenntnisverfahren eingeholtes Sachverständigengutachten regelmäßig nicht ausreicht, um über die Frage der Fortdauer der Sicherungsverwahrung ohne ein aktuelles, anstaltsexternes Sachverständigengutachten zu entscheiden. Dies entspricht auch der neueren gesetzlichen Regelung in § 454 Abs. 2, § 463 Abs. 3 Satz 3 Halbsatz 2 StPO in Verbindung mit § 67c StGB. Danach ist nach Vorabverbüßung der Strafe – die den Regelfall darstellt – die gebotene gerichtliche Überprüfung, ob der Zweck der Maßregel die Unterbringung noch erfordert, stets auf der Grundlage eines externen Sachverständigengutachtens durchzuführen.

Ein neues Sachverständigengutachten ist zudem dann erforderlich, wenn seit der letzten Begutachtung ein nicht gänzlich unbedeutender Behandlungsfortschritt erkennbar geworden ist.[75] Auch das Überschreiten der Zehn-Jahres-Grenze und die damit erforderliche positive Feststellung der Gefährlichkeit des Betroffenen erfordert die Einholung eines aktuellen Sachverständigengutachtens, vgl. § 463 Abs. 3 Satz 4 StPO.

Das Gebot der bestmöglichen Sachverhaltsaufklärung gebietet es jedoch nicht, dem in der Sicherungsverwahrung Untergebrachten ein entscheidendes Mitspracherecht bei der Auswahl des zu bestellenden Sachverständigen einzuräumen. Insofern kann eine Beurteilung nach Aktenlage genügen, wenn der Sicherungsverwahrte eine Begutachtung durch den vom Gericht bestimmten Sachverständigen ablehnt.[76]

---

74 BVerfG, Beschluss der 3. Kammer des Zweiten Senats vom 6. August 2014 – 2 BvR 2632/13 –, juris.

75 So auch *Fischer*, StGB, 63. Aufl. 2016, § 67d Rn. 28. *Krehl*, in: Jahn/Krehl/Löffelmann/Güntge, Die Verfassungsbeschwerde in Strafsachen, 2011, Rn. 877 schlägt vor, die Fünf-Jahres-Regelung des § 463 Abs. 4 StPO sinngemäß auch auf Sicherungsverwahrungsfälle zu übertragen.

76 Vgl. für die Maßregel nach § 63 StGB etwa BVerfG, Beschluss der 3. Kammer des Zweiten Senats vom 23. Januar 2008 – 2 BvR 2380/06 –, juris, Rn. 31; Beschluss der 2. Kammer des Zweiten Senats vom 11. Juli 2014 – 2 BvR 689/14 –, juris, Rn. 33 f. Siehe auch *Fischer*, StGB, 63. Aufl. 2016, § 67d Rn. 27a; *Schmitt*, in: Meyer-Goßner/Schmitt, StPO, 59. Aufl. 2016, § 463 Rn. 6a.

b) Anhörung des Beschwerdeführers und der Unterbringungseinrichtung

Aus dem Gebot der bestmöglichen Sachverhaltsaufklärung und dem Grundsatz des rechtlichen Gehörs folgt zudem, dass ein Sicherungsverwahrter vor einem (erstinstanzlichen und jedenfalls positiven) Beschluss über die Fortdauer der Maßregel mündlich anzuhören ist, so er dies nicht ablehnt; dies ist auch in § 454 Abs. 1 Satz 3, § 463 Abs. 3 Satz 1 StPO gesetzlich normiert. Die unter den Fachgerichten umstrittene Frage, ob die Anhörung durch die gesamte Strafvollstreckungskammer durchzuführen ist oder einem beauftragten Richter übertragen werden kann,[77] hat das Bundesverfassungsgericht noch nicht entschieden.[78]

Gemäß § 454 Abs. 1 Satz 2, § 463 Abs. 3 Satz 1 StPO ist zudem die Unterbringungseinrichtung zu hören. Dies erfolgt regelmäßig in Form einer schriftlichen Stellungnahme, die aber bei Abfassung des Fortdauerbeschlusses noch hinreichend aktuell sein muss.[79]

4. Prüfungsfrist

Die weitere Vollstreckung jeder Unterbringung im Maßregelvollzug muss nach § 67e StGB regelmäßig überprüft werden. Für die Sicherungsverwahrung ordnet § 67e Abs. 2 Var. 3 StGB ein Prüfintervall von höchstens einem Jahr an; ist ein Betroffener bereits zehn Jahre untergebracht, muss die Fortdauer spätestens nach neun Monaten gerichtlich geprüft sein. Hier stellt sich die Frage, wann diese Frist genau beginnt (a), sowie ob und inwieweit Fristüberschreitungen verfassungs- (b) und konventionsrechtlich (c) gerechtfertigt werden können.

---

77 Vgl. dazu *Schmitt*, in: Meyer-Goßner/Schmitt, StPO, 59. Aufl. 2016, § 454 Rn. 21 f. und § 463 Rn. 6; sowie *Graalmann-Scheerer*, in: Löwe/Rosenberg, StPO, 26. Aufl. 2010, § 454 Rn. 22 ff., jeweils m.w.N.

78 Im Fall einer begehrten Strafaussetzung bei lebenslanger Freiheitsstrafe hatte das Bundesverfassungsgericht indes keine Einwände gegen die Rechtsprechung des Bundesgerichtshofs, wonach die Frage der Anhörung durch den vollbesetzten Spruchkörper oder einen beauftragten oder ersuchten Richter davon abhängig gemacht werden könne, ob dem persönlichen Eindruck des Gerichts besondere Bedeutung zukomme, sowie von der Bedeutung der Sache und der Schwierigkeit der Entscheidung, vgl. BVerfGE 86, 288 (339). Diese Entscheidung ist möglicherweise auf Sicherungsverwahrungsfälle übertragbar.

79 Vgl. dazu *Fischer*, StGB, 63. Aufl. 2016, § 67e Rn. 2a; *Schmitt*, in: Meyer-Goßner/Schmitt, StPO, 59. Aufl. 2016, § 454 Rn. 10 ff.

a) Fristbeginn

Die Frist des § 67e StGB beginnt nach der hier vertretenen Auffassung mit dem Erlass des letzten (erstinstanzlichen, also regelmäßig landgerichtlichen) Fortdauerbeschlusses.[80] Auch aus der Entscheidung des Bundesverfassungsgerichts vom 20. November 2014[81] lässt sich nicht ableiten, dass die Frist erst mit der Zustellung des Fortdauerbeschlusses anfinge. Bereits nach dem Wortlaut von § 67e Abs. 4 Satz 2 StGB beginnt die Frist „mit der Entscheidung“, wenn das Vollstreckungsgericht die Aussetzung oder Erledigungserklärung ablehnt. Dies vermeidet zudem etwaige Schwierigkeiten bei der Fristberechnung und trägt der Tatsache Rechnung, dass die in § 67e StGB bestimmten Fristen an die Gerichte gerichtet sind. Aus Gründen der Nachvollziehbarkeit und Rechtssicherheit liegt es daher wesentlich näher, das Datum des letzten Fortdauerbeschlusses als Beginn der neuen Frist zu sehen (jedenfalls sofern die Übermittlung innerhalb der normalen Gerichtslaufzeiten erfolgt). Bis zum selben Tag[82] des darauffolgenden Jahres (oder bei mehr als zehnjähriger Unterbringung: neun Monate später) muss folglich das zuständige Gericht über die Anordnung der Fortdauer der Unterbringung schriftlich entschieden haben.

In der Praxis der beim Bundesverfassungsgericht anhängigen Verfassungsbeschwerden ist diese Frist nicht selten überschritten. Dies ergibt sich regelmäßig aus dem Zusammenspiel der prozessrechtlichen Möglichkeiten bzw. Anforderungen: Oft wurde gegen die (im Zeitpunkt des verfassungsgerichtlichen Verfahrens) vorletzte Fortdauerentscheidung, die für den Beginn der Frist des § 67e StGB maßgeblich ist, ebenfalls ein Rechtsmittel eingelegt, so dass regelmäßig bereits

---

80 So inzident wohl auch BVerfG, Beschluss der 3. Kammer des Zweiten Senats vom 30. März 2016 – 2 BvR 746/14 –, juris, Rn. 21, 23.

81 In BVerfG, Beschluss der 3. Kammer des Zweiten Senats – 2 BvR 2774/12 –, juris, Rn. 48 heißt es: „Soweit das Oberlandesgericht geltend macht, im Zeitpunkt der Anhörung des Beschwerdeführers und der mündlichen Beschlussfassung sei die Jahresfrist noch nicht abgelaufen gewesen, lässt das Gericht außer Acht, dass die rechtzeitige Abfassung der schriftlichen Beschlussgründe für das Verfahren von wesentlicher Bedeutung ist. Mit dem Betreiben des Verfahrens bis zur Entscheidungsreife und der mündlichen Entscheidung ist die Frist des § 67e Abs. 2 StGB nicht gewahrt, da erst mit der Zustellung der schriftlichen Beschlussgründe die Beschwerdefrist des § 311 Abs. 2 StPO in Lauf gesetzt wird. Mit Blick auf das Freiheitsgrundrecht macht es keinen Unterschied, ob die Beschlussfassung als solche oder die Mitteilung der Beschlussgründe verspätet erfolgt, weil der Untergebrachte sich in beiden Fällen – bei andauernder Freiheitsentziehung – nicht in der Lage sieht, über seine weiteren Rechtsschutzmöglichkeiten zur Durchsetzung seines möglicherweise verletzten Freiheitsanspruchs zu entscheiden.“

82 Dies dürfte sich aus dem Rechtsgedanken von § 187 Abs. 1, § 188 Abs. 2 BGB ergeben, der auch in § 37 Abs. 4 Satz 2 StVollstrO für die Strafzeitberechnung vorgegeben wird.

zwei bis drei Monate von der Beschwerdeinstanz benötigt werden. Sodann kann sich die Bestellung eines Pflichtverteidigers hinziehen, die nunmehr obligatorisch ist (§ 463 Abs. 8 StPO). Auch für die erforderliche Einholung einer Stellungnahme der Unterbringungseinrichtung ist ungefähr ein Monat zu veranschlagen. Die meiste Zeit in Anspruch nimmt jedoch die Einholung eines Sachverständigengutachtens, die – wie bereits dargestellt – ebenfalls nach dem Gebot der bestmöglichen Sachaufklärung verfassungsrechtlich geboten sein kann; die Erstellung eines solchen Sachverständigengutachtens dauert realistischer Weise mindestens vier, eher sechs Monate. Schließlich ist ein Termin für die in § 454 Abs. 1 in Verbindung mit § 463 Abs. 1 StPO vorgesehene mündliche Anhörung zwischen der Strafvollstreckungskammer, dem Verteidiger des Sicherungsverwahrten und gegebenenfalls dem Sachverständigen abzustimmen.

Wenngleich sich die Strafvollstreckungsgerichte in ganz überwiegender Zahl sehr um die Einhaltung der Prüffristen bemühen, ist die Frist des § 67e Abs. 2 StGB insbesondere bei notwendiger Einholung eines Sachverständigengutachtens oft verstrichen. Dies gilt umso mehr bei bereits über zehnjähriger Unterbringung des Betroffenen in der Sicherungsverwahrung, weil sich dann nicht nur die Prüffrist von einem Jahr auf neun Monate reduziert, sondern angesichts der bereits erheblichen Unterbringungsdauer auch die Anforderungen an die Verhältnismäßigkeit einer weiteren Fortdauer erhöhen und es damit wahrscheinlicher wird, dass ein Sachverständigengutachten eingeholt werden muss.

b) Verfassungsrechtliche Maßstäbe

Das Überschreiten der Prüffrist des § 67e StGB kann nach der Rechtsprechung des Bundesverfassungsgerichts bereits für sich allein das Grundrecht aus Art. 2 Abs. 2 Satz 2 GG verletzen.[83] Denn die Sicherungsverwahrung stelle einen erheblichen Eingriff in das Freiheitsgrundrecht dar, dessen Verhältnismäßigkeit neben der inhaltlichen Ausgestaltung des Vollzugs der Freiheitsentziehung auch durch verfahrensrechtliche Sicherungen erreicht werde.

Verfahrensrechtlich müsse gewährleistet sein, dass das Vollstreckungsgericht die Notwendigkeit weiterer Maßregelvollstreckung regelmäßig überprüfe und dabei besonderen Anforderungen an die Wahrheitserforschung gerecht werde.[84] Die Vorschriften über die regelmäßige Überprüfung der weiteren Vollstreckung der

83 Siehe ausführlich dazu BVerfGK 4, 176 (180 ff.), allerdings zur damals noch geltenden Zweijahresfrist, sowie kürzlich BVerfG, Beschluss der 3. Kammer des Zweiten Senats vom 30. März 2016 – 2 BvR 746/14 –, juris, Rn. 16 ff.

84 BVerfGE 109,133 (162); BVerfGK 4, 176 (180 f.).

Sicherungsverwahrung, über die dazu regelmäßig erforderliche Anhörung des Betroffenen und über die zur Vorbereitung einer in Erwägung gezogenen Aussetzung gebotene sachverständige Begutachtung dienten der Wahrung des Übermaßverbots bei der Beschränkung des Grundrechts aus Art. 2 Abs. 2 Satz 2 GG. Ihre Missachtung könne dieses Grundrecht verletzen, wenn es sich um eine nicht mehr vertretbare Fehlhaltung gegenüber dem das Grundrecht sichernden Verfahrensrecht handle, die auf eine grundsätzlich unrichtige Anschauung von der Bedeutung des Grundrechts schließen lasse.[85] Ein zu einer Grundrechtsverletzung führender Verfahrensverstoß liege allerdings nicht bereits in jeder Verzögerung des Geschäftsablaufs, die zu einer Überschreitung der Frist führe. Zu solchen Verzögerungen könne es auch bei sorgfältiger Führung des Verfahrens kommen.

Nach diesem verfassungsgerichtlichen Maßstab kommt es entscheidend darauf an, ob das Vollstreckungsgericht – oder spätestens das Beschwerdegericht – Gründe aufzeigen kann, die geeignet sind, das Versäumen der Prüffrist des § 67e StGB zu rechtfertigen. Ob dies der Fall ist, prüft das Bundesverfassungsgericht durchaus kritisch nach; Grundvoraussetzung ist mithin, dass die Gründe für eine etwaige Fristüberschreitung in der Fortdauerentscheidung nachvollziehbar dargelegt werden.[86] Das Vollstreckungsgericht muss zudem organisatorische Vorkehrungen treffen, um eine Fristüberschreitung möglichst zu vermeiden, etwa eine Fristenkontrolle vorsehen, bei Rechtsmitteln gegebenenfalls Kopien der Akten fertigen oder eine Arbeitsüberlastung anzeigen.[87]

Eine feste Obergrenze für eine noch zu rechtfertigende Fristüberschreitung gibt es nicht. Den bisher vom Bundesverfassungsgericht festgestellten Grundrechtsverletzungen lagen etwa Überschreitungen von gut drei Wochen und zehn Tagen[88], vier Monaten[89], mehr als fünf Monaten[90] und nahezu sieben Monaten[91] zugrunde.

---

85 BVerfGK 4, 176 (181) unter Verweis auf BVerfGE 18, 85 (93) sowie 72, 105 (114 f.).

86 Vgl. BVerfG, Beschluss der 3. Kammer des Zweiten Senats vom 22. November 2011 – 2 BvR 1334/10 –, juris, Rn. 16; Beschluss der 3. Kammer des Zweiten Senats vom 29. November 2011 – 2 BvR 1665/10 –, juris, Rn. 12; Beschluss der 3. Kammer des Zweiten Senats vom 30. März 2016 – 2 BvR 746/14 –, juris, Rn. 19.

87 BVerfGK 4, 176 (181, 182 f.).

88 BVerfG, Beschluss der 3. Kammer des Zweiten Senats vom 22. November 2011 – 2 BvR 1334/10 –, juris, Rn. 16 (allerdings unter Geltung der früheren Zweijahresfrist).

89 BVerfG, Beschluss der 3. Kammer des Zweiten Senats vom 30. März 2016 – 2 BvR 746/14 –, juris.

90 BVerfG, Beschluss der 3. Kammer des Zweiten Senats vom 20. November 2014 – 2 BvR 2774/12 –, juris, Rn. 47 ff. für eine einjährige Frist zur Überprüfung der Unterbringung in einem psychiatrischen Krankenhaus.

Auch eine unvertretbare Überschreitung der gesetzlichen Prüffrist führte indes in den bisher vom Bundesverfassungsgericht entschiedenen Fällen nicht zur Freilassung des Beschwerdeführers, sondern „nur“ zur Anordnung der sofortigen Nachholung der Beschlussfassung.[92] Bemerkenswert ist in diesem Zusammenhang die neuere Rechtsprechung des Kammergerichts, nach der die weitere Vollstreckung der Maßregel materiell unzulässig werde, der betroffene Sicherungsverwahrte also freizulassen sei (wohl aber nur vorläufig bis zur Fortdauerentscheidung), wenn eine vom Gericht zu verantwortende Überschreitung der Prüffrist um mehr als ein Jahr vorliege.[93] Solch einen Extremfall hatte das Bundesverfassungsgericht bisher nicht zu entscheiden.

c) Einfluss der EMRK

Gerade bei Entscheidungen über Fristüberschreitungen sollte das Bundesverfassungsgericht auch die Rechtsprechung des EGMR im Blick haben, wenn es eine anschließende Feststellung eines Konventionsverstoßes vermeiden will. Der Straßburger Gerichtshof scheint die Frage der Zulässigkeit einer Überschreitung von Prüffristen nämlich sehr restriktiv zu sehen, weil eine solche Überschreitung dazu führen könnte, dass die Freiheitsentziehung nach Art. 5 EMRK nicht mehr „lawful“, d.h. rechtmäßig ist:

So hatte der EGMR in dem Fall eines deutschen Sicherungsverwahrten eine Überschreitung der Prüffrist von knapp einem Monat zu beurteilen. Wenngleich er die Auffassung des Bundesverfassungsgerichts, dass diese Überschreitung noch rechtmäßig gewesen sei, akzeptierte, fügte er hinzu, dass je nach den Gesamtumständen des Falls eine Verzögerung von fast einem Monat die Obergrenze dessen darstellt, was er noch als angemessen erachten könnte.[94]

---

91 Beschluss der 3. Kammer des Zweiten Senats vom 29. November 2011 – 2 BvR 1665/10 –, juris, Rn. 12 (allerdings unter Geltung der früheren Zweijahresfrist und für § 63 StGB).

92 BVerfGK 4, 176 (183); vgl. auch BVerfGK 15, 287 (305).

93 KG, Beschluss vom 9. Juni 2015 – 2 Ws 105, 122/15 –, juris, Rn. 25 ff.

94 EGMR, Urteil vom 19. September 2013 – Nr. 17167/11 –, H.W. ./. Deutschland, § 83. Vgl. auch EGMR, Urteil vom 24. November 2011 – Nr. 48038/06 –, Schönbrod ./. Deutschland, §§ 106 ff. zu einer verzögerten Beschlussfassung von neuneinhalb Monaten.

5. Substantiierungspflichten

Ist ein Beschwerdeführer der Auffassung, dass der Fortdauerbeschluss den dargestellten Anforderungen nicht entspricht, muss er bei der Einlegung seiner Verfassungsbeschwerde die in §§ 90 ff. BVerfGG und der Rechtsprechung näher ausgeprägten – inzwischen zweifellos strengen – Zulässigkeitsvoraussetzungen beachten.[95] Weit über die Hälfte der Verfassungsbeschwerden von Sicherungsverwahrten scheitern indes bereits an dieser Stelle. Besonders häufig fehlt es an einer den Anforderungen der § 23 Abs. 1 Satz 2 Halbsatz 1, § 92 BVerfGG genügenden Begründung der Beschwerdebefugnis gemäß § 90 Abs. 1 BVerfGG.

Danach muss der Beschwerdeführer substantiiert behaupten, in seinen Grundrechten oder grundrechtsgleichen Rechten selbst, unmittelbar und gegenwärtig verletzt zu sein.[96] Das Bundesverfassungsgericht soll nämlich durch die Begründung der Verfassungsbeschwerde in die Lage versetzt werden, den angegriffenen Hoheitsakt ohne eigene weitere Nachforschungen einer verfassungsrechtlichen Überprüfung zu unterziehen.[97]

Die Pflicht zur hinreichenden Substantiierung eines Grundrechtsverstoßes betrifft in Sicherungsverwahrungsfällen insbesondere die folgenden Punkte:

a) Vorlage von für die verfassungsgerichtliche Prüfung unverzichtbaren Dokumenten

Sehr häufig fehlt es an der Vorlage von Dokumenten wie der angegriffenen Fortdauerbeschlüsse, der zugrunde liegenden Rechtsschutzanträge und anderer Unterlagen, ohne deren Kenntnis sich nicht beurteilen lässt, ob die Verfassungsbeschwerde zulässig und begründet ist.[98] In Sicherungsverwahrungsfällen sind regelmäßig wenigstens vorzulegen: die angegriffenen Entscheidungen; das (Ausgangs-)Urteil, mit dem die Sicherungsverwahrung angeordnet wurde, als Grundlage für die Legalprognose, weil es die bereits zu Tage getretene Gefährlichkeit eines Beschwerdeführers abbildet; die aktuelle Stellungnahme der Un-

---

95 Vgl. ausführlich dazu *Jahn*, in: Jahn/Krehl/Löffelmann/Güntge, Die Verfassungsbeschwerde in Strafsachen, Teil 3, Rn. 305 ff.

96 StRspr; vgl. etwa BVerfGE 81, 208 (214); 89, 155 (171); 99, 84 (87); 108, 370 (386 f.); 113, 29 (44).

97 *Scheffczyk*, in: Walter/Grünewald (Hrsg.), BeckOK BVerfGG, § 92 Rn. 4 (i.E.) m.w.N.

98 StRspr, vgl. daher nur BVerfGK 5, 170 m.w.N. Siehe zu den vorzulegenden Unterlagen auch *Jahn*, in: Jahn/Krehl/Löffelmann/Güntge, Die Verfassungsbeschwerde in Strafsachen, 2011, Rn. 316 ff.

terbringungseinrichtung; ein etwaig eingeholtes Sachverständigengutachten sowie die Begründung der sofortigen Beschwerde. Darüber hinaus sollten jedenfalls sämtliche Entscheidungen bzw. Unterlagen vorgelegt werden, die in den angegriffenen Entscheidungen zitiert werden. Dies kann etwa die Vorlage von vorherigen Fortdauerentscheidungen oder früheren Sachverständigengutachten bzw. Stellungnahmen erforderlich machen.

Zwar kann die Vorlage der Unterlagen gegebenenfalls auch durch die Wiedergabe ihres wesentlichen Inhalts ersetzt werden. Regelmäßig sollte jedoch neben der Wiedergabe des Inhalts auch eine Kopie sämtlicher Unterlagen eingereicht werden, insbesondere weil das Bundesverfassungsgericht unter Umständen andere Sachen als wesentlich für die Entscheidung einstuft als der Beschwerdeführer und um sich nicht dem möglichen Vorwurf auszusetzen, der Vortrag sei lediglich selektiv erfolgt.[99]

Die Vorlage der erforderlichen Unterlagen muss schließlich ebenfalls in der einmonatigen Verfassungsbeschwerdefrist erfolgen.[100] Eine gerade noch in der Frist gefaxte Verfassungsbeschwerde „vorab ohne Anlagen“ genügt diesem Erfordernis daher nicht, wenn das Original nebst Anlagen erst nach Ablauf des Monats beim Bundesverfassungsgericht eingeht.

b) Darlegung eines Grundrechtsverstoßes durch die angegriffene Entscheidung

Um den Substantiierungsanforderungen zu genügen, muss ein Beschwerdeführer zudem hinreichend ausführlich darlegen, inwieweit durch die angegriffene Maßnahme Verfassungsrecht verletzt sein soll. Dabei hat er sich mit sämtlichen entscheidungstragenden Gründen der angegriffenen Entscheidungen[101] und der in diesem Zusammenhang bereits ergangenen Rechtsprechung des Bundesverfassungsgerichts[102], also den oben ausführlich dargelegten Maßstäben, ausein-

---

99 Vgl. so auch *Magen*, in: Burkiczak/Dollinger/Schorkopf (Hrsg.), BVerfGG, § 92 Rn. 37 ff.; *Scheffczyk*, in: Walter/Grünewald (Hrsg.), BeckOK BVerfGG, § 92 Rn. 35 (i.E.) m.w.N.

100 StRspr, vgl. nur BVerfG, Beschluss der 1. Kammer des Zweiten Senats vom 10. Mai 2007 – 2 BvR 875/07 –, juris, Rn. 3 f. m.w.N.; *Jahn*, in: Jahn/Krehl/Löffelmann/Güntge, Die Verfassungsbeschwerde in Strafsachen, 2011, Rn. 330 f.

101 StRspr, vgl. BVerfGE 82,43 (49); 86, 122 (127); 88, 40 (45); 105, 252 (264).

102 StRspr, vgl. allgemein etwa BVerfGE 77, 170 (214 ff.); 99, 84 (87); 101, 331 (345 f.); 123, 186 (234); im Fall der Sicherungsverwahrung beispielsweise BVerfG, Beschluss der 3. Kammer des Zweiten Senats vom 29. Februar 2000 – 2 BvR 2033/98 –, juris, Rn. 3 f. Siehe dazu auch *Magen*, in: Burkiczak/Dollinger/Schorkopf (Hrsg.), BVerfGG, § 92 Rn. 46 ff. m.w.N.

anderzusetzen. Er muss aufzeigen, inwieweit die angegriffene Entscheidung auf der Verletzung eines Grundrechts beruht.[103]

Vor diesem Hintergrund genügt es daher in Sicherungsverwahrungsfällen etwa nicht, nur auf die Rechtsprechung des EGMR zu Art. 5 und 7 EMRK zu verweisen, da der Beschwerdeführer eine Verletzung in einem seiner Grundrechte darlegen muss. Die Verletzung eines Rechts nach der Konvention mag zwar ein Indiz für eine Grundrechtsverletzung sein, zwingend ist diese Folge aber – insbesondere angesichts der ausgefeilten Rechtsprechung des Bundesverfassungsgerichts zur Sicherungsverwahrung unter Berücksichtigung der EMRK – nicht. Der Beschwerdeführer muss vielmehr darlegen, warum die behauptete Konventionsverletzung zugleich einen Verstoß gegen das Grundgesetz darstellen soll.[104]

Die Begründungslast eines Beschwerdeführers dürfte auch je nach der Ausführlichkeit und Qualität der Begründung der angegriffenen Entscheidungen steigen. Allerdings sind Ausführungen zum einfachen Recht häufig nur dann notwendig, wenn sie mit Blick auf die erhobene Grundrechtsrüge von Belang sind (z. B. wenn entscheidungserhebliches Vorbringen nicht berücksichtigt sein soll). Leider häufig anzutreffen sind aber auch Verfassungsbeschwerden, deren Vorbringen sich im einfachen Recht erschöpft; dem liegt wohl die irrtümliche Annahme zugrunde, dass jede einfachrechtlich falsche Gerichtsentscheidung verfassungswidrig ist und deshalb vom Bundesverfassungsgericht aufgehoben wird.

c) Einhaltung der sonstigen Zulässigkeitsvoraussetzungen

Das Bundesverfassungsgericht hat die Substantiierungsanforderungen schließlich dahingehend erweitert, dass vom Beschwerdeführer auch Darlegungen in Bezug auf die Einhaltung der Zulässigkeits- und Annahmevoraussetzungen erwartet werden können, wenn daran Zweifel bestehen.[105] In Verfassungsbeschwerden gegen die angeordnete Fortdauer der Sicherungsverwahrung kann deshalb gegebenenfalls darzulegen sein, dass die Monatsfrist des § 93 Abs. 1 Satz 1

---

103 *Jahn*, in: Jahn/Krehl/Löffelmann/Güntge, Die Verfassungsbeschwerde in Strafsachen, 2011, Rn. 373 ff., insbesondere Rn. 384.

104 BVerfGK 20, 135 (141).

105 Vgl. etwa BVerfGE 5, 9 (10 f.); BVerfG, Beschluss der 3. Kammer des Zweiten Senats vom 26. Juli 1999 – 2 BvR 1177/99 –, juris, Rn. 5; BVerfGK 14, 468 (469); sowie *Scheffczyk*, in: Walter/Grünewald (Hrsg.), BeckOK BVerfGG, § 92 Rn. 48 (i.E.) m.w.N.; *Magen*, in: Burkiczak/Dollinger/Schorkopf (Hrsg.), BVerfGG, § 92 Rn. 19 ff.; *Lenz/Hansel*, BVerfGG, 2. Aufl. 2015, § 92 Rn. 68 ff.; *Jahn*, in: Jahn/Krehl/Löffelmann/Güntge, Die Verfassungsbeschwerde in Strafsachen, 2011, Rn. 363 ff.

BVerfGG oder der Grundsatz der Subsidiarität der Verfassungsbeschwerde gewahrt wurde.

Letzterer erfordert, dass ein Beschwerdeführer über das Gebot der Erschöpfung des Rechtswegs im engeren Sinne hinaus alle nach Lage der Sache zur Verfügung stehenden prozessualen Möglichkeiten ergreift, um die Korrektur der geltend gemachten Grundrechtsverletzung durch die Fachgerichte zu erwirken oder eine Grundrechtsverletzung zu verhindern.[106] In formeller Hinsicht ist in Sicherungsverwahrungsfällen regelmäßig zu prüfen, ob der Beschwerdeführer eine Anhörungsrüge nach § 33a StPO hätte einlegen müssen; ist dies der Fall, beschränkt sich die Unzulässigkeit der Verfassungsbeschwerde regelmäßig nicht auf die behauptete Verletzung des Anspruchs auf rechtliches Gehör, sondern erfasst auch alle sonstigen Rügen, da eine begründete Anhörungsrüge die Fortsetzung des Verfahrens zur Folge haben würde und damit die Möglichkeit der Heilung auch von anderen Grundrechtsverstößen bestünde.[107] Der Grundsatz der Subsidiarität kann gegebenenfalls auch in materieller Hinsicht erfordern, dass ein Beschwerdeführer bereits im fachgerichtlichen Verfahren die Rügen jedenfalls tatsächlicher Art vorbringt, die er sodann zur Überprüfung durch das Bundesverfassungsgericht zu stellen gedenkt.[108]

IV. Fazit und Ausblick

Gibt es also hinsichtlich der Sicherungsverwahrung und ihrer Vereinbarkeit mit Grundgesetz und Menschenrechtskonvention noch Unsicherheiten? Die Antwort lautet ja und nein:

„Nein“, sofern es um die grundsätzliche Billigung der (rechtspolitisch nicht unumstrittenen) Maßregel der Sicherungsverwahrung geht. Zwar hat der Straßburger Gerichtshof im Jahr 2009/2010 mit seiner Feststellung, die damalige Ausgestaltung der Sicherungsverwahrung verletze das Freiheitsrecht nach Art. 5 und das Rückwirkungsverbot des Art. 7 EMRK, das Bundesverfassungsgericht vor erhebliche Rechtfertigungsschwierigkeiten gestellt. Durch seine jüngsten Urteile hat der EGMR allerdings das vom Bundesverfassungsgericht in der Folge entworfene Modell einer Sicherungsverwahrung, die ausreichend Abstand zum normalen

---

106 Vgl. dazu im Einzelnen *Henke*, in: Burkiczak/Dollinger/Schorkopf (Hrsg.), BVerfGG, § 90 Rn. 208 ff. m.w.N.

107 Grundlegend der sogenannte „Queen-Mary-II“-Beschluss: BVerfG, Beschluss der 3. Kammer des Ersten Senats vom 25. April 2005 – 1 BvR 644/05 –, juris, Rn. 10 f.; vgl. dazu *Lenz/Hansel*, BVerfGG, 2. Aufl. 2015, § 90 Rn. 466 ff.

108 Zusammenfassend BVerfGE 112, 50 (60 ff.).

Strafvollzug hält, gebilligt. Damit dürfte die grundsätzliche verfassungsrechtliche und konventionsrechtliche Zulässigkeit der Maßregel des § 66 StGB in ihrer derzeitigen Ausgestaltung geklärt sein.

„Ja" muss die Antwort allerdings insofern lauten, als es um die konkrete verfassungsrechtliche Beurteilung der Rechtsanwendung im Einzelfall geht. Zwar lässt sich an der in den Entscheidungen über Sicherungsverwahrungsfälle immer wieder auftauchenden Bezugnahme auf die Senatsentscheidungen im 70., 109. und 128. Band ablesen, dass die dort aufstellten grundlegenden Maßstäbe auch heute noch den Ausgangspunkt für die verfassungsgerichtliche Prüfung bilden. Allerdings führen die vom Bundesverfassungsgericht wegen des mit der Sicherungsverwahrung verbundenen tiefgreifenden Grundrechtseingriffs aufgestellten Begründungs- und verfahrensrechtlichen Anforderungen (etwa das Gebot der bestmöglichen Sachverhaltsaufklärung und die Überprüfungsfrist des § 67e Abs. 2 StGB) durchaus dazu, dass Verfassungsbeschwerden gegen Fortdauerentscheidungen – sofern sie die nicht unerheblichen Substantiierungsanforderungen überwinden – in regelmäßigen Abständen Erfolg haben.

Abzuwarten bleibt zudem, ob der Europäische Gerichtshof für Menschenrechte der Rechtsprechung des Bundesverfassungsgerichts weitere Herausforderungen stellen wird. Wenngleich die Interaktion der beiden Gerichte gerade im Bereich der Sicherungsverwahrung durchaus als Beispiel für einen konstruktiven Dialog im rechtlichen Mehrebenensystem gelten kann, so erscheint es nicht unwahrscheinlich, dass der Straßburger Gerichtshof im Einzelfall durchaus strengere konventionsrechtliche Maßstäbe etwa an das Vorliegen einer „psychischen Störung" oder die noch vertretbare Überschreitung der Prüffrist anlegen wird.

Marco Mayer und Daniel Hunsmann

Zur verfassungsrechtlich gebotenen Begründungstiefe in Untersuchungshaftsachen*

Wichtige Kammerentscheidungen des Bundesverfassungsgerichts

BVerfG, Beschluss der 3. Kammer des Zweiten Senats vom 7. August 1998 – 2 BvR 962/98 –, NStZ-RR 1999, S. 12 – Grundlagenentscheidung zur Begründungstiefe in Haftsachen
BVerfGK 7, 421 – Haftfortdauerbeschluss
BVerfGK 10, 294 – Haftfortdauerbeschluss

Schrifttum

Güntge, in: Jahn/Krehl/Löffelmann/Güntge, Die Verfassungsbeschwerde in Strafsachen, 2011, Rn. 743 ff. (2. Aufl. 2016 in Vorbereitung); *Kazele*, Untersuchungshaft, 2008, S. 96 f.; ferner die Kommentierungen zur Strafprozessordnung.

Inhalt

I. Grundlagen —— 206
  1. Überblick —— 206
  2. Herleitung —— 207
II. Einzelheiten zu Inhalt und Reichweite der Begründungsanforderungen —— 209
  1. Betroffene Entscheidungen —— 209
  2. Inhaltliche Anforderungen —— 209
  3. Beschränkte Zulässigkeit von Bezugnahmen —— 213
  4. Verhältnis zu den allgemeinen verfassungsrechtlichen Anforderungen bei der Begründung letztinstanzlicher Entscheidungen —— 214
  5. Sonstiges —— 215
III. Zu den einzelnen Haftfortdauerentscheidungen —— 217
  1. Haftbefehl —— 217
  2. Haftprüfung/Haftbeschwerde einschließlich Nichtabhilfeentscheidung —— 217
  3. Eröffnungsbeschluss —— 219
  4. Besondere Haftprüfung durch das Oberlandesgericht —— 220
  5. Urteilsbegleitende Haftfortdauerentscheidung —— 220
IV. Fazit —— 221

* Es handelt sich um eine für die „Linien der Rechtsprechung des Bundesverfassungsgerichts“ überarbeitete Fassung des in NStZ 2015, S. 325 erschienenen Beitrages der Autoren. Dem Schriftleiter der NStZ, Bundesanwalt beim BGH Prof. Dr. *Hartmut Schneider*, gebührt Dank für die freundliche Zustimmung.

DOI 10.1515/9783110421866-008

I. Grundlagen

1. Überblick

Dass gerichtliche Entscheidungen, welche die Fortdauer der Untersuchungshaft anordnen, eingehende Ausführungen zum Vorliegen der entsprechenden rechtlichen Voraussetzungen enthalten müssen, wird in der gefestigten Kammerrechtsprechung des Bundesverfassungsgerichts wie folgt zum Ausdruck gebracht:[1]

> „Aufgrund der wertsetzenden Bedeutung des Grundrechts der Freiheit der Person (Art. 2 Abs. 2 Satz 2 und 3 i.V.m. Art. 104 GG) muss das Verfahren der Haftprüfung und Haftbeschwerde so ausgestaltet sein, dass nicht die Gefahr einer Entwertung der materiellen Grundrechtsposition besteht (vgl. hierzu BVerfGE 53, 30 <65>; 63, 131 <143>). Dem ist durch eine verfahrensrechtliche Kompensation (vgl. BVerfGE 17, 108 <117 ff.>; 42, 212 <219 f.>; 46, 325 <334 f.>) des mit dem Freiheitsentzug verbundenen Grundrechtseingriffs, namentlich durch erhöhte Anforderungen an die Begründungstiefe von Haftfortdauerentscheidungen Rechnung zu tragen (vgl. BVerfGE 103, 21 <35 f.>). Die mit Haftsachen betrauten Gerichte haben sich bei der zu treffenden Entscheidung über die Fortdauer der Untersuchungshaft mit deren Voraussetzungen eingehend auseinander zu setzen und diese entsprechend zu begründen. In der Regel sind in jedem Beschluss über die Anordnung der Fortdauer der Untersuchungshaft aktuelle Ausführungen zu dem weiteren Vorliegen ihrer Voraussetzungen, zur Abwägung zwischen dem Freiheitsgrundrecht des Beschuldigten und dem Strafverfolgungsinteresse der Allgemeinheit sowie zur Frage der Verhältnismäßigkeit geboten (vgl. BVerfG, Beschluss der 3. Kammer des Zweiten Senats vom 7. August 1998 – 2 BvR 962/98 –, NStZ-RR 1999, S. 12 <13> und vom 10. Dezember 1998 – 2 BvR 1998/98 –, StV 1999, S. 162; BVerfG, Beschluss der 1. Kammer des Zweiten Senats vom 13. September 2001 – 2 BvR 1316/01 –, NJW 2002, S. 207 f.). In diesem Zusammenhang hat sich das die Haftfortdauer anordnende Gericht auch zur voraussichtlichen Gesamtdauer des Verfahrens, zu der für den Fall einer Verurteilung konkret im Raume stehenden Straferwartung und – unter Berücksichtigung einer etwaigen Aussetzung des Strafrestes gemäß § 57 StGB – zum hypothetischen Ende einer möglicherweise zu verhängenden Freiheitsstrafe zu verhalten. Diese Ausführungen müssen in Inhalt und Umfang eine Überprüfung des Abwägungsergebnisses am Grundsatz der Verhältnismäßigkeit nicht nur für den Betroffenen selbst, sondern auch für das die Anordnung treffende Fachgericht im Rahmen einer Eigenkontrolle gewährleisten und in sich schlüssig und nachvollziehbar sein.
>
> Liegt in dieser Hinsicht ein Abwägungsausfall vor, so hat dies regelmäßig eine Verletzung des Grundrechts der persönlichen Freiheit (Art. 2 Abs. 2 Satz 2 GG) zur Folge. Gleiches hat auch für den Fall eines für das Abwägungsergebnis erheblichen Abwägungsdefizits (es wird nicht eingestellt, was nach Lage der Dinge eingestellt werden muss) oder einer Abwägungsdisproportionalität (Fehlgewichtung einzelner oder mehrerer Belange) zu gelten."

1 BVerfGK 7, 421 (429 f.).

In der Praxis des Bundesverfassungsgerichts beruhen stattgebende Kammerentscheidungen im Untersuchungshaftbereich häufig auf Verstößen gegen die (fraglos strengen) Begründungsanforderungen. Zwar wird von den Beschwerdeführern zumeist (auch) eine Verletzung des in Haftsachen geltenden Beschleunigungsgebotes gerügt; soweit die Fachgerichte zu möglichen Verzögerungen im Verfahrensablauf indes keine hinreichenden Ausführungen gemacht haben, stützt das Gericht das Verdikt der Verfassungswidrigkeit primär auf diesen Begründungsmangel.[2]

2. Herleitung

Soweit ersichtlich wurden dezidierte Begründungsanforderungen bei Haftfortdauerentscheidungen in der Kammerrechtsprechung des Bundesverfassungsgerichts erstmals Ende der 1990er-Jahre aufgestellt, ohne dass dem eine spezifische Senatsentscheidung vorausgegangen war.[3] In einem Kammerbeschluss vom 7. August 1998,[4] durch welchen eine im Verfahren der besonderen Haftprüfung gemäß §§ 121, 122 StPO ergangene obergerichtliche Entscheidung aufgehoben wurde, führte das Bundesverfassungsgericht aus, die besonderen verfassungsrechtlichen Anforderungen an die Rechtfertigung einer langen Dauer der Untersuchungshaft – deren Überprüfung gemäß §§ 121, 122 StPO gerade dem Oberlandesgericht vorbehalten sei – geböten es auch, dass sich das Oberlandesgericht in seinen Entscheidungen mit den Voraussetzungen der Haftfortdauer auseinandersetze und seine Entscheidung begründe. Dies sei im Strafprozessrecht

2 Siehe BVerfGK 7, 421 (429 ff.); 8, 1 (8 f.); 9, 306 (311 ff.); 10, 294 (304 ff.); 10, 544 (550 ff.); 15, 474 (482 ff.); 19, 428 (434 f.); BVerfG, Beschluss der 2. Kammer des Zweiten Senats vom 11. Juni 2008 – 2 BvR 806/08 –, StV 2008, S. 421 (422 f.); Beschluss der 3. Kammer des Zweiten Senats vom 17. Januar 2013 – 2 BvR 2098/12 –, StV 2013, S. 640 (643); Beschluss der 3. Kammer des Zweiten Senats vom 22. Januar 2014 – 2 BvR 2248/13, 2301/13 –, juris, Rn. 40 ff.; Beschluss der 2. Kammer des Zweiten Senats vom 30. Juli 2014 – 2 BvR 1457/14 –, juris, Rn. 26 ff. m. Anm. *Schäfer*, JR 2014, S. 490. Gegenbeispiel etwa BVerfGK 7, 21 (35 ff.), wo ausführlich Verletzungen des Beschleunigungsgebotes festgestellt wurden; vgl. weiter BVerfGK 7, 140 (157 ff.) und BVerfG, Beschluss der 2. Kammer des Zweiten Senats vom 13. September 2002 – 2 BvR 1375/02 –, StV 2003, S. 30.

3 Bei der von BVerfGK 7, 421 (429) zitierten Entscheidung BVerfGE 103, 21 (35 f.) handelt es sich um einen Beschluss der 3. Kammer des Zweiten Senats vom 14. Dezember 2000 zur DNA-Identitätsfeststellung.

4 BVerfG, Beschluss der 3. Kammer des Zweiten Senats vom 7. August 1998 – 2 BvR 962/98 –, NStZ-RR 1999, S. 12 (13); nachfolgend BVerfG, Beschluss der 3. Kammer des Zweiten Senats vom 10. Dezember 1998 – 2 BvR 1998/98 –, StV 1999, S. 162; Beschluss der 1. Kammer des Zweiten Senats vom 13. September 2001 – 2 BvR 1316/01 –, NJW 2002, S. 207.

vorgesehen, was sich zunächst aus dem in § 122 Abs. 3 Satz 1 StPO enthaltenen Verweis auf § 114 Abs. 2 Nr. 4 StPO ergebe und im Übrigen – für die Ablehnung eines Antrags (des Beschuldigten oder der Staatsanwaltschaft[5]) – aus § 34 StPO folge. An die Begründung einer Entscheidung nach §§ 121, 122 StPO seien zudem höhere Anforderungen als an ein den Rechtsweg abschließendes Erkenntnis zu stellen,[6] weil das Oberlandesgericht im Rahmen der besonderen Haftprüfung eine nur ihm vorbehaltene, eigene Sachprüfung vornehme und zugleich erst- und letztinstanzlich entscheide. Insbesondere habe das Gericht die Voraussetzungen des § 121 Abs. 1 StPO darzustellen und zu begründen. Dabei sei eine Bezugnahme auf frühere Haftentscheidungen nicht grundsätzlich ausgeschlossen;[7] es seien jedoch regelmäßig aktuelle Ausführungen zu den Voraussetzungen des § 121 StPO, zur Abwägung zwischen Freiheitsgrundrecht des Beschuldigten und Strafverfolgungsinteresse sowie zur Frage der Verhältnismäßigkeit geboten, weil sich die dafür maßgeblichen Umstände insbesondere angesichts der seit der letzten Entscheidung verstrichenen Zeit in ihrer Gewichtigkeit verschieben könnten.

Diese zunächst maßgeblich auf die einfachrechtlichen Vorgaben abstellende Begründungslinie wurde nachfolgend in dem bereits dargestellten Sinn (oben 1.) erweitert und vertieft:[8] Einerseits wurden auch weitere Typen von Haftfortdauerentscheidungen einbezogen,[9] andererseits das Begründungserfordernis aus verfassungsdogmatischer Sicht unmittelbar an die aus dem Grundgesetz folgenden Verfahrensanforderungen geknüpft, welche der Gefahr einer Entwertung der materiellen Grundrechtsposition entgegenwirken sollen.[10] Ergänzend wurde be-

5 Die Staatsanwaltschaft wird regelmäßig gerade die Haftfortdauer beantragen (vgl. § 122 Abs. 1 StPO a.E.), der Beschuldigte – soweit ein entsprechender Antrag gestellt wird – das Gegenteil.
6 Dazu ausführlicher unten II.4.
7 Dazu nachfolgend II.3.
8 BVerfGK 7, 421 (429 ff.); zudem BVerfGK 8, 1 (5 ff.); 9, 306 (309 ff.); 10, 294 (301 ff.); 10, 544 (548 ff.); 15, 474 (481 ff.); 17, 517 (523 ff.); 19, 428 (433 ff.); BVerfG, Beschluss der 2. Kammer des Zweiten Senats vom 11. Juni 2008 – 2 BvR 806/08 –, StV 2008, S. 421 (422); Beschluss der 3. Kammer des Zweiten Senats vom 17. Januar 2013 – 2 BvR 2098/12 –, StV 2013, S. 640 (642); Beschluss der 3. Kammer des Zweiten Senats vom 22. Januar 2014 – 2 BvR 2248/13, 2301/13 –, juris, Rn. 38 ff.; Beschluss der 2. Kammer des Zweiten Senats vom 30. Juli 2014 – 2 BvR 1457/14 –, juris, Rn. 25 ff. Bereits in diese Richtung weisend – jedoch noch ohne die dargestellten Obersätze – etwa BVerfGK 5, 109 (118 ff.); 6, 242 (251 ff.); 6, 384 (393 ff.).
9 Im Fall BVerfGK 7, 421 wurden ein landgerichtlicher sowie ein obergerichtlicher Beschluss aufgehoben, mit denen einer Beschwerde gegen eine Haftfortdauerentscheidung keine Folge gegeben worden war; dabei handelte es sich beim Beschluss des Landgerichts der Sache nach um eine Haftprüfungsentscheidung gemäß § 117 Abs. 1 StPO. Bei BVerfGK 15, 474 (m. Anm. *Hagmann*, StV 2009, S. 592) war auch ein urteilsbegleitender Haftfortdauerbeschluss (§ 268b StPO) betroffen.
10 Vgl. BVerfGK 7, 421 (429).

tont, dass auch das aus Art. 2 Abs. 1 GG i.V.m. Art. 20 Abs. 3 GG folgende Recht auf ein faires Strafverfahren eine hinreichende Begründung verlange.[11] Zugleich wurde auf die Kammerentscheidung zu § 2 DNA-IFG i.V.m. § 81 g StPO[12] Bezug genommen, welche ebenfalls das Erfordernis besonderer fachgerichtlicher Begründungsanstrengungen hervorgehoben hatte.[13] Schließlich wurde der Gesichtspunkt der Nachvollziehbarkeit der jeweiligen Entscheidung angeführt: für das anordnende Gericht (im Sinne einer Eigenkontrolle) und für den Betroffenen,[14] ferner für das Bundesverfassungsgericht.[15]

II. Einzelheiten zu Inhalt und Reichweite der Begründungsanforderungen

1. Betroffene Entscheidungen

Wie soeben dargestellt, nahm die verfassungsgerichtliche Judikatur zur Begründungstiefe in Haftsachen ihren Ausgangspunkt bei Haftprüfungsbeschlüssen der Oberlandesgerichte im Verfahren nach §§ 121, 122 StPO[16] und wurde in der Folgezeit auf weitere Entscheidungen erstreckt. Obgleich die wiederkehrenden Obersätze des Bundesverfassungsgerichts (s.o. I.1.) zunächst auf „das Verfahren der Haftprüfung und Haftbeschwerde" abstellen, werden sodann generell „die mit Haftsachen betrauten Gerichte [...] bei der zu treffenden Entscheidung über die Fortdauer der Untersuchungshaft" in die Pflicht genommen.[17]

2. Inhaltliche Anforderungen

a) Die geforderte eingehende Auseinandersetzung mit den Haftfortdauergründen bedingt „in der Regel"[18] *aktuelle*[19] Ausführungen zum weiteren Vorliegen der

11 BVerfGK 10, 294 (304).
12 BVerfGE 103, 21 (35 f.).
13 BVerfGK 7, 421 (429).
14 BVerfGK 7, 421 (430).
15 BVerfGK 10, 294 (304).
16 BVerfG, Beschluss der 3. Kammer des Zweiten Senats vom 7. August 1998 – 2 BvR 962/98 –, NStZ-RR 1999, S. 12 (13).
17 Vgl. Fn. 9.
18 Siehe nur BVerfGK 7, 421 (429). Dazu noch näher im Text.

Haftfortdauervoraussetzungen,[20] zur Abwägung zwischen dem Freiheitsgrundrecht des Beschuldigten und dem Strafverfolgungsinteresse sowie zur Frage der Verhältnismäßigkeit der Haft.[21] Hiervon erfasst sind zum einen die allgemeinen Voraussetzungen der Untersuchungshaft wie dringender Tatverdacht und Haftgrund (§§ 112, 112a StPO) sowie etwaige besondere Haftfortdauergründe im Sinne des § 121 Abs. 1 StPO. Aus dem Grundsatz der Verhältnismäßigkeit (vgl. § 112 Abs. 1 Satz 2, § 113, § 120 Abs. 1 Satz 1 StPO) wiederum folgt, dass die Untersuchungshaft nicht außer Verhältnis zu der voraussichtlich zu erwartenden Strafe stehen darf; der Haftdauer ist aber auch unabhängig von der konkret drohenden Strafe Grenzen gesetzt.[22] Das – im Rahmen der Verhältnismäßigkeitsprüfung zu beachtende[23] – Abwägungsgebot besagt, dass die Freiheit der Person einen hohen Rang unter den Grundrechten einnimmt und eine Freiheitsentziehung nur zulässig ist, wenn überwiegende Belange des Gemeinwohls – zu denen unabweisbare Bedürfnisse einer wirksamen Strafrechtspflege gehören – es zwingend gebieten; ein vertretbarer Ausgleich des Widerstreits dieser Grundsätze lässt sich im Bereich der Untersuchungshaft nur erreichen, wenn den vom Standpunkt einer funktionstüchtigen Strafrechtspflege aus erforderlichen Freiheitsbeschränkungen „ständig der Freiheitsanspruch des noch nicht verurteilten Beschuldigten als Korrektiv entgegengehalten wird“; dies bedingt eine Abwägung zwischen beiden Belangen, wobei sich das Gewicht des Freiheitsanspruchs mit zunehmender Haftdauer vergrößert.[24] Ausdruck dieser verfassungsrechtlichen Lage ist etwa die Möglichkeit der Außervollzugsetzung gemäß § 116 StPO,[25] womit sich das Gericht gegebenenfalls aussagekräftig auseinanderzusetzen hat.[26] Ebenfalls können relevante Verstöße gegen das Beschleunigungsgebot die gebotene Abwägung bzw. die Verhältnismäßigkeitsprüfung zugunsten des Betroffenen ausgehen lassen;[27]

---

19 Nachdem „aktuell“ dem Wort „Ausführungen“ vorangestellt ist, bezieht es sich auf alle nachfolgenden Punkte.

20 Diese Forderung („in der Regel in jedem Haftfortdauerbeschluss aktuelle Ausführungen zum weiteren Vorliegen ihrer Voraussetzungen geboten“) mag auf den ersten Blick tautologisch erscheinen. An der sachlichen Aussage (eine ausreichende Begründung muss sich eingehend mit den Fortdauervoraussetzungen befassen) ändert sich dadurch aber nichts.

21 Zwischen den einzelnen Punkten bestehen durchaus Überschneidungen bzw. fließende Übergänge (vgl. BVerfGK 7, 21 [33 ff.] sowie sogleich im Text).

22 BVerfGE 20, 144 (148).

23 Vgl. BVerfGK 17, 517 (524); zudem BVerfGK 7, 21 (33 f.) und *Herrmann*, in: Satzger/Schluckebier/Widmaier, StPO, 2. Aufl. 2016, § 120 Rn. 17.

24 BVerfGE 53, 152 (158 f.) m.w.N.

25 BVerfGE 53, 152 (159).

26 Vgl. BVerfGK 19, 428 (434); ferner BVerfGK 7, 239 (256 f.).

27 Vgl. BVerfGK 7, 21 (33 ff.).

sie können zugleich dahin führen, die besonderen Haftfortdauervoraussetzungen gemäß § 121 Abs. 1 StPO – in denen der Verhältnismäßigkeitsgrundsatz zum Ausdruck kommt[28] – zu verneinen.[29] Vor diesem Hintergrund muss die aktuelle Bewertung des Verfahrensstandes die Prüfung enthalten, ob das Beschleunigungsgebot eingehalten wurde,[30] was eine auf den Einzelfall bezogene Analyse des Verfahrensablaufes erfordert.[31] Da bereits absehbare künftige Verzögerungen eine Verletzung des Beschleunigungsgebotes begründen können, sind auch solche Umstände in den Blick zu nehmen.[32] Weil sich mit zunehmender Dauer der Untersuchungshaft der Freiheitsanspruch des Beschuldigten sowie das Beschleunigungserfordernis verstärken und höhere Anforderungen an das Vorliegen eines rechtfertigenden Grundes zu stellen sind,[33] erhöhen sich die Anforderungen an eine nachvollziehbare Begründung der Haftfortdauerentscheidung.[34] Indem zu den vorgenannten Punkten „in der Regel" auszuführen ist, bleibt indes noch Raum für eine Berücksichtigung der Umstände des Einzelfalls; reiner Schematismus ist nicht angezeigt.[35]

b) Letzteres dürfte ebenso für die „in diesem Zusammenhang" geforderten – und in der Praxis häufig fehlenden – Ausführungen zur voraussichtlichen Gesamtdauer des Verfahrens, zu der für den Fall einer Verurteilung konkret im Raume stehenden Straferwartung sowie – unter Berücksichtigung einer etwaigen[36] Aussetzung des Strafrestes gemäß § 57 StGB oder § 88 JGG[37] – zum hypothetischen Ende einer möglicherweise zu verhängenden Freiheitsstrafe gelten. Die gebotene Betrachtung von Verfahrens(gesamt)dauer einerseits und im Raum stehender (Netto-)Verbüßungszeit andererseits hat ihren Grund (jedenfalls auch) darin, dass

---

28 Vgl. *Herrmann*, in: Satzger/Schluckebier/Widmaier, StPO, 2. Aufl. 2016, § 121 Rn. 7.
29 BVerfGK 10, 544 (552f.).
30 BVerfGK 8, 1 (6).
31 BVerfGK 6, 242 (253); 7, 421 (429); 8, 1 (8); 15, 474 (483).
32 Vgl. BVerfGK 6, 384 (393ff.).
33 BVerfGK 7, 140 (155, 161).
34 *Böhm/Werner*, in: Münchener Kommentar zur StPO, 2014, § 112 Rn. 34.
35 Gleichwohl empfiehlt sich die Abarbeitung anhand einer „Checkliste" (so im Hinblick auf das Abfassen einer Verfassungsbeschwerde *Güntge*, in: Jahn/Krehl/Löffelmann/Güntge, Die Verfassungsbeschwerde in Strafsachen, 2011, Rn. 747).
36 Eine vorzeitige Entlassung ist in die Betrachtung einzustellen, wenn sie im konkreten Fall zu erwarten ist (BVerfGK 19, 428 [435]; BVerfG, Beschluss der 2. Kammer des Zweiten Senats vom 11. Juni 2008 – 2 BvR 806/08 –, StV 2008, S. 421 [422]). Vgl. dazu auch *Kazele*, Untersuchungshaft, 2008, S. 122ff.
37 BVerfG, Beschluss der 3. Kammer des Zweiten Senats vom 17. Januar 2013 – 2 BvR 2098/12 –, StV 2013, S. 640 (643).

eine „Vollverbüßung“ der letztlich verhängten Strafe bereits durch die gemäß § 51 Abs. 1 Satz 1 StGB anzurechnende Untersuchungshaft nur in Ausnahmefällen in Betracht kommt.[38] Insoweit könnte zwar erwogen werden, entsprechende Ausführungen als entbehrlich anzusehen, wenn eine besonders hohe Straferwartung auf der Hand liegt und das Verfahren verhältnismäßig rasch abgeschlossen werden kann. Ob dies vor dem Bundesverfassungsgericht unbeanstandet bliebe, erscheint jedoch zweifelhaft.[39] Jedenfalls hat es den fachgerichtlichen Standpunkt, eine verlässliche Prognose von weiterer Verfahrensdauer und Strafmaß sei zum Zeitpunkt der Haftfortdauerentscheidung gar nicht möglich, nicht gelten lassen.[40] Soweit die eingangs genannten Maßstäbe – bei sonst gleichbleibenden Formulierungen – nicht in allen einschlägigen Kammerentscheidungen des Bundesverfassungsgerichts wiedergegeben werden,[41] darf dies im Übrigen nicht zum Schluss verleiten, sie könnten mittlerweile hinfällig sein.

c) Bloße Wiederholungen des Gesetzeswortlauts genügen „in keinem Fall“.[42] In der Praxis nicht selten anzutreffende floskelhafte Wendungen (etwa: „Der weitere Vollzug der Untersuchungshaft ist verhältnismäßig.“) reichen somit nicht aus und sind im Falle verfassungsrechtlicher Prüfung „gefahrgeneigt“. Vielmehr muss eine

---

38 Siehe BVerfG, Beschluss der 2. Kammer des Zweiten Senats vom 11. Juni 2008 – 2 BvR 806/08 –, StV 2008, S. 421 (422).

39 Vgl. BVerfG, Beschluss der 3. Kammer des Zweiten Senats vom 17. Januar 2013 – 2 BvR 2098/12 –, StV 2013, S. 640 (643), wo zumindest aufgrund für den Beschuldigten günstiger Umstände „gesteigerter Anlass“ zu dahingehenden Betrachtungen bestand. Offenbar enger jedoch BVerfG, Beschluss der 2. Kammer des Zweiten Senats vom 11. Juni 2008 – 2 BvR 806/08 –, StV 2008, S. 421 (423). Eher großzügig SächsVerfGH, Beschluss vom 4. Juli 2013 – Vf. 37-IV-13 (HS), Vf. 38-IV-13 (e.A.) –, juris, Rn. 37.

40 BVerfGK 7, 140 (162); BVerfG, Beschluss der 2. Kammer des Zweiten Senats vom 11. Juni 2008 – 2 BvR 806/08 –, StV 2008, S. 421 (423).

41 Die entsprechende Passage findet sich etwa in BVerfGK 7, 421 (429 f.); 8, 1 (5 f.); 19, 428 (433); BVerfG, Beschluss der 2. Kammer des Zweiten Senats vom 11. Juni 2008 – 2 BvR 806/08 –, StV 2008, S. 421 (422); Beschluss der 3. Kammer des Zweiten Senats vom 17. Januar 2013 – 2 BvR 2098/12 –, StV 2013, S. 640 (642 f.); nicht aber bei BVerfGK 9, 306 (309 f.); 10, 294 (301); 10, 544 (548); 15, 474 (481 f.); 17, 517 (523 f.); BVerfG, Beschluss der 3. Kammer des Zweiten Senats vom 22. Januar 2014 – 2 BvR 2248/13, 2301/13 –, juris, Rn. 38 f.; Beschluss der 2. Kammer des Zweiten Senats vom 30. Juli 2014 – 2 BvR 1457/14 –, juris, Rn. 25 ff. Angelegt war dieser Prüfungspunkt bereits in BVerfGK 5, 109 (113, 124 f.), wo „eine Analyse des konkreten Sachverhalts, vor allem zu den Umständen der Tatbegehung und der Persönlichkeit des Beschwerdeführers, unter Berücksichtigung der zu § 57 Abs. 1 StGB entwickelten Grundsätze“ angemahnt wurde.

42 BVerfGK 8, 1 (6).

Subsumtion unter die maßgeblichen Tatbestandsvoraussetzungen erkennbar sein.[43]

3. Beschränkte Zulässigkeit von Bezugnahmen

Dadurch, dass Bezugnahmen auf vorangegangene Entscheidungen zur Haftfortdauer selbst bei (vordergründig) weitgehend unverändertem Sachverhalt in der Regel nicht ausreichen, soll sichergestellt werden, dass sich das Gericht eigene Gedanken macht und nicht lediglich an frühere Entscheidungen anknüpft, deren Erwägungen durch Zeitablauf gegenstandslos geworden sein können,[44] wobei „sich das Gewicht des in die (erneute) Abwägung einzustellenden Freiheitsinteresses [...] in den folgenden Monaten regelmäßig vergrößert haben wird".[45] Regelmäßig geboten sind jedenfalls aktuelle Ausführungen etwa zu den Voraussetzungen des § 121 Abs. 1 StPO, zur Abwägung zwischen Freiheitsgrundrecht und Strafverfolgungsinteresse sowie zur Verhältnismäßigkeit.[46] Auch die bei der Prüfung der Wahrung des Beschleunigungsgebotes geschuldete Analyse des (weiteren) Verfahrensablaufs kann mit einer bloßen Bezugnahme grundsätzlich nur unvollständig geleistet werden.[47] Weniger bedenklich sind demgegenüber Verweise auf „statische" Umstände, deren Gewicht vom Zeitablauf unbeeinflusst bleibt, etwa hinsichtlich einer sich unverändert darstellenden Verdachts- oder Rechtslage. Soweit eine Bezugnahme demnach im Einzelfall grundsätzlich statthaft ist, erscheint sie zudem nur dann hinnehmbar, wenn die Vorgängerentscheidung, auf die verwiesen wird, ihrerseits entsprechend aussagekräftig begründet worden ist.[48]

---

43 BVerfGK 10, 294 (303 f.) zu § 121 Abs. 1 StPO.

44 Vgl. BVerfG, Beschluss der 3. Kammer des Zweiten Senats vom 7. August 1998 – 2 BvR 962/98 –, NStZ-RR 1999, S. 12 (13).

45 BVerfG, Beschluss der 3. Kammer des Zweiten Senats vom 7. August 1998 – 2 BvR 962/98 –, NStZ-RR 1999, S. 12 (13); dazu auch BVerfGE 53, 152 (158 f.) m.w.N.

46 BVerfG, Beschluss der 3. Kammer des Zweiten Senats vom 7. August 1998 – 2 BvR 962/98 –, NStZ-RR 1999, S. 12 (13).

47 Vgl. BVerfGK 8, 1 (8).

48 Vgl. BVerfGK 15, 474 (482) zu einem auf die angefochtene Entscheidung verweisenden Nichtabhilfebeschluss, der zwar zeitnah zum Ausgangserkenntnis erging, welches aber selbst nur unzureichend begründet war; ferner BVerfGK 19, 428 (434) und sogleich unter 4. Zu Bezugnahmen im Rahmen des § 114 StPO siehe Fn. 62.

4. Verhältnis zu den allgemeinen verfassungsrechtlichen Anforderungen bei der Begründung letztinstanzlicher Entscheidungen

Bei letztinstanzlichen Entscheidungen – die etwa den Rechtszug der Beschwerde abschließen – ist eine ins Einzelne gehende Begründung von Verfassungs wegen grundsätzlich nicht geboten.[49] Fraglich ist, wie sich dieser Grundsatz zu demjenigen der *Begründungstiefe* verhält. Die Anforderungen zur Begründungstiefe richten sich an – nicht in einem Rechtsmittelzug ergehende – Haftprüfungsbeschlüsse der Oberlandesgerichte im Verfahren nach §§ 121, 122 StPO[50] sowie sonstige Haftfortdaueranordnungen (s. o. 1.). Fraglich ist damit, welcher Maßstab bei Entscheidungen gilt, die den (Haft-)Beschwerderechtszug abschließen, namentlich ob es etwa genügt, wenn ein Beschwerdegericht – wie in der Praxis nicht selten der Fall – zur Begründung lediglich „auf die zutreffenden Gründe der angefochtenen Entscheidung" Bezug nimmt, „die durch das Beschwerdevorbringen nicht entkräftet werden". Einerseits wäre es fragwürdige Förmelei, solche zutreffenden Erwägungen lediglich in anderer sprachlicher Gestalt nochmals zu wiederholen, was für die grundsätzliche Zulässigkeit dieser Verfahrensweise angeführt werden kann.[51] Andererseits hat das Bundesverfassungsgericht wiederholt Entscheidungen beanstandet, die weitgehend auf das angefochtene Erkenntnis verwiesen hatten.[52] Zwar mag der Umstand, dass in diesen Fällen bereits die Ausgangsentscheidungen Begründungsmängel aufgewiesen hatten, dafür sprechen, dass die dortigen Erwägungen nicht unbesehen verallgemeinert werden können. Sicherer erscheint es jedenfalls, zumindest bei Haftbeschwerden umfassende Gründe abzusetzen – im Sinne einer den Besonderheiten bei Haftfortdauerentscheidungen Rechnung tragenden Überlagerung des allgemeinen Grundsatzes, wonach letztinstanzliche Entscheidungen von Verfassungs wegen nicht zwingend mit Gründen zu versehen sind. Hinzu kommt, dass das Beschwerdegericht auf Grundlage der aktuellen Sach- und Rechtslage entscheidet

---

49 Vgl. BVerfGE 65, 293 (295) sowie BVerfG, Beschluss der 3. Kammer des Zweiten Senats vom 7. August 1998 – 2 BvR 962/98 –, NStZ-RR 1999, S. 12 (13) in einer Untersuchungshaftsache. Demgemäß verlangt § 34 StPO in seiner 1. Alternative die Begründung der „durch ein Rechtsmittel anfechtbaren Entscheidungen".

50 BVerfG, Beschluss der 3. Kammer des Zweiten Senats vom 7. August 1998 – 2 BvR 962/98 –, NStZ-RR 1999, S. 12 (13).

51 Vgl. *Mosbacher/Claus*, in: Satzger/Schluckebier/Widmaier, StPO, 2. Aufl. 2016, § 34 Rn. 10.

52 BVerfGK 15, 474 (482) m. Anm. *Hagmann*, StV 2009, S. 592; BVerfGK 19, 428 (434); zu § 81 g StPO BVerfG, Beschluss der 1. Kammer des Zweiten Senats vom 16. Februar 2006 – 2 BvR 561/03 –, juris, Rn. 25.

und gegebenenfalls eigene Ermessenserwägungen anzustellen hat.[53] In Ansehung dessen ist eine eigenständige Begründung nicht zuletzt bei solchen Elementen angezeigt, deren Betrachtung regelmäßig geboten ist, namentlich auf die sich im bereits dargestellten Sinn der fortschreitende Zeitablauf auswirken kann (siehe soeben 2.,3.).[54] Zudem ist in Haftsachen gemäß § 310 Abs. 1 Nr. 3 StPO häufig die weitere Beschwerde eröffnet und insofern erst der Beschluss des Oberlandesgerichts verfahrensabschließend. Ohnehin dürfte die neuere Kammerrechtsprechung des Bundesverfassungsgerichts erkennen lassen, dass jedenfalls bei der Begründung letztinstanzlicher Haftbeschwerdeentscheidungen keine Abstriche hingenommen werden (zu weiteren Einzelheiten siehe unten III.2.).

5. Sonstiges

a) Die beschriebenen Maßstäbe gelten auch für Entscheidungen, welche die Fortdauer der einstweiligen Unterbringung gemäß § 126a StPO zum Gegenstand haben.[55] Hier kann eine nachvollziehbare Auseinandersetzung mit den spezifischen Voraussetzungen dieser Vorschrift – etwa in gefahrenprognostischer Hinsicht – angezeigt sein. So ist gegebenenfalls näher zu prüfen, ob einer verbliebenen Gefährlichkeit des Untergebrachten nicht durch Fortsetzung seiner Behandlung auf freiwilliger Basis oder durch Anordnung der Betreuung und Unterbringung in einer anderen sozialtherapeutischen Einrichtung hinreichend entgegengewirkt werden kann.[56]

---

53 *Merz*, in: Radtke/Hohmann, StPO, 2011, § 309 Rn. 4.

54 Vgl. BVerfGK 15, 474 (482) m. Anm. *Hagmann*, StV 2009, S. 592. Soweit dort die auf den Ausgangsbeschluss verweisende Beschwerdeentscheidung gerügt und ausgeführt wurde, „dieser Beschluss" lasse keine eigenständige Abwägung der widerstreitenden Belange erkennen, könnte diese Formulierung zwar auf das Ausgangserkenntnis bezogen werden; gemeint war aber wohl die Beschwerdeentscheidung. Ermessensfragen dürften demgegenüber weniger praktisch werden. So steht etwa auch eine Haftverschonung nicht im Ermessen des Gerichts (*Graf*, in: Karlsruher Kommentar zur StPO, 7. Aufl. 2013, § 116 Rn. 4 unter Hinweis auf die Entscheidung BVerfGE 19, 342 [351 f.]). Ob hinsichtlich der möglichen Auflagen anderes gilt, kann vorliegend nicht vertieft werden (vgl. dazu *Wankel*, in: Kleinknecht/Müller/Reitberger, StPO, § 116 Rn. 2 [Juli 2011]); jedenfalls sind diese hinreichend genau abzufassen (*Schmitt*, in: Meyer-Goßner/Schmitt, StPO, 59. Aufl. 2016, § 116 Rn. 20).

55 *Böhm/Werner*, in: Münchener Kommentar zur StPO, 2014, § 126a Rn. 49; vgl. auch BVerfGK 19, 241 (252); BVerfG, Beschluss der 3. Kammer des Zweiten Senats vom 30. Mai 2013 – 2 BvR 885/13 –, juris, Rn. 5.

56 Vgl. BVerfGK 19, 241 (252).

b) Überdies gilt prinzipiell nichts anderes, wenn der Haftbefehl außer Vollzug gesetzt[57] oder lediglich Überhaft notiert ist;[58] Beschleunigungsgebot sowie Abwägungs- und Verhältnismäßigkeitsgrundsatz beanspruchen hier weiterhin Geltung.[59] Indes verbietet sich wiederum eine schematische Betrachtung, d. h. es sind die jeweiligen Besonderheiten zu berücksichtigen (etwa dass aktuell keine Vorwegverbüßung durch Untersuchungshaft droht). Im Übrigen dürfte vor diesem Hintergrund auch die – etwa im Rahmen einer Haftprüfung ergehende – Außervollzugsetzungsentscheidung selbst – anders als eine Haftbefehls*aufhebung* – als hinreichend zu begründende Haftfortdauerentscheidung anzusehen sein. Besondere Anforderungen gelten schließlich für die Wiederinvollzugsetzung gemäß § 116 Abs. 4 StPO – die Aussetzung darf nur widerrufen werden, wenn sich die Umstände im Vergleich zur Beurteilungsgrundlage zur Zeit der Verschonung verändert haben –, was wiederum eine tragfähige Begründung erfordert, die sich auch damit auseinandersetzen muss, ob nicht eine Verschärfung der Auflagen ausreicht.[60]

c) Soweit ungenügend begründete Entscheidungen erkennen lassen, dass vom Beschuldigten vorgetragene entlastende Umstände überhaupt nicht berücksichtigt wurden, kann vor Einlegung der Verfassungsbeschwerde gemäß § 90 Abs. 2 BVerfGG zunächst die Erhebung einer Anhörungsrüge (§ 33a StPO) geboten sein.[61]

57 Vgl. BVerfGK 6, 384 (391); zudem BVerfG, Beschluss der 2. Kammer des Zweiten Senats vom 13. September 2002 – 2 BvR 1375/02 –, StV 2003, S. 30 zur Auslieferungshaft.

58 Vgl. BVerfGK 8, 1 (5 ff., 9); 14, 157 (164); ferner BVerfG, Beschluss der 2. Kammer des Zweiten Senats vom 13. September 2002 – 2 BvR 1375/02 –, StV 2003, S. 30 zur Auslieferungshaft.

59 Vgl. BVerfGE 53, 152 (158 f.) und die Nachweise in den beiden vorigen Fußnoten. Auf einem anderen Blatt steht, ob sich die im Falle der Haftverschonung geringere Eingriffsintensität auf die Anforderungen hinsichtlich Beschleunigung und Verhältnismäßigkeit auswirkt (so *Schultheis*, in: Karlsruher Kommentar zur StPO, 7. Aufl. 2013, § 120 Rn. 9; *U. Schmidt*, NStZ 2006, S. 313 [315]).

60 Dazu BVerfGK 7, 239 (247 ff.); BVerfG, Beschluss der 3. Kammer des Zweiten Senats vom 11. Juli 2012 – 2 BvR 1092/12 –, juris, Rn. 40 ff.

61 Vgl. BVerfGE 74, 358 (380). Offenbar noch abweichend BVerfGK 15, 474, wo der Sache nach auch eine Gehörsverletzung geltend gemacht wurde (vgl. dazu BVerfGK 19, 23 [24 f.]). Siehe auch BayVerfGH, Beschluss vom 8. Oktober 2013 – Vf. 71-VI-13 –, NStZ-RR 2014, S. 50.

III. Zu den einzelnen Haftfortdauerentscheidungen

1. Haftbefehl

Selbstredend ist der Haftbefehl als solcher grundsätzlich keine Haft*fortdauer*entscheidung. Gleichwohl unterliegt auch der Haftbefehl gesetzlichen Begründungserfordernissen (§ 114 StPO[62]). Auf Grundlage der herrschenden Meinung, die aus der Fassung des § 112 Abs. 1 Satz 2 StPO den Schluss zieht, nur die feststehende Unverhältnismäßigkeit schließe die Anordnung der Untersuchungshaft aus,[63] bedarf es Ausführungen zur Verhältnismäßigkeit lediglich, wenn diese problematisch ist oder der Beschuldigte sich auf Unverhältnismäßigkeit beruft; geschieht Letzteres erst nach Erlass des Haftbefehls, genügt die Erörterung im Haftfortdauerbeschluss.[64] Bei einem Haftbefehl wiederum, der – zumindest bei Verfahrensidentität – einen früheren ersetzt, kann es sich der Sache nach um eine Haftfortdauerentscheidung handeln.

2. Haftprüfung/Haftbeschwerde einschließlich Nichtabhilfeentscheidung

a) Der *Haftprüfungsbeschluss* (§ 117 StPO) unterliegt vollauf den Anforderungen zur Begründungstiefe.[65] Da die auf eine Beschwerde ergehende *Nichtabhilfeentscheidung* als Verfahrensinternum wiederum nicht selbständig anfechtbar[66] und eine dagegen gerichtete Verfassungsbeschwerde mangels eigenständiger Be-

62 Die Lockerung in § 114 Abs. 2 Nr. 4 StPO a.E., auch i.V.m. § 122 Abs. 3 S. 1 StPO (*Hilger*, in: Löwe/Rosenberg, StPO, 26. Aufl. 2007, § 122 Rn. 32), wird für die vorliegend erörterten Begründungselemente regelmäßig ohne Belang sein. Soll bei der Tatschilderung (§ 114 Abs. 2 Nr. 2 StPO) auf eine Anklageschrift, ein Urteil oder sonstige Urkunden Bezug genommen werden, müssen diese dem Haftbefehl als Anlage angefügt sein (vgl. *Posthoff*, in: Heidelberger Kommentar zur StPO, 5. Aufl. 2012, § 114 Rn. 9; ferner Rn. 10 zur grundsätzlichen Geltung des § 114 StPO im Rahmen von Haftfortdauerentscheidungen).

63 Statt vieler *Schmitt*, in: Meyer-Goßner/Schmitt, StPO, 59. Aufl. 2016, § 112 Rn. 8 m.w.N.; a.A. *Paeffgen*, in: Systematischer Kommentar zur StPO, 5. Aufl. 2016, § 112 Rn. 10.

64 *Schmitt*, in: Meyer-Goßner/Schmitt, StPO, 59. Aufl. 2016, § 114 Rn. 17.

65 Soweit nach *Schmitt*, in: Meyer-Goßner/Schmitt, StPO, 59. Aufl. 2016, § 117 Rn. 7 (vgl. auch § 122 Rn. 16) Bezugnahmen auf Haftbefehl und frühere Haftentscheidungen zulässig sein sollen, sind die entsprechenden Beschränkungen wie vorliegend unter II.3. dargestellt zu beachten.

66 *Hoch*, in: Satzger/Schluckebier/Widmaier, StPO, 2. Aufl. 2016, § 306 Rn. 17.

schwer unzulässig ist,[67] erscheint es zweifelhaft, ob insofern besondere Begründungsmaßstäbe angelegt werden können. Soweit dies vom Bundesverfassungsgericht offenbar angenommen worden ist,[68] lässt dies zumindest anklingen, dass tiefergehende Ausführungen dazu beitragen können, in Bezug auf eine bislang ungenügende Begründung im angefochtenen Erkenntnis „Abhilfewirkung" zu entfalten.[69]

b) Für die *Beschwerdeentscheidung* gilt zunächst das oben unter II.4. Ausgeführte. Wiederholt hat das Bundesverfassungsgericht eine ungenügende Begründung letztinstanzlicher Beschwerdebeschlüsse bemängelt.

So hat das Beschwerdegericht auf etwaige Darlegungen des Betroffenen erkennbar einzugehen.[70] Die notwendige Abwägung und die Prüfung, ob dem Beschleunigungsgebot genügt worden ist, bedingen eine auf den konkreten Einzelfall bezogene Analyse des Verfahrensablaufs.[71] Dabei sind möglicherweise eingetretene Verzögerungen und deren maßgebliche Ursachen konkret zu ermitteln.[72] So kann darzulegen sein, ob angesichts der bisherigen Dauer der Untersuchungshaft und des seit Beginn der Hauptverhandlung bereits verstrichenen Zeitraums die Terminierungsdichte noch angemessen ist, welche Umstände für eine weiträumige, einer Verfahrenskonzentration und -beschleunigung in Haftsachen nicht mehr entsprechenden Terminierung verantwortlich sind und ob diese geeignet sind, aufgezeigte Verfahrensverzögerungen zu rechtfertigen.[73] Schließlich hat sich das Beschwerdegericht zur voraussichtlichen Gesamtdauer des Verfahrens, zu der für den Fall einer Verurteilung konkret im Raum stehenden Straferwartung sowie – unter Berücksichtigung einer etwaigen Aussetzung des

---

67 BVerfG, Beschluss der 1. Kammer des Ersten Senats vom 27. August 2014 – 1 BvR 192/12 –, juris, Rn. 25; abweichend BVerfGK 7, 239 (247, 254).

68 Vgl. BVerfGK 15, 474 (482); ferner BVerfGK 7, 239 (254). Siehe auch BVerfGK 19, 428 (434), wo indes die Verfassungsbeschwerde hinsichtlich des Angriffs gegen die Nichtabhilfe (entsprechend Fn. 67) nicht zur Entscheidung angenommen wurde.

69 Vgl. auch *Böhm/Werner*, in: Münchener Kommentar zur StPO, 2014, § 114 Rn. 6; ferner OLG Oldenburg, Beschluss vom 21. April 2006 – 1 Ws 233/06 –, StV 2006, S. 535 f. zur fehlenden Abhilfewirkung, wenn ein angefochtener Haftbefehl nicht den Mindestanforderungen (vgl. oben 1. mit Fn. 62) genügt.

70 Vgl. BVerfGK 15, 474 (482).

71 BVerfGK 8, 1 (8); 15, 474 (483); BVerfG, Beschluss der 3. Kammer des Zweiten Senats vom 23. Januar 2008 – 2 BvR 2652/07 –, StV 2008, S. 198 (199).

72 BVerfGK 8, 1 (8).

73 BVerfG, Beschluss der 3. Kammer des Zweiten Senats vom 23. Januar 2008 – 2 BvR 2652/07 –, StV 2008, S. 198 (199 f.).

Strafrestes gemäß § 57 StGB – zum hypothetischen Ende einer möglicherweise zu verhängenden Freiheitsstrafe zu verhalten.[74]

3. Eröffnungsbeschluss

Zwar muss die Eröffnung des Hauptverfahrens als solche nur dann mit einer Begründung versehen werden, wenn in gemäß § 210 Abs. 2 StPO anfechtbarer Weise von den Anträgen der Staatsanwaltschaft abgewichen wird oder Einwendungen des Angeklagten abgelehnt werden.[75] Stets zu begründen ist aber ein mit der Eröffnung einhergehender Beschluss über die Anordnung oder Fortdauer der Untersuchungshaft bzw. einstweiligen Unterbringung (§ 207 Abs. 4 StPO),[76] der nach herrschender Meinung auch im Falle der Außervollzugsetzung zu fassen ist.[77] Im Lichte der verfassungsgerichtlichen Rechtsprechung zur Begründungstiefe erscheint es nicht ganz unproblematisch, soweit es für diese Begründung „bei unveränderter Sachlage" genügen soll, „in kurzer Form auf frühere Haftentscheidungen Bezug" zu nehmen,[78] und sich hierzu in der Praxis meistens nur ein Satz findet (etwa: „Die Untersuchungshaft bleibt aus den fortbestehenden Gründen ihrer Anordnung aufrechterhalten."). Bei der Anordnung gemäß § 207 Abs. 4 StPO handelt es sich nämlich durchaus um eine grundsätzlich umfassend zu begründende Haftfortdauerentscheidung, die den bisherigen Zeitablauf nicht aus dem Blick verlieren darf, und für welche die beschriebenen Bezugnahmebeschränkungen gelten (s. o. II.1.,3.). Ein weitgehender Verweis mag daher allenfalls bei sehr kurz zurückliegenden Vorläuferentscheidungen hinzunehmen sein; ansonsten dürften umfänglichere Ausführungen angezeigt sein.[79]

---

74 BVerfGK 19, 428 (433, 435).

75 *Stuckenberg*, in: Löwe/Rosenberg, StPO, 26. Aufl. 2007, § 207 Rn. 36; *Reinhart*, in: Radtke/Hohmann, StPO, 2011, § 207 Rn. 11.

76 *Stuckenberg*, in: Löwe/Rosenberg, StPO, 26. Aufl. 2007, § 207 Rn. 36 f.

77 Etwa *Schneider*, in: Karlsruher Kommentar zur StPO, 7. Aufl. 2013, § 207 Rn. 13; a.A. *Meyer-Goßner*, in: ders./Schmitt, StPO, 59. Aufl. 2016, § 207 Rn. 10.

78 *Stuckenberg*, in: Löwe/Rosenberg, StPO, 26. Aufl. 2007, § 207 Rn. 36 f.; *Seidl*, in: Kleinknecht/Müller/Reitberger, StPO, § 207 Rn. 10 (Mai 2012).

79 Siehe *Paeffgen*, in: Systematischer Kommentar zur StPO, 5. Aufl. 2015, § 207 Rn. 19.

4. Besondere Haftprüfung durch das Oberlandesgericht

Für die Haftprüfungsentscheidung gemäß §§ 121, 122 StPO kommen die dargestellten Anforderungen an die Begründungstiefe voll zum Tragen.[80] Demnach hat das Oberlandesgericht etwa konkrete Feststellungen zu treffen, ob auf erster Stufe die besondere Schwierigkeit oder der besondere Umfang der Ermittlungen oder andere wichtige Gründe ein Urteil bislang noch nicht zugelassen haben und ob – bejahendenfalls – auf der zweiten Stufe derartige Gründe geeignet sind, die Fortdauer der Untersuchungshaft zu rechtfertigen.[81] Beanstandet wurde etwa, dass sich das Oberlandesgericht nicht mit der Frage auseinandergesetzt hatte, ob im konkreten Fall das Zwischenverfahren deshalb nicht mit der zu erwartenden Zügigkeit gefördert worden war, weil die Strafkammer bis zur angefochtenen Haftfortdauerentscheidung trotz seit längerem bestehender Entscheidungsreife noch nicht die Eröffnung des Hauptverfahrens beschlossen hatte.[82]

5. Urteilsbegleitende Haftfortdauerentscheidung

Mit der Urteilsfällung einhergehende Haftfortdauerentscheidungen (§ 268b StPO) müssen von Verfassungs wegen gleichfalls eine ausreichende Begründungstiefe aufweisen.[83] Soweit sie in der Praxis nicht selten recht knapp ausfallen (etwa: „Der Haftbefehl bleibt aus den fortbestehenden Gründen seines Erlasses nach Maßgabe des heute verkündeten Urteils aufrechterhalten.“), wurde dies in einer Kammerentscheidung – die sowohl den Ausgangs- als auch den Nichtabhilfebeschluss bemängelte (s.o. 2.a) – mit der Begründung beanstandet, die gebotene Abwägung zwischen dem Freiheitsanspruch des Beschuldigten und dem staatlichen Strafverfolgungsanspruch werde nicht erkennbar.[84]

Nach Rechtsprechung und Literatur zu § 268b StPO[85] soll angesichts der Verurteilung eine eigenständige Begründung des dringenden Tatverdachtes

---

80 BVerfG, Beschluss der 3. Kammer des Zweiten Senats vom 7. August 1998 – 2 BvR 962/98 –, NStZ-RR 1999, S. 12 (13).

81 BVerfGK 10, 294 (304 ff.); 10, 544 (551 ff.).

82 BVerfG, Beschluss der 3. Kammer des Zweiten Senats vom 22. Januar 2014 – 2 BvR 2248/13, 2301/13 –, juris, Rn. 42.

83 Vgl. BVerfGK 15, 474 (481 f.) m. Anm. *Hagmann*, StV 2009, S. 592.

84 BVerfGK 15, 474 (482) m. Anm. *Hagmann*, StV 2009, S. 592.

85 Siehe – auch zum Nachfolgenden – *Peglau*, in: BeckOK-StPO, § 268b Rn. 4 ff. (Februar 2016) und *Voll*, in: Kleinknecht/Müller/Reitberger, StPO, § 268b Rn. 5, 8 (Mai 2015) – jeweils m.w.N.; Einzelheiten sind str.

grundsätzlich entbehrlich sein; liegt indes das schriftliche Urteil zulässigerweise (§ 275 StPO) noch nicht vor, werden mitunter solche Ausführungen – gegebenenfalls nach Beschwerdeeinlegung im Nichtabhilfebeschluss – gefordert, die dem Beschwerdegericht die Überprüfung des Hafterkenntnisses ermöglichen.[86] Zumindest bei wesentlichen Veränderungen soll eine Neufassung des Haftbefehls erforderlich sein; andernfalls genüge es, die Grundzüge der Überzeugungsbildung darzustellen. Darüber hinaus soll zum Vorliegen der Haftgründe und zur Frage der Außervollzugsetzung auszuführen sein, wobei gegebenenfalls mangels relevanter Veränderungen die Bezugnahme auf den früheren Haftbefehl ausreiche. Im Falle der Beschwerde gegen einen wegen bloßer Bezugnahmen inhaltlich unzureichenden Haftfortdauerbeschluss könne dessen Begründung nachträglich ergänzt werden.

Jedenfalls gilt aus verfassungsrechtlichen Gründen auch hier, dass sich das Gericht bei der zu treffenden Entscheidung über die Fortdauer der Untersuchungshaft mit deren Voraussetzungen eingehend auseinanderzusetzen und diese entsprechend zu begründen hat.[87]

IV. Fazit

Eine den verfassungsrechtlichen Anforderungen genügende Formulierung von Hafterkenntnissen ist kein leichtes Unterfangen. Floskelhafte oder formularmäßige Begründungen reichen grundsätzlich nicht aus. Vielmehr ist eine eingehende Auseinandersetzung mit den maßgeblichen Haftfortdauervoraussetzungen geboten.

86 Nach OLG Karlsruhe, Beschlüssen vom 6. Dezember 1996 – 3 Ws 321, 322/96 –, StV 1997, S. 312, und vom 26. September 2000 – 3 Ws 196/00 –, StV 2001, S. 118 kann überdies das Beschwerdegericht das Tatgericht zu einem Ergänzungsbeschluss veranlassen.

87 BVerfGK 15, 474 (481 f.); vgl. *Voll*, in: Kleinknecht/Müller/Reitberger, StPO, § 268b Rn. 5 (Mai 2015).

Dirk Diehm

Der subjektive Anspruch auf effektive Strafverfolgung

Leitentscheidungen des Bundesverfassungsgerichts (Senat)

BVerfGE 51, 176 – Strafverfolgungsinteresse

Wichtige Kammerentscheidungen

BVerfG, Beschluss der 1. Kammer des Zweiten Senats vom 26. Juni 2014 – 2 BvR 2699/10 –, juris
BVerfG, Beschluss der 3. Kammer des Zweiten Senats vom 6. Oktober 2014 – 2 BvR 1568/12 –, NJW 2015, S. 150
BVerfG, Beschluss der 3. Kammer des Zweiten Senats vom 6. Oktober 2014 – 2 BvR 1569/12 –, juris
BVerfG, Beschluss der 3. Kammer des Zweiten Senats vom 23. März 2015 – 2 BvR 1304/12 –, NStZ-RR 2015, S. 347
BVerfG, Beschluss der 3. Kammer des Zweiten Senats vom 19. Mai 2015 – 2 BvR 987/11 –, NJW 2015, S. 3500

Schrifttum (Auswahl)

Beukelmann, in: Beck'scher Online-Kommentar StPO, § 152 (01.09.2015); *Beulke*, in: Löwe/Rosenberg, StPO, 26. Aufl. 2007, § 152; *Diemer*, in: Karlsruher Kommentar zur StPO, 7. Aufl. 2013, § 152; *Gorf*, in: Beck'scher Online-Kommentar StPO, Vor § 172; *Graalmann-Scheerer*, in: Löwe/Rosenberg, StPO, 26. Aufl. 2007, § 172; *Hahn/Müller*, Die Rechtsprechung zum Klageerzwingungsverfahren, in: Becker/Lange (Hrsg.), Linien der Rechtsprechung des Bundesverfassungsgerichts – erörtert von den wissenschaftlichen Mitarbeiterinnen und Mitarbeitern, Bd. 3, 2014, S. 199 ff.; *Huber*, Natürliche Personen als Grundrechtsträger, in: Merten/Papier (Hrsg.), Handbuch der Grundrechte, Bd. 2, 6. Aufl. 2010, Art. 19; *ders.*, in: v. Mangoldt/Klein/Starck (Hrsg.), GG, Bd. 1, 6. Aufl. 2010, Art. 19; *Meyer-Goßner/Schmitt*, StPO, 59. Aufl. 2016, § 152; *Moldenhauer*, in: Karlsruher Kommentar zur StPO, 7., Aufl. 2013, § 172; *Schulze-Fielitz*, in: Dreier (Hrsg.), GG, Bd. 1, 3. Aufl. 2013, Art. 19 Abs. 4.

Inhalt

I. Einleitung —— 224
II. Verfassungsrechtlicher Ausgangspunkt und Stationen der Entwicklung —— 227
  1. Verfassungsrechtlicher Ausgangspunkt —— 227
  2. Stationen der Entwicklung —— 228
    a) BVerfG, Beschluss der 1. Kammer des Zweiten Senats vom 26. Juni 2014 – 2 BvR 2699/10 – —— 228
    b) BVerfG, Beschlüsse der 3. Kammer des Zweiten Senats vom 6. Oktober 2014 – 2 BvR 1568/12 und 2 BvR 1569/12 – —— 229

DOI 10.1515/9783110421866-009

c) BVerfG, Beschluss der 3. Kammer des Zweiten Senats vom 23. März 2015 – 2 BvR 1304/12 – — 230
d) BVerfG, Beschluss der 3. Kammer des Zweiten Senats vom 19. Mai 2015 – 2 BvR 987/11 – — 230
III. Der subjektive Anspruch auf effektive Strafverfolgung — 231
1. Grundsätzlich kein subjektiver Anspruch — 232
2. Schutzpflicht für höchstpersönliche Rechtsgüter — 233
3. Beschwerdebefugnis im Todesfall — 235
4. Spezifische Fürsorge- und Obhutspflicht in strukturell asymmetrischen Rechtsverhältnissen — 236
5. Straftaten durch Amtsträger bei Wahrnehmung hoheitlicher Aufgaben — 237
6. Zusammenfassung — 239
IV. Inhalt und Grenzen des Anspruchs auf effektive Strafverfolgung — 240
1. Das Gebot der effektiven Strafverfolgung — 240
2. Verhältnismäßiger Einsatz der verfügbaren Ressourcen — 242
3. Dokumentationspflicht und gerichtliche Kontrolle — 243
4. Zusammenfassung — 244
V. Fazit — 244

I. Einleitung

Im Rechtsstaat des deutschen Grundgesetzes (Art. 20 Abs. 3 GG) geht zunächst alle Staatsgewalt vom deutschen Volke aus (Art. 20 Abs. 2 Satz 1 GG). Tatsächlich wird sie nicht vom Volke selbst ausgeübt, sondern durch besondere Organe aller drei Staatsgewalten (Art. 20 Abs. 2 Satz 2 GG). Daraus folgt unter anderem das staatliche Gewaltmonopol, das sowohl im strafrechtlichen als auch im zivilrechtlichen[1] Bereich eine „Selbstjustiz" verbietet.

Eng verbunden damit ist die Rechtsschutzgarantie. Sie gewährleistet nicht nur, dass überhaupt ein Rechtsweg zu den Gerichten offensteht. Ebenso wie Art. 19 Abs. 4 Satz 1 GG, dessen Anwendungsbereich auf die vollziehende öffentliche Gewalt beschränkt ist,[2] garantiert sie vielmehr auch die Effektivität des Rechtsschutzes.[3] Die Rechtsschutzgarantie umfasst das Recht auf Zugang zu den Gerichten, eine grundsätzlich umfassende tatsächliche und rechtliche Prüfung des Streitgegenstands sowie eine verbindliche Entscheidung durch den Richter.[4]

1 BVerfGE 54, 277 (291); 85, 337 (345); 107, 395 (401); 112, 185 (207).
2 BVerfGE 15, 275 (280); 49, 329 (340); 65, 76 (90); 107, 395 (403 ff.); 112, 185 (207).
3 BVerfGE 88, 118 (123); 94, 166 (226); 112, 185 (207).
4 BVerfGE 54, 277 (291); 85, 337 (345); 107, 395 (401); 112, 185 (207).

Die Effektivität des Rechtsschutzes wird in erster Linie von den Prozessordnungen gesichert.[5] Dabei kann der Gesetzgeber auch Regelungen treffen, die für ein Rechtsschutzbegehren besondere formelle Voraussetzungen aufstellen.[6] Die Rechtsschutzgarantie gilt dabei nicht nur für den ersten Zugang zum Gericht, sondern für die Ausgestaltung des gesamten Verfahrens.[7] Notwendige Voraussetzung der Möglichkeit zur Inanspruchnahme der Rechtsschutzgarantie ist indessen im Falle zivilrechtlicher Streitigkeiten jedenfalls dem Grunde nach die Möglichkeit eines bürgerlich-rechtlichen Anspruchs: Der geltend gemachte Anspruch muss zumindest nach dem eigenen Vortrag des Antragstellers oder Klägers schlüssig sein.

Daneben ist die Rechtsschutzgarantie aber auch für den Bereich der Strafverfolgung von erheblicher Bedeutung. Für den Beschuldigten und eventuell im weiteren Verfahrensfortgang Angeschuldigten, Angeklagten (§ 157 StPO) oder sogar Verurteilten ist dies eine Selbstverständlichkeit. Aber auch der Verletzte, der zum Opfer einer Straftat geworden ist, kann sich auf die Rechtsschutzgarantie des Grundgesetzes berufen. Und dies nicht erst im Zuge einer etwaigen Rolle als Nebenkläger.

Die Strafverfolgung ist zunächst über die sogenannte Offizialmaxime (§ 152 Abs. 1 StPO) bei den Strafverfolgungsbehörden konzentriert und monopolisiert.[8] Das einfach-rechtlich ausgestaltete Legalitätsprinzip berechtigt und verpflichtet diese gleichermaßen, beim Vorliegen eines Anfangsverdachtes in Gestalt von zureichenden tatsächlichen Anhaltspunkten für eine verfolgbare Straftat (§ 152 Abs. 2 StPO), gegen eben diese einzuschreiten. Eine „Selbstverfolgung" durch den Einzelnen, mag er auch das – einzige – verletzte Opfer einer Straftat sein, ist dem Grunde nach zunächst ausgeschlossen. Nur in den Fällen der sogenannten Privatklagedelikte (§ 374 Abs. 1 StPO) kann der Einzelne selbst anstelle der Strafverfolgungsbehörden die Strafverfolgung „in die Hand" nehmen, soweit zuvor die Staatsanwaltschaft das öffentliche Interesse an der Verfolgung der konkreten Straftat verneint hat (§ 376 StPO).

Einfach-rechtlich abgesichert wird die Rechtsschutzgarantie im Bereich der Strafverfolgung für den Verletzten insoweit zunächst durch das Klageerzwin-

---

5 BVerfGE 94, 166 (213); 112, 185 (207); *Huber*, in: v. Mangoldt/Klein/Starck (Hrsg.), GG, Bd. 1, 6. Aufl. 2010, Art. 19 Rn. 368; *Schulze-Fielitz*, in: Dreier (Hrsg.), GG, Bd. 1, 3. Aufl. 2013, Art. 19 Abs. 4 Rn. 79.

6 BVerfGE 88, 188 (123 f.); 101, 397 (408); 112, 185 (207).

7 BVerfGE 40, 272 (275); 88, 118 (125); 112, 185 (207).

8 *Beukelmann*, in: BeckOK-StPO, § 152 Rn. 1 (01.09.2015); *Beulke*, in: LR-StPO, 26. Aufl. 2007, § 152 Rn. 2; *Diemer*, in: KK-StPO, 7. Aufl. 2013, § 152 Rn. 1; *Schmitt*, in: Meyer-Goßner/Schmitt, StPO, 59. Aufl. 2016, § 152 Rn. 1.

gungsverfahren (§§ 172ff. StPO).[9] Der durch eine Straftat Verletzte kann sich, soweit er zuvor zumindest durch eine Strafanzeige sein Interesse an der Strafverfolgung bekundet hat, gegen den Einstellungsbescheid der Staatsanwaltschaft (§ 171 Satz 1 StPO), beschweren. Verbleibt die zuständige Staatsanwaltschaft bei ihrer Entscheidung, das Verfahren aufgrund eines zur Anklageerhebung notwendigen hinreichenden Tatverdachts einzustellen (§ 170 Abs. 2 StPO), kann der Verletzte die Einstellungsbeschwerde zur Generalstaatsanwaltschaft erheben (§ 172 Abs. 1 Satz 1 StPO). Lehnt auch diese die Erhebung einer öffentlichen Anklage, gegebenenfalls nach der vorherigen Anordnung weitergehender, aber erfolglos verlaufener, Ermittlungen ab, so steht dem Verletzten der Weg zu den Oberlandesgerichten offen: Er kann Antrag auf eine gerichtliche Entscheidung im sogenannten Klageerzwingungsverfahren (§ 172 Abs. 2 Satz 1 StPO) stellen.

Verfassungsrechtlich ist demgegenüber, mit Ausnahme der konkreten Ausgestaltung des Verfahrens und der Anwendung und Auslegung des Prozessrechts durch die Fachgerichte, lange Zeit ein subjektiver Anspruch des Einzelnen auf Strafverfolgung grundsätzlich verneint worden, soweit es nicht um die Ahndung von Gewaltverbrechen gegangen ist.[10] Begründet wurde diese Position mit einer eher knappen Formulierung in der Senatsrechtsprechung aus dem Jahre 1979, wonach es „grundsätzlich keinen verfassungsrechtlich verbürgten Anspruch auf Strafverfolgung eines anderen durch den Staat“[11] gibt. In der jüngeren Kammerrechtsprechung wurde dies zunächst dahingehend eingeschränkt, dass ein Anspruch auf Strafverfolgung gegenüber einem Dritten jedenfalls dann in Betracht kommen kann, „wenn ernstlich zu besorgen ist, dass ein Verzicht auf effektive Untersuchung verdächtiger Todesfälle zu einem allgemeinen Klima der Rechtsunsicherheit und Gewalt oder im Einzelfall zu einer Gefahrenlage für Leben und Gesundheit führt“.[12]

Erst in der jüngeren Zeit erfolgte sodann, bedauerlicherweise anlässlich tragischer Todesfälle, in die Träger hoheitlicher Gewalt mittelbar oder unmittelbar involviert gewesen waren, im Zuge gleich mehrerer zeitnah aufeinander folgender

---

9 *Gorf*, in: Beck'scher Online-Kommentar StPO, Vor § 172 (16. 11. 2015); *Graalmann-Scheerer*, in: Löwe/Rosenberg, StPO, 26. Aufl. 2007, § 172 Rn. 1; *Moldenhauer*, in: Karlsruher Kommentar zur StPO, 7. Aufl. 2013, § 172 Rn. 1; *Meyer-Goßner/Schmitt*, StPO, 59. Aufl. 2016, § 172 Rn. 1.
10 Zu den verfassungsrechtlichen Determinanten des Grundgesetzes für das Klageerzwingungsverfahren siehe insb. *Hahn/Müller*, Die Rechtsprechung zum Klageerzwingungsverfahren, in: Becker/Lange (Hrsg.), Linien der Rechtsprechung des Bundesverfassungsgerichts – erörtert von den wissenschaftlichen Mitarbeiterinnen und Mitarbeitern, Bd. 3, 2014, S. 199 (206ff.).
11 BVerfGE 51, 176 (181). Ebenso auch BVerfG, Beschluss der 4. Kammer des Zweiten Senats vom 9. April 2002 – 2 BvR 710/01 –, NJW 2002, S. 2861.
12 BVerfGE 17, 1 (5).

Kammerentscheidungen eine Fortentwicklung der bisherigen Rechtsprechung. Über die sich hieraus ergebenden neuen Linien, die auch und gerade für die Handhabung und Bewertung von Klageerzwingungsanträgen durch die Oberlandesgerichte Bedeutung erlangen können, will der vorliegende Beitrag informieren und dabei, mit der gebotenen Zurückhaltung und ausschließlich unter Darlegung einer persönlichen Einschätzung, auf Hintergründe und Zusammenhänge hinweisen.

II. Verfassungsrechtlicher Ausgangspunkt und Stationen der Entwicklung

1. Verfassungsrechtlicher Ausgangspunkt

Verfassungsrechtlicher Ausgangspunkt des „neuen" subjektiven Anspruchs auf effektive Strafverfolgung ist zunächst die in ständiger Rechtsprechung des Bundesverfassungsgerichts angenommene Verpflichtung des Staates, sich schützend und fördernd vor das Leben, die körperliche Unversehrtheit, die Freiheit sowie die sexuelle Selbstbestimmung des Einzelnen zu stellen. Diese Verpflichtung folgt aus Art. 2 Abs. 2 Satz 1 und 2 sowie aus Art. 1 Abs. 1 Satz 2 GG.[13] Bei der Wahrnehmung dieser Schutzpflicht ist der Staat indessen nicht nur zum Ergreifen aller möglichen und verhältnismäßigen präventiven Maßnahmen verpflichtet. Vielmehr ist er auch gehalten, mittels seiner Strafverfolgungsorgane die trotz aller präventiv ergriffenen Maßnahmen gleichwohl eingetretenen Verletzungen dieser höchstpersönlichen Rechtsgüter repressiv wirksam zu verfolgen.[14] Subsidiärer Zweck der Durchsetzung des insoweit bestehenden strafrechtlichen Gewaltmonopols ist dabei auch die Vermeidung eines allgemeinen Klimas der Rechtsunsicherheit, wie es aus der Erschütterung des Vertrauens in das Gewaltmonopol ohne Weiteres entstehen könnte.[15] Zur Erreichung dieses Zieles, zugleich aber auch im Bemühen, einen generellen oder gar popularklageähnlichen Anspruch des Einzelnen auf effektive Strafverfolgung zu vermeiden, hat das Bundesverfassungsgericht in

13 BVerfGE 39, 1 (42); 46, 160 (164); 121, 317 (356); BVerfGK 17, 1 (5).

14 BVerfGE 39, 1 (36 ff.); 49, 89 (141 f.); 53, 30 (57 f.); 77, 170 (214); 88, 203 (251); 90, 145 (195); 92, 26 (46); 97, 169 (176 f.); 109, 190 (236).

15 BVerfG, Beschluss der 1. Kammer des Zweiten Senats vom 26. Juni 2014 – 2 BvR 2699/10 –, juris, Rn. 10; Beschluss der 3. Kammer des Zweiten Senats vom 6. Oktober 2014 – 2 BvR 1568/12 –, NJW 2015, S. 150 (150, Rn. 11); Beschluss der 3. Kammer des Zweiten Senats vom 23. März 2015 – 2 BvR 1304/12 –, NStZ-RR 2015, S. 347 (348); Beschluss der 3. Kammer des Zweiten Senats vom 19. Mai 2015 – 2 BvR 987/11 –, NJW 2015, S. 3500 (3501, Rn. 20).

seiner jüngsten Rechtsprechung mehrere Fallgruppen herausgearbeitet, in denen der Einzelne als Verletzter einen auch verfassungsrechtlich verbürgten Anspruch auf effektive Ermittlungsarbeit der Strafverfolgungsbehörden vor den Gerichten einfordern kann.

2. Stationen der Entwicklung

Zum besseren Verständnis der nachfolgend aufzuzeigenden Linien und der daraus auch und gerade für die Praxis folgenden Vorgaben werden zunächst noch in der gebotenen Kürze die den jeweiligen Entscheidungen zu Grunde liegenden Lebenssachverhalte aufgezeigt. Insoweit liegt es bedauerlicherweise in der traurigen Natur der Sache, dass das Bundesverfassungsgericht zu dieser speziellen Ausprägung der Rechtsschutzgarantie, hier im Klageerzwingungsbereich, überhaupt nur dann Stellung nehmen konnte und kann, wenn, regelmäßig seitens der Hinterbliebenen, ein akutes Bedürfnis an der „Bestrafung" eines anderen besteht und sogar zur Einlegung einer Verfassungsbeschwerde gegen diejenigen staatlichen Entscheidungen geführt hat, die jedenfalls aus Sicht der Betroffenen, oftmals der nahen Angehörigen, diesem Bedürfnis subjektiv nicht hinreichend abgeholfen haben.

a) BVerfG, Beschluss der 1. Kammer des Zweiten Senats vom 26. Juni 2014 – 2 BvR 2699/10 –

Der ersten[16] von mehreren Kammerentscheidungen lag als Ausgangssachverhalt ein Polizeieinsatz in Nürnberg zu Grunde, der mit der Abgabe mehrerer zum Tode führender Schüsse von Polizeibeamten auf einen geistig Verwirrten geführt hat. Dieser hatte zuvor in der gemeinsam bewohnten Wohnung seinen dortigen Mitbewohner mit einem vorgehaltenen längeren Küchenmesser bedroht. Den auf den abgesetzten Notruf zum Einsatzort gekommenen Polizeibeamten, welche sich noch im Flur vor der verschlossenen Wohnungstüre befunden hatten, war der geistig Verwirrte unerwartet ebenfalls mit dem vorgehaltenen Küchenmesser gegenübergetreten. Wiederholte Aufforderungen, das Messer niederzulegen, blieben ebenso erfolglos wie ein abgegebener Warnschuss. Selbst zwei Durchschüsse im Knie- und Armbereich konnten den geistig Verwirrten nicht davon abhalten, an

16 BVerfG, Beschluss der 1. Kammer des Zweiten Senats vom 26. Juni 2014 – 2 BvR 2699/10 –, juris.

einen mit dem Rücken zur Wand stehenden Polizeibeamten immer näher heranzutreten, worauf dieser schließlich mehrere Schüsse in den Brustbereich des hierdurch Getöteten abgegeben hat. Von den Strafverfolgungsbehörden wie schließlich auch vom Oberlandesgericht ist das Vorliegen eines hinreichenden Tatverdachts gegen den handelnden Polizeibeamten wegen eines Tötungsdelikts aufgrund dessen angenommenen Notwehrrechts abgelehnt worden. Die hiergegen von den Eltern erhobene Verfassungsbeschwerde ist erfolglos geblieben.

b) BVerfG, Beschlüsse der 3. Kammer des Zweiten Senats vom 6. Oktober 2014 – 2 BvR 1568/12 und 2 BvR 1569/12 –

Die beiden nachfolgenden Kammerentscheidungen betrafen zwei Ermittlungsverfahren in Folge eines tödlichen Sturzes einer jungen Offiziersanwärterin auf dem Segelschulschiff „Gorch Fock", die sich gegen den Kommandanten des Schiffes (2 BvR 1568/12)[17] sowie gegen den Schiffsarzt (2 BvR 1569/12)[18] gerichtet haben. Die Eltern der tödlich Verunglückten warfen dem Kommandanten die Missachtung von Schutzpflichten im Zusammenhang mit der rechtzeitigen Anordnung von Sicherungsmaßnahmen, etwa des rechtzeitigen Anlegens von Schwimmwesten, vor. Dem bis noch kurz vor dem Unglück ihre Tochter behandelnden Schiffsarzt lasteten die Eltern eine unzureichende Untersuchung und eine voreilige Bescheinigung der „Bordtauglichkeit" ihrer Tochter an. In beiden Fällen hatten zunächst die Strafverfolgungsbehörden das Vorliegen eines hinreichenden Tatverdachts zur Erhebung einer Anklage wegen fahrlässiger Tötung (§ 222 StGB) gegenüber den beiden Beschuldigten verneint. Der Antrag auf gerichtliche Entscheidung gegen den Kommandanten wurde vom Oberlandesgericht bereits aus prozessualen Gründen zurückgewiesen, weil der Sachvortrag der Antragsteller stark einseitig und unvollständig gewesen sei. Den Antrag gegen die Einstellung des Ermittlungsverfahrens gegen den Schiffsarzt wegen Fehlens eines zur Erhebung der öffentlichen Anklage berechtigenden hinreichenden Tatverdachts hatte das Oberlandesgericht aus rechtlichen Gründen verworfen, weil die bei Fahrlässigkeitsdelikten notwendige Kausalität nicht ausreichend deutlich erkennbar geworden sei. Die von den Eltern der Verunglückten gegen beide Entscheidungen erhobenen Verfassungsbeschwerden hat das Bundesverfassungsgericht jeweils

---

17 BVerfG, Beschluss der 3. Kammer des Zweiten Senats vom 6. Oktober 2014 – 2 BvR 1568/12 –, NJW 2015, S. 150.

18 BVerfG, Beschluss der 3. Kammer des Zweiten Senats vom 6. Oktober 2014 – 2 BvR 1569/12 –, juris.

mit begründeten Beschlüssen nicht zur Entscheidung angenommen, weil die Verfassungsbeschwerden jeweils keine Aussicht auf Erfolg gehabt hätten.

c) BVerfG, Beschluss der 3. Kammer des Zweiten Senats vom 23. März 2015 – 2 BvR 1304/12 –

In einer weiteren Entscheidung hatte sich das Bundesverfassungsgericht mit der Frage der hinreichenden Aufarbeitung eines Polizeieinsatzes bei einem Fußballspiel durch die Strafverfolgungsbehörden zu befassen.[19] Am Ende einer sportlichen Begegnung in einem Münchner Fußballstadion war von der Polizei zunächst eine sogenannte „Blocksperre" verhängt worden, um ein Aufeinandertreffen rivalisierender Fangruppen zu verhindern, da dies nach den polizeilichen Erfahrungen in der Vergangenheit bei vergleichbaren Situationen oftmals zu gewalttätigen Auseinandersetzungen geführt hatte. Aufgrund zunehmender Aggressionen des von der Blocksperre betroffenen Fanlagers war diese sodann vorzeitig wieder aufgehoben worden, was allerdings unverändert zu Ausfällen der Fans gegenüber den im Einsatz befindlichen Polizeikräften geführt hatte, die schließlich seitens der Kräfte der Bereitschaftspolizei sowie des Unterstützungskommandos nur noch mit dem Einsatz von Pfefferspray und Schlagstöcken unterbunden werden konnten. Die von den – teilweise nur von der Blocksperre, teilweise auch von dem Einsatz von Mitteln des unmittelbaren Zwangs – betroffenen Fans erstatteten Anzeigen blieben sowohl bei den Strafverfolgungsbehörden als auch nachfolgend vor dem Oberlandesgericht ohne Erfolg, weil die jeweils durchgeführten Ermittlungen keinen zur Anklageerhebung berechtigenden hinreichenden Tatverdacht gegenüber einzelnen, individualisierbaren Polizeibeamten ergeben habe. Die hiergegen erhobene Verfassungsbeschwerde blieb ebenfalls erfolglos.

d) BVerfG, Beschluss der 3. Kammer des Zweiten Senats vom 19. Mai 2015 – 2 BvR 987/11 –

Die vorerst letzte Entscheidung zum vorliegenden Thema betrifft einen von einem deutschen Offizier der Bundeswehr veranlassten Einsatz von Kriegswaffen im

19 BVerfG, Beschluss der 3. Kammer des Zweiten Senats vom 23. März 2015 – 2 BvR 1304/12 –, NStZ-RR 2015, S. 347.

Ausland, am Hindukusch in Afghanistan.[20] In der Nähe eines dort befindlichen Lagers der Bundeswehr war es aufständischen Truppen gelungen, zwei auf einer Sandbank festgefahrene beladene Tanklastwagen in ihre Gewalt zu bringen. Aufgrund von als verlässlich eingestuften Informationen sowie aus der Erkenntnis mehrerer Überflüge durch Kampfjets ordnete der im Rang eines Obersts stehende Offizier die Bombardierung der beiden Tanklastzüge an, um deren Umfunktionieren in „rollende Bomben“, welche binnen kurzer Zeit gegen das in der Nähe befindliche Lager eingesetzt hätten werden können, durch die Aufständischen zu verhindern. Bei der anschließenden Bombardierung wurden zahlreiche Zivilisten, welche aus benachbarten Dörfern zu den Tanklastwagen gekommen waren, um sich mit Kraftstoff zu versorgen, getötet. Nach den vom Generalbundesanwalt durchgeführten Ermittlungen war der Einsatzbefehl zum Abwurf der Bomben in der Annahme erfolgt, dass es sich bei den im Zielgebiet befindlichen Personen um Anhänger, jedenfalls aber um Unterstützer, der Aufständischen handle, womit nach dem Völkerkriegsrecht deren Verletzung und sogar Tötung rechtlich nicht als strafbar anzusehen sei. Der hiergegen gerichtete Antrag auf gerichtliche Entscheidung hatte vor dem zuständigen Oberlandesgericht keinen Erfolg, weil das Gericht zu dem Ergebnis gekommen war, dass der eingereichte Antrag prozessual unzulässig sei, weil der Beschwerdeführer, der Vater eines durch die Bombardierung Getöteten, zu selektiv aus den Ermittlungsakten vorgetragen und insbesondere einseitig nur aus dem Zusammenhang gerissene Ermittlungsergebnisse wiedergegeben habe. Die hiergegen erhobene Verfassungsbeschwerde hat die zuständige Kammer des Zweiten Senats des Bundesverfassungsgerichts mangels Aussicht auf Erfolg nicht zur Entscheidung angenommen.

III. Der subjektive Anspruch auf effektive Strafverfolgung

Das Bundesverfassungsgericht hat, gleichermaßen mittlerweile schon in ständiger Rechtsprechung, in den begründeten Entscheidungen über die Nichtannahme der jeweiligen Verfassungsbeschwerde in den vorgenannten Verfahren jeweils die Voraussetzungen und den Inhalt des subjektiven Anspruchs des Einzelnen auf effektive Strafverfolgung dargelegt.[21] Zugleich hat es hierbei aber auch Grenzen,

---

20 BVerfG, Beschluss der 3. Kammer des Zweiten Senats vom 19. Mai 2015 – 2 BvR 987/11 –, NJW 2015, S. 3500.

21 BVerfG, Beschluss der 1. Kammer des Zweiten Senats vom 26. Juni 2014 – 2 BvR 2699/10 –, juris, Rn. 8 ff.; Beschluss der 3. Kammer des Zweiten Senats vom 6. Oktober 2014 – 2 BvR 1568/12

sowohl hinsichtlich der Durchführung der Strafverfolgung als auch hinsichtlich des – notwendigen – Ergebnisses einer solchen gezogen, worauf im Einzelnen nunmehr einzugehen sein wird.

1. Grundsätzlich kein subjektiver Anspruch

Zunächst ist in der Rechtsprechung des Bundesverfassungsgerichts stets, gewissermaßen als „Präambel“ für die nachfolgenden Ausführungen zu eng begrenzten Ausnahmen hiervon, der folgende Grundsatz zu finden:[22] Art. 2 Abs. 2 Satz 1 und 2 in Verbindung mit Art. 1 Abs. 1 Satz 2 GG verpflichten den Staat, sich dort schützend und fördernd vor das Leben, die körperliche Unversehrtheit, die Freiheit und die sexuelle Selbstbestimmung des Einzelnen zu stellen und sie vor rechtswidrigen Eingriffen von Seiten Dritter zu bewahren, soweit der einzelne Grundrechtsberechtigte hierzu nicht in der Lage ist.[23] Im unmittelbaren Nachgang hierzu wird sodann in den jüngeren Entscheidungen klargestellt, dass sich aus dieser fundamentalen Schutzpflicht allerdings für den Einzelnen keine einklagbaren Maßnahmen ableiten lassen und der Rechtsordnung als Ganzes insbesondere kein grundrechtlich radizierter Anspruch auf Strafverfolgung immanent ist.[24]

Der Staat erfüllt die ihm obliegende Schutzpflicht primär insbesondere dadurch, dass er die grundrechtlich geschützten Positionen des Einzelnen vor Eingriffen Dritter bewahrende Ge- und insbesondere Verbotsnormen schafft. Zivilrechtlich können Verletzungen von höchstpersönlichen Rechtsgütern zunächst, auch ohne besondere rechtliche Sonderverbindung ([vor-]vertragliches Verhältnis) zu Schadensersatz- und Ausgleichsansprüchen (§ 823 Abs. 1, § 823 Abs. 2, § 826 BGB, jeweils in Verbindung mit § 249 Abs. 1 und Abs. 2 sowie § 253 Abs. 2 BGB) führen.

–, NJW 2015, S. 150 (150, Rn. 9 ff.); Beschluss der 3. Kammer des Zweiten Senats vom 23. März 2015 – 2 BvR 1304/12 –, NStZ-RR 2015, S. 347 (348); Beschluss der 3. Kammer des Zweiten Senats vom 19. Mai 2015 – 2 BvR 987/11 –, NJW 2015, S. 3500 (3501, Rn. 17 ff.).

22 BVerfG, Beschluss der 1. Kammer des Zweiten Senats vom 26. Juni 2014 – 2 BvR 2699/10 -, juris, Rn. 8; Beschluss der 3. Kammer des Zweiten Senats vom 6. Oktober 2014 – 2 BvR 1568/12 -, NJW 2015, S. 150 (150, Rn. 9); Beschluss der 3. Kammer des Zweiten Senats vom 23. März 2015 – 2 BvR 1304/12 -, NStZ-RR 2015, 347 (348); Beschluss der 3. Kammer des Zweiten Senats vom 19. Mai 2015 – 2 BvR 987/11 -, NJW 2015, S. 3500 (3501, Rn. 17).

23 Vgl. schon BVerfGE 39, 1 (42); 46, 160 (164); 121, 317 (356); BVerfGK 17, 1 (5).

24 Vgl. auch BVerfGE 51, 176 (187); 88, 203 (262 f.); BVerfGK 17, 1 (5); BVerfG, Beschluss der 4. Kammer des Zweiten Senats vom 9. April 2002 – 2 BvR 710/01 -, NJW 2002, S. 2861 (2861 f.).

Daneben treten, weil der bloße Schutz des Integritätsinteresses allein im Einzelfall nicht ausreichen wird, wie spätestens der Extremfall der Tötung eines anderen Menschen zeigt, die staatlichen Sanktionsvorschriften in Gestalt der Buß- und insbesondere der Strafvorschriften, die unabhängig von Schadenskompensation den Verletzenden unter den strafrechtlich determinierten Voraussetzungen einer staatlichen Sanktion, primär Geld- oder Freiheitsstrafe, unterwerfen können: Wer den nach Art. 103 Abs. 2 GG hinreichend gesetzlich bestimmten Tatbestand einer Buß- oder Strafvorschrift rechtswidrig und schuldhaft verwirklicht, muss sich im Wege hoheitlichen Handelns eine entsprechende staatliche Reaktion gefallen lassen.

Zur tatsächlichen Umsetzung dieser zunächst vom Gesetzgeber in materiell-rechtlicher Erfüllung der ihm obliegenden Schutzpflichten erlassenen Buß- und Strafvorschriften tritt prozessual das Legalitätsprinzip. Einfach-rechtlich ist dies insbesondere in den § 152 Abs. 2, § 160 Abs. 1, § 163 Abs. 1 StPO und § 386 Abs. 1 Satz 1 AO für die Verfolgung von Straftaten und, über die Brückennorm des § 46 Abs. 1 OWiG, auch für die Verfolgung von Ordnungswidrigkeiten (§ 1 Abs. 1 OWiG), geregelt: Danach sind die hierfür zuständigen Behörden zunächst in jedem Fall verpflichtet, nach der Erlangung von Kenntnissen über die Möglichkeit des Vorliegens einer Straftat, insbesondere durch Strafanzeige oder auch durch Strafantrag (§ 158 Abs. 1 StPO), den jeweiligen Sachverhalt zu erforschen (§ 160 Abs. 1, § 163 Abs. 1 StPO). Die Mitwirkungsmöglichkeiten des Einzelnen, insbesondere auch des durch die Begehung einer Straftat Verletzten (§ 172 Abs. 1 Satz 1 StPO), enden insoweit mit der Anzeige oder Antragstellung. Die Art und Weise der Ermittlungen und insbesondere die abschließende Beurteilung, ob die Voraussetzungen für die Erhebung einer öffentlichen Klage (§ 170 Abs. 1 StPO) vorliegen, entzieht sich grundsätzlich seinem Einfluss. Das damit verbundene Offizialprinzip, wonach es den zuständigen Behörden obliegt, die sach- und zweckmäßigen Ermittlungen von Amts wegen durchzuführen, steht aber nicht privaten Ermittlungsmaßnahmen entgegen.[25]

2. Schutzpflicht für höchstpersönliche Rechtsgüter

Der vorstehende Grundsatz, wonach dem Einzelnen, auch wenn er als Opfer einer Straftat Verletzter im verfassungs- wie einfach-rechtlichen Sinne ist, kein individueller, insbesondere im Wege der Verfassungsbeschwerde „einklagbarer", subjektiver Anspruch auf Strafverfolgung zukommt, kann allerdings eine qualitative

25 *Erb*, in: Löwe/Rosenberg, StPO, 26. Aufl. 2007, § 160 Rn. 14a.

Konkretisierung erfahren. So kann bei unterbliebener oder unzureichender Ermittlung und Verfolgung von Gewaltverbrechen und vergleichbaren Straftaten aus der staatlichen Schutzpflicht aus Art. 2 Abs. 2 Satz 1 und 2 in Verbindung mit Art. 1 Abs. 1 Satz 2 GG ein Anspruch auf eine effektive Strafverfolgung entstehen, wenn der Einzelne nicht in der Lage ist, erhebliche Straftaten gegen seine höchstpersönlichen Rechtsgüter – Leben, körperliche Unversehrtheit, sexuelle Selbstbestimmung und Freiheit der Person – abzuwehren und ein Verzicht auf die effektive Verfolgung solcher Taten zu einer Erschütterung des Vertrauens in das Gewaltmonopol des Staates und einem allgemeinen Klima der Rechtsunsicherheit und Gewalt führen kann. Denn in solchen Fällen kann, gestützt auf Art. 2 Abs. 2 Satz 1 und 2 in Verbindung mit Art. 1 Abs. 1 Satz 2 GG, ein Tätigwerden des Staates und seiner Organe verlangt werden.[26] Bei Kapitaldelikten kann ein solcher Anspruch auch nahen Angehörigen auf der Grundlage von Art. 6 Abs. 1 GG in Verbindung mit Art. 2 Abs. 2 Satz 1 und Art. 1 Abs. 1 GG zustehen.[27]

Diese Fallgruppe findet sich auch in einigen Entscheidungen des EGMR im Zusammenhang mit unzureichenden Ermittlungen staatlicher Organe, insbesondere auch nach Übergriffen von Hoheitsträgern, als Verletzung der Menschenrechte der EMRK wieder.[28] Insoweit besteht einmal mehr zwischen den Grundrechten des deutschen Grundgesetzes und den bei deren Auslegung mit zu berücksichtigenden Menschenrechten der EMRK in deren Auslegung durch den EGMR eine praktisch vollständige Deckungsgleichheit,[29] zumal die EMRK, ausweislich Art. 53 EMRK, keine Reduzierung nationalen Grundrechtsschutzes beabsichtigt.[30]

---

26 Vgl. etwa BVerfGE 39, 1 (36 ff.); 49, 89 (141 f.); 53, 30 (57 f.); 77, 170 (214); 88, 203 (251); 90, 145 (195); 92, 26 (46); 97, 169 (176 f.); 109, 190 (236).

27 BVerfG, Beschluss der 1. Kammer des Zweiten Senats vom 26. Juni 2014 – 2 BvR 2699/10 -, juris, Rn. 10; Beschluss der 3. Kammer des Zweiten Senats vom 6. Oktober 2014 – 2 BvR 1568/12 -, NJW 2015, S. 150 (150, Rn. 11); Beschluss der 3. Kammer des Zweiten Senats vom 23. März 2015 – 2 BvR 1304/12 -, NStZ-RR 2015, 347 (348); Beschluss der 3. Kammer des Zweiten Senats vom 19. Mai 2015 – 2 BvR 987/11 -, NJW 2015, S. 3500 (3501, Rn. 20).

28 Vgl. EGMR, Entscheidung vom 27. September 1995, Nr. 18984/91, McCann u. a./Vereinigtes Königreich, Serie A 324, Rn. 161; EGMR, Entscheidung vom 2. September 1998, Nr. 22495/93, Yaşa/Türkei, Rep. 1998-VI, S. 2411, Rn. 100; EGMR, Entscheidung vom 20. Mai 1999, Nr. 21554/93, Ogur/Türkei, NJW 2001, S. 1991 (1994); EGMR, Entscheidung vom 22. März 2005, Nr. 28290/95, Güngör/Türkei, Rn. 67; EGMR, Entscheidung vom 10. April 2012, Nr. 9829/07, Ali Günes/Türkei, NVwZ 2013, S. 1599, Rn. 45.

29 Vgl. BVerfG, Beschluss der 1. Kammer des Zweiten Senats vom 26. Juni 2014 – 2 BvR 2696/10 –, juris, Rn. 16 ff.

30 Vgl. BVerfGE 74, 358 (370); 83, 119 (128); 111, 307 (317); 120, 180 (200 f.); 128, 326 (368).

Die Entstehung des subjektiven Anspruchs auf effektive Strafverfolgung setzt insoweit zwar nicht voraus, dass eine Erschütterung des Vertrauens in das staatliche Gewaltmonopol *in concreto* drohen oder sogar bereits nachweisbar eingetreten ist. Es genügt vielmehr, dass jedes (vollständige) Unterlassen einer effektiven Strafverfolgung *per se* geeignet sein kann, Zweifel an der Schutzbereitschaft und -fähigkeit staatlicher Organe gegenüber der Verhinderung von Übergriffen auf höchstpersönliche Rechtsgüter durch Dritte zu wecken. Allerdings bildet diese Formulierung bereits ein erstes Korrektiv, gleichermaßen eine Schranke, die ausdrücklich auch schon bei schweren und schwersten Delikten dem Anspruch auf effektive Strafverfolgung notwendige Grenzen zieht. Indem dieses Korrektiv im Zusammenhang auch mit Tötungsdelikten zum Ausdruck gebracht wird, stellt das Bundesverfassungsgericht klar, dass es selbst bei schwersten Delikten bis hin zum, wenn auch nicht ausdrücklich benannten, Mord (§ 211 StGB) keinen grenzenlosen subjektiven Anspruch auf effektive Strafverfolgung geben kann (vgl. hierzu auch unter IV.).

3. Beschwerdebefugnis im Todesfall

Für den Verletzten einer schweren, gegen die vorgenannten höchstpersönlichen Individualrechtsgüter gerichteten Straftat – oder, im Todesfall, seine nahen Angehörigen – bedeutet dies zunächst, dass eine effektive Ermittlung der zuständigen Strafverfolgungsbehörden beansprucht werden und gegebenenfalls, insbesondere mit den Mitteln des Klageerzwingungsverfahrens, auch zur gerichtlichen Überprüfung gestellt werden kann. Die Erweiterung des Kreises der Anspruchsträger im Falle des Versterbens des Opfers einer Straftat ist insoweit geradezu zwingend: Zwar kann durch eine effektive Strafverfolgung der Erfolg einer Tat, die eingetretene Verletzung eines geschützten Rechtsgutes, nie rückgängig oder auch nur kompensiert werden. Allerdings wäre es geradezu widersprüchlich, wenn bei den schwersten Delikten, deren Erfolg sich gerade im Tod eines anderen Menschen manifestiert, der Anspruch auf eine effektive Strafverfolgung dieser Taten letztlich nur dadurch leerliefe, dass infolge des Versterbens des ursprünglichen Anspruchsträgers der Anspruch als solcher zwar fortbestünde, aber von niemandem mehr geltend gemacht werden könnte. Die insoweit vom Bundesverfassungsgericht vorgenommene Ausnahme vom allgemeinen Grundsatz der Beschwerdebefugnis erinnert zunächst an die Rechtsfigur des postmortalen Persönlichkeitsschutzes,[31] stellt in der Sache aber, jedenfalls auf der verfassungsprozessualen Ebene, eher eine prozessuale Privilegierung der Angehörigen dar, subsidiär für den Fall, dass der verletzte Grundrechtsrechtsträger seine verletzte Grundrechtsposition nicht mehr rügen kann. Entsprechend ist in Todesfällen auch im Klageerzwingungsverfahren den nahen Angehörigen aufgrund der Bedeutungslosigkeit der Verletzteneigenschaft ein Antrags- und Beschwerderecht nach einfach-gesetzlichen Bestimmungen einzuräumen.[32]

4. Spezifische Fürsorge- und Obhutspflicht in strukturell asymmetrischen Rechtsverhältnissen

Ein Anspruch auf effektive Strafverfolgung kann nicht nur als besondere Ausprägung staatlicher Schutzpflichten, welche der Einzelne bei einer Verletzung seiner höchstpersönlichen Rechtsgüter ausnahmsweise auch individuell einfordern kann, entstehen, sondern auch dann in Betracht kommen, wenn dem Staat eine spezifische Fürsorge- und Obhutspflicht gegenüber Personen obliegt, die ihm anvertraut sind. In strukturell asymmetrischen Rechtsverhältnissen, die den Verletzten nur eingeschränkte Möglichkeiten lassen, sich gegen strafrechtlich relevante Übergriffe in ihre Rechtsgüter aus Art. 2 Abs. 2 GG zu wehren (z. B. im Maßregel- oder Strafvollzug), obliegt den Strafverfolgungsbehörden eine besondere Sorgfaltspflicht bei der Durchführung von Ermittlungen und der Bewertung der gefundenen Ergebnisse.[33]

Die Bedeutung dieser Fallgruppe, in denen der Verletzte einer Straftat, auch wenn diese (noch) nicht die Schwelle zu den schweren Delikten, bei denen höchstpersönliche Rechtsgüter verletzt werden, überschreiten muss, einen Anspruch auf effektive Strafverfolgung haben kann, ergibt sich aus den besonderen Umständen: Der ohne oder gegen seinen Willen, regelmäßig auf hoheitliche Anordnung hin, Untergebrachte ist tendenziell trotz aller Vorkehrungen vielfäl-

---

31 Vgl. BVerfGE 30, 171 (194 ff.); 115, 118 (152). Kritisch zu diesem *Huber*, in: Merten/Papier (Hrsg.), HGR II, § 49 Rn. 22 ff.

32 So auch *Meyer-Goßner/Schmitt*, in: dies., StPO, 59. Aufl. 2016, § 172 Rn. 11; *Moldenhauer*, in: KK-StPO, 7. Aufl. 2013, § 172 Rn. 21, m.w.N. zur Rspr der Oberlandesgerichte; eher zurückhaltend noch *Graalmann-Scheerer*, in: Löwe-Rosenberg, StPO, 26. Aufl. 2007, § 172 Rn. 82.

33 BVerfG, Beschluss der 1. Kammer des Zweiten Senats vom 26. Juni 2014 – 2 BvR 2699/10 -, juris, Rn. 11; Beschluss der 3. Kammer des Zweiten Senats vom 6. Oktober 2014 – 2 BvR 1568/12 -, NJW 2015, S. 150 (150, Rn. 12); Beschluss der 3. Kammer des Zweiten Senats vom 23. März 2015 – 2 BvR 1304/12 -, NStZ-RR 2015, 347 (348); Beschluss der 3. Kammer des Zweiten Senats vom 19. Mai 2015 – 2 BvR 987/11 -, NJW 2015, S. 3500 (3501, Rn. 21).

tigen Gefährdungen seiner selbst wie auch seiner Rechtsgüter ausgesetzt, denen er nicht ohne Weiteres entkommen oder auch nur ausweichen kann. Hier tritt die Fürsorge- und Obhutspflicht des Staates, die neben der Gewährleistung der physischen und psychischen Unversehrtheit sich bereits bei der Ausformung und -gestaltung des äußeren Rahmen manifestiert, auch im repressiven Bereich besonders zu Tage: Der Verletzte kann – für sich – ebenfalls eine sorgfältige und effektive Verfolgung von gegen ihn gerichteten Straftaten beanspruchen und deren Durchführung und Kontrolle zunächst im Wege des Klageerzwingungsverfahrens und sodann erforderlichenfalls auch im Wege der Verfassungsbeschwerde durchsetzen.

Die Vorgabe an die Strafverfolgungsbehörden, Ermittlungen mit einer besonderen Sorgfalt durchzuführen und ebenso dieselbe bei der Bewertung gefundener Ergebnisse walten zu lassen, ist indessen nicht als Ausdruck eines generellen oder gar aufgrund entsprechender Vorfälle konkret begründeten Verdachts dahingehend zu verstehen, dass Straftaten in Justizvollzugsanstalten oder Einrichtungen des Maßregelvollzugs oberflächlich behandelt oder gar ignoriert würden. Die Wendungen zielen vielmehr darauf ab, dass auch und gerade unter den naturgemäß oft erschwerten Ermittlungsbedingungen einerseits sowie des nicht unerheblichen Potentials von abgesprochenen oder gezielt verschleierten Aussagen und Bekundungen nach Möglichkeit eine intensive(re) Auseinandersetzung mit den Tatvorwürfen einerseits und den Ergebnissen der jeweiligen Ermittlungen andererseits erfolgen muss. Dabei ist, insbesondere nicht unter Abkehr des universell geltenden Grundsatzes „*in dubio pro reo*“, auch in dieser Fallgruppe kein Anlass dafür gegeben, die allgemeinen Anforderungen, wie sie an die Bejahung des hinreichenden Tatverdachtes als Voraussetzung für die Erhebung einer öffentlichen Klage (§ 170 Abs. 1 StPO) zu stellen sind, abzuschwächen oder gar zu beseitigen.

5. Straftaten durch Amtsträger bei Wahrnehmung hoheitlicher Aufgaben

Schließlich kann sich für den Einzelnen ein subjektiver Anspruch auf effektive Strafverfolgung ergeben, wenn der Vorwurf im Raum steht, dass Amtsträger bei Wahrnehmung hoheitlicher Aufgaben Straftaten begangen haben. Ein Verzicht auf eine effektive Verfolgung solcher Taten kann zu einer Erschütterung des Vertrauens in die Integrität staatlichen Handelns führen. Daher muss bereits der Anschein vermieden werden, dass gegen Amtswalter des Staates weniger effektiv ermittelt wird oder dass insoweit erhöhte Anforderungen an eine Anklageerhebung gestellt werden. Die (verfassungsrechtliche) Verpflichtung zur effektiven

Strafverfolgung bezieht sich auf das Tätigwerden aller Strafverfolgungsorgane. Ihr Ziel muss es sein, eine wirksame Anwendung der zum Schutz des Lebens, der körperlichen Integrität, der sexuellen Selbstbestimmung und der Freiheit der Person erlassenen Strafvorschriften sicherzustellen. Es muss insoweit gewährleistet werden, dass Straftäter für von ihnen verschuldete Verletzungen dieser Rechtsgüter auch tatsächlich zur Verantwortung gezogen werden.[34]

Die Entwicklung dieser Fallgruppe beruht nicht unmaßgeblich darauf, dass die in der jüngeren Rechtsprechung zur Entscheidung anstehenden Fälle, in denen durch das schlichte Handeln – oder Unterlassen – von Hoheitsträgern als solchen eine Beeinträchtigung von höchstpersönlichen Rechtsgütern eingetreten ist, wobei die jeweils von den Verletzten oder ihren Angehörigen erhobenen strafrechtlichen Vorwürfe sowohl im Wege des Klageerzwingungsverfahrens als auch in der verfassungsrechtlichen Überprüfung keinen Bestand hatten. Gleichwohl boten eben diese Fälle Anlass und Gelegenheit, bei der Ausformung und Konturierung des subjektiven Anspruchs auf effektive Strafverfolgung Berücksichtigung zu finden. So versteht es sich, gerade auch nach der bereits im Zusammenhang mit der Begehung von Kapital- und Gewaltdelikten beschriebenen Notwendigkeit der Vermeidung eines Klimas der allgemeinen Rechtsunsicherheit, von selbst, dass erst recht bei – konkreten – Vorwürfen gegen Amts- und Hoheitsträger keine Ausnahme vom verfassungsrechtlich abgesicherten Legalitätsprinzip eintreten darf.

Materiell-rechtlich hat der Gesetzgeber dies, gerade auch im Kernstrafrecht, durch die Einführung der sogenannten Amtsdelikte im 30. Abschnitt des Besonderen Teils Strafgesetzbuches (§§ 331–358 StGB), umgesetzt. Sowohl für die Verwirklichung der sogenannten „echten" Amtsdelikte, die ausschließlich durch einen Amtsträger i.S.d. § 11 Abs. 1 Nr. 2 StGB begangen werden können, wie auch für die Verwirklichung der sogenannten „unechten Amtsdelikte", die grundsätzlich von jedermann begangen werden können und bei denen der Umstand, dass sie von einem Amtsträger begangen werden, strafschärfend berücksichtigt wird (§ 28 Abs. 2 StGB), sind erheblich erhöhte Strafrahmen vorgesehen. Prozessual ergänzt und überlagert der subjektive Anspruch auf effektive Strafverfolgung auch hier das einfach-gesetzliche Legalitätsprinzip und das Klageerzwingungsverfahren dahingehend, dass eine Abschwächung der Ermittlungsintensität angesichts der Person des Beschuldigten ebenso wenig hingenommen werden kann wie bei der

34 Vgl. BVerfG, Beschluss der 1. Kammer des Zweiten Senats vom 26. Juni 2014 – 2 BvR 2699/10 -, juris, Rn. 13; Beschluss der 3. Kammer des Zweiten Senats vom 6. Oktober 2014 – 2 BvR 1568/12 -, NJW 2015, S. 150 (151, Rn. 14); Beschluss der 3. Kammer des Zweiten Senats vom 23. März 2015 – 2 BvR 1304/12 – NStZ-RR 2015, 347 (348); Beschluss der 3. Kammer des Zweiten Senats vom 19. Mai 2015 – 2 BvR 987/11 -, NJW 2015, S. 3500 (3501, Rn. 23).

Würdigung der Ermittlungsergebnisse ein „Amtsbonus“ zu Gunsten des Beschuldigten angewandt werden darf. Umgekehrt gilt aber auch – erst recht – für diese Fallgruppe, was in der Rechtsprechung des Bundesverfassungsgerichts hinsichtlich des konkreten Inhalts des subjektiven Anspruchs auf Strafverfolgung ausgeführt ist, nämlich, dass eine effektive Strafverfolgung gerade nicht ausschließlich erst dann als geleistet angesehen werden kann und darf, wenn es zu einer Strafverurteilung gekommen ist (vgl. IV.).

6. Zusammenfassung

Für den subjektiven Anspruch auf Strafverfolgung lässt sich, ausgehend von den vorgenannten Fallgruppen, wie sie in der gegenwärtigen Rechtsprechung des Bundesverfassungsgerichts ausgebildet worden sind, zusammenfassend festhalten, dass grundsätzlich der Einzelne nur als Verletzter Träger dieses Anspruchs sein kann. Mit Ausnahme des Verdachts von Tötungsdelikten – wobei insoweit nicht nur die Tatbestände der vorsätzlichen Tötung (§§ 211, 212, 216 StGB), sondern neben der fahrlässigen Tötung (§ 222 StGB) auch alle Delikte erfasst sind, bei denen der Eintritt des Todes als besondere Folge normiert ist (§ 18 StGB, z. B. §§ 227, 251 StGB) – scheidet somit auch auf verfassungsrechtlicher Ebene eine „Prozessstandschaft“ oder „Popularklage“, selbst zu Gunsten des Verletzten einer Straftat, aus. Lediglich dann, wenn der Verletzte in unmittelbarer Folge einer möglichen gegen sein Leben gerichteten Straftat naturgemäß nicht mehr Träger des subjektiven Anspruchs auf effektive Strafverfolgung sein kann, eröffnet sich für seine nahen Angehörigen die Möglichkeit, zu Gunsten des Verstorbenen einen solchen gegenüben Strafverfolgungsbehörden wie auch den Gerichten geltend zu machen. Außerhalb der Kapitaldelikte ist der Anspruch auf effektive Strafverfolgung zunächst grundsätzlich auf die Begehung von gegen höchstpersönliche Rechtsgüter gerichtete Straftaten beschränkt, soweit nicht besondere Umstände wie etwa die hoheitliche Unterbringung mit der dann entstehenden besonderen Fürsorge- und Obhutspflicht des Staates gegenüber dem Untergebrachten und/oder die Begehung der jeweiligen Straftaten durch Amts- und Hoheitsträger bei der Ausübung eines öffentlichen Amtes im Raum stehen.

IV. Inhalt und Grenzen des Anspruchs auf effektive Strafverfolgung

Eröffnet sich dem Einzelnen der Anwendungsbereich für einen subjektiven Anspruch auf effektive Strafverfolgung, so stellt sich unweigerlich die Frage nach dessen konkreten Inhalt und etwaigen Grenzen.

1. Das Gebot der effektiven Strafverfolgung

In einem demokratischen Rechtsstaat dem Grunde nach eine Selbstverständlichkeit und insoweit vom Legalitätsprinzip auch zunächst uneingeschränkt gefordert, sind alle staatlichen Organe und insbesondere die Strafverfolgungsbehörden verpflichtet, Straftaten aufzuklären und, soweit möglich, zur Ahndung zu bringen. Der subjektive Anspruch auf effektive Strafverfolgung ändert hieran grundsätzlich nichts, insbesondere berührt er nicht die Ausgestaltung von Ermittlungs- und Strafverfahren. So betont das Bundesverfassungsgericht in jeder der vorgenannten Entscheidungen (vgl. II.2.) und für jede einzelne Fallgruppe, aus deren Vorliegen es überhaupt zu dem individual-subjektiven Anspruch kommen kann, dass dieser sich – nur – auf effektive Strafverfolgung richten kann. Die Effektivität von Ermittlungs- und Strafverfolgungsmaßnahmen kann dabei nicht allein danach bestimmt und beurteilt werden, ob durch ihre Durchführung ein bestimmtes Ergebnis erreicht wird. Erst Recht kann nicht erst dann von einer effektiven Strafverfolgung im Einzelfall wie auch im großen Ganzen ausgegangen werden, wenn hierdurch eine umfassende Verhinderung künftiger Straftaten nachweislich erreicht worden ist. So betont denn auch das Bundesverfassungsgericht stets ausdrücklich, dass die Effektivität der Verfolgung gerade nicht in jedem Fall nur durch die Erhebung einer öffentlichen Klage, der Anklage durch die Staatsanwaltschaft (§ 170 Abs. 1 StPO), erreicht werden kann.[35]

Im Kern bedeutet dieses, noch über die nachfolgende Maßgabe eines verhältnismäßigen Ressourceneinsatzes hinausgehend, dass effektive Strafverfolgung auf keinen Fall „vom Ende her“ gedacht und beurteilt werden darf. Anderenfalls würde in kaum hinnehmbarer Weise aus der staatlichen Schutzpflicht zu

35 Vgl. BVerfG, Beschluss der 1. Kammer des Zweiten Senats vom 26. Juni 2014 – 2 BvR 2699/10 -, juris, Rn. 14; Beschluss der 3. Kammer des Zweiten Senats vom 6. Oktober 2014 – 2 BvR 1568/12 -, NJW 2015, S. 150 (151, Rn. 15); Beschluss der 3. Kammer des Zweiten Senats vom 23. März 2015 – 2 BvR 1304/12 – NStZ-RR 2015, 347 (348); Beschluss der 3. Kammer des Zweiten Senats vom 19. Mai 2015 – 2 BvR 987/11 -, NJW 2015, S. 3500 (3501, Rn. 24).

Gunsten des Einzelnen ein unter anderem mit der Unschuldsvermutung (explizit auch in Art. 6 Abs. 2 EMRK normiert) und dem *in dubio pro reo*-Grundsatz kaum zu vereinbarender Anspruch auf strafrechtliche Verhandlung und gegebenenfalls sogar strafrechtliche Verurteilung resultieren, demgegenüber sich die ebenfalls grundrechtlich abgesicherte Position des Beschuldigten kaum noch in praktische Konkordanz[36] bringen ließe. Vielmehr erschöpft sich der Anspruch auf effektive Strafverfolgung darin, dass seitens der Strafverfolgungsbehörden eine möglichst umfassende und lückenlose Ermittlungsarbeit geleistet wird und die Bewertung der Ermittlungsergebnisse gewissenhaft und objektiv nachvollziehbar erfolgt. Insoweit stellt beispielsweise die fehlende Ermittlung eines Täters nicht *per se* einen Verstoß gegen das Gebot effektiver Strafverfolgung – und einen etwaigen Anspruch hierauf – dar, wenn die zur Verfügung stehenden Erkenntnisquellen im zulässigen Rahmen ausgeschöpft worden sind. Auch die Feststellung, dass die bestehende Beweis- und Indizienlage zwar einen bestimmten Tatverdacht als solchen bestätigt hat, das Erfordernis einer überwiegenden Wahrscheinlichkeit für eine strafrechtliche Verurteilung und damit das Vorliegen eines zur Erhebung der öffentlichen Klage notwendigen Tatverdachts (§ 170 Abs. 1 StPO) indessen fehlt, kann insoweit ohne Weiteres ausreichend sein.

In keiner Konstellation kann und darf ein neben das Legalitätsprinzip tretender subjektiver Anspruch auf effektive Strafverfolgung dazu führen, dass die allgemeinen Voraussetzungen, die etwa für die Erhebung einer öffentlichen Klage zu erfüllen sind, modifiziert und insbesondere abgeschwächt werden. Dies gilt in besonderem Maße auch für die Fallgruppe, in der die Entstehung des subjektiven Anspruchs auf Strafverfolgung durch einen Tatvorwurf und -verdacht gegenüber einem Amtsträger abhängig ist: Ebenso wenig, wie in diesen Fällen ein „Vertrauensvorschuss" in die „amtliche Integrität" des Beschuldigten vorgenommen werden darf, kann es hingenommen werden, dass, etwa auch nur um der Vermeidung eines Anscheins der „kollegialen Begünstigung oder Deckung" willen, vorschnell eine öffentliche Klage erhoben wird, und sei es nur mit dem Ziel, die dann in öffentlicher Hauptverhandlung (§ 169 GVG) erfolgende Sachverhaltsaufklärung zum Zwecke einer „endgültigen Beseitigung erhobener Vorwürfe" zu nutzen.

36 Vgl. BVerfGE 77, 240 (255); 81, 298 (308); 83, 130 (143).

2. Verhältnismäßiger Einsatz der verfügbaren Ressourcen

Neben der finalen inhaltlichen Begrenzung des Anspruchs auf effektive Strafverfolgung hat das Bundesverfassungsgericht weiterhin auch die Konditionalität dieses Anspruchs limitiert. So hat es stets ausgeführt, dass es vielfach ausreichend sein wird, wenn die Staatsanwaltschaft als Herrin des Ermittlungsverfahrens[37] und – nach ihrer Weisung – die Polizei die ihnen zur Verfügung stehenden Mittel personeller und sächlicher Art sowie ihre Befugnisse auch tatsächlich nach Maßgabe eines angemessenen Ressourceneinsatzes nutzen, um den Sachverhalt aufzuklären und Beweismittel zu sichern.[38] Die Endlichkeit der – sinnvollen – Ermittlungsmöglichkeiten wie auch die naturgemäß begrenzte Effektivität einzelner Ermittlungsmaßnahmen führen unweigerlich dazu, dass nach deren Ausschöpfung der Aufwand für weitergehende Ermittlungsarbeit in kaum noch rechtfertigbarem bis von vornherein unvernünftigem Verhältnis zu etwaigen weiteren Erkenntnissen steht. So wäre es, von rechtlichen Fragen wie der Zulässigkeit und der anschließenden Verwertbarkeit derart gewonnener Aussagen ganz abgesehen, höchst fraglich, ob bei Zeugen, die glaubhaft, gerade bei länger zurückliegenden Ereignissen und/oder hoch-dynamischen Vorgängen, eine nur noch lücken- oder schemenhafte Erinnerung bekunden, mittels medizinischer Präparate oder anderweitiger Methoden ein gesteigertes Erinnerungsvermögen gefördert werden dürfte. Auch die technischen Möglichkeiten einer Sachverhaltsaufklärung lassen sich ab bestimmten Punkten nur noch mit zunehmendem, bisweilen exponentiellen, Aufwand weiter ausschöpfen, ohne dass erhebliche Erkenntnisgewinne aus dem unternommenen Aufwand zu erwarten sind. Schließlich, und auch dieser Aspekt findet sich in der Grenzziehung durch das Bundesverfassungsgericht durch die Bezugnahme auf „Befugnisse", darf auch bei der Aktivierung des Anspruchs auf effektive Strafverfolgung nicht „der Zweck die Mittel heiligen": Die Strafverfolgungsbehörden müssen selbst bei der Aufklärung schwerster Verbrechen die ihnen durch die Rechtsordnung, sowohl die einfachgesetzliche Rechtslage wie erst recht die diese determinierenden Grundrechte und die objektive Werteordnung des Grundgesetzes insgesamt, gezogenen Grenzen staatlichen Handelns beachten und wahren.

---

37 Vgl. BGHSt 10, 8 (12, Rn. 10); 36, 133 (135, Rn. 31); 41, 247 (260, Rn. 12); 51, 285 (290, Rn. 28).

38 Vgl. BVerfG, Beschluss der 1. Kammer des Zweiten Senats vom 26. Juni 2014 – 2 BvR 2699/10 -, juris, Rn. 14; Beschluss der 3. Kammer des Zweiten Senats vom 6. Oktober 2014 – 2 BvR 1568/12 -, NJW 2015, S. 150 (151, Rn. 15); Beschluss der 3. Kammer des Zweiten Senats vom 23. März 2015 – 2 BvR 1304/12 – NStZ-RR 2015, 347 (348); Beschluss der 3. Kammer des Zweiten Senats vom 19. Mai 2015 – 2 BvR 987/11 -, NJW 2015, S. 3500 (3501, Rn. 24).

3. Dokumentationspflicht und gerichtliche Kontrolle

Beinahe schon im eher unscheinbaren Nachgang zur Ausdifferenzierung von Voraussetzungen, Inhalt und Grenzen des subjektiven Anspruchs auf effektive Strafverfolgung hat das Bundesverfassungsgericht schließlich noch das bis vor Kurzem noch nur einfach-gesetzlich ausgestaltete Klageerzwingungsverfahren inhaltlich „überarbeitet“. Denn jedenfalls dann, wenn sich der Einzelne als Verletzter auf eine Aktivierung seines verfassungsrechtlich verbrieften subjektiven Anspruchs auf effektive Strafverfolgung berufen kann, obliegt es nunmehr in letzter Instanz auch den Oberlandesgerichten, die Einhaltung des Gebots effektiver Strafverfolgung und nicht nur das (Nicht-)Vorliegen eines zur Erhebung öffentlicher Klage notwendigen hinreichenden Tatverdachts nach den §§ 174, 175 StPO zu überprüfen.[39]

Zu diesem Zweck obliegt es zunächst den Strafverfolgungsbehörden, die Erfüllung ihrer Verpflichtung zur effektiven Strafverfolgung mittels einer detaillierten und vollständigen Dokumentation des Ermittlungsverlaufs zu dokumentieren und eine nachvollziehbare Begründung der Einstellungsentscheidung darzulegen. Dokumentation und Einstellungsbegründung müssen so beschaffen sein, dass es den zur Überprüfung hierzu berufenen Oberlandesgerichten möglich ist, die Erfüllung der Verpflichtung zur effektiven Strafverfolgung einer eigenständigen gerichtlichen Kontrolle zu unterziehen.[40] Einfach-gesetzlich sind Dokumentation des Ermittlungsverlaufs sowie deren Darlegung im Zuge der Vorlage der gesamten Ermittlungsakte an das Oberlandesgericht – spätestens auf dessen Verlangen (§ 173 Abs. 1 StPO) – jedenfalls bereits dem Grunde nach vorgesehen gewesen. Auch ist das Oberlandesgericht befugt, ihm fehlend erscheinende Ermittlungen zur Vorbereitung seiner eigenen Entscheidung selbst anzuordnen (§ 173 Abs. 3 StPO), was wiederum notwendigerweise eine vorherige Prüfung der bisherigen Ermittlungsarbeit voraussetzt.[41]

---

39 Vgl. BVerfG, Beschluss der 1. Kammer des Zweiten Senats vom 26. Juni 2014 – 2 BvR 2699/10 -, juris, Rn. 15; Beschluss der 3. Kammer des Zweiten Senats vom 6. Oktober 2014 – 2 BvR 1568/12 -, NJW 2015, S. 150 (151, Rn. 16); Beschluss der 3. Kammer des Zweiten Senats vom 23. März 2015 – 2 BvR 1304/12 – NStZ-RR 2015, 347 (348); Beschluss der 3. Kammer des Zweiten Senats vom 19. Mai 2015 – 2 BvR 987/11 -, NJW 2015, S. 3500 (3501, Rn. 25).

40 Vgl. BVerfG, Beschluss der 1. Kammer des Zweiten Senats vom 26. Juni 2014 – 2 BvR 2699/10 -, juris, Rn. 15; Beschluss der 3. Kammer des Zweiten Senats vom 6. Oktober 2014 – 2 BvR 1568/12 -, NJW 2015, S. 150 (151, Rn. 16); Beschluss der 3. Kammer des Zweiten Senats vom 23. März 2015 – 2 BvR 1304/12 – NStZ-RR 2015, 347 (348); Beschluss der 3. Kammer des Zweiten Senats vom 19. Mai 2015 – 2 BvR 987/11 -, NJW 2015, S. 3500 (3501, Rn. 25).

41 Vgl. BVerfGK 18, 83 (89); BVerfG, Beschluss der 3. Kammer des Zweiten Senats vom 4. Mai 1998 – 2 BvR 1314/97 -, EuGRZ 1998, S. 466 (468).

Gleichwohl zielte der bisher vom Gesetzgeber ausweislich der vorgesehenen Entscheidungsmöglichkeiten über die Verwerfung des Antrags mangels Feststellung eines zur Erhebung der öffentlichen Klage hinreichenden Tatverdachts (§ 174 Abs. 1 StPO) oder der Beschlussfassung über die Erhebung der öffentlichen Klage (§ 175 Satz 1 StPO) bestehende Prüfungsmaßstab eher auf die Überprüfung der abschließenden Verfahrenseinstellung durch die Strafverfolgungsbehörden ab. Dies ist durch die neuere Rechtsprechung des Bundesverfassungsgerichts nunmehr dahingehend abgeändert worden, dass die Oberlandesgerichte in ihrer erst- wie letztinstanzlichen Zuständigkeit im Klageerzwingungsverfahren, noch über die nach Maßgabe von § 173 Abs. 3 StPO hinausgehende Ermittlungsmöglichkeit hinaus, auch den Verlauf und die Stichhaltigkeit des Ermittlungsverfahrens jedenfalls inzident mit zu überprüfen haben.

4. Zusammenfassung

Aufgezeigter Inhalt und Grenzen des subjektiven Anspruchs auf Strafverfolgung belegen, dass das Bundesverfassungsgericht mit seiner neueren Rechtsprechung keineswegs ein gänzlich neues Grundrecht „geschaffen" hat, was im Wege der Kammerrechtsprechung aufgrund der Restriktion von § 93c Abs. 1 BVerfGG ohnehin kaum erfolgen könnte. Vielmehr hat das Gericht, insoweit auch im Zuge der Kammerjudikatur ohne Weiteres zulässig, aus der seit langem anerkannten staatlichen Schutzpflicht gegenüber dem Einzelnen eine besondere Ausprägung abgeleitet, welche das bereits auch einfach-gesetzlich vorgesehene Klageerzwingungsverfahren überlagert und verfassungsrechtlich determiniert. Die hierbei für den Fall der Aktivierung des subjektiven Anspruchs auf effektive Strafverfolgung gezogenen Grenzen, sowohl vom Anspruchsumfang her wie auch aufgrund der Mittel-Zweck-Relation, lassen eine erhebliche Veränderung der bisherigen Ermittlungsarbeit der Strafverfolgungsbehörden nicht erwarten oder gar deren Überlastung befürchten.

Letztlich dürfte auch der Ausbau der gerichtlichen Kontrolle, von der bisher eher festzustellenden reinen Rechtskontrolle hin zu einer inhaltlichen Prüfung geleisteter Ermittlungsarbeit und -dokumentation, zu keiner massiven Veränderung der Gerichtspraxis zwingen.

V. Fazit

Das Bedürfnis nach der Bestrafung eines anderen, der tatsächlich oder vermeintlich als Verursacher eigenen Unglücks angesehen wird, ist menschlich.

Gerade um der Vermeidung von Selbstjustiz und überhand nehmender Vergeltungsmaßnahmen willen, die alttestamentarisch bereits zur Einführung des Talionsprinzips („Aug um Aug und Zahn um Zahn") zum Zwecke der Zurückdrängung der Blutfehde und Begrenzung von Rache- und Vergeltungsmaßnahmen führte,[42] war und ist die Herausbildung des staatlichen (Straf-)Gewaltmonopols für einen modernen Rechtsstaat wie auch für eine moderne Gesellschaft und das zivile Zusammenleben unverzichtbar: Nicht der Einzelne soll erlittenes Unrecht vergelten können und müssen, sondern der Staat übernimmt dies nach abstrakten Regeln. Das Legalitätsprinzip und die Überprüfung dessen Einhaltung auf Antrag des Verletzten stellen insoweit wesentliche Eckpfeiler für das Funktionieren der Gesellschaft dar. Denn ein Verlust des Vertrauens in eine funktionierende Strafrechtspflege würde unvermeidbar zu Ausweichbewegungen und Substitutionsphänomenen führen, wie sie im zivilrechtlichen Pendant bereits mit der zunehmenden Schiedsgerichtsbarkeit als einer jedenfalls ansatzweise im Entstehen begriffenen Paralleljustiz festzustellen sind,[43] wenn auch hier oftmals eher rein wirtschaftliche Interessen und weniger ein Vertrauensverlust in die staatliche Gerichtsbarkeit im Vordergrund stehen.

Indem das Bundesverfassungsgericht in seiner jüngsten Rechtsprechung den bis dato eher nebulös gebliebenen subjektiven Anspruch auf effektive Strafverfolgung zum einen konturiert und zum anderen zugleich dessen Funktion und Grenzen, sowohl materiell-rechtlich als auch prozessual deutlich aufgezeigt hat, dürfte ein wertvoller Beitrag dazu geleistet worden sein, eine Erosion der rechtsstaatlichen Strafrechtspflege durch eintretenden Vertrauensverlust einerseits sowie überbordende Anforderungen an die Strafverfolgungsbehörden und Gerichte mit damit einhergehender Überforderung und Überlastung andererseits zu vermeiden. Einem „*fiat justitia, pereat mundi*", wie es der Vorstellung manchen Antragstellers im Klageerzwingungsverfahren, bewusst oder unbewusst, vor Augen zu stehen scheint, hat das Bundesverfassungsgericht mit dieser Rechtsprechung – zu Recht – eine Absage erteilt. Dies sicher nicht zuletzt auch deshalb, weil über die vergangenen Jahrzehnte hinweg die Tätigkeit der deutschen Strafrechtspflege nicht den Verdacht einer generell unzureichenden Amtsführung gelangt ist und hoffentlich auch künftig nicht gelangen wird.

---

42 Vgl. *Hirte*, JA 2009, S. 606 (609); *Neubacher*, NJW 2006, S. 966 (968); *Streng*, ZRP 2004, S. 237 (238 f.).

43 Vgl. *Steiner*, SpuRt 2014, S. 2 (3); *Wolf*, NJW 2015, S. 1656 (1661).

Christoph Burmeister

Alles zum Wohl des Kindes? – Zur aktuellen Rechtsprechung des Bundesverfassungsgericht in Sorgerechtsverfahren

Leitentscheidungen des Bundesverfassungsgerichts

BVerfGE 55, 171 – Sorgerecht
BVerfGE 60, 79 – Fremdunterbringung
BVerfGE 72, 122 – Sorgerechtsentzug

Wichtige Kammerentscheidungen

BVerfG, Beschluss der 1. Kammer des Ersten Senats vom 17. März 2014 – 1 BvR 2695/13 –, juris
BVerfG, Beschluss der 1. Kammer des Ersten Senats vom 24. März 2014 – 1 BvR 160/14 –, juris
BVerfG, Beschluss der 1. Kammer des Ersten Senats vom 7. April 2014 – 1 BvR 3121/13 –, juris
BVerfG, Beschluss der 1. Kammer des Ersten Senats vom 22. Mai 2014 – 1 BvR 2882/13 –, juris
BVerfG, Beschluss der 1. Kammer des Ersten Senats vom 22. Mai 2014 – 1 BvR 3190/13 –, juris
BVerfG, Beschluss der 1. Kammer des Ersten Senats vom 14. Juni 2014 – 1 BvR 725/14 –, juris

Schrifttum (Auswahl)

Britz, Entscheidungen des BVerfG zu Fremdunterbringungen in Zahlen, JAmt 2014, S. 550 ff.; *dies.*, Kindesgrundrechte und Elterngrundrecht: Fremdunterbringung in der verfassungsgerichtlichen Kontrolle, FamRZ 2015, S. 793 ff.; *dies.*, Anforderungen an familiengerichtliche Entscheidungen im Kinderschutz aus Sicht des Bundesverfassungsgerichts, JAmt 2015, S. 286 ff.; *Giers*, Entziehung der elterlichen Sorge durch einstweilige Anordnung, FamRB 2014, S. 455 f.; *Gläss*, Anforderungen an familiengerichtliche Entscheidungen im Kinderschutz aus Sicht der Praxis im Jugendamt, JAmt 2015, S. 295 ff.; *Hammer*, Art. 6 GG, §§ 1666 f. BGB: Sachverhaltsaufklärung im Verfahren auf Entzug des Aufenthaltsbestimmungsrechts, FamRZ 2016, S. 22 ff.; *Heilmann*, Schützt das Grundgesetz die Kinder nicht?, NJW 2014, S. 2904 ff.; *Keuter*, Art. 6, §§ 1666 f. BGB: Voraussetzungen für die Rückführung von Pflegekindern, FamRZ 2014, S. 1354 f.; *Olzen*, in: Säcker/Rixecker/Oetker/Limperg (Hrsg.), Münchener Kommentar zum Bürgerlichen Gesetzbuch, 6. Aufl. 2012, § 1666.

DOI 10.1515/9783110421866-010

Inhalt

I. Kinder- und Jugendschutz – eine Gratwanderung zwischen „staatlicher Schikane“ und „staatlichem Versagen“ — 248
II. Verfassungs- und einfachrechtlicher Ausgangspunkt für Fremdunterbringungsentscheidungen — 250
III. Verfassungsrechtliche Voraussetzungen für die Entziehung des Sorgerechts — 251
1. Materiell-rechtliche Aspekte — 251
2. Verfahrensrechtliche Aspekte — 255
3. Kritik an der Entscheidungspraxis des Bundesverfassungsgerichts und Erwiderung — 257
a) Kritik — 257
b) Erwiderung — 258
IV. Verfassungsrechtliche Voraussetzungen für Entscheidungen zum gemeinsamen Sorgerecht — 262
V. Fazit — 263

I. Kinder- und Jugendschutz – eine Gratwanderung zwischen „staatlicher Schikane“ und „staatlichem Versagen“

Die Darstellung der Arbeit der Jugendämter in den Medien pendelt zwischen zwei Extremen: Bisweilen wird das Bild einer Behörde gezeichnet, die „außer Kontrolle geraten“ sei: Familien, die vielleicht Hilfe bräuchten, würden mit „staatlicher Gewalt schikaniert und auseinandergerissen“ – mit wenig Rücksicht auf Gesetze und das Kindeswohl. Zunehmend würden Kinder in Heimen und Pflegefamilien untergebracht, zum Teil mit „verheerenden“ Wirkungen. Wer „einmal in die Mühlen geraten“ sei, komme „so leicht nicht mehr heraus“.[1] Auf der anderen Seite wird den Jugendämtern immer wieder vorgehalten – oft nach Fällen von (tödlichen) Kindesmisshandlungen – zu „versagen“ oder „überfordert“ zu sein.[2] Die vom Statistischen Bundesamt seit 1995 erfassten Fallzahlen der Inobhutnahmen von Kindern und Jugendlichen nach § 42 SGB VIII zeigen jedenfalls einen an-

1 So etwa „In fremden Händen“, in: Süddeutsche Zeitung Magazin, Heft 50/2015, abrufbar unter: http://sz-magazin.sueddeutsche.de/texte/anzeigen/43965/In-fremden-Haenden.

2 So etwa in jüngster Zeit „Der leise Tod eines Kleinkindes“, in: Westfälischer Anzeiger vom 14. Februar 2016, abrufbar unter: http://www.wa.de/nordrhein-westfalen/leise-eines-kleinkindes-mutter-winterberg-anklagebank-6125261.html; „Kurz vor Lillys Tod zog das Jugendamt die Helfer ab“, in: Berliner Zeitung vom 15. Februar 2016, abrufbar unter: http://www.berliner-zeitung.de/brandenburg/gewalt-an-kindern-in-berlin-kurz-vor-lillys-tod-zog-das-jugendamt-die-helfer-ab,10809312,33785058.html.

haltenden und deutlichen Anstieg dieser Maßnahme seit 2008. Von 1995 bis 2008 bewegte sich die Anzahl der Fälle bei nur leichten Schwankungen jährlich zwischen rund 25.000 und 32.000, stieg danach aber kontinuierlich an und erreichte 2014 den bisherigen Höchststand von 48.059.[3]

In diesem Spannungsfeld bewegt sich auch die Rechtsprechung des Bundesverfassungsgerichts in derartigen sogenannten Fremdunterbringungsentscheidungen, also solchen familiengerichtlichen Entscheidungen, die mittels Entzug des Sorgerechts eine Trennung des Kindes von seinen Eltern (oder – seltener – sonstigen Sorgeberechtigten) ermöglichen oder aufrechterhalten sollen. In den Fokus nicht nur der Fachöffentlichkeit geriet die entsprechende Entscheidungspraxis des Bundesverfassungsgerichts insbesondere ab dem Herbst 2014, nachdem die derzeit für familienrechtliche Verfahren zuständige 1. Kammer des Ersten Senats innerhalb von etwa drei Monaten in sechs verschiedenen Verfahren die Verfassungswidrigkeit der jeweils angegriffenen familiengerichtlichen Entscheidungen über den Entzug des Sorgerechts feststellte.[4] Diese Entscheidungen haben in der Praxis der Jugendämter und Familiengerichte für gewisse „Unruhe" gesorgt[5] und sind auf zum Teil deutliche Kritik gestoßen.[6]

Der Beitrag soll aufzeigen, welche Maßstäbe das Bundesverfassungsgericht an die Überprüfung von Entscheidungen über Fremdunterbringungen anlegt und auf die geäußerte Kritik hieran eingehen. Anschließend soll dargelegt werden, welche (anderen) Maßstäbe demgegenüber an Entscheidungen angelegt werden, die lediglich einen Sorgerechtsstreit zwischen getrennt lebenden Eltern zum Gegenstand haben.

---

3 https://www.destatis.de/DE/ZahlenFakten/GesellschaftStaat/Soziales/Sozialleistungen/KinderJugendhilfe/Tabellen/Schutzmassnahmen.html.

4 BVerfG, Beschluss der 1. Kammer des Ersten Senats vom 17. März 2014 – 1 BvR 2695/13 –, juris; Beschluss der 1. Kammer des Ersten Senats vom 24. März 2014 – 1 BvR 160/14 –, juris; Beschluss der 1. Kammer des Ersten Senats vom 7. April 2014 – 1 BvR 3121/13 –, juris; Beschluss der 1. Kammer des Ersten Senats vom 22. Mai 2014 – 1 BvR 2882/13 –, juris; Beschluss der 1. Kammer des Ersten Senats vom 22. Mai 2014 – 1 BvR 3190/13 –, juris; Beschluss der 1. Kammer des Ersten Senats vom 14. Juni 2014 – 1 BvR 725/14 –, juris.

5 Vgl. *Gläss*, JAmt 2015, S. 295 (295).

6 Vgl. insbesondere *Heilmann*, NJW 2014, S. 2904 ff.; kritisch zu einzelnen Entscheidungen *Giers*, FamRB 2014, S. 455 f.; *Keuter*, FamRZ 2014, S. 1354 f.

II. Verfassungs- und einfachrechtlicher Ausgangspunkt für Fremdunterbringungsentscheidungen

Art. 6 Abs. 2 Satz 1 GG bestimmt, dass Pflege und Erziehung der Kinder das „natürliche Recht" der Eltern und die zuvörderst ihnen obliegende Pflicht sind, über deren Betätigung die staatliche Gemeinschaft „wacht". Diese Formulierung fand sich fast wortgleich bereits in Art. 120 der Weimarer Reichsverfassung.[7] Ohne entsprechendes historisches Vorbild ist demgegenüber Art. 6 Abs. 3 GG, wonach gegen den Willen der Erziehungsberechtigten Kinder nur auf Grund eines Gesetzes von der Familie getrennt werden dürfen, wenn die Erziehungsberechtigten versagen oder wenn die Kinder aus anderen Gründen zu verwahrlosen drohen. Diese Formulierung geht auf einen Antrag der CDU/CSU-Fraktion im Parlamentarischen Rat[8] zurück und wurde – im Unterschied zu Fragen der Religionserziehung, die ebenfalls Teil des Antrages waren, – nicht kontrovers beraten. Zur Begründung wurde ausdrücklich auf die Erfahrungen in der Zeit des Nationalsozialismus verwiesen, der „nach den Worten Hitlers den Eltern ihre Kinder zugunsten des Staates" habe „stehlen wollen". Wer der Diktatur die Menschenrechte gegenüberstellen wolle, der könne „nicht am Elternrecht vorbeigehen".[9]

Einfachrechtlich bestimmt § 1666 Abs. 1 BGB, dass im Falle der Gefährdung des körperlichen, geistigen oder seelischen Wohles des Kindes oder seines Vermögens das Familiengericht die Maßnahmen zu treffen hat, die zur Abwendung der Gefahr erforderlich sind, wenn die Eltern nicht gewillt oder nicht in der Lage sind, dies zu tun. Das kann äußerstenfalls die teilweise oder vollständige Entziehung des Sorgerechts sein, wie § 1666 Abs. 3 Nr. 6 BGB klarstellt. § 1666 ist damit Ausprägung des staatlichen „Wächteramtes", welches in Art. 6 Abs. 2 Satz 2 GG zum Ausdruck kommt und setzt den Verfassungsauftrag des Kindesschutzes auf

7 Die Vorschrift lautete: „Die Erziehung des Nachwuchses zur leiblichen, seelischen und gesellschaftlichen Tüchtigkeit ist oberste Pflicht und natürliches Recht der Eltern, über deren Betätigung die staatliche Gemeinschaft wacht."

8 Abgedruckt in: Der Parlamentarische Rat 1948–1949, Akten und Protokolle, Band 5/II, Ausschuß für Grundsatzfragen, S. 634 f.

9 So die Abgeordnete Wessel, abgedruckt in: Der Parlamentarische Rat 1948–1949, Akten und Protokolle, Band 14/1, Hauptausschuß, S. 614; vgl. zur Entstehungsgeschichte ausführlich *Jestaedt*, in: Kahl/Waldhoff/Walter (Hrsg.), Bonner Kommentar zum Grundgesetz, Art. 6 Abs. 2 und 3 GG (Dezember 199), Rn. 1 ff.

der Ebene des bürgerlichen Rechts um.[10] Die Vorschrift wurde in den vergangenen Jahren mehrfach modifiziert,[11] findet sich in ihrer Kernaussage aber bereits in der Ursprungsfassung des BGB vom 18. August 1896.[12]

III. Verfassungsrechtliche Voraussetzungen für die Entziehung des Sorgerechts

Die Anforderungen des Bundesverfassungsgerichts an familiengerichtliche Entscheidungen, die eine Fremdunterbringung eines Kindes zum Ziel haben, lassen sich in materiell-rechtliche und verfahrensrechtliche Anforderungen unterscheiden.

1. Materiell-rechtliche Aspekte

a) Kindeswohlgefährdung als Voraussetzung für einen Eingriff in das Sorgerecht

Zentrale Grundvoraussetzung für einen familiengerichtlichen Eingriff in das Elternrecht – nicht nur, aber auch in Form der Entziehung der elterlichen Sorge – ist die „Gefährdung des Kindeswohls". Hierunter versteht das Bundesverfassungsgericht einen bereits eingetretenen Schaden des Kindes oder eine gegenwärtige, in einem solchen Maße vorhandene Gefahr, dass sich bei seiner weiteren Entwicklung eine erhebliche Schädigung mit ziemlicher Sicherheit voraussehen lässt.[13] Der familienrechtliche Gefahrbegriff ähnelt damit – nicht nur zufällig – dem aus

---

10 Vgl. *Olzen*, in: Säcker/Rixecker/Oetker/Limperg (Hrsg.), Münchener Kommentar zum Bürgerlichen Gesetzbuch, 6. Aufl. 2012, § 1666 Rn. 1.

11 Vgl. hierzu *Olzen*, a.a.O., § 1666 Rn. 3 f.

12 RGBl. S. 195; § 1666 Abs. 1 hatte dort folgenden Wortlaut: „Wird das geistige oder leibliche Wohl des Kindes dadurch gefährdet, daß der Vater das Recht der Sorge für die Person des Kindes mißbraucht, das Kind vernachlässigt oder sich eines ehrlosen oder unsittlichen Verhaltens schuldig macht, so hat das Vormundschaftsgericht die zur Abwendung der Gefahr erforderlichen Maßregeln zu treffen. Das Vormundschaftsgericht kann insbesondere anordnen, daß das Kind zum Zwecke der Erziehung in einer geeigneten Familie oder in einer Erziehungsanstalt oder einer Besserungsanstalt untergebracht wird."

13 BVerfG, Beschluss der 2. Kammer des Ersten Senats vom 29. Januar 2010 – 1 BvR 374/09 –, juris, Rn. 41; Beschluss der 1. Kammer des Ersten Senats vom 24. März 2014 – 1 BvR 160/14 –, juris, Rn. 28; Beschluss der 1. Kammer des Ersten Senats vom 22. Mai 2014 – 1 BvR 2882/13 –, juris, Rn. 30.

dem Polizeirecht bekannten.[14] Hier wie dort geht es um Eingriffe des Staates in Grundrechte der Bürger – im Familienrecht der Sorgerechtsinhaber – von außen zum Zwecke der Gefahrenabwehr. Für einen Eingriff in das Sorgerecht ist ausdrücklich nicht „jedes Versagen oder jede Nachlässigkeit" der Eltern ausreichend.[15] Es gehört nämlich nicht zur Ausübung des Wächteramts des Staates, gegen den Willen der Eltern für eine bestmögliche Förderung der Fähigkeiten des Kindes zu sorgen. Der Staat darf damit seine eigenen Vorstellungen einer gelungenen Kindererziehung grundsätzlich nicht an die Stelle der elterlichen Vorstellungen setzen.[16] Etwas plakativ wird bisweilen formuliert: „Die Eltern und deren sozio-ökonomische Verhältnisse gehören grundsätzlich zum Schicksal und Lebensrisiko eines Kindes."[17]

In ihren Entscheidungen müssen die Familiengerichte die bereits eingetretenen oder dem Kind drohenden Schäden konkret nach Art, Schwere und Eintrittswahrscheinlichkeit benennen und darlegen, auf welchen tatsächlichen Umständen die entsprechenden Annahmen beruhen.[18] Verfassungsrechtlich unzureichend ist insbesondere die – nicht selten vorzufindende – Gefahrenfeststellung dergestalt, dass auf eine – zumeist sachverständig festgestellte – Erziehungsunfähigkeit oder die Erziehungsfähigkeit einschränkende Erziehungsdefizite verwiesen wird. Eine solche Feststellung kann eine konkrete Gefahrenprognose nach Art, Schwere und Eintrittswahrscheinlichkeit nicht ersetzen.[19]

---

14 Vgl. etwa die Legaldefinition in § 54 Nr. 3 a) ThürOBG: „Im Sinne dieses Gesetzes ist konkrete Gefahr: eine Gefahr, das heißt eine Sachlage, bei der im einzelnen Falle die hinreichende Wahrscheinlichkeit besteht, daß bei ungehindertem Fortgang in absehbarer Zeit ein Schaden für die öffentliche Sicherheit oder Ordnung eintreten wird."; entsprechende Formulierungen finden sich auch in anderen Landespolizeigesetzen und der verwaltungsgerichtlichen Rechtsprechung, vgl. hierzu *Schoch*, Besonderes Verwaltungsrecht, 15. Aufl. 2013, Rn. 133 m.w.N.

15 BVerfG, Beschluss der 1. Kammer des Ersten Senats vom 24. März 2014 – 1 BvR 160/14 –, juris, Rn. 28; Beschluss der 1. Kammer des Ersten Senats vom 7. April 2014 – 1 BvR 3121/13 –, juris, Rn. 18.

16 *Britz*, FamRZ 2015, S. 793 (797).

17 BVerfG, Beschluss der 1. Kammer des Ersten Senats vom 19. November 2014 – 1 BvR 1178/14 –, juris, Rn. 38.

18 BVerfG, Beschluss der 1. Kammer des Ersten Senats vom 24. März 2014 – 1 BvR 160/14 –, juris, Rn. 31 f.; Beschluss der 1. Kammer des Ersten Senats vom 7. April 2014 – 1 BvR 3121/13 –, juris, Rn. 26 f.; Beschluss der 1. Kammer des Ersten Senats vom 22. Mai 2014 – 1 BvR 3190/13 –, juris, Rn. 23, 26 f.; Beschluss der 1. Kammer des Ersten Senats vom14. Juni 2014 – 1 BvR 725/14 –, juris, Rn. 24, 26 f.

19 Vgl. *Britz*, FamRZ 2015, S. 793 (797).

b) Grundsatz der Verhältnismäßigkeit

Ist eine solche Kindeswohlgefährdung festgestellt worden, rechtfertigt dies allein eine Fremdunterbringung des Kindes noch nicht. Vielmehr müssen an die Trennung eines Kindes von seinen Eltern als schwerstem denkbaren Eingriff in das Elterngrundrecht unter Verhältnismäßigkeitsgesichtspunkten „besonders strenge Anforderungen gestellt" werden. Der Grundrechtseingriff muss also zur Erreichung eines legitimen Zwecks geeignet und erforderlich sein und dazu in angemessenem Verhältnis stehen.[20] Die Trennung darf nur unter „strikter Beachtung des Grundsatzes der Verhältnismäßigkeit erfolgen und aufrechterhalten werden".[21]

Geeignet in diesem Sinne ist die Entziehung und Übertragung des Sorgerechts zur Beseitigung der Gefahr für ein Kind grundsätzlich nur dann, wenn der Ergänzungspfleger oder Vormund mithilfe der übertragenen Teilbereiche des elterlichen Sorgerechts konkrete Maßnahmen zur Verbesserung der Situation des Kindes einleiten, das heißt den als gefährlich definierten Zustand beenden oder wenigstens zu dessen Beendigung beitragen kann.[22] Die Geeignetheit des Sorgerechtsentzugs hat das Bundesverfassungsgericht in einer der hier besprochenen Entscheidungen deswegen verneint, weil die vom Familiengericht an sich für notwendig gehaltene Fremdunterbringung durch das als Ergänzungspfleger bestellte Jugendamt im Verfahren als „nicht vorstellbar" bezeichnet wurde.[23]

Erforderlich ist eine Maßnahme nur dann, wenn kein milderes Mittel zur Verfügung steht, das zur Erreichung des angestrebten Zwecks gleich gut geeignet ist. Der Staat muss darum, bevor er Kinder von ihren Eltern trennt, nach Möglichkeit versuchen, durch helfende, unterstützende, auf Herstellung oder Wiederherstellung eines verantwortungsbewussten Verhaltens der Eltern gerichtete Maßnahmen sein Ziel zu erreichen.[24] Diese verfassungsrechtliche Voraussetzung spiegelt einfachrechtlich § 1666a Abs. 1 Satz 1 BGB wider, wonach Maßnahmen, mit denen eine Trennung des Kindes von der elterlichen Familie verbunden ist, nur

---

20 BVerfG, Beschluss der 1. Kammer des Ersten Senats vom 22. Mai 2014 – 1 BvR 3190/13 –, juris, Rn. 28.

21 BVerfG, Beschluss der 1. Kammer des Ersten Senats vom 14. Juni 2014 – 1 BvR 725/14 –, juris, Rn. 20.

22 BVerfG, Beschluss der 1. Kammer des Ersten Senats vom 17. März 2014 – 1 BvR 2695/13 –, juris, Rn. 33.

23 Sogenannte Sorgerechtsentziehung „auf Vorrat", BVerfG, Beschluss der 1. Kammer des Ersten Senats vom 17. März 2014 – 1 BvR 2695/13 –, juris, Rn. 35.

24 BVerfG, Beschluss der 1. Kammer des Ersten Senats vom 24. März 2014 – 1 BvR 160/14 –, juris, Rn. 41.

dann zulässig sind, wenn der Gefahr nicht auf andere Weise, auch nicht durch öffentliche Hilfen, begegnet werden kann. Art und Maß einer Hilfeverpflichtung hängen dabei vom Einzelfall ab. Nicht selten ist hierbei „Kreativität bei der Suche nach Mitteln zur Gefahrenabwehr gefragt“.[25] Das Bundesverfassungsgericht geht dabei in seiner Rechtsprechung davon aus, dass in besonderen Konstellationen eine gesteigerte Verpflichtung des Staates bestehe, Eltern durch öffentliche Hilfen zu unterstützen. „Besonders strenge Anforderungen“ sind etwa in Rückführungsfällen dann an die Verhältnismäßigkeit des Fortdauerns der Entziehung zu stellen, wenn die Voraussetzungen für einen Sorgerechtsentzug nach § 1666 Abs. 1 BGB bei der Wegnahme des Kindes tatsächlich gar nicht vorlagen, aber auch dann, wenn die Eltern (mittlerweile) grundsätzlich als erziehungsgeeignet anzusehen sind und dem Kind in deren Haushalt für sich genommen keine relevante Gefahr droht, sondern die Kindeswohlgefährdung gerade aus den spezifischen Belastungen einer Rückführung resultiert, sofern hier aber durch öffentliche Hilfen zugunsten des Kindes Abhilfe geschaffen werden könnte.[26]

Auch aus diesen materiell-rechtlichen Aspekten folgt eine gewisse Begründungsobliegenheit der Fachgerichte. Insbesondere wenn sich aus den Verfahrensakten Anhaltspunkte dafür ergeben, dass mit dem Kind bekannte Fachkräfte wie Familienhelfer, Lehrer und Ärzte, – aber auch der vom Gericht bestellte Verfahrensbeistand – der Auffassung sind, dass durch (weitere) öffentliche Hilfen eine Fremdunterbringung abgewendet oder beendet werden kann, bedarf es der Darlegung der Familiengerichte, weswegen sie die dieser Auffassung nicht folgen.[27]

Ob diese genannten materiell-rechtlichen Voraussetzungen im Einzelfall erfüllt sind, unterliegt einer „strengen verfassungsgerichtlichen Überprüfung“, die sich wegen des besonderen Eingriffsgewichts auch auf einzelne Auslegungsfehler sowie auf deutliche Fehler bei der Feststellung und Würdigung des Sachverhalts erstrecken kann.[28]

---

25 *Hammer*, FamRZ 2016, S. 22 (25).
26 *Britz*, JAmt 2015, S. 286 (289).
27 *Britz*, JAmt 2015, S. 286 (289).
28 Vgl. BVerfG, Beschluss der 1. Kammer des Ersten Senats vom 24. Juni 2014 – 1 BvR 2926/13 –, juris, Rn. 28.

2. Verfahrensrechtliche Aspekte

a) Anforderungen an die Gestaltung des Verfahrens im Allgemeinen

Neben diesen materiell-rechtlichen Vorgaben kommt auch der Ausgestaltung des gerichtlichen Verfahrens eine hohe Bedeutung für die Gewährleistung effektiven Rechtsschutzes zu. In Sorgerechtsverfahren haben die Familiengerichte das Verfahren so zu gestalten, dass es geeignet ist, eine möglichst zuverlässige Entscheidungsgrundlage zu schaffen. Damit sind hohe Anforderungen an die Sachverhaltsermittlung gestellt, die so erfolgen muss, dass sich die materiell-rechtlich geforderte hohe Prognosesicherheit tatsächlich erzielen lässt.[29] Hierzu wird vor dem Amtsgericht regelmäßig die persönliche Anhörung der Eltern gehören, die einfachrechtlich § 160 Abs. 1 Satz 2 FamFG vorschreibt, daneben die Anhörung des Kindes gemäß § 159 FamFG sowie die Bestellung eines Verfahrensbeistandes nach § 158 Abs. 2 Nr. 2 FamFG. Die Einholung eines Sachverständigengutachtens ist demgegenüber – einfachrechtlich wie von Verfassungs wegen – nicht zwingend geboten,[30] wird sich aber dennoch in einem Großteil der Fälle empfehlen. Wird ein solches – wie in der familiengerichtlichen Praxis häufig – eingeholt, empfehlen sich Pauschalverweisungen auf das Gutachten nicht. Diese sind umso problematischer, je „schwächer“ das Gutachten ist. In derartigen Fällen steigt somit die eigene Begründungsobliegenheit des Gerichts. Die Gerichtsentscheidungen können von Verfassungs wegen einwandfrei sein, wenn sie etwaige Mängel des Sachverständigengutachtens thematisieren, gegebenenfalls die fachliche Qualifikation des Sachverständigen näher klären und nachvollziehbar darlegen, inwiefern Aussagen aus dem Gutachten gleichwohl verwertbar sind und zur Entscheidungsfindung beitragen können.[31]

Die Verfahrensgestaltung durch die Oberlandesgerichte ist demgegenüber – einfachrechtlich in § 68 Abs. 3 Satz 2 FamFG abgebildet – wesentlich freier. Von Verfassungs wegen ist es regelmäßig nicht zu beanstanden, wenn das Oberlandesgericht von der Durchführung eines erneuten Termins absieht und seine Entscheidung nach Aktenlage trifft. Etwas anderes kann aber dann gelten, wenn es – für das Oberlandesgericht erkennbar – zu einer Verbesserung der Situation

---

29 BVerfG, Beschluss der 1. Kammer des Ersten Senats vom 7. April 2014 – 1 BvR 3121/13 –, juris, Rn. 19.

30 *Britz*, JAmt 2016, S. 286 (290).

31 Vgl. BVerfG, Beschluss der 1. Kammer des Ersten Senats vom 19. November 2014 – 1 BvR 1178/14 –, juris, Rn. 35.

des Kindes in der Obhut der Eltern gekommen ist, die Zweifel daran begründet, dass eine Fremdunterbringung des Kindes tatsächlich noch erforderlich ist.[32]

b) Besondere Anforderungen an Entscheidungen im Eilverfahren

Steht – wie in der familiengerichtlichen Praxis häufig – eine Sorgerechtsentziehung im Verfahren auf Erlass einer einstweiligen Anordnung in Rede, bleiben die praktisch verfügbaren Aufklärungsmöglichkeiten angesichts der spezifischen Eilbedürftigkeit dieser Verfahren regelmäßig hinter den im Hauptsacheverfahren bestehenden Möglichkeiten zurück – insbesondere die Einholung von Sachverständigengutachten wird regelmäßig nicht in Betracht kommen. Eine Sorgerechtsentziehung aufgrund summarischer Prüfung im Wege der einstweiligen Anordnung ist damit zwar nicht ausgeschlossen, unterliegt aber besonderen verfassungsrechtlichen Anforderungen.[33]

Auch insoweit sind hohe Anforderungen an die Sachverhaltsaufklärung zu stellen, weil schon der nur vorläufige Entzug des Sorgerechts einen erheblichen Grundrechtseingriff darstellt und schon die vorläufige Herausnahme des Kindes aus der Familie Tatsachen schaffen kann, die später nicht mehr ohne Weiteres rückgängig zu machen sind.[34] Generell bemisst sich die gebotene Intensität der Sachverhaltsermittlung im Fall des Sorgerechtsentzugs im Eilverfahren einerseits nach dem Recht der Eltern, von einem unberechtigten Sorgerechtsentzug verschont zu bleiben (Art. 6 Abs. 2 Satz 1 GG) und andererseits nach dem Recht des Kindes, durch die staatliche Gemeinschaft vor nachhaltigen Gefahren, insbesondere für sein körperliches Wohl geschützt zu werden, die ihm im elterlichen Haushalt drohen (Art. 2 Abs. 2 i.V.m. Art. 6 Abs. 2 Satz 2 GG).[35]

Daraus folgt, dass die Anforderungen an die Sachverhaltsermittlung umso höher sind, je geringer der möglicherweise eintretende Schaden des Kindes wiegt und in je größerer zeitlicher Ferne der zu erwartende Schadenseintritt liegt. So fehlt es regelmäßig an der gebotenen Dringlichkeit einer Maßnahme, wenn sich die drohenden Beeinträchtigungen erst über längere Zeiträume entwickeln und sich die Gefährdungslage im Zeitpunkt der Entscheidung noch nicht derart verdichtet hat, dass ein sofortiges Einschreiten geboten wäre.

---

32 BVerfG, Beschluss der 1. Kammer des Ersten Senats vom 29. September 2015 – 1 BvR 1292/15 –, juris, Rn. 26 f.

33 BVerfG, Beschluss der 1. Kammer des Ersten Senats vom 7. April 2014 – 1 BvR 3121/13 –, juris, Rn. 20.

34 BVerfG, a.a.O., Rn. 23.

35 BVerfG, a.a.O., Rn. 22.

Ohne weitergehende Sachverhaltsaufklärung können die Familiengerichte angesichts besonderer Schwere und zeitlicher Nähe der dem Kind drohenden Gefahr eine Trennung des Kindes von seinen Eltern allerdings dann veranlassen, wenn die Gefahr wegen der Art der zu erwartenden Schädigung des Kindes und der zeitlichen Nähe des zu erwartenden Schadenseintritts ein sofortiges Einschreiten gebietet. Ein sofortiges Einschreiten aufgrund vorläufiger Ermittlungsergebnisse kommt im Eilverfahren etwa bei Hinweisen auf körperliche Misshandlungen, Missbrauch oder gravierende, gesundheitsgefährdende Formen der Vernachlässigung in Betracht.[36]

3. Kritik an der Entscheidungspraxis des Bundesverfassungsgerichts und Erwiderung

a) Kritik

An der Entscheidungspraxis des Bundesverfassungsgerichts ist verhältnismäßig scharfe Kritik geübt worden. Kritisiert wurde in quantitativer Hinsicht die angeblich (zu) hohe Zahl von sechs stattgebenden Entscheidungen in einem vergleichsweise kurzen Zeitraum im Frühjahr 2014. Dem wurde die Zahl von (nur) zwölf stattgebenden Entscheidungen in dem sechs Jahre umfassenden Zeitraum von 2005 bis einschließlich 2010 gegenübergestellt.

Die zuständige Kammer habe zudem „durch eine Ausweitung der Prüfungsdichte“ die Rolle einer „Superrevisionsinstanz“ übernommen und damit die Bedeutung der Fachgerichte geschwächt, was sich daraus ergebe, dass sich die Prüfungskompetenz des Bundesverfassungsgerichts – wie oben dargestellt – auch auf deutliche Fehler bei der Feststellung und Würdigung des Sachverhalts erstreckt. Es sei fraglich, ob dies noch dem Grundsatz der Selbstbeschränkung entspreche, den sich das Bundesverfassungsgericht üblicherweise auferlege und ob dies der Bedeutung des unmittelbaren Eindrucks von den Beteiligten, die der Gesetzgeber in Kindschaftssachen in den §§ 150, 160 FamFG besonders hervorgehoben habe, in der gebotenen Weise Rechnung trage.

Bemängelt wird ferner, dass sich nicht der gesamte Erste Senat mit wenigstens einem der Fälle – „wegen grundsätzlicher Bedeutung der Angelegenheit“ – befasst habe. Es habe den Anschein, dass das Bundesverfassungsgericht in den hier behandelten Kammerentscheidungen eine durch die Senatsrechtsprechung des Gerichts bereits überwunden geglaubte „Überbetonung des Elternrechts“ wie-

36 BVerfG, a.a.O., Rn. 23 f.

derbelebt haben könnte. Die Grundrechte des Kindes und das Grundrecht der Eltern stünden sich neuerdings „gegenüber". Es sei danach unabdingbar, „die Diskussion um die Einführung von Kinderrechten in das Grundgesetz voranzutreiben".[37]

Darüber hinaus wurden konkret die Entscheidung des Bundesverfassungsgerichts zu den Anforderungen an die Ermittlung des Sachverhalts im Eilverfahren[38] kritisiert. Das Amtsgericht habe im zugrundeliegenden Fall – mit Ausnahme der Einholung eines Sachverständigengutachtens – alle Ermittlungen angestellt, die in einem Eilverfahren erwartet werden könnten. Höhere Anforderungen an die Ermittlung im Eilverfahren seien geeignet, dieses Verfahren zu „überfrachten".[39]

b) Erwiderung

Soweit die Anzahl der stattgebenden Entscheidungen des Bundesverfassungsgerichts seit 2014 – im Verhältnis zu den Stattgaben in den Jahren 2005 bis 2010 – als Beleg für eine strengere Kontrolle fachgerichtlicher Entscheidungen herangezogen wird, geht dies in mehrfacher Hinsicht fehl. Diese Darstellung lässt – aus nicht näher erläuterten Gründen – zum ersten die Jahre 2011 und 2012 außer Betracht, in denen es ebenfalls stattgebende Kammerentscheidungen in Fremdunterbringungsfällen gab – soweit veröffentlicht in beiden Jahren in jeweils einem Fall.[40] Zum zweiten ist zu berücksichtigen, dass von den sechs stattgebenden Entscheidungen des Frühjahres 2014 vier bereits im Jahr 2013 beim Bundesverfassungsgericht eingingen und nur zwei im Jahr 2014. Zum dritten kann nicht außer Acht gelassen werden, dass die Zahl der Verfassungsbeschwerden, die sich gegen Fremdunterbringungsentscheidungen der Fachgerichte wenden, in etwa parallel zu den Inobhutnahmen durch die Jugendämter angestiegen sind. Sie verdoppelten sich nahezu von 43 Verfahren im Jahr 2009 auf 82 Verfahren im Jahr 2014. Eine ungewöhnliche Häufung von Stattgaben lässt sich daraus nicht ableiten. Bereits im Jahr 2009 gab es bei der spürbar geringeren Fallzahl von 43 fünf stattgebende Entscheidungen, ohne dass dies in der Fachöffentlichkeit auf breitere Resonanz gestoßen wäre.[41]

---

37 Vgl. zum Vorstehenden nochmals *Heilmann,* NJW 2014, S. 2904 (2907 ff.).
38 BVerfG, Beschluss der 1. Kammer des Ersten Senats vom 7. April 2014 – 1 BvR 3121/13 –, juris.
39 *Giers,* FamRB 2014, S. 455 (456).
40 BVerfG, Beschluss der 2. Kammer des Ersten Senats vom 20. Juni 2011 – 1 BvR 303/11 –, juris; Beschluss der 2. Kammer des Ersten Senats vom 28. Februar 2012 – 1 BvR 3116/11 –, juris.
41 Vgl. zu den Fallzahlen *Britz,* JAmt 2014, 550 (551).

Fehl geht in der Sache auch die Behauptung, das Bundesverfassungsgericht sei in seiner Kammerrechtsprechung von der bisherigen Senatsrechtsprechung abgewichen – weswegen letztlich erneut der Senat hätte entscheiden müssen. Gemäß § 93c Abs. 1 Satz 1 BVerfGG kann die Kammer einer Verfassungsbeschwerde stattgeben, wenn die für die Beurteilung der Verfassungsbeschwerde maßgebliche verfassungsrechtliche Frage durch das Bundesverfassungsgericht bereits entschieden ist. Hiervon ist auszugehen, wenn einschlägige Senatsrechtsprechung zu einer Frage vorliegt.[42] Dies ist bezüglich der Voraussetzungen für die Entziehung des Sorgerechts zum Zwecke der Fremdunterbringung des Kindes indes der Fall.

Die Maßstäbe, die das Bundesverfassungsgericht in seiner Kammerrechtsprechung zugrunde legt, gehen im Wesentlichen auf den Beschluss des Ersten Senats vom 17. Februar 1982[43] zurück. In dieser Entscheidung erklärte der Senat zunächst die Bestimmungen des einfachen Rechts bezüglich des Sorgerechtsentzugs, insbesondere §§ 1666, 1666a BGB, für mit dem Grundgesetz vereinbar.[44] Sodann stellte der Senat fest, dass die Trennung des Kindes von seinen Eltern gegen deren Willen „der stärkste vorstellbare Eingriff in das Elternrecht" sei, der „in gleicher Intensität auch das Kind selbst" treffe.[45] Die Trennung der Kinder von ihren Eltern dürfe daher „nur unter strikter Beachtung des Grundsatzes der Verhältnismäßigkeit erfolgen."[46] Bei dieser Sachlage könnten neben der Frage, ob die angefochtene Entscheidung Fehler erkennen lasse, die auf einer grundsätzlich unrichtigen Anschauung von der Bedeutung des Grundrechts, insbesondere vom Umfang seines Schutzbereichs beruhen, „auch einzelne Auslegungsfehler nicht außer Betracht bleiben".[47] Auch in älteren Kammerentscheidungen finden sich genau diese oder ähnliche Formulierungen zum Prüfungsmaßstab.[48]

Dass Grundrechtsschutz auch durch die Gestaltung des fachgerichtlichen Verfahrens zu bewirken ist und dass die Grundrechte demgemäß nicht nur das gesamte materielle, sondern auch das Verfahrensrecht beeinflussen, soweit dieses für einen effektiven Grundrechtsschutz von Bedeutung ist, entspricht schon seit

---

42 *Lenz/Hansel*, BVerfGG, 2. Aufl. 2015, § 93c Rn. 9.
43 BVerfGE 60, 79.
44 BVerfGE 60, 79 (88).
45 BVerfGE 60, 79 (91).
46 BVerfGE 60, 79 (89).
47 BVerfGE 60, 79 (91).
48 Vgl. etwa BVerfG, Beschluss der 3. Kammer des Ersten Senats vom 29. November 1993 – 1 BvR 1045/93 –, juris: „der Grundsatz der Verhältnismäßigkeit [ist] streng zu beachten" (Rn. 13), „Bei gerichtlichen Entscheidungen, die Eltern das Sorgerecht für ihr Kind entziehen, ist danach eine intensive Prüfung geboten" (Rn. 16); Beschluss der 3. Kammer des Ersten Senats vom 21. Juni 2002, – 1 BvR 605/02 –, juris: „strikte Wahrung des Grundsatzes der Verhältnismäßigkeit" (Rn. 19), „einzelne Auslegungsfehler [können] nicht außer Betracht bleiben" (Rn. 21).

Langem der gefestigten Senatsrechtsprechung des Bundesverfassungsgerichts. Sie wurde zunächst für den Grundrechtsschutz aus Art. 14 Abs. 1 GG[49] sowie Art. 12 Abs. 1 GG[50] entwickelt, später aber als allgemeines Prinzip anerkannt.[51]

Die auch verfahrensrechtliche Dimension des Art. 6 Abs. 2 GG wurde – soweit ersichtlich – erstmals in einer Entscheidung des Ersten Senats vom 5. November 1980[52] thematisiert, in welcher ausdrücklich festgestellt wird, dass aus der durch Art. 6 Abs. 2 Satz 2 GG auf die staatliche Gemeinschaft übertragenen Verpflichtung, die Pflege und Erziehung des Kindes zu überwachen, sich die verfassungsrechtliche Einwirkung auf das Prozessrecht und seine Handhabung durch die Gerichte im Sorgerechtsverfahren ergebe.[53] Die verfassungsrechtlichen Anforderungen an Fremdunterbringungsentscheidungen können daher als entschieden im Sinne des § 93c Abs. 1 Satz 1 BVerfGG angesehen werden.

Nicht stichhaltig ist auch die Behauptung, das Bundesverfassungsgericht „überbetone" in seiner neueren Kammerrechtsprechung – anders als zuvor der Senat – das Elternrecht und stelle dieses – im Gegensatz zur Senatsrechtsprechung – den Grundrechten der Kinder „gegenüber". Hierzu ist zum einen anzumerken, dass – wie gerade aufgezeigt – die verfassungsrechtlichen Maßstäbe der kritisierten Kammerrechtsprechung auf Entscheidungen des Senats beruhen. Auch in der Entscheidung des Senats vom 17. Februar 1982[54] wurde die Verfassungswidrigkeit der angegriffenen Fremdunterbringungsentscheidung festgestellt und diese aufgehoben. Es war auch der Senat, der in einem weiteren Beschluss vom 18. Juni 1986[55] formulierte, dem Grundrecht der Beschwerdeführerin (des Kindes) auf eine möglichst ungehinderte Entfaltung der Persönlichkeit gemäß Art. 2 Abs. 1 GG stehe „die Grundrechtsposition ihrer Mutter gegenüber, die auf der Gewährleistung des Art. 6 Abs. 2 Satz 1 GG" beruhe.[56]

Nicht völlig von der Hand zu weisen ist demgegenüber die Kritik, das Bundesverfassungsgericht nehme – anders als in anderen Rechtsgebieten – die Rolle einer „Superrevisionsinstanz" ein. Dies ist materiell bereits in der oben genannten Prüfungsintensität angelegt, nach der das Gericht Entscheidungen in Fremdunterbringungsverfahren auch auf einzelne Rechtsanwendungsfehler hin untersucht. Zu diesem Umstand treten die Vorgaben des familiengerichtlichen Pro-

49 Vgl. etwa BVerfGE 37, 132 (141, 148); 46, 325 (334); 49, 220 (225).
50 Vgl. etwa BVerfGE 39, 276 (294); 44, 105 (119ff.); 45, 422 (430ff.).
51 Vgl. BVerfGE 53, 30 (65) m.w.N.
52 BVerfGE 55, 171.
53 BVerfGE 55, 171 (182).
54 BVerfGE 60, 79.
55 BVerfGE 72, 122.
56 BVerfGE 72, 122 (137).

zessrechts. Gemäß § 70 Abs. 1 FamFG findet die Rechtsbeschwerde gegen Entscheidungen der Oberlandesgerichte zum Bundesgerichtshof ausschließlich dann statt, wenn das Oberlandesgericht sie in seiner Entscheidung zugelassen hat. Anders als im Zivilprozess ist eine Nichtzulassungsbeschwerde zum Bundesgerichtshof nicht statthaft. In der Praxis hat dies dazu geführt, dass der Bundesgerichtshof als das eigentliche „Revisions"gericht nur noch äußerst selten mit Fremdunterbringungsverfahren befasst wird, da die Oberlandesgerichte von der Möglichkeit der Zulassung der Rechtsbeschwerde – jedenfalls in diesen Verfahren – nur sehr zurückhaltend Gebrauch machen.[57]

Anders als an der hieran geäußerten Kritik mitschwingt, wirkt sich diese verdichtete Kontrolle aber keineswegs immer zu Gunsten der beschwerdeführenden Eltern aus. Im Gegenteil wertet das Bundesverfassungsgericht in Fremdunterbringungsverfahren regelmäßig den vorgelegten Akteninhalt des familiengerichtlichen Ausgangsverfahrens selbständig aus, wenn die Begründungen der angegriffenen Entscheidungen der Familiengerichte aus sich selbst heraus nicht oder nur eingeschränkt tragfähig sind. Insbesondere im Verfahren von den Gerichten eingeholte Sachverständigengutachten sowie Stellungnahmen von Jugendamt, Verfahrensbeistand oder sonstigen mit dem Kind befassten Personen und Institutionen werden sorgfältig darauf hin durchgesehen, ob sich aus ihnen nicht doch hinreichende Anhaltspunkte für die Notwendigkeit einer Fremdunterbringung ergeben. Den Kindern soll zum einen ein unnötiges „Hin und Her" erspart werden, zum anderen will auch das Bundesverfassungsgericht nicht das Risiko eingehen, dass Kinder in einer ihr Wohl gefährdenden Umgebung bleiben oder in eine solche zurückkehren müssen, nur weil die gerichtliche Entscheidung mangelhaft begründet worden war.[58] Dies führt umgekehrt aber regelmäßig dazu, dass Verfassungsbeschwerden wegen nicht hinreichend substantiierter Begründung (§ 23 Abs. 1 i.V.m § 92 BVerfGG) als unzulässig angesehen werden, wenn die Beschwerdeführer derartige Unterlagen nicht vorlegen und die Gerichte – wie in der Entscheidungspraxis sehr häufig der Fall – auf diese in ihren Begründungen Bezug genommen haben.

Soweit insbesondere aus dem Beschluss vom 7. April 2014[59] die Schlussfolgerung gezogen wurde, künftig müssten die Familiengerichte gegebenenfalls

57 Die letzte Entscheidung des Bundesgerichtshofs, die sich ausführlicher mit den Voraussetzungen eines (teilweisen) Entzugs des Sorgerechts gemäß § 1666 BGB beschäftigt datiert – soweit ersichtlich – aus dem Jahr 2004, vgl. BGH, Beschluss vom 15. Dezember 2004 – XII ZB 166/03 –, juris.

58 Vgl. *Britz*, FamRZ 2015, S. 793 (796).

59 BVerfG, Beschluss der 1. Kammer des Ersten Senats vom 7. April 2014 – 1 BvR 3121/13 –, juris.

bereits im Eilverfahren ein Sachverständigengutachten einholen, geht diese Interpretation der Entscheidung fehl. Aus ihr geht ausdrücklich hervor, dass eine Sorgerechtsentziehung auch im familiengerichtlichen Eilverfahren auf einen „vorläufigen Ermittlungsstand" – also einen solchen ohne Einholung eines Sachverständigengutachtens – gestützt werden kann, wenn die Gefahr einer schweren und zeitlich nahen Kindeswohlgefährdung vorliegt, die ein Abwarten der Hauptsacheentscheidung ausschließt.

Dies hat das Bundesverfassungsgericht in einer jüngeren Entscheidung noch einmal ausdrücklich bekräftigt und festgestellt, dass ein Entzug des Sorgerechts aufgrund einer nur vorläufigen Sachverhaltsermittlung auch dann nicht zwangsläufig ausgeschlossen ist, wenn das Gericht selbst noch gewisse Zweifel an der Notwendigkeit der Fremdunterbringung hat, die es im Eilverfahren nicht endgültig aufklären kann. Es müsse dann aber deutlich werden, warum die Fremdunterbringung trotz verbleibender sachlicher Zweifel so dringlich sei, dass die mit dem Abwarten der abschließenden Sachverhaltsaufklärung – insbesondere also der Einholung eines Sachverständigengutachtens – in der Hauptsache verbundenen Risiken für das Kind nicht hingenommen werden könnten.[60]

Umgekehrt heißt dies also nicht, dass im Eilverfahren bei Zweifeln an der Gefahr einer schweren und zeitlich nahen Kindeswohlgefährdung, die einer sofortigen Fremdunterbringung entgegenstehen, ein Sachverständigengutachten eingeholt werden müsste, sondern schlicht, dass in diesem Fall das Sorgerecht nicht im Eilverfahren entzogen werden darf. Das Familiengericht hat dann vielmehr – soweit nicht ohnehin bereits geschehen – das Hauptsacheverfahren einzuleiten und in diesem den Sachverhalt vollumfänglich aufzuklären.

IV. Verfassungsrechtliche Voraussetzungen für Entscheidungen zum gemeinsamen Sorgerecht

Weit häufiger als Verfassungsbeschwerden in Fremdunterbringungsentscheidungen erreichen das Bundesverfassungsgericht in der letzten Zeit Verfassungsbeschwerden gegen familiengerichtliche Entscheidungen, die die gemeinsame elterliche Sorge zum Gegenstand haben, meistens in Fällen der Aufhebung zuvor gemeinsam ausgeübter elterlicher Sorge nach § 1671 Abs. 1 BGB, zunehmend auch

60 BVerfG, Beschluss der 1. Kammer des Ersten Senats vom 29. September 2015 – 1 BvR 1292/15 –, juris, Rn. 27.

in Fällen der Nichteinräumung gemeinsamer Sorge nach § 1626a Abs. 2 BGB. Nicht selten werden die Verfassungsbeschwerden – auch von anwaltlich vertretenen Beschwerdeführern – auf Argumentationsmuster gestützt, die auf die oben besprochenen Entscheidungen zu Fremdunterbringungen zugeschnitten sind. So wird beispielsweise gerügt, die Familiengerichte hätten keine Feststellungen dazu getroffen, dass die Beibehaltung oder erstmalige Einräumung gemeinsamer elterlicher Sorge das Kindeswohl gefährde oder dass die Übertragung alleiniger elterlicher Sorge auf den anderen Elternteil eine (faktische) Trennung des Kindes vom beschwerdeführenden Elternteil bedeute, die besonders strengen verfassungsrechtlichen Anforderungen genügen müsse. Derartige Beschwerden haben kaum Aussicht auf Erfolg.

Das Bundesverfassungsgericht legt in solchen Fällen keinen vergleichbar strengen Prüfungsmaßstab an. Es überlässt in erster Linie den Familiengerichten zu beurteilen, inwieweit die Aufhebung der gemeinsamen Sorge und die Übertragung auf einen Elternteil (oder die Nichteinräumung der gemeinsamen Sorge) dem Wohl des Kindes am besten entspricht. Die Aufgabe des Bundesverfassungsgerichts beschränkt sich hier grundsätzlich darauf zu prüfen, ob die Fachgerichte eine auf das Wohl des Kindes ausgerichtete Entscheidung getroffen und dabei die Tragweite der Grundrechte aller Beteiligten nicht grundlegend verkannt haben. Die Prüfung ist damit einer reinen Willkürkontrolle nach Art. 3 Abs. 1 GG angenähert. Der Grund für diesen – im Verhältnis zur Konstellation des Art. 6 Abs. 3 GG deutlich zurückgenommenen – Prüfungsmaßstab liegt darin, dass der Staat bei der Entscheidung darüber, wie die elterliche Sorge nach der Trennung der Eltern zwischen ihnen zu regeln ist, überhaupt nur auf Veranlassung mindestens eines Elternteils und lediglich vermittelnd zwischen den Eltern, nicht jedoch wie bei der Entziehung des Sorgerechts wegen einer Kindeswohlgefährdung von Amts wegen und von außen eingreifend, tätig wird.[61] Er übt in solchen Fällen – letztlich wie in einem „gewöhnlichen" Zivilprozess – seine Schiedsrichterfunktion aus und „verteilt" das Sorgerecht zwischen den Eltern, greift aber nicht im Rahmen seines Wächteramtes in das elterliche Sorgerecht ein.

V. Fazit

In Sorgerechtsverfahren: Aus Karlsruhe nichts Neues.

---

61 Vgl. BVerfG, Beschluss der 3. Kammer des Ersten Senats vom 29. November 1993 – 1 BvR 1045/93 –, juris, Rn. 14; Beschluss der 1. Kammer des Ersten Senats vom 16. April 2014 – 1 BvR 3360/13 –, juris, Rn. 8; Beschluss der 1. Kammer des Ersten Senats vom 4. August 2015 – 1 BvR 1388/15 –, juris, Rn. 9 f.

Birgit Schäder

Verfassungsrechtliche Prüfungsmaßstäbe bei der Regelung des elterlichen Umgangsrechts

Leitentscheidungen des Bundesverfassungsgerichts (Senat)

BVerfGE 31, 194 – Regelung des persönlichen Verkehrs
BVerfGE 64, 180 – Umgangsrecht

Wichtige Kammerentscheidungen

BVerfGK 6, 57
BVerfGK 9, 274
BVerfGK 10, 519
BVerfGK 12, 472
BVerfGK 20, 135
BVerfG Beschluss der 2. Kammer des Ersten Senats vom 13. Dezember 2012 – 1 BvR 1766/12 –, juris
BVerfG Beschluss der 1. Kammer des Ersten Senats vom 30. Juli 2014 – 1 BvR 1530/14 –, juris
BVerfG Beschluss der 1. Kammer des Ersten Senats vom 25. April 2015 – 1 BvR 3326/14 –, juris

Schrifttum (Auswahl)

Britz, Ausgewählte Verfassungsfragen umgangs- und sorgerechtlicher Streitigkeiten beim Elternkonflikt nach Trennung, FF 2015, 387; *dies.*, Das Grundrecht des Kindes auf staatliche Gewährleistung elterlicher Pflege und Erziehung – jüngere Rechtsprechung des Bundesverfassungsgerichts, JZ 2014, 1069; *Herzog,* Das Bundesverfassungsgericht und die Anwendung einfachen Gesetzesrechts, München, 1991; *Küfner/Schönecker/Trunk,* Familiengerichtliche Klärung von Konflikten um Pflegekinder, in: Kindler/Helming/Meysen/Jurczyk (Hrsg.), Handbuch Pflegekinderhilfe, 2010, S. 668 ff.; *Rakete-Dombek,* Umgang um jeden Preis? Pflicht zum Umgang nur für Kinder? FPR 2008, 492; *Salgo,* Umgangsausschluss wegen psychischer Destabilisierung des Pflegekindes verfassungsrechtlich nicht zu beanstanden, FamRZ 2013, 343; *Walter,* Umgang mit dem in Familienpflege untergebrachten Kind, §§ 1684, 1685 BGB – psychologische Aspekte, FPR 2004, 415; *Zimmer,* Das Sorge- und Umgangsrecht im Lichte der Kindschaftsrechtsreform, 2011.

DOI 10.1515/9783110421866-011

Inhalt

I. Einleitung — 266
II. Die Senatsrechtsprechung — 268
III. Die Kammerrechtsprechung — 270
1. Umgangsregelungen — 270
2. Einschränkungen und Ausschluss des Umgangsrechts — 271
a) Situation bei Trennungs- und Scheidungskindern — 273
aa) Prüfungsmaßstäbe — 273
bb) Prüfungsintensität — 276
(1) Beispiel: Verdacht pädophiler Neigungen — 277
(2) Beispiel: Gefahr für Leib und Leben des umgangsverpflichteten Elternteils — 278
(3) Beispiel: Entgegenstehender Kindeswille — 279
cc) Fazit — 281
b) Situation bei Pflegekindern — 282
aa) Prüfungsmaßstäbe — 282
bb) Prüfungsintensität — 284
c) Ausblick — 285
IV. Zusammenfassung — 289

I. Einleitung

Als grundlegende Voraussetzung für das Entstehen und den Erhalt einer Eltern-Kind-Beziehung hat das Umgangsrecht zwischen Eltern und Kind einen besonderen verfassungsrechtlichen Stellenwert. Es ermöglicht Eltern und Kind, persönliche Kontakte, Beziehungen und Bindungen zueinander aufzubauen und zu pflegen. Eltern werden zudem erst durch den Umgang in die Lage versetzt, ihre durch Art. 6 Abs. 2 Satz 1 GG geschützte Elternverantwortung wahrzunehmen. Vor diesem Hintergrund stellte der Erste Senat erstmals in seinem Beschluss vom 15. Juni 1971 fest, dass das Umgangsrecht des geschiedenen nichtsorgeberechtigten Elternteils vom Schutzbereich des Art. 6 Abs. 2 GG erfasst wird.[1] Mit Beschluss vom 31. Mai 1983 bestätigte er seine Rechtsprechung.[2] Seit Inkrafttreten des Kindschaftsreformgesetzes zum 1. Juli 1998,[3] das die Unterscheidung zwischen ehelichen und unehelichen Kindern aufhob und die Anerkennung der Vaterschaft

1 BVerfGE 31, 194 – Die damalige Rechtslage unterschied bezüglich des Umgangsrechts zwischen ehelichen Kindern (§ 1634 BGB a.F.) und nichtehelichen Kindern (§ 1711 BGB a.F.).

2 BVerfGE 64, 180.

3 Gesetz zur Reform des Kindschaftsrechts (Kindschaftsrechtsreformgesetz – KindRG) vom 16. Dezember 1997 (BGBl I, S. 2942).

durch den nichtehelichen Vater ermöglichte, gilt diese Rechtsprechung auch zugunsten des nichtehelichen rechtlichen Vaters.[4]

Während sich in den beiden genannten Senatsentscheidungen noch primär aus der Perspektive der Mutter die Frage stellte, ob die einfachrechtlich vorgesehene Möglichkeit der Anordnung von Umgangskontakten des nichtsorgeberechtigten Vaters mit dem Kind entgegen dem Willen der Mutter mit ihrem Elternrecht aus Art. 6 Abs. 2 Satz 1 GG zu vereinbaren ist, betrafen die hierauf folgenden Verfassungsbeschwerden überwiegend andere Konstellationen und warfen weitergehende Fragen auf. Ein Großteil der Verfassungsbeschwerden wurde von dem umgangswilligen Elternteil mit dem Ziel der Klärung der gegenteiligen Frage erhoben, nämlich ob die angegriffenen Umgangsentscheidungen in dessen Grundrechte eingriffen und unter welchen Voraussetzungen ein solcher Eingriff verfassungsrechtlich gerechtfertigt wäre. Als umgangswilliger Elternteil kamen in der Folge nicht allein der rechtliche, sondern auch der biologische Vater sowie die Mutter des Kindes in Betracht, wenn das Kind nach Scheidung bzw. Trennung der Eltern überwiegend im Haushalt des Vaters lebte. Eine andere Konstellation betrifft Umgangsregelungen zwischen Eltern und ihren Kindern, die nicht beim anderen Elternteil leben, sondern in einer Pflegefamilie oder Pflegeeinrichtung untergebracht sind.

Mit dem vorliegenden Beitrag sollen die Prüfungsmaßstäbe und die Kontrolldichte des Bundesverfassungsgerichts bei der Überprüfung fachgerichtlicher Entscheidungen zum Umgang des Kindes mit seinen rechtlichen Eltern[5] näher beleuchtet werden. Hierbei soll nicht nur die sich nach Trennung der Eltern typischerweise stellende Problematik der Gewährung von Umgangskontakten des Elternteils, der das Kind nicht überwiegend betreut, in den Blick genommen werden. Ein besonderes Augenmerk wird vielmehr auch auf die neuere Rechtsprechung in den Fällen gelegt, in denen Eltern Umgänge mit ihren in einer Pflegestelle untergebrachten Kindern einfordern.

---

4 Das Bundesverfassungsgericht hatte das eingeschränkte Umgangsrecht nichtehelicher Väter nach § 1711 a.F. für verfassungsgemäß erklärt – BVerfGE 56, 363 (390 ff.); 108, 82 (111 ff.).

5 Zum Umgangsrecht biologischer Väter nach § 1685 BGB a.F. vgl. BVerfGE 108, 82; zum Umgangsrecht biologischer Väter bei Fehlen einer sozial-familiären Beziehung nach § 1685 Abs. 2 BGB n.F. vgl. EGMR, Urteil vom 21. Dezember 2010, Anayo gg. Deutschland, Nr. 20578/07, FamRZ 2011, S. 269 ff.; Urteil vom 15. September 2011, Schneider gg. Deutschland, Nr. 17080/07, juris, woraufhin der Gesetzgeber ein Umgangs- und Auskunftsrecht des biologischen Vaters nach § 1686a BGB einführte. Zur Neuregelung erging bislang nur ein begründeter Nichtannahmebeschluss des BVerfG (Beschluss der 1. Kammer des Ersten Senats vom 19. November 2014 – 1 BvR 2843/14, juris) bzgl. der Reihenfolge der Prüfung der Anspruchsvoraussetzungen des § 1686a BGB.

Im Folgenden soll zunächst die Senatsrechtsprechung (II.) und sodann die Kammerrechtsprechung (III.) zu den jeweils anwendbaren Prüfungsmaßstäben und zur Prüfungsintensität des Bundesverfassungsgerichts dargestellt werden.

II. Die Senatsrechtsprechung

Zur Frage der Kontrollbefugnis des Bundesverfassungsgerichts bei der Überprüfung von Umgangsentscheidungen beschränkte sich der Erste Senat bislang ganz allgemein und ohne weitere Differenzierung auf die Feststellung, dass es nicht Aufgabe des Bundesverfassungsgerichts sei, die von den Fachgerichten getroffenen tatsächlichen Feststellungen und die von ihnen im Einzelnen vorgenommenen Abwägungen nachzuprüfen.[6] Dabei nahm er auf zwei vorangegangene Senatsentscheidungen Bezug, nach denen sich die Kontrollkompetenz des Bundesverfassungsgerichts in der Prüfung erschöpfe, ob die angegriffenen fachgerichtlichen Entscheidungen auf einer willkürlichen Auslegung oder Handhabung des einfachen Rechts (sogenannte Willkürkontrolle)[7] oder auf einer grundsätzlich unrichtigen Anschauung von der Bedeutung und Tragweite eines Grundrechts beruhen (sogenannte Heck'sche Formel).[8]

Im Übrigen machte der Erste Senat den Fachgerichten lediglich insoweit Vorgaben, als sie sich mit den Besonderheiten des Einzelfalles auseinanderzusetzen und die Interessen der Eltern und des Kindes sorgfältig zu würdigen hätten, wobei das Wohl des Kindes ungeachtet der Berücksichtigung der Interessen der Eltern die oberste Richtschnur für die Regelung des Umgangs bleibe.[9]

Hinsichtlich der Einschränkung oder des Ausschlusses des elterlichen Umgangsrechts billigte der Erste Senat in seinem ersten Beschluss zum Umgangsrecht vom 15. Juni 1971 die bereits zum damaligen Zeitpunkt in der Praxis vorherrschende Auffassung zu der wesentlich offener formulierten Vorgängervorschrift des heutigen § 1684 Abs. 4 BGB, wonach Einschränkungen oder ein Ausschluss des Umgangs nur dann zulässig seien, wenn der Schutz des Kindes dies nach den Umständen des Einzelfalles erfordere, um eine Gefährdung seiner körperlichen

6 BVerfGE 31, 194 (210).
7 BVerfGE 4, 52 (59 f.).
8 BVerfGE 18, 85 (92 f.).
9 BVerfGE 31, 194 (209 f.) – In BVerfGE 64, 180 stellte sich die Frage der Prüfungsintensität bezüglich fachrichterlicher Entscheidungen nicht. Gegenstand dieser Entscheidung war eine abstrakte Normenkontrolle.

oder seelischen Entwicklung abzuwehren.[10] Die zweite Entscheidung des Ersten Senats zum Umgangsrecht vom 31. Mai 1983 nannte als Anwendungsbeispiel hierfür den Umstand, dass das Kind die Einschränkung oder den Ausschluss des Umgangs aus ernsthaften Gründen wünsche und ein erzwungenes Umgangsrecht sein Wohl beeinträchtige.[11] Weitere Ausführungen zum Vorliegen einer Kindeswohlgefährdung enthielten beide Senatsentscheidungen ebenso wenig wie konkrete Anforderungen zur Einhaltung des Verhältnismäßigkeitsgrundsatzes.

Die verfahrensrechtlichen Dimensionen des Art. 6 Abs. 2 GG stellte der Erste Senat in einem zum elterlichen Sorgerecht ergangenen Beschluss vom 5. November 1980 umfangreich dar.[12] Danach müsse das Kind im Fachverfahren die Möglichkeit erhalten, seine persönlichen Beziehungen zu den übrigen Familienmitgliedern erkennbar werden zu lassen. Die Gerichte hätten ihr Verfahren deshalb so zu gestalten, dass sie möglichst zuverlässig die Grundlage einer am Kindeswohl orientierten Entscheidung erkennen können, wobei ihnen jedoch die Auswahl der im konkreten Fall zur Verfügung stehenden verfahrensmäßigen Möglichkeiten überlassen bleibe.[13] Für die Regelung des Umgangsrechts verwies der Senat auf die verfahrensrechtliche Vorschrift des § 50b FGG a.F.,[14] wonach das Gericht das Kind auch in einem Umgangsverfahren persönlich anzuhören habe. Bei einer ablehnenden Haltung des Kindes gegenüber Umgangskontakten mit dem anderen Elternteil sei es Aufgabe der Fachgerichte, die Gründe für diese Haltung zu ermitteln und diese in ihre Entscheidung einzubeziehen.[15]

Die beiden grundlegenden Senatsentscheidungen zum Umgangsrecht rechtlicher Eltern enthalten damit sowohl zur Frage, unter welchen Voraussetzungen Einschränkungen und ein Ausschluss elterlicher Kontakte mit dem Kind verfassungsrechtlich gerechtfertigt sind als auch hinsichtlich des Umfangs der verfassungsgerichtlichen Prüfungsdichte in diesen Fällen lediglich allgemeine Vorgaben. Die Frage, ob Umgangsentscheidungen in das Elternrecht des umgangsberechtigten Elternteils eingreifen und unter welchen Voraussetzungen ein

---

10 Vgl. BVerfGE 31, 194 (209); 64, 180 (190f.). Dem Wortlaut des § 1634 Abs. 2 Satz 2 BGB a.F. zufolge war keine Kindeswohlgefährdung für den Ausschluss von Umgängen notwendig. Umgänge konnten bereits dann ausgeschlossen werden, wenn dies *zum Wohle des Kindes erforderlich* war. Erst mit dem KindRG wurde die bereits zuvor in der Praxis angewandte erhöhte Eingriffsschwelle der Kindeswohlgefährdung in § 1684 Abs. 4 Satz 2 BGB aufgenommen – vgl. BTDrucks 13/8511 S. 74.

11 BVerfGE 64, 180 (191).

12 BVerfGE 55, 171 (182ff.).

13 A.a.O.

14 § 50 b FGG a.F. entspricht – abgesehen von einigen textlichen Änderungen – inhaltlich im Wesentlichen der Regelung des § 159 FamFG.

15 BVerfGE 64, 180 (191).

solcher Eingriff verfassungsrechtlich gerechtfertigt ist, war hingegen erst Gegenstand zahlreicher nachfolgender Kammerentscheidungen.

III. Die Kammerrechtsprechung

Gestützt auf die allgemeinen Grundsätze der vorgenannten Entscheidungen des Ersten Senats und unter Berücksichtigung weiterer, nicht auf das Umgangsrecht bezogener Senatsentscheidungen konnte die jeweils zuständige Kammer die verfassungsgerichtlichen Prüfungsmaßstäbe und die Kontrollbefugnisse des Bundesverfassungsgerichts im Bereich des elterlichen Umgangsrechts im Rahmen ihrer durch § 93c Abs. 1 BVerfGG beschränkten Entscheidungsbefugnis insbesondere hinsichtlich der Einschränkung und des Ausschlusses des elterlichen Umgangsrechts näher konkretisieren. Bei der folgenden Darstellung der Kammerrechtsprechung soll zwischen Umgangsregelungen unterhalb der Schwelle einer längerfristigen Einschränkung des elterlichen Umgangsrechts im Sinne des § 1684 Abs. 4 Satz 2 BGB einerseits (1.) und Einschränkungen und dem Ausschluss des Umgangsrechts im Sinne des § 1684 Abs. 4 Satz 2 BGB andererseits (2.) unterschieden werden.

1. Umgangsregelungen

Bei lediglich geringfügigen zeitlichen Abweichungen von den Umgangsvorstellungen eines Elternteils ließ die Kammer erkennen, dass sie schon ein Überschreiten der Schwelle eines Eingriffs in Art. 6 Abs. 2 GG für fraglich hielt und die Erfolgsaussichten der Verfassungsbeschwerde unter Umständen bereits auf der Ebene der Zulässigkeit mangels hinreichender Darlegung einer Verletzung des Elternrechts gemäß § 23 Abs. 1 Satz 2, § 92 BVerfG scheitern lassen könnte.[16] Jedenfalls beschränkte die Kammer sich in diesen Fällen entsprechend der zuvor dargestellten Senatsrechtsprechung auf eine bloße Willkürkontrolle bzw. auf eine Prüfung daraufhin, ob die fachgerichtlichen Entscheidungen die Grundrechte der Eltern grundsätzlich verkannt haben.[17] Lassen die Fachgerichte bei der Regelung des Umgangs erkennen, dass sie die spezifische Situation und die Interessen des Kindes und der Eltern in den Blick genommen haben und erscheint die Begrün-

16 Vgl. BVerfG, Beschluss der 1. Kammer des Ersten Senats vom 9. Februar 2007 – 1 BvR 217/07 –, juris, Rn. 26 ff.

17 Vgl. BVerfG, Beschluss der 1. Kammer des Ersten Senats vom 24. Juni 2014 – 1 BvR 486/14 –, juris, Rn. 20 bzgl. einer Konstellation, in der eine paritätische Umgangsregelung angestrebt wurde.

dung der von ihnen getroffenen Umgangsregelung nachvollziehbar, sieht das Bundesverfassungsgericht regelmäßig keinen Grund, diese zu bemängeln.

Anlass zu Beanstandungen gaben der Kammer demgegenüber fachgerichtliche Entscheidungen, in denen zwar eine Umgangsregelung gerichtlich angeordnet wurde, diese allerdings – etwa aufgrund zeitlicher und organisatorischer Hindernisse – nicht oder nur eingeschränkt umsetzbar war und deshalb faktisch einer Einschränkung bzw. einem Ausschluss des Umgangs gleich kam. In diesem Fall – so die Kammer[18] – obliege den Fachgerichten die Prüfung, ob die von ihnen anvisierte Umgangsregelung faktisch einem Umgangsausschluss oder einer wesentlichen Einschränkung des Umgangs gleich komme. Sollte dies der Fall sein, sind sie gehalten, nach geeigneten Alternativlösungen zu suchen und diese hinreichend zu erörtern. Andernfalls wäre der dann vorliegende Umgangsausschluss bzw. die Umgangseinschränkung an den Voraussetzungen des § 1684 Abs. 4 BGB zu messen.[19] Haben die Fachgerichte dies nicht getan und damit einen fehlerhaften Maßstab angewandt, liegt eine Verkennung des Elternrechts nach Art. 6 Abs. 2 Satz 1 GG nahe.

Damit ist festzustellen, dass auch die Kammer lediglich einen zurückgenommenen Prüfungsmaßstab, nämlich im Sinne der Heck'schen Formel und einer Willkürkontrolle anwendet, wenn sich die Eltern über die bloße Ausgestaltung des Umgangsrechts streiten und hiermit keine (faktische) Einschränkung oder gar ein (faktischer) Ausschluss des elterlichen Umgangsrechts verbunden ist. Sie trägt damit dem Umstand Rechnung, dass der Staat in dieser Konstellation lediglich eine Schiedsfunktion zwischen den sich streitenden Eltern einnimmt, in dem er bei der Frage der Regelung der Umgangskontakte zwischen den Eltern vermittelt.[20] Konkretere verfassungsrechtliche Vorgaben sind aufgrund der Vielgestaltigkeit der Fälle ohnehin nur schwer denkbar und würden den Umständen des Einzelfalls auch nicht im erforderlichen Maße gerecht werden.

2. Einschränkungen und Ausschluss des Umgangsrechts

Etwas anderes gilt jedoch je nach Fallgestaltung dann, wenn fachgerichtliche Entscheidungen das Umgangsrecht eines oder beider Elternteile (faktisch) einschränken oder ausschließen. In diesem Zusammenhang hat die ursprünglich zur

---

18 Vgl. BVerfG, Beschluss der 3. Kammer des Ersten Senats vom 5. Februar 2002 – 1 BvR 2029/00 –, juris, Rn. 8, 10; BVerfGK 7, 279 (281 ff.).

19 Siehe dazu sogleich Abschnitt III 2.

20 Vgl. BVerfGE 31, 194 (210 f.), hierzu auch *Britz*, FF 2015, S. 387 (389).

Meinungsäußerung entwickelte und später auf weitere Rechtsgebiete ausgedehnte Rechtsfigur der „intensivierten Nachprüfung"[21] bei tiefgreifenden Grundrechtsbeeinträchtigungen eine besondere Bedeutung. Danach sind an die Begründung eines Eingriffs in die Grundrechte des Betroffenen desto strengere Anforderungen zu stellen, je nachhaltiger die angegriffene Entscheidung in dessen Grundrechtssphäre eingreift. Die Nachprüfungsmöglichkeiten des Bundesverfassungsgerichts steigen mit zunehmender Eingriffsintensität. In Fällen höchster Eingriffsintensität kann das Bundesverfassungsgericht die vorgenommene Wertung der Fachgerichte auch durch seine eigene ersetzen.[22]

In Anwendung dieser Rechtsprechung[23] stellte die Kammer mit zunehmender Eingriffsintensität unter Berücksichtigung der Umstände des Einzelfalles teilweise strengere Anforderungen an die Rechtfertigung eines Eingriffs in das elterliche Umgangsrecht und nahm eine intensivere Kontrolle der fachgerichtlichen Umgangsentscheidungen vor. Dies gilt ganz besonders dann, wenn Einschränkungen oder ein Ausschluss des Umgangs von Eltern mit ihrem in einer Pflegefamilie oder Pflegeeinrichtung untergebrachten Kind zur Überprüfung stehen. Dies erscheint folgerichtig, weist doch ein elterlicher Streit um die (geringfügige) Ausweitung des Umgangsrechts eines umgangsberechtigten Elternteils eine wesentlich geringere verfassungsrechtliche Dimension auf als ein vollständiger Ausschluss des Umgangs von Eltern mit ihren, in einer Pflegefamilie oder Pflegeeinrichtung untergebrachten Kindern.

Im Folgenden soll zunächst die Rechtsprechung der Kammer bei Einschränkungen oder Ausschlüssen des Umgangsrechts eines Elternteils von seinem beim anderen Elternteil lebenden Kind (Trennungs- bzw. Scheidungskinder) aufgezeigt werden (a). Hieran schließt sich eine Darstellung der neueren Rechtsprechung in den Konstellationen an, in denen das Umgangsrecht der Eltern zu ihren in einer Pflegestelle untergebrachten Kindern (Pflegekindern) eingeschränkt oder ausgeschlossen wurde (b). Außerdem soll erörtert werden, ob und wie sich die letztgenannte Rechtsprechung in die bisherige Rechtsprechung des Bundesverfassungsgerichts zum Umgangsrecht einfügt (c).

---

21 Vgl. *Herzog*, Das Bundesverfassungsgericht und die Anwendung einfachen Gesetzesrechts, München, 1991, S. 16; BVerfGE 35, 202 (219); 42, 143 (147 ff.); 42, 163 (168); 66, 116 (131); 83, 130 (145 f.); zum Sorgerechtsentzug vgl. BVerfGE 60, 79 (90 f.).

22 BVerfGE 42, 143 (149).

23 Vgl. z. B. BVerfGK 9, 274 (278); 11, 146 (151, 153); 12, 472 (475); 16, 355 (359); Beschluss der 2. Kammer des Ersten Senats vom 23. Januar 2008 – 1 BvR 2911/07, juris, Rn. 27, Beschluss der 2. Kammer des Ersten Senats vom 13. Dezember 2012 – 1 BvR 1766/12 –, juris, Rn. 22.

a) Situation bei Trennungs- und Scheidungskindern

aa) Prüfungsmaßstäbe

Trotz einfachrechtlich gleicher Eingriffsschwelle bei Maßnahmen nach § 1666 BGB und dem Ausschluss oder der Einschränkung des Umgangs nach § 1684 Abs. 4 Satz 2 BGB[24] definierte die Kammer den Begriff der Kindeswohlgefährdung bislang lediglich in den Fällen der Trennung des Kindes von seinen Eltern im Wege der Inobhutnahme bzw. der Fremdunterbringung,[25] nicht jedoch im Zusammenhang mit der Einschränkung oder dem Ausschluss des Umgangsrechts näher. Der Kammerrechtsprechung ist insoweit lediglich zu entnehmen, dass die bloße Möglichkeit einer Kindeswohlgefährdung nicht ausreicht, sondern das Vorliegen einer *konkreten* Gefahr für das Kindeswohl erforderlich ist.[26] Das Vorliegen einer solchen Gefahr muss anhand der im Einzelfall getroffenen Feststellungen begründet werden. Pauschale Begründungen, Vermutungen oder Hinweise auf allgemeine Richtwerte ohne Auseinandersetzung mit dem konkret zu entscheidenden Fall reichen in der Regel nicht aus, um eine Einschränkung oder einen Ausschluss des Umgangsrechts zu rechtfertigen. So beanstandete es die Kammer bislang mehrfach, wenn Fachgerichte die Einschränkung von Umgangskontakten mit einer gerichtlichen Spruchpraxis in vergleichbaren Fällen oder allgemein mit einer Überforderung des Kindes begründeten, ohne hierzu konkrete, gegebenenfalls aufgrund eines Sachverständigengutachtens erlangte Feststellungen zu treffen.[27]

---

24 Vgl. *Rauscher*, in: Staudinger, BGB, 2014, § 1684 Rn. 268; *Jaeger*, in: Johannsen/Henrich/Jaeger, Familienrecht, 6.Aufl. 2015, § 1684, Rn. 34; *Peschel-Gutzeit*, in: Kaiser/Schnitzler/Friederici/Schilling, BGB – Familienrecht, 3. Aufl. 2014, § 1684 Rn. 47; *Altrogge*, in: Rahm/Künkel, Handbuch Familien- und Familienverfahrensrecht, 5. Aufl. 2010, Rn. 156; OLG Oldenburg, Beschluss vom 1. Februar 2005 – 11 UF 40/04 –, juris, Rn. 8.

25 Die für eine Trennung des Kindes von seinen Eltern erforderliche nachhaltige Gefährdung seines körperlichen, geistigen oder seelischen Wohls ist dann gegeben, wenn bereits ein Schaden des Kindes eingetreten ist oder eine Gefahr gegenwärtig in einem solchen Maße besteht, dass sich bei ihrer weiteren Entwicklung eine erhebliche Schädigung mit ziemlicher Sicherheit voraussehen lässt (vgl. aus jüngster Zeit BVerfG, Beschluss der 1. Kammer des Ersten Senats vom 29. September 2015 – 1 BvR 1292/15 –, juris, Rn. 17; Beschluss der 1. Kammer des Ersten Senats vom 19. November 2014 –, juris, Rn. 23; Beschluss der 1. Kammer des Ersten Senats vom 27. August 2014 – 1 BvR 1822/14 –, juris, Rn. 25; BGH, Beschluss vom 15. Dezember 2004 – XII ZB 166/03 –, juris, Rn. 11) – vgl. hierzu auch den Beitrag von *Burmeister* in diesem Band.

26 Vgl. BVerfGK 9, 274 (280); 12, 472 (476 ff.); 16, 355 (360); BVerfG, Beschluss der 2. Kammer des Ersten Senats vom 13. Dezember 2012 – 1 BvR 1766/12 –, juris, Rn. 24 ff.

27 Vgl. z. B. BVerfG, Beschluss der 3. Kammer des Ersten Senats vom 18. Februar 1993 – 1 BvR 692/92 –, juris, Rn. 14 ff.; BVerfGK 10, 519 (523 f.).

Speziell zum Gefahrenbegriff stellte die Kammer zudem fest, dass auch eine *mittelbare* Gefahr einen Umgangsausschluss rechtfertigen könne, wenn von dem umgangsberechtigten Elternteil eine konkrete Gefahr für Leib und Leben des Elternteils ausgehe, in dessen Haushalt das Kind lebe, da das Wohl des Kindes von der körperlichen Unversehrtheit des Elternteils, in dessen Obhut es aufwachse, abhängig sei.[28]

Anders als die beiden vorgenannten, zum Umgangsrecht ergangenen Senatsentscheidungen wies die Kammer ausdrücklich auf die Geltung des Verhältnismäßigkeitsgrundsatzes bei der Überprüfung umgangsrechtlicher Entscheidungen hin[29] und machte konkrete Vorgaben für dessen Einhaltung. Insbesondere haben die Fachgerichte vor Einschränkung oder Ausschluss des Umgangs zu prüfen, ob mildere Mittel wie die Durchführung begleiteter Umgänge,[30] die Anordnung einer Umgangspflegschaft[31] oder die Anordnung von Ordnungsmitteln gegenüber dem Elternteil, der Umgangskontakte verhindert,[32] in Betracht kommen. Darüber hinaus dürfen sich die Gerichte nicht darauf beschränken, die Regelung des Umgangsrechts abzulehnen, ohne einen (befristeten) Umgangsausschluss anzuordnen. Denn hierdurch träte ein ungeregelter Zustand dergestalt ein, dass dem betroffenen Elternteil zwar rechtlich ein Umgangsrecht zustünde, er dieses jedoch mangels gerichtlicher Regelung nicht ausüben kann. Weder für die Eltern noch für das Kind bestünde Klarheit darüber, ob und in welchem Umfang der umgangssuchende Elternteil sein Umgangsrecht wahrnehmen und ab wann er eine (erneute) Regelung seines Umgangsrechts begehren kann.[33] Diese Rechtsprechung legt nahe, dass ein Ausschluss oder eine Einschränkung des Umgangs grundsätzlich befristet werden muss. Gleichwohl lässt sie Ausnahmen zu, nämlich wenn die fehlende Befristung stichhaltig begründet wurde und aus den Entscheidungsgründen klar hervorgeht, wann eine erneute Prüfung des Umgangsrechts begehrt werden kann. Bis einschließlich August 2016 ist hierzu jedoch noch

28 Vgl. Beschluss der 2. Kammer der Ersten Senats vom 13. Dezember 2012 – 1 BvR 1766/12 –, juris, Rn. 24.

29 Vgl. BVerfG, Beschluss der 1. Kammer des Ersten Senats vom 7. März 2005 – 1 BvR 552/04 –, juris, Rn. 9.

30 Vgl. BVerfG, Beschluss der 1. Kammer des Ersten Senats vom 8. März 2005 – 1 BvR 1986/04 –, juris, Rn. 9; BVerfG, Beschluss der 2. Kammer des Ersten Senats vom 23. Januar 2008 – 1 BvR 2911/07 –, juris, Rn. 24, 27.

31 BVerfG, Beschluss der 2. Kammer des Ersten Senats vom 5. Dezember 2008 – 1 BvR 746/08 –, juris, Rn. 60.

32 A.a.O.. Rn. 61.

33 BVerfGK 6, 61 (63 f.), 153 (155 f.) jeweils mit Hinweis auf BGH, Beschluss vom 27. Oktober 1993 – XII ZB 88/92, juris, Rn. 15.

keine Sachentscheidung des Bundesverfassungsgerichts ergangen.[34] Auch die Dauer des Ausschlusses oder der Einschränkung des Umgangs muss verhältnismäßig sein.[35]

In verfahrensrechtlicher Hinsicht sehen die §§ 157 ff. FamFG eine Reihe von Anhörungs- und Beteiligungsregelungen vor, die die Fachgerichte zu beachten haben. Ein Verstoß gegen diese einfachrechtlichen Verfahrensvorschriften kann im Einzelfall eine Verletzung des Elternrechts aus Art. 6 Abs. 2 GG in seiner verfahrensrechtlichen Komponente zur Folge haben. Die Kammer stellte dies beispielsweise im Falle einer unterlassenen bzw. unzureichenden Anhörung der Eltern fest.[36] Die bereits vom Senat festgestellte Notwendigkeit der Ermittlung des kindlichen Willens in Umgangsverfahren konkretisierte die Kammer dahingehend, dass diese jedenfalls ab einem Alter von (fast) drei Jahren in der Regel durch richterliche Anhörung des Kindes zu erfolgen habe, damit sich die Gerichte einen unmittelbaren Eindruck von dem Kind verschaffen können.[37] Bei verbleibenden Unklarheiten ist ein Verfahrensbeistand zu benennen oder gegebenenfalls ein Sachverständigengutachten einzuholen.[38] Letzteres ist jedenfalls dann notwendig, wenn die Fachgerichte nicht über eine anderweitige zuverlässige Entscheidungsgrundlage verfügen.[39] Je nach Fallgestaltung können daher die Stellung-

34 Ein unbefristeter Umgangsausschluss war Gegenstand der Verfassungsbeschwerde 1 BvR 4/13. Diese wurde ohne Begründung nicht zur Entscheidung angenommen (unveröffentlicht); in der nachfolgenden Individualbeschwerde ließ der Europäische Gerichtshof für Menschenrechte die fehlende Befristung aufgrund der Möglichkeit des Beschwerdeführers, eine Abänderung des Umgangsausschlusses nach § 1696 Abs. 2 BGB i.V.m. § 24 Abs. 1 FamFG herbeizuführen, im Ergebnis unbeanstandet (vgl. EGMR, Urteil vom 29. April 2016, Buchleither gg. Deutschland, Nr. 20106/13, Rn. 53). Dieses Urteil ist noch nicht rechtskräftig; ein Antrag des Beschwerdeführers auf Verweisung der Rechtssache an die Große Kammer des Europäischen Gerichtshofs für Menschenrechte ist derzeit noch anhängig.

35 Vgl. BVerfG, Beschluss der 1. Kammer des Ersten Senats vom 30. Juli 2014, 1 BvR 1530/14, juris, Rn. 12; Beschluss der 1. Kammer des Ersten Senats vom 25. April 2015, 1 BvR 3326/14, juris, Rn. 26.

36 Vgl. BVerfG, Beschluss der 1. Kammer des Ersten Senats vom 13. November 2007 – 1 BvR 1637/07 –, juris, Rn. 27; BVerfGK 16, 355 (360 f.) – Die Notwendigkeit der Anhörung der Eltern folgt zudem nicht erst aus dem Elternrecht, das eine hinreichende Aufklärung des Sachverhalts erfordert, sondern ergibt sich bereits aus dem Anspruch der Eltern auf rechtliches Gehör aus Art. 103 Abs. 1 GG. Insoweit gehen die verfahrensrechtlichen Anforderungen des Elternrechts mit denen des Anspruchs auf rechtliches Gehör Hand in Hand.

37 Vgl. BVerfGK 9, 274 (281); 10, 519 (524).

38 A.a.O.; BVerfG, Beschluss der 1. Kammer des Ersten Senats vom 8. März 2005 – 1 BvR 1986/04 –, juris, Rn. 9.

39 Vgl. BVerfGK 9, 274 (279); 11, 146 (152).

nahmen des Verfahrensbeistands, des Jugendamts, des Umgangsbegleiters oder ähnlicher Fachkräfte sowie die eigenen Wahrnehmungen des Gerichts aus der persönlichen Anhörung des Kindes oder die Erkenntnisse der Fachgerichte aus vorangegangenen Verfahren die Einholung eines Sachverständigengutachtens entbehrlich machen.

Hat das Fachgericht ein familienpsychologisches Sachverständigengutachten eingeholt, weicht es jedoch hiervon ab, muss das Gericht dies begründen und insoweit seine eigene Sachkunde nachweisen.[40] Dies bedeutet allerdings nicht, dass die Fachgerichte verpflichtet wären, die Empfehlungen des Sachverständigen ohne eigene Prüfung stets eins zu eins umzusetzen. Vielmehr sind sie gehalten, aufgrund des Sachverständigengutachtens eine eigene rechtliche Bewertung vorzunehmen und die konfligierenden Interessen der Eltern und des Kindes im Rahmen des ihnen zustehenden fachrichterlichen Ermessensspielraums auch bei der Einschränkung oder bei einem Ausschluss des Umgangs in einen Ausgleich zu bringen.

Trotz der mit Einführung des FamFG neu geschaffenen Möglichkeit des Verzichts auf eine Wiederholung von Verfahrenshandlungen nach § 68 Abs. 3 Satz 2 FamFG unterliegt auch die Beschwerdeinstanz bei Einschränkungen oder beim Ausschluss des Umgangsrechts höheren Anforderungen an die Verfahrensgestaltung. Angesichts der „hohen Eingriffsintensität" in das Elternrecht hielt die Kammer einen Umgangsausschluss allein aufgrund der Aktenlage ohne Anhörung der Eltern und des Kindes sowie ohne Aktualisierung oder gar entgegen des erstinstanzlich eingeholten Sachverständigengutachtens dann für verfassungswidrig, wenn ein längerer Zeitraum seit der erstinstanzlichen Entscheidung verstrichen war.[41]

bb) Prüfungsintensität

Unter Hinweis auf die Abhängigkeit der verfassungsgerichtlichen Prüfungsintensität vom Maß der Grundrechtsbeeinträchtigung[42] kann die Kontrolldichte

40 BVerfGK 11, 146 (152), BVerfG, Beschluss der 1. Kammer des Ersten Senats vom 13. Juli 2005 – 1 BvR 215/05 –, juris, Rn. 11, BVerfG, Beschluss der 2. Kammer des Ersten Senats vom 5. Dezember 2008 – 1 BvR 746/08 –, juris, Rn. 52.

41 Für einen Umgangsausschluss durch die Beschwerdeinstanz allein aufgrund des Akteninhalts ca. zwei Jahre nach der erstinstanzlichen Entscheidung vgl. BVerfGK 11, 146 (152f.); BVerfG, Beschluss der 1. Kammer des Ersten Senats vom 13. November 2007 – 1 BvR 1637/07 –, juris, Rn. 26ff. – beide allerdings noch vor Einführung des § 68 Abs. 3 Satz 2 FamFG.

42 Die Kammer verwendete hierbei jeweils die Formulierung: „Die Intensität dieser Prüfung hängt davon ab, in welchem Maße von der Entscheidung Grundrechte beeinträchtigt werden."

umgangseinschränkender oder -ausschließender Entscheidungen in den Konstellationen der Trennungs- und Scheidungskinder – je nach Fallgestaltung – von einer bloßen Vertretbarkeitskontrolle bis hin zu einer Überprüfung von Fehlern bei der Feststellung und Würdigung des Sachverhalts reichen, wie die folgenden Beispiele aus der Kammerrechtsprechung aufzeigen:

(1) Beispiel: Verdacht pädophiler Neigungen

Die Kammer hatte über drei vergleichbare Fälle zu entscheiden, in denen Fachgerichte lediglich begleitete Umgänge zuließen, weil beim Vater kinderpornographisches Material aufgefunden worden war und die Mutter (unbegleitete) Umgangskontakte aus Angst vor Übergriffen des Vaters auf das Kind verweigert hatte.

In den ersten beiden Entscheidungen machte die Kammer den Fachgerichten zunächst sehr konkrete Vorgaben für die Einschränkung des Umgangsrechts aufgrund des Verdachts pädophiler Neigungen des Vaters. Unter besonderer Hervorhebung der Intensität des Eingriffs in das elterliche Umgangsrecht[43] hielt sie allein den Verdacht pädophiler Neigungen für eine Einschränkung oder einen Ausschluss des Umgangs für nicht ausreichend. Vielmehr sei das Vorliegen pädophiler Neigungen und eine hieraus resultierende konkrete Gefahr für das Kind festzustellen.[44] Neben der (sachverständigen) Feststellung pädophiler Neigungen bedürfe es insofern konkreter Hinweise auf ein pädophiles Agieren bzw. einer Einschränkung der Verhaltenskontrolle des betreffenden Elternteils,[45] wobei die Fachgerichte auch entlastende Beweisanzeichen zu würdigen hätten.[46] Ein seitens des Fachgerichts angeführtes Argument, wonach sich die Vorbehalte der Mutter gegenüber Umgangskontakten auch unter Berücksichtigung eines etwaigen Loyalitätskonfliktes des Kindes zum Nachteil des bislang unbelasteten Vater-Kind-Verhältnisses auswirken könne, hielt die Kammer für unzureichend. Insoweit vertrat sie die Auffassung, dass die Mutter unbegleitete Umgänge trotz ihrer nachvollziehbaren Ängste in neutraler Form zu dulden habe.[47] Die Kammer stellte damit strenge Anforderungen an die Feststellung des Sachverhalts und an die

---

43 Vgl. BVerfG, Beschluss der 1. Kammer des Ersten Senats vom 13. Juli 2005 – 1 BvR 215/05 –, juris, Rn. 12.; BVerfGK 12, 472 (477).

44 Vgl. BVerfG, Beschluss der 1. Kammer des Ersten Senats vom 13. Juli 2005 – 1 BvR 215/05 –, juris, Rn. 11; BVerfGK 12, 472 (476).

45 Vgl. BVerfGK 12, 472 (477 f.).

46 A.a.O. S. 478.

47 A.a.O. S. 478 f.

Begründung einer konkreten Kindeswohlgefährdung und nahm auch in der Sache eine volle Überprüfung der fachgerichtlichen Wertungen vor.

In einer neueren Entscheidung relativierte die Kammer diese Rechtsprechung jedoch, indem sie den zwischen den Eltern – jedenfalls auch aufgrund des nicht aufzuklärenden Verdachts pädophiler Neigungen des Vaters – bestehenden Konflikt für die Annahme einer Kindeswohlgefährdung durch unbegleitete Umgänge ausreichen ließ.[48] Anders als in den vorangegangenen Entscheidungen hielt die Kammer die Einschätzung der Fachgerichte, wonach die Anordnung unbegleiteter Umgänge zu einem umgangsverhindernden Verhalten der Mutter und damit zu weiteren Belastungen des Kindes und zu einem Abbruch der mühsam angebahnten Vater-Tochter-Beziehung führen würde, für plausibel.[49] Auch die fast vierjährige Dauer der Befristung der Umgangseinschränkung überprüfte die Kammer lediglich auf die Vertretbarkeit der fachgerichtlichen Argumentation hin.[50]

Diese im Vergleich zu den vorangegangenen Entscheidungen großzügigere Betrachtungsweise dürfte vor allem dem Umstand geschuldet sein, dass das Bestreben der Fachgerichte erkennbar auf den Erhalt der Beziehung zwischen Vater und Kind ausgerichtet war, während bei einem unbeschränkten Umgang ernsthaft eine Verschlechterung des Eltern-Kind-Verhältnisses mit weiteren Belastungen des Kindes gedroht hätte. Die Kammer nahm in ihrer neueren Entscheidung damit eine deutlich pragmatischere, kindbezogenere Sichtweise ein. Dem Kind dürften hierdurch weitere, in der Unsicherheit der Mutter begründete Streitigkeiten um Umgänge mit dem Vater erspart geblieben und das naheliegende Risiko einer Verschlechterung der Vater-Kind-Beziehung eingeschränkt worden sein. Darüber hinaus erscheint die Berücksichtigung der unstreitig nachvollziehbaren Ängste der Mutter eher zu einer Wiederherstellung ihres Vertrauens und zu einer Befriedung der Situation beizutragen als eine apodiktische Aufforderung an sie, unbegleitete Umgangskontakte trotz nachvollziehbarer Vorbehalte aufgrund des beim Vater aufgefundenen kinderpornographischen Materials zu dulden.

(2) Beispiel: Gefahr für Leib und Leben des umgangsverpflichteten Elternteils

Fehler bei der Auslegung des Gefahrenbegriffs und bei der Feststellung und Würdigung des Sachverhalts gaben der Kammer Anlass zur Beanstandung in ei-

48 Vgl. BVerfG, Beschluss der 1. Kammer des Ersten Senats vom 30. Juli 2014 – 1 BvR 1530/14 –, juris, Rn. 11.

49 A.a.O.

50 A.a.O.

nem besonders gelagerten Fall,[51] in dem eine Kindeswohlgefährdung durch begleitete Umgänge zu Lasten der Kinder verneint und lediglich eine abstrakte Gefahr angenommen worden war. In dieser Konstellation bestand primär eine Gefahr für Leib und Leben der Mutter durch die rechtsextreme Szene, aus der sie öffentlichkeitswirksam ausgestiegen war. Der Vater war weiterhin in dieser Szene verankert. Das Fachgericht hatte dabei nach Auffassung der Kammer verkannt, dass schon dann von einer konkreten Gefahr ausgegangen werden muss, wenn eine strukturelle dauerhafte Gefährdungssituation vorliegt, die bereits hinreichend konkret ist und sich jederzeit verwirklichen kann.[52] Hierbei nahm die Kammer eine umfangreiche Prüfung und eine eigenständige Würdigung der im Fachverfahren vorgelegten Unterlagen vor.

Darüber hinaus beanstandete die Kammer die unzureichende Ermittlung der nachteiligen Folgen, die die angeordneten begleiteten Umgangskontakte für die Kinder haben könnten.[53] Auch hierbei befasste sich die Kammer sehr gründlich mit der Situation der Kinder und nahm verschiedene, sich aus dem Inhalt der fachgerichtlichen Akten ergebende Aspekte[54] in den Blick, die nach Auffassung der Kammer vom Oberlandesgericht nicht (hinreichend) überprüft worden waren.

Mit Leib und Leben der Mutter und dem Wohl der Kinder standen in diesem Fall sehr hochwertige Rechtsgüter auf dem Spiel, die die Kammer veranlassten, eine vertiefte verfassungsgerichtliche Kontrolle vorzunehmen, um etwaige Fehleinschätzungen der Fachgerichte mit möglicherweise fatalen Folgen für die Beteiligten zu korrigieren.

(3) Beispiel: Entgegenstehender Kindeswille

Eine tendenziell geringere Kontrolltiefe zeigt die Kammerrechtsprechung dagegen dann, wenn ein Kind im fortgeschrittenen Alter seit längerer Zeit unstreitig Umgangskontakte mit einem Elternteil beharrlich ablehnt. Beispielsweise ließ die Kammer die seit Jahren ernsthaft und nachhaltig ablehnende Haltung eines im Zeitpunkt der Entscheidung vierzehnjährigen Kindes als Rechtfertigung für den

---

51 Vgl. BVerfG, Beschluss der 2. Kammer des Ersten Senats vom 13. Dezember 2012 – 1 BvR 1766/12 –, juris.

52 A.a.O. Rn. 26.

53 A.a.O. Rn. 35 ff.

54 Z.B. psychische Belastungen und Verwirrungen durch Umgang nach erfolgtem Identitätswechsel, fehlende Interaktion der Kinder mit dem Vater bei der Begutachtung, Bedenken des Ergänzungspflegers, Wille der Kinder.

bis zur Volljährigkeit des Kindes befristeten Ausschluss des Umgangsrechts des Vaters ausreichen.[55]

Unter Rückgriff auf die Maßstäbe des Senatsbeschlusses zum elterlichen Umgangsrecht vom 31. Mai 1983 nahm die Kammer diesen Fall zum Anlass, die Bedeutung des Rechts des Kindes auf Berücksichtigung seines freien Willens jedenfalls für die Fälle besonders hervorzuheben, in denen sich das Kind bereits in einem fortgeschrittenen Alter befindet.[56] In verfahrensrechtlicher Hinsicht war es daher trotz des zweifelsohne schwerwiegenden Eingriffs in das Elternrecht des Vaters unschädlich, dass die Fachgerichte sich auf die bloße Anhörung des Kindes beschränkt hatten, ohne die Eltern anzuhören, einen Verfahrensbeistands zu bestellen oder ein Sachverständigengutachten einzuholen.[57]

In eine ähnliche Richtung ging eine weitere, erst kürzlich ergangene Kammerentscheidung.[58] Diese betraf einen Fall, in dem ein elfjähriges Kind nicht zuletzt aufgrund massiver Beeinflussungen durch seine Mutter Kontakte zum Vater seit mehreren Jahren beharrlich verweigert hatte. Während die Fachgerichte das Vorliegen einer Kindeswohlgefährdung im Falle gegen den Willen des Kindes angeordneter Umgangskontakte umfangreich und unter Bezugnahme auf ein familienpsychologisches Sachverständigengutachten begründet hatten, fehlten hingegen vertiefte Ausführungen zur Befristung des Umgangsausschlusses. Gleichwohl wurde dies von der Kammer nicht beanstandet, sondern angesichts der Umstände des Falles und unter Hinweis auf die gemäß § 1696 Abs. 1 BGB bestehende Möglichkeit einer erneuten gerichtlichen Überprüfung der Umgangssituation auch vor Ablauf der Frist für nachvollziehbar erachtet.[59]

In beiden Fällen betonte die Kammer das Recht des Kindes auf „Selbstbestimmung“ bzw. auf „freien Willen“ und trug damit im besonderen Maße dem Persönlichkeitsrecht des Kindes nach Art. 2 Abs. 1 i.V.m Art. 1 Abs. 1 GG Rechnung. Indem sie selbst einen beeinflussten Wunsch des Kindes, keine Kontakte zum anderen Elternteil zu haben, für einen Umgangsausschluss ausreichen ließ, wenn er Ausdruck echter und damit schützenswerter Bindungen des Kindes zu dem Elternteil sei, bei dem das Kind lebe,[60] maß sie dem Persönlichkeitsrecht des Kindes eine höhere Bedeutung bei als dem elterlichen Umgangsrecht. Mit dieser

55 Vgl. BVerfGK 6, 57 (59).
56 A.a.O.
57 A.a.O. S. 60 f.
58 Vgl. BVerfG, Beschluss der 1. Kammer des Ersten Senats vom 25. April 2015 – 1 BvR 3326/14 –, juris.
59 A.a.O. Rn. 26 f.
60 Vgl. BVerfG, Beschluss der 1. Kammer des Ersten Senats vom 25. April 2015 – 1 BvR 3326/14 –, juris, Rn. 17, 21 m.w.N.

auf das Kindeswohl bezogenen Betrachtungsweise trat die Kammer den Wahrnehmungen der Fachöffentlichkeit an einer Überbetonung des elterlichen Umgangsrechts zulasten des Kindes[61] entgegen.

cc) Fazit

Bei Einschränkungen und beim Ausschluss des Umgangsrechts eines Elternteils mit seinem beim anderen Elternteil lebenden Kind nahm die Kammer im Einzelfall eine „intensivierte Nachprüfung" vor und stellte höhere Begründungs- und Ermittlungsanforderungen an die Fachgerichte. Da ein Umgangsausschluss oder eine Umgangseinschränkung intensiv in das Elternrecht des grundsätzlich umgangsberechtigten Elternteils eingreift und die Gefahr eines Abbruchs der Beziehungen zwischen diesem Elternteil und dem Kind bis hin zu einer Entfremdung in sich birgt, rechtfertigt dies gegebenenfalls auch strengere Prüfungsmaßstäbe und eine umfassendere verfassungsgerichtliche Kontrolle.

Anders als in den Fällen einer bloßen Umgangsregelung unterhalb der Eingriffsschwelle des § 1684 Abs. 4 BGB wird der Staat in diesen Fällen auch nicht mehr nur vermittelnd im Rahmen seiner Schlichtungsfunktion zwischen den Eltern tätig. Vielmehr greift er zum Schutz des Kindes vor einer Kindeswohlgefährdung in Ausübung seines ihm nach Art. 6 Abs. 2 Satz 2 GG übertragenen *Wächteramtes* in die Beziehung zwischen dem Kind und dem grundsätzlich umgangsberechtigten Elternteil ein. Umgekehrt nimmt die Kammer allerdings auch dann eine intensivere Prüfung vor, wenn bei der Anordnung (begleiteter) Umgänge eine Gefährdung hochwertiger Rechtsgüter wie Leib und Leben des Elternteils, bei dem das Kind lebt, verkannt worden sind.

Eine geringere Kontrolldichte weist die Rechtsprechung der Kammer demgegenüber in den Fällen auf, in denen das Persönlichkeitsrecht des Kindes betroffen ist und ältere bzw. entsprechend reife Kinder Umgänge mit dem grundsätzlich umgangsberechtigten Elternteil über einen längeren Zeitraum konstant verweigerten. Einen eher großzügigeren Ansatz zeigt die neuere Kammerrechtsprechung zudem dann, wenn die Gerichte aufgrund der Besonderheiten des Einzelfalles dem Erhalt der bestehenden Beziehungen zwischen Elternteil und Kind den Vorrang vor dem Risiko einer Verschlechterung des Eltern-Kind-Verhältnisses im Falle einer Anordnung weitergehender Umgänge gegeben haben.

---

61 Vgl. *Rakete-Dombek*, FPR 2008, S. 492 ff.; *Salgo*, FamRZ 2013, S. 343 (344); *Zimmer*, Das Sorge- und Umgangsrecht im Lichte der Kindschaftsrechtsreform, 2011, S. 239 ff.

b) Situation bei Pflegekindern

Die Einschränkung oder der Ausschluss des Umgangs von Eltern mit ihrem in einer Pflegestelle lebenden Kind stellt einen der schwerstmöglichen Eingriffe in das elterliche Umgangsrecht dar. Denn nur bei einer Trennung des Kindes von beiden Elternteilen besteht die Gefahr einer Entfremdung des Kindes zu seiner Herkunftsfamilie. Ein andauernder Kontaktabbruch beeinträchtigt nicht nur die Aufrechterhaltung der Eltern-Kind-Beziehung, sondern auch die Möglichkeit einer Rückkehr des Kindes zu seinen Eltern.[62] Während die bisherige Rechtsprechung der Kammer in einer solchen Konstellation regelmäßig nur auf die allgemeinen, für die Rechtfertigung von Umgangsausschlüssen und -einschränkungen geltenden Prüfungsmaßstäbe mit der Möglichkeit einer intensiveren Prüfung je nach Umfang der Grundrechtsbeeinträchtigung[63] verwies, hat die Kammer in einem neueren Beschluss vom 29. November 2012 – 1 BvR 335/12 – erstmals die für die Trennung des Kindes von seinen Eltern nach Art. 6 Abs. 3 GG entwickelte Wertung entsprechend angewendet.[64] Danach gelten für die Einschränkung und den Ausschluss des Umgangsrechts der Eltern zu ihren in einer Pflegefamilie oder -einrichtung untergebrachten Kindern *strenge verfassungsrechtliche Anforderungen.*[65] Was dies im Einzelnen bedeutet, erscheint bislang jedoch noch nicht hinreichend geklärt, wie die nähere Untersuchung der Entscheidung im Hinblick auf die anzuwendenden Prüfungsmaßstäbe (a) und die Intensität der verfassungsgerichtlichen Kontrolle (b) im Folgenden zeigt.

aa) Prüfungsmaßstäbe

Zur Rechtfertigung einer Einschränkung oder eines Ausschlusses des elterlichen Umgangsrechts in dieser Konstellation fordert die Kammer, dass der Schutz des in einer Pflegestelle untergebrachten Kindes dies nach den *konkreten* Umständen des Einzelfalles erfordern müsse, um eine *konkrete* Gefährdung der körperlichen oder seelischen Entwicklung des Kindes abzuwenden.[66] Damit scheidet eine bloß abstrakte Gefährdung des Kindeswohls aus. Das Erfordernis einer konkreten Gefährdung bei Umgangsausschlüssen oder -einschränkungen ist jedoch nicht neu, sondern wurde – wie im vorangegangenen Teil dargelegt – gleichermaßen für

62 Vgl. hierzu auch *Britz*, JZ 2014, S. 1069 (1073).
63 Vgl. BVerfG, Beschluss der 1. Kammer des Ersten Senats vom 24. Juli 2006 – 1 BvR 971/03 – ,juris, Rn. 14; BVerfGK 17, 407 (412).
64 Vgl. BVerfGK 20, 135 (141 ff.).
65 A.a.O., vgl. hierzu auch *Britz*, FF 2015, S. 387 (388).
66 Vgl. BVerfGK 20, 135 (143 f.).

Einschränkungen bzw. den Ausschluss von Umgangskontakten eines Elternteils mit dem beim anderen Elternteil lebenden Kind aufgestellt.

Anders als in den Fällen der Trennung des Kindes von seiner Familie durch Inobhutnahme und Fremdunterbringung[67] verzichtete die Kammer auch bei einem Ausschluss bzw. einer Einschränkung des elterlichen Umgangsrechts mit seinem bei einer Pflegefamilie lebenden Kind bislang auf eine nähere Definition der Kindeswohlgefährdung und auf konkrete Anforderungen an die fachgerichtliche Begründung in diesem Zusammenhang. Als Grund für die Einschränkung oder den Ausschluss des Umgangs in dieser Konstellation hob sie lediglich den dem Umgang entgegenstehenden Willen des Kindes hervor, sofern dieser auf ernsthaften Gründen beruhe und ein erzwungenes Umgangsrecht das Kindeswohl beeinträchtige.[68] Auch dies ist jedoch kein spezifisches Rechtfertigungskriterium für einen Umgangsausschluss mit Pflegekindern. Dass der Wille eines umgangsverweigernden Kindes zu berücksichtigen ist, wenn eine Missachtung dieses Willens zu einer Kindeswohlgefährdung führen würde, gilt vielmehr –wie zuvor gesehen[69] – auch für die Konstellation der Scheidungs- bzw. Trennungskinder, die beim anderen Elternteil leben.

Auch im Hinblick auf die Anforderungen des Verhältnismäßigkeitsgrundsatzes sind der Kammerentscheidung keine spezifischeren Ausführungen zu entnehmen. Einerseits legt der Verweis auf die entsprechende Anwendung der Wertung des Art. 6 Abs. 3 GG nahe, dass auch der Ausschluss oder die Einschränkung des elterlichen Umgangs mit ihren in einer Pflegestelle untergebrachten Kindern nur unter strikter Wahrung des Verhältnismäßigkeitsgrundsatzes erfolgen kann, wobei den Staat eine besondere Verpflichtung zu unterstützenden Maßnahmen, mit denen ein Zueinanderfinden von Kind und Eltern gelingen kann, träfe.[70] Im Rahmen der rechtlichen Würdigung lässt die Kammer allerdings die Erörterung eines begleiteten Umgangs durch die Fachgerichte und die Befristung des Umgangsausschlusses ohne weitere Ausführungen genügen.[71] Unterschiede zu den allgemeinen Vorgaben der Kammer bezüglich der Einhaltung des Verhältnismäßigkeitsgrundsatzes bei Umgangseinschränkungen oder einem Umgangsausschluss bei Scheidungs- und Trennungskindern, die beim

---

67 Vgl. Fn. 25.

68 Vgl. BVerfGK 20, 135 (143 f.).

69 Vgl. oben Abschnitt III. 2. a) (2) und Fn. 55, 58.

70 So im Falle der Trennung des Kindes von seinen Eltern, vgl. z. B. BVerfGK 19, 295 (299 f.); BVerfG, Beschluss der 1. Kammer des Ersten Senats vom 24. März 2014 – 1 BvR 160/14 –, juris, Rn. 41; Beschluss der 1. Kammer des Ersten Senats vom 22. Mai 2014 – 1 BvR 2882/13 –, juris, Rn. 35.

71 Vgl. BVerfGK 20, 135 (145 f.).

anderen Elternteil leben,[72] sind damit bislang noch nicht deutlich geworden. Auch hinsichtlich der verfahrensrechtlichen Anforderungen verwies die Kammer im Rahmen der Darstellung der Maßstäbe lediglich auf die allgemeinen Grundsätze, wonach die Verfahrensgestaltung geeignet und angemessen sein muss, um eine möglichst zuverlässige Grundlage für die Feststellung einer Kindeswohlgefährdung zu erlangen.[73]

bb) Prüfungsintensität

Die Kammerentscheidung enthält keine Ausführungen zur Prüfungsintensität fachgerichtlicher Entscheidungen, die den Umgang zwischen Eltern und ihren in einer Pflegestelle untergebrachten Kindern einschränken oder ausschließen. Die entsprechende Anwendung der Wertung des Art. 6 Abs. 3 GG impliziert jedoch eine intensive verfassungsgerichtliche Kontrolle in diesen Konstellationen. Denn in den Fällen der Trennung des Kindes von seinen Eltern im Sinne des Art. 6 Abs. 3 GG geht das Bundesverfassungsgericht über die übliche Kontrolle hinaus und prüft auch einzelne Auslegungsfehler und deutliche Fehler bei der Feststellung und Würdigung des Sachverhalts.[74] Wie zuvor aufgezeigt, ließ es sich die Kammer jedoch auch in den Konstellationen der Trennungs- und Scheidungskinder nicht nehmen, gegebenenfalls eine intensivere Kontrolle bis hin zur Überprüfung von Fehlern bei der Feststellung und Würdigung des Sachverhalts vorzunehmen.

Andererseits fällt auf, dass die Prüfung im Verfahren 1 BvR 335/12 – jedenfalls soweit aus der Begründung der Kammerentscheidung ersichtlich – weitaus weniger tiefgreifend erscheint, als dies die zuvor aufgestellten Maßstäbe vermuten ließen. Für die Annahme einer konkreten Kindeswohlgefährdung war die aufgrund der Anhörung des Kindes, der Eltern, des Verfahrensbeistands und des Jugendamts gewonnene Einschätzung der Fachgerichte, wonach der Wunsch des Kindes autonom sei und ein erzwungenes Umgangsrecht das Kindeswohl beeinträchtigen würde, ausreichend. Anders als einzelne Fachgerichte[75] und anders als bei der verfassungsgerichtlichen Kontrolle von Sorgerechtsentziehungen nach

72 Vgl. oben Abschnitt III. 2. a) aa) und Fn. 30 bis 33.

73 Vgl. BVerfGK 20, 135 (144).

74 Vgl. z.B. BVerfGK 19, 295 (300); BVerfG, Beschluss der 1. Kammer des Ersten Senats vom 24. März 2014 – 1 BvR 160/14 –, juris, Rn. 26; Beschluss der 1. Kammer des Ersten Senats vom 22. Mai 2014 – 1 BvR 2882/13 –, juris, Rn. 29 sowie zuletzt BVerfG, Beschluss der 1. Kammer des Ersten Senats vom 20. Januar 2016 – 1 BvR 2742/15 –, juris, Rn. 12.

75 Vgl. KG, Beschluss vom 28. August 2007 – 13 UF 28/07 –, juris, Rn. 34; OLG Hamm, Beschluss vom 28. Februar 2011 – 8 UF 227/10 –, juris, Rn. 25 ff.

§ 1666 BGB[76] verlangte die Kammer jedenfalls in diesem spezifischen Fall keine – im Rahmen einer familienpsychologischen Begutachtung allerdings grundsätzlich durchzuführende[77] – Folgenabwägung zwischen den Nachteilen, die mit der Anordnung von Umgangskontakten verbunden sind und den Nachteilen, die dem Kind aus dem Kontaktabbruch und einem damit einhergehenden vollständigen Verlust seiner Eltern für seine zukünftige Entwicklung entstehen können.

Auch bei der Prüfung des Verhältnismäßigkeitsgrundsatzes beschränkte sich die Kammer auf die kurze Feststellung, dass diesem durch die Befristung des Umgangsausschlusses Rechnung getragen worden sei. Die Kammer ging hier nicht so weit, etwaige Mängel des Jugendamts bzw. des Pflegekinderdienst bei der Erfüllung ihrer Verpflichtung, auf eine Rückführung des Kindes in seine Herkunftsfamilie hinzuarbeiten, zu erörtern.[78]

c) Ausblick

Nach vorstehendem stellt sich die Frage, wie sich diese Entscheidung künftig in den Gesamtkontext der Rechtsprechung des Bundesverfassungsgerichts im Umgangsrecht einfügen wird. Wenn die Kammer die Geltung besonders strenger verfassungsrechtlicher Anforderungen an die Einschränkung oder den Ausschluss des Umgangs von Eltern mit ihren in Pflegefamilien lebenden Kindern besonders herausstellt und den für die Fälle der Fremdunterbringung entwickelten strengen Maßstab des Art. 6 Abs. 3 GG auf diese Konstellation entsprechend anwendet, dann legt dies den Rückschluss nahe, dass die Einschränkung oder der Ausschluss des Umgangsrechts von Eltern mit ihrem beim anderen Elternteil lebenden Kind demgegenüber geringeren verfassungsrechtlichen Anforderungen unterliegen und ein gegenüber Art. 6 Abs. 3 GG zurückgenommener Prüfungsmaßstab und eine geringere Prüfungsintensität zur Anwendung kommen müsste. Jenseits der Fragen der verfahrensrechtlichen Anforderungen an das fachgerichtliche Verfahren und der verfassungsgerichtlichen Kontrolldichte erscheint es indes äußerst schwierig, beide Konstellationen unterschiedlichen Prüfungsmaßstäben zu unterstellen:

---

76 Vgl. BVerfG, Beschluss der 1. Kammer des Ersten Senats vom 24. März 2014 – 1 BvR 160/14 –, juris, Rn. 38; Beschluss der 1. Kammer des Ersten Senats vom 22. Mai 2014 – 1 BvR 3190/13 –, juris, Rn. 31.

77 Vgl. *Walter*, FPR 2004, S. 415 (418).

78 So aber im Falle einer Versagung der Rückführung fremduntergebrachter Kinder in den elterlichen Haushalt – vgl. BVerfG, Beschluss der 1. Kammer des Ersten Senats vom 22. Mai 2014 – 1 BvR 2882/13 –, juris, Rn. 40 f., 51 ff.

Eine unterschiedliche Definition des Begriffs der Kindeswohlgefährdung je nach der zu beurteilenden Konstellation (beispielsweise nach Art, Grad und Intensität der Gefährdung) erscheint schwer denkbar, zumal bereits das einfache Recht keine solche Unterscheidung vornimmt. Wie zuvor erörtert widerspräche dies auch der bisherigen Kammerrechtsprechung in den Konstellationen der Trennungs- und Scheidungskinder und würde zu einer Absenkung des Grundrechtschutzes in den letztgenannten Fällen führen, der nicht intendiert sein dürfte. Zudem nahm die Kammer eine nähere Bestimmung des Begriffs der Kindeswohlgefährdung in den Pflegekinderkonstellationen gerade nicht vor. Dies mag dem Umstand geschuldet sein, dass jede Form der Kategorisierung die Gefahr in sich birgt, besonders gelagerte Umstände des Einzelfalles nicht mehr sachgerecht beurteilen zu können und eine flexible Handhabung des Einzelfalles zu erschweren.

Besondere Bedeutung könnte der neueren Entscheidung der Kammer künftig im Rahmen der Verhältnismäßigkeitsprüfung zukommen. Da die Fachgerichte und Behörden – insbesondere die Jugendämter – nach Art. 6 Abs. 2 Satz 1 GG die verfassungsrechtliche Pflicht trifft, auf eine Rückführung des Kindes in seine Herkunftsfamilie hinzuwirken, sind die Familiengerichte im besonderen Maße gehalten, zu prüfen, ob und gegebenenfalls welche Maßnahmen zur Förderung des Umgangs als mildere Mittel zu einem Umgangsausschluss oder zu einer Umgangseinschränkung in Betracht kommen. Eine Verletzung dieser Pflicht könnte daher zu einem Verstoß gegen Art. 6 Abs. 2 GG führen.

Dies gilt jedenfalls dann, wenn nach Sachlage mildere Mittel – wie ein begleiteter Umgang – zu einem Umgangsausschluss oder einer Umgangseinschränkung prima facie noch möglich erscheinen, um eine bestehende Kindeswohlgefährdung durch die elterlichen Umgangskontakte abzuwenden und die Familiengerichte diese Frage nicht (hinreichend) erörtert haben. Etwas anderes dürfte jedoch dann gelten, wenn zwar ein – auch langjähriger – Verstoß gegen die Verpflichtung des Jugendamts und der Fachgerichte zur Hinwirkung auf eine Zusammenführung der Familie vorlag, zum Zeitpunkt der Entscheidung jedoch keine Maßnahmen mehr ersichtlich sind, die eine Fortsetzung der (unbeschränkten) Umgänge ohne Kindeswohlgefährdung möglich machen würden. Denn eine insofern allein auf Gerechtigkeitserwägungen gegenüber den Eltern basierende Entscheidung liefe dem Kindeswohl dann zuwider.

Bei der Prüfung milderer Mittel im Rahmen des § 1684 Abs. 4 BGB ist ferner zu berücksichtigen, dass die Einhaltung der dem Jugendamt bzw. dem Pflegekinderdienst nach § 37 Abs. 1 Satz 2 und 3 SGB VIII obliegenden Verpflichtung, den Eltern Beratung und Unterstützung bei der Wiederherstellung ihrer Erziehungsfähigkeit und bei der Förderung der Beziehung zu ihrem Kind zu gewähren und nach § 18 Abs. 3 Satz 4 SGB VIII bei der Herstellung begleiteter Umgangskontakte mitzuwirken,[79] nicht den Familiengerichten obliegt. Vielmehr sind hierfür die Verwaltungsgerichte zuständig. Diese werden allerdings nur auf Antrag der von der Versagung der Hilfemaßnahmen betroffenen Eltern tätig. Die Eltern müssten die ihnen zustehenden Hilfemaßnahmen nach dem SGB VIII demzufolge in einem verwaltungsgerichtlichen Verfahren geltend machen. Verweigert das Jugendamt eine Umgangsbegleitung oder die Mitwirkung bei der Suche nach einer geeigneten Umgangsbegleitung, die grundsätzlich ein milderes Mittel zu einem Umgangsausschluss darstellen würde, könnte das Familiengericht den Umgang mangels mitwirkungsbereiten Dritten gemäß § 1684 Abs. 4 Satz 3 BGB ausschließen. Für die Konstellation des Umgangsausschlusses eines Elternteils zu seinem beim anderen Elternteil lebenden Kind hat die Kammer dies gebilligt und die Einschätzung der Fachgerichte, wonach ihnen keine Anordnungskompetenz gegenüber dem Jugendamt zustehe, unbeanstandet gelassen.[80] Die entsprechende Anwendung des Maßstabes des Art. 6 Abs. 3 GG könnte in den Fällen der Umgangskontakte zu einem in der Pflegefamilie untergebrachten Kind gegebenenfalls eine andere Betrachtungsweise eröffnen. Andernfalls träfe die Verwaltungsgerichte die Pflicht, ihre Entscheidungen an den strengen Maßstäben des Art. 6 Abs. 3 GG auszurichten und die spezifische, aus der Fremdunterbringung des Kindes resultierende Situation bei der Frage der Gewährung der beantragten Hilfen nach SGB VIII im besonderen Maße zu berücksichtigen.[81]

Denkbar ist, dass das Bundesverfassungsgericht künftig bei der Prüfung von Umgangsausschlüssen bzw. -einschränkungen zwischen Eltern mit ihren in einer Pflegeeinrichtung untergebrachten Kindern höhere verfahrensrechtliche Anforderungen stellen und die fachgerichtlichen Maßnahmen einer intensiveren Kontrolle unterziehen wird als in den Konstellationen der Scheidungs- und Trennungskinder, die beim anderen Elternteil leben. Allerdings wird sich das Bundesverfassungsgericht auch in den letztgenannten Fällen – wie bereits in der Vergangenheit – wohl nicht die Möglichkeit nehmen lassen, eine tiefergehende verfassungsgerichtliche Prüfung vorzunehmen, wenn es dies im Einzelfall für notwendig erachtet. Eine stets strenge kategorische Unterscheidung der anwendbaren Prüfungsmaßstäbe und -intensität auf beide Fallgruppen erscheint daher eher fraglich, zumal auch Mischkonstellationen denkbar sind, in denen das Kind zwar in einer Pflegefamilie oder Einrichtung lebt und es zu einem Elternteil umfangreiche Umgangskontakte – mit gegebenenfalls bevorstehender Rück-

79 Vgl. OVG Saarland, Beschluss vom 4. August 2014 – 1 B 283/14 –, juris, Rn. 21 ff.
80 Vgl. BVerfG, Beschluss der 1. Kammer des Ersten Senats vom 29. Juli 2015 – 1 BvR 1468/15 –, juris.
81 Vgl. OVG Saarland, Beschluss vom 4. August 2014 – 1 B 283/14 –, juris, Rn. 28 ff.

kehroption – hat, während die Umgänge zum anderen Elternteil ausgeschlossen oder eingeschränkt wurden.

Die Bedeutung dieser Rechtsprechung der Kammer ist daher vor allem darin zu sehen, dass sie den Fachbehörden und -gerichten die besondere Situation des von der Fremdunterbringung betroffenen Pflegekindes nunmehr auch für die Regelung des Umgangsrechts vergegenwärtigt. Sie macht nochmals deutlich, dass die Fachgerichte und -behörden, insbesondere das Jugendamt bzw. der Pflegekinderdienst verfassungsrechtlich verpflichtet sind, primär auf eine Rückkehr des Kindes in seine Herkunftsfamilie hinzuwirken.[82] Die Rückkehroption des Kindes läuft jedoch dann leer, wenn Eltern-Kind-Beziehungen abgebrochen und Umgangskontakte versagt werden. Dass Umgangsabbrüche mit Blick auf die anstehende Pflegschaft pauschal mit dem Argument der Erleichterung der Eingewöhnung des Kindes in der Pflegefamilie praktiziert werden, ist jedoch keine Seltenheit.[83] Einer solchen Praxis soll mit der neueren Rechtsprechung entgegen gewirkt werden.

Liegt der Fokus der Fachbehörden und Gerichte entsprechend den verfassungs- und einfachrechtlichen Vorgaben jedoch von Beginn an auf einer Rückführung des Kindes in seine Herkunftsfamilie und nutzen insbesondere das Jugendamt und der Pflegekinderdienst, aber auch die Familiengerichte die ihnen zur Verfügung stehenden Handlungsoptionen entsprechend aus, sind die Chancen für die Realisierung und das Gelingen der Rückkehr des Kindes zu seinen Eltern höher. Für die Fachgerichte empfiehlt es sich daher, mit der Frage der Entziehung der elterlichen Sorge bei bevorstehender Fremdunterbringung zugleich die Regelung von Umgangskontakten zwischen Eltern und Kind zu prüfen und Umgänge anzuordnen, wenn diese das Kindeswohl nicht gefährden. Dies schafft für alle Beteiligten von Beginn an eine größere Rechtssicherheit. Außerdem kann es zu einer höheren Akzeptanz der Fremdunterbringung bei Eltern und Kind führen und die mit der Fremdunterbringung verbundenen Belastungen des Kindes abmildern.

Aber auch in den Fällen, in denen eine Rückkehr des Kindes zu seinen Eltern nicht in Betracht kommt, zeigt die neuere Kammerrechtsprechung die Bedeutung des Umgangsrechts für den Erhalt der Eltern-Kind-Beziehung auf. Zugleich macht sie jedoch deutlich, dass der hohe Stellenwert des Umgangsrechts von Eltern mit ihren in einer Pflegestelle untergebrachten Kindern nicht dazu führen darf, dass Umgangskontakte auf Kosten des Kindeswohls durchgesetzt werden. Vielmehr bedarf es insofern einer besonders sorgfältigen Prüfung der Umstände des Ein-

82 Für das Jugendamt folgt dies bereits nach einfachem Recht aus § 37 Abs. 1 SGB VIII.
83 Vgl. z. B. OLG Karlsruhe, Beschluss vom 16. November 2007 – 16 WF 193/07 –, juris, Rn. 5 f.; *Küfner/Schönecker/Trunk*, Familiengerichtliche Klärung von Konflikten um Pflegekinder, in: Kindler u. a., Handbuch Pflegekinderhilfe, 2010, C.10.2. S. 676 m.w.N.

zelfalles, die vor allem die spezifischen Bedürfnisse des Kindes in den Blick nimmt. Besondere Bedeutung hat in diesem Zusammenhang das Persönlichkeitsrecht des Kindes.

IV. Zusammenfassung

Bei der Überprüfung umgangsrechtlicher Entscheidungen wendet das Bundesverfassungsgericht je nach Intensität des Eingriffs der angegriffenen Entscheidungen in die Grundrechte der Betroffenen unterschiedliche Maßstäbe an und übt seine Kontrollbefugnisse umso umfangreicher aus, je stärker die Umgangsentscheidung in ihre Grundrechte eingreift. Bei der Überprüfung von Umgangsregelungen, die lediglich Umfang und Modalitäten des Umgangs bestimmen und unterhalb der Schwelle einer längerfristigen oder dauerhaften (faktischen) Einschränkung des Umgangs oder eines Umgangsausschlusses nach § 1684 Abs. 4 Satz 2 BGB liegen, übt das Bundesverfassungsgericht äußerste Zurückhaltung aus. Da der Staat insoweit lediglich eine Schiedsrichterfunktion zwischen den streitenden Eltern bei der Ausübung ihrer Erziehungspflichten nach Art. 6 Abs. 2 Satz 1 GG einnimmt, überprüft das Bundesverfassungsgericht die angegriffenen Umgangsentscheidungen stets nur daraufhin, ob sie Grundrechte grundsätzlich verkannt haben oder eine willkürliche Handhabung des einfachen Rechts erkennen lassen.

Bei längerfristigen oder dauerhaften (faktischen) Einschränkungen des Umgangsrechts oder einem Umgangsausschluss nach § 1684 Abs. 4 Satz 2 BGB, in denen die Fachgerichte in Ausübung ihrer Wächterfunktion nach Art. 6 Abs. 2 Satz 2 GG zum Schutze des Kindes tätig werden, können hingegen strengere verfassungsrechtliche Anforderungen gelten und eine intensivere verfassungsgerichtliche Prüfung vorgenommen werden. In den Konstellationen, in denen das Umgangsrecht eines Elternteils mit seinem beim anderen Elternteil lebenden Kind ausgeschlossen oder eingeschränkt wurde, machte die Kammer den Fachgerichten in der Vergangenheit je nach Fallgestaltung im Einzelfall strengere Vorgaben und nahm vereinzelt eine umfassendere Kontrolle dieser Entscheidungen vor.

Nach einer neueren Entscheidung der Kammer unterliegen jedenfalls Einschränkungen oder ein Ausschluss des Umgangs von Eltern mit ihrem in einer Pflegestelle untergebrachten Kind aufgrund der damit verbundenen Aufrechterhaltung der Trennung des Kindes von seiner Herkunftsfamilie im Sinne des Art. 6 Abs. 3 GG strengen verfassungsrechtlichen Anforderungen. Was dies im Einzelnen bedeutet und ob diese Rechtsprechung Auswirkungen auf Maßstäbe und Prüfungsintensität bei Einschränkungen und beim Ausschluss von Umgängen eines

Elternteils mit seinem beim anderen Elternteil lebenden Kind haben wird, ist bislang noch nicht geklärt.

Es bleibt daher abzuwarten, wie sich diese Entscheidung der Kammer künftig in den Gesamtkontext der Rechtsprechung des Bundesverfassungsgerichts zum elterlichen Umgangsrecht einfügen wird. Fest steht jedenfalls, dass die Gerichte bei Entscheidungen zum Umgang zwischen Pflegekindern und ihren leiblichen Eltern die besondere Bedeutung des Umgangs für eine Ermöglichung der Rückkehr des Kindes in seine Herkunftsfamilie und für die Aufrechterhaltung der Beziehung zwischen Eltern und Kind auch bei fehlender Rückkehrperspektive stets im Hinterkopf behalten und eine sorgfältige Prüfung der spezifischen Situation des Kindes im konkreten Fall vornehmen müssen.

Isabel Röcker

Enteignung = Aneignung? Zum Verständnis der Enteignung als Mittel hoheitlicher Güterbeschaffung

Leitentscheidungen des Bundesverfassungsgerichts

BVerfGE 24, 367 – Hamburger Deichordnungsgesetz
BVerfGE 38, 175 – Rückenteignung
BVerfGE 45, 297 – Hamburger U-Bahn
BVerfGE 52, 1 – Kleingärten
BVerfGE 56, 249 – Dürkheimer Gondelbahn
BVerfGE 58, 137 – Pflichtexemplar
BVerfGE 58, 300 – Nassauskiesung
BVerfGE 70, 191 – Fischereirechte
BVerfGE 74, 264 – Boxberg
BVerfGE 83, 201 – Vorkaufsrecht
BVerfGE 100, 226 – Denkmalschutz
BVerfGE 101, 239 – Restitutionsausschluss
BVerfGE 102, 1 – Altlasten
BVerfGE 110, 141 – Kampfunde
BVerfGE 114, 1 – Bestandsübertragung
BVerfGE 126, 331 – Miterben
BVerfGE 134, 242 – Garzweiler

Schrifttum (Auswahl)

Neben den Kommentierungen von Art. 14 GG insbesondere *Battis*, Eigentumsschutz und Entschädigung – Zur Eigentumsrechtsprechung des BVerfG, NVwZ 1982, S. 585 ff.; *Breuer*, Naturschutz, Eigentum und Entschädigung, NuR 1996, S. 537 ff.; *Burgi*, Die Enteignung durch „teilweisen" Rechtsentzug als Prüfstein für die Eigentumsdogmatik, NVwZ 1994, S. 527 ff.; *Christ*, Die Umlegung als Instrument des privatnützigen Ausgleichs der Eigentümerinteressen, DVBl 2002, S. 1517 ff.; *Deutsch*, Planungsschadensrecht (§§ 39 ff. BauGB) und Eigentumsgrundrecht (Art. 14 GG), NVwZ 1995, S. 546; *Dürig*, Zurück zum klassischen Enteignungsbegriff, JZ 1954, S. 4 ff.; *Ehlers*, Eigentumsschutz, Sozialbindung und Enteignung bei der Nutzung von Boden und Umwelt, in: VVDStRL 51 (1992), S. 211 ff.; *Fischborn*, Enteignung ohne Entschädigung nach der EMRK?, 2010; *Haas*, Die Baulandumlegung – Inhalts- und Schrankenbestimmung des Eigentums, NVwZ 2002, S. 272 ff.; *Hösch*, Eigentum und Freiheit, 2000; *Jarass*, Inhalts- oder Schrankenbestimmung oder Enteignung? – Grundfragen der Struktur der Eigentumsgarantie, NJW 2000, S. 2841 ff.; *Krappel*, Schleichende Einschränkung des Enteignungsbegriffs in der Rechtsprechung des Bundesverfassungsgerichts, DÖV 2012, S. 640 ff.; *Lege*, Enteignung als Güterbeschaffungsvorgang, NJW 1993, S. 2565 ff.; *Ders.*, Zwangskontrakt und Güterdefinition, 1995; *Ders.*, 30 Jahre Nassauskiesung, JZ 2011, S. 1984 ff.; *Maurer*, Enteignungsbegriff und Eigentumsgarantie, in: Maurer/Häberle/Glaeser/

DOI 10.1515/9783110421866-012

Graf Vitzthum (Hrsg.), Das akzeptierte Grundgesetz, Festschrift für Günter Dürig zum 70. Geburtstag, 1990, S. 293 ff.; *Ossenbühl*, Inhaltsbestimmung des Eigentums und Enteignung – BVerfGE 83, 201, JuS 1993, S. 200 ff.; *Osterloh*, Eigentumsschutz, Sozialbindung und Enteignung bei der Nutzung von Boden und Umwelt, DVBl 1991, S. 906 ff.; *Dies.*, in: Hoffmann-Riem/Schmidt-Aßmann/Voßkuhle (Hrsg.), Grundlagen des Verwaltungsrechts, Bd. 3, 2. Aufl. 2013, § 55; *Rittstieg*, Grundgesetz und Eigentum, NJW 1982, S. 721 ff.; *Rozek*, Die Unterscheidung von Eigentumsbindung und Enteignung, 1998; *Schwabe*, Die Enteignung in der neueren Rechtsprechung des Bundesverfassungsgerichts, JZ 1983, S. 273 ff.; *Schwarz*, „Güterbeschaffung“ als notwendiges Element des Enteignungsbegriffes?, DVBl 2013, S. 133 ff.

Inhalt

I. Problemaufriss — 292
II. Konturierung durch Abgrenzung: die Trennungstheorie des Bundesverfassungsgerichts — 294
  1. Der Nassauskiesungsbeschluss des Ersten Senats als Ausgangspunkt — 294
  2. Kriterien des formalen Enteignungsbegriffs — 295
  3. Die Anwendung der Trennungstheorie in der verfassungsgerichtlichen Praxis — 296
III. Der Beschluss des Ersten Senats zur Baulandumlegung vom 22. Mai 2001 — 298
  1. Aussagen des Ersten Senats im Beschluss zur Baulandumlegung — 298
  2. Verfassungsgerichtliche Rechtsprechung im Übrigen — 299
  3. Rezeption des Beschlusses des Ersten Senats im Schrifttum — 303
IV. Rechtsprechung des Bundesgerichtshofs zum Erfordernis eines Güterbeschaffungsvorgangs — 304
V. Europäische Menschenrechtskonvention und Rechtsprechung des Europäischen Gerichtshofs für Menschenrechte — 305
VI. Das Meinungsbild im Schrifttum zum Erfordernis eines Güterbeschaffungsvorgangs — 306
  1. Befürworter eines konstitutiven Enteignungsmerkmals — 306
  2. Kritiker eines konstitutiven Enteignungsmerkmals — 308
VII. Stellungnahme — 310
VIII. Fazit und Ausblick — 313

I. Problemaufriss

Der Erste Senat des Bundesverfassungsgerichts hat mit dem sog. Nassauskiesungsbeschluss aus dem Jahr 1981 (BVerfGE 58, 300) die Grundlagen für die aktuelle dogmatische Einordnung staatlicher Einwirkungen auf verfassungsrechtlich geschützte Eigentumspositionen geschaffen. Seit dieser Entscheidung besteht Klarheit darüber, dass die Enteignung nach Art. 14 Abs. 3 GG formal von der Inhalts- und Schrankenbestimmung nach Art. 14 Abs. 1 Satz 2 GG abgegrenzt werden muss, ohne dass es auf materielle Gesichtspunkte ankommt. An nachfolgenden verfassungsgerichtlichen Entscheidungen zum Eigentumsgrundrecht mangelt es nicht; die letzte Senatsentscheidung zum Braunkohletagebau „Garzweiler II“ (BVerfGE 134, 242) befasste sich insbesondere mit dem Gemeinwohlziel nach Art. 14 Abs. 3 Satz 1 GG und der Garantie effektiven Rechtsschutzes gegen Verletzungen des Eigentumsrechts.

Gleichwohl ist eine der zentralen Thematiken der Eigentumsgarantie, die Unterscheidung von Inhalts- und Schrankenbestimmung einerseits und Enteignung andererseits, noch immer mit Unklarheiten belastet. Die Frage nach einer im Einzelfall handhabbaren Abgrenzung beider Rechtsinstitute ist keineswegs ein akademischer Selbstzweck, führt doch einzig die Enteignung nach Art. 14 Abs. 3 GG automatisch zu einer Entschädigungspflicht. Insbesondere die Einordnung einer staatlichen Maßnahme als entschädigungspflichtige Teilenteignung oder als grundsätzlich entschädigungslos hinzunehmende Nutzungsbeschränkung birgt erhebliche Probleme in Fällen der Teilentziehung eines Vollrechts.[1] Gleiches gilt für die Einordnung von Fällen der „Totalentwertung“ einer geschützten Eigentumsposition unter Beibehaltung des rechtlichen Zuordnungsverhältnisses.[2] Hinzu tritt die dogmatisch nur schwer einzuordnende Linie des Gerichts zur sog. Reformgesetzgebung, wonach selbst der (Teil-)Entzug bestehender Eigentumspositionen keine Enteignung, sondern Inhalts- und Schrankenbestimmung ist, wenn eine abstrakt-generellen Neuregelung des Eigentumsinhalts erfolgt.[3]

Eng verknüpft mit den aufgezeigten Abgrenzungsfragen ist die Enteignungsdefinition selbst, nimmt doch das Gericht die erforderliche Unterscheidung von Enteignung einerseits und Inhalts- und Schrankenbestimmung andererseits vom Enteignungsbegriff her vor. Anders gewendet prägt die Weite des Enteignungsbegriffs die Methodik der Unterscheidung beider Rechtsinstitute. Das Bundesverfassungsgericht hat das Rechtsinstitut der Enteignung seit seinem Nassauskiesungsbeschluss deutlich konturiert. Dennoch verbleibt dessen Reichweite in einer zentralen Frage umstritten: setzt die Enteignung einen Akt hoheitlicher Güterbeschaffung notwendig voraus? Es geht dabei um die Frage, ob

1 Das Bundesverfassungsgericht geht in seiner üblichen Enteignungsdefinition davon aus, dass auch eine teilweise Entziehung konkreter subjektiver Eigentumspositionen den Enteignungsbegriff erfüllen kann (vgl. BVerfGE 45, 297 <338 f.>; 56, 249 <260>).

2 Die Vertreter der Totalentwertungsthese sehen eine Enteignung auch dann als gegeben an, wenn dem Eigentumsobjekt praktisch jede Möglichkeit einer privatnützigen Verwendung entzogen wird, ohne dass eine Auflösung des sachenrechtlichen Zuordnungsverhältnisses erfolgt; so *Breuer*, NuR 1996, S. 537 (546); *Ossenbühl*, AöR 124 (1999), S. 1 (19 f.); *Maurer*, Allgemeines Verwaltungsrecht, 18. Aufl. 2011, S. 731; *Schwarz*, DVBl 2013, S. 133 (140).

3 Vgl. grundlegend BVerfGE 83, 201 (211 ff.); weiterführend *Rozek*, Die Unterscheidung von Eigentumsbindung und Enteignung, 1998, S. 153 ff.; *Lege*, Zwangskontrakt und Güterdefinition, 1995, S. 55 f.; *Bryde*, in: von Münch/Kunig (Hrsg.), GG, Bd. 1, 6. Aufl. 2012, Art. 14 Rn. 54, jew. m.w.N.

die Enteignung als reiner Entzug einer geschützten Eigentumsposition zu verstehen ist oder darüber hinaus einen Akt staatlicher Aneignung erfordert. Für diesbezügliche Unklarheit hat insbesondere die Entscheidung zur Baulandumlegung aus dem Jahr 2001 gesorgt, in welcher der Erste Senat sich ohne erkennbare Begründung und unter Änderung seiner bisherigen Linie für einen Güterbeschaffungsvorgang als konstitutives Element der Enteignung ausgesprochen hat (BVerfGE 104, 1 <9 f.>).

Der vorliegende Beitrag soll die Entscheidung des Ersten Senats in die übrige verfassungsgerichtliche Rechtsprechung einordnen, einen Blick auf die Rechtsprechung des Bundesgerichtshofs und des Europäischen Gerichtshofs für Menschenrechte werfen und insbesondere eine Einordnung der aufgeworfenen Frage in die Dogmatik des grundgesetzlichen Eigentumsschutzes vornehmen.

II. Konturierung durch Abgrenzung: die Trennungstheorie des Bundesverfassungsgerichts

1. Der Nassauskiesungsbeschluss des Ersten Senats als Ausgangspunkt

Ausgangspunkt fast jeder inhaltlichen Auseinandersetzung mit der verfassungsrechtlichen Eigentumsgarantie ist der Beschluss des Ersten Senats vom 15. Juli 1981, gemeinhin bezeichnet als „Nassauskiesungsbeschluss" (BVerfGE 58, 300). In dieser Entscheidung hat das Bundesverfassungsgericht bekanntlich die verfassungsrechtlichen Grundlagen des Zusammenspiels von Eigentumsschutz und Entschädigung klargestellt und dabei der von Bundesgerichtshof und Bundesverwaltungsgericht in ständiger Rechtsprechung vertretenen Ansicht, wonach sich die Enteignungsqualität eines Eigentumseingriffs nach dessen Intensität bemisst, eine Absage erteilt.[4] Nach den Darlegungen des Senats im Nassauskiesungsbeschluss sind Inhaltsbestimmung, Legalenteignung und Administrativenteignung jeweils eigenständige Rechtsinstitute, die das Grundgesetz deutlich voneinander absetzt (daher als „Trennungstheorie" bezeichnet).[5] Im Ausgangs-

4 Vgl. dazu *Battis*, NVwZ 1982, S. 585 ff.

5 BVerfGE 58, 300 (331); eine Enteignung wurde hier deshalb verneint, weil dem Grundstückseigentümer bereits im Grundsatz kein Recht zusteht, im Rahmen der Grundstücksnutzung auf das Grundwasser einzuwirken (336 f.).

punkt hält das Gericht in ständiger Rechtsprechung daran fest, dass Eigentumsinhaltsbestimmung und Enteignung strikt voneinander zu trennen sind und eine Inhaltsbestimmung nie in eine Enteignung umgedeutet werden kann bzw. umschlägt.[6]

2. Kriterien des formalen Enteignungsbegriffs

Die erforderliche Trennung sucht das Gericht nicht über die Intensität des Eingriffs, sondern über eine formale Enteignungsdefinition zu erreichen.[7] Danach ist Enteignung „die vollständige oder teilweise Entziehung konkreter subjektiver, durch Art. 14 Abs. 1 Satz 1 GG gewährleisteter Rechtspositionen zur Erfüllung bestimmter öffentlicher Aufgaben".[8] Als Legalenteignung bezeichnet das Gericht den Entzug konkreter Eigentumsrechte eines bestimmten oder bestimmbaren Personenkreises durch Gesetz[9] bzw. „Verwaltung durch Gesetz".[10]

Aus der Enteignungsdefinition werden gemeinhin vier Kriterien einer Enteignung abgeleitet:[11]

- ein gezielter konkret-individueller Zugriff
- mittels eines Rechtsakts,
- der zu einer vollständigen oder teilweisen Entziehung konkreter subjektiver Eigentumspositionen führt
- und mit dem Ziel vorgenommen wird, ein konkretes Vorhaben zu verwirklichen, das der Erfüllung öffentlicher Aufgaben dient.

Eine Inhalts- und Schrankenbestimmung ist nach der Rechtsprechung des Bundesverfassungsgerichts dagegen eine gesetzliche Ausgestaltung, die generell und abstrakt Rechte und Pflichten des Eigentümers festlegt.[12] Sie ist auf die Normierung objektiv-rechtlicher Vorschriften gerichtet, die den Inhalt des Eigentums-

---

6 BVerfGE 58, 138 (144 f.); 58, 300 (330 ff.); 79, 174 (191 f.); 83, 201 (211 f.); 100, 226 (240 f.).

7 Dagegen finden sich nach wie vor Ansichten im Schrifttum, die materielle Gesichtspunkte für die Grenzziehung heranziehen wollen, vgl. z. B. *Wendt*, in: Sachs (Hrsg.), GG, 7. Aufl. 2014, Art. 14 Rn. 150.

8 BVerfGE 134, 242 (161) m.w.N.; stRspr.

9 BVerfGE 24, 367 (395 f.); 45, 297 (325 ff.); 52, 1 (27); 58, 300 (330 f.); 100, 226 (240).

10 BVerfGE 24, 367 (401).

11 *Ossenbühl/Cornils*, Staatshaftungsrecht, 6. Aufl. 2013, S. 206; ähnlich *Maurer*, Allgemeines Verwaltungsrecht, 18. Aufl., S. 727; *Jarass*, in: Jarass/Pieroth (Hrsg.), GG, 13. Aufl. 2014, Art. 14 Rn. 76; *Wieland*, in: Dreier (Hrsg.), GG Bd. 1, 3. Aufl., Art. 14 Rn. 93 f.

12 BVerfGE 52, 1 (27 f.); 58, 138, (144); 58, 300 (330); 70, 191 (200); 72, 66 (76); 100, 226 (240); 101, 239 (259); 102, 1 (15 f.); 104, 1 ff.

rechts vom Inkrafttreten des Gesetzes an für die Zukunft in allgemeiner Form bestimmen.[13]

Ob eine staatliche Güterbeschaffung Voraussetzung einer Enteignung nach Art. 14 Abs. 3 GG ist, wird dagegen uneinheitlich beurteilt. Eine Güterbeschaffung liegt dann vor, wenn der Staat die aufgrund des bisherigen Eigentumsrechts dem Eigentümer möglichen Nutzungen nicht einfach nur beschränken, sondern für sich selbst oder im öffentlichen Interesse für einen Dritten beansprucht.[14] Anders gewendet, ist der Güterbeschaffungsvorgang durch zwei Elemente gekennzeichnet: den Entzug des Eigentums beim Enteigneten und die Entstehung des Eigentumsrechts in der Hand des Enteignungsbegünstigten.[15]

3. Die Anwendung der Trennungstheorie in der verfassungsgerichtlichen Praxis

Die Unterscheidung zwischen Inhalts- und Schrankenbestimmung und Enteignung wird in der verfassungsgerichtlichen Rechtsprechung vom Enteignungsbegriff her vorgenommen. Das Bundesverfassungsgericht erachtet das Kriterium der vollständigen oder teilweisen Entziehung von Eigentumspositionen und den dadurch bewirkten Rechts- und Vermögensverlust als das „entscheidende Merkmal" der Enteignung.[16] Die bisherige Rechtsprechung zum Begriff der Enteignung im Sinne von Art. 14 Abs. 3 GG und damit der Abgrenzung zur Inhalts- und Schrankenbestimmung ist jedoch nicht durchgehend von Kontinuität geprägt.

Unproblematisch unter den Enteignungsbegriff fallen die durch einen Güterbeschaffungsvorgang gekennzeichneten Fälle der sog. klassischen Enteignung, also Fälle des Eigentumsübergangs auf einen neuen Rechtsträger.[17] Die dabei eintretende Schmälerung der Rechtssphäre des einen fällt mit der Erweiterung der Rechtssphäre eines anderen zusammen. Ein solcher Vorgang wird nicht nur bei der Übertragung des Eigentumsrechts in seiner Gesamtheit angenommen, sondern auch bei der Belastung des Eigentums mit einem dinglichen Recht wie einer Dienstbarkeit.[18]

b) Problematisch ist die Abgrenzung in Fällen, in denen der hoheitliche Rechtsentzug nicht zur Verbesserung der Rechtsstellung eines Dritten erfolgt,

13 BVerfGE 72, 66 (76).
14 *Ossenbühl/Cornils*, Staatshaftungsrecht, 6. Aufl. 2013, S. 208.
15 *Manssen*, Privatrechtsgestaltung durch Hoheitsakt, 1994, S. 269.
16 BVerfGE 24, 367 (394), 52, 1 (27), 83, 201 (211).
17 BVerfGE 45, 297 (338).
18 BVerfGE 56, 249 (260) unter Verweis auf BVerfGE 45, 297 (339).

insbesondere bei Nutzungs- und Verfügungsbeschränkungen. Das Bundesverfassungsgericht hat Verkürzungen von Eigentümerbefugnissen in der Vergangenheit regelmäßig als Inhalts- und Schrankenbestimmungen gewertet. Methodisch stellt das Gericht in seinen Entscheidungen regelmäßig die genannten Begriffsmerkmale von Enteignung sowie Inhalts- und Schrankenbestimmung voran und bezieht sich dabei auf seine bisherige Rechtsprechung; die anschließende Subsumtion erfolgt dagegen häufig knapp und kurz begründet.

So betrachtete der Erste Senat die Regelung des nachbarlichen Ausgleichs bei Lärmimmissionen des Flughafens Salzburg als Inhalts- und Schrankenbestimmung des Eigentums.[19] Eine Inhalts- und Schrankenbestimmung nahm er auch bei der Festlegung der zu duldenden Verkehrsimmissionen durch einen Bebauungsplan an.[20] Gleiches gilt für den (nahezu vollständigen) Ausschluss des Kündigungsrechts bei Kleingärten.[21]

In der sog. Pflichtexemplar-Entscheidung aus dem Jahr 1981 ordnete der Erste Senat die gesetzliche Pflicht zur Ablieferung eines Pflichtexemplars als Inhalts- und Schrankenbestimmung ein.[22] Im Jahr 1985 befasste sich der Erste Senat mit den Vorschriften über die Bildung gemeinschaftlicher Fischereibezirke und Fischereigenossenschaften sowie die Wahrnehmung der Fischereirechte durch diese und erachtete die entsprechenden staatlichen Maßnahmen als verfassungsrechtlich unbedenkliche Bestimmung von Inhalt und Schranken des Eigentums.[23]

In seiner Entscheidung zum Denkmalschutzrecht aus dem Jahr 1999 hielt der Erste Senat weder die gesetzliche Regelung, auf der die Genehmigungspflicht für die Beseitigung geschützter Kulturdenkmäler beruht, noch die Versagung der Genehmigung selbst für eine Enteignung im Sinne von Art. 14 Abs. 3 GG, weil die Regelung keine konkreten Eigentumspositionen zur Erfüllung bestimmter öffentlicher Aufgaben entziehe, sondern generell und abstrakt die Nutzungsmöglichkeiten eines mit einem Denkmal bebauten Grundstücks beschränke; der Versagungsakt aktualisiere lediglich diese Beschränkung. Diese Einordnung sei von der Intensität der den Rechtsinhaber treffenden Belastung unabhängig und behalte ihre Gültigkeit selbst in den Fällen, in denen der Eingriff in seinen Auswirkungen für den Betroffenen einer Enteignung nahe- oder gleichkomme.[24]

---

19 BVerfGE 72, 66 (78 f.).
20 BVerfGE 79, 174 (191 f.).
21 BVerfGE 52, 1 (26 ff.).
22 BVerfGE 58, 137 (144 f.).
23 BVerfGE 70, 191 (200).
24 BVerfGE 100, 226 (240).

Auch in seinem Urteil zum Restitutionsausschluss wegen redlichen Erwerbs ging der Erste Senat von einer Inhalts- und Schrankenbestimmung aus.[25] In der sog. Altlasten-Entscheidung aus dem Jahr 2000 nahm der Senat an, dass die gesetzlichen Vorschriften über die gefahrenabwehrrechtliche Zustandsverantwortlichkeit des Grundstückseigentümers und die auf dieser Grundlage ergangenen Verwaltungsakte keine Enteignung im Sinne von Art. 14 Abs. 3 GG darstellten, sondern Inhalt und Schranken des Eigentums bestimmten.[26] Ebenso erachtete der Senat 2004 in seinem sog. Kampfunde-Urteil das Zuchtverbot für bestimmte Hunderassen als Inhalts- und Schrankenbestimmung.[27]

Im Jahr 2005 befasste sich der Erste Senat mit der Regelung des Versicherungsaufsichtsgesetzes zur Genehmigung der Übertragung des Bestands von Lebensversicherungsverträgen auf ein anderes Unternehmen und stellte in seinem Urteil fest, in dem durch Genehmigung der Bestandsübertragung bewirkten Verlust der Mitgliedschaft liege keine Enteignung, sondern eine Inhalts- und Schrankenbestimmung.[28] Schließlich ging der Erste Senat im Jahr 2010 im Beschluss zum Ausschluss nicht auffindbarer Miterben von Rechten nach dem Entschädigungsgesetz zugunsten des Entschädigungsfonds davon aus, dass es sich bei der entsprechenden gesetzlichen Regelung um eine Inhalts- und Schrankenbestimmung des Eigentums und nicht um eine Enteignung handle.[29]

III. Der Beschluss des Ersten Senats zur Baulandumlegung vom 22. Mai 2001

1. Aussagen des Ersten Senats im Beschluss zur Baulandumlegung

In seinem Beschluss zur verfassungsrechtlichen Einordnung der Baulandumlegung hat der Erste Senat eine staatliche Güterbeschaffung ausdrücklich als Voraussetzung einer Enteignung betrachtet und ausgeführt:[30]

> „Mit der Enteignung greift der Staat auf das Eigentum des Einzelnen zu. Sie ist auf die vollständige oder teilweise Entziehung konkreter subjektiver, durch Art. 14 Abs. 1 Satz 1 GG

---

25 BVerfGE 101, 239 (259) unter Verweis auf BVerfGE 95, 48 (58 f.).
26 BVerfGE 102, 1 (15 f.).
27 BVerfGE 110, 141 (173).
28 BVerfGE 114, 1 (59).
29 BVerfGE 126, 331 (359).
30 BVerfGE 104, 1 (9 f.).

gewährleisteter Rechtspositionen zur Erfüllung bestimmter öffentlicher Aufgaben gerichtet (vgl. BVerfGE 101, 239 [259]; 102, 1 [15 f.]; stRspr). Die Enteignung setzt den Entzug konkreter Rechtspositionen voraus, aber nicht jeder Entzug ist eine Enteignung im Sinne von Art. 14 Abs. 3 GG. Diese ist beschränkt auf solche Fälle, in denen Güter hoheitlich beschafft werden, mit denen ein konkretes, der Erfüllung öffentlicher Aufgaben dienendes Vorhaben durchgeführt werden soll (vgl. BVerfGE 38, 175 [179 f.]). Ist mit dem Entzug bestehender Rechtspositionen der Ausgleich privater Interessen beabsichtigt, kann es sich nur um eine Inhalts- und Schrankenbestimmung des Eigentums handeln (vgl. dazu BVerfGE 101, 239 [259])."

Danach sei die Baulandumlegung eine Inhalts- und Schrankenbestimmung und nicht eine Enteignung; denn die Exekutive werde nicht ermächtigt, den Eigentümern ihre Grundstücke zu entziehen, um sie für ein konkretes, dem Wohl der Allgemeinheit dienendes Vorhaben einzusetzen.[31] Der Senat hat das Kriterium der Güterbeschaffung damit nicht nur im Rahmen des Maßstabs als für die Enteignung konstitutiv genannt, sondern diesem bei der Subsumtion entscheidende Bedeutung zugemessen.

2. Verfassungsgerichtliche Rechtsprechung im Übrigen

a) Vor dem Beschluss zur Baulandumlegung

Sollte der Beschluss zur Baulandumlegung tatsächlich so zu verstehen sein, dass die Güterbeschaffung ein konstitutives Merkmal der Enteignung ist, so stünde er im Widerspruch zu früheren Entscheidungen des Bundesverfassungsgerichts. Denn der Erste Senat ist vor dieser Entscheidung davon ausgegangen, dass ein Güterbeschaffungsvorgang für den Enteignungsbegriff nicht zwingend sei; Entscheidungen des Zweiten Senats aus dieser Zeit liegen – soweit ersichtlich – nicht vor.

In seinem Beschluss zum Hamburger Deichordnungsgesetz, das eine Umwandlung von bürgerlich-rechtlichem Deicheigentum in öffentliches Eigentum vorsah, sah der Erste Senat im Jahr 1968 im Entzug von Grundstückseigentum und der Übertragung auf einen „Unternehmer" eine „klassische Enteignung."[32] Dabei führte er aus, es könne dahingestellt bleiben, ob es sich um einen Güterbeschaffungsvorgang handele; dies sei für die Beurteilung, ob eine Enteignung vorliege, ohne Bedeutung, weil die Enteignung begrifflich dadurch gekennzeichnet sei, dass das durch Art. 14 Abs. 1 Satz 1 GG gewährleistete Eigentum ganz

---

31 BVerfGE 104, 1 (10).
32 BVerfGE 24, 367 (393).

oder teilweise entzogen werde: „Der Entzug und der dadurch bewirkte Rechts- und Vermögensverlust – nicht aber die Übertragung des entzogenen Objektes – ist das entscheidende Merkmal.“[33]

Der Erste Senat bezog sich in seiner Entscheidung zur Baulandumlegung aus dem Jahr 2001 im Rahmen der Maßstabsbildung auf seinen Beschluss zur Rückenteignung von 1974.[34] In dieser Entscheidung sah der Senat den Zweck und die Legitimation der Enteignung darin, dass das enteignete Grundstück für die öffentliche Aufgabe, die mit dem Unternehmen erfüllt werden solle, zur Verfügung stehe; Eigentumsentziehung und Begründung des Eigentums für die öffentliche Hand seien nur Mittel zu diesem Zweck.[35] Der Verweis im Beschluss zur Baulandumlegung auf diese Passage als Nachweis für einen Güterbeschaffungsvorgang als konstitutives Erfordernis der Enteignung ist jedoch wenig überzeugend. Denn ein solches Erfordernis findet sich in dieser Allgemeinheit in der zitierten Entscheidung nicht. In dem Beschluss aus dem Jahr 1974 befasste sich der Senat mit dem Recht auf Rückübereignung eines für Zwecke des Straßenbaus enteigneten Grundstücks, wenn das Vorhaben nicht durchgeführt bzw. das Grundstück doch nicht benötigt worden war. Damit bezogen sich die Ausführungen des Senats ausschließlich auf klassische Grundstücksenteignungen zur Verwirklichung öffentlicher Aufgaben, die zwingend auf diese Grundstücke angewiesen waren.[36] Eine Verallgemeinerung dieser Aussagen auf andere Formen der Enteignung ist dem nicht zu entnehmen; untermauert wird dies dadurch, dass der Senat sich in seinen nachfolgenden Entscheidungen nicht auf diesen Beschluss bezogen hat.

In seinem Beschluss zum Hamburgischen Enteignungsgesetz von 1977 befasste sich der Erste Senat mit der gesetzlichen Begründung einer öffentlichen Last zugunsten der Freien und Hansestadt Hamburg für den Bau und die Unterhaltung einer U-Bahn. Der Senat differenzierte darin ausdrücklich zwischen der „Aufopferungsenteignung“, mit der rechtliche Befugnisse ausschließlich beseitigt oder beschränkt werden, und der „klassischen Enteignung“, die mittels eines Güterbeschaffungsvorgangs Güter an einen Hoheitsträger überführt.[37]

Im Jahr 1981 sah der Erste Senat in der Belastung von Grundstücken mit Dienstbarkeiten für den Bau und die Unterhaltung der sog. Dürkheimer Gondelbahn eine Enteignung; er betrachtete die Enteignung als ein Hilfsmittel zur Bewältigung vom Gemeinwohl geforderter Aufgaben.[38] In seiner abweichenden

---

33 BVerfGE 24, 367 (394).
34 BVerfGE 38, 175 (179 f.).
35 BVerfGE 38, 175 (179 f.).
36 Ebenso *Krappel*, DÖV 2012, S. 640 (643).
37 BVerfGE 45, 297 (332).
38 BVerfGE 56, 249 (261).

Meinung befasste sich Richter *Böhmer* ausführlich mit dem Begriff der Enteignung und lehnt eine Beschränkung des Enteignungsbegriffs auf Güterbeschaffungsvorgänge ausdrücklich ab.[39]

In den darauffolgenden Jahren äußerte sich das Gericht nicht ausdrücklich zur Erforderlichkeit eines Güterbeschaffungsvorgangs und der Möglichkeit einer Aufopferungsenteignung. Es nannte das Kriterium bei der Definition des Enteignungsbegriffs jedenfalls nicht[40] und ging selbstverständlich davon aus, dass eine Enteignung durch eine Entziehung von Rechten grundsätzlich möglich sei.[41] Im sog. Boxberg Urteil aus dem Jahr 1987 erachtetet der Erste Senat den mit einer Unternehmensflurbereinigung verfolgten Zweck der Grundstücksbeschaffung für ein bestimmtes Vorhaben als für eine Enteignung typisch, ohne jedoch die Erforderlichkeit einer Güterbeschaffung in der Enteignungsdefinition zu nennen.[42]

Im Jahr 1991 befasste sich der Erste Senat mit dem verfassungsrechtlichen Eigentumsschutz eines Vorkaufsrechts, das bei der Neuregelung eines Rechtsgebiets gesetzlich beseitigt wurde. Hinsichtlich der Beurteilung des Eingriffs anhand von Art. 14 Abs. 3 GG führte der Senat ausdrücklich aus, das Vorliegen einer Enteignung hänge nicht davon ab, dass es sich um einen Güterbeschaffungsvorgang handle; ihr entscheidendes Merkmal sei der Entzug des Eigentums und der dadurch bewirkte Rechts- und Vermögensverlust, nicht aber die Übertragung des entzogenen Objekts.[43]

Im bereits erwähnten Beschluss zum Denkmalschutzrecht aus dem Jahr 1999, in dem der Erste Senat in der Genehmigungspflicht für die Beseitigung geschützter Kulturdenkmäler und der Versagung einer solchen Genehmigung eine Inhalts- und Schrankenbestimmung sah, definierte er den Begriff der Enteignung wiederum ohne Rückgriff auf das Kriterium der Güterbeschaffung.[44] Schließlich ging der Erste Senat auch in seinem Urteil zum Restitionsausschluss wegen redlichen Erwerbs aus dem gleichen Jahr von einer Inhalts- und Schrankenbestimmung aus, ohne im Rahmen der Bestimmung des Enteignungsbegriffs auf einen Güterbeschaffungsvorgang einzugehen.[45]

---

39 BVerfGE 56, 249 (271 f.).
40 BVerfGE 70, 191 (199); 71, 137 (143); 72, 66 (76); 79, 174 (191).
41 BVerfGE 58, 300 (336 f.); 70, 191 (199 f.).
42 BVerfGE 74, 264 (280).
43 BVerfGE 83, 201 (211 f.).
44 BVerfGE 100, 226 (240).
45 BVerfGE 101, 239 (259).

b) Nach dem Beschluss zur Baulandumlegung

In den Entscheidungen nach dem Beschluss des Ersten Senats zur Baulandumlegung verwies das Gericht zwar bei der Definition der Enteignung auf die Fundstelle des Beschlusses, ohne sich in der Sache aber auf den Güterbeschaffungsvorgang zu stützen.

Im Jahr 2005 erkannte der Erste Senat, dass in einem durch Genehmigung der Übertragung eines Lebensversicherungsvertrags auf einen neuen Rechtsträger bewirkten Verlust der Mitgliedschaft keine Enteignung, sondern eine Inhalts- und Schrankenbestimmung liege. Bei seiner Enteignungsdefinition zitierte er zwar den Baulandumlegungsbeschluss, ohne aber auf die Erforderlichkeit eines Güterbeschaffungsvorgangs einzugehen.[46] Der Zweite Senat verwies in seinem Beschluss zum Halbteilungsgrundsatz aus dem Jahr 2006 auf die Entscheidung des Ersten Senats zur Baulandumlegung und sah in Güterbeschaffungsvorgängen (wohl) nur einen möglichen Anwendungsfall einer Enteignung.[47] Ebenso verwies der Erste Senat in seinem Beschluss aus 2010 zum Ausschluss nicht auffindbarer Miterben von Rechten nach dem Entschädigungsgesetz auf die bekannte Enteignungsdefinition ohne Rückgriff auf das Erfordernis eines Güterbeschaffungsvorgangs.[48]

In seiner Garzweiler-Entscheidung ließ der Erste Senat die Frage nach einem konstitutiven Erfordernis eines Güterbeschaffungsvorgangs und die Lesart des Baulandumlegungsbeschlusses ausdrücklich offen. In der Grundabtretung liege jedenfalls auch dann eine Enteignung, wenn als solche nur Fälle angesehen würden, in denen hoheitlich Güter beschafft würden, mit denen ein konkretes, der Erfüllung öffentlicher Aufgaben dienendes Vorhaben durchgeführt werden solle.[49]

Schließlich wird die Passage über das Erfordernis eines Güterbeschaffungsvorgangs aus dem Baulandumlegungsbeschluss in einem Beschluss der 3. Kammer des Ersten Senats aus dem Jahr 2009 zitiert. Die Kammer erkannte in einer behördlichen Verfügung, die Behinderung der Nutzung eines Weges durch die Allgemeinheit zu untersagen, deshalb keine Enteignung, „weil die Verfügung von ihrem Inhalt her nicht auf die Entziehung einer Rechtsposition zur Güterbeschaffung gerichtet ist".[50] Aus dem gleichen Grund sah die Kammer in der Anwendung des Rechtsinstituts der unvordenklichen Verjährung im Straßenrecht durch die behördliche Verfügung keine Enteignung.[51]

---

46 BVerfGE 114, 1 (59).
47 BVerfGE 115, 97 (112).
48 BVerfGE 126, 331 (359).
49 BVerfGE 134, 242 (289).
50 BVerfGK 15, 340 (345).
51 BVerfGK 15, 340 (346).

3. Rezeption des Beschlusses des Ersten Senats im Schrifttum

In der Literatur wird die Entscheidung zur Baulandumlegung uneinheitlich interpretiert. Teilweise wird sie als ausdrückliche Abkehr von der bisherigen Rechtsprechungslinie betrachtet.[52] So sehen Teile des Schrifttums, darunter insbesondere *Papier*, damaliger Vorsitzender des Ersten Senats, die Ausführungen des Senats als weitere Annäherung bzw. Rückkehr zum klassischen Enteignungsbegriff.[53]

Begrüßt wurde die Annahme eines konstitutiven Kriteriums der Güterbeschaffung insbesondere vor dem Hintergrund der notwendigen Abgrenzung von Inhalts- und Schrankenbestimmung einerseits und Enteignung andererseits; eine Abgrenzung anhand dieses Kriteriums ermögliche eine handhabbare und klare Unterscheidung beider Rechtsinstitute. Die damals bei dem Beschluss mitwirkende Richterin *Haas* sieht in der Enteignung ein Zwangsinstrument zur Güterbeschaffung, die im Interesse der staatlichen Aufgabenerfüllung durch die Verfassung nur zugelassen werde, wenn die Inanspruchnahme des konkreten Eigentums aus gewichtigem Gemeinwohlgrund unumgänglich erforderlich sei.[54] In der Entscheidung zur Baulandumlegung sieht *Haas* keine Änderung der Definition der Enteignung, sondern führt die Tatsache, dass „dies etwas aus dem Blick geraten ist" darauf zurück, „dass das BVerfG mehr als ein Jahrzehnt sich einer verkürzten Formel bedient hat".[55]

Andere Stimmen im Schrifttum gehen davon aus, dass in der Entscheidung zur Baulandumlegung lediglich das Kriterium der Erfüllung öffentlicher Aufgaben als Enteignungszweck angewandt worden sei. Eine Enteignung sei einzig deshalb verneint worden, weil ein Ausgleich privater Interessen beabsichtigt worden sei und kein Allgemeinwohlbezug bestanden habe; es sei also lediglich eine Abgrenzung zwischen privatnütziger Güterbeschaffung und Güterbeschaffung zur

---

52 *Papier*, in: Maunz/Dürig (Hrsg.), GG, Art. 14 Rn. 355 (Juli 2010); *Bryde*, in: von Münch/Kunig (Hrsg.), GG, Bd. 1, 6. Aufl. 2012, Art. 14 Rn. 55; *Jarass*, in: Jarass/Pieroth (Hrsg.), GG, 13. Aufl. 2014, Art. 14 Rn. 77; *Axer*, in: Epping/Hillgruber (Hrsg.), GG, Art. 14 Rn. 80 f. (September 2014); *Kloepfer*, Verfassungsrecht, Bd. 2, 2010, S. 517; *ders.*, DVBl 2011, S. 1437 (1439); *Bruch/Greve*, DÖV 2011, S. 794 (797); *Lege*, JZ 2011, S. 1984 (1989); *ders.*, JURA 2011, S. 507 (513); *Schröder*, NVwZ 2013, S. 105 (108).

53 *Papier*, in: Maunz/Dürig (Hrsg.), GG, Art. 14 Rn. 355, 361 (Juli 2010); ebenso *Depenheuer*, in: v. Mangoldt/Klein/Starck (Hrsg.), GG, 6. Aufl. 2010; Bd. 1, Art. 14 Rn. 407; *Osterloh*, in: Hoffmann-Riem/Schmidt-Aßmann/Voßkuhle (Hrsg.), Grundlagen des Verwaltungsrechts, Bd. 3, 2. Aufl. 2013, § 55 Rn. 115 f.; *Kersten/Ingold*, ZG 2011, S. 350 (358).

54 Haas, NVwZ 2002, S. 272 (274).

55 Haas, a.a.O.

Erfüllung öffentlicher Aufgaben vorgenommen worden.[56] Dass der Eigentumsverlust zum Zwecke des Ausgleichs privater Interessen keine Enteignung darstelle, habe das Gericht schon zuvor entschieden und zwar ohne Verengung des Enteignungsbegriffs auf einen Güterbeschaffungsvorgang.[57] Das Bundesverfassungsgericht hätte in seiner Entscheidung ohne den Rekurs auf die „Güterbeschaffung" auskommen können, weil es für die Entscheidung allein auf die Zweckrichtung der Baulandumlegung angekommen sei; die Erwähnung der Güterbeschaffung als Merkmal der Enteignung sei also entbehrlich gewesen.[58] Zudem fehle es an einer inhaltlichen Auseinandersetzung des Senats mit den vorangegangenen gegensätzlichen Entscheidungen und den erheblichen dogmatischen und praktischen Konsequenzen einer Rückkehr zum „klassischen" konfiskatorischen Enteignungsbegriff.[59]

IV. Rechtsprechung des Bundesgerichtshofs zum Erfordernis eines Güterbeschaffungsvorgangs

Der Große Senat für Zivilsachen des Bundesgerichtshofs äußerte sich – soweit ersichtlich einzig – in einem Beschluss vom 10. Juni 1952 zum klassischen Enteignungsbegriff; die Entscheidung war bis zum klarstellenden Nassauskiesungsbeschluss maßgeblich für das fachgerichtliche Verständnis der Enteignung. In der Entscheidung spricht sich der Bundesgerichtshof mit klaren Worten gegen eine Beschränkung auf einen Vorgang der Güterbeschaffung aus und begründet dies insbesondere mit den im Vergleich zu Zeiten des klassischen Enteignungsbegriffs erheblich erweiterten staatlichen Zugriffen auf private Eigentumspositionen.[60]

Dass die Entscheidung noch vor dem Beschluss des Ersten Senats zur Nassauskiesung und der im Anschluss erfolgten Hinwendung des Bundesgerichtshofs

---

56 *Maurer*, Allgemeines Verwaltungsrecht, 18. Aufl. 2011, S. 733 f.; Dietlein, in: Stern, Staatsrecht der Bundesrepublik Deutschland, Bd. IV/1, 2006, S. 2264; *Ossenbühl*, Ausstieg aus der Kernenergie, 2012, S. 38; *Krappel*, DÖV 2012, S. 640 (643); *Schwarz*, DVBl 2013, S. 133 (138); wohl auch *Christ*, DVBl 2002, S. 1517; *Wieland*, in: Dreier (Hrsg.), GG Bd. 1, 3. Aufl., Art. 14 Rn. 101; *Wendt*, in: Sachs (Hrsg.), GG, 7. Aufl. 2014, Art. 14 Rn. 80a.

57 Vgl. BVerfGE 101, 239 (259); 112, 93 (109).

58 *Ossenbühl*, Ausstieg aus der Kernenergie, 2012, S. 38; *Schwarz*, DVBl 2013, S. 133 (138).

59 *Dietlein*, in: Stern, Staatsrecht der Bundesrepublik Deutschland, Bd. IV/1, 2006, S. 2264; *Ossenbühl*, Ausstieg aus der Kernenergie, 2012, S. 38, *Krappel*, DÖV 2012, S. 640 (643); *Schwarz*, DVBl 2013, S. 133 (138).

60 BGHZ 6, 270 (281 f.).

zur Trennungstheorie erging, ist für diese Lesart des Beschlusses unschädlich; denn mit den entsprechenden Ausführungen machte der Bundesgerichtshof lediglich geltend, dass keine logisch zwingende, alle Abgrenzungsfragen klar entscheidende Formel für die Überwindung der Schwierigkeiten bei der Abgrenzung von ungleich treffendem, entschädigungspflichtigem Eingriff und entschädigungsloser allgemeiner Begrenzung von Gruppeneigentum vorliege.

V. Europäische Menschenrechtskonvention und Rechtsprechung des Europäischen Gerichtshofs für Menschenrechte

Aus dem Eigentumsschutz des Konventionsrechts in der Auslegung durch den Europäischen Gerichtshof für Menschenrechte lassen sich keine Rückschlüsse auf ein konstitutives Erfordernis der Güterbeschaffung als ein Element der Enteignung ziehen.

Art. 1 des Zusatzprotokolls zur Konvention zum Schutz der Menschenrechte und Grundfreiheiten (ZP I) differenziert zwischen einer Eigentumsentziehung nach Absatz 1 Satz 2, einer Nutzungsregelung nach Absatz 2 und sonstigen Eingriffen i.S.v. Abs. 1 Satz 1. Das Institut der Eigentumsentziehung nach Art. 1 Abs. 1 Satz 2 ZP I ist grundsätzlich dem der förmlichen Enteignung in Art. 14 Abs. 3 GG vergleichbar, umfasst allerdings nicht nur Maßnahmen, die final auf den Eigentumsentzug gerichtet sind, sondern darüber hinaus auch Maßnahmen, die in ihren Auswirkungen einer formellen Enteignung gleichkommen, soweit dem Eigentümer keine wesentlichen Nutzungs- und Verfügungsmöglichkeiten mehr verbleiben.[61]

Unter formellen Enteignungen werden grundsätzlich Eingriffe verstanden, die einen formellen Eigentumsübergang zugunsten des Staates oder öffentlichen Interessen bewirken, unabhängig davon, ob dies in der Form eines Gesetzes, eines Verwaltungsakts oder eines privatrechtlichen Vertrags erfolgt.[62] Erforderlich hierfür ist damit in der Regel eine Übertragung des Eigentums auf einen anderen Rechtsträger.[63] Jedoch hat der Gerichtshof auch den Fall des (gerichtlich verfügten) Abbruchs eines Gebäudes als Entzug von Eigentum nach Art. 1 Abs. 1 Satz 2 ZP I

61 *Fischborn*, Enteignung ohne Entschädigung nach der EMRK?, 2010, S. 110; *Kaiser*, in: Karpenstein/Mayer (Hrsg.), EMRK, 2. Aufl. 2015, Art. 1 ZP I Rn. 28 ff.
62 *Kaiser*, in: Karpenstein/Mayer (Hrsg.), EMRK, 2. Aufl. 2015, Art. 1 ZP I Rn. 29.
63 *Fischborn*, Enteignung ohne Entschädigung nach der EMRK?, 2010, S. 27 m.w.N.

gewertet, ohne auf einzugehen, ob es sich dabei um eine formelle Eigentumsentziehung handelt.[64]

Die auch in den Anwendungsbereich von Art. 1 Abs. 1 Satz 2 ZP I fallenden De-facto-Enteignungen erfassen hoheitliche Maßnahmen, die wegen ihrer schwerwiegenden Auswirkungen einer förmlichen Aufhebung der Eigentumsposition gleichkommen.[65] Damit umfassen De-facto-Enteignungen insbesondere Maßnahmen, bei denen zwar kein Eigentumstransfer an den Staat oder Dritte stattfindet, deren Wirkungen allerdings einer förmlichen Aufhebung der Eigentümerposition gleichkommen.[66]

Daraus folgt, dass der Gerichtshof bei der Qualifizierung einer Maßnahme als Enteignung nicht konstitutiv darauf abstellt, dass ein Übergang des Schutzguts auf einen anderen Rechtsträger stattfindet. Selbst wenn für das Vorliegen einer formellen Enteignung eine Rechtsübertragung als Voraussetzung betrachtet wird, können eigentumsrelevante Maßnahmen, die reine Beschränkungen oder Entziehungen darstellen, als De-facto-Enteignung eingestuft werden. Auf einen „Güterbeschaffungsvorgang" nach deutschem verfassungsrechtlichem Verständnis kommt es folglich nicht an.

VI. Das Meinungsbild im Schrifttum zum Erfordernis eines Güterbeschaffungsvorgangs

Die rechtswissenschaftliche Diskussion über den Enteignungsbegriff und insbesondere die Erforderlichkeit eines Güterbeschaffungsvorgangs wurde bereits jahrzehntelang vor der Entscheidung des Ersten Senats zur Baulandumlegung im Jahr 2001 geführt. Im Wesentlichen stehen sich dabei Befürworter einer „Rückkehr" zum klassischen, engen Enteignungsbegriff und Vertreter einer weiten Definition gegenüber.

1. Befürworter eines konstitutiven Enteignungsmerkmals

Die Mehrzahl der Befürworter eines auf einen Güterbeschaffungsvorgang beschränkten Enteignungsbegriffs wollen die Auslegung des Tatbestands der Enteignung am „Typus" der „klassischen" Enteignung orientieren und lehnen eine

---

64 EGMR, Urteil vom 24. Juni 2003, Allard v. Sweden, Nr. 25179/97, juris, § 50.

65 *Kaiser*, in: Karpenstein/Mayer (Hrsg.), EMRK, 2. Aufl. 2015, Art. 1 ZP I Rn. 30.

66 *Fischborn*, Enteignung ohne Entschädigung nach der EMRK?, 2010, S. 33.

Fortentwicklung anhand veränderter Realitäten ab.[67] Nach dieser Ansicht macht der hoheitliche Entzug in ihrer Identität im Übrigen fortbestehender subjektiver Rechte durch Verwaltungsakt oder Gesetz im Einzelfall für sich genommen nicht die Enteignung aus. Kennzeichen der Enteignung sei nicht der Rechtsverlust, sondern der hoheitlich bewirkte Wechsel des Rechtssubjekts des weiter erhaltenen subjektiven vermögenswerten Rechts. Demnach sei die Enteignung von ihrer Funktion her dazu bestimmt, den Gegenstand des übergegangenen Rechtes einer höherwertigen Nutzung zur Verfügung zu stellen.[68]

Die Vertreter eines auf einen Güterbeschaffungsvorgang beschränkten Enteignungsbegriffs sehen in dieser Einschränkung eine „relativ klare und einfache Lösung für eine Fülle praktisch bedeutsamer Abgrenzungsschwierigkeiten".[69] Art. 14 Abs. 3 GG lasse sich nicht durch systematisch oder teleologisch begründete generell-abstrakte Definitionsmerkmale von der Sozialbindung des Eigentums sinnvoll unterscheiden, sondern nur durch Orientierung am historischen Typus der klassischen Enteignung.[70] Für dieses Bild sei kennzeichnend, dass der Staat bestimmte vermögenswerte nutzbare Güter dem Eigentümer notfalls zwangsweise entziehen dürfe, um sie zur Erfüllung einer dem Gemeinwohl dienenden Aufgabe künftig selbst oder durch einen Dritten nutzen zu können.

Damit werde die Durchführung der vom Bundesverfassungsgericht geforderten strikten Trennung zwischen Enteignung einerseits und Inhalts- und Schrankenbestimmung andererseits konsequent verwirklicht.[71] Insbesondere die Unterscheidung zwischen (enteignender) Teilentziehung und (eigentumsbindender) Nutzungsbeschränkung sei durch die Beschränkung des Enteignungsbegriffs auf Vorgänge der Güterbeschaffung praktikabel zu treffen.[72] Infolgedessen

---

67 *Osterloh*, in: Hoffmann-Riem/Schmidt-Aßmann/Voßkuhle (Hrsg.), Grundlagen des Verwaltungsrechts, Bd. 3, 2. Aufl. 2013, § 55 Rn. 117; *dies.*, DVBl 1991, S. 906 (911 ff.).

68 *Bryde*, in: von Münch/Kunig (Hrsg.), GG, Bd. 1, 6. Aufl. 2012, Art. 14 Rn. 55; *Rittstieg*, NJW 1982, S. 721 (724); ähnlich *Hösch*, Eigentum und Freiheit, 2000, S. 235, der jedoch die Nutzung eines Eigentumsobjekts nicht als Eigentum geschützt sieht und bereits deshalb den Entzug von Nutzungen nicht als Enteignung betrachtet (237 f.).

69 *Osterloh*, in: Hoffmann-Riem/Schmidt-Aßmann/Voßkuhle (Hrsg.), Grundlagen des Verwaltungsrechts, Bd. 3, 2. Aufl. 2013, § 55 Rn. 115; zustimmend *Depenheuer*, in: v. Mangoldt/Klein/Starck (Hrsg.), GG, 6. Aufl. 2010; Bd. 1, Art. 14 Rn. 414; ebenso auf die notwendige und so mögliche Abgrenzung von Enteignung und Inhalts- und Schrankenbestimmung verweisend *Jarass*, NJW 2000, S. 2841 (2844) und *Ekardt*, NuR (2012) 34, S. 813.

70 *Osterloh*, DVBl 1991, S. 906 (911).

71 *Lege*, NJW 1993, S. 2565 (2570); *Ossenbühl*, Staatshaftungsrecht 6. Aufl. 2013, S. 208.

72 *Schröder* NVwZ 2013, S. 105 (108); *Deutsch*, NVwZ 1995, S. 546 (549); *Hendler*, Zur Inhalts- und Schrankenbestimmung des Eigentums, in: Geis/Lorenz (Hrsg.), Staat, Kirche, Verwaltung, FS Hartmut Maurer, 2001, S. 127 (131).

fielen nicht nur das baurechtliche Planungsschadensrecht, sondern auch zahlreiche nutzungsbeschränkende Regelungen des Bau-, Denkmalschutz-, Natur- und Landschaftsschutzrechts sowie des allgemeinen Umweltrechts aus dem Anwendungsbereich von Art. 14 Abs. 3 GG heraus. Vom Enteignungsbegriff erfasst würden im Wesentlichen die Fälle der „technischen" Grundstücksenteignung und damit lediglich ein enger Ausschnitt staatlicher Tätigkeit. Dass das Erfordernis eines Übertragungsakts ausschließlich Immobilien und bewegliche Gegenstände einer Enteignung zugänglich mache, habe seinen Grund darin, dass eigentumsrechtlich geschützte selbständige Rechte in der Regel nicht übertragen, sondern nur aufgehoben würden; da es dabei der Sache nach um die Beseitigung des Eigentumsgegenstands gehe, liege in diesen Fällen eben keine Enteignung vor.[73]

Aus der Entstehungsgeschichte von Art. 14 GG lasse sich nicht auf die Notwendigkeit eines weiten Enteignungsbegriffs schließen; im systematischen Aufbau von Art. 14 GG könne keine Entscheidung für eine Sonderstellung des Eigentumsschutzes im Verhältnis zum allgemeinen Grundrechtsschutz gesehen werden.[74] Erst durch die Ausdehnung des verfassungsrechtlichen Enteignungsbegriffs durch das Reichsgericht sei ein wirksamer Gerichtsschutz ermöglicht worden. Dieser ausgedehnte Enteignungsbegriff sei durch Art. 14 GG nicht übernommen worden und insbesondere aufgrund der Anerkennung der allgemeinen materiell-grundrechtlichen Schranken des Gesetzgebers auch für Inhalts- und Schrankenbestimmungen[75] nicht mehr erforderlich. Nur für die – in ihrem Anwendungsbereich stark eingeschränkte – Enteignung solle die Bindung des Gesetzgebers durch Tatbestand und Rechtsfolge des Art. 14 Abs. 3 GG zur Anwendung kommen, während für die Inhalts- und Schrankenbestimmung wie für die Ausgestaltung und Begrenzung anderer Grundrechte ein allgemeiner Abwägungsauftrag gelten solle.

2. Kritiker eines konstitutiven Enteignungsmerkmals

Die Kritiker eines auf einen Güterbeschaffungsvorgang beschränkten Enteignungsbegriffs sehen in der Enteignung ausschließlich einen auf Entzug eines eigentumsrechtlich geschützten Gutes gerichteten Vorgang ohne zwingenden

73 *Deutsch*, NVwZ 1995, S. 546 (549).
74 *Osterloh*, in: Hoffmann-Riem/Schmidt-Aßmann/Voßkuhle (Hrsg.), Grundlagen des Verwaltungsrechts, Bd. 3, 2. Aufl. 2013, § 55 Rn. 116.
75 Vgl. BVerfGE 58, 137 (147 f.).

Übertragungsakt.[76] Der typische Fall einer Enteignung sei zwar von einem Güterbeschaffungsvorgang geprägt; darüber hinaus gebe es jedoch weitere Fälle zwangsweisen hoheitlich angeordneten Eigentumsverlustes zur Erfüllung öffentlicher Aufgaben. Eine Enteignung verlange begrifflich keinen Übertragungsakt. Entzug des Eigentums bedeute Verlust des Eigentums. Der Verlust des Eigentums müsse sich als ein Opfer für die Allgemeinheit darstellen. Dafür sei begrifflich und der Sache nach gleichgültig, auf welche Weise das Opfer erbracht werde. Es sei für die Sonderopferqualität einer Eigentumsbeschränkung unerheblich, ob der Staat das Eigentum deshalb entziehe, weil er es für eine eigene Nutzung brauche oder weil er eine bestimmte bisher vom Eigentümer geübte Nutzung aus Gründen des öffentlichen Wohls oder zum Schutze der Rechtsgüter Dritter unterbinden wolle.[77]

Dem Zweck der Güterbeschaffung komme auch nicht die erhoffte Leistungsfähigkeit als Abgrenzungskriterium zur Nutzungsbeschränkung zu: wozu das „Gut beschafft“ werde oder was ein „durchzuführendes Vorhaben“ sei, sage die Formel nicht. Auch im Falle einer Nutzungsuntersagung geschehe die Enteignung um der Verfolgung eines anderen Interesses willen, so dass das betroffene Eigentumsrecht für dieses „Vorhaben“ „beschafft“ werde.[78] Auch sei beispielsweise nicht nachvollziehbar, dass die Bestellung einer Dienstbarkeit als Güterbeschaffungsvorgang und damit Enteignung einzuordnen sei, die Auferlegung eines Nutzungsverbots hingegen nicht.[79]

Mit einem auf Güterbeschaffungsvorgänge verengten Enteignungsbegriff würde der grundrechtliche Eigentumsschutz in erheblicher Weise verkürzt, weil das Institut der ausgleichspflichtigen Inhalts- und Schrankenbestimmung kein gleichwertiges Surrogat bei eigentumsrelevanten Maßnahmen darstelle, die aus der Perspektive des Grundrechtsträgers das Eigentumsrecht zu einer leeren Hülle („nudum ius“) verkommen ließen.[80] Sie sei zum einen durch das Fehlen präziser Kriterien gekennzeichnet, zum anderen sei fragwürdig, ob das Gericht tatsächlich lediglich auf formale Kriterien zurückgreife, wenn gerade für die Bestimmung der Ausgleichspflicht auf die Maßstäbe rekurriert werde, die bereits vor der Nas-

---

76 *Dietlein*, in: Stern, Staatsrecht der Bundesrepublik Deutschland, Bd. IV/1, 2006, S. 2265; *Wendt*, in: Sachs (Hrsg.), GG, 7. Aufl. 2014, Rn. 78; *Maurer*, Allgemeines Verwaltungsrecht, S. 730; *Jarass*, NJW 2000, S. 2841 (2843.

77 *Ossenbühl/Cornils*, Staatshaftungsrecht, 6. Aufl. 2013, S. 209; ähnlich *Schwarz*, DVBl 2013, S. 133 (138 f.).

78 *Ossenbühl/Cornils*, Staatshaftungsrecht, 6. Aufl. 2013, S. 209.

79 *Schwabe*, JZ 1983, S. 273 (278).

80 *Schwarz*, DVBl 2013, S. 133 (138).

sauskiesungsentscheidung dazu gedient hätten, Enteignungen von weniger belastungsintensiven Eingriffen in das Eigentum abzugrenzen.[81]

Gegen die strikte Formalisierung der Enteignung spreche auch, dass sie mit ihrer Schutzverkürzung in einem bemerkenswerten Gegensatz zur zunehmenden Ausdifferenzierung und Heterogenität der Eigentumsgegenstände stehe. Gerade die vom Schutzbereich des Art. 14 GG umfassten (Forderungs-)Rechte seien auch dann „enteignet", wenn sie nur „aufgehoben" würden, ohne dass ein begünstigtes Unternehmen erkennbar sei und ohne dass auch nur zugunsten des Allgemeinwohls ein Vermögenszuwachs eintrete.[82]

Darüber hinaus finden sich im Schrifttum Hinweise auf den Wortlaut. Wenn Art. 14 Abs. 3 GG an Art. 14 Abs. 1 Satz 1 GG anknüpfe, bedeute dies, dass jede Rechtsposition, die durch Art. 14 Abs. 1 Satz 1 GG geschützt werde, unter den dort genannten Voraussetzungen Gegenstand einer Enteignung werden könne. Da sinnvollerweise nicht jede Eigentumsposition übertragen werden könne, könne die Übertragung der entzogenen Eigentumsposition schwerlich conditio sine qua non für das Vorliegen einer Enteignung nach Art. 14 Abs. 3 GG sein.[83]

VII. Stellungnahme

Mit dem Beschluss des Senats zur Baulandumlegung liegt im Grunde eine klare Aussage dazu vor, dass die Enteignung auf Fälle beschränkt ist „in denen Güter hoheitlich beschafft werden, mit denen ein konkretes, der Erfüllung öffentlicher Aufgaben dienendes Vorhaben durchgeführt werden soll" (BVerfGE 104, 1 <10>). Damit weicht der Senat von ebenso eindeutigen, früheren eigenen Entscheidungen ab, die eine Güterbeschaffung für nicht erforderlich halten, ohne sich mit ihnen auseinanderzusetzen oder seine Neuorientierung zu begründen.

Die im Schrifttum für eine Begrenzung des Enteignungsbegriffs auf Vorgänge der Güterbeschaffung vorgebrachten Argumente erweisen sich als nicht überzeugend. Stichhaltige Gründe für eine solch enge Lesart folgen weder aus dem Wortlaut (1.), der Historie (2.), dem Telos noch der Systematik (3.) von Art. 14 GG.

Vielmehr erscheint der Ansatz dieses engen Verständnisses oftmals ergebnisorientiert an der gewünschten klaren Abgrenzung von Enteignung einerseits und Inhalts- und Schrankenbestimmung andererseits ausgerichtet. Sofern die

81 *Schwarz*, DVBl 2013, S. 133 (139).

82 *Dürig*, JZ 1954, S. 4 (9 f.); zustimmend *Maurer*, Allgemeines Verwaltungsrecht, 18. Aufl. 2011, S. 730; ähnlich *Schwarz*, DVBl 2013, S. 133 (139).

83 *Rozek*, Die Unterscheidung von Eigentumsbindung und Enteignung, 1998, S. 201; ebenso auf den Wortlaut abstellend: *Krappel*, DÖV 2012, S. 640 (644).

notwendige Abgrenzung beider Rechtsinstitute als Ausgangspunkt für eine Definition des Enteignungsbegriffs herangezogen wird, ist sicherlich eine „wertende Auslegung“[84] vorzunehmen. Dabei mag eine Rolle spielen, dass nach natürlichem Empfinden und Sprachgebrauch Vorgänge der Güterbeschaffung den Tatbestand der Enteignung erfüllen; dass darüber hinaus Eigentumsbeeinträchtigungen ohne Wechsel des Rechtsträgers nicht unter den Enteignungsbegriff fallen, ist damit jedoch nicht gesagt. Vielmehr erfordert ein möglichst umfassender verfassungsrechtlicher Eigentumsschutz die Einbeziehung hoheitlicher Maßnahmen außerhalb von Vorgängen der Güterbeschaffung in den Enteignungsbegriff.

1. Art. 14 Abs. 3 GG definiert nicht, was unter einer Enteignung zu verstehen ist. Der Wortlaut der Norm gibt keinen Hinweis darauf, ob eine Enteignung notwendig eine Güterverschaffung verlangt oder nicht.

2. Auch eine Analyse der historischen Materialien zum Grundgesetz vermag eine Einengung des Enteignungsbegriffs auf Vorgänge der Güterbeschaffung nicht zu stützen. Eine aufschlussreiche Erörterung zum Enteignungsbegriff findet sich weder in den Materialien des Verfassungskonvents noch in denen des Parlamentarischen Rates.[85] Die Entstehungsgeschichte des Art. 14 Abs. 3 Satz 1 GG befasst sich nicht ausdrücklich mit der Frage, ob Wesensmerkmal einer Enteignung ein hoheitlicher Güterbeschaffungsvorgang ist. Lediglich vereinzelte Fundstellen betreffen den Enteignungsbegriff, ohne jedoch konkrete Rückschlüsse auf das zugrundeliegende Enteignungsverständnis zu geben. Zwar liegt die Annahme nahe, dass die fehlende Aussprache über den Enteignungsbegriff auf ein gemeinsames Begriffsverständnis im Parlamentarischen Rat schließen lässt; sichere Rückschlüsse auf den Inhalt des damals vorherrschenden Begriffsverständnisses sind aus den Materialien jedoch nicht abzuleiten.

3. Gegen eine Eingrenzung des Enteignungsbegriffs spricht in erster Linie, dass die teilweise damit erstrebte Rückkehr zum klassischen Enteignungsbegriff des 19. Jahrhunderts fehl geht. Mit dieser Bezugnahme soll eine Hinwendung eingeleitet bzw. fortgesetzt werden zu einer Rechtslage, die aufgrund veränderter Rahmenbedingungen heute nicht mehr vorzufinden ist. Der klassische Enteignungsbegriff beschreibt die im 19. Jahrhundert erlassenen Expropriationsgesetze, die eine Grundlage für eine finale Übertragung eines Eigentumsrechts auf den Staat zugunsten eines bestimmten Gemeinwohlprojekts bildeten. In allererster Linie ging es während der damaligen Industrialisierung darum, Grundstücke für

---

84 So *Bryde*, in: von Münch/Kunig, GG, 6. Aufl. 2010, Art. 14 Rn. 55.

85 Lediglich die Entschädigungsfrage wurde intensiv behandelt; vgl. dazu *Wieland*, in: Dreier (Hrsg.), GG, Bd. 1, 3. Auflage 2013, Art. 14 Rn. 11 ff.

den Bau von Eisenbahnwegen, Straßen und Kanälen für den Staat zu erhalten.[86] Die Enteignung diente stets der Beschaffung von Grundstücken und war geprägt von einem Eigentumsübergang auf einen anderen Rechtsträger; ein Güterbeschaffungsvorgang, bzw. „Zwangskauf“, war also automatisch Element der Enteignung.

Eine derartige Beschränkung des Enteignungsbegriffs würde heute zu einem zu engen Verständnis von Art. 14 Abs. 3 GG führen. So wurde der Eigentumsbegriff bereits unter Geltung von Art. 153 der Weimarer Reichsverfassung erheblich ausgedehnt. Unter den verfassungsrechtlichen Eigentumsschutz fielen nicht mehr nur das Grundeigentum, sondern die gesamte private Vermögenssphäre; die Ausweitung des sachlichen Schutzbereichs setze sich unter Geltung von Art. 14 GG fort – insbesondere durch die Einbeziehung von Forderungsrechten. Eine weitere Öffnung erfuhr der Enteignungsbegriff in der Weimarer Zeit durch die Erweiterung staatlicher Zugriffsmöglichkeiten von administrativen Einzeleingriffen auf Legalenteignungen. Würde nun die Enteignungsdefinition wieder zurückgeführt auf reine Vorgänge der Güterbeschaffung, so geschähe dies in Verkennung dieser Entwicklungen. Ein so verstandener Enteignungsbegriff hielte weite Teile des eigentumsrelevanten staatlichen Handelns aus dem Enteignungsbegriff heraus und ordnete sie dem Bereich der Inhalts- und Schrankenbestimmung zu. Dies gälte insbesondere für die Beschränkung und Abschaffung von Nutzungsrechten.

Eine weitere Einengung des nach dem Nassauskiesungsbeschluss bereits begrenzten formalen Enteignungsbegriffs führte zu einer weiteren Ausdehnung der Figur der Inhalts- und Schrankenbestimmung. Zahlreiches staatliches Handeln durch eine weiter eingeengte Definition des Enteignungsbegriffs in den Bereich der Inhalts- und Schrankenbestimmung einzubeziehen, hätte einen im Vergleich zu einer Qualifizierung als Enteignung geringeren Grundrechtsschutz zur Folge. Zwar kann in Anwendung des Instituts der ausgleichspflichtigen Inhalts- und Schrankenbestimmung auch eine Entschädigungspflicht zugunsten der Betroffenen entstehen; doch erweist sich dies im Vergleich zur strikten Entschädigungsregelung in Art. 14 Abs. 3 GG hinsichtlich Voraussetzungen und Höhe als vage und weniger berechenbar, da die Entschädigungspflicht insbesondere von einer Prüfung von Verhältnismäßigkeit und Gleichheitsgerechtigkeit abhängt. Diese Schwierigkeiten im Kontext der ausgleichspflichtigen Inhalts- und Schrankenbestimmung würden im Falle einer Ausweitung deren Anwendungsbereichs weiter verschärft. Damit würde ein Mehr an dogmatischer Klarheit be-

86 Vgl. den historischen Überblick über die Entwicklung des Enteignungsbegriffs bei *Depenheuer*, in: v. Mangoldt/Klein/Starck (Hrsg.), GG, 6. Aufl. 2010; Bd. 1, Art. 14 Rn. 403 ff. und *Dietlein*, in: Stern, Staatsrecht der Bundesrepublik Deutschland, Bd. IV/1, 2006, S. 2261 ff.

züglich des Enteignungsbegriffs um den Preis einer Ausdehnung des vergleichsweise schwer zu bewältigenden Rechtsinstituts der ausgleichspflichtigen Inhalts- und Schrankenbestimmung erlangt.

Auch eine Bezugnahme auf die rechtsgeschichtlichen Wurzeln des Enteignungsbegriffs stützt die Annahme, entscheidendes Merkmal der Enteignung sei ausschließlich der Rechtsverlust seitens der Betroffenen, ohne dass es auf einen anschließenden Übertragungsakt ankomme. Denn der Enteignungsbegriff beruht auf der Rechtsfigur der „Aufopferung“, die erstmals in §§ 74, 75 der Einleitung zum Preußischen Allgemeinen Landrecht von 1794 kodifiziert wurde. Maßgeblich für die Entschädigungspflicht zugunsten des im Konflikt zwischen Gemeinwohl und Individualrecht zur Aufopferung Verpflichteten war ausschließlich der Rechtsverlust der Betroffenen, ohne dass es auf einen Aneignungsakt aus Gemeinwohlgründen ankam. Der Aufopferung zugrunde lag einzig die Konzeption eines Rechtsverlusts. Damit zusammenhängend steht der Verweis auf die Perspektive der Enteignungsbetroffenen. Für diese erweist sich ausschließlich der individuelle Rechtsverlust als entscheidend; ob das entzogene Eigentumsgut im Anschluss auf einen anderen Rechtsträger übertragen wird, ist dagegen für die rechtliche Betroffenheit der Einzelnen irrelevant.

Zuzugeben ist, dass das Kriterium der Güterbeschaffung sicherlich geeignet ist, die Abgrenzung von Enteignung und Inhalts- und Schrankenbestimmung handhabbarer zu machen; dies gilt insbesondere für die schwierige Unterscheidung von teilweiser Enteignung und Nutzungsbeschränkung. Jedoch kann alleine der vom her Ergebnis gedachte Wunsch einer Abgrenzung beider Rechtsinstitute eine solche Einengung des Enteignungsbegriffs nicht rechtfertigen. So führt auch eine konsequente Anwendung der übrigen Definitionsmerkmale zu sachgerechten Ergebnissen. Dies gilt insbesondere für das Kriterium der Erfüllung öffentlicher Aufgaben, über das jedenfalls rein privatnützige Vorgänge ausscheiden, wie sich an der Entscheidung des Ersten Senats zur Baulandumlegung zeigt.

VIII. Fazit und Ausblick

Die Entscheidung des Ersten Senats zur Baulandumlegung hat hinsichtlich der Frage nach einem Güterbeschaffungsvorgang als unverzichtbares Element der Enteignung für erhebliche Unklarheit gesorgt. Wie aufgezeigt sprechen gute Gründe gegen eine entsprechende Verengung des Enteignungsbegriffs. Insbesondere ist ein solches Verständnis nur schwer in Einklang mit der inzwischen erfolgten Ausweitung des sachlichen Anwendungsbereichs des verfassungsrechtlichen Eigentumsschutzes zu bringen. Die Frage nach dem Eingreifen des Rechtsinstituts der Enteignung und damit der gesetzlich zwingenden Entschädigungspflicht steht in untrennbarem Zusammenhang mit dem Umfang staatlicher Zugriffsmöglichkeit auf von Verfassungs wegen geschützte Eigentumspositionen. Durch das Verständnis der Enteignung als reines Mittel hoheitlicher Güterbeschaffung dürfte ein großer Teil staatlicher Zugriffe, insbesondere reine Nutzungs- und Verfügungsbeschränkungen, als grundsätzlich entschädigungslose Inhalts- und Schrankenbestimmung betrachtet werden. Dass Betroffene nach der verfassungsgerichtlichen Rechtsprechung zur ausgleichspflichtigen Inhalts- und Schrankenbestimmung eine gewisse Aussicht auf Kompensation haben, vermag angesichts des nur zurückhaltend angenommenen Vorliegens der entsprechenden Voraussetzungen keine Stärkung der Rechtsposition Betroffener mit sich zu bringen. Das enge Verständnis der Enteignung könnte allenfalls über eine großzügigere Handhabung dieser Voraussetzungen aufgefangen werden. Gleichzeitig verdeutlicht dies, dass die durch ein Verständnis der Enteignung als Güterbeschaffungsvorgang vermeintlich gelösten Abgrenzungsprobleme vielfach nur auf die Unterscheidung zwischen entschädigungslos hinzunehmender und ausgleichspflichtiger Inhalts- und Schrankenbestimmung verlagert würden.

Die anhängigen Verfahren um die Verfassungsmäßigkeit der 13. AtG-Novelle und damit der Beschleunigung des sog. Atomausstiegs[87] dürften den Ersten Senat zu Ausführungen zu diesen Fragen veranlassen. Denn mit der 13. AtG-Novelle hat der Gesetzgeber durch die erstmalige Festlegung fester Abschalttermine für alle deutschen Kernkraftwerke sowie die Streichung zusätzlicher, kurz zuvor gewährter Reststrommengen Zugriff auf Eigentumspositionen genommen, ohne diese dabei sich oder einem Dritten zuzuführen. Einer grundsätzlichen Klarstellung in die eine oder andere Richtung durch das Bundesverfassungsgericht ist deshalb mit Spannung entgegenzusehen.

87 Aktenzeichen 1 BvR 2821/11, 1 BvR 321/12 und 1 BvR 1456/12.

III. Verfassungsrecht des öffentlichen Dienstes

Christof Berthold

Einstellungshöchstaltersgrenzen in der Rechtsprechung des Bundesverfassungsgerichts

Leitentscheidungen des Bundesverfassungsgerichts (Senat)

BVerfGE 33, 1 – Gesetzesvorbehalt
BVerfGE 33, 125 – Berufsordnungen im Facharztwesen
BVerfGE 39, 334 – Radikalenerlass
BVerfGE 80, 257 – Altersgrenzen für Anwaltsnotare
BVerfGE 108, 282 – Kopftuchentscheidung (I)
BVerfGE 139, 19 – Einstellungshöchstaltersgrenzen für Beamte

Wichtige Kammerentscheidungen

BVerfG, Beschluss der 2. Kammer des Ersten Senats vom 29. Oktober 1992 – 1 BvR 1581/91 –, DNotZ 1993, S. 260 – Höchstaltersgrenze für Notare
BVerfG, Beschluss der 3. Kammer des Zweiten Senats vom 25. Juli 1997 – 2 BvR 1088/97 –, EuGRZ 1997, S. 506 ff. – Höchstaltersgrenze für Bürgermeister
BVerfG, Beschluss der 2. Kammer des Ersten Senats vom 31. März 1998 – 1 BvR 2167/93, 1 BvR 2198/93 –, NJW 1998, S. 1776 ff. – Altersgrenze für Vertragsärzte
BVerfGK 4, 219 – Altersgrenze für Piloten
BVerfGK 8, 232 – Ruhegehaltssatz und Altersgrenze
BVerfG, Beschluss der 1. Kammer des Ersten Senats vom 9. März 2007 – 1 BvR 2887/06 –, NVwZ 2007, S. 804 – Höchstaltersgrenzen für Fluglotsen
BVerfGK 13, 576 – Pensionsalter, Lebensarbeitszeit
BVerfG, Beschluss der 2. Kammer des Ersten Senats vom 24. Oktober 2011 – 1 BvR 1103/11 –, EuGRZ 2011, S. 713 ff. – Höchstaltersgrenze für Sachverständige

Schrifttum

Baßlsperger, Altersdiskriminierung durch Beamtenrecht, ZBR 2008, S. 339 ff.; *Begerau*, Höchstaltersgrenzen für Verbeamtungen, LKRZ 2011, S. 321 ff.; *Bünnigmann*, Zur Zulässigkeit von Höchstaltersgrenzen bei Berufung ins Beamtenverhältnis, DÖV 2015, S. 832 ff.; *Buß/Schulte*, Laufbahn oder Rennbahn: Wie alt darf ein junger Beamter sein?, DVBl 1998, S. 1315 ff.; *Herrmann*, Die Berufung von Professorinnen und Professoren, 2007; *Kämmerer*, Deutsches Beamtenrecht und Verbot der Altersdiskriminierung: Zwischen Irrelevanz und Ignoranz, ZBR 2008, S. 325 ff.; Koch/Kathke, Altersdiskriminierung? Zwei Beispiele zur sachgerechten Auslegung des AGG, ZBR 2010, S. 181 ff.; *Kühling/Bertelsmann*, Höchstaltersgrenze bei der Einstellung von Beamten, NVwZ 2010, S. 87 ff.; *Muckel*, Verfassungsrechtliche Anforderungen an Altershöchstgrenzen für die Einstellung in den öffentlichen Dienst, JA 2015, S. 713 ff.; *Nussberger*, Altersgrenzen als Problem des Verfas-

DOI 10.1515/9783110421866-013

sungsrechts, JZ 2002, S. 524 ff.; *Pernice-Warnke*, „Einstellungshöchstaltersgrenzen“: Besprechung der Entscheidung BVerfG, Beschl. v. 21.4.2015 – 2 BvR 1322/12 und 2 BvR 1989/12, VR 2015, 283, Verwaltungsrundschau 2016, S. 9 ff.; *Püttner*, Altersgrenzen im Beamtenrecht, DVBl 1997, S. 259 ff.; *Schmidt-Aßmann*, Leistungsgrundsatz des Art 33 II GG und soziale Gesichtspunkte bei der Regelung des Zugangs zum Beamtenverhältnis, NJW 1980, S. 16 ff.; *Summer*, Gedanken zum Gesetzesvorbehalt im Beamtenrecht, DÖV 2006, S. 249 ff.; *Trebeck*, Die verfassungsrechtliche Zulässigkeit von Altersgrenzen, Hamburg 2008.

Inhalt

I. Einleitung — 318
II. Hintergrund — 319
1. Die beamtenrechtliche Ausgangslage in Nordrhein-Westfalen — 319
2. Einstellungshöchstaltersgrenzen in den Ländern — 320
III. Einstellungshöchstaltersgrenzen vor dem Bundesverfassungsgericht — 320
1. Die Verfahren und die verfassungsrechtliche Ausgangslage — 320
2. Ermächtigung zur Regelung von Einstellungshöchstaltersgrenzen — 321
3. Gesetzesvorbehalt und Wesentlichkeitslehre — 321
4. Rechtsprechung des Bundesverfassungsgerichts — 323
5. Die Entscheidung des Bundesverfassungsgerichts vom 21. April 2015 — 325
6. Fortführung der Linien der Rechtsprechung — 326
7. Bestimmtheitsgebot als zweiter Prüfungsansatz in der Entscheidung — 327
IV. Vereinbarkeit von Altersgrenzen mit Art. 33 Abs. 2 und 12 Abs. 1 GG — 328
1. Bisherige Rechtsprechung zu Höchstaltersgrenzen — 328
2. Weiter Gestaltungsspielraum des Gesetzgebers — 331
3. Art. 33 Abs. 2 GG und Art. 12 Abs. 1 GG als Maßstab für Einstellungshöchstaltersgrenzen — 332
4. Rechtfertigung von Höchstaltersgrenzen durch Art. 33 Abs. 5 GG — 333
5. Bedeutung des Versorgungsrechts für Einstellungshöchstaltersgrenzen — 335
6. Die Fortentwicklung durch das Bundesverfassungsgericht — 337
V. Weitere Auswirkungen der Entscheidung vom 21. April 2015 — 339
1. Auswirkungen in Nordrhein-Westfalen — 339
2. Auswirkungen in den übrigen Ländern — 340
3. Aussicht und Fazit — 341

I. Einleitung

Altersgrenzen haben das Bundesverfassungsgericht in den vergangenen Jahrzehnten wiederholt beschäftigt. So mag es etwas überraschend erscheinen, dass erst ab dem Jahr 2012 die Frage der Einstellungshöchstaltersgrenzen für das Beamtenverhältnis näher in den Fokus des höchsten deutschen Gerichts gerückt ist. Bis zum Jahr 2015 waren hierzu mehrere Verfahren mit im Wesentlichen gleicher rechtlicher Problematik anhängig. Die Beschwerdeführerinnen und Beschwerdeführer waren allesamt angestellte Lehrkräfte im öffentlichen Schuldienst des Landes Nordrhein-Westfalen. Sie begehrten die Übernahme in das Beamtenverhältnis auf Probe, obwohl sie die laufbahnrechtliche Höchstaltersgrenze für die Einstellung – hier das 40. Lebensjahr – bereits überschritten hatten. Der Zweite Senat hat zunächst die Verfahren 2 BvR 1322/12 und 2 BvR 1989/12 als „Pilotverfahren" betrieben und über diese am 21. April 2015 entschieden.[1] Die Entscheidungen zu den übrigen Verfahren ergingen hiernach als (stattgebende) Kammerbeschlüsse.[2]

II. Hintergrund

1. Die beamtenrechtliche Ausgangslage in Nordrhein-Westfalen

Lehrerinnen und Lehrer an öffentlichen Schulen in Nordrhein-Westfalen steht gemäß § 57 Abs. 4 Satz 2 des Landeschulgesetzes (SchulG NRW)[3] grundsätzlich ein Anspruch auf Verbeamtung zu, sofern die beamten- und laufbahnrechtlichen Voraussetzungen vorliegen. Sie können auch nach dem Tarifvertrag der Länder in sogenannten „Gestellungsverträgen" (vgl. § 57 Abs. 4 Satz 3 SchulG NRW) angestellt werden. Die Übernahme in das Beamtenverhältnis auf Probe richtet sich nach den Vorschriften der Laufbahnverordnung des Landes (LVO). Die vorherigen Vorschriften der Laufbahnverordnung aus dem Jahr 1995 mit einer Altersgrenze von 35 Jahren und nur administrativen Ausnahmen erklärte das Bundesverwaltungsgericht mit Urteil vom 19. Februar 2009[4] für unwirksam. Mit dem Gesetz vom 21. April 2009 wurde das Beamtengesetz des Landes (LBG) neu erlassen; die Ermächtigungsgrundlage für Vorschriften über die Laufbahnen findet sich seither in § 5 Abs. 1 Satz 1, Satz 2 Nr. 1 LBG. Auf dieser Grundlage hob die Landesregierung zum 18. Juli 2009 durch Änderung der Laufbahnverordnung[5] die Höchstaltersgrenze zur Verbeamtung auf Probe auf das 40. Lebensjahr an und regelte die

1 BVerfGE 139, 19.
2 Jeweils Beschlüsse der 1. Kammer des Zweiten Senats: siehe 2 BvR 1195/11, 2 BvR 2062/11, 2 BvR 2113/11, 2 BvR 1996/12, 2 BvR 2515/12, 2 BvR 2543/12, 2 BvR 2552/12, 2 BvR 2580/12, 2 BvR 2605/12, 2 BvR 2640/12 und 2 BvR 2945/14; alle unter www.bundesverfassungsgericht.de.
3 Gesetz vom 15. Februar 2005 in der Fassung vom 25. Juni 2015 (GVBl. NRW 2015, S. 499); § 57 SchulG NRW wurde geändert auf der Grundlage der Entscheidung des Ersten Senats vom 27. Januar 2015 – 1 BvR 471/10 –, BVerfGE 138, 296.
4 BVerwGE 133, 143.
5 GVBl. NRW 2009, S. 224 (LBG) und S. 381 (LVO).

Möglichkeiten des Überschreitens der Höchstaltersgrenze neu. Die hiergegen gerichteten Einwendungen von Antragstellern blieben in den nachfolgenden verwaltungsgerichtlichen Verfahren erfolglos.[6]

2. Einstellungshöchstaltersgrenzen in den Ländern

Während der Bund seit der Neufassung der Bundeslaufbahnverordnung (BLV) vom 12. Februar 2009 keine Einstellungshöchstaltersgrenzen mehr vorsieht,[7] weisen die Länder eine Vielzahl von Regelungen auf, wobei kein Land vollständig auf dieses Instrument verzichtet. Die Einstellungshöchstaltersgrenzen sind teilweise – so etwa in Rheinland-Pfalz oder Bayern – unmittelbar im Gesetz geregelt. In anderen Ländern finden sich nur detailarme Verordnungen oder gar ministerielle Regelungen. Teilweise werden in der Ermächtigungsgrundlage des Beamtengesetzes ausdrücklich Einstellungshöchstaltersgrenzen erwähnt, so in Hessen und Niedersachsen, teilweise nur pauschal zur Laufbahngestaltung ermächtigt, so in Bremen und Mecklenburg-Vorpommern.[8]

III. Einstellungshöchstaltersgrenzen vor dem Bundesverfassungsgericht

1. Die Verfahren und die verfassungsrechtliche Ausgangslage

Die Beschwerdeführer der „Pilotverfahren" 2 BvR 1322/12 und 2 BvR 1989/12 – geboren in den Jahren 1963 bzw. 1959 –, absolvierten in ihrem Berufsleben verschiedene Stationen, bevor sie angestellte Lehrer des Landes Nordrhein-Westfalen wurden. Nach dem Urteil des Bundesverwaltungsgerichts vom 19. Februar 2009 (2 C 18.07) beantragten sie (erneut) die Übernahme in das Beamtenverhältnis auf Probe. Die Bezirksregierung lehnte die Anträge jeweils mit Bezug auf die Einstellungshöchstaltersgrenzen und die Neuregelung der LVO ab. Die hiergegen erhobenen Klagen blieben im fachgerichtlichen Instanzenzug erfolglos.[9]

---

6 BVerwG, Beschluss vom 24. Januar 2011 – 2 B 2/11 u. a. –, juris; BVerwGE 142, 59; die parallele Entscheidung (Urteil vom 23. Februar 2012 – 2 C 79/10 –) war Grundlage des Verfahrens 2 BvR 1322/12.

7 BGBl. I 2009, 284; vgl. ausführlicher BVerfGE 139, 19 (28f. Rn. 10 – 12).

8 Vgl. die Darstellung der Länderregelungen unter: BVerfGE 139, 19 (30ff. Rn. 14 – 28).

9 BVerwG, Urteil vom 23. Februar 2012 – 2 C 85/10 – sowie Beschluss vom 26. März 2012 – 2 B 11/12 –, jeweils bei juris.

Schwerpunkte der Verfassungsbeschwerden waren die Frage, ob die Ermächtigungsgrundlage des Landesrechts die Regelung von Einstellungshöchstaltersgrenzen – insbesondere im Hinblick auf den Parlamentsvorbehalt und das Bestimmtheitsgebot – umfasst, sowie die Vereinbarkeit der Vorschriften der LVO mit dem Leistungsprinzip nach Art. 33 Abs. 2 GG und mit dem Unionsrecht, insbesondere der Richtlinie 2000/78/EG.[10]

2. Ermächtigung zur Regelung von Einstellungshöchstaltersgrenzen

Verfassungsrechtlich problematisch war insbesondere zunächst die Frage, ob beamtenrechtliche Einstellungshöchstaltersgrenzen im Allgemeinen durch den Verordnungsgeber erlassen werden dürfen, oder ob hierfür – in Abweichung von der Rechtsprechung des Bundesverwaltungsgerichts – ein Parlamentsgesetz erforderlich ist. Alternativ oder parallel ließen sich die Verfahren auch im Schwerpunkt dahingehend verstehen, ob § 5 Abs. 1 Satz 1, Satz 2 Nr. 1 LBG im Hinblick auf Einstellungshöchstaltersgrenzen den verfassungsrechtlichen Anforderungen des Bestimmtheitsgebots genügt, womit sich die Frage der Wesentlichkeitstheorie bzw. des Parlamentsvorbehalts unter Umständen nicht mehr in dieser Schärfe gestellt hätte. Die verfassungsrechtliche Notwendigkeit einer (parlaments-)gesetzlichen Regelung hat das Bundesverfassungsgericht in seiner Entscheidung vom 21. April 2015 bejaht. Dies folgte für das Gericht aus dem Grundsatz des Gesetzesvorbehalts in seiner speziellen Ausprägung durch die Wesentlichkeitslehre. Dazu hat das Gericht auf eine lange Tradition von Entscheidungen rekurriert und diese in dem hier entscheidenden Punkt der Einstellungshöchstaltersgrenzen fortentwickelt,[11] so dass nachfolgend die Entwicklung skizziert werden soll.

3. Gesetzesvorbehalt und Wesentlichkeitslehre

Das in Art. 20 Abs. 3 GG verankerte Rechtsstaats- und Demokratieprinzip verpflichtet den Gesetzgeber, in grundlegenden normativen Bereichen alle wesentlichen Entscheidungen selbst zu treffen und nicht dem Handeln und der Ent-

---

10 Richtlinie 2000/78/EG des Rates vom 27. November 2000 (ABl. L 303 vom 2. Dezember 2000, S. 16 ff.); zum Unionsrecht siehe BVerfGE 139, 19 (50 ff. Rn. 61 – 66) und für die Literatur: *Pernice-Warnke*, Verwaltungsrundschau 2016, S. 9 (11).
11 BVerfGE 139, 19 (30 ff. Rn. 52 ff.).

scheidungsmacht der Exekutive zu überlassen.[12] Grundsätzlich können auch Rechtsverordnungen und Satzungen den Voraussetzungen des Gesetzesvorbehalts genügen. Eine entsprechende Rechtsverordnung bedarf gleichwohl einer zusätzlichen formell-gesetzlichen Grundlage. Die vom Bundesverfassungsgericht entwickelte Wesentlichkeitstheorie bestimmt, inwieweit eine gesetzliche Regelung unmittelbar in einem Parlamentsgesetz erfolgen muss oder ob eine Rechtsverordnung ausreicht.[13] Wann es aufgrund der Wesentlichkeit einer Entscheidung einer Regelung durch den parlamentarischen Gesetzgeber bedarf, hängt von dem betroffenen Regelungsgegenstand ab. Die verfassungsrechtlichen Wertungskriterien sind dabei den tragenden Prinzipien des Grundgesetzes, insbesondere den darin verbürgten Grundrechten, zu entnehmen,[14] wobei die Regelung „wesentlich für die Verwirklichung der Grundrechte" sein muss.[15] Die Tatsache, dass eine Frage politisch umstritten ist, führt für sich genommen nicht dazu, dass diese als wesentlich verstanden werden müsste.[16]

Eine Pflicht zum Tätigwerden des Gesetzgebers besteht insbesondere in mehrdimensionalen, komplexen Grundrechtskonstellationen und zudem vor allem dann, wenn die betroffenen Grundrechte nach dem Wortlaut der Verfassung ohne Gesetzesvorbehalt gewährleistet sind, und eine Regelung, welche diesen Lebensbereich ordnen will, damit notwendigerweise ihre verfassungsimmanenten Schranken bestimmen und konkretisieren muss.[17] Bei der Wesentlichkeitslehre geht es darum, sicherzustellen, dass die wesentlichen Regelungen aus einem Verfahren hervorgehen, das sich durch Transparenz auszeichnet und die Beteiligung der parlamentarischen Opposition gewährleistet.[18] Zu berücksichtigen ist dabei auch, dass staatliche Entscheidungen möglichst von den Organen getroffen werden sollen, die dafür nach ihrer Organisation, Zusammensetzung, Funktion und Verfahrensweise über die besten Voraussetzungen verfügen.[19] Diese Grundsätze gelten auch im Beamtenverhältnis: Dass die Grundrechte dort in gleicher Weise Geltung beanspruchen, ist seit der Strafgefangenen-Entscheidung[20] verfassungsrechtlich anerkannt.[21] Die Regelungsform des Gesetzes ist für das Be-

12 BVerfGE 40, 237 (249 f.); 49, 89 (126 f., 129); 83, 130 (142); 108, 282 (311), jeweils m.w.N.; stRspr.
13 Vgl. BVerfGE 84, 212 (226); 101, 1 (34) m.w.N.
14 BVerfGE 49, 89 (126 f.); 95, 267 (307 f.); 98, 218 (251); 108, 282 (311 f.).
15 BVerfGE 47, 46 (79); 98, 218 (251), jeweils m.w.N.
16 BVerfGE 49, 89 (126); 98, 218 (251); 108, 292 (312).
17 BVerfGE 83, 130 (142) m.w.N.; 108, 292 (311).
18 Vgl. BVerfGE 95, 267 (307).
19 BVerfGE 49, 89 (125); 68, 1 (86 f.); 98, 218 (251 f.).
20 BVerfGE 33, 1; vgl. BVerfGE 41, 251 (259 ff.).
21 Vgl. BVerfGE 39, 334 (366 f.); 108, 282 (296).

amtenverhältnis typisch und sachangemessen; auch die wesentlichen Inhalte des Beamtenrechts sind daher durch Gesetz zu regeln.[22]

4. Rechtsprechung des Bundesverfassungsgerichts

Zu der Frage, wann eine bestimmte Maßnahme in der Form eines Parlamentsgesetzes ergehen muss, hat sich eine breite, verfassungsrechtliche Kasuistik entwickelt, die teilweise auch Regelungen über Altersgrenzen betrifft. In der Facharztentscheidung[23] entschied der Erste Senat des Bundesverfassungsgerichts, dass das Facharztwesen nicht ausschließlich der Regelung durch Satzungen der Ärztekammern (Facharztordnungen) überlassen werden dürfe. Jedenfalls die „statusbildenden" Bestimmungen müsse der Gesetzgeber im Rahmen von Art. 12 Abs. 1 Satz 2 GG selbst treffen. Das gelte insbesondere für Regelungen, die die Freiheit der Berufs*wahl* und dadurch schutzwürdige Interessen von Nichtmitgliedern (Berufsanwärtern) berührten; Einzelfragen fachlich-technischen Charakters könnten dagegen in dem vom Gesetzgeber gezogenen Rahmen auch durch Satzungsrecht eines Berufsverbandes geregelt werden.[24] Das zulässige Maß des Eingriffs müsse umso deutlicher in der gesetzlichen Ermächtigung bestimmt werden, je empfindlicher die berufliche Betätigung beeinträchtigt werde: Einschneidende, das Gesamtbild der beruflichen Betätigung wesentlich prägende Vorschriften über die Berufs*ausübung* seien dem Gesetzgeber zumindest in Grundzügen vorbehalten.[25]

Das Bedürfnis einer gesetzlichen Regelung im Bereich der Berufs*wahl*freiheit formte der Erste Senat des Bundesverfassungsgerichts in seiner Entscheidung über Altersgrenzen für Anwaltsnotare[26] näher aus. Die Bestimmung eines Höchstalters für die Bestellung zum Anwaltsnotar bedürfe im Hinblick auf Art. 12 Abs. 1 Satz 2 GG der Entscheidung durch den Normgeber und könne nicht durch administrative Regelungen der Justizverwaltung geregelt werden. Altersgrenzen dienten regelmäßig – auch im Beamtenrecht, in dem sie üblicherweise vorkämen – nicht der Beschränkung der Ämterzahl, sondern der Ermittlung und Auswahl der Anwärter für die vorhandenen Stellen nach Eignungsgesichtspunkten.[27] Die Nähe des Notarberufs zum öffentlichen Dienst lasse inhaltlich zwar Sonderregeln zu,

22 BVerwGE 121, 103 – 2 C 50/02 –, NVwZ 2005, S. 713 (714); *Masing*, in: Dreier (Hrsg.), GG, Bd. 2, 2. Aufl. 2006, Art. 33 Rn. 82 m.w.N., Rn. 94.
23 BVerfGE 33, 125.
24 BVerfGE 33, 125 (160).
25 BVerfGE 33, 125 (160 f.).
26 BVerfGE 80, 257.
27 BVerfGE 80, 257 (264).

die sich an die nach Art. 33 Abs. 5 GG geltenden Grundsätze anlehnten und die Wirkungen des Grundrechts der Berufsfreiheit zurückdrängten; die formellen Anforderungen des Art. 12 Abs. 1 Satz 2 GG gälten jedoch genau wie bei anderen, nicht „staatlich gebundenen" Berufen.[28] Aus den gleichen Gründen hat das Bundesverfassungsgericht in einer auf ständiger Verwaltungspraxis beruhenden Anwendung einer Höchstaltersgrenze von 57 Jahren bei der Eignungsbeurteilung für Fluglotsen einen Verstoß gegen den in Art. 12 Abs. 1 Satz 2 GG enthaltenen Gesetzesvorbehalt gesehen.[29] In der Kopftuchentscheidung des Gerichts vom 24. September 2003[30] ging es – ähnlich wie bei Einstellungsaltersgrenzen – um den Zugang zum öffentlichen Dienst, da der Zweite Senat über den Antrag einer Lehramtsanwärterin auf Übernahme in das Beamtenverhältnis auf Probe zu entscheiden hatte. In der Qualifizierung des Tragens eines Kopftuches als Eignungsmangel liege ein Eingriff in Art. 33 Abs. 2 GG in Verbindung mit Art. 4 Abs. 1 und 2 GG, ohne dass die dafür erforderliche, hinreichend bestimmte gesetzliche Grundlage existiere.[31]

Ferner billigte das Bundesverfassungsgericht die Festlegung einer tarifvertraglichen Altersgrenze.[32] In frühen Entscheidungen hielt das Bundesverfassungsgericht ältere gesetzliche Regelungen für unbedenklich, die den Verordnungsgeber ausdrücklich zur Regelung von Altersgrenzen ermächtigten: Dies galt schon etwa für den Ausschluss von Ärzten von der vertragsärztlichen Versorgung nach Vollendung des 55. Lebensjahres[33] sowie für die Höchstaltersgrenze von 70 Jahren für Bauingenieure.[34] In einer weiteren Entscheidung aus dem Jahr 2007 entschied die 1. Kammer des Zweiten Senats, dass die Verordnungsermächtigung in § 32 Luftverkehrsgesetz (LuftVG) die Übernahme der Altersgrenze von 65 Jahren aus dem Regelungswerk der Joint Aviation Authorities gestatte.[35] Jene Entscheidung betraf Anforderungen an die in höherem Alter nachlassende gesundheitliche Tauglichkeit und damit – anders als bei allgemeinen Einstellungshöchstaltersgrenzen – medizinische Tatbestände und Erkenntnisse sowie Gesichtspunkte der körperlichen und geistigen Eignung. Dementsprechend hat das Bundesverfassungsgericht dort die Frage ausdrücklich offen gelassen, ob berufsspezifische

28 BVerfGE 80, 257 (265).

29 BVerfG, Beschluss der 1. Kammer des Ersten Senats vom 9. März 2007 – 1 BvR 2887/06 –, NVwZ 2007, S. 804.

30 BVerfGE 108, 282.

31 BVerfGE 108, 282 (294).

32 BVerfGK 4, 219 (Piloten).

33 BVerfGE 103, 172 (zu § 98 Abs. 2 Nr. 12 SGB V in der Fassung vom 20. Dezember 1988).

34 BVerfGE 64, 72 (zu § 81a Abs. 4 Nr. 2, Abs. 5 Nr. 6 der Landesbauordnung Schleswig-Holstein).

35 BVerfGK 10, 227.

Altersgrenzen im Allgemeinen durch den Verordnungsgeber erlassen werden dürfen oder ob hierfür ein Gesetz im formellen Sinn erforderlich ist.[36]

5. Die Entscheidung des Bundesverfassungsgerichts vom 21. April 2015

In seinem Beschluss vom 21. April 2015 hat der Zweite Senat die einschlägigen Bestimmungen des Landesrechts Nordrhein-Westfalen für mit dem Grundgesetz unvereinbar erklärt, da es an einer hinreichenden Ermächtigungsgrundlage fehlt.[37] Rechtsstaatsprinzip und Demokratiegebot verpflichten den Gesetzgeber, die für die Grundrechtsverwirklichung maßgeblichen Regelungen im Wesentlichen selbst zu treffen und diese nicht dem Handeln und der Entscheidungsmacht der Exekutive zu überlassen.[38] Zudem muss die Bestimmtheit der Ermächtigungsnorm der Grundrechtsrelevanz der Regelung entsprechen, zu der ermächtigt wird. Je erheblicher diese in die Rechtsstellung des Betroffenen eingreift, desto höhere Anforderungen müssen an den Bestimmtheitsgrad der Ermächtigung gestellt werden.[39] Beide Anforderungen hat der Zweite Senat in seiner ausführlichen Entscheidung vom 21. April 2015 durch das streitgegenständliche Landesrecht als nicht erfüllt angesehen.[40] Darüber hinaus hat er sich ausführlich mit der Vereinbarkeit der Laufbahnverordnung mit Art. 33 Abs. 2 GG befasst. Der durch Einstellungshöchstaltersgrenzen bewirkte Eingriff in Art. 12 Abs. 1 GG und Art. 33 Abs. 2 GG kann wegen der vorhandenen Kapazitätsbeschränkungen des öffentlichen Sektors,[41] der subjektiven Zulassungsbeschränkungen und des grundsätzlich nicht gegebenen Anspruchs auf Übernahme in ein öffentliches Amt[42] gerechtfertigt sein. Dabei sind Einstellungshöchstaltersgrenzen nur unter bestimmten Voraussetzungen verfassungsrechtlich zulässig, die das Bundesverfassungsgericht umfassend behandelt, ohne indessen alle Fragen im Bereich dieser Altersgrenzen zu klären.[43]

36 BVerfGK 10, 227 (232).
37 Vgl. BVerfGE 139, 19 (45 ff. Rn. 52 ff.).
38 Vgl. BVerfGE 49, 89 (126); 61, 260 (275); 83, 130 (142); 108, 282 (311); stRspr.
39 Vgl. BVerfGE 56, 1 (13); 58, 257 (278); 62, 203 (210).
40 BVerfGE 139, 19 (30 ff. Rn. 52 ff., 67 ff.).
41 BVerfGE 7, 377 (397 f.); 39, 334 (369).
42 BVerfGE 39, 334 (354); BVerwGE 68, 109 (110).
43 Vgl. BVerfGE 139, 19 (55 ff. Rn. 74 ff.); BVerfGE 103, 172 (182 ff.); s. a. Beschluss der 2. Kammer des Zweiten Senats vom 26. August 2013 – 2 BvR 441/13 –, juris, Rn. 33 ff.

6. Fortführung der Linien der Rechtsprechung

Angeknüpft hat das Bundesverfassungsgericht in seiner Entscheidung vom 21. April 2015 an eine Vielzahl früherer Entscheidungen. So hatte es den Leistungsgrundsatz als durch Art. 33 Abs. 2 GG unbeschränkt und vorbehaltlos gewährleistet bezeichnet.[44] Vorbehaltlos gewährte Grundrechte können nur durch kollidierendes Verfassungsrecht – Grundrechte Dritter sowie Gemeinschaftswerte von Verfassungsrang – eingeschränkt werden.[45] Eine Regelung, die den Lebensbereich vorbehaltloser Grundrechte ordnen will, bestimmt und konkretisiert notwendigerweise ihre verfassungsimmanenten Schranken. Der parlamentarische Gesetzgeber ist daher in diesen Fällen verpflichtet, das kollidierende Verfassungsrecht in Gesetzesform zu fassen, und die Schranken der widerstreitenden Grundrechte in Grundzügen so weit selbst zu bestimmen, wie dies für die Ausübung der Freiheitsrechte wesentlich ist.[46] Ihm obliegt die erforderliche Abwägung der Gründe und Gegengründe und die Bestimmung des Umfangs der Zurücksetzung verfassungsrechtlicher Garantien und des zu beachtenden Verfahrens.[47]

Das Beamtenverhältnis unterliegt nicht vertraglicher Disposition, sondern wird als öffentlich-rechtliches Dienstverhältnis einseitig ausgestaltet. Seine Arbeitsbedingungen werden nicht im Interessenausgleich unter den unmittelbar Betroffenen ausgehandelt, sondern in politisch verantwortlicher Entscheidung durch Gesetz.[48] Dies legte es nahe, dass die Schwelle zur Wesentlichkeit eines Grundrechtseingriffs beim Zugang zum Beamtenverhältnis eher erreicht ist als bei anderweitiger beruflicher Tätigkeit, bei der die Arbeitsbedingungen frei ausgehandelt werden können. Jedenfalls ist es nicht fernliegend, dass der Beamte insoweit des besonderen Schutzes durch den Gesetzgeber bedarf.[49] Auch die verfassungsgerichtliche Rechtsprechung zu Art. 12 Abs. 1 GG legte schließlich für den Bereich der Einstellungshöchstaltersgrenzen eine parlamentsgesetzliche Regelung nahe. Die Berufsfreiheit steht – anders als Art. 33 Abs. 2 GG – unter dem spezifischen Gesetzesvorbehalt des Art. 12 Abs. 1 Satz 2 GG. Das Bundesverfas-

---

44 BVerfG, Beschluss der 3. Kammer des Zweiten Senats vom 2. April 1996 – 2 BvR 169/93 –, NVwZ 1997, S. 54.

45 BVerfGE 30, 173 (191 ff.); 41, 88 (107); 93, 1 (21); 108, 282 (297); für Art. 33 Abs. 2 GG *Jachmann*, in: von Mangoldt/Klein/Starck (Hrsg.), GG, 6. Aufl. 2010, Art. 33 Rn. 21; *Höfling*, in: Bonner Kommentar zum Grundgesetz, Art. 33 Rn. 295 m.w.N. (August 2007).

46 BVerfGE 83, 130 (142) m.w.N.

47 *Trute*, in: AK-GG, 3. Aufl. 2001, Art. 33 Abs. 1 – 3 Rn. 89.

48 *Masing*, in: Dreier (Hrsg.), GG, Bd. 2, 2. Aufl. 2006, Art. 33 Rn. 82.

49 Vgl. *Summer*, DÖV 2006, S. 249 (250).

sungsgericht geht von der Wesentlichkeit eines Eingriffs in dieses Grundrecht aus, wenn die Eingriffsregelung die Freiheit der Berufs*wahl* betrifft beziehungsweise statusbildenden Charakter hat.[50] Dies hat es für einige Altersgrenzen bejaht und diese als subjektive Zulassungsvoraussetzungen bezeichnet.[51] Altersgrenzen für freie Berufe sind daher zumindest rechtssatzförmig zu normieren. Einstellungshöchstaltersgrenzen für die Übernahme in das Beamtenverhältnis auf Probe bewirken, dass Anwärter ab einem bestimmten Alter von der Übernahme in das Beamtenverhältnis ausgeschlossen werden. Da sie Zugangsbedingungen zum Beamtenverhältnis festlegen, kommt ihnen – ebenso wie Ruhestandsgrenzen, die Entlassungsbedingungen normieren – statusbildende Funktion zu. Dies spricht dafür, dass ihrer Regelung eine nicht unerhebliche Grundrechtsrelevanz innewohnt, die ein Tätigwerden des Parlamentsgesetzgebers erfordert, was das Bundesverfassungsgericht in seiner Entscheidung vom 21. April 2015 bestätigt hat.

7. Bestimmtheitsgebot als zweiter Prüfungsansatz in der Entscheidung

Das Erfordernis der hinreichenden Bestimmtheit der Ermächtigungsgrundlage stellt die notwendige Ergänzung und Konkretisierung des Gesetzesvorbehalts beziehungsweise des Grundsatzes der Gesetzmäßigkeit der Verwaltung dar.[52] Unabhängig vom Erfordernis einer parlamentarischen Leitentscheidung stellte sich damit für das Bundesverfassungsgericht die weitere Frage, inwieweit die vorhandene Regelung des dortigen Landesgesetzgebers möglicherweise eine solche Leitentscheidung schon darstellte. Dies hat das Bundesverfassungsgericht im Ergebnis für die nordrhein-westfälische Regelung besonders klar verneint und damit im Bereich der Einstellungshöchstaltersgrenzen näher umrissen, welche rechtsstaatlichen Anforderungen an Inhalt, Zweck und Ausmaß einer Ermächtigungsgrundlage zu stellen sind (Art. 80 Abs. 1 Satz 2 GG).[53]

Nach Darstellung der Grundsätze hat das Bundesverfassungsgericht darauf hingewiesen, dass § 5 Abs. 1 LBG keine hinreichend *bestimmte* Verordnungsermächtigung zur Festsetzung von Einstellungshöchstaltersgrenzen darstellt.[54] Weder der Norm selbst noch den gesetzlichen Begründungsmaterialien kann

---

50 BVerfGE 33, 125 (160); 36, 212 (216f.); 38, 373 (381); 57, 121 (132); 76, 171 (184f.).
51 BVerfGE 9, 338 (344f.); 64, 72 (82); Beschluss der 3. Kammer des Zweiten Senats vom 25. Juli 1997 – 2 BvR 1088/97 –, juris, Rn. 15; offenlassend BVerfGE 103, 172 (184).
52 Vgl. BVerfGE 7, 282 (302 f.); 41, 251 (265f.); 48, 210 (221 ff.); 56, 1 (13); 58, 257 (278).
53 BVerfGE 139, 19 (30ff. Rn. 55).
54 BVerfGE 139, 19 (30ff. Rn. 67).

entnommen werden, dass der nordrhein-westfälische Gesetzgeber beim Erlass von § 5 Abs. 1 Satz 1 LBG die Zulässigkeit von und die Anforderungen an Einstellungshöchstaltersgrenzen erwogen hat und regeln wollte: Zwar hat er im Gesetzgebungsverfahren über die Änderung dienstrechtlicher Vorschriften die Anhebung der Ruhestandsgrenze von 65 auf 67 Jahre thematisiert, nicht aber die Regelung von Einstellungshöchstaltersgrenzen.[55] Diese Ausführungen dürften als Klarstellung notwendig geworden sein, um der Rechtfertigung von Einstellungshöchstaltersgrenzen unter Hinweis auf die „Regelung des Laufbahnwesens der Beamten" entgegenzutreten.[56]

IV. Vereinbarkeit von Altersgrenzen mit Art. 33 Abs. 2 und 12 Abs. 1 GG

Da es bereits an einer hinreichend bestimmten Ermächtigungsgrundlage für die Regelung von Einstellungshöchstaltersgrenzen fehlte, konnte die Frage ihrer materiellen Verfassungsmäßigkeit im Grundsatz dahinstehen. Angesichts der bereits länger bestehenden rechtlichen Unsicherheiten hinsichtlich der verfassungsrechtlichen Zulässigkeit hat sich aber der Senat zu einem obiter dictum entschieden.[57]

1. Bisherige Rechtsprechung zu Höchstaltersgrenzen

Das Bundesverfassungsgericht hatte sich schon vor der Senatsentscheidung vom 21. April 2015 in zahlreichen Entscheidungen zu Höchstaltersgrenzen geäußert.[58] Die bisherigen Entscheidungen betrafen oftmals die Grenze der Dienstfähigkeit beziehungsweise der körperlichen Leistungsfähigkeit der Berufstätigen. Das Bundesverfassungsgericht hat aber auch diverse andere Rechtfertigungsgründe für Altersgrenzen akzeptiert. Es räumte dabei dem Gesetzgeber einen weiten Gestaltungsspielraum ein.

Nach der Auffassung des Bundesverfassungsgerichts entspricht es etwa der Lebenserfahrung, dass die Gefahr der Beeinträchtigung der Leistungsfähigkeit

55 BVerfGE 139, 19 (30 ff. Rn. 71–73).

56 BVerwG, Urteil vom 19. Februar 2009 – 2 C 18/07 –, juris, Rn. 11; Urteil vom 26. September 2012 – 2 C 74/10 –, juris, Rn. 16.

57 BVerfGE 139, 19 (30 ff. Rn. 74 ff.); *Bünnigmann*, DÖV 2015, S. 832 (835 f.).

58 Vgl. oben unter III, 4.

auch heute noch mit zunehmendem Alter größer wird.[59] Altersgrenzen können vor diesem Hintergrund für eine effektive Bewältigung der mit einem Amt verbundenen Aufgaben erforderlich sein. Dies gilt insbesondere für Berufe mit hohen körperlichen Anforderungen beziehungsweise besonderen Gefährdungslagen.[60] Das Bundesverfassungsgericht hat im Rahmen von Art. 12 Abs. 1 GG Höchstaltersgrenzen von 70 Jahren für Hebammen zum Schutz vor Gefahren für Mutter und Kind[61] und für Prüfingenieure zum Schutz der technischen Sicherheit[62] gebilligt. Der Schutz vor den Gefährdungen durch ältere, nicht mehr voll leistungsfähige Berufstätige rechtfertigt ferner eine Höchstaltersgrenze von 68 Jahren für öffentlich bestellte Sachverständige[63] sowie von 60 Jahren[64] beziehungsweise von 65 Jahren[65] für Piloten.[66] Auch das Erlöschen der Zulassung ab einer Altersgrenze von 68 Jahren für Vertragsärzte[67] und Vertragszahnärzte[68] waren nach der Rechtsprechung des Bundesverfassungsgerichts verfassungsrechtlich unbedenklich. Zudem wurden Altersgrenzen für verfassungsrechtlich unbedenklich erklärt, die Personen ab einem bestimmten Alter von der Wählbarkeit ausschließen: Bei diesen könne nach der Lebenswahrscheinlichkeit ein Nachlassen der Leistungsfähigkeit dergestalt befürchtet werden, dass sie nicht bis zum Ende der Amtszeit in der Lage sein werden, den hohen persönlichen Einsatz zu erbringen, den ihr Amt erfordere.[69]

Auf dieser Grundlage gelten auch Ruhestandsgrenzen für Beamte als zulässig, weil sie die Personen, die den Anforderungen ihres Amtes nicht mehr gewachsen

---

59 BVerfGK 4, 219 (222); 10, 227 (232 f.); 12, 26 (29 f.); vgl. auch BVerfGE 9, 338 (346 f.); 64, 72 (82 f.); BVerfG, Beschluss der 2. Kammer des Zweiten Senats vom 26. August 2013 – 2 BvR 441/13 –, juris, Rn. 37.

60 Vgl. BVerfGE 9, 338 (346); 64, 72 (83).

61 BVerfGE 9, 338 (345 ff.).

62 BVerfGE 64, 72 (82 f.).

63 BVerfG, Beschluss der 2. Kammer des Ersten Senats vom 16. November 1990 – 1 BvR 1280/90 –, juris.

64 BVerfGK 4, 219 (220 ff.).

65 BVerfGK 10, 227 (232 f.).

66 Anders aber das BAG für eine tarifliche Altersgrenze von 55 Jahren für das Kabinenpersonal: Diese sei unwirksam, weil kein vergleichbares Sicherheitsrisiko bestehe, BAGE 102, 65.

67 BVerfG, Beschluss der 2. Kammer des Ersten Senats vom 31. März 1998 – 1 BvR 2167/93, 1 BvR 2198/93 –, juris, Rn. 30.

68 Beschluss der 2. Kammer des Ersten Senats vom 4. Oktober 2001 – 1 BvR 1435/01 –, juris BVerfGK 12, 26 (29 f.).

69 Für Höchstaltersgrenzen von 57, 62 beziehungsweise 65 Jahren bei der Kandidatur zum Bürgermeister: BVerfG, Beschluss der 3. Kammer des Zweiten Senats vom 26. August 1993 – 2 BvR 1439/93 –, juris, sowie vom 25. Juli 1997 – 2 BvR 1088/97 –, juris; Beschluss der 2. Kammer des Zweiten Senats vom 26. August 2013 – 2 BvR 441/13 – juris.

sind, von der beruflichen Tätigkeit ausschließen: Bei Erreichen einer bestimmten Altersgrenze wird der Eintritt der Dienstunfähigkeit daher unwiderleglich vermutet.[70] Auch die Heraufsetzung des Pensionsalters für Polizeibeamte von 60 auf 65 Jahre begegnet keinen Bedenken, wenn sie sich maßgeblich von Erwägungen zu den Anforderungen an die Leistungsfähigkeit der Beamten und den besonderen Belastungen des Dienstes leiten lässt.[71] In weiteren Entscheidungen zu berufsspezifischen Altersgrenzen hat das Bundesverfassungsgericht andere besonders wichtige Gemeinschaftsgüter, vor allem Kriterien der Systemstabilität, zur Rechtfertigung von Altersgrenzen herangezogen, etwa die Einbindung in ein soziales Sicherungssystem, die Finanzierbarkeit und/oder Funktionstüchtigkeit dieses Systems oder die Verbesserung der Altersstruktur. So hält es die Herabsetzung der Emeritierungsgrenze für Professoren von 68 auf 65 Jahre insbesondere im Hinblick auf Art. 33 Abs. 5 GG für verfassungsgemäß.[72] Dabei stünden den Interessen der Hochschullehrer gewichtige Interessen der Allgemeinheit gegenüber, denen im Ergebnis der Vorrang eingeräumt werden dürfe, insbesondere die Förderung des wissenschaftlichen Nachwuchses.[73] Im Hinblick auf das Lebensalter dieses wissenschaftlichen Nachwuchses könne der Bund auch eine die Mobilität des wissenschaftlichen Personals sichernde Regelaltersgrenze für die Erstberufung vorgeben.[74]

Demgegenüber sah das Bundesverfassungsgericht eine Höchstaltersgrenze von 60 Jahren für die Bestellung zum Anwaltsnotar als nicht mit Art. 12 Abs. 1 GG vereinbar an.[75] Andererseits verstößt nach einer Kammerentscheidung eine gesetzlich geregelte Altershöchstgrenze von 70 Jahren für die Ausübung des Notarberufs nicht gegen Art. 12 Abs. 1 GG: Sie diene im Interesse einer funktionstüchtigen Rechtspflege der Erreichung einer geordneten Altersstruktur und verhindere eine Überalterung der Notariate.[76] Das Gericht billigte im Rahmen von Art. 12 Abs. 1 GG ferner eine Höchstaltersgrenze von 55 Jahren für die Zulassung approbierter Ärzte zur vertragsärztlichen Versorgung.[77] Dabei stützte es sich zur Rechtfertigung sowohl auf die Gesundheitsversorgung der Bevölkerung als auch die Stabilität, Wirtschaftlichkeit und Funktionsfähigkeit der gesetzlichen Kran-

70 So bereits das Reichsgericht: RGZ 104, 58 (62 ff.); für Lehrer: BVerfGE 71, 255 (268).
71 BVerfGK 13, 576 (579 ff.).
72 BVerfGE 67, 1.
73 BVerfGE 67, 1 (17 f.).
74 BVerfGE 111, 226 (273).
75 BVerfGE 80, 257, allerdings im Hinblick auf den Gesetzesvorbehalt, siehe oben III, 4.
76 BVerfG, Beschluss der 2. Kammer des Ersten Senats vom 29. Oktober 1992 – 1 BvR 1581/91 –, juris, Rn. 7.
77 BVerfGE 103, 172 (182 ff.).

kenversicherung.[78] Bei der Begrenzung der Wählbarkeit hauptamtlicher Bürgermeister spielt nach der Kammerrechtsprechung neben der körperlichen Leistungsfähigkeit auch der Aspekt der kontinuierlichen Amtsführung eine Rolle: Auch dieses Ziel rechtfertige die Beschränkung des passiven Wahlrechts durch Altersgrenzen von 57 bzw. 62 Jahren für die Bürgermeister-Kandidatur.[79] Das Gericht hat im Übrigen in seiner Kammerrechtsprechung offen gelassen, ob finanzielle Erwägungen, insbesondere das Ziel einer Haushaltskonsolidierung, für sich genommen Altersgrenzen rechtfertigen können.[80]

2. Weiter Gestaltungsspielraum des Gesetzgebers

Das Bundesverfassungsgericht hatte demnach schon vor der Senatsentscheidung vom 21. April 2015 bei der Festlegung von Altersgrenzen dem Gesetzgeber einen größeren Gestaltungsspielraum eingeräumt. Art. 33 Abs. 5 GG fordere weder eine auf ein bestimmtes Lebensalter gerichtete noch eine für alle Beamten einheitliche Festlegung der Altersgrenze.[81] Bestimmte Ruhestands- beziehungsweise Emeritierungsgrenzen stellten insbesondere keine hergebrachten Grundsätze des Berufsbeamtentums dar.[82] Sie unterlägen der Disposition des Landesgesetzgebers, der sie nach oben oder nach unten ändern und für besondere Beamtengruppen besondere Altersgrenzen festsetzen könne; hierfür müssten allerdings sachgerechte Gesichtspunkte sprechen.[83] Der Gesetzgeber habe dabei einen weiten Gestaltungsspielraum und könne auf der Grundlage von Erfahrungswerten generalisierende Regelungen dazu treffen, bis zu welchem Zeitpunkt er die körperliche und geistige Leistungsfähigkeit der jeweiligen Beamtengruppe noch als gegeben ansehe.[84] Jede gesetzliche Regelung der Altersgrenzen müsse generalisieren; daraus sich ergebende Unebenheiten, Friktionen und Mängel müssten in Kauf genommen werden, solange sich für die Gesamtregelung ein sachlich vertretbarer

78 BVerfGE 103, 172 (184 f.).
79 Beschluss der 3. Kammer des Zweiten Senats vom 26. August 1993 – 2 BvR 1439/93 –, juris, Rn. 13 f.
80 Vgl. BVerfGK 13, 576 (580 f.).
81 BVerfGE 71, 255 (270); BVerfGK 13, 576 (579).
82 Für Hochschullehrer: BVerfGE 67, 1 (13); für Lehrer: BVerfGE 71, 255 (270).
83 Vgl. BVerfGE 67, 1 (12 ff., 14 ff.); BVerfGE 71, 255 (270 ff.).
84 BVerfGK 4, 219 (222); 13, 576 (579); zuletzt BVerfG, Beschluss der 2. Kammer des Zweiten Senats vom 26. August 2013 – 2 BvR 441/13 –, juris, Rn. 22 ff.

Grund anführen lasse.[85] Eine gewisse Härte sei allen Stichtagsregelungen immanent, müsse aber hingenommen werden.[86]

Diese Grundsätze hat das Bundesverfassungsgericht in seiner Entscheidung vom 21. April 2015 bestätigt und weiterentwickelt. Damit der Gesetzgeber den Unwägbarkeiten bei der Festlegung des Werts von Versorgungsansprüchen Rechnung tragen kann, ist ihm auch bei der Einführung und Ausgestaltung von Einstellungshöchstaltersgrenzen für Beamte ein Gestaltungsspielraum einzuräumen. Sein Umfang ergibt sich aus den Erfordernissen des Systems der Beamtenversorgung und den Grenzen von Art. 33 Abs. 2 GG sowie dem Grundsatz der Verhältnismäßigkeit. Dies entspricht dem Sinn des Alimentationsprinzips, nach dem die Versorgung nicht im synallagmatischen Verhältnis zu einer in Jahren bemessenen Dienstzeit steht, sondern ebenso wie die Dienstbezüge Gegenleistung dafür ist, dass der Beamte sein ganzes Arbeitsleben bis zum Erreichen der gesetzlichen Altersgrenze in den Dienst des Staates stellt.[87]

3. Art. 33 Abs. 2 GG und Art. 12 Abs. 1 GG als Maßstab für Einstellungshöchstaltersgrenzen

Ob sich Einstellungshöchstaltersgrenzen (allein) am Maßstab von Art. 33 Abs. 2 GG oder (auch) an Art. 12 Abs. 1 GG zu messen haben, hat das Bundesverfassungsgericht in seiner Entscheidung vom 21. April 2015 erneut letztlich offen gelassen. Nach ständiger Rechtsprechung des Bundesverfassungsgerichts schützt Art. 12 Abs. 1 GG unter anderem die freie Wahl des Arbeitsplatzes, insbesondere die Entscheidung für eine konkrete Beschäftigung; das Grundrecht entfaltet seinen Schutz gegen alle staatlichen Maßnahmen, die diese Wahlfreiheit beschränken.[88] Art. 12 Abs. 1 GG gilt dabei grundsätzlich für alle Berufe, auch im Bereich des öffentlichen Dienstes. Soweit es um Arbeitsverhältnisse des öffentlichen Dienstes geht, „trifft Art. 33 Abs. 2 GG eine Art. 12 Abs. 1 Satz 1 GG ergänzende Regelung".[89] Damit ermöglicht Art. 33 Abs. 2 GG zugleich die allgemeine Dogmatik der Berufsfreiheit des Art. 12 Abs. 1 Satz 1 GG ergänzende Sonderregelungen.[90]

85 BVerfGK 13, 576 (579 f.); für den Bereich des Besoldungs- und Versorgungsrechts: BVerfGE 76, 256 (295); 103, 310 (320); 110, 353 (364 f.).

86 Vgl. BVerfGE 3, 58 (148); 87, 1 (47); *Püttner*, DVBl. 1997, S. 259.

87 Vgl. BVerfGE 76, 256 (323 f.); BVerfGK 8, 232 (235).

88 BVerfGE 84, 133 (146); 92, 140 (150); 96, 152 (163); 96, 171 (180); 96, 205 (210 f.).

89 Vgl. BVerfGE 96, 152 (163) und wörtlich BVerfGE 139, 19 (49 Rn. 59.)..

90 BVerfGE 39, 334 (369); 92, 140 (151); 96, 152 (163); 96, 171 (180 f.); 96, 205 (210 f.); 110, 304 (321); BVerfG, Beschluss der 3. Kammer des Zweiten Senats vom 25. Juli 1997 – 2 BvR 1088/

Art. 33 Abs. 2 GG knüpft die Einstellung von Bewerbern um ein öffentliches Amt an besondere Anforderungen – Eignung, Befähigung und fachliche Leistung – und verlangt deren gleichmäßige Handhabung.[91] Danach sind öffentliche Ämter nach Maßgabe des Leistungsgrundsatzes beziehungsweise des Grundsatzes der Bestenauslese zu besetzen. Die Geltung dieser Grundsätze wird von Art. 33 Abs. 2 GG unbeschränkt und vorbehaltlos gewährleistet.[92] Die Vorschrift dient zum einen dem öffentlichen Interesse der bestmöglichen Besetzung des öffentlichen Dienstes; dessen fachliches Niveau und rechtliche Integrität sollen gerade durch die ungeschmälerte Anwendung des Bestenauslesegrundsatzes gewährleistet werden.[93] Zum anderen trägt Art. 33 Abs. 2 GG dem berechtigten Interesse der Beamten an einem angemessenen beruflichen Fortkommen dadurch Rechnung, dass er ein grundrechtsgleiches Recht auf ermessens- und beurteilungsfehlerfreie Einbeziehung in die Bewerberauswahl begründet.[94] Der Art nach handelt es sich insoweit um ein Gleichheitsgrundrecht,[95] welches die entscheidenden Gesichtspunkte für die Bewerberauswahl zur Besetzung von öffentlichen Ämtern vorgibt.

4. Rechtfertigung von Höchstaltersgrenzen durch Art. 33 Abs. 5 GG

Einstellungshöchstaltersgrenzen sind unter bestimmten Voraussetzungen verfassungsrechtlich zulässig.[96] Das hat der Senat in seiner Entscheidung vom 21. April 2015 ausdrücklich bestätigt und diesen Voraussetzungen nähere Konturen gegeben. Eignungsfremde Belange, die nicht im Leistungsgrundsatz verankert sind, können bei der Besetzung öffentlicher Ämter nur Berücksichtigung

---

97 –, juris, Rn. 15; *Jachmann*, in: v. Mangoldt/Klein/Starck (Hrsg.), GG Bd. 2, 6. Aufl. 2010, Art. 33 Rn. 13, 21 m.w.N.; *Masing*, in: Dreier (Hrsg.), GG, Bd. 2, 2. Aufl. 2006, Art. 33 Rn. 94 m.w.N.; *Jarass*, in: Jarass/Pieroth (Hrsg.), GG, 13. Aufl. 2014, Art. 33 Rn. 8.

91 BVerfGE 96, 171 (181); 96, 205 (211).

92 BVerfGK 12, 165 (268); 12, 284 (286); BVerfG, Beschluss der 1. Kammer des Zweiten Senats vom 26. November 2010 – 2 BvR 2435/10 –, juris, Rn. 10.

93 BVerfGK 12, 184 (186); 12, 284 (287); BVerfG, Beschluss der 1. Kammer des Zweiten Senats vom 26. November 2010, a.a.O.

94 BVerfGK 12, 184 (186); 12, 284 (287); BVerfG, Beschluss der 1. Kammer des Zweiten Senats vom 26. November 2010, a.a.O.

95 *Jarass*, in: Jarass/Pieroth (Hrsg.), GG, 13. Aufl. 2014, Art. 33 Rn. 7; *Badura*, in: Maunz/Dürig, GG, Art. 33 Rn. 20 (73. EGL 2014); *Battis*, in: Sachs (Hrsg.), GG, 6. Aufl. 2011, Art. 33 Rn. 20.

96 Vgl. nur BVerfGE 103, 172 (182 ff.); s. a. Beschluss der 2. Kammer des Zweiten Senats vom 26. August 2013 – 2 BvR 441/13 –, juris, Rn. 33 ff.

finden, wenn ihnen ebenfalls Verfassungsrang eingeräumt ist.[97] Grundrechtsschranken können sich im Beamtenrecht etwa aus Art. 33 Abs. 5 GG ergeben, soweit sie durch Sinn und Zweck des konkreten Dienst- und Treueverhältnisses des Beamten gefordert werden.[98] In Betracht kommen dabei die mit Verfassungsrang ausgestatteten hergebrachten Grundsätze des Berufsbeamtentums,[99] insbesondere das Lebenszeitprinzip sowie das Alimentationsprinzip. Nach dem Lebenszeitprinzip[100] ist der Beamte grundsätzlich *hauptberuflich* und *auf Lebenszeit* zu beschäftigen. Er hat seine gesamte Arbeitskraft dem Beruf zu widmen, in den Dienst des Staates zu stellen und den Anforderungen seines Berufes mit vollem Einsatz zu begegnen.[101] Das Alimentationsprinzip als ein vom Gesetzgeber ebenfalls zu beachtender hergebrachter Grundsatz des Berufsbeamtentums verpflichtet den Dienstherrn zur Gewährung eines an Dienstrang, Bedeutung und Verantwortung des Amtes orientierten und damit Dienstverpflichtung und Dienstleistung berücksichtigenden angemessenen Lebensunterhalts.[102] Die Sicherung eines angemessenen Lebensunterhalts – zu der auch die Versorgung des Beamten nach seinem Ausscheiden aus dem aktiven Dienst gehört – ist ein besonders wesentlicher Grundsatz, der vom Gesetzgeber zu beachten ist.[103] Bei der Konkretisierung der Pflicht zur amtsangemessenen Alimentierung hat er einen weiten Entscheidungsspielraum,[104] der allerdings etwa durch die jüngste Besoldungsrechtsprechung des Gerichts näher konturiert und eingegrenzt wurde.[105]

---

97 BVerfGE 139, 19 (30 ff. Rn. 77); BVerfGK 12, 184 (186); 12, 265 (268); 12, 284 (287); BVerfG, Beschluss der 3. Kammer des Zweiten Senats vom 2. April 1996 – 2 BvR 169/93 –, juris, Rn. 9 ff. zum Ausgleich von Nachteilen aus Schwangerschaft und Mutterschaft; *Badura*, in: Maunz/Dürig (Hrsg.), GG, Art. 33 Rn. 26 (73. EGL 2014); *Jachmann*, in: v. Mangoldt/Klein/Starck (Hrsg.), GG, Bd. 2, 6. Aufl. 2010, Art. 33 Abs. 2 Rn. 21; *Jarass*, in: Jarass/Pieroth (Hrsg.), GG, 13. Aufl. 2014, Art. 33 Rn. 17.

98 BVerfGE 19, 303 (322); 39, 334 (351 f.); 108, 282 (296); § 6 Rn. 2; in der Literatur wird teilweise aus der Rechtsprechung des Bundesverfassungsgerichts zu Besoldung und Versorgung (BVerfGE 8, 28 (35); 44, 249 (264); 81, 363 (386)) ein allgemeiner Gesetzesvorbehalt für das Beamtenrecht aus Art. 33 Abs. 5 GG abgeleitet, vgl. *Summer* DÖV 2006, S. 249 ff.

99 BVerfGE 107, 218 (237); 114, 258 (281 f.); 117, 330 (344 f.); 117, 372 (379); 121, 205 (219).

100 BVerfGE 71, 255 (268); 121, 205 (220 ff.).

101 BVerfGE 55, 207 (240 f.); 71, 39 (60 f.).

102 BVerfGE 21, 329 (345); 44, 249 (265); 70, 251 (267); 107, 218 (237); 114, 258 (287); 117, 330 (351); 117, 372 (380).

103 BVerfGE 44, 249 (265); 61, 43 (57 f.); 114, 258 (288); 117, 372 (380 f.).

104 BVerfGE 81, 363 (375 f.); 114, 258 (288 f.).

105 Siehe BVerfG, Beschluss vom 17. November 2015 – 2 BvL 19/09, 2 BvL 20/09, 2 BvL 5/13, 2 BvL 20/14 –, juris; vgl. auch *Lindner*, ZBR 2016, S. 109 ff.; *Stuttmann*, NVwZ 2016, S. 184 ff.; *Jerxsen/Schütter*, DRiZ 2015, S. 428 ff.; *Schübel-Pfister*, NJW 2015, 1920 ff.

5. Bedeutung des Versorgungsrechts für Einstellungshöchstaltersgrenzen

Die enge Beziehung von Einstellungshöchstalters- und Ruhestandsgrenzen im Hinblick auf die Dienstzeit des Beamten und das entsprechende Verhältnis zu seinem Alimentationsanspruch im Ruhestand hat das Bundesverfassungsgericht in der Entscheidung vom 21. April 2015 unter Heranziehung der streitgegenständlichen Normen in Nordrhein-Westfalen – pro Dienstjahr eine Versorgung von 1,79375 % der ruhegehaltsfähigen Dienstbezüge – näher analysiert,[106] wobei die Regelungen im Bund und den übrigen Ländern ähnlich sind.[107] Das Gericht hatte bereits zuvor in mehreren Kammerentscheidungen betont, dass das Verhältnis der Alimentationspflicht des Dienstherrn zur Dienstleistungsverpflichtung des Beamten gestört wird, wenn ein Beamter vor Erreichen der allgemeinen Altersgrenze aus dem Dienst ausscheidet.[108] Das Beamtenverhältnis ist nach den Regelungen des Versorgungsrechts – insbesondere durch eine lineare Steigerung des Ruhegehalts nach der Dauer der Dienstzeit – auf eine möglichst lange Dienstzeit ausgerichtet. Eine Pensionierung vor Erreichen der allgemeinen Altersgrenze verschiebt das Pflichtengefüge im Beamtenverhältnis zu Lasten des Dienstherrn insgesamt: Ihm geht infolge der vorzeitigen Zurruhesetzung die Arbeitskraft des Beamten verloren, während er gleichzeitig über einen längeren Zeitraum zur Erbringung von Versorgungsleistungen verpflichtet ist.[109] Diese Verschiebung im Pflichtengefüge des Beamtenverhältnisses darf der Gesetzgeber – zum Beispiel durch eine Anrechnung von anderweitig erzieltem Erwerbseinkommen oder durch eine Verminderung des Ruhegehalts – ausgleichen.[110] Einstellungshöchstaltersgrenzen verhindern von vornherein derartige Verschiebungen im Pflichtengefüge, indem sie ein ausgewogenes Verhältnis zwischen Dienstzeit und Versorgungsansprüchen sicherstellen und so die Finanzierbarkeit und Funktionsfähigkeit der Beamtenversorgung gewährleisten.[111] Die dargestellten Regelungen des Versorgungsrechts könnten nahe legen, dass von vornherein nur ein Einstellungshöchstalter innerhalb der letzten 20 Dienstjahre rechtfertigungsfähig wäre, wenn allenfalls in diesem Umfang ein Missverhältnis zwischen Dienstzeit und Ruhe-

---

106 BVerfGE 139, 19 (30 ff. Rn. 83).

107 Vgl. zur Berechnung: BVerfGE 139, 19 (30 ff. Rn. 84) sowie *Kühling/Bertelsmann*, NVwZ 2010, S. 87 (90).

108 Vgl. BVerfGK 8, 232 (235 f.) zu § 14 Abs. 3 BeamtVG; BVerfGK 13, 35 (45) zu § 53 BeamtVG.

109 BVerfGK 13, 35 (45).

110 BVerfGK 8, 232 (236); 13, 35 (45 f.).

111 BVerfGE 139,19 (61), Rn. 87; vgl. auch: *Begerau*, LKRZ 2011, S. 321 (324); *Baßlsperger*, ZBR 2008, S. 339 (343); *Herrmann*, Die Berufung von Professorinnen und Professoren, 2007, S. 77 ff.

gehalt zulasten des Dienstherrn entstehen könnte.[112] Das Bundesverfassungsgericht hat jedoch in seiner Entscheidung vom 21. April 2015 dieser Denkweise teilweise eine Absage erteilt und darauf hingewiesen, dass sich der wirtschaftliche Wert der Altersversorgung nicht exakt zahlenmäßig bestimmen lässt. Neben der Dauer der Aufbauphase während der aktiven Dienstzeit ist er auch abhängig von der Dauer der Auszahlungsphase,[113] der Besoldungsgruppe des Beamten sowie etwaiger anrechenbarer Dienstzeiten und Rentenansprüche aus einem vorangegangenen Beschäftigungsverhältnis. Besonderheiten und Verschiebungen können sich auch ergeben, falls der Versorgungsberechtigte Erwerbseinkommen bezieht, dienstunfähig wird oder aus anderen Gründen vorzeitig in den Ruhestand versetzt wird. Treffen Renten- und Versorgungsansprüche zusammen und tritt ein Beamter vorzeitig in den Ruhestand, ergeben sich schließlich mögliche Ausgleichspflichten des Dienstherrn.[114]

Eine genaue Bezifferung des Wertes des Versorgungsanspruchs erscheint vor diesem Hintergrund nicht möglich. Das Bundesverfassungsgericht hat sich daher entschieden, den Unwägbarkeiten bei der Festlegung des Werts von Versorgungsansprüchen Rechnung zu tragen und dem Gesetzgeber bei der Einführung und Ausgestaltung von Einstellungshöchstaltersgrenzen für Beamte einen Gestaltungsspielraum einzuräumen.[115] Sein Umfang ergibt sich aus den dargelegten Erfordernissen des Systems der Beamtenversorgung und den Grenzen von Art. 33 Abs. 2 GG sowie dem Grundsatz der Verhältnismäßigkeit. Dies entspricht dem Sinn des Alimentationsprinzips, nach dem die Versorgung nicht im synallagmatischen Verhältnis zu einer in Jahren bemessenen Dienstzeit steht, sondern ebenso wie die Dienstbezüge Gegenleistung dafür ist, dass der Beamte sein ganzes Arbeitsleben bis zum Erreichen der gesetzlichen Altersgrenze in den Dienst des Staates stellt.[116] Das Erfordernis einer ausgewogenen Altersstruktur hat der Zweite Senat hingegen zur Rechtfertigung von Einstellungshöchstaltersgrenzen als weitgehend ungeeignet bezeichnet und jedenfalls eine plausible und nachvollziehbare Planung eingefordert.[117] Dies kommt prozeduralen Anforderungen nahe, die der Gesetzgeber hier kaum erfüllen kann, denn die Frage der Altersstruktur lässt sich aus naheliegenden Gründen regelmäßig nur schwierig generell-abstrakt für einen längeren Zeitraum lösen. Dies gilt etwa für die Fluktuation der Beamten, den

112 Vgl. *Kühling/Bertelsmann*, NVwZ 2010, S. 87 (90 f.); wohl auch *Baßlsperger*, ZBR 2008, S. 339 (343 f.).
113 Vgl. BVerfGE 105, 73 (115).
114 BVerfGE 131, 20; BVerfGK 8, 232; 13, 35.
115 BVerfGE 139, 19 (30 ff. Rn. 90.); s. a. BVerwGE 142, 59 (63 ff.).
116 Vgl. BVerfGE 76, 256 (323 f.); BVerfGK 8, 232 (235).
117 BVerfGE 139, 19 (30 ff. Rn. 91).

Anteil der frühzeitigen Pensionierungen im Zusammenspiel mit den allgemeinen Ruhestandsgrenzen, Mehrbedarf aufgrund ändernder demografischer Verhältnisse einschließlich der Bedarfsänderung bei der Zu- oder Abwanderung von Bevölkerung in das jeweilige Bundesland. Mit dieser Vorgabe dürfte sich der jeweilige Landesgesetzgeber schwer tun, eine ausgewogene Altersstruktur überhaupt noch in die Gesetzesbegründungen aufzunehmen.

6. Die Fortentwicklung durch das Bundesverfassungsgericht

Vor diesem verfassungsrechtlichen Hintergrund hat das Bundesverfassungsgericht in seiner Entscheidung vom 21. April 2015[118] entschieden bzw. bestätigt, dass das Lebenszeitprinzip und das Alimentationsprinzip geeignet sind, Eingriffe in Art. 33 Abs. 2 GG durch Einstellungshöchstaltersgrenzen zu rechtfertigen. Darin kommt zum Ausdruck, dass die Alimentation des Beamten im Ruhestand nur angemessen ist, wenn dessen Arbeitskraft dem Dienstherrn zuvor über einen längeren Zeitraum uneingeschränkt zur Verfügung gestanden hat. Beamte erdienen ihre Altersversorgung während der Dienstzeit. Ihre Bezüge sind im Hinblick auf die künftigen Versorgungsansprüche niedriger festgesetzt; der Dienstherr behält einen fiktiven Anteil ein, um die Versorgung zu finanzieren.[119] Zwar ist die Versorgung des Ruhestandsbeamten aus dem letzten Amt zu gewähren.[120] Der Dienstherr darf diese Versorgung jedoch an eine Mindestverweildauer in diesem Amt knüpfen.[121] Die Argumentation der Kläger und Beschwerdeführer, das Versorgungsrecht könne für die in höherem Alter eingestellten Beamten dergestalt geändert werden, dass diese etwa unter Anrechnung anderweitiger Beschäftigungszeiten und Rentenansprüche weniger als 35% der beamtenrechtlichen Mindestversorgung erhalten, konnte nicht durchgreifen. Denn das Alimentationsprinzip verpflichtet den Dienstherrn grundsätzlich zu einer lebenslangen Versorgung, welche die rechtliche und wirtschaftliche Unabhängigkeit des Beamten sicherstellt und nicht beliebig unter ein dem Amt angemessenes Niveau abgesenkt werden kann.[122]

Das Bundesverfassungsgericht hat in seiner Entscheidung vom 21. April 2015 über die zuvor beschriebenen Ausführungen zu einer „ausgewogenen Alters-

---

118 BVerfGE 139, 19 (30ff. Rn. 80).
119 BVerfGE 105, 73 (115); 114, 258 (298).
120 BVerfGE 61, 43; BVerfGK 8, 232 (235).
121 BVerfGE 117, 372 (383ff.).
122 BVerfGK 8, 232 (235).

struktur“ hinaus[123] nicht weiter auf das Instrument prozeduraler Steuerungselemente zurückgegriffen, welche es zuvor bereits mehrfach eingefordert hatte – so in den Entscheidungen zu den Hartz IV-Regelsätzen,[124] zum Bau der Eisenbahnstrecke Südumfahrung Stendal[125] und zur W-Besoldung.[126] Zwar enthält das Grundgesetz keine allgemeine Verpflichtung des Gesetzgebers zur Begründung von Gesetzen.[127] In Bereichen, die sich durch hohe Komplexität, Flexibilität, Pluralität und Selbstveränderung auszeichnen, können die Grundrechte jedoch eine effektive Organisations- und Verfahrensgestaltung sowie eine grundrechtsfreundliche Anwendung vorhandener Verfahrensvorschriften gebieten („Grundrechtssicherung durch Verfahren“).[128] Dabei kann sich die Schutzfunktion der Grundrechte unter anderem in der Notwendigkeit einer umfassenden Sachverhaltsaufklärung und einer qualifizierten Darlegung bzw. Begründung konkretisieren.[129] Das Bundesverfassungsgericht hat sich in seiner Entscheidung vom 21. April 2015 nicht für prozedurale Elemente im Sinne einer Begründungspflicht entschieden, aber im Rahmen der unionsrechtlichen Einordnung darauf hingewiesen, dass der zuständige nationale Normgeber zu beurteilen und abzuwägen habe, „ob die beamtenrechtlichen Höchstaltersgrenzen notwendig sind, um entweder ein Missverhältnis zwischen der aktiven Dienstzeit eines Beamten und der den Dienstherrn treffenden Versorgungslast zu vermeiden oder um andere legitime Ziele im Sinne der Generalklausel des Art. 6 Abs. 1 Satz 1 RL 2000/78/EG zu verwirklichen“.[130] Damit hat der jeweilige Landesgesetzgeber bei der Einführung und Ausgestaltung von Einstellungshöchstaltersgrenzen im Beamtenrecht diese Vorgaben zu beachten und wird verfassungs- und unionsrechtlich gut beraten sein, seine Überlegungen hinreichend transparent zu gestalten.

---

123 Siehe oben unter 5. d.
124 BVerfGE 125, 175 (226).
125 BVerfGE 95, 1 (22).
126 BVerfGE 130, 267 (301 f.); vgl. auch den Überblick bei *Hebeler*, DÖV 2010, S. 754 ff. m.w.N.
127 Vgl. dazu aus der Literatur statt vieler *Schenke*, in: Bonner Kommentar zum Grundgesetz, 2009, Art. 19 Abs. 4 GG Rn. 631 m.w.N.
128 Vgl. BVerfGE 49, 89 (132); 53, 30 (65); weiter BVerfGE 56, 216 (236); 63, 131 (143); 65, 1 (44, 49); 65, 76 (94); 69, 315 (355).
129 Vgl. BVerfGE 65, 76 (96); 103, 21 (35 f.): Darlegungspflicht als „Gewähr für die materielle Richtigkeit der Entscheidung“.
130 BVerfGE 139, 19 (30 ff. Rn. 66).

V. Weitere Auswirkungen der Entscheidung vom 21. April 2015

1. Auswirkungen in Nordrhein-Westfalen

Unmittelbare Folge der Entscheidung des Bundesverfassungsgerichts vom 21. April 2015 war eine Reihe von Urteilen der Verwaltungsgerichte über bereits anhängige Rechtsstreitigkeiten.[131] Darin wurde die Reichweite der Entscheidung auch auf § 8 Abs. 1 der Laufbahnverordnung NRW in der Fassung vom 28. Januar 2014[132] erstreckt und bei Spruchreife die Verpflichtung zur Übernahme in das Beamtenverhältnis auf Probe ausgesprochen.[133] Bei fehlender Spruchreife erfolgten stattgebende Entscheidungen auf Neubescheidung.[134] Für die Fälle der nicht bestandskräftig abgelehnten Anträge wurde teilweise auch eine Folgenbeseitigungslast gegenüber dem Beamtenbewerber für Rechtsnachteile angenommen, die der Betroffene infolge einer fehlerhaften Sachbehandlung durch Anwendung der Einstellungshöchstaltersgrenzen hat hinnehmen müssen.[135] Dies konnte Bewerbern unabhängig von der Neuregelung in Nordrhein-Westfalen die Verbeamtung in einem laufenden Verfahren ermöglichen. Voraussetzung war bzw. ist jedoch dafür, dass sämtliche sonstigen Einstellungsvoraussetzungen, wie etwa die Eignung für das angestrebte Amt im Zeitpunkt der Bewerbung, erfüllt sind.[136]

Mit Datum vom 16. Dezember 2015 verabschiedete der Landtag in Umsetzung der Entscheidung das Änderungsgesetz zur Festlegung der Höchstaltersgrenze für die Verbeamtung auf Probe.[137] In dem neugefassten § 15a LBG wird die Höchstaltersgrenze zur Verbeamtung auf Probe auf nunmehr 42 Jahre angehoben und neue Regelungen zur Anrechnung von Zeiten außerhalb des Amtes getroffen. Nunmehr ist ein Überschreiten der Höchstaltersgrenze um bis maximal sechs Jahre unschädlich, sofern die auch bisher zu berücksichtigenden Sachverhalte Kindererziehung, Pflege, Wehr-, Zivil- oder Freiwilligendienst geltend gemacht

---

131 VG Gelsenkirchen, Urteil vom 19. Februar 2016 – 1 K 2017/14 –, juris; VG Düsseldorf, Urteil vom 25. August 2015 – 2 K 7972/14 –, juris.

132 GV. NRW. S. 22, ber. S. 203; siehe VG Gelsenkirchen, Urteil vom 19. Februar 2016, a.a.O.

133 VG Düsseldorf, Urteil vom 25. August 2015 – 2 K 7365/14 –, juris; VG Arnsberg, Urteil vom 08. Juli 2015 – 2 K 574/13 –, juris.

134 VG Düsseldorf, Urteil vom 25. August 2015 – 2 K 7972/14 –, juris.

135 VG Gelsenkirchen, Urteil vom 19. Februar 2016 – 1 K 2017/14 –, juris, Rn. 58 ff.

136 VG Gelsenkirchen, Urteil vom 19. Februar 2016 – 1 K 2017/14 –, juris, Rn. 77 ff.

137 Gesetz zur Neuregelung der Höchstaltersgrenzen für die Einstellung in ein Beamtenverhältnis im Land Nordrhein-Westfalen und zur Entfristung der Altersteilzeitregelung vom 17. Dezember 2015, Ausgabe 2015 Nr. 49 vom 30.12.2015, S. 919 bis 970.

werden. Das auch in den Vorverfahren zu den Verfassungsbeschwerden stark umstrittene Erfordernis der Kausalität zwischen diesen Zeiten und einem verspäteten Antrag auf Verbeamtung ist ersatzlos entfallen. Für schwerbehinderte oder ihnen gleichgestellte Menschen gilt das 45. Lebensjahr als Höchstgrenze, soweit die Anrechnung der oben genannten Hinausschiebungsgründe auf der Basis des 42. Lebensjahres nicht zu einem günstigeren Ergebnis führen würde. Wer einen Antrag auf Übernahme in das Beamtenverhältnis gestellt hat und zum Zeitpunkt der Antragstellung die vorgenannten Altersgrenzen noch nicht überschritten hatte, kann verbeamtet werden, wenn die Verbeamtung innerhalb eines Jahres nach der Antragstellung erfolgt. Denkbar wäre auch das Wiederaufgreifen von Verfahren früherer Bewerber in Nordrhein-Westfalen nach § 51 Abs. 1 Nr. 1 VwVfG-NRW.[138] Voraussetzung hierfür wäre, dass sich die zugrundeliegende Sach- und Rechtslage nachträglich zugunsten des Betroffenen geändert hat. Der Wandel in der höchstrichterlichen Rechtsprechung wird regelmäßig jedoch nicht als eine solche Änderung anerkannt;[139] eine Verwaltungsbehörde ist bei einem Wechsel der höchstrichterlichen Rechtsprechung zu einem Wiederaufgreifen des Verfahrens (allenfalls) berechtigt, aber grundsätzlich nicht verpflichtet.[140] Eine Änderung bedeutet nach der Rechtsprechung letztlich eine Äußerung der richterlichen Überzeugung, das Recht sei bisher nicht richtig erkannt worden. Es werde nicht neues Recht geschaffen, sondern bestehendes und fortbestehendes Recht neu ausgelegt und ergänzt. Dies gilt selbst für die Nichtigkeitserklärung einer Norm durch das Bundesverfassungsgericht.[141] Damit dürfte entgegen den Hoffnungen vieler Betroffener ein Wiederaufgreifen bereits rechtskräftig entschiedener Verfahren regelmäßig nicht in Betracht kommen und entsprechende Verfahren erfolglos bleiben.

2. Auswirkungen in den übrigen Ländern

Für die in der Entscheidung des Bundesverfassungsgerichts vom 21. April 2015 erwähnten Länder mit einer gesetzlichen Grundlage für Einstellungshöchstaltersgrenzen (z. B. Rheinland-Pfalz, Bayern, Sachsen) besteht im Grundsatz kein

---

138 In der Fassung der Bekanntmachung vom 12. November 1999 (GV. NRW. 1999, 602).

139 Vgl. BVerwG, Beschluss vom 24. Mai 1995 – 1 B 60/95 –, Beschluss vom 25. Mai 1981 – 8 B 89/80 u 93/80, 8 B 89/80, 8 B 93/80 –; Beschluss vom 3. Mai 1996 – 6 B 82/95 –; OVG NRW, Beschluss vom 11. April 2011 – 6 A 57/11 –, alle bei juris.

140 BVerwG, Beschluss vom 16. Februar 1993 – 9 B 241/92 –, juris.

141 So BVerwG, Beschluss vom 4. Oktober 1993 – 6 B 35/93 –; OVG NRW, Urteil vom 6. Juli 2011 – 20 A 2476/10 –, juris.

unmittelbarer Handlungbedarf, weil die vom Bundesverfassungsgericht geforderte gesetzliche Regelung bereits vorhanden ist. Auffällig war, dass schon nach der Anrufung des Bundesverfassungsgerichts und der Befassung des Landes Nordrhein-Westfalen durch Zustellung in den „Pilotverfahren" eine Entwicklung in Gang kam, die noch vor Ergehen der Entscheidung vom 21. April 2015 zu Änderungen von Länderregelungen – in Brandenburg, Hessen und Thüringen – geführt hat.[142] Es kann also die These gewagt werden, dass diese Länder einer etwaigen Entscheidung des Bundesverfassungsgerichts zugunsten normativ höherer Anforderungen zuvorkommen und eine klarstellende oder erweiternde Regelung der Altersgrenzen einführen wollten. Unbeantwortet blieb aber bis zur Entscheidung vom 21. April 2015 insbesondere die umstrittene Frage, ob solche Einstellungshöchstaltersgrenzen unmittelbar durch Gesetz zu regeln seien.

Für den Schulbereich bleibt darüber hinaus den Ländern die Möglichkeit, die Verbeamtung generell auszuschließen, wie dies etwa Berlin seit Jahren vorsieht. Dass Lehrkräfte (auch) als Angestellte beschäftigt werden, ist nach der Rechtsprechung des Bundesverfassungsgerichts mit dem Grundgesetz, insbesondere Art. 33 Abs. 4 GG, vereinbar. Denn Lehrer nehmen in der Regel nicht schwerpunktmäßig hoheitlich geprägte Aufgaben wahr, die der besonderen Absicherung durch den Beamtenstatus bedürften.[143] Entscheidet sich der Dienstherr allerdings dafür, Lehrer in das Beamtenverhältnis zu übernehmen, dann unterliegt dieses auch den gesamten Regelungen des Beamtenrechts und den Bindungen des Art. 33 Abs. 5 GG.[144] Dies gilt insbesondere für die Anforderungen des Hauptberuflichkeitsgrundsatzes, des Alimentations- und des Lebenszeitprinzips: Ein „Rosinenpicken" erlaubt die Verschiedenheit der Beschäftigungssysteme dem Gesetzgeber nicht.[145]

3. Aussicht und Fazit

Die Auswirkungen der Entscheidung vom 21. April 2015 waren in verschiedener Hinsicht zu erwarten und sind auch schon eingetreten. Für das Land Nordrhein-Westfalen hat die Gesetzesnovellierung nun wohl die notwendige verfassungsrechtliche Grundlage für die Festlegung von Einstellungshöchstaltersgrenzen geschaffen, auch wenn die Maßstäbe für die Setzung einer konkreten Altersgrenze nach der Senatsentscheidung noch nicht abschließend geklärt sein dürften. Für

142 Vgl. die Darstellung der Landesregelungen unter BVerfGE 139, 19 (30 ff. Rn. 14 ff.).
143 BVerfGE 119, 247 (267).
144 BVerfGE 44, 249 (262 f.); 119, 247 (267).
145 BVerfGE 119, 247 (268).

die noch anhängigen Verfahren haben die Verwaltungsgerichte bereits Lösungen entwickelt, die zu einer Stattgabe des Begehrens (Verpflichtung oder Bescheidung) für die in vorherigen Verfahren nicht rechtskräftig beschiedenen Verbeamtungsanträge führen; für spätere Anträge dürfte die Altersgrenze maßgeblich und ein Anspruch auf Wiederaufgreifen abgeschlossener Verfahren nicht realisierbar sein. In den Ländern ohne hinreichende gesetzliche Regelung[146] sind weitere Verfahren von angestellten Lehrern auf Verbeamtung zu erwarten, wie dies etwa von Gewerkschaften in Mecklenburg-Vorpommern schon empfohlen wurde.[147] Noch interessanter wird sein, ob nach der Entscheidung weitere Verfahren zu Höchstaltersgrenzen folgen werden, diese also „auf den Prüfstand der Wesentlichkeitslehre" gestellt werden,[148] wobei eine kontinuierliche und zugleich behutsame Ausschärfung und Ausweitung der Wesentlichkeitsdoktrin nicht unwahrscheinlich sein dürfte. Dagegen ist die – hier nicht näher darzustellende – unionsrechtliche Entwicklung kaum absehbar.[149] Zwar dürfte die Entscheidung vom 21. April 2015 gut mit dem Urteil des EuGH vom 16. Oktober 2007 harmonieren.[150] Die Auswirkungen des Urteils vom 13. November 2014 in der Sache „Vital Pérez"[151] scheinen jedoch noch nicht umfassend absehbar. Allerdings hat der Zweite Senat die Verpflichtung des parlamentarischen Gesetzgebers hervorgehoben, auch die europarechtlichen Ausformungen des Verbots der Altersdiskriminierung durch die Richtlinie 2000/78/EG in den Blick zu nehmen, und damit die unionsrechtlichen Vorgaben als Hinweis und Argument genutzt, die Wesentlichkeitslehre auf diesen Bereich auszudehnen. Dies könnte auch in anderen Konstellationen Bedeutung gewinnen. Das Thema der Altersgrenzen sowie allgemein der Altersdiskriminierung bleibt damit auch in Zukunft sowohl im Fokus der verfassungsrechtlichen wie auch der unionsrechtlichen Betrachtung.

---

146 Vgl. BVerfGE 139, 19 (30 ff. Rn. 13 ff.); *Bünnigmann*, DÖV 2015, 832 (836 f.).

147 *Bünnigmann*, DÖV 2015, S. 832 (836 f.).

148 Vgl. *Bünnigmann*, DÖV 2015, S. 832 (836) m.w.N.

149 Kritisch zur Vereinbarkeit mit dem Unionsrecht etwa *Masing*, in: Dreier (Hrsg.), GG, Bd. 2, 3. Aufl. 2015, Art. 33 Rn. 112 m.w.N.

150 EuGH, Urteil vom 16. Oktober 2007 – Rs. C-411/05 –, Palacios de la Villa, Slg. 2007, I-08531.

151 EuGH, Urteil vom 13. November 2014 – Rs. C-416/13 –, Vital Pérez, Celex-Nr. 62013CJ0416.

Markus Jerxsen

Besoldungsfragen vor dem Bundesverfassungsgericht

Leitentscheidungen des Bundesverfassungsgerichts

BVerfGE 117, 372 – Wartefrist BeamtVG
BVerfGE 130, 263 – Professorenbesoldung
BVerfGE 139, 64 – Richterbesoldung
BVerfGE 140, 240 – Beamtenbesoldung
BVerfG, Beschluss der 1. Kammer des Zweiten Senats vom 7. Oktober 2015 – 2 BvR 413/15 –, NVwZ 2016, S. 56 – Dienstaltersstufen
BVerfG, Beschluss des Zweiten Senats vom 7. Juni 2016 – 2 BvL 3/12 u. a. – Vollstreckungsanordnungen

Schrifttum (Auszug)

Bömeke, Ungereimtheiten der Richterbesoldung, RiA 2016, S. 4 ff.; *Brinktrine*, Alimentationsprinzip und „Schuldenbremse", ZG 2015, S. 201 ff.; *Hebeler*, Die verfassungsrechtlichen Maßstäbe für die Beamtenbesoldung nach der Richterbesoldungsentscheidung des Bundesverfassungsgerichts, ZBR 2015, S. 289 ff.; *Jerxsen/Schütter*, Die relative Untergrenze der amtsangemessenen Besoldung, DRiZ 2015, S. 428 ff.; *Müller*, Urteil des Bundesverfassungsgerichts zur Richterbesoldung vom 5. Mai 2015 – Konkretisierung der Vorgaben zur Amtsangemessenheit der Richterbesoldung, RiA 2015, S. 193 ff.; *Schübel-Pfister*, Additiv, alimentativ, attraktiv: Das „Triple A" der Besoldung von Professoren und anderen Beamtengruppen im Lichte des Alimentationsprinzips, in: Becker/Lange (Hrsg.), Linien der Rechtsprechung des Bundesverfassungsgerichts, Bd. 3, 2014, S. 269 ff.; *dies.*, Koordinatensystem für die Richter- und Beamtenbesoldung – BVerfG macht das Alimentationsprinzip bissfest, NJW 2015, S. 1920 ff.; *Stuttmann*, Zeitenwende – Die Bestimmung der Minimalbesoldung nach dem BVerfG, NVwZ 2015, S. 1007 ff.; *ders.*, BVerfG zur A-Besoldung: Die Besoldung aller Besoldungsgruppen muss angehoben werden, NVwZ 2016, S. 184 ff.

Inhalt

I. Einleitung —— 344
II. Ausgangssituation und verfassungsrechtliche Anforderungen —— 345
III. Drei-Stufen-Prüfung —— 346
  1. Struktur —— 346
  2. Einzelne Stufen —— 346
    a) 1. Prüfungsstufe —— 346
    b) 2. Prüfungsstufe —— 348
    c) 3. Prüfungsstufe —— 349
IV. Weitere Aussagen der Entscheidungen —— 350
  1. Erfordernis eines sachlichen Grundes —— 350
  2. Prozedurale Anforderungen —— 350
V. Kritik —— 350
VI. Offene sowie im Nachgang geklärte Fragen —— 353

DOI 10.1515/9783110421866-014

I. Einleitung

Das Bundesverfassungsgericht hat in den letzten Jahren wiederholt über Vorschriften zur Alimentation von Richtern und Beamten entscheiden müssen. Vorläufige Höhepunkte waren im Jahr 2015 die Entscheidungen zur Richterbesoldung[1] sowie zur Beamtenbesoldung[2].

Mit seinem Urteil vom Mai 2015 hat das Bundesverfassungsgericht aufgrund eines neu entwickelten Prüfprogramms die Besoldung von Richtern und Staatsanwälten im Eingangsamt (Besoldungsgruppe R 1) in Sachsen-Anhalt in den Jahren 2008 bis 2010 für mit Art. 33 Abs. 5 GG unvereinbar erklärt, die Besoldung nach R 1 in Nordrhein-Westfalen im Jahr 2003 sowie nach R 3 in Rheinland-Pfalz in den Jahren 2012 und 2013 für verfassungsgemäß. Mit seinem Beschluss vom November 2015 hat das Bundesverfassungsgericht das in dem Urteil zur Richterbesoldung entwickelte Prüfprogramm auf die Beamtenbesoldung übertragen. In der Folge hat es die Besoldung sächsischer Beamter der Besoldungsgruppe A 10 im Jahr 2011 für mit Art. 33 Abs. 5 GG unvereinbar erklärt. Festgestellt hat es aber auch die Verfassungsmäßigkeit der Besoldung nordrhein-westfälischer Beamter der Besoldungsgruppe A 9 in den Jahren 2003 und 2004 und der Besoldungsgruppen A 12 und A 13 im Jahr 2003 sowie der Besoldung niedersächsischer Beamter der Besoldungsgruppe A 9 im Jahr 2005.

Ein Ende derartiger Verfahren erscheint aufgrund finanzieller Zwänge der Länder – nicht zuletzt wegen des Verbots der Neuverschuldung in Art. 109 Abs. 3 Satz 1 und 5 GG – eher optimistisch. Vielmehr zeichnet sich bereits jetzt ab, dass weitere Entscheidungen zu Alimentationsfragen folgen werden.

Da das Urteil zur Richterbesoldung bereits als „Zeitenwende" bezeichnet worden ist[3], möchte der folgende Beitrag an den letzten Linienband anknüpfen[4] und einen Überblick über den gegenwärtigen Stand der Verfassungsrechtsprechung zum allgemeinen Besoldungsrecht geben. Der Übersichtlichkeit halber wird in den Fußnoten grundsätzlich nur auf die Ausführungen im Urteil zur Richterbesoldung verwiesen.

---

1 BVerfGE 139, 64.

2 BVerfGE 140, 240.

3 *Stuttmann*, NVwZ 2015, S. 1007.

4 *Schübel-Pfister*, in: Becker/Lange, Linien der Rechtsprechung des Bundesverfassungsgerichts, Bd. 3, 2014, S. 269.

II. Ausgangssituation und verfassungsrechtliche Anforderungen

Die beiden Entscheidungen von Mai bzw. November 2015 schließen an das Urteil zur Professorenbesoldung[5] und die tradierten, in ständiger Rechtsprechung wiederholten materiell-rechtlichen Maßstäbe zum Alimentationsprinzip an. Danach verpflichtet das zu den hergebrachten Grundsätzen des Berufsbeamtentums zählende Alimentationsprinzip den Dienstherrn, Richter und Beamte sowie ihre Familien lebenslang angemessen zu alimentieren und ihnen nach ihrem Dienstrang, nach der mit ihrem Amt verbundenen Verantwortung und nach der Bedeutung der rechtsprechenden Gewalt und des Berufsbeamtentums für die Allgemeinheit entsprechend der Entwicklung der allgemeinen wirtschaftlichen und finanziellen Verhältnisse und des allgemeinen Lebensstandards einen angemessenen Lebensunterhalt zu gewähren. Damit wird der Bezug der Besoldung sowohl zu der wirtschaftlichen Situation der Gesamtbevölkerung als auch zur Lage der Staatsfinanzen, das heißt zu der sich in den öffentlichen Haushalten ausdrückenden Leistungsfähigkeit des Dienstherrn, hergestellt. Im Rahmen dieser Verpflichtung zu einer dem Amt angemessenen Alimentierung hat der Gesetzgeber die Attraktivität der Dienstverhältnisse von Richtern und Staatsanwälten für überdurchschnittlich qualifizierte Kräfte, das Ansehen des Amtes in den Augen der Gesellschaft, die vom Amtsinhaber geforderte Ausbildung und seine Beanspruchung zu berücksichtigen[6].

Der Gesetzgeber – bzw. die verschiedenen Landesgesetzgeber – hat bei der praktischen Umsetzung der Pflicht zur amtsangemessenen Alimentierung einen weiten Entscheidungsspielraum, innerhalb dessen er das Besoldungsrecht den tatsächlichen Notwendigkeiten und der fortschreitenden Entwicklung der allgemeinen wirtschaftlichen und finanziellen Verhältnisse anpassen muss. Die von ihm jeweils gewählte Lösung – Struktur und Höhe der Alimentation – unterliegt allerdings der gerichtlichen Kontrolle, die auf den Maßstab evidenter Sachwidrigkeit beschränkt ist[7].

---

5 BVerfGE 130, 263.
6 BVerfGE 139, 64 (111 f.); vgl. bereits *Schübel-Pfister*, a.a.O. (Fn. 4), S. 272 f.
7 BVerfGE 139, 64 (112 f.).

III. Drei-Stufen-Prüfung

1. Struktur

Wesentliche Neuheit des Urteils zur Richterbesoldung ist die Konkretisierung der sogenannten Evidenzkontrolle durch ein dreistufiges Prüfprogramm. Im Mittelpunkt der Entscheidung steht die Herausarbeitung der relativen Untergrenze einer amtsangemessenen Besoldung – also (weiterhin) nicht eines festen und exakt bezifferbaren Betrags. Im Rahmen einer Gesamtschau muss nun zunächst mit Hilfe von fünf Parametern ein Orientierungsrahmen für eine grundsätzlich verfassungsgemäße Ausgestaltung der Besoldungsstruktur und des Besoldungsniveaus ermittelt werden. Diese sogleich genauer dargestellten Parameter[8] waren bereits in der Rechtsprechung des Bundesverfassungsgerichts zum Alimentationsprinzip angelegt. Ist die Mehrheit dieser Parameter erfüllt, besteht – auf einer ersten Prüfungsstufe – eine Vermutung für eine verfassungswidrige Unteralimentation. Diese Vermutung kann – auf einer zweiten Prüfungsstufe – durch die Berücksichtigung weiterer Kriterien im Rahmen einer Gesamtabwägung widerlegt oder weiter erhärtet werden. Auf einer dritten Stufe erfolgt schließlich eine Prüfung, ob die nach den ersten beiden Stufen als unzureichend einzustufende Alimentation im Ausnahmefall verfassungsrechtlich gerechtfertigt ist.

2. Einzelne Stufen

a) 1. Prüfungsstufe[9]

Die ständige Rechtsprechung, dass der angemessene Lebensunterhalt entsprechend der Wertigkeit des Amtes, der Entwicklung der allgemeinen wirtschaftlichen und finanziellen Verhältnisse und des allgemeinen Lebensstandards zu gewähren ist, prägte die in der ersten Prüfungsstufe herangezogenen Parameter. Im Unterschied zu den beiden folgenden Prüfungsstufen ist die 1. Stufe gekennzeichnet von „harten“, in der Anwendung einen gewissen Rechenaufwand[10] erfordernden Kriterien.

Als ersten, ausdrücklich als wichtig bezeichneten Parameter hat das Gericht die Differenz zwischen der Besoldungsentwicklung und den Tarifergebnissen der

8 Unter III. 2. a).

9 BVerfGE 139, 64 (113 ff.).

10 Eine Beispielsrechnung findet sich bei *Jerxsen/Schütter*, DRiZ 2015, S. 428 (430).

Angestellten im öffentlichen Dienst herangezogen und deren Einkommensniveau eine besondere Bedeutung für die Bestimmung der Angemessenheit der Besoldung beigemessen. Das Gericht hat dabei wie auch beim zweiten und dritten Parameter nicht mit absoluten Zahlen gearbeitet, sondern mit Indexwerten, die die Entwicklung abbilden.

Eine Abkopplung der Besoldung liegt vor, wenn die Differenz zwischen den Tarifergebnissen und der Besoldungsanpassung mindestens fünf Prozent des Indexwertes der erhöhten Besoldung beträgt. Dies wäre etwa der Fall bei mehr als einer vollständigen Nichtanpassung der Besoldung im Anschluss an zwei aufeinanderfolgende durchschnittliche Tariferhöhungen von jährlich 2,35 Prozent. Dabei wird zunächst der Zeitraum der zurückliegenden 15 Jahre betrachtet, gegebenenfalls auch ein weiterer gleichlanger, (jedenfalls) fünf Jahre vorher beginnender Zeitraum, um etwaige statistische Ausreißer zu bereinigen.

Die nächsten beiden Parameter – eine deutliche Abweichung der Besoldungsentwicklung von der Entwicklung des Nominallohnindex beziehungsweise des Verbraucherpreisindex – entsprechen hinsichtlich der Betrachtungszeiträume und der grundsätzlich zulässigen Abweichungen dem ersten Parameter. Beträgt also die Differenz zwischen der Besoldungsentwicklung und der Entwicklung des Nominallohnindex (zweiter Parameter) beziehungsweise zwischen der Besoldungsentwicklung und der Entwicklung des Verbraucherpreisindex (dritter Parameter) bei Zugrundelegung eines Zeitraums von 15 Jahren bis zu dem verfahrensgegenständlichen Zeitabschnitt sowie in einem gleichlangen überlappenden Zeitraum in der Regel mindestens fünf Prozent des Indexwertes der erhöhten Besoldung, ist dies ein weiteres Indiz für die evidente Unangemessenheit der Alimentation. Der Nominallohnindex misst Veränderungen des durchschnittlichen Bruttomonatsverdienstes inklusive Sonderzahlungen sämtlicher Arbeitnehmer. Er ist weitgehend repräsentativ für die Verdienstentwicklung. Der Verbraucherpreisindex bemisst die durchschnittliche Preisentwicklung aller Waren und Dienstleistungen (Mieten, Nahrungsmittel, Bekleidung, Kraftfahrzeuge, Friseur, Reinigung, Reparaturen, Energiekosten, Reisen etc.), die von privaten Haushalten für Konsumzwecke in Anspruch genommen werden. Das Bundesverfassungsgericht hat – bezogen auf die jeweiligen Länder und Jahre – Anfragen beim Statistischen Bundesamt gestellt, wie sich in Prozentangaben die Einkommen der Tarifbeschäftigten im öffentlichen Dienst, ausweislich des Nominallohnindex die durchschnittlichen Bruttomonatsverdienste inländischer Arbeitnehmer und der Verbraucherpreisindex entwickelt hatten.

Der vierte Parameter ist ein systeminterner, auf eine „Stimmigkeit“ der Besoldung in vertikaler Hinsicht abstellender Besoldungsvergleich: Da sich die Angemessenheit der Alimentation nach der Wertigkeit des Amtes richtet, darf der Gesetzgeber den Abstand zwischen den Besoldungshöhen verschiedener Ämter nicht einebnen[11]. Eine deutliche Verringerung der Abstände der Bruttogehälter in den Besoldungsgruppen infolge unterschiedlich hoher linearer Anpassungen bei einzelnen Besoldungsgruppen oder zeitlich verzögerter Besoldungsanpassungen indiziert daher einen Verstoß gegen das sogenannte Abstandsgebot. Ein Verstoß liegt in der Regel vor bei einer Abschmelzung der Abstände zwischen zwei vergleichbaren Besoldungsgruppen um mindestens zehn Prozent in den zurückliegenden fünf Jahren.

Eine föderale Besonderheit ist schließlich der fünfte Parameter – ein (horizontaler) Quervergleich mit der Durchschnittsbesoldung im Bund und in den anderen Ländern. Aufgrund der Gesetzgebungsautonomie der Länder gibt es zwar keine verfassungsrechtliche Pflicht zu einer bundeseinheitlichen Besoldung[12]. Dennoch sind Besoldungsdifferenzen nur begrenzt zulässig, da die Wertigkeit insbesondere des Richteramtes, sein Ansehen in den Augen der Gesellschaft[13] und die geforderte Ausbildung in allen Ländern gleich sind. Liegt das jährliche Bruttoeinkommen zehn Prozent unter dem Durchschnitt der übrigen Länder im gleichen Zeitraum, was ungefähr einem Besoldungsunterschied von mehr als einem Monatsgehalt entspricht, ist dies ein weiteres Indiz für eine verfassungswidrige Unteralimentation.

Ist auf dieser ersten Prüfungsstufe die Mehrheit der dargestellten Parameter erfüllt, besteht eine Vermutung für eine verfassungswidrige Unteralimentation.

b) 2. Prüfungsstufe[14]

Diese Vermutung kann auf einer zweiten Prüfungsstufe im Rahmen einer Gesamtabwägung durch Berücksichtigung weiterer alimentationsrelevanter Kriterien widerlegt oder erhärtet werden. Zu berücksichtigen sind unter anderem Entwicklungen im Bereich der Beihilfe und der Versorgung sowie die durchschnittlichen Bruttoverdienste sozialversicherungspflichtig Beschäftigter mit vergleichbarer Qualifikation und Verantwortung – anders als auf der ersten Stufe

---

11 Diese Problematik könnte sich in den Verfahren 2 BvR 883/14 und 2 BvR 905/14 zur sogenannten Ostbesoldung hinsichtlich des Abstands zwischen den Besoldungsgruppen A 9 und A 10 stellen.

12 Vgl. aber *Brinktrine*, ZG 2015, S. 201 (225), der durch das Urteil zur Richterbesoldung ein Homogenitätsgebot eingeführt sieht.

13 Kritisch insoweit *Hebeler*, ZBR 2015, S. 289 (291 f.), wobei unklar bleibt, ob er sich gegen die in ständiger Rechtsprechung als alimentationsrelevant anerkannten Kriterien selbst wendet oder gegen die vom Bundesverfassungsgericht vorgenommene Ausfüllung.

14 BVerfGE 139, 64 (120 ff.).

geht es insoweit also nicht mehr um die Entwicklung der allgemeinen wirtschaftlichen und finanziellen Verhältnisse und des allgemeinen Lebensstandards, sondern nur noch um vergleichbare Beschäftigte.

c) 3. Prüfungsstufe[15]

Ergibt die Gesamtschau, dass die als unzureichend angegriffene Alimentation grundsätzlich als verfassungswidrige Unteralimentation einzustufen ist, bedarf es – auf einer 3. Stufe – der Prüfung, ob dies im Ausnahmefall[16] verfassungsrechtlich gerechtfertigt ist. Allein die Finanzlage der öffentlichen Haushalte oder das Ziel der Haushaltskonsolidierung erlauben dabei keine Einschränkung des Grundsatzes amtsangemessener Alimentierung. Die vom Dienstherrn geschuldete Alimentierung ist keine dem Umfang nach beliebig variable Größe, die sich einfach nach den wirtschaftlichen Möglichkeiten der öffentlichen Hand oder nach politischen Dringlichkeitsbewertungen bemessen lässt. Richter sind nicht aufgrund des besonderen Treuverhältnisses verpflichtet, stärker als andere zur Haushaltskonsolidierung beizutragen.

Relevant für eine mögliche Rechtfertigung einer Unteralimentation kann insbesondere das Verbot der Neuverschuldung in Art. 109 Abs. 3 Satz 1 GG werden, die sogenannte Schuldenbremse. Allerdings ist den Ländern erst ab dem Haushaltsjahr 2020 eine strukturelle Nettokreditaufnahme untersagt (vgl. Art. 143d Abs. 1 Satz 4 GG). Im Übrigen rechtfertigt nicht bereits das pauschale Ziel der Einhaltung der Schuldenbremse Sparmaßnahmen bei Richtern. Vielmehr muss eine der in Art. 109 Abs. 3 Satz 2 GG genannten Ausnahmesituationen vorliegen – konjunkturelle Abweichung von der Normallage, eine Naturkatastrophe oder außergewöhnliche Notsituationen –, die Maßnahme des Besoldungsgesetzgebers muss Teil eines schlüssigen und umfassenden Konzepts der Haushaltskonsolidierung sein, und dies muss in den Gesetzgebungsmaterialien nachvollziehbar dargelegt werden.

15 BVerfGE 139, 64 (124 ff.).

16 Vgl. *Brinktrine*, ZG 2015, S. 201 (226), der annimmt, dass aufgrund des Urteils die Schuldenbremse als Rechtfertigungsgrund kaum tatsächliche Bedeutung erlangen werde; vgl. auch *Stuttmann*, NVwZ 2015, S. 1007 (1012 f.) mit weitgehenden Ausführungen zur Herstellung praktischer Konkordanz.

IV. Weitere Aussagen der Entscheidungen

1. Erfordernis eines sachlichen Grundes

Auch oberhalb der Grenze einer verfassungswidrigen Unteralimentation ist nicht jede Absenkung des Alimentationsniveaus zulässig. Besoldungskürzungen oder andere alimentationsrelevante Maßnahmen müssen, auch damit die verfassungsrechtlichen Anforderungen nicht durch eine „Salami-Taktik" des Gesetzgebers unterlaufen werden können, durch sachliche Gründe gerechtfertigt sein. Allein finanzielle Erwägungen genügen wiederum als Sachgrund einer Kürzung nicht, soweit sie nicht als Teil eines schlüssigen Gesamtkonzepts dem Ziel der Haushaltskonsolidierung dienen.

2. Prozedurale Anforderungen

Des Weiteren hat das Bundesverfassungsgericht bereits in der Entscheidung zur Professorenbesoldung formulierte prozedurale Anforderungen verfeinert. Diese Prüfung tritt als „zweite Säule" des Alimentationsprinzips neben die – nunmehr konkretisierte – Evidenzkontrolle. Wegen der Schwierigkeit, die Besoldung anhand materieller Kriterien zu bestimmen, und als Ausgleich für die Festlegung der Besoldungshöhe durch den Gesetzgeber treffen diesen insbesondere Begründungspflichten bei der Fortschreibung der Besoldungshöhe, aber auch bei strukturellen Neuausrichtungen in Gestalt von Systemwechseln. Die Ermittlung und Abwägung der besoldungsrelevanten Faktoren müssen sich in einer entsprechenden Darlegung und Begründung in den Gesetzgebungsmaterialien niederschlagen. Erforderlich ist die Durchführung und Dokumentation umfassender Berechnungen und Vergleiche mit sämtlichen oben genannten Parametern einer amtsangemessenen Besoldung.

V. Kritik

Die Entscheidungen sind nicht zuletzt bei Berufsverbänden vielfach auf Zustimmung gestoßen[17]. Insbesondere an der Detailliertheit der fünf Parameter der 1.

---

17 S. etwa die Stellungnahmen des dbb beamtenbund und tarifunion (http://www.dbb.de/teaserdetail/artikel/beamtenbesoldung-dbb-begruesst-klartext-aus-karlsruhe.html) sowie des Deutschen Richterbundes (http://www.drb.de/home/richterbesoldung.html).

Prüfungsstufe entzündet sich aber erwartungsgemäß auch teils vehemente Kritik. Das Gericht habe „in freier Rechtsschöpfung“ agiert, das Urteil zur Richterbesoldung lese sich „wie der Runderlass einer Finanzbehörde“[18].

Den beiden Senatsentscheidungen aus dem Jahr 2015 lagen insgesamt elf Vorlagen von Verwaltungs- und Oberverwaltungsgerichten zugrunde, die sich auf verschiedene Jahre bzw. Zeiträume sowie auf verschiedene Besoldungsgruppen bezogen. Es erscheint übertrieben, insoweit von einer „Art verfassungsrechtlicher Notwehrlage“ des Bundesverfassungsgerichts zu sprechen[19]. Angesichts der in den einzelnen Ländern höchst unterschiedlichen Besoldungshöhe – ergänzt durch spezifische Regelungen etwa zu abgesenkter Eingangsbesoldung[20], „Wartefristen“[21] oder im Beihilferecht – wäre es jedoch sowohl für Richter und Beamte als auch für die jeweiligen Gesetzgeber[22] eine wenig erfreuliche Situation gewesen, Jahr für Jahr rätseln zu müssen, ob sich bei den Mitgliedern des Zweiten Senats des Bundesverfassungsgerichts ein gemeinsames Evidenzerlebnis einstellt oder nicht. Schon aufgrund dessen begrenzter Rationalisierbarkeit spricht viel dafür, dass der Vorwurf, dass Gericht geriere sich als Ersatzgesetzgeber[23], auch dann erhoben worden wäre, wenn es Besoldungsregelungen ohne die Herausarbeitung entsprechender Kriterien für verfassungswidrig erklärt hätte. Das grundrechtsähnliche Individualrecht auf Gewährleistung des angemessenen Lebensunterhalts, das Art. 33 Abs. 5 GG dem einzelnen Beamten und Richter verleiht[24], darf aber keine bloße Leerformel des Verfassungsrechts sein; ein Grundrecht als „zahnloser Tiger“[25] war und ist keine Option.

Das Bundesverfassungsgericht hat sich bemüht, die Kriterien zur Bestimmung einer (relativen) Unteralimentation im Anschluss an seine bisherige Rechtspre-

---

18 *Lindner*, Grundsatzurteil zu Beamten- und Richterbesoldung – Das BVerfG als Ersatzbesoldungsgesetzgeber, Legal Tribune Online, 5. Mai 2015 (http://www.lto.de/recht/hintergruende/h/bverfg-urteil-2bvl1709-besoldung-massstab-richter-beamte/). Ähnlich, allerdings wohl eher positiv konnotiert, *Stuttmann*, NVwZ 2015, S. 1007: „Rechenvorschriften ..., die man sonst nur von ministeriellen Ausführungsbestimmungen an nachgeordnete Behörden kennt“.

19 So aber *Stuttmann*, NVwZ 2015, S. 1007.

20 § 23 LBesG Baden-Württemberg – Besondere Eingangsbesoldung.

21 §§ 32, 35 Abs. 2 LBesG Rheinland-Pfalz – Abweichende Bestimmung von Grundgehaltssätzen.

22 Insoweit erscheint insbesondere der Vorwurf der Verbandspolitik (*Hebeler*, ZBR 2015, S. 289) einseitig.

23 Anklingend bei *Müller*, RiA 2015, S. 193 (197).

24 Vgl. BVerfGE 139, 64 (111).

25 Vgl. *Schübel-Pfister*, NJW 2015, S. 1920. Zustimmend auch *Bömeke*, RiA 2016, S. 4 (5): die Entscheidung zur Richterbesoldung „beschränkt sich i.E. also darauf, den alten Begriff der ‚Evidenz‘ mit subsumtionsfähigem Inhalt zu füllen“. Ohne Bewertung *Brosius-Gersdorf*, in: Dreier (Hrsg.), GG, Bd. 2, 3. Aufl. 2015, Art. 33 Rn. 198 ff.

chung zu entwickeln – ein konkretisierender, in Maßen sicher auch dezisionistischer Vorgang, wobei aus der Qualifikation des Alimentationsprinzips als hergebrachter Grundsatz im Sinne von Art. 33 Abs. 5 GG nicht folgt, dass die Konkretisierung des Inhalts ihrerseits hergebracht zu sein hätte[26]. Die nunmehr zur Ausfüllung herangezogenen Kriterien sind im Übrigen nah an den zuvor in der mündlichen Verhandlung mit den Beteiligten erörterten, die damals grundsätzlich auf Zustimmung stießen.

Dass das Gericht sich im Bereich des Besoldungsrechts nicht zu einem Ersatzgesetzgeber aufschwingt, zeigt sich zudem an einer Serie von Kammerbeschlüssen, die nicht weniger umstrittene Besoldungsfragen wie die nach der Höhe des Grundgehalts betrafen[27]. Die 1. Kammer des Zweiten Senats des Bundesverfassungsgerichts hat insgesamt elf Verfassungsbeschwerden gegen Vorschriften des Sächsischen Besoldungsgesetzes (zur Zuordnung zu Grundgehaltsstufen nach dem neuen Besoldungsrecht) sowie gegen hierzu ergangene verwaltungsgerichtliche Urteile nicht zur Entscheidung angenommen[28]. Gerade auch um den Gestaltungsspielraum des Gesetzgebers zu wahren, ist die Prüfungsdichte des Bundesverfassungsgerichts im Bereich des Besoldungsrechts generell zurückhaltend. Obwohl die Erwägung, der Gesetzgeber werde „in eigener Sache tätig", auch im Besoldungsrecht nicht ganz fern liegt – Personalausgaben sind im Bereich der Länder ein wesentlicher Haushaltsposten –, zieht das Bundesverfassungsgericht hier gerade nicht die Konsequenz einer „strikten verfassungsgerichtlichen Kontrolle"[29]. Vielmehr hat das Gericht die Zulässigkeit struktureller Neuausrichtungen im Besoldungsrecht wiederholt betont[30]. Dies schließt freilich nicht aus, dass sich gerade aus anderen hergebrachten Grundsätzen im Sinne von Art. 33 Abs. 5 GG Einschränkungen für den Gesetzgeber ergeben können bei der Konkretisierung der Pflicht zur angemessenen Alimentation[31].

---

26 Vgl. BVerfGE 43, 154 (168); a.A. anscheinend *Hebeler*, ZBR 2015, S. 289 (293).

27 Siehe dazu auch *Bömeke*, RiA 2016, S. 4.

28 BVerfG, Beschluss der 1. Kammer des Zweiten Senats vom 7. Oktober 2010 – 2 BvR 413/15 –, NVwZ 2016, S. 56. Vgl. wegen der weiteren Aktenzeichen (auch des einen unbegründeten Nichtannahmebeschlusses) die Pressemitteilung Nr. 85/2015 vom 17. November 2015.

29 Vgl. demgegenüber nur BVerfGE 135, 259 (289) zur Drei-Prozent-Sperrklausel im Europawahlgesetz.

30 BVerfGE 130, 263 (295).

31 BVerfGE 117, 372 (381). Vgl. auch OVG RP, Beschluss vom 4. Dezember 2009 – 10 A 10507/09.OVG –. Das Verfahren wird beim Bundesverfassungsgericht unter dem Aktenzeichen 2 BvL 1/10 geführt.

VI. Offene sowie im Nachgang geklärte Fragen

Die Reaktionen auf die beiden Entscheidungen zeigen bereits jetzt, dass durchaus noch Fragen offen sind.

Einige bedürfen möglicherweise keiner abschließenden Klärung durch das Bundesverfassungsgericht oder lassen sich insoweit „auffangen", als den Schwellenwerten auf der 1. Prüfungsstufe nur „Orientierungscharakter" beigemessen worden ist und gerade die 2. Prüfungsstufe offen ist für „weitere" alimentationsrelevante Kriterien. Dazu könnte der Einwand von *Müller* zählen[32], die Einbeziehung von Sonderzahlungen in die Besoldungsentwicklung könne beim Vergleich mit den Tarifergebnissen zu Verzerrungen führen, da eine Kürzung der Sonderzahlung zu einer negativen Besoldungsentwicklung führte, vergleichbare Entwicklungen auf der Tarifseite jedoch stets außer Betracht blieben. Die 2. Stufe dürfte aber auch der Ort sein, im Rahmen einer Gesamtabwägung auch dann zu der Annahme einer Unteralimentation zu kommen, wenn zwar auf der ersten Stufe nur (insoweit für eine Vermutung nicht ausreichende) zwei der fünf Parameter erfüllt wären, dies aber besonders deutlich, oder wenn bei konsequenten Besoldungserhöhungen erst im Dezember (in Abweichung von der Entwicklung der Tariflöhne) Parameter wiederholt nur knapp nicht erfüllt wären wegen der kalenderjahres- und nicht monatsbezogenen Berechnungsmethode[33].

Da die Vorlageverfahren nur die Besoldung von Richtern sowie von Beamten gehobener Besoldungsgruppen betrafen, musste das Bundesverfassungsgericht nicht darüber entscheiden, ob die Nettoalimentation (auch) in den unteren Besoldungsgruppen einen Mindestabstand zum Niveau der Grundsicherung für Arbeitssuchende aufweist. Zwar enthält der Beschluss zur Beamtenbesoldung längere Ausführungen, was bei einer solchen Prüfung zu berücksichtigen wäre[34]. Das Gericht hat aber ausdrücklich offen gelassen, wie hoch ein solcher Mindestabstand zum Existenzminimum sein müsste und ob es darauf ankommt, dass ein Alleinverdiener den angemessenen Lebensunterhalt einer vierköpfigen Familie durchgängig aufbringen kann. Des Weiteren hat das Gericht betont, dass der Gesetzgeber einen weiten Gestaltungsspielraum habe, wie bei der Festsetzung der Bezüge den Anforderungen des Gebotes eines Mindestabstands zum Grundsic-

32 *Müller*, RiA 2015, S. 193 (195).

33 Ein striktes Verbot verzögerter oder geringerer Besoldungserhöhungen in höheren Besoldungsgruppen lässt sich den Entscheidungen – entgegen der Ansicht von *Stuttmann*, NVwZ 2016, S. 184 (189) – nicht entnehmen. Wie weit insoweit der Spielraum des Gesetzgebers reicht, könnte in den Verfahren 2 BvR 883/14 und 2 BvR 905/14 zur sogenannten Ostbesoldung relevant werden.

34 BVerfGE 140, 240 (286 f.).

herungsniveau Rechnung zu tragen sei, und insoweit verschiedene Möglichkeiten aufgezeigt. Schließlich ist die Entwicklung des Abstands zwischen Besoldungsgruppen nur ein Parameter von insgesamt fünf auf der 1. Prüfungsstufe. Es erscheint daher deutlich überzeichnet, wenn dem Beschluss die Aussage entnommen wird, die Besoldung aller Besoldungsgruppen müsse angehoben werden – bis einschließlich A 8 spürbar, um einen ausreichenden Mindestabstand zum Sozialhilfeniveau zu haben, in der Folge, um dem Abstandsgebot zwischen den Besoldungsgruppen genüge zu tun[35].

Die unter den Aktenzeichen 2 BvL 2-6/16 geführten Verfahren zur Besoldung in Bremen[36] sowie das Verfahren 2 BvL 8/16 zur Besoldung in Brandenburg[37] könnten geeignet sein, einige noch offene Fragen zu klären; allerdings bestehen insbesondere bei der nach A 6/A 7 besoldeten Beamtin nach Auffassung des vorlegenden Gerichts „mangels familienbezogener finanzieller Belastungen keine Anhaltspunkte dafür, dass der Mindestabstand der Besoldung zum sozialhilferechtlichen Existenzminimum nicht gewahrt worden ist“[38]. An derartigen Vorlagen dürfte jedenfalls auch in Zukunft kein Weg vorbeiführen – anders als bei den familienbezogenen Gehaltsbestandteilen bei mehr als zwei Kindern[39] erscheint das Konzept einer dreistufigen, mit zahlreichen Abwägungselementen versehenen Prüfung zu komplex, als dass gleichsam „auf Vorrat“ für künftige Besoldungsregelungen der Erlass einer Vollstreckungsanordnung in Betracht käme.

Wie mittlerweile entschieden wurde, sind Anträge auf Erlass von Vollstreckungsanordnungen nach § 35 BVerfGG auch nicht der richtige Weg, um (Änderungs-)Gesetze zur Überprüfung durch das Bundesverfassungsgericht zu stellen, die in Umsetzung einer vorangegangenen Entscheidung erlassen wurden. Auf das Urteil zur R-Besoldung vom 5. Mai 2015 hin, mit dem u. a. dem Gesetzgeber des Landes Sachsen-Anhalt aufgegeben wurde, verfassungskonforme Regelungen mit Wirkung spätestens vom 1. Januar 2016 an zu treffen, hat dieser ein Änderungsgesetz erlassen. Die Kläger der Ausgangsverfahren waren der Auffassung, die vom Gesetzgeber gewählte „Minimallösung“ führe nicht zu verfassungskonformen Regelungen, und beantragten den Erlass einer Vollstreckungsanordnung, „in der dem Gesetzgeber des Landes Sachsen-Anhalt aufgegeben wird, eine verfassungskonforme Regelung für die Besoldungsgruppe R 1 ... zu erlassen“.

---

35 So aber *Stuttmann*, NVwZ 2016, S. 184.

36 Zugrunde liegen die Beschlüsse des VG Bremen vom 17. März 2016 – 6 K 83/14, 6 K 170/14, 6 K 273/14, 6 K 276/14, 6 K 280/14 – zur Verfassungsmäßigkeit der Besoldung in den Besoldungsgruppen R 1, C 3, A 11, A 13, A 6/A 7.

37 OVG Berlin-Brandenburg, Beschluss vom 2. Juni 2016 – OVG 4 B 1.09 –.

38 VG Bremen, Beschluss vom 17. März 2016 – 6 K 280/14 –, juris, Rn. 82.

39 BVerfGE 99, 300 (304, 331 f.).

Das Bundesverfassungsgericht hat die Anträge für unzulässig gehalten und verworfen[40]. Eine Vollstreckungsanordnung darf die Sachentscheidung, deren Vollstreckung sie dient, nicht ändern, modifizieren, ergänzen oder erweitern. Die Anträge waren daher nicht statthaft, da die begehrten Vollstreckungsanordnungen über diese Grenze hinausgingen. Sie enthielten, sofern sie ergingen, die (inzidente) Feststellung, dass das Änderungsgesetz keine verfassungskonformen Regelungen treffe. Eine solche Feststellung setzt aber eine Prüfung der durch das Gesetz geschaffenen neuen Rechtslage voraus, so dass sich ein derartiger Beschluss nicht in der Vollstreckung der Sachentscheidung vom 5. Mai 2015 erschöpfte, sondern sie ergänzte und erweiterte. Das Verhältnis von fachgerichtlichem und verfassungsgerichtlichem Rechtsschutz würde dadurch verkehrt. Die verfassungsrechtliche Würdigung der geänderten Gesetzeslage könnte Gegenstand eines eigenständigen verfassungsgerichtlichen Verfahrens sein. Das Gericht hat betont, dass die Aufbereitungs-, Vorprüfungs- und Entlastungsfunktion der Fachgerichte mit Blick auf die Komplexität der vorzunehmenden mehrstufigen verfassungsrechtlichen Prüfung besonders schwer wiegt.

40 BVerfG, Beschluss des Zweiten Senats vom 7. Juni 2016 – 2 BvL 3/12 u.a. –.

IV. Staatsorganisationsrecht und Europäische Integration

Arne Misol

Die Rechtsprechung des Bundesverfassungsgerichts zur Sperrklausel bei der Wahl des Europäischen Parlaments – eine kritische Würdigung

Leitentscheidungen des Bundesverfassungsgerichts

BVerfGE 51, 222 – Sperrklausel, Europawahlgesetz
BVerfGE 129, 300 – Fünf-Prozent-Sperrklausel EuWG
BVerfGE 135, 259 – Drei-Prozent-Sperrklausel Europawahlgesetz

Schrifttum

Bull, Erfolgswertgleichheit – eine Fehlkonstruktion im deutschen Wahlrecht, DVBl 2014, S. 1213 ff.; *Felten*, Durfte das Bundesverfassungsgericht die Drei-Prozent-Hürde bei der Europawahl überprüfen? – Eine Bestimmung des Kooperationsverhältnisses zwischen Bundesverfassungsgericht und Europäischem Gerichtshof in Bezug auf die Überprüfung von Sperrklauseln bei der Europawahl, EuR 2014, S. 298 ff.; *Frenz*, Die Verfassungskonformität der 3-Prozent-Klausel für Europawahlen, NVwZ 2013, S. 1059 ff.; *ders.*, 3%-Klausel als europäischer Mindeststandard beim Wahlrecht, DÖV 2014, S. 960 ff.; *Geerlings/Hamacher*, Der Wegfall der Fünf-Prozent-Klausel bei Europawahlen, DÖV 2012, S. 671 ff.; *Grzeszick*, Demokratie und Wahlen im europäischen Verbund der Parlamente – Zum Urteil des BVerfG über Sperrklauseln bei Wahlen zum Europäischen Parlament, EuR 2012, S. 667 ff.; *ders.*, Weil nicht sein kann, was nicht sein darf: Aufhebung der 3%-Sperrklausel im Europawahlrecht durch das BVerfG und dessen Sicht auf das Europäische Parlament, NVwZ 2014, S. 537 ff.; *ders.*, in: Maunz/Dürig (Hrsg.), Grundgesetz-Kommentar, Art. 20 (September 2015); *Heintzen*, Die Bundestagswahl als Integrationsvorgang, DVBl 1997, S. 744 ff.; *Ipsen*, Wahlrecht im Spannungsfeld von Politik und Verfassungsgerichtsbarkeit, DVBl 2013, S. 265 ff.; *Kelsen*, Was ist Gerechtigkeit?, Wien 1953; *Klein*, in: Maunz/Dürig (Hrsg.), Grundgesetz-Kommentar, Art. 38 (September 2015); *Lenz*, Die Wahlrechtsgleichheit und das Bundesverfassungsgericht, AöR 121, S. 337 ff.; *Lenz/Gerhard*, Einführung Europawahlgesetz, 1. Aufl. 2012; *Lembcke/Peuker/Seifarth*, Wandel der Wahlrechtsrealitäten – Zur Verfassungswidrigkeit des § 2 Abs. 7 EuWG, DVBl 2012, S. 401 ff.; *Morlok*, Demokratie und Wahlen, in: Badura/Dreier (Hrsg.), Festschrift 50 Jahre Bundesverfassungsgericht, Bd. 2, 2001, S. 559 ff; *ders.*, Chancengleichheit ernstgenommen – Die Entscheidung des Bundesverfassungsgerichts zur Fünf-Prozent-Klausel bei der Europawahl, JZ 2012, S. 76 ff.; *Morlok/Kühr*, Wahlrechtliche Sperrklauseln und die Aufgaben einer Volksvertretung, JuS 2012, S. 385 ff.; *Pauly*, Das Wahlrecht in der neueren Rechtsprechung des Bundesverfassungsgerichts, AöR 123, S. 232 ff.; *Polzin*, Das Rangverhältnis von Verfassungs- und Unionsrecht nach der neuesten Rechtsprechung des BVerfG, JuS 2012, S. 1 ff.; *Roßner*, Verfassungswidrigkeit der Fünf-Prozent-Sperrklausel im Europawahlrecht, NVwZ 2012, S. 22 ff.; *Schönberger*, Das Bundesverfassungsgericht und die Fünf-Prozent-Klausel bei der Wahl zum Europäischen Parlament, JZ 2012, S. 80 ff.; *ders.*, in: Grabitz/Hilf/Nettesheim (Hrsg.), Das Recht der

DOI 10.1515/9783110421866-015

Europäischen Union, Art. 20 AEUV (August 2015); *Schreiber*, Die Wahl zum Europäischen Parlament in der Bundesrepublik Deutschland – Neue Rechtsgrundlagen im Vorfeld der Konstitutionalisierung der Europäischen Union, NVwZ 2004, S. 21 ff.; *Will*, Nichtigkeit der Drei-Prozent-Sperrklauseln bei Europawahlen, NJW 2014, S. 1421 ff.; *Würdinger*, Das Ziel der Gesetzesauslegung – ein juristischer Klassiker und Kernstreit der Methodenlehre, JuS 2016, S. 1 ff.

Inhalt

I. Einleitung — 360
II. Die Leitentscheidungen des Bundesverfassungsgerichts — 361
  1. Der Beschluss des Bundesverfassungsgerichts vom 22. Mai 1979 — 361
  2. Das Urteil des Bundesverfassungsgerichts vom 9. November 2011 — 365
  3. Das Urteil des Bundesverfassungsgerichts vom 26. Februar 2014 — 370
III. Kritische Würdigung — 373
  1. Zur Auslegung und Rechtsnatur des Art. 3 DWA — 373
  2. Wahlrechtsgleichheit und Sperrklausel — 376
IV. Schluss — 386

I. Einleitung

Jede politische Wahl bedarf der rechtlichen Ausgestaltung. Wesentliche Anknüpfungspunkte sind hierbei die Bestimmung des Kreises der Wahlberechtigten und die Bestimmung und Einschätzung dessen, was, beziehungsweise wer nach welchen Grundsätzen zur Wahl steht. Schließlich ist von Bedeutung, wer diese Bestimmungen und Einschätzungen vornimmt.

Die Rechtsprechung des Bundesverfassungsgerichts zur verfassungsrechtlichen Zulässigkeit einer Sperrklausel bei der Wahl der Abgeordneten des Europäischen Parlaments aus der Bundesrepublik Deutschland wirft insoweit Fragen auf, die einer Analyse bedürfen. Dabei liegt der Schwerpunkt der Analyse bei der Wahlrechtsgleichheit.[1] Diese Analyse wird nach Darstellung (II.)[2] der insoweit maßgeblichen Entscheidungen[3] versucht (III.). Dabei soll aufgezeigt werden, dass die Maßstabsbildung und die Subsumtion des Bundesverfassungsgerichts in wichtigen Gesichtspunkten nicht zu überzeugen vermögen. Der Beitrag schließt

1 Die Chancengleichheit der Parteien, die nach Auffassung des Bundesverfassungsgerichts in einem engen Zusammenhang zur Wahlrechtsgleichheit steht, weshalb die Rechtfertigung von Eingriffen nach den gleichen Maßstäben erfolge, vgl. BVerfGE 129, 300 (320) m.w.N., kann hier aus Platzgründen nicht näher erörtert werden.

2 Die Darstellung muss sich dabei auf das für die Analyse Wesentliche beschränken.

3 BVerfGE 51, 222; 129, 300; 135, 259.

mit einem Ausblick auf die aktuelle Entwicklung zur Sperrklausel im europäischen Wahlrecht (IV.).

II. Die Leitentscheidungen des Bundesverfassungsgerichts

1. Der Beschluss des Bundesverfassungsgerichts vom 22. Mai 1979[4]

Die Entscheidung betrifft die Verfassungsmäßigkeit der Fünf-Prozent-Sperrklausel im damaligen Europawahlgesetz. Die hiergegen erhobenen Verfassungsbeschwerden wurden zurückgewiesen.[5]

Das Bundesverfassungsgericht kommt zu dem Ergebnis, dass die Sperrklausel mit dem Grundgesetz vereinbar sei, weil sie an dem durch besondere, zwingende Gründe gerechtfertigten Ziel, einer übermäßigen Parteienzersplitterung im Europäischen Parlament entgegenzuwirken, orientiert sei und das Maß des zur Erreichung dieses Zieles Erforderlichen nicht überschreite.[6]

a) Maßstab

Das in Vollzug des Art. 7 Abs. 2 DWA[7] ergangene Europawahlgesetz sei deutsches Bundesrecht und als solches am „Gleichheitssatz des Grundgesetzes" zu messen. Der Gleichheitssatz fordere nicht, dass der Gesetzgeber die Einzelnen und ihre relevanten gesellschaftlichen Gruppen unbedingt gleichmäßig behandelt; er lasse Differenzierungen zu, die durch sachliche Erwägungen gerechtfertigt seien. Ob und in welchem Ausmaß der Gleichheitssatz bei der Ordnung bestimmter Mate-

4 BVerfGE 51, 222.
5 BVerfGE 51, 222 (222).
6 BVerfGE 51, 222 (233).
7 Vgl. den Beschluss und Akt zur Einführung allgemeiner unmittelbarer Wahlen der Mitglieder des Europäischen Parlaments vom 20. September 1976, ABl Nr. L 278/1, dem der Deutsche Bundestag durch Gesetz vom 4. August 1977 zugestimmt hat, BGBl II S. 733 (Direktwahlakt). Art. 7 Abs. 2 DWA lautete: „Bis zum Inkrafttreten eines einheitlichen Wahlverfahrens und vorbehaltlich der sonstigen Vorschriften dieses Akts bestimmt sich das Wahlverfahren in jedem Mitgliedstaat nach den innerstaatlichen Vorschriften." Er entspricht weitgehend dem aktuellen Art. 8 UAbs. 1 DWA.

rien dem Gesetzgeber Differenzierungen erlaube, richte sich nach der Natur des jeweils infrage stehenden Sachbereichs.[8]

Unter Bezugnahme auf die geschichtliche Entwicklung, die in Art. 28 Abs. 1 Satz 2 und Art. 38 Abs. 1 Satz 1 GG ihre verbindliche verfassungsrechtliche Ausprägung gefunden habe, sei davon auszugehen, dass jedermann seine staatsbürgerlichen Rechte in formal möglichst gleicher Weise ausüben können solle.[9] Für eine freiheitliche demokratische Grundordnung, wie das Grundgesetz sie geschaffen habe, sei die Gleichbewertung aller Staatsbürger bei der Ausübung des Wahlrechts eine der wesentlichen Grundlagen der Staatsordnung. Der Grundsatz der formalen Wahlgleichheit gelte deshalb nicht nur für das Bundestagswahlrecht und für das Wahlrecht in den Ländern, Kreisen und Gemeinden, sondern darüber hinaus als ungeschriebenes Verfassungsrecht auch für sonstige politische Abstimmungen und somit auch für die Wahl der deutschen Abgeordneten des Europäischen Parlaments.[10]

Aus den Grundsätzen der formalen Wahlgleichheit und der Chancengleichheit der politischen Parteien und Wählergruppen folge, dass dem Gesetzgeber bei der Ordnung des Wahlrechts nur ein eng bemessener Spielraum für Differenzierungen verbleibe. Diese bedürften stets eines besonderen, rechtfertigenden, zwingenden Grundes.[11]

Der Grad der zulässigen Differenzierungen lasse sich aber nicht losgelöst von dem jeweiligen Wahlsystem und dem Aufgabenkreis der zu wählenden Volksvertretung bestimmen. Ausnahmen von der Wahlgleichheit und dem Recht der politischen Parteien und Wählervereinigungen auf Chancengleichheit seien nur zulässig, wenn dies der Zweck und die Natur des Wahlverfahrens zwingend erforderten.[12] So begünstige die Verhältniswahl das Aufkommen kleinerer Parteien und Wählervereinigungen, was zur ernsthaften Beeinträchtigung der Handlungsfähigkeit der zu wählenden Volksvertretung führen könne.

Eine Wahl habe aber nicht nur das Ziel, eine Volksvertretung zu schaffen, die ein Spiegelbild der in der Wählerschaft vorhandenen politischen Meinungen darstelle, sondern sie solle auch ein funktionsfähiges Organ hervorbringen. Es bestehe zudem die Gefahr, dass auch solche kleinen Gruppen eine Vertretung erlangten, die nicht ein am Gesamtwohl orientiertes politisches Programm, sondern im Wesentlichen nur einseitige Interessen verträten. Klare und ihrer Verantwortung für das Gesamtwohl bewusste Mehrheiten in einer Volksvertretung

8 BVerfGE 51, 222 (234) m.w.N.
9 BVerfGE 51, 222 (234) m.w.N.
10 BVerfGE 51, 222 (234 f.) m.w.N.
11 BVerfGE 51, 222 (235) m.w.N.
12 BVerfGE 51, 222 (235 f.) m.w.N.

seien aber für eine Bewältigung der ihr gestellten Aufgaben unentbehrlich. Deshalb dürfe der Gesetzgeber Differenzierungen in dem Erfolgswert der Stimmen bei der Verhältniswahl vornehmen, soweit dies zur Sicherung des Charakters der Wahl als eines Integrationsvorgangs bei der politischen Willensbildung im Interesse der Einheitlichkeit des ganzen Wahlsystems und zur Sicherung der mit der Wahl verfolgten Ziele unbedingt erforderlich sei.[13]

Es bedürfe somit einer Abwägung zwischen dem Postulat der Funktionsfähigkeit der zu wählenden Volksvertretung einerseits und dem Gebot des grundsätzlich gleichen Erfolgswertes aller Wählerstimmen sowie der gleichen Wettbewerbschancen der politischen Parteien und Wählervereinigungen andererseits. Was in diesem Zusammenhang von Verfassungs wegen als zwingender Grund für eine begrenzte Differenzierung anzuerkennen sei, variiere von Bereich zu Bereich und bestimme sich vor allem nach dem Aufgabenkreis der zu wählenden Volksvertretung.[14]

Seien aber die Voraussetzungen für eine Durchbrechung der formalisierten Wahlrechtsgleichheit gegeben und entschließe sich der Gesetzgeber, die Funktionsfähigkeit der zu wählenden Volksvertretung durch eine Sperrklausel zu sichern, die Splittergruppen von der Vertretung ausschließe, so sei in aller Regel ein Quorum von 5 % verfassungsrechtlich nicht zu beanstanden. Es müssten vielmehr besondere Umstände des Einzelfalles vorliegen, die ein solches Quorum unzulässig machen würden. Andererseits müssten ganz besondere, zwingende Gründe gegeben sein, um eine Erhöhung des Quorums über 5 % hinaus zu rechtfertigen.[15]

b) Subsumtion

Unter Zugrundelegung dieses Maßstabs kommt das Bundesverfassungsgericht zu dem Ergebnis, dass es zwingende Gründe gebe, die der Bundesgesetzgeber zum Anlass nehmen durfte, einer übermäßigen Parteienzersplitterung im Europäischen Parlament entgegenzuwirken. Dabei habe es ihm freigestanden, zu entscheiden, ob er von dieser Möglichkeit Gebrauch machen wollte oder nicht und welche Maßnahmen zur Erreichung dieses Zieles er für angemessen erachtete. Das Grundgesetz belasse dem Gesetzgeber insoweit einen Gestaltungsspielraum, der vom Bundesverfassungsgericht zu achten sei.[16]

---

13 BVerfGE 51, 222 (236).
14 BVerfGE 51, 222 (236 f.) m.w.N.
15 BVerfGE 51, 222 (237) m.w.N.
16 BVerfGE 51, 222 (249).

Zwar konzediert das Bundesverfassungsgericht, dass der Aufgabenkreis des Europäischen Parlaments mit dem Aufgabenkreis der Parlamente der Mitgliedstaaten nur bedingt vergleichbar sei. Im Vordergrund stehe die Ausübung der dem Europäischen Parlament in dem jeweiligen Vertrag verbürgten Beratungs- und Kontrollbefugnisse.[17] So habe das Europäische Parlament keinen Einfluss auf die Bestellung und Abberufung des politischen Entscheidungsorgans Rat, eine Initiativbefugnis zur Rechtsetzung sei nur bezüglich seiner Selbstorganisation gegeben.[18] Über ein Budgetrecht im klassischen Sinne verfüge das Europäische Parlament nicht.[19] Gleichwohl ist das Bundesverfassungsgericht überzeugt, dass dem Europäischen Parlament für das Funktionieren und die Fortentwicklung der Europäischen Gemeinschaften eine große praktische Bedeutung zukomme. Dies erweise sich etwa daran, dass die vom Europäischen Parlament beschlossenen Änderungsvorschläge in den meisten Fällen von der Kommission übernommen würden.[20] Zudem habe das Europäische Parlament ein umfangreiches Instrumentarium an Kontrollrechten, das eine wirksame Kontrolle der Kommission ermögliche.[21] Das Gemeinschaftsrecht enthalte und verlange weiterhin in großem Maße wirtschaftliche Spezial- und Detailregelungen, deren abgewogene Beurteilung besondere Sachkunde erfordere. Hier seien der Rat und die Kommission mit den ihnen zur Verfügung stehenden umfangreichen Verwaltungsapparaten ohnehin im Vorteil. Gerade deshalb sei es besonders notwendig, durch ein arbeitsfähiges Parlament ein Gegengewicht zu schaffen, dass dieser Aufgabe gewachsen sei.[22]

Das europäische Parlament könne die ihm gestellten Aufgaben aber nur dann wirksam bewältigen, wenn es durch eine, den vielschichtigen Spezialmaterien angemessene interne Arbeitsteilung allen seinen Mitgliedern die notwendige Sachkenntnis verschaffe und zu einer überzeugenden Mehrheitsbildung in der Lage sei. Beides könne gefährdet werden, wenn die durch die große Zahl der Mitgliedstaaten[23] ohnehin nicht vermeidbare Aufgliederung des Parlaments in viele Gruppen ein Ausmaß annehme, dass dessen Funktionsfähigkeit ernsthaft

---

17 BVerfGE 51, 222 (240 f.).
18 BVerfGE 51, 222 (241 f.).
19 BVerfGE 51, 222 (243).
20 BVerfGE 51, 222 (242 f.).
21 BVerfGE 51, 222 (244).
22 BVerfGE 51, 222 (247).
23 Zum Zeitpunkt der Entscheidung des Bundesverfassungsgerichts bestanden die Europäischen Gemeinschaften aus neun Mitgliedstaaten, vgl. BVerfGE 51, 222 (223).

infrage stelle. Dies sei ein zwingender Grund, der Vorkehrungen gegen eine übermäßige Parteienzersplitterung zu rechtfertigen vermöge.[24]

2. Das Urteil des Bundesverfassungsgerichts vom 9. November 2011[25]

Die Entscheidung betrifft insbesondere[26] die Verfassungsmäßigkeit der Fünf-Prozent-Sperrklausel im damaligen Europawahlgesetz. Die hiergegen erhobenen Wahlprüfungsbeschwerden hatten Erfolg.

Das Bundesverfassungsgericht kommt zu dem Ergebnis, dass der mit der Fünf-Prozent-Sperrklausel in § 2 Abs. 7 EuWG verbundene schwerwiegende Eingriff in die Grundsätze der Wahlrechtsgleichheit und Chancengleichheit der politischen Parteien unter den gegebenen rechtlichen und tatsächlichen Verhältnissen nicht zu rechtfertigen sei.[27]

a) Maßstab[28]

Das Europawahlgesetz sei deutsches Bundesrecht und als solches am Grundgesetz und den darin enthaltenen Grundsätzen der Wahlrechtsgleichheit und Chancengleichheit der politischen Parteien zu messen. Die verfassungsrechtliche Prüfung der deutschen Fünf-Prozent-Sperrklausel sei nicht durch verbindliche europarechtliche Vorgaben eingeschränkt. Nach Art. 8 Abs. 1 DWA bestimme sich das Wahlverfahren – vorbehaltlich unionsrechtlicher Vorgaben und der Vorschriften des Aktes – in jedem Mitgliedstaat nach den innerstaatlichen Vorschriften. Danach gebe der Direktwahlakt nur einen Gestaltungsrahmen für den Erlass nationaler Wahlrechtsvorschriften vor. Art. 3 DWA[29] eröffne den Mitglied-

24 BVerfGE 51, 222 (247).
25 BVerfGE 129, 300.
26 Daneben wurde die Verfassungsmäßigkeit des Systems der „starren Listen“ geprüft.
27 Vgl. BVerfGE 129, 300 (300).
28 Der Maßstab wird nur insoweit wiedergegeben, als er den in der BVerfGE 51, 222 dargestellten Maßstab ergänzt oder modifiziert.
29 Art. 3 DWA lautet: „Für die Sitzvergabe können die Mitgliedstaaten eine Mindestschwelle festlegen. Diese Schwelle darf jedoch landesweit nicht mehr als 5 % der abgegebenen Stimmen betragen.“ Zum Zeitpunkt der BVerfGE 51, 222 gab es eine entsprechende Regelung im Direktwahlakt noch nicht. Der Direktwahlakt erfuhr im Jahr 2002 eine Überarbeitung. Weitere wesentliche Änderungen waren zum einen die Verpflichtung der Mitgliedstaaten auf eine Verhältniswahl. Die Wahl erfolgt nunmehr zum andern nicht mehr nur allgemein und unmittelbar (Art. 1

staaten lediglich die Möglichkeit, eine Mindestschwelle für die Sitzvergabe von landesweit bis zu 5 % der abgegebenen Stimmen festzulegen, begründe aber keine entsprechende Verpflichtung und lasse daher die Reichweite der innerstaatlichen Überprüfung der Vereinbarkeit einer solchen Regelung mit den durch das Grundgesetz verbürgten Wahlgrundsätzen unberührt.[30]

Das Bundesverfassungsgericht prüft die verfassungsrechtliche Zulässigkeit der Fünf-Prozent-Hürde an Art. 3 Abs. 1 GG in seiner Ausprägung als Gebot formaler Wahlgleichheit[31] und dem aus Art. 21 Abs. 1 GG, Art. 3 Abs. 1 GG abzuleitenden Grundsatz der Chancengleichheit der Parteien, den das Bundesverfassungsgericht unter dem Gesichtspunkt demokratisch gleicher Wettbewerbschancen auch auf sonstige politische Vereinigungen im Sinne des § 8 Abs. 1 EuWG erweitert.[32]

Bei der durch Art. 1 Abs. 1 DWA vorgegebenen und in § 2 Abs. 1 EuWG angeordneten Verhältniswahl verlange der Grundsatz der Wahlgleichheit, dass jeder Wähler mit seiner Stimme auch den gleichen Einfluss auf die Zusammensetzung der zu wählenden Vertretung haben müsse. Ziel des Verhältniswahlsystems sei es, dass alle Parteien in einem möglichst den Stimmenzahlen angenäherten Verhältnis in dem zu wählenden Organ vertreten sind. Zur Zählwertgleichheit trete im Verhältniswahlrecht mithin die Erfolgswertgleichheit hinzu. Das Verfassungsgebot der Erfolgswertgleichheit für die Wahl des deutschen Kontingents von Abgeordneten des Europäischen Parlaments werde auch nicht dadurch infrage gestellt, das gemäß der in Art. 14 Abs. 2 UAbs. 1 Satz 3 EUV-Lissabon vorgesehenen degressiv proportionalen Kontingentierung der auf die Mitgliedstaaten entfallenden Sitze erhebliche Unterschiede im Stimmengewicht der Unionsbürger aus den einzelnen Mitgliedstaaten bestehen. Denn dies betreffe allein das Verhältnis zwischen den Wählern aus unterschiedlichen Mitgliedstaaten.[33]

Zwischen der Wahlrechtsgleichheit und der Chancengleichheit der Parteien bestehe ein enger Zusammenhang; daher erfolge die Rechtfertigung nach den gleichen Maßstäben. Danach bestehe zwar kein absolutes Differenzierungsverbot. Allerdings folge aus dem formalen Charakter dieser Grundsätze, dass dem Gesetzgeber bei der Ordnung des Wahlrechts nur ein eng bemessener Spielraum für Differenzierungen verbleibe. Bei der Prüfung, ob eine Differenzierung gerecht-

DWA a.F.), sondern auch frei und geheim, vgl. Art. 1 DWA und im Einzelnen BVerfGE 129, 300 (304) m.w.N. Vgl. auch die Darstellung der Entwicklung bis zum Jahr 2002 bei *Schreiber*, a.a.O., S. 21 (24 ff.).

30 Vgl. BVerfGE 129, 300 (317).

31 Vgl. BVerfGE 129, 300 (317).

32 Vgl. BVerfGE 129, 300 (319).

33 Vgl. BVerfGE 129, 300 (318).

fertigt sei, sei grundsätzlich ein strenger Maßstab anzulegen.[34] Differenzierungen bedürften zu ihrer Rechtfertigung stets eines besonderen, sachlich legitimierten, „zwingenden" Grundes, was aber nicht bedeute, dass sich die Differenzierung als von Verfassungs wegen notwendig darstellen müsse. Differenzierungen im Wahlrecht könnten vielmehr auch durch Gründe gerechtfertigt werden, die durch die Verfassung legitimiert und von einem Gewicht seien, das der Wahlgleichheit die Waage halten könne. Hierzu zählten insbesondere die mit der Wahl verfolgten Ziele, also die Sicherung des Charakters der Wahl als eines Integrationsvorgangs bei der politischen Willensbildung des Volkes und, damit zusammenhängend, die Sicherung der Funktionsfähigkeit der zu wählenden Volksvertretung.[35]

Differenzierende Regelungen müssten zur Verfolgung ihrer Zwecke geeignet und erforderlich sein. Daher richte sich ihr erlaubtes Ausmaß auch danach, mit welcher Intensität in das Wahlrecht eingegriffen werde. Gleichfalls könnten gefestigte Rechtsüberzeugungen und Rechtspraxis Beachtung finden. Der Gesetzgeber habe sich bei seiner Einschätzung und Bewertung allerdings nicht an abstrakt konstruierten Fallgestaltungen, sondern an der politischen Wirklichkeit zu orientieren.[36] Der Gesetzgeber sei verpflichtet, eine die Wahlgleichheit und die Chancengleichheit berührende Norm des Wahlrechts zu überprüfen und gegebenenfalls zu ändern, wenn die verfassungsrechtliche Rechtfertigung dieser Norm durch neue Entwicklungen infrage gestellt werde, etwa durch eine Änderung der vom Gesetzgeber vorausgesetzten tatsächlichen oder normativen Grundlagen oder dadurch, dass sich die beim Erlass der Norm hinsichtlich ihrer Auswirkungen angestellte Prognose als irrig erwiesen habe. Für Sperrklauseln im Verhältniswahlrecht bedeute dies, dass die Vereinbarkeit einer Sperrklausel mit dem Grundsatz der Wahlgleichheit und der Chancengleichheit der politischen Parteien nicht ein für alle Mal abstrakt beurteilt werden könne.[37]

Für Sperrklauseln im Verhältniswahlrecht habe das Bundesverfassungsgericht die Maßstäbe zuletzt in seiner Entscheidung vom 13. Februar 2008 zur Fünf-Prozent-Sperrklausel im Kommunalwahlrecht[38] konkretisiert. Danach beruhe der Einsatz einer Sperrklausel auf der Einschätzung des Gesetzgebers von der Wahrscheinlichkeit des Einzugs von Splitterparteien, dadurch zu erwartender Funktionsstörungen und deren Gewichts für die Aufgabenerfüllung der Volksvertretung. Bei der Prognoseentscheidung dürfe der Gesetzgeber nicht auf die Feststellung der rein theoretischen Möglichkeit einer Beeinträchtigung der

34 Vgl. BVerfGE 129, 300 (320) unter Verweis auf BVerfGE 120, 82 (106).
35 Vgl. BVerfGE 129, 300 (322 f.).
36 Vgl. BVerfGE 129, 300 (321) unter Verweis auf BVerfGE 120, 82 (107).
37 Vgl. BVerfGE 129, 300 (321 f.) m.w.N.
38 Vgl. BVerfGE 120, 82.

Funktionsfähigkeit der Volksvertretung zur Rechtfertigung des Eingriffs abstellen, ansonsten sei eine gerichtliche Kontrolle gesetzgeberischer Prognoseentscheidungen, einschließlich deren tatsächlicher Grundlagen, unmöglich. Vor diesem Hintergrund könne jedenfalls die allgemeine und abstrakte Behauptung, durch den Wegfall der Fünf-Prozent-Sperrklausel werde der Einzug kleinerer Parteien und Wählergemeinschaften in die Vertretungsorgane erleichtert und dadurch die Willensbildung in diesen Organen erschwert, einen Eingriff in die Grundsätze der Wahlgleichheit und der Chancengleichheit nicht rechtfertigen. Nur die mit einiger Wahrscheinlichkeit zu erwartende Beeinträchtigung der Funktionsfähigkeit der Vertretungsorgane könne die Fünf-Prozent-Sperrklausel rechtfertigen.[39] Diese Maßstäbe gälten auch für die verfassungsgerichtliche Prüfung des Wahlrechts zum Europäischen Parlament.[40]

Zwar habe das Bundesverfassungsgericht nicht die Aufgabe des Gesetzgebers zu übernehmen und alle zur Überprüfung relevanten tatsächlichen und rechtlichen Gesichtspunkte selbst zu ermitteln und gegeneinander abzuwägen oder eigene Zweckmäßigkeitsbeurteilungen an die Stelle derjenigen des Gesetzgebers zu setzen. Da bei Regelungen, die die Bedingungen der politischen Konkurrenz berührten, die parlamentarische Mehrheit gewissermaßen in eigener Sache tätig werde und gerade bei der Wahlgesetzgebung die Gefahr bestehe, dass die jeweilige Parlamentsmehrheit sich statt von gemeinwohlbezogenen Erwägungen vom Ziel des eigenen Machterhalts leiten lasse, unterliege aber die Ausgestaltung des Wahlrechts einer strikten verfassungsgerichtlichen Kontrolle.[41]

b) Subsumtion

Unter Zugrundelegung dieses Maßstabs kommt das Bundesverfassungsgericht zu dem Ergebnis, dass die Fünf-Prozent-Sperrklausel in § 2 Abs. 7 EuWG nicht beibehalten werden dürfe. Die bei der Europawahl 2009 gegebenen und fortbestehenden tatsächlichen und rechtlichen Verhältnisse böten keine hinreichenden Gründe, die den mit der Sperrklausel verbundenen schwerwiegenden Eingriff in die Grundsätze der Wahlrechtsgleichheit und Chancengleichheit der politischen Parteien rechtfertigten.[42]

39 Vgl. BVerfGE 129, 300 (323) unter Verweis auf BVerfGE 120, 82 (114).
40 Vgl. BVerfGE 129, 300 (323) m.w.N.
41 Vgl. BVerfGE 129, 300 (322f.).
42 Vgl. BVerfGE 129, 300 (324).

Die Einschätzung des Gesetzgebers, dass das Europäische Parlament mit dem Wegfall der Fünf-Prozent-Sperrklausel in seiner Funktionsfähigkeit beeinträchtigt werde, könne sich nicht auf ausreichende tatsächliche Grundlagen stützen und trage den spezifischen Arbeitsbedingungen des Europäischen Parlaments sowie seiner Aufgabenstellung nicht angemessen Rechnung.[43]

Es sei zwar zu erwarten, dass ohne Sperrklausel und äquivalente Regelungen die Zahl der Parteien im europäischen Parlament zunehme, die nur mit einem oder zwei Abgeordneten vertreten seien. Für die verfassungsrechtliche Beurteilung der Sperrklausel komme es aber nicht allein auf die – mit dem Wegfall der Fünf-Prozent-Sperrklausel in Deutschland einhergehende – Erweiterung der Zahl der aus Deutschland kommenden Parteien an. Es sei nicht ohne weiteres damit zu rechnen, dass bei einem Fortfall der Sperrklausel in Deutschland andere Mitgliedstaaten ihre vorhandenen Beschränkungen der Erlangung von Sitzen im Europäischen Parlament aufgäben.[44] Im Europäischen Parlament seien bereits gegenwärtig mehr als 160 Parteien vertreten, darunter viele, die nur über einen oder zwei Sitze verfügten. Das zahlreiche kleine Parteien Abgeordnete entsenden, sei im Unionsrecht angelegt. Präzise Prognosen zur künftigen Zusammensetzung des Europäischen Parlaments seien nicht möglich.

Eine Beeinträchtigung der Funktionsfähigkeit des Europäischen Parlaments bei Wegfall der Fünf-Prozent-Sperrklausel sei nicht mit der erforderlichen Wahrscheinlichkeit erkennbar. Die im Europäischen Parlament gebildeten Fraktionen verfügten über eine erhebliche Integrationskraft, die durch den Einzug weiterer Parteien ebenso wenig grundsätzlich infrage gestellt werden dürfte wie ihre Absprachefähigkeit[45].[46] Dafür fehle es an gesicherten (tatsächlichen) Erkenntnissen.[47] Zudem sei das Risiko einer zu erwartenden Erschwerung der Mehrheitsbildung nicht mit der Gefahr einer Funktionsbeeinträchtigung gleichzusetzen.[48]

Die Fünf-Prozent-Sperrklausel finde bei der Wahl zum Deutschen Bundestag ihre Rechtfertigung im Wesentlichen darin, dass die Bildung einer stabilen Mehrheit für die Wahl einer handlungsfähigen Regierung und deren fortlaufende Unterstützung nötig sei und dieses Ziel durch eine Zersplitterung des Parlaments in viele kleine Gruppen gefährdet werde.[49] Eine vergleichbare Interessenlage

---

43 Vgl. BVerfGE 129, 300 (324).
44 Vgl. BVerfGE 129, 300 (325).
45 Die Absprachefähigkeit der Fraktionen untereinander ist bedeutsam, da keine Fraktion im Europäischen Parlament die Mehrheit stellt.
46 Vgl. BVerfGE 129, 300 (327 ff.).
47 Vgl. BVerfGE 129, 300 (329 f.).
48 Vgl. BVerfGE 129, 300 (327).
49 Vgl. BVerfGE 129, 300 (335 f.).

bestehe auf europäischer Ebene nach den europäischen Verträgen aber nicht. So wähle das Europäische Parlament keine Unionsregierung, die auf seine fortlaufende Unterstützung angewiesen wäre. Ebenso wenig sei die Gesetzgebung der Union von einer gleich bleibenden Mehrheit im Europäischen Parlament abhängig. Erst recht gelte dies für Informations- und Kontrollrechte des Parlaments, die auch in den nationalen Parlamenten herkömmlich als Minderheitenrechte ausgestaltet seien. Deshalb fehle es an zwingenden Gründen, in die Wahl- und Chancengleichheit durch Sperrklauseln einzugreifen, so dass der mit der Anordnung des Verhältniswahlrechts auf europäischer Ebene verfolgte Gedanke repräsentativer Demokratie (Art. 10 Abs. 1 EUV) uneingeschränkt entfaltet werden könne.[50]

3. Das Urteil des Bundesverfassungsgerichts vom 26. Februar 2014[51]

Die Entscheidung betrifft die Verfassungsmäßigkeit der Drei-Prozent-Sperrklausel im damaligen Europawahlgesetz. Die dagegen (soweit zulässig)[52] angestrengten Organstreitverfahren und Verfassungsbeschwerden hatten Erfolg.

Das Bundesverfassungsgericht kommt zu dem Ergebnis, dass der mit der Drei-Prozent-Sperrklausel im Europawahlrecht verbundene schwerwiegende Eingriff in die Grundsätze der Wahlrechtsgleichheit und Chancengleichheit der politischen Parteien unter den gegebenen rechtlichen und tatsächlichen Verhältnissen nicht zu rechtfertigen sei. Eine abweichende verfassungsrechtliche Beurteilung könne sich ergeben, wenn sich die Verhältnisse wesentlich änderten. Der Gesetzgeber sei nicht daran gehindert, auch konkret absehbare künftige Entwicklungen bereits im Rahmen der ihm aufgegebenen Beobachtung und Bewertung der aktuellen Verhältnisse zu berücksichtigen; maßgebliches Gewicht könne diesen jedoch nur dann zukommen, wenn die weitere Entwicklung aufgrund hinreichend belastbarer tatsächlicher Anhaltspunkte schon gegenwärtig verlässlich zu prognostizieren sei.[53]

---

50 Vgl. BVerfGE 129, 300 (336 ff.).
51 BVerfGE 135, 259.
52 Vgl. BVerfGE 135, 259 (278 f.).
53 Vgl. BVerfGE 135, 259 (259 f.).

a) Maßstab

Hinsichtlich des Maßstabs knüpft das Bundesverfassungsgericht in weiten Teilen an den Maßstab aus seinem Urteil vom 9. November 2011,[54] an, der mit Urteil vom 25. Juli 2012 in anderem Zusammenhang bestätigt worden sei.[55] Insoweit kann auf die obige Zusammenfassung verwiesen werden.

Entgegen der im Verfahren eingebrachten Auffassung des Bundestages[56] sieht das Bundesverfassungsgericht die verfassungsrechtliche Prüfung der Sperrklausel nicht durch verbindliche europarechtliche Vorgaben eingeschränkt. Dass die von Seiten des Unionsrechts durch Art. 3 DWA eröffnete Möglichkeit, eine Sperrklausel von bis zu 5% der abgegebenen Stimmen festzulegen, zugleich deren verfassungsrechtliche Zulässigkeit nach dem jeweiligen mitgliedstaatlichen Recht impliziere, lasse sich dem Wortlaut des Direktwahlaktes nicht entnehmen. Für eine solche Auslegung gebe es auch keine anderen Hinweise, insbesondere spreche die Entstehungsgeschichte der Neufassung des Direktwahlaktes eindeutig gegen die vom Deutschen Bundestag vorgeschlagene Auslegung (wird ausgeführt).[57] Sinn und Zweck der Regelung sei demnach nicht eine Ermächtigung der mitgliedstaatlichen Gesetzgeber zur Schaffung einer Sperrklausel in dieser Höhe unter gleichzeitiger Entbindung von den Vorgaben des jeweiligen nationalen Verfassungsrechts. Sie beschränke vielmehr den Gestaltungsspielraum der Mitgliedstaaten im Gegensatz zur ursprünglichen Fassung des Direktwahlaktes in der Frage der maximal zulässigen Höhe einer Sperrklausel und füge sich damit in die mit dessen Novellierung verbundene Verpflichtung der Mitgliedstaaten auf das Verhältniswahlrecht ein. Daher stehe die vom Bundestag angeregte Vorlage an den Gerichtshof der Europäischen Union gemäß Art. 267 AEUV offenkundig nicht im Raum.[58]

b) Subsumtion

Auf der Basis dieses Maßstabs kommt das Bundesverfassungsgericht zu dem Ergebnis, dass die Drei-Prozent-Sperrklausel mit Art. 3 Abs. 1 und Art. 21 Abs. 1 GG unvereinbar sei. Die für die Beurteilung maßgeblichen tatsächlichen und recht-

---

54 BVerfGE 129, 300, s.o.

55 Vgl. BVerfGE 135, 259 (280) unter Verweis auf BVerfGE 131, 316 (336ff.) – negatives Stimmengewicht, Überhangmandate.

56 Vgl. BVerfGE 135, 259 (277f.).

57 Vgl. BVerfGE 135, 259 (282f.).

58 Vgl. BVerfGE 135, 259 (283).

lichen Verhältnisse hätten sich seit dem Urteil vom 9. November 2011 nicht entscheidend geändert.[59]

Eine gemeineuropäische Überzeugung in Bezug auf die Notwendigkeit von Sperrklauseln oder äquivalenten Bestimmungen sei nicht erkennbar. So gebe es bislang keine unionsrechtliche Sperrklausel auf der Grundlage des Art. 223 Abs. 1 AEUV. Auch eine diesbezügliche Änderung des Direktwahlaktes sei nicht beabsichtigt.[60]

Auch in tatsächlicher Hinsicht hätten sich während der laufenden Wahlperiode keine erheblichen Veränderungen ergeben. Die in der mündlichen Verhandlung vorgetragene Zunahme der Belastung des Europäischen Parlaments mit Legislativaufgaben könne zwar für die Frage einer strukturellen Beeinträchtigung seiner Funktionsfähigkeit Bedeutung erlangen, sobald das Europäische Parlament wegen einer Vielzahl kooperationsunwilliger Vertreter kleiner Parteien und Vereinigungen an die Grenze seiner Kapazitäten stoße; dafür sei indes nichts Greifbares vorgetragen worden. Auch seien konkrete Bestrebungen anderer Mitgliedstaaten, Hemmnisse für den Zugang kleiner Parteien zum Europäischen Parlament zu beseitigen, gegenwärtig nicht erkennbar. Die Drei-Prozent-Sperrklausel finde auch keine Rechtfertigung im Hinblick auf zu erwartende politische und institutionelle Entwicklungen und damit verbundene Änderungen der Funktionsbedingungen des Europäischen Parlaments in der nächsten Wahlperiode (wird im Einzelnen ausgeführt).[61]

Schließlich greife die Drei-Prozent-Sperrklausel zwar weniger intensiv in die Wahlrechtsgleichheit und in die Chancengleichheit der Parteien ein als die frühere Fünf-Prozent-Sperrklausel. Daraus folge jedoch nicht, dass der auch mit der Drei-Prozent-Sperrklausel verbundene Eingriff in die Wahlrechtsgleichheit vernachlässigbar wäre und keiner Rechtfertigung bedürfte. Ein Sitz im europäischen Parlament könne bereits mit etwa einem Prozent der abgegebenen Stimmen errungen werden, so dass die Sperrklausel praktische Wirksamkeit entfalte. Da eine Sperrklausel im deutschen Europawahlrecht gegenwärtig bereits nicht erforderlich sei, es also an der Rechtfertigung bereits dem Grunde nach fehle, komme es auf Fragen der Angemessenheit der Drei-Prozent-Klausel nicht an.[62] ¶

59 Vgl. BVerfGE 135, 259 (291).
60 Vgl. BVerfGE 135, 259 (292).
61 Vgl. BVerfGE 135, 259 (293 ff.).
62 Vgl. BVerfGE 135, 259 (298).

III. Kritische Würdigung

Es folgt eine kritische Würdigung der dargestellten Entscheidungen. Zunächst bedarf es der Analyse und Diskussion zu Art. 3 DWA, da sich insoweit die Frage stellt, ob und inwieweit nationales Recht einschließlich des Grundgesetzes hinsichtlich einer Sperrklausel betreffend die Europawahl Anwendung findet. Sodann werden die Entscheidungen in der Sache analysiert. Dabei stellt sich erstens die Frage, ob es zur Europawahl – anknüpfend an Art. 3 Abs. 1 GG (und Art. 21 Abs. 1 GG) und nicht zuletzt unter Berücksichtigung des Art. 23 GG – nicht empfehlenswert wäre, einen eigenen Maßstab zu entwickeln, der den Besonderheiten der Europawahl Rechnung trägt. Belässt man es dagegen bei der „klassischen" Auslegung der Wahlrechtsgleichheit, bedarf es einer kritischen Auseinandersetzung mit der verfassungsgerichtlichen Rechtsprechung zur Erfolgsgleichheit bei der Verhältniswahl, die sich auch in den dargestellten Entscheidungen (wenn auch mit teilweise entgegengesetztem Ergebnis) niedergeschlagen hat. Schließlich erfolgt eine Analyse der in den dargestellten Entscheidungen vorgenommenen Verhältnismäßigkeitsprüfung.

1. Zur Auslegung und Rechtsnatur des Art. 3 DWA

Die Auslegung des Art. 3 DWA durch das Bundesverfassungsgericht ist teilweise auf heftige Kritik,[63] aber auch auf vorbehaltlose Zustimmung[64] gestoßen. Gemäß Art. 3 DWA können die Mitgliedstaaten für die Sitzvergabe eine Mindestschwelle festlegen, die jedoch landesweit nicht mehr als 5% der abgegebenen Stimmen betragen darf.

a) Für die Beurteilung der Anwendung und Auslegung dieser Norm durch das Bundesverfassungsgericht kommt es darauf an, sich zum einen die verschiedenen Auslegungsmöglichkeiten der Regelung zu vergegenwärtigen, zum anderen zu klären, welchen Rang der Direktwahlakt (und folglich auch dessen Art. 3) in der Normenhierarchie des europäischen Rechts hat. Teilweise wird der Direktwahlakt als völkerrechtlicher Vertrag und dem europäischen Primärrecht zugehörig verstanden, wofür die Ratifikation des Akts durch die Mitgliedstaaten spricht. Andere werten den Direktwahlakt dagegen jedenfalls seit seiner Überarbeitung auf der Grundlage des Art. 190 Abs. 4 EGV im Jahre 2002 als Sekundärrecht.[65] Die Aus-

63 Vgl. *Schönberger*, JZ 2012, S. 80 (81 f.).
64 Vgl. *Roßner*, a.a.O., S. 22; *Will*, a.a.O., S. 1421 (1422).
65 Vgl. zur Diskussion ausführlich *Felten*, a.a.O., S. 298 (310 ff.).

legungsmöglichkeiten und die Einstufung der Rechtsnatur des Aktes stehen im unmittelbaren Zusammenhang mit der Frage, ob das Bundesverfassungsgericht im Fall der europäischen Sperrhürde überhaupt zur Entscheidung berufen war, oder zumindest eine Vorlage nach Art. 267 AEUV angezeigt gewesen wäre.

aa) Betrachtet man Art. 3 DWA als „Unbedenklichkeitskorridor für Sperrklauseln bei der Europawahl"[66] der die generelle Zulässigkeit einer Sperrklausel bis 5% anordnet,[67] so besteht grundsätzlich Anwendungsvorrang[68] vor nationalem Recht und damit auch vor dem Grundgesetz. Sieht man den Direktwahlakt im Kontext dieser Auslegung als Primärrecht an, wäre das Bundesverfassungsgericht ohne weiteres nicht zur Entscheidung berufen; eine Vorlage nach § 267 AEUV käme nicht in Betracht, da der Europäische Gerichtshof nur über die Auslegung, nicht aber über die Gültigkeit der Verträge entscheiden kann, vgl. Art. 267 UAbs. 1a AEUV. Sieht man den Direktwahlakt bei dieser Auslegung dagegen als Sekundärrecht an, wäre eine Vorabentscheidung des Europäischen Gerichtshofs über die Gültigkeit des Art. 3 DWA erforderlich, um zu einer eventuellen Zuständigkeit des Bundesverfassungsgerichts zu gelangen, Art. 267 UAbs. 1b Alt. 1 AEUV.

bb) Die entgegengesetzte Auslegung ist, die Frage der Zulässigkeit der Sperrklausel allein und ausschließlich den Mitgliedstaaten zu überlassen (einschließlich eines gänzlichen Verbots) und lediglich die Regelung, dass eine etwaige Sperrklausel 5% nicht übersteigen dürfe, als bindend zu betrachten. In dieser Auslegungsvariante wird dem Art. 3 DWA die geringstmögliche Bedeutung zugemessen. Die Frage, ob es sich beim Direktwahlakt um Primärrecht oder Sekundärrecht handelt, würde sich vorliegend nur dann stellen, wenn eine Sperrklausel *über* 5% eingeführt werden sollte.[69] Bis 5% wäre der Mitgliedstaat frei, eine Sperrklausel einzuführen, nicht einzuführen oder zu verbieten.

cc) Eine vermittelnde Auslegung des Art. 3 DWA ist, diesen als generelle Zulässigkeit einer Sperrklausel zu verstehen, wobei lediglich das „Ob" der Bewertung des Mitgliedstaats entzogen wäre, nicht aber das „Wie", also die jeweilige Höhe der Sperrklausel (bis 5%).[70] Damit wäre nur ein generelles Verbot jeder Sperr-

---

66 *Schönberger*, JZ 2012, S. 80 (82); *Felten*, a.a.O., S. 298 (308).

67 So wohl auch *Lenz/Gerhard*, a.a.O., Rn. 51.

68 Vorliegend wird vorausgesetzt, dass eine Ausnahme vom Anwendungsvorrang des Unionsrechts weder nach der „Solange"-Rechtsprechung noch nach der Rechtsprechung zur Verfassungsidentität oder unter dem Aspekt der Ultra-vires-Kontrolle des Bundesverfassungsgerichts naheliegend ist, vgl. zu diesen Ausnahmen *Polzin*, a.a.O., S. 1 (2 ff.) m.w.N. Andere Ansicht offenbar *Lembcke/Peuker/Seifarth*, a.a.O., S. 401 (403).

69 Gleiches gilt natürlich für die anderen Auslegungsvarianten.

70 So die Argumentation des Bundestages in BVerfGE 135, 259 (278). Ähnlich *Grzeszick*, EuR 2012, S. 667 (675).

klausel bei der Europawahl durch ein nationalstaatliches Organ wie das Bundesverfassungsgericht problematisch, nicht aber die Feststellung, dass eine Sperrklausel in einer bestimmten Höhe gegen das Grundgesetz verstößt. Diese Auffassung erscheint überzeugend, da sie hinreichend berücksichtigt, dass die Mitgliedstaaten bei der Gestaltung des Wahlverfahrens bis auf wenige Grundsätze frei sind (Art. 8 DWA), andererseits aber die Bedeutung des Art. 3 DWA angemessen gewichtet. Eine grundsätzlich fehlende Zuständigkeit (Primärrecht) oder die zwingende Vorlage an den Europäischen Gerichtshof zur diesbezüglichen Klärung (als Sekundärrecht, Art. 267 UAbs. 1b Alt. 1 AEUV [Gültigkeit des Sekundärrechts]) wäre danach nur dann in Erwägung zu ziehen, wenn ein generelles Verbot der Sperrklausel ausgesprochen werden sollte.

dd) Schließlich käme eine Vorlage in Betracht, wenn das Bundesverfassungsgericht keine Einigung über die Auslegung des Direktwahlakts erzielen könnte, entweder nach Art. 267 UAbs. 1a AEUV (Primärrecht) oder nach Art. 267 UAbs. 1b AEUV. Wenn das Bundesverfassungsgericht dagegen keine Einigung über die Rechtsnatur des Direktwahlakts erzielen könnte, käme allenfalls eine analoge Anwendung des Art. 267 AEUV in Betracht.

b) Das Bundesverfassungsgericht hat sich in den dargestellten Entscheidungen für einen jedenfalls im Ergebnis vertretbaren Weg entschieden. Insoweit bedarf es indes der Differenzierung. Der Beschluss des Bundesverfassungsgerichts vom 22. Mai 1979[71] musste auf die genannten Fragen nicht eingehen. Im Direktwahlakt 1976 war weder die (verbindliche) Verhältniswahl, noch die Möglichkeit einer Sperrklausel geregelt. Bei den folgenden Entscheidungen bedurfte es dagegen der diesbezüglichen Auseinandersetzung.

In der (zweiten) Entscheidung zur Fünf-Prozent-Sperrklausel hat das Bundesverfassungsgericht ausgeführt, dass Art. 3 DWA den Mitgliedstaaten lediglich die Möglichkeit einer Sperrklausel eröffne, aber keine entsprechende Verpflichtung begründe.[72] In seiner Entscheidung zur Drei-Prozent-Sperrklausel hat das Bundesverfassungsgericht darüber hinaus festgestellt, dass die von Seiten des Unionsrechts durch Art. 3 DWA eröffnete Möglichkeit, eine Sperrklausel von bis zu 5% der abgegebenen Stimmen festzulegen, nicht zugleich deren verfassungsrechtliche Zulässigkeit nach dem jeweiligen mitgliedstaatlichen Recht impliziere.[73] Sie beschränke vielmehr den Gestaltungsspielraum der Mitgliedstaaten im Gegensatz zur ursprünglichen Fassung des Direktwahlaktes in der Frage der maximal zulässigen Höhe einer Sperrklausel und füge sich damit in die mit dessen

71 BVerfGE 51, 222.
72 Vgl. BVerfGE 129, 300 (317).
73 Vgl. BVerfGE 135, 259 (282 f.).

Novellierung verbundene Verpflichtung der Mitgliedstaaten auf das Verhältniswahlrecht ein. Daher stehe die vom Bundestag angeregte Vorlage an den Gerichtshof der Europäischen Union gemäß Art. 267 AEUV offenkundig nicht im Raum.[74]

c) Hierzu ist Folgendes anzumerken: Jedenfalls die Entscheidung zur Drei-Prozent-Sperrklausel dürfte dahingehend zu verstehen sein, dass das Bundesverfassungsgericht von der geschilderten Auslegung ausgeht, die Art. 3 DWA nur als verbindliche Begrenzung einer Sperrklausel auf 5 % ansieht, ansonsten aber den Mitgliedstaaten vollständige Verfügungsbefugnis eröffnet. Insoweit kommt es auch nicht auf eine Entscheidung über die Rechtsnatur an (s. o.).[75] Das Ergebnis, keine Vorlageverfahren nach Art. 267 AEUV anzustrengen, ist konsequent.[76] Allerdings erscheint die mit dieser Auslegung verbundene Möglichkeit, eine Sperrklausel bei der Europawahl letztlich auch ganz verbieten zu können, mit den europäischen Vorgaben nicht vereinbar. Dieses Problem stellt sich vorliegend indes nicht. Denn das Gericht hat die Möglichkeit ihrer Wiedereinführung nicht grundsätzlich ausgeschlossen. Diese Möglichkeit sei gegeben, wenn sich die Verhältnisse „wesentlich" ändern.[77] Freilich kommen die diesbezüglichen Anforderungen in die Nähe eines „faktischen" Verbots. [78]

2. Wahlrechtsgleichheit und Sperrklausel

a) Anknüpfung an Art. 3 Abs. 1 GG

Der Beschluss des Bundesverfassungsgerichts vom 22. Mai 1979[79]greift in seiner Prüfung zur Begründetheit der Verfassungsbeschwerden auf den Grundsatz der

---

74 Vgl. BVerfGE 135, 259 (283); Zustimmend *Will*, a.a.O., S. 1421 (1422).

75 Eine Auseinandersetzung mit BVerfGE 104, 214 (219), wo der Direktwahlakt offenbar dem Primärrecht zugeordnet wurde, war mithin entbehrlich.

76 Allerdings stand die Frage, ob mit Art. 3 DWA die „verfassungsrechtliche Zulässigkeit" nach dem jeweiligen mitgliedstaatlichen Recht impliziert sei, nach dem vom Bundesverfassungsgericht dargestellten Sachverhalt nicht im Raum; insbesondere hat der Bundestag diese Frage in dieser Form nicht gestellt, vgl. BVerfGE 135, 259 (277 f.). Hiervon scheinen (jedenfalls für das deutsche Recht) dagegen *Lenz/Gerhard*, a.a.O., Rn. 51, nicht zuletzt unter Bezugnahme auf BVerfGE 110, 403 (406), auszugehen.

77 BVerfGE 135, 259 (259).

78 *Grzeszick*, NVwZ 2014, S. 537 (538) sieht „[...] die Regelung des Art. 3 DWA ihres Anwendungsbereiches beraubt;[...]".

79 BVerfGE 51, 222.

formalen Wahlgleichheit als ungeschriebenes Verfassungsrecht zurück.[80] Dies überrascht, da das Bundesverfassungsgericht bei der Zulässigkeitsprüfung der Verfassungsbeschwerden Art. 3 Abs. 1 GG als „Anwendungsfall des allgemeinen Gleichheitssatzes" für das Wahlrecht in Anspruch genommen hatte.[81] Der Rückgriff erscheint im Übrigen wegen der Möglichkeit der Anknüpfung an Art. 3 Abs. 1 GG nicht erforderlich. Auch eine mit Art. 38 Abs. 1 Satz 1 GG und Art. 28 Abs. 1 Satz 2 GG gebildete Gesamtanalogie ist mangels Regelungslücke nicht geboten.[82] Schließlich steht (im Hinblick auf die letzten beiden der besprochenen Entscheidungen) der Beschluss des Bundesverfassungsgerichts vom 16. Juli 1998,[83] nachdem im Anwendungsbereich der speziellen wahlrechtlichen Gleichheitssätze der Art. 28 Abs. 1 Satz 2 GG und Art. 38 Abs. 1 Satz 1 GG ein Rückgriff auf den allgemeinen Gleichheitssatz des Art. 3 Abs. 1 GG ausscheide, dem nicht entgegen, da hier diese speziellen Gleichheitssätze gerade nicht einschlägig sind.[84] Die folgenden Entscheidungen zur Fünf- und zur Drei-Prozent-Sperrklausel vermögen insoweit zu überzeugen.

b) Berücksichtigung des europäischen Bezugs

Die Entscheidungen, insbesondere die späteren Entscheidungen zur Fünf- und Drei-Prozent-Sperrklausel irritieren, indem sie den europäischen Bezug in wichtigen Gesichtspunkten nicht hinreichend zur Kenntnis nehmen. So ist unverständlich, warum in den dargestellten Entscheidungen wiederholt von „Staatsbürgern"[85] oder auch vom „Volk"[86] gesprochen wird, dass eine „Volksvertretung"[87] wähle. Das ist problematisch, da bei der Europawahl weder das „Volk" wählt, noch eine „Volksvertretung" gewählt wird. Dies entspricht jedenfalls der gegenwärtigen Rechtslage. Wenn das Bundesverfassungsgericht in seiner Entscheidung vom 22. Mai 1979[88] dagegen von „Staatsbürgern" spricht, so ist dies zutreffend. Zu diesem Zeitpunkt musste das Wahlrecht zum Europäischen Parlament im Herkunftsmitgliedstaat ausgeübt werden. Zum einen gab es noch keine Unionsbür-

80 BVerfGE 51, 222 (234 f.), m.w.N.
81 BVerfGE 51, 222 (232).
82 Wohl präferiert von *Morlok*, JZ 2012, S. 76 (77); vgl. auch *Morlok/Kühr*, a.a.O., S. 385 (387).
83 BVerfGE 99, 1 – Bayerische Kommunalwahlen.
84 Vgl. *Lembcke/Peuker/Seifarth*, a.a.O., S. 401 (402); *Roßner*, a.a.O., S. 22 (23).
85 Vgl. BVerfGE 51, 222 (234).
86 Vgl. BVerfGE 129, 300 (321); 135, 259 (286).
87 Vgl. BVerfGE 51, 222 (235 f.);129, 300 (321); 135, 259 (286).
88 BVerfGE 51, 222.

gerschaft; diese wurde erst 1992 durch den Vertrag von Maastricht eingeführt (Art. 17 EGV). Zum andern wurde erst mit der Richtlinie 93/109/EG des Rates vom 6. Dezember 1993[89] die Möglichkeit geschaffen, das Wahlrecht entweder im Herkunftsmitgliedstaat oder in einem anderen Mitgliedstaat auszuüben. Eine „Volksvertretung" ist das Europäische Parlament aber bis heute nicht, sondern eine Vertretung der Völker der Mitgliedstaaten.[90] Es soll hier nicht entschieden werden, ob bei der Europawahl in Deutschland zumindest „auch" das deutsche Volk wählt, oder vielmehr auf die Wahlberechtigten in ihrer Eigenschaft als Unionsbürger[91] abgestellt werden sollte[92] und ob zumindest insoweit von einem „einheitlichen Wahlvolk"[93] gesprochen werden kann.

Weiterhin verwundert an den späteren Entscheidungen zur Fünf- und Drei-Prozent-Sperrklausel die fehlende Auseinandersetzung mit Art. 23 GG. Über Art. 23 GG ist die europäische Integration im Grundgesetz verankert.[94] Die Direktwahl des Europäischen Parlaments findet ihre Grundlage in Art. 23 GG.[95] Es stellt sich die Frage, ob nicht im Hinblick darauf, dass die Bundesrepublik Deutschland nach Art. 23 Abs. 1 Satz 1 GG bei der Entwicklung einer demokratischen Grundsätzen verpflichteten Europäischen Union mitwirken soll, bei der dem Europäischen Parlament eine entscheidende Bedeutung zukommen dürfte, insoweit andere Maßstäbe gebildet werden müssten.

Anhand dieser problematisierten Gesichtspunkte wird die Besonderheit der Europawahl als national durchgeführte Wahl eines europäischen Gremiums deutlich. Jede der national durchgeführten Wahlen steht im Kontext der gesamten Wahl der Abgeordneten des Europäischen Parlaments. Jeder Mitgliedstaat hat eine Verantwortung für das Gelingen der gesamten Wahl. Insoweit ist die Argumentation des Bundesverfassungsgerichts, nach der nicht ohne weiteres damit zu rechnen sei, dass bei einem Fortfall der Sperrklausel in Deutschland andere Mitgliedstaaten vorhandene Beschränkungen zur Erlangung von Sitzen im Eu-

---

89 Richtlinie 93/109/EG des Rates vom 6. Dezember 1993 über die Einzelheiten der Ausübung des aktiven und passiven Wahlrechts bei den Wahlen zum Europäischen Parlament für Unionsbürger mit Wohnsitz in einem Mitgliedstaat, dessen Staatsangehörigkeit sie nicht besitzen, ABl. EG 1993 Nr. L 329/34, umgesetzt durch das Dritte Gesetz zur Änderung des Europawahlgesetzes vom 8. März 1994, BGBl I, S. 419.

90 BVerfGE 123, 267 (373) – Lissabon-Vertrag, Lissabon-Urteil.

91 Zur Bedeutung der Unionsbürgerschaft für die demokratische Legitimation der Europäischen Union vgl. *Schönberger*, in: Grabitz/Hilf/Nettesheim (Hrsg.), a.a.O, Rn. 24.

92 Dafür spricht Art. 14 Abs. 2 Satz 1 EUV und Art. 39 Abs. 1 GRCh.

93 Vgl. *Lenz/Gerhard*, a.a.O., Rn. 2.

94 Vgl. *Frenz*, DÖV 2014, S. 960 (963).

95 *Lenz/Gerhard*, a.a.O., Rn. 1.

ropäischen Parlament aufgäben,[96] problematisch. Wie die Richter Di Fabio und Mellinghoff in ihrem Sondervotum treffend ausgeführt haben, handelt es sich bei der Wahl des Europäischen Parlaments um eine „Verantwortung zur gesamten Hand, die jeden Staat dazu mahnt, sich zu fragen, ob die Strukturen seines Wahlrechts zugleich Maxime für die Wahl des gesamten Europaparlaments sein könnten".[97]

c) Verhältniswahl und Erfolgsgleichheit

Wenn aber der spezifische europäische Bezug nichts an den überkommenen Maßstäben zur Wahlrechtsgleichheit ändern soll, so bedarf es der Prüfung, ob und inwieweit diese Maßstäbe zu überzeugen vermögen. Insbesondere ist hier die Rechtsprechung des Bundesverfassungsgerichts zur Erfolgsgleichheit bei der Verhältniswahl, die auch den dargestellten Entscheidungen zugrunde liegt, zu problematisieren. Wenn die Richter Di Fabio und Mellinghoff in ihrem Sondervotum betreffend das (zweite) Urteil zur Fünf-Prozent-Sperrklausel ihre abweichende Meinung auch damit begründen, dass sich die Wirkung der Sperrklausel bei der Verhältniswahl jedenfalls im Vergleich zur Mehrheitswahl erheblich relativiere[98], so stellt diese zutreffende Analyse die bisherige Auslegung der Wahlrechtsgleichheit – jedenfalls in letzter Konsequenz – in Frage.[99]

aa) Der Grundsatz der Gleichheit der Wahl ist von fundamentaler Bedeutung. Unabhängig von der jeweiligen Ausgestaltung des Wahlverfahrens sind alle Wähler bei der Art und Weise der Mandatszuteilung strikt gleich zu behandeln. Die Stimme eines jeden Wahlberechtigten muss grundsätzlich den gleichen Zählwert und die gleiche rechtliche Erfolgschance haben. Alle Wähler sollen mit der Stimme, die sie abgeben, den gleichen Einfluss auf das Wahlergebnis nehmen können.[100] Maßgeblich hierfür ist eine Betrachtung ex ante.[101]

---

96 Vgl. BVerfGE 129, 300 (325).
97 BVerfGE 129, 300 (352).
98 BVerfGE 129, 300 (348).
99 In diese Richtung weist auch die kritische Auseinandersetzung bei *Geerlings/Hamacher*, a.a.O., S. 671 (676).
100 BVerfGE 121, 266 (295) m.w.N.
101 BVerfGE 95, 335 (353).

bb) Die Rechtsprechung des Bundesverfassungsgerichts zur Erfolgsgleichheit bei der Verhältniswahl[102] ist umstritten. Ausgehend von dem Erfordernis eines absolut gleichen Zählwerts sowohl für das Mehrheits- als auch für das Verhältniswahlsystem geht das Bundesverfassungsgericht hinsichtlich der Erfolgsgleichheit davon aus, dass beim Mehrheitswahlsystem die Erfolgschance, beim Verhältniswahlsystem dagegen auch der Erfolgswert maßgeblich sei.[103] Bei der Verhältniswahl ergebe sich die Anforderung einer „spezifischen" Erfolgswertgleichheit.[104]

cc) Dies begegnet bereits methodischen Bedenken. Eine Norm kann zwar nicht losgelöst von dem, was vorgefunden wird (hier: das „Wahlsystem"), ausgelegt werden. Damit verknüpft sich aber – unabhängig von dem in der Methodenlehre umstrittenen Ziel der Auslegung[105] – das Bemühen um eine Klärung und Schärfung des jeweiligen Begriffs, grundsätzlich aber nicht die Zuweisung anderer Bedeutungsgehalte. Die Gleichheit der Wahl hinsichtlich der Erfolgskomponente einmal als „gleiche Chance", ein anderes Mal als tatsächlichen Erfolg zu definieren, erscheint vor diesem Hintergrund problematisch.[106]

dd) Aber auch wenn man von dem methodischem Problem absieht, wird nicht hinreichend deutlich, warum die Erfolgsgleichheit bei der Verhältniswahl eine andere Bedeutung als bei der Mehrheitswahl haben soll. Diese Auffassung beruht auf einer zu kategorialen Gegenüberstellung von Mehrheits- und Verhältniswahlsystem[107] in Verbindung mit zur Verfassungspflicht erhobenen Zielen des Verhältniswahlsystems. Danach sei es das Ziel der Verhältniswahl in „radikaler Ausprägung", dass das Parlament ein getreues Spiegelbild der politischen Gruppierung der Wählerschaft sei, dass also jede politische Richtung in der Stärke

---

102 Vgl. BVerfGE 1, 208 (246); 6, 104 (111); 7, 63 (70); 11, 351 (362); 13, 243 (246); 16, 130 (139); 34, 81 (99); 51, 222 (236); 79, 169 (170); 82, 322 (337); 85, 148 (157); 95, 335 (353); 120, 82 (102); 121, 266 (295 f.); 129, 300 (317 f.); 131, 316 (336 f.); 135, 259 (284 f.).

103 BVerfGE 121, 266 (297).

104 BVerfGE 95, 335 (353).

105 Gemeint ist der Streit zwischen „subjektiver" und „objektiver" Theorie, vgl. hierzu *Würdinger*, a.a.O., S. 1 (2 ff.)

106 Die uneinheitliche Auslegung der Wahlrechtsgleichheit (hier im Hinblick auf Art. 38 GG) kritisierend auch *Morlok*, a.a.O., S. 559 (600), allerdings mit dem Ziel, die „relative Erfolgswertgleichheit" als stets zu berücksichtigenden Inhalt der Wahlrechtsgleichheit zu etablieren, vgl. S. 607.

107 Nach *Lenz*, a.a.O., S. 337 (342 ff.), ist bereits der Begriff des „Systems" problematisch, da es sich bei der Verhältnis- bzw. Mehrheitswahl um eine „Entscheidungsregel" handelt. Einen kategorialen Unterschied zwischen Verhältnis- und Mehrheitswahl macht offenbar auch *Ipsen*, a.a.O., S. 265 (271 f.) wenn er das „Wesen" des Verhältniswahlrechts als Proportionalität von Wählerstimmen und Parlamentsmandaten bestimmt.

im Parlament vertreten sein solle, die dem Gesamtanteil der für sie im Staat abgegebenen Stimmen entspreche.[108] Bei der Verhältniswahl werde es als „Forderung der Gerechtigkeit“[109] angesehen, dass jede Stimme grundsätzlich den gleichen Erfolgswert habe. Entscheide sich der Gesetzgeber für das Verhältniswahlsystem, so „unterwerfe er sich damit dem prinzipiellen Gebot des gleichen Erfolgswertes“.[110] Auf der Basis dieser idealtypischen Zielvorstellung muss bei der Verhältniswahl möglichst jeder Stimme Erfolgswert zukommen; das eigentliche Argument ist hier „Folgerichtigkeit“. Die weitere Aufladung mit dem Begriff „Gerechtigkeit“ ist dagegen von geringem Erkenntnisgewinn, zumal dieser Begriff (nicht nur) juristisch schwer zu fassen ist[111] und vom Bundesverfassungsgericht nicht näher bestimmt wird.

Es ist nicht verständlich, warum aus dieser idealtypischen Vorstellung eine Verfassungspflicht des Gesetzgebers folgt, diesem Ideal so nah als möglich zu kommen. Die These von der Unterwerfung des Gesetzgebers ist tatsächlich ein „kühner Gedanke“.[112] Sie schafft gegen oder jedenfalls (zunächst) ohne den Willen des Gesetzgebers und ohne die in Art. 79 Abs. 2 GG notwendigen Mehrheitserfordernisse eine Art (ungeschriebenes) Verfassungsrecht sui generis,[113] dass auf die gleiche Weise, nämlich durch die Entscheidung des Gesetzgebers, zu einem „System“ der Mehrheitswahl zu wechseln, wieder außer Kraft gesetzt wird. Es muss sich hier um „Verfassungsrecht“ handeln, denn eine „Unterwerfung“ auf der Ebene des einfachen Gesetzes könnte nicht zur Verfassungswidrigkeit einer Sperrklausel führen. Unweigerlich stellt sich auch die Frage nach dem Ideal im „System“ der Mehrheitswahl. Bedeutet hier das Ideal in seiner „radikalen“ Ausprägung,[114] dass der Gesetzgeber, nachdem er sich für die Mehrheitswahl entschieden hat, verfassungsrechtlich verpflichtet wäre, für ein System zu sorgen, dass möglichst nur noch Delegierte einer, maximal zweier Parteien Erfolg haben dürften? Es ist auch nicht nachvollziehbar, dem Gesetzgeber einerseits grundsätzliche Entscheidungsfreiheit[115] bei der Bestimmung des Wahlsystems zu belassen, dann aber die Annäherung an den jeweiligen (wie auch immer be-

---

108 BVerfGE 1, 208 (244).
109 BVerfGE 1, 208 (248).
110 BVerfGE 34, 81 (100).
111 Vgl. das Ergebnis der Untersuchungen von *Kelsen*, a.a.O., S. 43.
112 *Lenz*, a.a.O., S. 337 (345) unter Verweis auf *Herzog*, Rechtsgutachten zu der Vereinbarkeit der Verhältniswahl in kleinen Wahlkreisen mit dem Grundgesetz, 1968, S. 43.
113 Ähnlich *Lenz*, a.a.O., S. 337 (345) m.w.N.
114 Unterstellt, dass das Mehrheitswahlsystem idealiter klare Mehrheiten hervorbringen soll.
115 Vgl. BVerfGE 120, 82 (103). Die insoweit angenommene Entscheidungsfreiheit überzeugt, da im Grundgesetz – anders noch die Weimarer Reichsverfassung – die Verhältniswahl nicht angeordnet wurde, vgl. *Grzeszick*, in Maunz/Dürig (Hrsg.), a.a.O., Art. 20 Rn. 38.

stimmten) Idealtypus als verfassungsrechtliche Pflicht zu deklarieren.[116] Wenn das Bundesverfassungsgericht in seiner späteren Rechtsprechung davon spricht, dass der verfassungsrechtlich einheitlich vorgegebene Gleichheitsmaßstab sich in der Mehrheits- und Verhältniswahl nur jeweils unterschiedlich auswirke[117], so dürfte darin keine Abkehr von der „Unterwerfungsthese" gesehen werden.[118] Denn die unterschiedliche Auswirkung der Wahlverfahren ist kein Naturgesetz, sondern setzt die vom Bundesverfassungsgericht in ständiger Rechtsprechung vertretene Auffassung voraus.

Tragfähiger erschiene es, die Gleichheit der Wahl unabhängig von der Ausgestaltung des Wahlverfahrens durch den Gesetzgeber als Zähl- und Erfolgsgleichheit zu bestimmen, beides[119] verstanden als gleiche rechtliche Erfolgschance, ausgehend von einer Perspektive ex ante.[120] Differenzierungen, die bereits im Vorfeld der Wahl eine unterschiedliche Gewichtung der Stimmen implizieren, wären demnach wenn nicht gänzlich unzulässig (wie zum Beispiel eine unterschiedliche Gewichtung der Stimmen nach den Vermögensverhältnissen), so doch rechtfertigungsbedürftig (wie zum Beispiel Unterschiede bei der Bevölkerungszahl von Wahlkreisen, vgl. § 3 BWahlG[121]). Erfolgsdifferenzierungen, die erst nachträglich festgestellt werden können und aus der ex ante-Perspektive[122] nicht absehbar sind, wären insoweit für die Wahlgleichheit irrelevant.

Dieser Fall betrifft die Sperrklauseln. Aus rechtlicher Sicht weiß niemand im Voraus, ob die eigene Stimme „Erfolg" haben wird, oder nicht.[123] Solange und soweit jede Wählerstimme gleich zählt und gleiche Erfolgschancen hat, ist damit die Gleichheit der Wahl gewahrt. „Chancengleichheit ist keine Erfolgsgarantie".[124]

116 Dieses Argument kann indes für die Europawahl nicht fruchtbar gemacht werden, da hier gem. Art. 1 Abs. 1 DWA die Verhältniswahl angeordnet wurde.

117 Vgl. BVerfGE 95, 335 (353).

118 So aber wohl *Pauly*, a.a.O., S. 232 (247); Von einer „Distanzierung" spricht *Morlok*, a.a.O., S. 559 (601).

119 Zum Verhältnis von Zählwert- und Erfolgswert vgl. Pauly, a.a.O., S. 232 (247).

120 Ähnlich *Lenz*, a.a.O., S. 337 (339).

121 Vgl. zuletzt hierzu BVerfGE 130, 212.

122 Auch soweit das Bundesverfassungsgericht in BVerfGE 95, 335 (353) ausführt, maßgeblich sei eine Betrachtung ex ante, versetzt es sich in einen Widerspruch. Wenn eine Betrachtung ex ante maßgeblich sein soll, kann eine Verletzung des Erfolgswerts nicht festgestellt werden, da ein unterschiedlicher Erfolgswert der Stimmen sich stets erst nach der Wahl (die einzelne Stimme wird stets gleich gewichtet; erst nachdem festgestellt wurde, dass eine Partei die Sperrklausel nicht überwunden hat, führt dies zu einer nachträglichen Schlechterstellung der betreffenden Stimmen im Erfolgswert, vgl. *Bull*, a.a.O., S. 1213 [1215]) ermitteln lässt. Vgl. zum Problem auch *Pauly*, a.a.O., S. 232 (248 ff.).

123 Ähnlich *Bull*, a.a.O., S. 1213 (1215).

124 *Bull*, a.a.O., S. 1213 (1215).

Das heißt aber nicht, dass der Gesetzgeber frei wäre, eine Sperrklausel in beliebiger Höhe festzusetzen.[125] Zur Rechtfertigung als auch zur Begrenzung einer Sperrklausel kommt das Demokratieprinzip in Betracht. Zu den fundamentalen Prinzipien der Demokratie gehört das Mehrheitsprinzip.[126] Das setzt indes voraus, dass eine Mehrheitsbildung möglich ist. Hierfür kann eine Sperrklausel dienlich sein. Andererseits wohnt dem Demokratieprinzip auch eine integrative Bedeutung inne. Wahlen haben eine integrative Funktion.[127] Diese wird verletzt, wenn die Sperrklausel zu hoch angesetzt ist. Dass dies bei einer moderaten Fünf-Prozent-Sperrklausel der Fall sein könnte, ist nicht ersichtlich.

d) Zwingender Grund und Verhältnismäßigkeitsprüfung

aa) Das Bundesverfassungsgericht hat in den dargestellten Entscheidungen zur Rechtfertigung von Differenzierungen der Wahlgleichheit und Chancengleichheit der Parteien einen „zwingenden Grund" verlangt.[128] Der Begriff des „zwingenden Grundes", der dann aber in den Entscheidungen zur Fünf- Prozent- und Drei-Prozent-Sperrklausel sogleich dergestalt eingeschränkt wird, dass sich die Differenzierung nicht als von Verfassungs wegen „notwendig" erweisen müsse, sondern lediglich als von der Verfassung legitimiert und von einem Gewicht, dass der Wahlrechtsgleichheit die Waage halten könne,[129] ist problematisch, da er als Begriff diese Notwendigkeit nahelegt.[130] Auch das Bundesverfassungsgericht scheint sich von diesem Begriff abzuwenden, wenn es in seinem Urteil vom

---

125 So aber anscheinend BVerfGE 95, 335 (371). *Lenz*, a.a.O., S. 337 (345), geht davon aus, dass eine Sperrklausel keiner Rechtfertigung bedürfe, bezieht dies aber nur auf die Wahlrechtsgleichheit.

126 BVerfGE 29, 154 (165) m.w.N.

127 Vgl. *Klein*, in: Maunz/Dürig (Hrsg.), a.a.O., Art. 38, Rn. 69 m.w.N., insbesondere unter Verweis auf BVerfGE 95, 408 (419). Bemerkenswert ist, dass das Bundesverfassungsgericht das Ziel der Sicherung des Charakters der Wahl als eines Integrationsvorgangs bei der politischen Willensbildung des „Volkes" auch als Rechtfertigung für die Sperrklausel anerkennt, vgl. nur BVerfGE 135, 259 (286). Vgl. auch *Heintzen*, a.a.O., 744 (748).

128 BVerfGE 51, 222 (235); 129, 300 (320); 135, 259 (286).

129 Vgl. BVerfGE 129, 300 (320); 135, 259 (286).

130 Kritisch zur „Aufweichung" des „zwingenden Grundes" *Heintzen*, a.a.O., 744 (747). Für eine Trennung vom „zwingenden Grund" dagegen *Roßner*, a.a.O., S. 22 (23). Das Erfordernis des „zwingenden Grundes" als Fremdkörper in der Verfassungsdogmatik bezeichnend *Morlok/Kühr*, a.a.O., S. 385 (388 f.). Vgl. auch *Klein*, in: Maunz/Dürig (Hrsg.), a.a.O., Art. 38 Rn. 86 m.w.N.

26. Februar 2014 davon spricht, dass der Grund „in der Vergangenheit“ als zwingend bezeichnet worden sei.[131]

bb) Sodann findet in den Entscheidungen eine Überleitung zu einer Verhältnismäßigkeitsprüfung statt, indem nach Darstellung, was ein „zwingender Grund“ sein könne, nämlich die mit der Wahl verfolgten Ziele (Sicherung der Wahl als Integrationsvorgang, Sicherung der Funktionsfähigkeit der zu wählenden Vertretung), dargelegt wird, dass differenzierende Regelungen zur Verfolgung ihrer „Zwecke“ geeignet und erforderlich sein müssen.[132] Indes wird in keiner der Entscheidungen näher definiert, was hier unter „geeignet“ und „erforderlich“ genau verstanden wird. Dies ist nicht unproblematisch, da das Bundesverfassungsgericht die Erschwerung der Mehrheitsbildung und damit im Umkehrschluss eine „bloße“ Erleichterung der Arbeit des betroffenen Gremiums durch eine Sperrklausel als deren Rechtfertigung nicht ausreichen lässt.[133] Bei der Prüfung der Verhältnismäßigkeit stellt sich demnach die Frage, ob eine Fünf- und erst recht eine Drei-Prozent-Sperrklausel überhaupt „geeignet“ sein kann, eine Funktionsbeeinträchtigung des Europäischen Parlaments abzuwenden.[134]

(1) Das Bundesverfassungsgericht geht in seinem Beschluss vom 22. Mai 1979 nicht nur von der Geeignetheit[135] und Erforderlichkeit, sondern sogar davon aus, dass Maßnahmen gegen die Parteienzersplitterung angesichts der „großen Zahl der Mitgliedstaaten“ im Europäischen Parlament „zwingend geboten“[136] seien. Mit einer Fünf-Prozent-Sperrklausel habe der Gesetzgeber das „Maß des zur Erreichung dieses Zieles Erforderlichen“ nicht überschritten.[137] In diesem Zusammenhang wird betont, dass es nicht Sache des Bundesverfassungsgerichts sei, quasi die Rolle des Gesetzgebers zu übernehmen.[138] Letztlich lässt sich die Argumentation des Bundesverfassungsgerichts in diesem Beschluss dergestalt (grob) zusammenfassen, dass das Europäische Parlament zwar noch nicht vergleichbar mit den nationalen Parlamenten sei, aber jedenfalls hinreichend bedeutsam, um Vorkehrungen zu treffen, die die Arbeitsfähigkeit des Europäischen Parlaments schützen – zum Beispiel mit einer Sperrklausel. Diese Argumentation

---

131 BVerfGE 135, 259 (286).
132 BVerfGE 129, 300 (320 f.); 135, 259 (286 f.). Ähnlich auch BVerfGE 51, 222 (235 ff.).
133 Vgl. BVerfGE 129, 300 (327).
134 Vgl. zur Behauptung, dass eine Fünf-Prozent-Sperrklausel die Weimarer Republik „vor ihrem Untergang bewahrt“ hätte, ablehnend *Pauly*, a.a.O., S. 232 (255 f.).
135 BVerfGE 51, 222 (250).
136 BVerfGE 51, 222 (247).
137 BVerfGE 51, 222 (249).
138 BVerfGE 51, 222 (238, 249) – Der Begriff „Ersatzgesetzgeber“ wird nicht verwendet.

überzeugt, wenn auch die Aussage, die Klausel sei „zwingend geboten" im Rahmen einer Verhältnismäßigkeitsprüfung irritiert.

(2) Ganz anders die folgenden Entscheidungen zur Fünf- und Drei-Prozent-Sperrklausel. Mit jeweils ausdifferenzierter Begründung kommt das Bundesverfassungsgericht zu dem Ergebnis, dass die Sperrklausel nicht „erforderlich" sei, so jedenfalls die explizite Feststellung im Urteil zur Drei-Prozent-Sperrklausel.[139] In diesem Zusammenhang betont das Gericht, dass die parlamentarische Mehrheit mit Regelungen, die die Bedingungen politischer Konkurrenz berührten, gewissermaßen in eigener Sache tätig werde, was eine strikte verfassungsgerichtliche Kontrolle rechtfertige.[140] Ausdrücklich kommt das Bundesverfassungsgericht zu dem Ergebnis, dass eine Erschwerung der Arbeit des Europäischen Parlaments nicht ausreiche.[141] Erforderlich sei vielmehr eine wenigstens konkret absehbare Funktionsstörung.[142]

Diese Argumentation vermag nicht zu überzeugen. So wird auf der Basis eines problematischen, schwierig zu bestimmenden Begriffs („Entscheidung in eigener Sache")[143] der in der ersten Entscheidung zur Sperrklausel bei der Europawahl statuierte Entscheidungsspielraum des Gesetzgebers weitestgehend reduziert. Außerdem fragt sich, welches gleich geeignete Mittel, das weniger einschneidend ist, in Betracht käme. Das Gericht, welches offenbar davon ausgeht, dass der Sperrklausel ein legitimer Zweck zugrunde liegt und diese auch geeignet ist, den Zweck zu fördern, erklärt sich hierzu nicht. Diese Frage wird bei der Entscheidung zur Drei-Prozent-Sperrklausel im besonderen Maße virulent,[144] zumal auch ohne eine Sperrklausel das Erreichen von etwa 1% der abgegebenen Stimmen notwendig ist, um einen Sitz im Europäischen Parlament zu erringen.[145]

---

139 BVerfGE 135, 259 (299).

140 BVerfGE 129, 300 (322); 135, 259 (289).

141 BVerfGE 129, 300 (327); 135, 259 (290f.).

142 BVerfGE 135, 259 (291).

143 Vgl. Sondervotum Müller in BVerfGE 135, 259 (303) m.w.N.; vgl. zur Problematik auch *Grzeszick*, EuR 2012, S. 667 (672). Zustimmend dagegen *Morlok*, JZ 2012, S. 76 (77). Es bleibt abzuwarten, ob dieser Rechtsbegriff auch bei der zukünftigen Prüfung der Verfassungsmäßigkeit der Fünf-Prozent-Sperrklausel zur Bundestagswahl fruchtbar gemacht werden wird. Jedenfalls handelt es sich in diesem Fall „erst recht" um eine Entscheidung in eigener Sache.

144 Vgl. dazu *Frenz*, NVwZ 2013, S. 1059 (1060), der im Vorfeld der Entscheidung von der Verfassungskonformität der Klausel ausging.

145 Vgl. BVerfGE 135, 259 (298).

IV. Schluss

Die Rechtsprechung des Bundesverfassungsgerichts zur Sperrklausel bei der Wahl des Europäischen Parlaments ist in wichtigen Aspekten nicht überzeugend.

Ausgehend von einer nicht immer zutreffenden Bestimmung wer („der Staatsbürger") hier eigentlich was („die Volksvertretung") wählt und einer fehlenden Berücksichtigung des Art. 23 GG greift das Bundesverfassungsgericht auf seine überkommenen Maßstäbe zur Wahlrechtsgleichheit zurück, die ihrerseits hinsichtlich der Festlegung auf eine Erfolgswertgleichheit bei der Verhältniswahl zu hinterfragen sind. Weiterhin überzeugt die Prüfung der Verhältnismäßigkeit des angenommenen Eingriffs nicht. Schließlich ist die Feststellung, dass hier der Bundestag in „eigener Sache" entscheide, gerade für die Europawahl von geringer Plausibilität.

Ob der Europäische Gesetzgeber alsbald seine Gesetzgebungsbefugnisse ausübt und eine moderate Sperrklausel einführt, bleibt abzuwarten. Die Entschließung des Europäischen Parlaments vom 11. November 2015[146], die dem Rat der Europäischen Union bei größeren Ländern eine verbindliche Sperrklausel zwischen 3% und 5% vorschlägt, könnte darauf hinweisen.

---

146 Siehe http://www.europarl.europa.eu/sides/getDoc.do?pubRef=-//EP//TEXT+TA+P8-TA-2015-0395+0+DOC+XML+V0//DE (zuletzt abgerufen am 30. April 2016).

Lars Bechler

Verdeckte staatliche Parteienfinanzierung – Kein Fall für das Bundesverfassungsgericht?

Leitentscheidungen des Bundesverfassungsgerichts (Senat)
BVerfGE 40, 296 – Abgeordnetendiäten
BVerfGE 73, 1 – Politische Stiftungen
BVerfGE 80, 188 – Wüppesahl
BVerfGE 85, 264 – Parteienfinanzierung 2

Schrifttum (Auswahl)
von Arnim, Der Wandel der Parteien zu wettbewerbsbeschränkenden Staatsparteien – und was daraus folgt, JZ 2010, S. 505 ff.; *ders.*, Politische Parteien im Wandel. Ihre Entwicklung zu wettbewerbsbeschränkenden Staatsparteien – und was daraus folgt, 2011; *ders.*, Abgeordnetenmitarbeiter: Reservearmee der Parteien?, DÖV 2011, S. 345 ff.; *ders.*, Anmerkung zu BVerfG, 2. Senat, Beschluss vom 15.07.2015 – Zur Verletzung des Rechts auf Chancengleichheit der Parteien im politischen Wettbewerb, DVBl 2015, S. 1529; *Broß*, Kontrolle des Parlaments bei Entscheidungen „in eigener Sache" durch das Bundesverfassungsgericht, ZG 2000, S. 424 ff.; *Helms*, Die „Kartellparteien"-These und ihre Kritiker, PVS 2001, S. 698 ff.; *Isensee*, Nemo iudex in causa sua – auch nicht das Parlament? Insichgeschäft und Gewaltenfusion in der Volksvertretung, in: Dörr/Fink/Hillgruber u.a. (Hrsg.), Die Macht des Geistes. Festschrift für Hartmut Schiedermair, 2001, S. 181 ff.; *Koch*, Neutralitätspflicht und Chancengleichheit bei Leistungen an politische Parteien, ZParl 2002, S. 695 ff.; *Lang*, Gesetzgebung in eigener Sache, 2007; *Poguntke*, Zur empirischen Evidenz der Kartellparteien-These, ZParl 2002, S. 790 ff.; *H. H. Rupp*, Legitimation der Parlamente zur Entscheidung in eigener Sache, ZG 1992, S. 285 ff.; *Schmitt Glaeser*, Das Bundesverfassungsgericht als „Gegengewalt" zum verfassungsändernden Gesetzgeber? – Lehren aus dem Diäten-Streit 1995, in: Burmeister (Hrsg.), Verfassungsstaatlichkeit. Festschrift für Klaus Stern zum 65. Geburtstag, 1997, S. 1183 ff.; *Stolz*, Die persönlichen Mitarbeiter der Bundestagsabgeordneten – ein neues Feld verdeckter Parteienfinanzierung?, ZRP 1992, S. 372 ff.; *Streit*, Entscheidung in eigener Sache, 2006.

Inhalt

I. 2 BvE 4/12 – Eine „böse Überraschung" —— 388
  1. Reaktionen —— 388
  2. Worum es geht —— 389
  3. Kein schnelles, dafür ein kurzes Ende —— 390
  4. Stillschweigende Kapitulation vor dem „Parteienkartell"? —— 392
II. Der Prüfungsmaßstab —— 393
  1. Das Haushaltsgesetz 2012 als Antragsgegenstand —— 393

DOI 10.1515/9783110421866-016

2. Recht auf Chancengleichheit als Ansatzpunkt — 394
a) Genese — 394
b) Zurechnung des Missbrauchs durch Dritte? — 395
c) Ermöglichung von Missbrauch — 396
III. Modifizierung des Prüfungsmaßstabs wegen „Entscheidung in eigener Sache"? — 397
1. Begriff und Wirkungen der Entscheidung des parlamentarischen Gesetzgebers „in eigener Sache" — 398
2. Allgemeine Politikfinanzierung als Entscheidung „in eigener Sache"? — 400
a) Unterscheidungen — 400
b) Bewertung der differenzierten Rechtsprechung des Bundesverfassungsgerichts — 402
3. Konsequenzen — 404
a) Keine Absenkung der Darlegungslast bzw. Umkehr der Darlegungs- und Beweislast — 404
b) Keine Erhöhung der gerichtlichen Kontrolldichte — 406
IV. Modifizierung des Prüfungsmaßstabs aufgrund von Wettbewerbsbeschränkungen der „Kartellparteien"? — 407
1. Vom formellen zum materiellen Parteibegriff — 407
2. Inhalt der „Kartellparteien"-These — 408
3. Kritik — 409
4. Konsequenzen — 411
V. Ergebnis und Ausblick — 412

I. 2 BvE 4/12 – Eine „böse Überraschung"

1. Reaktionen

Nimmt man die veröffentlichen Meinungen zum Maßstab, handelt der folgende Beitrag von einem groben Missgriff. DER SPIEGEL konstatiert, der Beschluss des Zweiten Senats vom 15. Juli 2015 – 2 BvE 4/12 – wirke wie eine Kapitulation vor der politischen Realität.[1] Die Verfassungsrichter hätten sich „ein bisschen dumm gestellt", merkt *Martin Morlok* an. „Reichlich blauäugig" sei deren Haltung, sekundiert *Hans Meyer*, es sei „doch evident, dass hier etwas faul ist". Und *Joachim Wieland* kritisiert, das Gericht nehme sich hier „ein Stück weit die Freiheit zu entscheiden, womit es sich befasst und womit nicht" – was ihm aber „der Form nach" nicht zustehe.[2] Kaum gnädiger spricht die „Süddeutsche Zeitung" von einer „bösen Überraschung"; es sei schwer verständlich, weshalb das Gericht das Problem mit einem schnöden „unzulässig" zu den Akten gegeben habe, statt es in

1 DER SPIEGEL 39/2015, S. 36.
2 Alle Zitate a.a.O.

öffentlicher Verhandlung aufzuarbeiten.[3] Den ärgsten Groll hegt freilich *Hans Herbert von Arnim*, rastloser Abgeordneten- und Parteienkritiker[4] und Prozessbevollmächtigter der Ökologischen Partei Deutschlands (ÖDP) in dem Verfahren 2 BvE 4/12. Er wirft dem Zweiten Senat „schludrige Behandlung des gesamten Verfahrens" und dem zuständigen Berichterstatter *Peter Müller* Befangenheit vor.[5] Seine Kritik hat *von Arnim* mittlerweile in Buchform gegossen; das Werk trägt den sinistren Titel „Die Angst der Richter vor der Macht".[6]

2. Worum es geht

Gegenstand des gegen den Bundestag gerichteten Organstreitverfahrens war die Frage, ob die im Bundeshaushalt 2012 erfolgte Zuweisung[7] von Finanzmitteln für die Fraktionen des Deutschen Bundestages,[8] für die Beschäftigung von Mitarbeitern der Mitglieder des Deutschen Bundestages (Abgeordnetenmitarbeiter)[9] sowie für die politische Bildungsarbeit der parteinahen Stiftungen[10] eine verdeckte Parteienfinanzierung darstellte und deshalb gegen Art. 21 Abs. 1 und Art. 3 Abs. 1 GG verstieß. Während die bisherigen sieben Grundsatzentscheidungen zur Finanzausstattung der politischen Parteien[11] sich mit der unmittelbaren und

3 SZ vom 22. September 2015.

4 Siehe aus jüngerer Vergangenheit nur *von Arnim*, Die Selbstbediener. Wie bayerische Politiker sich den Staat zur Beute machen, 2013; *dens.*, Politische Parteien im Wandel. Ihre Entwicklung zu wettbewerbsbeschränkenden Staatsparteien – und was daraus folgt, 2011; *dens.*, Der Verfassungsbruch. Verbotene Extra-Diäten – Gefräßige Fraktionen, 2011; *dens.*, Volksparteien ohne Volk. Das Versagen der Politik, 2009.

5 DER SPIEGEL 39/2015, S. 36.

6 *von Arnim*, Die Angst der Richter vor der Macht. Zum Beschluss des Bundesverfassungsgerichts vom 15.07.2015 zur verdeckten Staatsfinanzierung der Parteien (2 BvE 4/12), 2015.

7 Gesetz über die Feststellung des Bundeshaushaltsplans für das Haushaltsjahr 2012 (Haushaltsgesetz 2012) vom 22. Dezember 2011, BGBl I S. 2938, zuletzt geändert durch Artikel 1 und 2 des Gesetzes vom 14. Dezember 2012, BGBl I S. 2580.

8 Insgesamt 80,835 Mio. Euro für die Fraktionen von CDU/CSU, SPD, BÜNDNIS 90/DIE GRÜNEN, DIE LINKE und FDP.

9 Insgesamt 151,823 Mio. Euro für die Mitarbeiter der 620 Abgeordneten des 17. Deutschen Bundestages. Nach dem Datenhandbuch des Deutschen Bundestages ist die Zahl der Abgeordnetenmitarbeiter von 3.682 im Jahr 1990 auf 4.371 im Jahr 2011 gestiegen; der (bisherige) Höhepunkt wurde im Jahr 2009 erreicht (6.784).

10 Insgesamt 97,958 Mio. Euro für die Konrad-Adenauer-Stiftung, die Friedrich-Ebert-Stiftung, die Heinrich-Böll-Stiftung, die Rosa-Luxemburg-Stiftung und die Friedrich-Naumann-Stiftung.

11 BVerfGE 8, 51; 20, 56/119/134; 24, 300; 52, 63; 73, 40; 85, 264; 111, 382.

mittelbaren staatlichen Parteienfinanzierung befassten,[12] betraf das vorliegende Verfahren das Phänomen der sogenannten *verdeckten* bzw. *verschleierten* Parteienfinanzierung. Ausgangspunkt ist die Beobachtung, dass beginnend mit der Deckelung und strengen Formalisierung der unmittelbaren staatlichen Parteienfinanzierung durch das Bundesverfassungsgericht in den 1960er Jahren die öffentlichen Mittel für die Bundestagsfraktionen, für die Beschäftigung von Abgeordnetenmitarbeitern und für die politische Bildungsarbeit der parteinahen Stiftungen sukzessive angestiegen sind bzw. überhaupt erst eingeführt wurden. Nach Ansicht der antragstellenden ÖDP haben die im Parlament vertretenen Parteien die staatliche Parteienfinanzierung in großem Umfang auf die Parlamentsfraktionen, die Abgeordneten und die parteinahen Stiftungen verlagert, damit diese Institutionen mit den ihnen zugewiesenen öffentlichen Mitteln verdeckt Parteiaufgaben wahrnehmen könnten. Besonders deutlich werde dies bei der Öffentlichkeitsarbeit der Parlamentsfraktionen und der Beschäftigung von „Parteifunktionären" als staatlich bezahlte Abgeordnetenmitarbeiter. Daran sei besonders kritikwürdig, dass die Bewilligung der öffentlichen Mittel – im Gegensatz zur unmittelbaren Parteienfinanzierung – insoweit weder begrenzt sei noch auf ein spezielles Gesetz gestützt werde und dadurch der öffentlichen Kontrolle weitgehend entzogen sei. Die nicht im Bundestag vertretene ÖDP sieht sich hierdurch im politischen Wettbewerb benachteiligt.[13]

3. Kein schnelles, dafür ein kurzes Ende

Nach mehr als drei Jahren Verfahrensdauer[14] und „gewechselten Schriftsätzen von über 300 Seiten"[15] hat der Zweite Senat die Anträge der ÖDP als bereits unzulässig

---

12 Überblickartig hierzu *Korioth*, Die Rechtsprechung des Bundesverfassungsgerichts zur Parteienfinanzierung in der Bundesrepublik Deutschland, in: Manssen (Hrsg.), Die Finanzierung von politischen Parteien in Europa, 2008, S. 15 (19–37); *Steinberger*, Rechtsprechung des Bundesverfassungsgerichts zur staatlichen Parteienfinanzierung, in: Bitburger Gespräche Jahrbuch 1993/2, S. 25 (27–51); *Lovens*, Stationen der Parteienfinanzierung im Spiegel der Rechtsprechung des Bundesverfassungsgerichts ZParl 2000, S. 285 (287–297).

13 Antragsschrift der ÖDP vom 8. Juni 2012, S. 5 ff.; die Antragsschrift und weitere Schriftsätze der ÖDP im Verfahren 2 BvE 2/14 – sämtlich verfasst von *von Arnim* – sind abrufbar auf der Homepage der ÖDP (https://www.oedp.de/aktuelles/aktionen/verdeckte-parteienfinanzierung); für eine prägnante Zusammenfassung der Vorwürfe siehe *von Arnim*, Ein Verstoß gegen das Grundgesetz, in: DER TAGESSPIEGEL vom 1. Juli 2012.

14 Die Verfahrensdauer relativiert sich im Hinblick auf den umfangreichen Schriftwechsel der Beteiligten und den Berichterstatterwechsel aufgrund des Ausscheidens von BVR *Gerhardt*.

15 *von Arnim*, DVBl 2015, S. 1529 (1529).

abgelehnt. Zwar könne das Recht der politischen Parteien auf Chancengleichheit durch die Zuweisung staatlicher Finanzmittel betroffen sein. Doch habe die ÖDP die Anforderungen an die Darlegung eines Eingriffs in ihr Recht auf Chancengleichheit aus Art. 21 Abs. 1 GG nicht erfüllt. Die Grundentscheidung für die öffentliche Finanzierung der Fraktionsarbeit und der Abgeordnetenmitarbeiter sei nicht mehr angreifbar. Die hierfür geltenden gesetzlichen Grundlagen – § 50 Abs. 1 i.V.m. § 47 AbgG (Fraktionsfinanzierung) bzw. § 12 Abs. 3 Satz 1 AbgG (Abgeordnetenmitarbeiter) – seien bereits 1995 in Kraft getreten; die ÖDP habe es versäumt, gegen die Regelungen innerhalb der Frist des § 64 Abs. 3 BVerfGG vorzugehen und könne dies auch in einem Verfahren, das die konkrete Festsetzung der Fraktionszuschüsse bzw. der Geldmittel für die Abgeordnetenmitarbeiter durch den Haushaltsgesetzgeber 2012 zum Gegenstand habe, nicht nachholen.[16]

(Noch) überprüfbar sei zwar der Vorwurf, dass der Bundestag einer missbräuchlichen Verwendung der Fraktionszuschüsse bzw. der Geldmittel für die Abgeordnetenmitarbeiter im Sinne einer verfassungswidrigen Parteienfinanzierung Vorschub geleistet habe, indem er diese Mittel in einer für die Wahrnehmung der Fraktionsaufgaben bzw. für die Ausübung des Abgeordnetenmandats nicht erforderlichen Höhe festgesetzt habe; derlei könne dem Vortrag der ÖDP allerdings nicht entnommen werden und sei auch sonst nicht ersichtlich. Schließlich ergebe sich aus dem Vorbringen der ÖDP auch nicht, dass die festgesetzten Fraktionszuschüsse und Mittel für die Abgeordnetenmitarbeiter missbräuchlich verwendet worden seien und der Bundestag dem durch unzureichende Voraussicht und Kontrolle den Weg geebnet habe.[17]

Auch im Hinblick auf die den politischen Stiftungen gewährten Globalzuschüsse lasse das Vorbringen der ÖDP die Möglichkeit der Verletzung des Rechts auf Chancengleichheit offen. Das Bundesverfassungsgericht habe die entsprechende Praxis bereits im Jahr 1986 gebilligt; eine hiervon abweichende Beurteilung sei nicht geboten.[18]

Der Antrag zu 2., der bei sachgerechter Auslegung darauf abzielte, dem Deutschen Bundestag die Einrichtung eines bestimmten Bewilligungs- und Kontrollverfahrens vorzuschreiben, das einen möglichen Missbrauch der staatlichen Zuschüsse durch die Mittelempfänger – Fraktionen, Abgeordnete, parteinahe Stiftungen – verhindern solle, wurde vom Zweiten Senat ebenfalls als unzulässig angesehen. Insoweit habe die ÖDP die derzeitige Bewilligungs- und Kontroll-

16 BVerfG, Beschluss des Zweiten Senats vom 15. Juli 2015 – 2 BvE 4/12 –, NVwZ 2015, S. 1361 (1363 f., Rn. 72 – 76; 1365, Rn. 90 f.).

17 BVerfG, a.a.O. (Fn. 16), S. 1364 f., Rn. 77 – 88; 1366 f., Rn. 94 – 104.

18 BVerfG, a.a.O. (Fn. 16), S. 1367, Rn 106 – 108, unter Verweis auf BVerfGE 73, 1.

praxis, die sich in ihrer heutigen Form spätestens in den 1990er Jahren herausgebildet habe, jahrelang hingenommen und damit die sechsmonatige Antragsfrist des § 64 Abs. 3 BVerfGG verstreichen lassen.[19]

4. Stillschweigende Kapitulation vor dem „Parteienkartell“?

Die Beschlussgründe mögen in Anbetracht von Umfang und Wucht des Vortrags der ÖDP dürftig erscheinen. Das liegt aber vor allem daran, dass der Zweite Senat durch die – prozessrechtlich vorgegebene[20] – isolierte Bewertung der Anträge und Unteranträge zum eigentlichen Kern der Organklage nicht durchgedrungen ist. Nach Ansicht der ÖDP ist für die rechtliche Bewertung von zentraler Bedeutung, dass der Bundestag über *den gesamten Komplex* der hier in Streit stehenden Bewilligung und Verwendung öffentlicher Mittel bzw. die Kontrolle der ordnungsgemäßen Verwendung dieser Mittel „in eigener Sache“ entschieden habe. Damit im Zusammenhang stehen Implikationen der von der ÖDP bzw. von *von Arnim* vertretenen „Kartellparteien“-These.[21] Neben Oberflächlichkeit wird dem Zweiten Senat insoweit ein schwerwiegender Gehörsverstoß vorgeworfen. Der Beschluss weiche stillschweigend von der bisherigen Rechtsprechung ab, wonach Entscheidungen, die der Bundestag gewissermaßen „in eigener Sache“ treffe, einer strengen Gerichtskontrolle zu unterwerfen seien. Dadurch werde das wesentliche Vorbringen der ÖDP übergangen und „in krasser Weise gegen Art. 103 Abs. 1 GG verstoßen.“[22] Die Heftigkeit der Kritik[23] am Beschluss des Bundesverfassungsgerichts dürfte hierin ihre Ursache haben.

Entsprechend des Konzepts der „Linien der Rechtsprechung“ soll im Folgenden untersucht werden, ob die vom Zweiten Senat zugrunde gelegten Maßstäbe in der bisherigen Rechtsprechung angelegt waren und welche Überzeugungskraft ihnen (heute noch) zukommt. Insofern ist von besonderem Interesse, ob der Zweite Senat – stillschweigend – von den eigenen Maßstäben hinsichtlich der Überprüfung von Entscheidungen „in eigener Sache“ abgewichen ist und sich dadurch – so lautet der zentrale Vorwurf[24] – einer Sachentscheidung entzogen hat. Zudem soll der damit im Zusammenhang stehenden „Kartellparteien“-These

---

19 BVerfG, a.a.O. (Fn. 16), S. 1367 f., Rn. 109 – 118.

20 Gemäß § 64 Abs. 1 BVerfGG kann nur eine *hinreichend konkrete* Maßnahme oder Unterlassung des Antragsgegners Angriffsgegenstand sein; vgl. hierzu BVerfGE 118, 244 (255 f.).

21 *von Arnim*, DVBl 2015, S. 1529 (1532).

22 *von Arnim*, DVBl 2015, S. 1529 (1535).

23 Siehe oben I.1.

24 Vgl. *von Arnim*, DVBl 2015, S. 1529 (1532).

nachgegangen und geprüft werden, ob daraus normative Folgewirkungen – etwa eine Modifizierung überkommender Prüfungsmaßstäbe – abzuleiten sind. Die dabei gewonnenen Erkenntnisse führen womöglich zu einer differenzierten Bewertung des Beschlusses des Zweiten Senats zur „verdeckten" Parteienfinanzierung.

II. Der Prüfungsmaßstab

1. Das Haushaltsgesetz 2012 als Antragsgegenstand

Mit dem Antrag zu 1. hatte die ÖDP die Bewilligung von öffentlichen Mitteln für die Fraktionen des Bundestages, für persönliche Mitarbeiter von Bundestagsabgeordneten und für politische Stiftungen im Haushaltsgesetz 2012 angegriffen. Konkrete Maßnahme im Sinne des § 64 BVerfGG, also Antragsgegenstand, war insoweit der Normsetzungsakt oder die Mitwirkung daran, nicht die Norm als solche.[25] Die Rechtserheblichkeit des Haushaltsgesetzes könnte zwar deshalb fraglich sein, weil die Rechtswirkungen des gesetzlich festgestellten Haushaltsplans auf den organschaftlichen Innenbereich des Staates, genauer auf das Verhältnis von Regierung zu Parlament, beschränkt sind. Daher entfaltet das Haushaltsgesetz, jedenfalls soweit es den Haushaltsplan feststellt, keine Außenwirkung gegenüber außerhalb des organschaftlichen Rechtskreises stehenden Rechtssubjekten wie der ÖDP.[26] Gleichwohl geht das Bundesverfassungsgericht davon aus, dass der Erlass des Haushaltsgesetzes in Verbindung mit dem Haushaltsplan eine von politischen Parteien im Organstreit angreifbare Maßnahme im Sinne des § 64 BVerfGG ist.[27] Dies überzeugt vor dem Hintergrund, dass die Bewilligung öffentlicher Mittel im Haushaltsplan die Ermächtigung für die Exekutive enthält, die in den Titeln ausgebrachten Beträge für die dort festgelegten Zwecke auszugeben[28] und die ÖDP (und jede andere außerparlamentarische Partei) hiervon zwangsläufig mitbetroffen wäre, sollten sich die bewilligten Mittel als verfassungswidrige verdeckte Parteienfinanzierung darstellen.[29]

---

25 Vgl. BVerfGE 99, 332 (336f.); 102, 224 (234); 118, 277 (317).

26 Vgl. BVerfGE 38, 121 (126); 79, 311 (327); *Hillgruber*, in: von Mangoldt/Klein/Starck, GG, Bd. 3, 6. Aufl. 2010, Art. 110 Rn. 63.

27 Vgl. BVerfGE 20, 134 (141); 73, 1 (28).

28 Vgl. BVerfGE 20, 56 (90f.).

29 Vgl. hierzu – unter dem Aspekt der Antragsbefugnis – BVerfGE 120, 82 (99).

2. Recht auf Chancengleichheit als Ansatzpunkt

Durch die Bewilligung von öffentlichen Mitteln für die Fraktionen des Bundestages, für persönliche Mitarbeiter von Bundestagsabgeordneten und für politische Stiftungen im Haushaltsgesetz 2012 sah sich die ÖDP in ihrem Recht auf Chancengleichheit im politischen Wettbewerb gemäß Art. 21 Abs. 1 i.V.m. Art. 3 Abs. 1 GG verletzt. Schon die Möglichkeit dieser Verletzung – das heißt die Antragsbefugnis – erscheint allerdings zweifelhaft.

a) Genese

Das Recht auf Chancengleichheit der Parteien wird vom Bundesverfassungsgericht aus der Gründungsfreiheit der Parteien und dem daraus folgenden Mehrparteiensystem abgeleitet[30] und verpflichtet die öffentliche Gewalt zu einer strikten formalen Gleichbehandlung aller Parteien.[31] Dieses Recht gehört zur „demokratisch-egalitären Grundlage unserer Verfassungsordnung“[32] und versteht sich „als Bestandteil der demokratischen Grundordnung von selbst“.[33] Beruht die Demokratie auf Wettbewerb – der freien Konkurrenz von Meinungen und Interessen sowie der Personen und Gruppen, die sie sich zu eigen machen –, so ist es für das Funktionieren dieses Wettbewerbs notwendig, dass diejenigen, die sich an ihm beteiligen, unter gleichen Bedingungen, das heißt mit gleichen Chancen, in ihn eintreten und sich in ihm betätigen können. Die demokratische Legitimation der Staatsgewalt setzt Freiheit und Gleichheit der am Wettstreit um ihren (zeitweiligen) Besitz Beteiligten voraus.[34]

Aus dem Anspruch der Parteien auf formale Gleichbehandlung folgt allerdings keine Verpflichtung der öffentlichen Gewalt, vorgegebene und sich aus den tatsächlichen Verhältnissen ergebende Unterschiede in den Wettbewerbschancen der Parteien auszugleichen.[35] Die Freiheit politischer Willensbildung besteht gerade darin, dass die Bürger, Gruppen und Parteien sich verschieden stark Gehör und Geltung verschaffen können. Deshalb darf der Gesetzgeber „die vorgefundene Wettbewerbslage nicht verfälschen“[36] oder „in einer ernsthaft ins Gewicht fal-

---

30 BVerfGE 47, 198 (225); 52, 63 (88); 73, 40 (65).
31 BVerfGE 69, 257 (268); 82, 322 (337); 104, 14 (20).
32 BVerfGE 8, 51 (65 f.).
33 BVerfGE 120, 82 (104) unter Bezug auf BVerfGE 1, 208 (242).
34 *H. H. Klein*, in: Maunz/Dürig, GG, Art. 21 Rn. 296 (Januar 2012).
35 BVerfGE 14, 121 (134); 20, 56 (118); 69, 92 (109).
36 BVerfGE 85, 264 (297).

lenden Weise verändern"[37]; dies kann als „Neutralitätspflicht" bezeichnet werden.[38]

Das Bundesverfassungsgericht hat den Grundsatz der Chancengleichheit der politischen Parteien vor allem im Hinblick auf die Wahlvorbereitung, den Wahlvorgang und die Auswirkungen von Wahlen als dem zentralen Element der Verleihung demokratischer Legitimation konkretisiert.[39] Die „streng formale" Chancengleichheit gilt aber nicht nur für den Bereich des Wahlrechts, sondern für das gesamte Vorfeld der Wahlen und damit letztlich für die gesamte Tätigkeit der Parteien.[40] Das Recht auf Chancengleichheit wirkt sich daher auch bei der staatlichen (Teil-)Finanzierung der politischen Parteien aus. Es ist dem Gesetzgeber untersagt, eine vorgefundene Wettbewerbslage der Parteien durch finanzielle Zuwendungen zu verfälschen.[41]

b) Zurechnung des Missbrauchs durch Dritte?

Der Antragsteller im Organstreit muss gemäß § 64 Abs. 1 BVerfGG geltend machen können, dass ihm die Rechtsverletzung gerade „durch" die angegriffene Maßnahme oder Unterlassung des Bundestages widerfahren ist oder zu widerfahren droht. Die Maßnahme oder Unterlassung muss also vom Antragsgegner – hier: dem Bundestag – unmittelbar selbst ausgehen oder diesem zuzurechnen sein.[42] Die ÖDP hatte in ihrer Antragsbegründung maßgeblich auf den Missbrauch abgestellt, den die Fraktionen, Abgeordneten und parteinahen Stiftungen mit den bewilligten öffentlichen Mitteln trieben. Durch die Öffentlichkeitsarbeit der Fraktionen, den Einsatz von Abgeordnetenmitarbeitern und die politische Bildungsarbeit von parteinahen Stiftungen kämen die dafür eingesetzten staatlichen Gelder (mittelbar oder unmittelbar) den „Parlamentsparteien" zugute, was mit einer Benachteiligung der außerparlamentarischen Parteien einhergehe.[43]

Da der geltend gemachte Missbrauch von den Fraktionen, Abgeordneten und parteinahen Stiftungen ausgeht, müsste dieses Verhalten Dritter dem Bundestag

---

37 BVerfGE 121, 108 (123) m.w.N.

38 *Koch*, Neutralitätspflicht und Chancengleichheit bei Leistungen an politische Parteien, ZParl 2002, S. 694 (704).

39 Vgl. BVerfGE 44, 125 (144f.); 82, 322 (337 ff.); 124, 1 (20).

40 BVerfGE 66, 107 (114); 85, 264 (297); 104, 14 (20).

41 BVerfGE 73, 40 (88f.).

42 *Schorkopf*, in: Burkiczak/Dollinger/Schorkopf (Hrsg.), BVerfGG, 2015, § 63 Rn. 60; *Hillgruber/Goos*, Verfassungsprozessrecht, 4. Aufl. 2015, Rn. 375.

43 Antragsschrift vom 8. Juni 2012, S. 38 ff.

als Antragsgegner zurechenbar sein. Einzelne missbräuchliche Verwendungen öffentlicher Mittel durch die autonom agierenden Mittelempfänger dürften insoweit keine Verantwortlichkeit des Bundestages begründen, zumal Bundestagsfraktionen und Bundestagsabgeordnete selbst als Antragsgegner in einem Organstreit in Betracht kommen, wenn durch ihr Verhalten eine Verletzung des Rechts der Parteien auf Chancengleichheit zu besorgen ist.[44] Auch hinsichtlich parteinaher Stiftungen hat das Bundesverfassungsgericht bereits entschieden, dass einzelne missbräuchliche Maßnahmen nicht die Annahme rechtfertigten, es handele sich bei den Globalzuschüssen um eine verdeckte Parteienfinanzierung.[45] Für eine Zurechnung wird man daher zum einen fordern müssen, dass der Missbrauch öffentlicher Mittel durch Dritte eine gewisse Erheblichkeitsschwelle überschreitet, und zum anderen, dass der Bundestag hierfür einen relevanten Beitrag geleistet hat.

c) Ermöglichung von Missbrauch

Problemadäquat erscheint insoweit der Ansatz des Zweiten Senats, an die (etwas pathetische) Formel im Wüppesahl-Urteil anzuknüpfen und von einer Zurechnung zum Bundestag auszugehen, wenn bereits durch die Bewilligung der staatlichen Zuschüsse der „zweckwidrigen Verwendung das Tor geöffnet und so der Weg für eine verfassungswidrige Parteienfinanzierung geebnet" werde, wovon auszugehen sei, wenn Mittel in einem überhöhten, durch die Zweckbindung nicht gerechtfertigten Umfang zur Verfügung gestellt oder sonst unzureichende Vorkehrungen zur Verhinderung einer zweckwidrigen Verwendung dieser Mittel getroffen würden.[46] Diese Ausführungen betrafen ursprünglich den verfassungsrechtlichen Status des Abgeordneten gemäß Art. 38 Abs. 1 Satz 2 GG, dürften aber sinngemäß auf das Recht der Parteien auf Chancengleichheit übertragbar sein. Der fraktionslose Abgeordnete und die außerparlamentarische Partei befinden sich in einer vergleichbaren Gefährdungslage dahingehend, dass die Mehrheitsfraktionen im Bundestag durch übermäßige Zuwendungen oder ungenügende Kontrollen eine verschleierte Parteienfinanzierung durch die Mittelempfänger ermöglichen oder zumindest begünstigen können. Jedenfalls bei einer darauf beruhenden Vielzahl von Verstößen[47] gegen die verfassungsrechtlich gebotene Zweckbindung erscheint

44 Vgl. BVerfGE 136, 190; *Schorkopf*, a.a.O. (Fn. 42), § 63 Rn. 62; *Hillgruber/Goos*, a.a.O. (Fn. 42), Rn. 344 f.

45 Vgl. BVerfGE 73, 1 (31).

46 BVerfG, a.a.O. (Fn. 16), S. 1363 f., Rn. 68, unter Verweis auf BVerfGE 80, 188 (214).

47 Vgl. BVerfGE 80, 188 (214): „missbräuchliche Verwendungspraxis" (Hervorhebung nur hier).

es gleichermaßen unzumutbar, den fraktionslosen Abgeordneten oder eine außerparlamentarische Partei darauf zu verweisen, in jedem Einzelfall gegen den missbräuchlich handelnden Mittelempfänger (Fraktion, Abgeordneter, Stiftung) vorzugehen. Zumindest im Hinblick auf den gerügten Einsatz von Abgeordnetenmitarbeitern wäre dies auch gar nicht möglich, da für Außenstehende nicht erkennbar ist, in welchem Umfang ein Abgeordneter seine Mitarbeiter zweckwidrig für Parteiaufgaben einsetzt.[48]

Die Überlegungen des Zweiten Senats zum Prüfungsmaßstab lassen sich wie folgt zusammenfassen: Der Grundsatz der Chancengleichheit verwehrt es dem Gesetzgeber, durch finanzielle Zuwendungen bestehende faktische Ungleichheiten der Wettbewerbschancen der Parteien zu verschärfen.[49] Dieses Gebot schließt unmittelbare finanzielle Zuwendungen an die Parteien aus, die aufgrund ihrer unterschiedlicher Höhe geeignet sind, die vorgefundene Wettbewerbslage zwischen den Parteien zu beeinflussen, sofern kein rechtfertigender Grund vorliegt, der vor dem strikten und formalen Gleichheitssatz Bestand hat.[50] Der Gesetzgeber kann faktische Ungleichheiten zwischen den Parteien allerdings auch dadurch verschärfen, dass er öffentliche Zuwendungen an Dritte (Fraktionen, Abgeordnete, parteinahe Stiftungen) in missbrauchsanfälliger Weise vergibt und es gerade durch die Art und Höhe der Mittelvergabe oder die mangelhafte Kontrolle der Mittelverwendung zu einem Missbrauch im Sinne verschleierter Parteienfinanzierung durch die begünstigten Dritten kommt. In diesem Fall ist dem Bundestag die Beeinträchtigung der Chancengleichheit zuzurechnen.

III. Modifizierung des Prüfungsmaßstabs wegen „Entscheidung in eigener Sache"?

Nach Auffassung der ÖDP handelt es sich bei den angegriffenen Maßnahmen des Bundestages um Entscheidungen „in eigener Sache", die mit der Vermutung der Unrichtigkeit behaftet seien und die Gefahr des Missbrauchs und der verdeckten Parteienfinanzierung in sich trügen. Dies führe einerseits zur Umkehr der Darlegungs- und Beweislast: Es genüge, einige exemplarische Missbrauchsfälle aufzuzeigen; der Bundestag müsse im Gegenzug darlegen, dass es sich hierbei nur um

48 Bei der Öffentlichkeitsarbeit der Fraktionen findet ein zweckwidriger Einsatz öffentlicher Mittel zugunsten von Parteienwerbung dagegen naturgemäß in der Öffentlichkeit statt und ist daher eher erkennbar.

49 BVerfGE 73, 40 (89); 78, 350 (358); 85, 264 (297).

50 BVerfGE 85, 264 (297).

einzelne Ausrutscher handele statt um dadurch aufscheinende systemisch bedingte Mängel.[51] Des Weiteren sei, quasi als Gegengewicht zur (eigen-)interessengesteuerten Entscheidung des Bundestages, eine besonders strikte verfassungsgerichtliche Kontrolle geboten.[52] Wenn bei Entscheidungen des Bundestages alle im Parlament vertretenen Kräfte profitierten, falle die Kontrolle durch die parlamentarische Opposition – und damit das korrigierende Element gegenläufiger Interessen – regelmäßig aus.[53]

1. Begriff und Wirkungen der Entscheidung des parlamentarischen Gesetzgebers „in eigener Sache"

Der schillernde Begriff des Gesetzes bzw. der Entscheidung „in eigener Sache" wurde schon vielfach traktiert, doch besteht weder Klarheit über seinen Inhalt noch Einigkeit über eventuelle (Rechts-)Folgen.[54] Für die einen ist er „konturenlos" und (verfassungs-)rechtlich irrelevant,[55] andere verknüpfen mit ihm den Vorwurf der Rechtsstaats- und Verfassungswidrigkeit.[56] Zwischen diesen Polen bewegen sich zahlreiche Stimmen, die die Entscheidung „in eigener Sache" als rechtliche Kategorie grundsätzlich anerkennen, wobei die Begründung freilich divergiert.[57] Sie eint allerdings das grundsätzliche Unbehagen an Entscheidungen des Gesetzgebers „in eigener Sache", die regelmäßig im Konsens, ohne direkte Kontrolle und damit typischerweise missbrauchsanfällig ergingen.[58] Hierfür werden vornehmlich zwei Argumente ins Feld geführt:

---

51 Antragsschrift vom 8. Juni 2012, S. 26 f., 37 f.

52 Antragsschrift vom 8. Juni 2012, S. 35 f.

53 Antragsschrift vom 8. Juni 2012, S. 63.

54 *Lang*, Gesetzgebung in eigener Sache, 2007, S. 16: „Der Begriff wird [...] nicht eben selten verwandt, freilich kaum definiert und teilweise als Chiffre verwandt, die je nach intendiertem Ergebnis verschieden eingesetzt und instrumentalisiert wird"; der Sache nach ebenso *Streit*, Entscheidung in eigener Sache, 2006, S. 56.

55 *H. H. Klein*, in: Maunz/Dürig, GG, Art. 48 Rn. 149 (Juni 1998); siehe ferner *Broß*, ZG 2000, S. 424 (425); *Schmitt Glaeser*, Das Bundesverfassungsgericht als „Gegengewalt" zum verfassungsändernden Gesetzgeber? – Lehren aus dem Diäten-Streit 1995, in: Burmeister (Hrsg.), Verfassungsstaatlichkeit. Festschrift für Klaus Stern zum 65. Geburtstag, 1997, S. 1183 (1195 f.); zurückhaltend auch *Isensee*, Nemo iudex in causa sua – auch nicht das Parlament? Insichgeschäft und Gewaltenfusion in der Volksvertretung, in: Dörr/Fink/Hillgruber u. a. (Hrsg.), Die Macht des Geistes. Festschrift für Hartmut Schiedermair, 2001, S. 181 (209): eher „ethische Bedeutung".

56 *Henke*, in: Kahl/Waldhoff/Walter (Hrsg.), BK-GG, Art. 21 Rn. 322 (November 1991).

57 Übersichtlich *Streit*, a.a.O. (Fn. 54), S. 22 – 27 m.w.N.

58 *Schulze-Fielitz*, in: Dreier (Hrsg.), GG, Bd. 2, 2. Aufl. 2006, Art. 48 Rn. 34; eingehend *Streit*, a.a.O. (Fn. 54), S. 179 – 185.

- Bei Entscheidungen „in eigener Sache“ sei die ansonsten durch das Gegeneinander von Parlamentsmehrheit und Opposition vermittelte Richtigkeitsgewähr der Verfassungskonkretisierung durch die Gleichheit der Interessenlage ausgeschaltet.[59]
- Selbstbetroffenheit schaffe einen Interessenkonflikt. Deshalb spreche jedenfalls der böse Schein dafür, dass die eigenen Interessen der Entscheidenden mangels Gegengewichts durchschlagen und es so der Tendenz nach zu einseitigen Entscheidungen komme.[60]

Im Gegenzug wird allerdings betont, dass das Grundgesetz dem Parlament Entscheidungen „in eigener Sache“ ausdrücklich auferlege, womit sie als solche nicht verfassungswidrig sein könnten. Gerade die besonders heiklen Fälle der Beschlussfassung über die Diäten und die Parteienfinanzierung seien gemäß Art. 48 Abs. 3 GG und Art. 21 Abs. 3 GG als parlamentarische Entscheidungen „in eigener Sache“ verfassungsrechtlich legitimiert.[61] Sie lösten allerdings einen besonderen Kontrollbedarf aus, dem durch entscheidungsvorbereitende oder konsultative Vorkehrungen und Verfahren[62] bzw. durch besondere Anforderungen an die Öffentlichkeit des Verfahrens und die Intensität der gerichtlichen Kontrolle zu begegnen sei.[63]

Eine solcherart vermittelnde Lösung lässt sich im Grundsatz auch der Rechtsprechung des Bundesverfassungsgerichts entnehmen. Im Hinblick auf den Regelungsauftrag an den Gesetzgeber hinsichtlich der Abgeordnetendiäten (Art. 48 Abs. 3 Satz 3 GG), der gemeinhin als besonders signifikantes Beispiel einer Entscheidung „in eigener Sache“ gilt,[64] hat das Bundesverfassungsgericht festgestellt, dass es sich in einer parlamentarischen Demokratie nicht vermeiden lasse, dass das Parlament in eigener Sache entscheidet, wenn es um die Festsetzung der Höhe und um die nähere Ausgestaltung der mit dem Abgeordnetenstatus verbundenen finanziellen Regelungen geht. Gerade in einem solchen Fall verlange aber das Demokratie- und Rechtsstaatsprinzip, dass der gesamte Willensbildungsprozess für den Bürger durchschaubar ist und das Ergebnis vor den

59 von *Arnim*, in: Kahl/Waldhoff/Walter (Hrsg.), BK-GG, Art. 48 Rn. 120 (Dezember 2010).
60 *von Arnim*, a.a.O. (Fn. 59), Art. 48 Rn. 116 (Dezember 2010).
61 *Morlok*, in: Dreier, GG, Bd. 2, 2. Aufl. 2006, Art. 38 Rn. 149.
62 *H. H. Rupp*, ZG 1992, S. 289 (289 f.).
63 *Schulze-Fielitz* (Fn. 58), Art. 48 Rn. 34–36 m.w.N.; siehe auch *von Arnim* (Fn. 59), Art. 48 Rn. 117 (Dezember 2010), mit zahlreichen Folgerungen und Vorschlägen de lege lata und de lege ferenda unter Rn. 122–147 (Dezember 2010).
64 Vgl. *Streit*, a.a.O. (Fn. 54), S. 50 mit Fn. 191; *Lang*, a.a.O. (Fn. 54), S. 44 f.

Augen der Öffentlichkeit beschlossen wird. Dies sei die einzige wirksame Kontrolle.[65]

Damit sind verschiedene Verfahrensvorkehrungen statuiert: Der Bundestag muss über die Bemessung von Diäten und Amtsausstattung bzw. über etwaige Erhöhungen jeweils in einem förmlichen Gesetz selbst, im Plenum und begründet entscheiden. Ferner müssen sich Art und Höhe der Entschädigungsleistungen ohne Schwierigkeiten dem Gesetz entnehmen lassen (Transparenzgebot).[66]

2. Allgemeine Politikfinanzierung als Entscheidung „in eigener Sache"?

Es erscheint allerdings zweifelhaft, ob die im Urteil über die Abgeordnetendiäten an die Entscheidung „in eigener Sache" geknüpften Verfahrensvorkehrungen auf die von der ÖDP angegriffenen Maßnahmen übertragbar sind. Dies liegt zunächst daran, dass die formellen Anforderungen an die Entscheidung „in eigener Sache" im Diätenurteil aus dem Demokratie- und Rechtsstaatsprinzip gemäß Art. 20 Abs. 3 GG abgleitet wurden,[67] wohingegen sich die ÖDP im Organstreit (ausschließlich) auf das Recht auf Chancengleichheit im politischen Wettbewerb gemäß Art. 21 Abs. 1 i.V.m. Art. 3 Abs. 1 GG berufen kann. Darüber hinaus ist es keineswegs ausgemacht, dass die Entscheidungen des Bundestages über öffentliche Mittel für die Fraktionen des Deutschen Bundestages, für die persönlichen Mitarbeiter von Bundestagsabgeordneten und für die parteinahen Stiftungen ebenso als Entscheidungen „in eigener Sache" zu behandeln sind wie die Regelung der Abgeordnetendiäten.

a) Unterscheidungen

Neben der Alimentierung der Abgeordneten (Art. 48 Abs. 3 Satz 3 GG) und der Ausgestaltung des Wahlrechts (Art. 38 Abs. 3 GG) gilt die Regelung der staatlichen

65 BVerfGE 40, 296 (327).

66 NWVerfGH, NVwZ 1996, S. 164 (165); ThürVerfGH, NVwZ-RR 2003, S. 793 (794); *Butzer*, in: Epping/Hillgruber, BeckOK GG, Art. 48 Rn. 20 (Dezember 2015); *H. H. Klein* (Fn. 55), Art. 48 Rn. 148 (Juni 1998). Zur Transparenz als Grundvoraussetzung parlamentarischer Demokratie siehe auch BVerfGE 118, 277 (355).

67 Vgl. BVerfGE 40, 296 (327).

Parteienfinanzierung (Art. 21 Abs. 3 GG)[68] als dritter Musterfall der Entscheidung des Parlaments „in eigener Sache".[69] Unter dem – umfassenderen – Oberbegriff der „allgemeinen Politikfinanzierung" werden von einigen auch die finanzielle Ausstattung der Fraktionen,[70] die Ausstattung der Abgeordneten mit Mitarbeitern und deren Bezahlung[71] sowie die Globalzuschüsse an die parteinahen Stiftungen[72] zu den Entscheidungen „in eigener Sache" gezählt.

Vom Bundesverfassungsgericht wird der Begriff der Entscheidung „in eigener Sache" im Bereich der staatlichen Parteienfinanzierung – soweit ersichtlich – allerdings nicht verwendet. Jedoch können hier die gleichen Interessenkonflikte auftreten wie bei der Wahlgesetzgebung oder bei der Regelung der Abgeordnetendiäten.[73] Dementsprechend unterliegt auch der Bereich der staatlichen Parteienfinanzierung einer gesteigerten verfassungsgerichtlichen Kontrolldichte dahingehend, ob die aus dem Grundsatz der Chancengleichheit der Parteien und den Grundsätzen der Allgemeinheit und Gleichheit der Wahl abgeleitete „strikte und formale Gleichheit" der politischen Parteien vom Gesetzgeber beachtet wurde.[74]

In anderen Bereichen der Politikfinanzierung hat sich das Bundesverfassungsgericht mit der Annahme einer Selbstbetroffenheit der Abgeordneten und den daraus ableitbaren Interessenkonflikten jedoch zurückgehalten. In der Entscheidung über die Finanzierung der parteinahen Stiftungen hat das Bundesverfassungsgericht die parteinahen Stiftungen als von den Parteien rechtlich und tatsächlich unabhängige Institutionen charakterisiert, die sich selbstständig, eigenverantwortlich und in geistiger Offenheit der politischen Bildungsarbeit wid-

---

68 Das heißt die unmittelbare Parteienfinanzierung durch staatliche Mittel sowie die mittelbare Parteienfinanzierung durch die steuerliche Begünstigung von Mitgliedsbeiträgen und Spenden.

69 Umfassende Schrifttumsnachweise bei *Streit*, a.a.O. (Fn. 54), S. 52 mit Fn. 201; *Lang*, a.a.O. (Fn. 54), S. 43 mit Fn. 151; a.A. freilich *Isensee*, a.a.O. (Fn. 55), S. 198, mit dem Argument, Parteien und Parlament seien auf verschiedenen verfassungsrechtlichen Ebenen verortet: jene auf der Ebene der Grundrechte, dieses in der Staatsorganisation.

70 Vgl. *Hölscheidt*, Das Recht der Parlamentsfraktionen, 2001, S. 580; *Morlok*, Gesetzliche Regelung des Rechtsstatus und der Finanzierung der Bundestagsfraktionen, NJW 1995, S. 29 (31); *Schmidt-Jortzig/Hansen*, Neue Rechtgrundlagen für die Bundestagsfraktionen, NVwZ 1994, S. 1145 (1148).

71 *Stolz*, ZRP 1992, S. 372 (374).

72 *Merten*, Parteinahe Stiftungen im Parteienrecht, 1999, S. 97; *Kretschmer/Merten/Morlok*, Wir brauchen ein „Parteienstiftungsgesetz", ZG 2000, S. 40 (48); a.A. *Lang*, Gesetzgebung (Fn. 54), S. 44.

73 Vgl. BVerfGE 85, 264 (291 f.): „Denn ähnlich wie bei der Festlegung der Bezüge von Abgeordneten und sonstigen Inhabern politischer Ämter ermangelt das Gesetzgebungsverfahren in diesem Bereich regelmäßig des korrigierenden Elements gegenläufiger politischer Interessen, ein Umstand, dem durch die Einschaltung objektiven Sachverstandes abzuhelfen deshalb naheliegt."

74 BVerfGE 85, 264 (297 f.).

men.[75] Die Tätigkeit der politischen Parteien und der Stiftungen verfolge verschiedene, voneinander abgrenzbare Ziele; eine verdeckte Parteienfinanzierung sei mit der Stiftungsfinanzierung nicht verbunden.[76] Konsequenterweise hat das Bundesverfassungsgericht die Bewilligung der Globalzuschüsse für die parteinahen Stiftungen weder ausdrücklich noch sinngemäß als Entscheidung „in eigener Sache" apostrophiert, obwohl die Tätigkeit der parteinahen Stiftungen auch der jeweils nahestehenden Partei zugutekommen kann.[77]

Auch im Wüppesahl-Urteil, das die Finanzierung der Parlamentsfraktionen betrifft, spielte die Problematik der Entscheidung „in eigener Sache" keine Rolle. Der einer solchen Entscheidung anhaftende Verdacht, der Entscheider könnte sich von sachfremden Eigeninteressen leiten lassen, bestehe mangels eines die Neutralität des Abgeordneten beeinträchtigenden Interessenkonflikts nicht.[78] Zwar sei es möglich, dass die Fraktionszuschüsse nicht für den verfassungsgemäßen Zweck der Fraktionsarbeit eingesetzt, sondern für andere Zwecke missbraucht werden. Davon könne aufgrund der Zweckbindung der Mittel aber nicht von vornherein (im Sinne eines Generalverdachts) ausgegangen werden; hierfür bedürfe es vielmehr konkreter Anhaltspunkte.[79]

b) Bewertung der differenzierten Rechtsprechung des Bundesverfassungsgerichts

Der Rechtsprechung des Bundesverfassungsgerichts lässt sich die von der ÖDP behauptete pauschale Zuordnung der Politikfinanzierung zur Kategorie von Entscheidungen „in eigener Sache" demnach nicht entnehmen; dies erschiene auch nicht sachgerecht. Vielmehr ist wie folgt zu differenzieren:

Als Entscheidung des Gesetzgebers „in eigener Sache" sind Regelungen anzusehen, die den Abgeordneten unmittelbar zugutekommen (Diäten) oder die Bedingungen der politischen Konkurrenz unmittelbar berühren (Wahlrecht, Parteienfinanzierung). Da es – jedenfalls in bestimmten Konstellationen – insoweit an einem Interessenantagonismus als Garant gemeinwohlorientierter Gesetzgebung fehlt und damit (abstrakt) eine erhöhte Gefahr der Begünstigung eigener Interessen besteht, unterliegt das Gesetzgebungsverfahren insoweit

75 BVerfGE 73, 1 (31 f.).
76 BVerfGE 73, 1 (31).
77 Vgl. BVerfGE 73, 1 (37 f.).
78 Vgl. BVerfGE 80, 188 (213).
79 Vgl. BVerfGE 80, 188 (214).

erhöhten Transparenzanforderungen und das Gesetz selbst einer intensivierten verfassungsgerichtlichen Kontrolldichte.

Sonstige Entscheidungen im Bereich der Politikfinanzierung, etwa die Finanzierung der Fraktionen und parteinahen Stiftungen, berühren die Abgeordneten eher mittelbar und sind nicht ohne weiteres als Entscheidungen „in eigener Sache" anzusehen. Schon aufgrund der – gegenüber den vorgenannten Regelungsgegenständen deutlich engeren – verfassungsrechtlichen Vorgaben, namentlich die Bindung an bestimmte Zwecke, kann grundsätzlich davon ausgegangen werden, dass sich die Abgeordneten bei der Entscheidung über die Finanzierung der Fraktionen und Stiftungen weniger von – als solchen nicht gewissermaßen in Mark und Pfennig ausweisbaren – Eigeninteressen leiten lassen. Die Interessenlage dürfte zudem komplexer sein, was „neutrale" Entscheidungen begünstigen dürfte. Auch werden die Bedingungen der politischen Konkurrenz insoweit nicht unmittelbar berührt. Zwar besteht die Möglichkeit des Missbrauchs der Mittel, dem der Bundestag durch Verfahrens- und Kontrollregelungen entgegenwirken muss. Eine Missachtung dieses Gebots kann insoweit jedoch nicht ohne weiteres behauptet, sondern muss durch konkrete Anhaltspunkte belegt werden.[80]

Die ebenfalls streitgegenständliche Finanzierung der Abgeordnetenmitarbeiter rangiert gewissermaßen zwischen den genannten Bereichen. Für eine Entscheidung „in eigener Sache" spricht, dass diese Mittel – wie die Diäten – unmittelbar den Abgeordneten zugutekommen. Soweit das Bundesverfassungsgericht im Diätenurteil (pauschal) von der „näheren Ausgestaltung der mit dem Abgeordnetenstatus verbundenen Regelungen" als einer Entscheidung des Parlaments „in eigener Sache" spricht,[81] ließe sich dem auch die Erstattung der Aufwendungen für die Beschäftigung von Mitarbeitern zuordnen. Gegen eine Entscheidung „in eigener Sache" lässt sich die Bindung der Mittel an den (verfassungsgemäßen) Zweck der Unterstützung der Abgeordneten bei deren parlamentarischer Arbeit (§ 12 Abs. 3 Satz 1 AbgG) anführen. Dies rechtfertigt grundsätzlich die Vermutung, dass diese Mittel zweckentsprechend – also weder in sachlich nicht gerechtfertigter Höhe noch für sachfremde Zwecke – eingesetzt werden.

Die bisherige verfassungsgerichtliche Rechtsprechung spricht nach alldem dagegen, den Gesamtbereich der staatlichen Politikfinanzierung dem „konturenlosen"[82] Begriff der Entscheidung „in eigener Sache" zuzuordnen und pau-

80 Vgl. BVerfGE 80, 188 (214).
81 BVerfGE 40, 296 (327).
82 *Klein*, a.a.O. (Fn. 55), Art. 48 Rn. 149 (Juni 1998).

schal einem Katalog von Verfahrens-, Entscheidungs- und Kontrollmechanismen zu unterwerfen. Die Bildung einer entsprechenden verfassungsrechtlichen Kategorie hieße, die unterschiedlichen verfassungsrechtlichen Determinanten in diesem Bereich zu überspielen. Es dürfte etwa zu berücksichtigen sein, dass die Alimentierung der Abgeordneten und die Finanzierung der Fraktionen verfassungsrechtlich geboten sind,[83] während dies hinsichtlich der Finanzierung von politischen Parteien und Stiftungen nicht der Fall ist. Auch dürften die Abgeordneten bei der Regelung ihrer Diäten in weitaus stärkerem Maße persönlich betroffen sein als etwa bei der Festlegung der Globalzuschüsse an parteinahe Stiftungen zum Zwecke der politischen Bildungsarbeit. Ein genereller Missbrauchsverdacht, wie ihn die ÖDP bzw. *von Arnim* hegt,[84] erscheint insoweit nicht gerechtfertigt.

Nach alldem handelt es sich bei der Entscheidung des Gesetzgebers „in eigener Sache" um eine Argumentationsfigur, mit der zum Ausdruck gebracht wird, dass im Einzelfall eine Interessenkonstellation festzustellen ist, die eine einseitige Gesetzgebung besorgen lässt, mit der Folge, dass kompensatorische Instrumente der „Richtigkeitsgewähr" wie etwa Transparenzanforderungen verfassungsrechtlich an Gewicht zunehmen. Der Begriff mag heuristisch einen gewissen Wert haben, normative Eigenständigkeit sollte ihm nicht beigemessen werden.

3. Konsequenzen

a) Keine Absenkung der Darlegungslast bzw. Umkehr der Darlegungs- und Beweislast

Abgesenkte Darlegungsanforderungen spielen zunächst eine Rolle auf der (Zulässigkeits-)Ebene der Antragsbefugnis. Im Rahmen der Begründetheitsprüfung sind abgesenkte Darlegungsanforderungen bzw. eine Umkehr der Darlegungs- und Beweislast wegen des Grundsatzes der Amtsermittlung (§ 26 Abs. 1 BVerfGG) vor allem für die Frage relevant, welche Seite das Risiko der Unerweislichkeit einer Tatsache (also das „non liquet") trifft. Insoweit hatte die ÖDP vorgetragen, alle einschlägigen missbrauchsanfälligen Aktivitäten lägen in der Sphäre des Bundestages, dem deshalb zumutbar sei, die nichtmissbräuchliche Bewilligung und

83 BVerfGE 40, 296 (315); *Schneider*, Die Finanzierung der Parlamentsfraktionen als staatliche Aufgabe, 1997, S. 75.
84 *von Arnim*, DVBl 2015, S. 1529 (1532).

Verwendung der öffentlichen Mittel im Einzelnen darzulegen.[85] Dies überzeugt – unabhängig von den grundsätzlichen Einwänden gegen die Annahme einer Entscheidung „in eigener Sache" im vorliegenden Zusammenhang[86] – nicht:

Soweit es den geltend gemachten Missbrauch der Mittel durch die Mittelempfänger (Fraktionen, Abgeordnete, Stiftungen) angeht, entstammen die entsprechenden Aktivitäten deren Sphäre und nicht der Sphäre des Bundestages. Zudem bewegt sich die Mittelverwendung überwiegend im öffentlich wahrnehmbaren Bereich (Öffentlichkeitsarbeit der Fraktionen, Einsatz der Abgeordnetenmitarbeiter im Wahlkampf, politische Bildungsarbeit der parteinahen Stiftungen usw.), weshalb es der ÖDP möglich und zumutbar war, entsprechendes „Belastungsmaterial" vorzulegen. Zwar entstammen die Tatsachen, die eine Zurechnung des – angeblichen – Missbrauchs der öffentlichen Mittel durch die Mittelempfänger gegenüber dem Bundestag rechtfertigen sollen, dessen Sphäre. Doch handelt es sich auch hierbei um offenkundige Tatsachen (Bewilligung lediglich im Haushaltsgesetz, keine absolute Obergrenze der Mittelbewilligung, keine Pflicht zur öffentlichen Rechnungslegung, unzureichende Kontrollen der Mittelverwendung durch den Bundesrechnungshof), die von der ÖDP dementsprechend auch eingehend vorgetragen und rechtlich bewertet wurden.[87] Insoweit ist nicht ersichtlich, weshalb es hier abgesenkter Darlegungsanforderungen bzw. einer Umkehr der Darlegungs- und Beweislast bedürfte.

Nach alldem ist davon auszugehen, dass das Risiko der Unerweislichkeit des Missbrauchs durch die Mittelempfänger bzw. der Zurechnung des Missbrauchs gegenüber dem Antragsgegner – den allgemeinen Grundsätzen entsprechend[88] – die ÖDP trägt. Abgesenkte Darlegungsanforderungen sind nicht gerechtfertigt. Ob die Darlegungsanforderungen im vorliegenden Fall erfüllt waren,[89] mag man unterschiedlich beurteilen. Der Vorwurf der Ignoranz bzw. (bewussten) Blindheit des Gerichts liegt allerdings neben der Sache.

---

85 Antragsschrift vom 8. Juni 2012, S. 26.

86 Vgl. BVerfG, a.a.O. (Fn. 16), S. 1361 (1364 f., Rn. 82) und oben A.III.2.b).

87 Vgl. auch *von Arnim*, JZ 2010, S. 505.; *ders.*, DÖV 2011, S. 345.

88 Vgl. *Brink*, Tatsachengrundlagen verfassungsgerichtlicher Judikate, in: Rensen/Brink (Hrsg.), Linien der Rechtsprechung des Bundesverfassungsgerichts, Bd. 1, 2009, S. 3 (9 f.).

89 Verneinend BVerfG, a.a.O. (Fn. 16), S. 1361 (1364 ff., Rn. 77 ff., 84 ff., 89 ff., 95 ff., 100 ff., 107 ff.).

b) Keine Erhöhung der gerichtlichen Kontrolldichte

Hätte der Senat die Zulässigkeitshürden, insbesondere die Darlegungsschwelle (§ 64 Abs. 1 BVerfGG), als überwunden angesehen, wäre die von der ÖDP aufgeworfene Frage nach der Erhöhung der gerichtlichen Kontrolldichte zu beantworten gewesen. Nach hier vertretener Ansicht hat es mit dem aus dem Wüppesahl-Urteil entlehnten Prüfungsmaßstab[90] sein Bewenden und gesonderte Fragen einer mehr oder weniger „strikten" gerichtlichen Kontrolle stellen sich nicht. Andernfalls wäre zu überprüfen, worauf sich die strikte Kontrolle erstrecken soll. Eine erhöhte Kontrolldichte kommt nur in Betracht in Bezug auf gesetzgeberische Gestaltungs- sowie Einschätzungs- und Prognosespielräume, nicht jedoch in Bezug auf Tatsachenfeststellungen und Rechtsfragen.[91]

Wie ausgeführt[92] sieht das Bundesverfassungsgericht die Finanzierung von Fraktionen und parteinahen Stiftungen nicht als Entscheidungen „in eigener Sache" an und erhöht dementsprechend nicht die Kontrolldichte, sondern wendet den „Missbrauchsmaßstab" an.[93] Dies könnte allerdings mit der ÖDP aufgrund einer Neubewertung der Verbindungen und Aufgabenverteilung zwischen den politischen Parteien und den Fraktionen sowie den Stiftungen in Frage gestellt werden. Zu prüfen sein könnte dann neben der absoluten Höhe der Zuwendungen vor allem die Einschätzung des Gesetzgebers, die den Parteien durch die Arbeit der Fraktionen und der parteinahen Stiftungen vermittelten Vorteile seien bei der staatlichen Parteienfinanzierung nicht zu berücksichtigen. Eine erhöhte Kontrolldichte könnte auch für die Bewilligung öffentlicher Mittel für die Abgeordnetenmitarbeiter gelten, weil diese Mittel Teil der finanziellen Ausgestaltung des Abgeordnetenstatus sind. Insoweit wäre jedoch fraglich, was genau denn „strikt" kontrolliert werden soll: die Angemessenheit der Mittel, die Entscheidung der Abgeordneten hinsichtlich Auswahl, Qualifikation und Stellung der Mitarbeiter in einer Partei, die Abgrenzung von mandatsbedingtem und allein parteibezogenem Einsatz der Mitarbeiter, und zwar sowohl abstrakt wie auch konkret?

Die ÖDP hat sich diesen Fragen mit der pauschalen Erwägung entzogen, die Parteien kämen in den Genuss insgesamt überdimensionierter staatlicher Unterstützung; deren Verfassungswidrigkeit sei festzustellen, soweit nicht für einzelne Posten der Nachweis ihrer Unabweislichkeit oder wenigstens ihrer Wettbewerbsneutralität erbracht werden könne. Die Prämisse überdimensionierter För-

---

90 Siehe oben A.II.2.c).

91 Insoweit ist die gerichtliche Kontrolldichte wegen des Amtsermittlungsgrundsatzes (§ 26 Abs. 1 BVerfGG) bzw. des Grundsatzes *iura novit curia* stets „hoch".

92 Siehe A.III.2.

93 Vgl. BVerfGE 73, 1 (37); 80, 188 (213).

derung der politischen Parteien wird der Sache nach nur mit dem Argument der Entscheidung „in eigener Sache" begründet.[94] Dass dies vertretbarer Ausgangspunkt einer verfassungsgerichtlichen Prüfung sein könnte, wird man wohl nur mit dem Postulat *von Arnims* begründen können, das Gericht sei insoweit zum *judicial activism*, zu möglichst intensiver Kontrolle und Reglementierung des Gesetzgebers, aufgerufen.[95]

IV. Modifizierung des Prüfungsmaßstabs aufgrund von Wettbewerbsbeschränkungen der „Kartellparteien"?

1. Vom formellen zum materiellen Parteibegriff

In eine ähnliche Richtung wie der Topos der Entscheidung „in eigener Sache" zielen die Ausführungen der ÖDP zum rasanten Wachstum der finanziellen Ressourcen der dauerhaft in den Parlamenten vertreten Parteien, kurzum: der „Kartellparteien".[96] Ausgangspunkt ist die Prämisse, die öffentlichen Mittel für Fraktionen, Abgeordnetenmitarbeiter und Stiftungen seien zu funktionellen Äquivalenten der staatlichen Parteienfinanzierung geworden. Fraktionen, Abgeordnetenmitarbeiter und parteinahe Stiftungen übernähmen immer mehr klassische Parteiaufgaben und wüchsen dadurch in die Rolle von Ersatzparteien hinein. Diese Entwicklung, die vom Parteiengesetz nicht erfasst werde, habe die Politikwissenschaft veranlasst, neben den (klassischen) formal-juristischen Parteibegriff einen materiellen Parteibegriff zu stellen, der auch die Fraktionen, Abgeordnetenmitarbeiter und Parteistiftungen umfasse.[97]

Die Steigerung der Ausgaben für die Fraktionen, Abgeordnetenmitarbeiter und parteinahen Stiftungen begünstige nicht nur den Trend zu bürgerfernen „Staatsparteien", sondern führe auch zu Wettbewerbsbeschränkungen zu Lasten kleinerer (außerparlamentarischer) Parteien. Die politikwissenschaftliche Forschung („party-change-Forschung") habe hierfür den Typus der „Kartellparteien" entwickelt, die danach trachteten, sich durch fraktionsübergreifende Absprachen

94 Antragsschrift vom 8. Juni 2012, S. 37 f.

95 *von Arnim* (Fn. 59), Art. 48 Rn. 134 (Dezember 2010). Kritisch gegenüber einer entsprechenden Rolle des BVerfG als „Gegengewalt" zum Gesetzgeber *Schmitt Glaeser*, a.a.O. (Fn. 55), S. 1192 ff.; *Broß*, ZG 2000, S. 424 (427 f.).

96 Antragsschrift vom 8. Juni 2012, S. 40 – 43.

97 *von Arnim*, JZ 2010, S. 505 (506); *ders.*, Politische Parteien (Fn. 4), S. 38.

und unter Aufhebung des politischen Wettbewerbs möglichst ungestört der staatlichen Ressourcen an Geld und Personal bemächtigen zu können. Kleinere und neue Parteien, die den Zugang zu den Parlamenten wegen der wahlrechtlichen Sperrklauseln (noch) nicht geschafft hätten, seien von den staatlichen Pfründen ausgeschlossen. Dies führe zur (weiteren) Kartellierung und zum dauerhaften Ausschluss außerparlamentarischer Konkurrenz.[98]

Die Staatsrechtslehre habe diese Entwicklung noch kaum zur Kenntnis genommen. Sie arbeite sich nach wie vor am formellen Parteibegriff ab, der Blick sei jedoch auf den materiellen Parteibegriff auszuweiten.[99] Die juristischen Fesseln, die den Parteien (im klassisch-formellen Sinne) aus guten Gründen angelegt worden seien, das heißt zumindest der Gesetzesvorbehalt und die absolute Obergrenze hinsichtlich der staatlichen Finanzierung, müssten auch auf die Finanzierung der Fraktionen, Stiftungen und Abgeordnetenmitarbeiter, also die Parteien im materiellen Sinne, erstreckt werden.[100]

2. Inhalt der „Kartellparteien"-These

In der Parteientheorie ist eine gewisse Vorliebe für Typenbildung und Generalisierung unverkennbar. Insoweit stellt die „Kartellpartei" („cartel-party") lediglich einen Schritt in der Entwicklungstypologie europäischer Parteien dar, die ihren Ausgang in der „Honoratiorenpartei" des 19. Jahrhunderts nahm, im 20. Jahrhundert zunächst die Phänomene der „Massenintegrationspartei" und der „Volkspartei" („catch-all party") verarbeitete und das ausgehende 20. Jahrhundert als das Zeitalter der „Kartellparteien" kennzeichnet(e). Einig sind sich diese Theorien in der (häufig impliziten) Annahme, jede Entwicklungsphase moderner Gesellschaften bringe einen neuen Parteityp hervor, der den spezifischen Bedingungen der jeweiligen historischen Epoche besonders gut entspreche.[101]

Die These von der Ablösung der Volksparteien („catch-all parties") durch die Kartellparteien („cartel-parties") ab etwa 1970 beruht im Wesentlichen auf Arbeiten zweier Politologen, *Richard S. Katz* und *Peter Mair.* Zugrunde liegt die Annahme einer zunehmenden Distanz zwischen Bürgern und Parteien (Stichwort: Parteienverdrossenheit), die sich etwa in der rückläufigen Zahl der Parteimitgliedschaften, in der Überalterung der Parteien und in der Abnahme der Partei-

---

98 Schreiben der Antragstellerin vom 8. Juni 2012, S. 40–43; siehe auch *von Arnim*, JZ 2010, S. 505 (507).

99 *von Arnim*, JZ 2010, S. 505 (507); *ders.*, Politische Parteien (Fn. 4), S. 42 f.

100 *von Arnim*, JZ 2010, S. 505 (508).

101 *Poguntke*, ZParl 2002, S. 790 (790).

identifikation der Wähler ausdrücke. Auf die Abwendung der Gesellschaft und die damit verbundenen organisatorischen, personellen und monetären Probleme hätten die Parteien mit einer stärkeren Zuwendung zur staatlichen Sphäre reagiert und fehlende gesellschaftliche Ressourcen durch die Ausweitung der staatlichen Parteienfinanzierung substituiert. Zugleich verabschiedeten sich die Parteien nach und nach von ihrer Rolle als Vermittlungsinstanzen zwischen Staat und Gesellschaft und verwandelten sich in quasi-staatliche Institutionen.

Die zunehmende Abhängigkeit von staatlichen Subventionen führe zu einem Parteienkartell, das unabhängig vom Wahlausgang die staatliche Versorgung der bestehenden Parteien sichere und neuen (kartellkritischen) Gruppierungen den Zutritt zum „Kartell" erschwere. Das Zusammenrücken von (Regierungs- und Oppositions-)Parteien, welches den Kern der „Kartellparteien"-These ausmacht, stellt sich für *Katz* und *Mair* als Ergebnis einer bewussten Kooperationsstrategie der involvierten Akteure dar. Die Parteien würden zwar nach wie vor kapitalintensive und professionelle Wahlkämpfe betreiben, durch das gegenseitige Interesse am organisatorischen Überleben seien die Auswirkungen des Wettbewerbs jedoch marginalisiert. Damit diene das „Kartell" primär der Absicherung der politischen Klasse gegenüber den durch nachlassende Parteibindungen immer weniger kalkulierbaren Wählern.[102]

3. Kritik

Die „Kartellparteien"-These tritt mit dem Anspruch auf, wesentliche Entwicklungen in den konsolidierten Demokratien jedenfalls in ihrem Kern zutreffend zu erfassen. Nicht nur ihr generalisierender Habitus, auch ihre empirischen Befunde und das daraus abgeleitete kausale Erklärungsmodell haben in der politischen Wissenschaft grundsätzlichen Widerspruch herausgefordert.[103] So sei schon die Grundannahme der wachsenden Distanz zwischen der parteipolitischen Elite einerseits und den Parteimitgliedern und Wählern anderseits differenzierend zu beantworten. Zwar nehme seit den 1960er Jahren die soziale Verankerung der Parteien über ihre Mitgliederorganisationen ab, dies kontrastiere indes mit den stabilen Bindungen der Parteien zu ihren „Kollateralorganisationen" (Parteijugend, Gewerkschaften usw.), die „organisatorische Linkage"[104] zur Gesellschaft

---

102 Zusammenfassungen der „Kartellparteien"-These bei *Shirvani*, Parteienrecht, 2010, S. 230 f., und *Helms*, PVS 2001, S. 698 (699 ff.), mit Zitaten der (englischsprachigen) Primärquelle.

103 Worin mitunter der eigentliche Wert der „Kartellparteien"-These gesehen wird; vgl. etwa *Helms*, PVS 2001, S. 698 (706 f.).

104 *Poguntke*, ZParl 2002, S. 790 (805 f.).

herstellten. Auch würde die schwindende Zahl der Parteimitglieder durch den höheren Mitwirkungsanspruch und die stärker ausgeprägte programmatische Motivation der verbliebenen Parteimitglieder ausgeglichen.[105]

Außerdem wird darauf hingewiesen, dass das symbiotische Verhältnis von Parteien und Staat und die führende Rolle der Parteien in der Staatsleitung keine Phänomene seien, die erst seit den 1970er Jahren feststellbar seien. Der Konzentrationsprozess in der Parteienlandschaft Deutschlands, der zu einer Verdrängung der kleineren Parteien und zur Entstehung eines stabilen Dreiparteienmodells geführt habe, habe bereits in den 1950er Jahren eingesetzt, also einer Zeit, in der sich die Großparteien in Volksparteien verwandelten und (noch) nicht an Loyalitäts- und Bindungsdefiziten zu leiden gehabt hätten. Auch hätten von der Inanspruchnahme staatlicher Ressourcen in Gestalt der Politik- und Parteienfinanzierung sowohl die parlamentarisch vertretenen als auch die parlamentarisch nicht vertretenen Parteien profitieren können; erstere freilich in größerem Umfang, da sie über die Finanzierung der Fraktionen, Abgeordneten und Stiftungen mittelbare Vorteile genössen.[106]

Der für den vorliegenden Zusammenhang wohl wichtigste und weitgehend einhellige Einwand richtet sich gegen die These, die im Parlament vertretenen Parteien entzögen sich dem Wettbewerb untereinander und hielten sich durch einvernehmliche Gestaltung der Wettbewerbsbedingungen unerwünschte politische Konkurrenz vom Leib. Dagegen wird betont, die mit einer Regierungsübernahme oder -beteiligung verbundenen „Pfründe" seien nach wie vor so attraktiv, dass die Parteien nicht daran interessiert seien, sie mit der Konkurrenz freiwillig zu teilen. Durch die abnehmenden Parteibindungen und professionelle Wahlkampfstrategien nehme der elektorale Wettbewerb zwischen den Parteien sogar eher zu. Schon aufgrund des begrenzten Einflusses auf die öffentlichen Medien dürfte es den Parlamentsparteien kaum gelingen, den Wettbewerb so zu lenken, dass sie vor Abstürzen in der Wählergunst geschützt seien.[107] Bezeichnend sei der in jüngerer Vergangenheit feststellbare (Wahl-)Erfolg gerade solcher Parteien (Grüne, Linkssozialisten, Rechtspopulisten), die aus unterschiedlichen ideologischen Positionen heraus das aus ihrer Sicht bestehende Kartell der etablierten Parteien herausgefordert und sich genau dem widersetzt hätten, was die „Kartellparteien" auszeichne, nämlich die Tendenz zur ideologischen Konvergenz.[108]

105 *Helms*, PVS 2001, S. 698 (705).

106 *Shirvani*, a.a.O. (Fn. 102), S. 231 f.

107 *Decker*, in: Niedermayer (Hrsg.), Handbuch Parteienforschung, 2013, S. 304.

108 *Poguntke*, ZParl 2002, S. 790 (805 f.); *Helms*, PVS 2001, S. 698 (705); *Shirvani*, a.a.O. (Fn. 102), S. 232.

4. Konsequenzen

Die „Kartellparteien"-These von *Katz* und *Mair* ist gewissermaßen der ideologische Überbau der Organklage der ÖDP; sie wird erst auf dieser Folie verständlich und ist damit in einem metajuristischen Sinne „theorieinfiziert". Eine abschließende Bewertung dieser Theorie ist hier weder möglich noch notwendig. Der ÖDP ist zu konzedieren, dass die beschriebene „Kartellisierung" der (Parlaments-)Parteien einen erhellenden Perspektivwechsel ermöglicht; normative Folgen lassen sich daraus aber nicht ableiten. Soweit die ÖDP und *von Arnim* für einen Wandel vom formellen zum materiellen Parteibegriff plädieren, nach dem sich die Finanzierung der Fraktionen, Abgeordnetenmitarbeiter und parteinahen Stiftungen als Form der staatlichen Parteienfinanzierung darstelle und deren Bindungen zu unterliegen habe, verbirgt sich dahinter die These von der (vermeintlichen) Normativität des Faktischen.[109] Derartige Forderungen scheitern an der grundgesetzlich vorgegebenen (organisatorisch-funktionellen) Trennung zwischen Parteien einerseits, sowie Fraktionen, Abgeordneten und Stiftungen auf der anderen Seite, die eine Quersubventionierung verbietet.[110]

Nach den verfassungs- wie auch den einfachrechtlichen Vorgaben ist davon auszugehen, dass eine verdeckte Parteienfinanzierung durch die Fraktionen, Abgeordneten und parteinahen Stiftungen einen Missbrauch öffentlicher Mittel darstellt, der den Mittelempfängern (Fraktionen, Abgeordneten, parteinahen Stiftungen) verboten ist und vom Mittelgeber (Bundestag) nicht durch mangelnde Voraussicht und Kontrolle befördert werden darf. Insofern erscheinen bestimmte empirische Grundlagen der „Kartellparteien"-These (Erfüllung von Parteiaufgaben durch Fraktionen, Abgeordnetenmitarbeiter und parteinahe Stiftungen) im Hinblick auf eine mögliche Verletzung der Rechte außerparlamentarischer Parteien relevant. Inhalt und Folgewirkungen des „materiellen" Parteibegriffs sind dagegen innerhalb der Sozialwissenschaften zu verhandeln und mögen Grundlage rechtspolitischer Initiativen werden.

---

109 Vgl. zum methodischen Ansatz auch *von Arnim*, Politische Parteien (Fn. 4), S. 43 f., wonach sich der Rechtswissenschaftler keinesfalls mit der „stillschweigenden Anerkennung der normativen Kraft des Faktischen zufrieden geben" dürfe, sondern daraus – ausdrücklich und offen – normative Maßstäbe abzuleiten habe. Empirisch-analytische und verfassungsrechtlich-wertende Perspektive würden auf diesem Wege zusammengeführt.

110 Vgl. BVerfGE 73, 1 (32); 80, 188 (214); 85, 264 (287 ff.).

V. Ergebnis und Ausblick

Weder die bisherige Rechtsprechung zu Entscheidungen „in eigener Sache“ noch ein vermeintliches „Kartell“ der im Bundestag vertretenen Parteien geben zu einer rechtlichen Beurteilung Anlass, die von derjenigen im Beschluss des Zweiten Senats vom 15. Juli 2015 abweicht. Gleichwohl bedeutet dies nicht, dass die Bewilligung von Geldmitteln für die Fraktionen des Bundestages, für die Abgeordnetenmitarbeiter sowie für die parteinahen Stiftungen verfassungsgerichtlicher Kontrolle entzogen wäre. Insoweit genügt es für die Annahme der Verantwortlichkeit des Bundestages allerdings nicht, auf Einzelfälle missbräuchlicher Verwendung oder pauschal auf ein „Hochschießen der öffentlichen Mittel“[111] zu verweisen. Insbesondere sagen die Mittelsteigerungen für sich betrachtet nichts darüber aus, ob die gesetzlichen Kontrollmechanismen zum Schutz vor einer missbräuchlichen Verwendung der öffentlichen Mittel für Parteizwecke wirksam sind.[112] Anstelle einer auf einen Generalverdacht gestützten Organklage erscheint es eher sachgerecht, zunächst eine einzelfallbezogene Klärung von Verstößen der Mittelempfänger durch die entsprechenden Kontrollinstanzen herbeizuführen.[113] Eine sich dabei erweisende Massivität von Verstößen könnte ein strukturelles Kontrolldefizit und damit eine justitiable Verantwortlichkeit des Bundestages aufzeigen.

Welches Fazit lässt sich zum Beschluss des Zweiten Senats zur „verdeckten“ Parteienfinanzierung nach alldem ziehen? Sicherlich wäre es für das Verständnis und die Akzeptanz der Entscheidung besser gewesen, die Prüfungsmaßstäbe und Darlegungsanforderungen im Rahmen einer mündlichen Verhandlung zu erörtern. Der ÖDP ist auch einzuräumen, mit der Finanzierung der Abgeordnetenmitarbeiter ein unterbelichtetes Thema aufgeworfen zu haben, für das in einer mündlichen Verhandlung immerhin Problembewusstsein hätte geweckt werden können. In der Sache hat sich dagegen gezeigt, dass die „ganzheitliche“ Betrachtungsweise der ÖDP und die Charakterisierung des Bundestages als „institutionalisiertes Parteienkartell“ rechtlich nicht überzeugt, weshalb mein Fazit insoweit lautet: Substantiierungsanforderungen und *judicial self restraint* ernstgenommen!

---

111 Vgl. *von Arnim*, DVBl 2015, S. 1529 (1534).
112 Vgl. BVerfG a.a.O. (Fn. 16), S. 1361 (1365 f., Rn. 84 ff., 95 ff.).
113 Vgl. BVerfG a.a.O. (Fn. 16), S. 1361 (1365 f., Rn. 88., 103 f.).

Thomas Kliegel

Äußerungsbefugnisse von Amtsträgern gegenüber politischen Parteien

Leitentscheidungen des Bundesverfassungsgerichts (Senat)

BVerfGE 20, 56 – Staatliche Parteienfinanzierung
BVerfGE 44, 125 – Öffentlichkeitsarbeit der Bundesregierung
BVerfGE 63, 230 – Öffentlichkeitsarbeit der Bundesregierung
BVerfGE 105, 252 – Glykolwarnung
BVerfGE 105, 279 – Osho-Bewegung
BVerfGE 136, 277 – Bundesversammlung
BVerfGE 136, 323 – Äußerungsbefugnis Bundespräsident, „Spinner"
BVerfGE 138, 102 – Äußerungsbefugnis Bundesministerin

Schrifttum (Auswahl)

Barczak, Die parteipolitische Äußerungsbefugnis von Amtsträgern, NVwZ 2015, S. 1014 ff.; *Butzer*, Frei von der Leber weg?, in: Kluth (Hrsg.), „Das wird man ja wohl noch sagen dürfen.", 2015, S. 37 ff.; *ders.*, Im Streit: Die Äußerungsbefugnisse des Bundespräsidenten, ZG 2015, S. 97 ff.; *Fuchs*, Regierungskommunikation und Verfassungsrecht, VBlBW 2015, S. 401 ff.; *von Hohenlohe*, „Lichter aus als Zeichen gegen Intoleranz" – Zu den Grenzen der politischen Äußerungsbefugnis von (Ober-)Bürgermeistern, VerwArch 2016, S. 62 ff.; *Krüper*, Anmerkung, JZ 2015, S. 414 ff.; *Mandelartz*, Informations- und Öffentlichkeitsarbeit der Bundesregierung, DÖV 2015, S. 326 ff.; *van Ooyen*, Kompetenzüberschreitung des Bundespräsidenten?, RuP 2014, S. 127 ff.; *Putzer*, Verfassungsrechtliche Grenzen der Äußerungsbefugnisse staatlicher Organe und Amtsträger, DÖV 2015, S. 417 ff.; *Tanneberger/Nemeczek*, Anmerkung zum Fall Schwesig, NVwZ 2015, S. 215 ff.

Inhalt

I. Einleitung — 414
II. Maßstäbe des Bundesverfassungsgerichts — 415
1. Äußerungsbefugnisse des Bundespräsidenten — 415
2. Äußerungsbefugnisse von Regierungsmitgliedern — 416
a) Urteil im Verfahren NPD gegen Schwesig — 416
b) Einstweilige Anordnung im Verfahren AfD gegen Wanka — 419
III. Entscheidungen weiterer Gerichte — 420
1. Verfassungsgerichtshof Rheinland-Pfalz — 420
2. Verfassungsgerichtshof des Saarlandes — 421
3. Thüringer Verfassungsgerichtshof — 422
4. Hessischer Verwaltungsgerichtshof — 423

DOI 10.1515/9783110421866-017

IV. Analyse und Kritik — 424
1. Äußerungsinhalt — 424
2. Äußerungsperson — 425
a) Bundespräsident — 425
b) Regierungsmitglieder — 429
3. Äußerungssphäre — 432
4. Äußerungszeitpunkt — 436
V. Fazit — 437

I. Einleitung

Der Zweite Senat des Bundesverfassungsgerichts legte im Jahr 2014 in zwei von der NPD angestrengten Organstreitverfahren die Grenzen zulässiger Äußerungen von Amtsträgern in Bezug auf politische Parteien fest.[1] In den Verfahren gegen den Bundespräsidenten *Gauck* und die Bundesministerin für Familie, Senioren, Frauen und Jugend *Schwesig* machte der Senat deutlich, dass die Grenze zwischen freier Meinungsäußerung des Amtsinhabers und Chancengleichheit politischer Parteien unter Berücksichtigung des jeweiligen von der Äußerungsperson bekleideten Amtes gezogen werden muss. Dem Bundespräsidenten wurde aufgrund seiner besonderen Funktion im Staatsgefüge ein weiter, lediglich einer Willkürkontrolle unterliegender Gestaltungsspielraum zugebilligt, während Regierungsmitglieder dem strengen, gerichtlich voll nachprüfbaren Neutralitätsgebot unterworfen wurden. In einem weiteren, in der Hauptsache noch anhängigen Verfahren der AfD gegen die Bundesministerin für Bildung und Forschung *Wanka* sind die Maßstäbe erstmals anzuwenden und gegebenenfalls anzupassen.[2]

Für seine Maßstabsbildung konnte das Bundesverfassungsgericht auf seine Rechtsprechung zur Öffentlichkeitsarbeit[3] sowie zur Informations- und Warntätigkeit (Osho, Glykol)[4] der Bundesregierung zurückgreifen. Maßgeblicher Ausgangspunkt war – insbesondere im Verfahren gegen die Bundesministerin – das Urteil über Maßnahmen der Bundesregierung im Bundestagswahlkampf 1976.[5] Anders als in diesen Entscheidungen ging es vorliegend jedoch um die (bloße)

1 BVerfGE 136, 323; 138, 102.

2 Entscheidung über die einstweilige Anordnung: BVerfG, Beschluss des Zweiten Senats vom 7. November 2015 – 2 BvQ 39/15 –, juris; Aktenzeichen der Hauptsache: 2 BvE 1/16.

3 BVerfGE 20, 56; 44, 125; 63, 230.

4 BVerfGE 105, 252; 105, 279.

5 Vgl. BVerfGE 44, 125 (138–146), mit BVerfGE 138, 102 (109–118 Rn. 27–54), und BVerfGE 136, 323 (333f. Rn. 28f.) – zitiert werden die Randnummern der amtlichen Entscheidungssammlung, die bei BVerfGE 136, 323 von den in juris vergebenen Randnummern abweichen.

Kundgabe negativer Werturteile gegenüber politischen Parteien, die sich weder mit politischer Öffentlichkeitsarbeit noch mit amtlicher Informationstätigkeit begründen ließ, weshalb der Senat insoweit neue Maßstäbe aufgestellt hat (II.). Außerdem hatten einige Verfassungs- bzw. Verwaltungsgerichte der Länder über ähnlich gelagerte Fälle zu entscheiden, die hier ebenfalls erörtert werden sollen (III.). Im Zentrum des Beitrags steht eine Analyse der Rechtsprechung des Bundesverfassungsgerichts unter Berücksichtigung der Kritik des Schrifttums (IV.). Der Beitrag schließt mit einem Fazit (V.).

II. Maßstäbe des Bundesverfassungsgerichts

1. Äußerungsbefugnisse des Bundespräsidenten

a) Dem Antrag der NPD gegen den Bundespräsidenten lag zugrunde, dass dieser bei einer Gesprächsrunde mit Berufsschülern zum Thema „22.09.2013 – Deine Stimme zählt!" auf die Frage einer Schülerin bezugnehmend auf Proteste von Mitgliedern und Anhängern der NPD gegen ein Asylbewerberheim antwortete: „[...] aber wir brauchen da Bürger, die auf die Straße gehen, die den Spinnern ihre Grenzen aufweisen und die sagen ‚bis hierher und nicht weiter'. Und dazu sind Sie alle aufgefordert."[6]

b) Das Bundesverfassungsgericht betonte in seinem Urteil die besondere Stellung des Bundespräsidenten im Staatsgefüge.[7] Diesem sei es weitgehend selbst überlassen, wie er seine Repräsentations- und Integrationsaufgaben mit Leben fülle. Einer gesetzlichen Ermächtigung bedürfe er, auch soweit er auf Fehlentwicklungen hinweise oder vor Gefahren warne und sich dabei in den Grenzen von Gesetz und Recht bewege, nicht. Die Rechtsprechung zur Öffentlichkeitsarbeit der Bundesregierung[8] lasse sich ebenso wenig wie die zu negativen Werturteilen in Verfassungsschutzberichten[9] auf die Beurteilung negativer Äußerungen des Bundespräsidenten gegenüber politischen Parteien übertragen. Er stehe nicht mit diesen in direktem Wettbewerb um die Gewinnung politischen Einflusses, noch stünden ihm Mittel zur Verfügung, durch eine ausgreifende Informationspolitik auf die Meinungs- und Willensbildung des Volkes einzuwirken. Eine öffentliche Auseinandersetzung mit dem Bundespräsidenten folge anderen

6 BVerfGE 136, 323 (324 ff. Rn. 2).
7 BVerfGE 136, 323 (331 ff. Rn. 24 ff.).
8 Insbesondere BVerfGE 44, 125.
9 BVerfGE 40, 287 (291 ff.); vgl. auch BVerfGE 133, 100 (108).

Gegebenheiten als die mit direkten politischen Konkurrenten oder einer von ihnen getragenen Bundesregierung.

Dem Bundespräsidenten obliege es, auf von ihm identifizierte Missstände und Fehlentwicklungen aufmerksam zu machen sowie um Engagement bei deren Beseitigung zu werben.[10] Äußerungen seien dabei verfassungsrechtlich nicht zu beanstanden, solange sie erkennbar einem Gemeinwohlziel verpflichtet und nicht auf die Ausgrenzung oder Begünstigung einer Partei um ihrer selbst willen angelegt seien. Er dürfe dabei sein Anliegen auch in zugespitzter Wortwahl formulieren, soweit er die Grenze zur „Schmähkritik" nicht überschreite. Inwieweit er sich dabei am Leitbild eines „neutralen Bundespräsidenten" orientiere, unterliege weder generell noch im Einzelfall gerichtlicher Überprüfung. Negative Äußerungen des Bundespräsidenten seien gerichtlich lediglich daraufhin zu überprüfen, ob er mit ihnen unter evidenter Vernachlässigung seiner Integrationsfunktion und damit willkürlich Partei ergriffen habe.

c) Das Bundesverfassungsgericht wies den Antrag auf Grundlage dieser Maßstäbe zurück. Zwar könne die Bezeichnung „Spinner" isoliert betrachtet durchaus als diffamierend empfunden werden und auf eine unsachliche Ausgrenzung der so Bezeichneten hindeuten.[11] Aus dem Duktus der Äußerungen ergebe sich jedoch, dass die Bezeichnung als Sammelbegriff für Menschen diene, die die Lehren der Geschichte nicht verstanden hätten und, unbeeindruckt von den verheerenden Folgen des Nationalsozialismus, rechtsradikale – nationalistische und antidemokratische – Überzeugungen verträten.[12]

2. Äußerungsbefugnisse von Regierungsmitgliedern

a) Urteil im Verfahren NPD gegen *Schwesig*

aa) Gegenstand des Antrags der NPD gegen die Bundesministerin *Schwesig* war eine Äußerung derselben in einem Interview, welches sie am Rande der Verleihung des Thüringer Demokratiepreises in Weimar wenige Monate vor den dortigen Landtagswahlen einer Zeitung gegeben hatte. Auf die Frage, wie mit Anträgen der NPD im Landesparlament oder auf Kommunalebene umzugehen sei, antwortete die Ministerin: „Aber ich werde im Thüringer Wahlkampf mithelfen, alles dafür zu

10 BVerfGE 136, 323 (335 Rn. 31).
11 BVerfGE 136, 323 (337 Rn. 36).
12 BVerfGE 136, 323 (337 Rn. 36), unter Hinweis auf BVerfGE 124, 300 (327 ff.).

tun, dass es erst gar nicht so weit kommt bei der Wahl im September. Ziel Nummer 1 muss sein, dass die NPD nicht in den Landtag kommt.“[13]

bb) Das Bundesverfassungsgericht stellte zunächst fest, dass die Maßstäbe, die für Äußerungen des Bundespräsidenten in Bezug auf politische Parteien und deren Überprüfung durch das Bundesverfassungsgericht gelten, auf Mitglieder der Bundesregierung nicht übertragbar seien.[14] Öffentliche Äußerungen von Mitgliedern der Bundesregierung seien vor dem Hintergrund ihrer Aufgaben und Befugnisse – insbesondere ihrer Informations- und Öffentlichkeitsarbeit – sowie ihrer verfassungsrechtlichen Stellung eigenständig zu beurteilen.[15]

Die Bundesregierung sei – wie auch ihre einzelnen Mitglieder[16] – bei der Wahrnehmung der ihr übertragenen Aufgaben an die Grundrechte sowie an Gesetz und Recht gebunden, weshalb ihr jedenfalls jede „Schmähkritik“ untersagt sei.[17] Darüber hinaus habe sie die Pflicht, das Recht der politischen Parteien auf Chancengleichheit und das daraus folgende Neutralitätsgebot zu beachten. Denn die der Bundesregierung verliehene Amtsautorität und die Verfügung über staatliche Ressourcen ermöglichten ihr nachhaltige Einwirkungen auf die politische Willensbildung des Volkes und beinhalteten das Risiko erheblicher Wettbewerbsverzerrungen zwischen den politischen Parteien. Jede über das bloße Regierungshandeln hinausgehende Maßnahme, die auf die Willensbildung des Volkes einwirke und in parteiergreifender Weise auf den Wettbewerb zwischen den politischen Parteien Einfluss nehme, sei daher zu unterlassen.

Dies schließe allerdings nicht aus, dass der Inhaber eines Ministeramtes außerhalb seiner amtlichen Funktionen am politischen Meinungskampf teilnehme und in den Wahlkampf eingreife.[18] Alles andere führte zu einer nicht gerechtfertigten Benachteiligung der die Regierung tragenden Parteien. Soweit der Inhaber eines Regierungsamtes am politischen Meinungskampf teilnehme, müsse aber sichergestellt sein, dass ein Rückgriff auf die mit dem Regierungsamt verbundenen Mittel und Möglichkeiten unterbleibe. Nehme das Regierungsmitglied für sein Handeln die Autorität des Amtes oder die damit verbundenen Ressourcen in spezifischer Weise in Anspruch, sei es dem Neutralitätsgebot unterworfen.[19]

---

13 BVerfGE 138, 102 (103f. Rn. 3).

14 BVerfGE 138, 102 (LS 1, 111f. Rn. 35).

15 BVerfGE 138, 102 (114 Rn. 40), unter Hinweis auf BVerfGE 105, 252 (270).

16 BVerfGE 138, 102 (116f. Rn. 49), kritisch zur Gleichstellung von Regierung und deren Mitgliedern *Krüper* JZ 2015, S. 414 (416).

17 BVerfGE 138, 102 (114 Rn. 42).

18 BVerfGE 138, 102 (117 Rn. 50ff.).

19 BVerfGE 138, 102 (117f. Rn. 53).

Auch wenn eine strikte Trennung der Sphären des „Bundesministers“, des „Parteipolitikers“ und der politisch handelnden „Privatperson“ nicht möglich sei,[20] liege ein dem Neutralitätsgebot unterfallendes Handeln als Regierungsmitglied jedenfalls vor, wenn der Amtsinhaber ausdrücklich auf sein Ministeramt Bezug nehme, die Äußerung ausschließlich Maßnahmen oder Vorhaben des von ihm geführten Ministeriums zum Gegenstand habe, er sich durch amtliche Verlautbarungen (offizielle Publikationen, Pressemitteilungen, Internetseiten seines Geschäftsbereichs)[21] erkläre, äußere Umstände (Staatssymbole, Hoheitszeichen, Nutzung der Amtsräume) einen spezifischen Amtsbezug ergäben, sonstige dienstliche Sach- oder Finanzmittel äußerungsbezogen eingesetzt würden, er sich bei einer von der Bundesregierung zumindest mitverantworteten Veranstaltung äußere oder seine Teilnahme ausschließlich aufgrund seines Regierungsamtes erfolge. Demgegenüber sei eine schlichte Beteiligung am politischen Wettbewerb als Parteimitglied oder Privatperson insbesondere dann anzunehmen, wenn ein Regierungsmitglied im parteipolitischen Kontext – z. B. auf einem Parteitag – agiere.

Differenzierter Betrachtungen bedürften schließlich Veranstaltungen, die sich weder unmittelbar der einen noch der anderen Kategorie zuordnen ließen. Hierzu zählten insbesondere Talkrunden, Diskussionsforen und Interviews, in denen der Inhaber eines Regierungsamtes sowohl als Regierungsmitglied als auch als Parteipolitiker oder Privatperson angesprochen sein könne.[22] Auch insoweit komme es letztlich entscheidend darauf an, ob der Inhaber eines Regierungsamtes seine Aussagen in spezifischer Weise mit der Autorität dieses Amtes unterlege. Dies könne im Rahmen derselben Veranstaltung bei einer Mehrzahl von Aussagen in unterschiedlicher Weise der Fall sein. Die Geltung und Beachtung des Neutralitätsgebots durch Regierungsmitglieder sei durch das Bundesverfassungsgericht uneingeschränkt überprüfbar.[23]

cc) Auf Grundlage dieser Maßstäbe wies das Bundesverfassungsgericht den Antrag zurück. Die angegriffene Äußerung beschränke sich zwar – unabhängig von der regierungsinternen Zuständigkeit – nicht auf eine Information über von der NPD vertretene Positionen, Strategien oder deren Bewertung als verfassungsfeindlich, sondern enthalte einen gegen sie gerichteten Wahlaufruf, weshalb grundsätzlich ein parteiergreifendes Einwirken vorliege.[24] Die angegriffene Äu-

20 BVerfGE 138, 102 (118 Rn. 54), unter Hinweis auf BVerfGE 134, 141 (174 Rn. 98).
21 BVerfGE 138, 102 (118 f. Rn. 57), unter Hinweis auf VerfGH RP, Beschluss vom 21. Mai 2014 – VGH A 39/14 –, juris, Rn. 25.
22 BVerfGE 138, 102 (119 f. Rn. 59).
23 BVerfGE 138, 102 (120 f. Rn. 62 f.).
24 BVerfGE 138, 102 (121 f. Rn. 65 f.).

ßerung verletze das Recht auf Chancengleichheit der NPD jedoch nicht, weil sie dem politischen Meinungskampf zuzuordnen sei. Die Bundesministerin habe nicht in spezifischer Weise auf die mit ihrem Regierungsamt verbundene Autorität zurückgegriffen und sei daher auch nicht an die Beachtung des Neutralitätsgebots gebunden gewesen. Das Interview sei lediglich am Rande der Veranstaltung, an der die Ministerin in Wahrnehmung ihres Amtes teilgenommen habe, gegeben worden und von dieser getrennt zu beurteilen. Die streitbefangene Äußerung selbst betreffe nicht die Regierungstätigkeit der Ministerin, sondern den möglichen Einzug der NPD in den Thüringer Landtag, also ein Problem der parteipolitischen Strategie.

b) Einstweilige Anordnung im Verfahren AfD gegen *Wanka*

aa) Anlass für den Antrag der AfD auf Erlass einer einstweiligen Anordnung war eine Pressemitteilung von Bundesministerin *Wanka* auf der Homepage des von ihr geführten Bundesministeriums für Bildung und Forschung, die Bezug auf eine angemeldete Versammlung der AfD in Berlin unter dem Motto: „Rote Karte für Merkel! – Asyl braucht Grenzen!" nahm und die Bundesministerin wie folgt zitiert: „Die Rote Karte sollte der AfD und nicht der Bundeskanzlerin gezeigt werden. Björn Höcke und andere Sprecher der Partei leisten der Radikalisierung in der Gesellschaft Vorschub. Rechtsextreme, die offen Volksverhetzung betreiben wie der Pegida-Chef Bachmann, erhalten damit unerträgliche Unterstützung."[25]

bb) Das Bundesverfassungsgericht gab dem Antrag unter Hinweis auf die *Schwesig*-Entscheidung statt und verpflichtete die Bundesministerin, die Pressemitteilung von der Homepage zu entfernen. Diese stehe in keinem Bezug zu den mit dem Ministeramt verbundenen Aufgaben.[26] Die Ministerin nehme mit der Verbreitung der Erklärung über die Homepage des von ihr geführten Ministeriums Ressourcen in Anspruch, die ihr aufgrund ihres Regierungsamtes zur Verfügung stünden und politischen Wettbewerbern verschlossen seien. Daher könne eine Verletzung des Rechts der AfD auf Chancengleichheit im politischen Wettbewerb nicht von vornherein ausgeschlossen werden.

Durch die angegriffene Pressemitteilung erscheine darüber hinaus auch eine Verletzung von Art. 8 Abs. 1 GG nicht ausgeschlossen.[27] Das Grundrecht könne auch durch faktische Maßnahmen beeinträchtigt werden, wenn sie in ihrer In-

25 BVerfG, Beschluss des Zweiten Senats vom 7. November 2015 – 2 BvQ 39/15 –, juris, Rn. 3.
26 BVerfG, a.a.O., Rn. 10.
27 BVerfG, a.a.O., Rn. 11 f.

tensität imperativen Maßnahmen gleichstünden und eine abschreckende Wirkung entfalteten.[28] Da die Bundesministerin sich in der Pressemitteilung explizit gegen die von der AfD geplante Demonstration ausgesprochen habe, könnte diese als Boykottaufruf und damit als Eingriff in das Grundrecht auf Versammlungsfreiheit verstanden werden.

III. Entscheidungen weiterer Gerichte

Diesen Entscheidungen des Bundesverfassungsgerichts waren einige Entscheidungen anderer Gerichte vorausgegangen, die zum Teil Anlass für die klarstellenden Ausführungen in der *Schwesig*-Entscheidung gegeben hatten:

1. Verfassungsgerichtshof Rheinland-Pfalz

a) Bereits im Mai 2014 hatte der rheinland-pfälzische Verfassungsgerichtshof einen Antrag der NPD abgelehnt, der sich gegen eine Äußerung der Ministerpräsidentin *Dreyer* richtete.[29] Diese hatte bei einer Veranstaltung eines SPD-Stadtverbands einen Monat vor den Europa- und Kommunalwahlen gesagt, es müsse „alles daran gesetzt werden, um den Wiedereinzug der rechtsextremen NPD im Stadtrat zu verhindern".

Der Verfassungsgerichtshof stellte in seiner im *Schwesig*-Urteil mehrfach zitierten Entscheidung fest, dass das Gebot parteipolitischer Neutralität nicht verletzt sei, da es sich nicht um eine amtliche Äußerung der Ministerpräsidentin gehandelt habe.[30] Vielmehr habe sie sich in ihrer privaten Eigenschaft als Mitglied der SPD und als politisch engagierte Bürgerin geäußert, was vor allem aus dem äußeren Rahmen, in dem die Äußerung gefallen sei, folge.

b) Der Beschluss des Verfassungsgerichtshofs hält den bundesverfassungsgerichtlichen Maßstäben des erst danach verkündeten *Schwesig*-Urteils stand, da die Ministerpräsidentin sich vorliegend schlicht am politischen Meinungskampf in ihrer Funktion als SPD-Mitglied beteiligt und weder die Autorität ihres Amtes noch die damit verbundenen Ressourcen in spezifischer Weise in Anspruch genommen hat.

---

28 BVerfG, a.a.O., Rn. 11, unter Hinweis auf BVerfGE 65, 1 (43).
29 VerfGH RP, Beschluss vom 21. Mai 2014 – VGH A 39/14 –, juris.
30 VerfGH RP, a.a.O., Rn. 29 ff.

2. Verfassungsgerichtshof des Saarlandes

a) Im Juli 2014 wies der Saarländische Verfassungsgerichtshof einen Antrag der NPD zurück, der sich gegen eine Äußerung des Ministers für Bildung und Kultur im laufenden Europa- und Kommunalwahlkampf richtete, die dieser in der Grußansprache bei einer Veranstaltung des Projekts „Schule ohne Rassismus – Schule mit Courage" getätigt hatte. In Bezug auf die NPD und ihre Anhänger sprach er hierbei von „brauner Brut", einem „Mob, der aus den Köpfen kriecht", und den „Nazis von heute".[31]

Der Verfassungsgerichtshof nahm in seiner Entscheidung auf das kurz zuvor ergangene bundesverfassungsgerichtliche Urteil zum Bundespräsidenten Bezug und stellte fest, dass diese Grundsätze ihrer normativen Grundlage nach zwar nicht ohne weiteres auf Äußerungen eines Mitglieds einer Landesregierung übertragen werden könnten, aber Informationshandeln und Warnungen vor Gefahren durchaus zu den Aufgaben der Staatsleitung gehörten. Im öffentlichen Meinungskampf seien zudem auch einprägsame, polemische, zuspitzende und übertreibende Formulierungen hinzunehmen. Diese stünden hier auch in einem sachlichen Zusammenhang mit einem sich gegen Rassismus und Diskriminierung wendenden schulischen Projekt. Im Übrigen sei zu beachten, dass gerade auch die NPD den politischen Wettbewerb mit einer Vielzahl von Herabsetzungen und Abwertungen von staatlichen Organen betreibe.

b) Der Saarländische Verfassungsgerichtshof weist zwar zutreffend darauf hin, dass die Maßstäbe des Urteils zum Bundespräsidenten auf die ihm vorliegende Fallkonstellation nicht übertragbar seien, wendet diese im Ergebnis dann aber doch an. Eine Trennung zwischen amtlichen und nichtamtlichen Äußerungen findet nicht statt. In der Sache beschränkt das Gericht sich auf eine Willkürkontrolle. Unter Anwendung der erst später im *Schwesig*-Urteil entwickelten Maßstäbe wäre dem Antrag der NPD wohl stattzugeben gewesen. Der Minister war offenbar in seiner amtlichen Funktion zu der sein Ressort betreffenden Veranstaltung eingeladen worden und daher dem Neutralitätsgebot unterworfen. Er kann sich – unabhängig von seiner regierungsinternen Zuständigkeit[32] – auch nicht darauf berufen, sich im Rahmen der verfassungsrechtlichen Pflicht zum Schutz der freiheitlichen demokratischen Grundordnung mit verfassungsfeindlichen Bestrebungen befasst zu haben. Seine Äußerungen gehen in ihrer stark

31 SaarVGH, Urteil vom 8. Juli 2014 – Lv 5/14 –, BeckRS 2014, 53505.

32 Dies kann höchstens mit Blick auf das Veranstaltungsthema, die Bekämpfung von Rassismus in Schulen, der Fall sein. Aber auch das rechtfertigt noch nicht die ausdrückliche Hervorhebung der NPD in diesem Kontext.

herabsetzenden Art über eine Information zu Positionen oder Strategien der NPD oder deren Bewertung als verfassungsfeindlich deutlich hinaus und beeinträchtigten das Recht der NPD auf Chancengleichheit im laufenden Wahlkampf.[33]

Fehl geht schließlich auch der Hinweis auf das polemische Verhalten der NPD gegenüber Staatsorganen. Dem Minister ist es nicht untersagt, sich in deutlicher Wortwahl mit einer politischen Partei auseinanderzusetzen, nur muss er dies in seiner Rolle als Parteimitglied, als Wahlkämpfer, tun und darf nicht die spezifische Autorität seines Amtes hierfür in Anspruch nehmen. Das Neutralitätsgebot gilt auch dann, wenn Staatsorgane polemisch attackiert werden.

3. Thüringer Verfassungsgerichtshof[34]

a) Im Dezember 2014 stellte der Thüringer Verfassungsgerichtshof auf Antrag der NPD eine Verletzung von Art. 21 Abs. 1 Satz 1 GG fest, weil die Ministerin für Soziales, Familie und Gesundheit auf der Homepage ihres Hauses zu Protesten gegen den nur zwei Monate vor den Europa- und Kommunalwahlen stattfindenden Landesparteitag der NPD aufgerufen hatte.[35]

Der Protestaufruf sei als direkte Aufforderung zu bewerten, selbst über das Wahlverhalten hinaus gegen die NPD aktiv zu werden. Diese Beeinträchtigung der Chancengleichheit politischer Parteien könne nicht durch das Grundrecht auf Meinungsfreiheit gerechtfertigt werden, da die Ministerin sich nicht als Privatperson, sondern als Amtsinhaberin geäußert habe. Auch die Kompetenz der Landesregierung zur Öffentlichkeitsarbeit rechtfertige die Medieninformation nicht, da diese parteiergreifend zu Lasten einer nicht verbotenen politischen Partei in den Wahlkampf einwirke und damit die Grenzen zulässiger Öffentlichkeitsarbeit überschreite. Bei einem solchen Aufruf verhalte sich der Staat nicht mehr neutral, er werde selbst Partei.

33 Die Äußerungen ähneln denen des Bundespräsidenten, wenn sie hinsichtlich ihres beleidigenden Charakters nicht sogar darüber hinausgehen, unterliegen aber einem anderen Kontrollmaßstab.

34 Der Thüringer Verfassungsgerichtshof hat außerdem jüngst in einer überzeugenden Entscheidung einer Organklage der NPD gegen den Ministerpräsidenten Ramelow stattgegeben (ThüVerfGH, Urteil vom 8. Juni 2016 – VerfGH 25/15 –, juris), welcher zum Abwahlantrag der NPD gegen die Oberbürgermeisterin Eisenachs gesagt hatte: „Ich appelliere an alle demokratischen Parteien, dass es wirklich keine Gemeinsamkeiten auf der Basis von NPD-Anträgen geben darf. ... Die Nazis werden damit aufgewertet."

35 ThüVerfGH, Urteil vom 3. Dezember 2014 – VerfGH 2/14 –, juris.

b) Die Entscheidung des Verfassungsgerichtshofs liegt auf der Linie der erst kurz danach verkündeten *Schwesig*-Entscheidung. Die Ministerin nimmt die spezifische Autorität ihres Amtes in Anspruch, was besonders die in der Mitteilung enthaltene Ankündigung, „die Thüringer Sozialministerin Heike Taubert wird die Proteste ab 8:30 Uhr persönlich unterstützen", deutlich macht.

4. Hessischer Verwaltungsgerichtshof

a) In zwei Entscheidungen aus den Jahren 2013 und 2014 urteilte der Hessische Verwaltungsgerichtshof, Bürgermeister seien mit Rücksicht auf ihre Funktion als Versammlungsbehörde und ihre daraus resultierende Neutralitätspflicht nicht befugt, anlässlich bei ihnen angemeldeter Versammlungen oder Aufzüge öffentlich zur Teilnahme an Gegendemonstrationen aufzurufen. Anlass war in beiden Fällen der Aufruf eines Bürgermeisters zur Teilnahme an einer Demonstration gegen eine Kundgebung der NPD gewesen.[36]

Der Verwaltungsgerichtshof stellte fest, dass Bürgermeister durch Protest- und Demonstrationsaufrufe gegen politische Parteien ihre aus Art. 21 GG abgeleitete Neutralitätspflicht und die politische Partei in ihrem Recht aus Art. 8 GG verletzten. Bürgermeistern komme keine dem Bundespräsidenten vergleichbare Ausnahmestellung im Staatsgefüge zu. Dies gelte insbesondere im konkret gegebenen Funktionszusammenhang, in dem die Bürgermeister nicht originäre kommunale Aufgaben, sondern – als Versammlungsbehörde – übertragene staatliche Aufgaben wahrzunehmen gehabt hätten.

b) Zutreffend weist der Verwaltungsgerichtshof auf den Unterschied zwischen Bundespräsident und Bürgermeistern mit Blick auf ihre Stellung im Staatsgefüge hin. Letztere sind, soweit sie sich amtlich in Bezug auf politische Parteien äußern, dem Neutralitätsgebot unterworfen und unterliegen einer umfassenden gerichtlichen Kontrolle, insbesondere, wenn ihre Zuständigkeit als Versammlungsbehörde betroffen ist.[37]

---

36 HessVGH, Beschluss vom 3. Mai 2013 – 8 A 772/13.Z –, juris; Beschluss vom 24. November 2014 – 8 A 1605/14 –, juris.

37 Siehe hierzu auch unten IV.2.b).

IV. Analyse und Kritik

Die Rechtsprechung des Bundesverfassungsgerichts zu Äußerungsbefugnissen von Hoheitsträgern verdient unter verschiedenen Gesichtspunkten eine genauere Betrachtung. Sie hat zudem im Schrifttum viele, auch kritische Reaktionen erfahren, deren Argumente hier auf ihre Stichhaltigkeit hin überprüft werden sollen. Dies soll im Folgenden anhand der Punkte Äußerungsinhalt (1.), Äußerungsperson (2.), Äußerungssphäre (3.) und Äußerungszeitpunkt (4.) geschehen.

1. Äußerungsinhalt

Die hier erörterte Rechtsprechung betrifft – ganz allgemein gesprochen – negative Werturteile von Amtsträgern gegenüber politischen Parteien. Beide Entscheidungen (*Gauck* und *Schwesig*) rekurrieren zunächst auf die sog. „Schmähkritik", die als in jedem Falle unzulässig eingestuft wird.[38] Auch wenn hierdurch die äußersten Grenzen verfassungsrechtlich zulässiger Äußerungen von Amtsträgern festgelegt werden, geht es vorliegend um negative Werturteile unterhalb dieser Grenze. Denn dass beleidigende Äußerungen gegenüber Politikern oder politischen Parteien im Sinne der §§ 185 ff. StGB verfassungsrechtlich nicht zulässig sein können, ist ein Allgemeinplatz. Solche Äußerungen können mit Strafanzeigen und zivilrechtlichen Unterlassungsklagen erfolgreich bekämpft werden, des Verfassungsrechts bedarf es hier nur in Ausnahmefällen.

Die Rechtsprechung erfasst somit einerseits Äußerungen, die politische Parteien diffamieren, diskreditieren oder in irgendeiner anderen Form diskriminieren und dadurch möglicherweise Einfluss auf das politische Urteil bzw. die Wahrnehmung der Bürger nehmen. Andererseits werden auch Äußerungen erfasst, die zwar keinen unmittelbar herabsetzenden Charakter haben, aber dennoch geeignet sind, die Chancengleichheit einer politischen Partei im politischen Meinungskampf zu beeinträchtigen. Hierzu zählen insbesondere Aufrufe, gegen eine bestimmte Partei oder deren Veranstaltungen zu demonstrieren oder diese schlicht nicht zu wählen. Diese im Wahlkampf üblichen Äußerungen, die zum Teil – wie der Aufruf zur Nichtwahl einer gegnerischen Partei – dem demokratischen Selbstverständnis entspringen, qualifizieren sich erst durch die Rolle, die die jeweilige Person bei der Äußerung einnimmt, sowie die Mittel, die sie dabei einsetzt,

---

38 BVerfGE 136, 323 (335 f. Rn. 32); 138, 102 (114 Rn. 42).

als verfassungswidrig.[39] Nicht von Bedeutung ist es hingegen, ob es sich um eine schriftliche oder mündliche Äußerung handelt.[40]

Eine Sonderrolle nehmen negative Werturteile gegenüber politischen Parteien ein, die wegen ihrer verfassungsfeindlichen Tendenzen nachrichtendienstlich überwacht werden.[41] Äußert sich der zuständige Amtsträger – in der Regel der jeweilige Bundes- oder Landesinnenminister – im Rahmen seiner Informationspflicht zu der Verfassungsfeindlichkeit einer Partei, so ist dies zwar ein negatives Werturteil, das die Chancengleichheit der betroffenen Partei zweifellos beeinträchtigt, jedoch ist dieses im Rahmen der verfassungsrechtlichen Pflicht zum Schutz der freiheitlichen demokratischen Grundordnung grundsätzlich zulässig.[42]

2. Äußerungsperson

Das Bundesverfassungsgericht hat in seinen Urteilen zwischen den Äußerungsbefugnissen des Bundespräsidenten und denen von Regierungsmitgliedern strikt unterschieden. Diese Differenzierung ergibt sich vor allem aus den unterschiedlichen Funktionen, die die Verfassung einerseits dem Bundespräsidenten, andererseits Mitgliedern der Regierung zuweist:

a) Bundespräsident

aa) Zutreffend weist der Senat darauf hin, dass dem Bundespräsident im Staatsgefüge eine besondere Rolle zukommt. Anders als der mit einer enormen Machtfülle ausgestattete Reichspräsident der Weimarer Republik sollte der Bundespräsident zwar weiterhin ein „Repräsentant der Volkseinheit“ an der Spitze des

39 Hierzu ausführlich unter IV.3.

40 A.A. *Mandelartz*, DÖV 2015, S. 326 (327 f.), der die strengen Grenzen der Vorwahlzeit nicht auf mündliche Äußerungen anwenden will, vor allem, weil diese einer größeren Spontaneität unterlägen. Hiergegen ist einzuwenden, dass dies für schriftlich fixierte (mündliche) Interviews, die zuvor autorisiert werden müssen, wie es wohl bei *Schwesig* der Fall war, nicht gilt. Auch im Übrigen ist anzunehmen, dass ein Amtsträger sich der Abgabe einer unter die hier erörterte Kategorie fallenden Äußerung sehr wohl bewusst ist, denn die negative Wirkung für die betroffene Partei liegt regelmäßig gerade in seiner Absicht.

41 Dass dies dem Urteil *Schwesig* durchaus zu entnehmen ist, verkennt *Krüper*, JZ 2015, S. 414 (415), der dem Gericht unterstellt, die beiden Sachverhalte über „den gleichen Leisten zu schlagen“.

42 Vgl. auch IV.2.b); außerdem BVerfGE 136, 323 (333 f. Rn. 29); 40, 287 (291 ff.); *Putzer*, DÖV 2015, S. 417 (423); ausführlich *Barczak*, NVwZ 2015, S. 1014 (1016 f.).

Staates und demgemäß gegenüber anderen Organen möglichst unabhängig, insbesondere nicht verantwortlich im parlamentarischen Sinne sein, aber kein politscher Entscheidungsträger.[43] Über die ihm in der Verfassung ausdrücklich zugewiesenen Befugnisse hinaus (Art. 59 Abs. 1, Art. 60 Abs. 1, Art. 63 Abs. 1, Art. 64, Art. 82 Abs. 1 Satz 1 GG) kommen ihm vor allem allgemeine Repräsentations- und Integrationsaufgaben zu. Nur im Krisenfall ist er zu politischen Leitentscheidungen berufen (vgl. Art. 63 Abs. 4, Art. 68, Art. 81 GG).

Herzog nennt drei Begriffe, die nebeneinander und mit zeitlich durchaus wechselndem Gewicht die Funktion des Bundespräsidenten im Regierungssystem des Grundgesetzes annähernd zu beschreiben vermögen: Als Repräsentationsorgan repräsentiert er Existenz, Legitimität und Einheit des Staats, als Organ der Vertrauensbildung weckt er im Bürger das Vertrauen in die Rechtlichkeit des Staats und als Integrationsorgan betont er die Einheit des Gemeinwesens.[44] Vor diesem Hintergrund wird vom Bundespräsidenten grundsätzlich erwartet, eine gewisse Distanz zu Zielen und Aktivitäten von politischen Parteien und gesellschaftlichen Gruppen zu wahren;[45] zum Teil wird er deswegen auch als *pouvoir neutre* bezeichnet.[46] Ausgehend hiervon begründet das Gericht den weiten Gestaltungsspielraum des Bundespräsidenten und dessen begrenzte Kontrolle durch das Bundesverfassungsgericht,[47] was zumindest im Ergebnis überzeugt.

bb) Dem Senat ist zunächst insoweit zuzustimmen, als der Bundespräsident nicht dem Leitbild eines „neutralen Bundespräsidenten" verpflichtet ist.[48] Aber daraus (allein) folgen nicht notwendig weitere Eingriffsbefugnisse in die Rechte politischer Parteien. Zwar steht der Bundespräsident mit diesen nicht in Konkurrenz um Wählerstimmen, jedoch hat sein Wort beim Bürger ein deutlich höheres Gewicht als das Wort eines Regierungsmitglieds, wenn es um politische Parteien geht. Dem Wähler ist durchaus bewusst, welcher Partei ein bestimmtes Regierungsmitglied zuzurechnen ist und er ordnet dessen Äußerungen, insbesondere wenn sie in negativer Weise andere politische Parteien betreffen, entsprechend ein. Greift jedoch der Bundespräsident politische Parteien an, so kann

---

43 So das Urteil vom gleichen Tag: BVerfGE 136, 277 (309 ff. Rn. 91 ff.).

44 *Herzog*, in Maunz/Dürig, GG, Art. 54 Rn. 96 ff. (Januar 2009).

45 BVerfGE 136, 323 (332 f. Rn. 26), unter Hinweis auf BVerfGE 136, 277 (311 Rn. 95); zu den Äußerungsbefugnissen des Bundespräsidenten mit Blick auf außenpolitische Themen, die grundsätzlich in die Kompetenz der Bundesregierung fallen, *Butzer*, ZG 2015, S. 97 (116 ff.).

46 Ablehnend zum Begriff *pouvoir* und einschränkend zum Begriff *neutre* mit Recht *Herzog*, a.a.O., Art. 54 Rn. 90 f. m.w.N.; ähnlich *Barczak*, NVwZ 2015, S. 1014 (1020).

47 BVerfGE 136, 323 (334 f. Rn. 30).

48 So auch *Barczak*, NVwZ 2015, S. 1014 (1020); *Butzer*, ZG 2015, S. 97 (107 ff.); a.A. offenbar *Tanneberger/Nemeczek*, NVwZ 2015, S. 215.

dies den Wähler gerade aufgrund dessen besonderer Stellung viel stärker beeindrucken und auch seine Meinung beeinflussen als dies eine Äußerung eines parteigebundenen Regierungsmitglieds je könnte.

Diese Gründe könnten dafür sprechen, auch oder sogar gerade den Bundespräsidenten dem Neutralitätsgebot zu unterwerfen.[49] Das ergänzende Argument des Senats, der Bundespräsident verfüge nicht über die gleichen Mittel, auf die Meinungs- und Willensbildung des Volkes einzuwirken, kann jedenfalls nicht überzeugen, da er zwar über eine geringere finanzielle und personelle Ausstattung verfügt, aber tatsächlich einen großen Einfluss auf die Meinungsbildung hat. Aufgrund seiner herausragenden Stellung könnte er jederzeit Interviews oder Stellungnahmen „zur besten Sendezeit" im Fernsehen oder auf den Hauptseiten der Tageszeitungen geben.[50]

Im Ergebnis ist die Differenzierung jedoch richtig.[51] Entscheidend ist, dass der Bundespräsident in seinem Amt, das nur mit geringen tatsächlichen (Macht-) Befugnissen ausgestattet ist, vor allem integrativ wirken können muss. Das gestaltet sich schwierig, wenn er einem strikten Neutralitätsgebot unterworfen wird. Hinzu kommt, dass er – anders als die parteipolitischen Amtsträger – kaum in einer anderen Rolle auftreten kann. Weder kann er sich auf Wahlkampfveranstaltungen als „Parteipolitiker" äußern, denn diese Rolle hat er spätestens mit seiner Wahl zum Bundespräsidenten abgelegt,[52] noch kann er sich glaubhaft als „Privatperson"[53] zur politischen Lage erklären. Er wird – unabhängig davon, wo und wie er auftritt – immer als Bundespräsident wahrgenommen. Unterwürfe man ihn dem Neutralitätsgebot, würde ihm nahezu jegliche Möglichkeit genommen, seine Integrationsfunktion auszuüben, weil er immer die – unscharfen – Grenzen des Neutralitätsgebots beachten und eine gerichtliche Maßregelung fürchten müsste. Aufgrund seiner Integrationsfunktion kann es dem Bundespräsidenten aber nicht verwehrt sein, zur Verteidigung der freiheitlichen demokratischen Ordnung des Grundgesetzes Partei zu ergreifen.

---

49 So z. B. *Putzer*, DÖV 2015, S. 417 (421), der den weiten Gestaltungsspielraum kritisiert, welcher seines Erachtens in der Verfassungsrealität wohl kaum jemals verletzt sein werde; ähnlich *Tanneberger/Nemeczek*, NVwZ 2015, S. 215 f.; dagegen *Butzer*, ZG 2015, S. 97 (115).

50 Das Verfahren *Schwesig*, dem ein schlichtes Interview zugrunde lag, für das die finanzielle und personelle Ausstattung keine Relevanz hatte, belegt dies anschaulich.

51 So im Ergebnis auch *Barczak*, NVwZ 2015, S. 1014 (1017, 1020); *Butzer*, ZG 2015, S. 97 (113 ff.); *Fuchs*, VBlBW 2015, S. 401 (404).

52 So auch *Butzer*, ZG 2015, S. 97 (100).

53 *Butzer*, ZG 2015, S. 97 (99 ff.), hält dies in Ausnahmefällen (vgl. dort Fn. 19) für möglich.

Wer dem Bundesverfassungsgericht aufgrund dieser Entscheidung ein klassisch-ersatzmonarchistisches Amtsverständnis unterstellt[54] oder vor einer anachronistischen Präsidialisierung zu warnen geneigt ist,[55] verkennt nicht nur die Besonderheiten des entschiedenen Falles, sondern entwertet die Integrations- und Vertrauensfunktion des Staatsoberhaupts zum Gegenzeichner und Ausfertiger von Gesetzen.[56]

cc) Wenig überzeugend ist allerdings der Hinweis auf den sog. Wunsiedel-Beschluss.[57] Das Gericht stellt zunächst zutreffend fest, dass sich die Bezeichnung „Spinner" in der Nähe zu einer Beleidigung im Sinne des § 185 StGB bewegt.[58] Anstatt sich jedoch auf die Feststellung zu beschränken, dass es sich zwar um eine deutlich herabsetzende Wortwahl handele, diese aber die Grenze zur „Schmähkritik" noch nicht überschreite und im politischen Meinungskampf insbesondere dann zu ertragen sei, wenn die betroffene Partei extreme und menschenverachtende Ansichten vertrete, wird zweimal auf den Wunsiedel-Beschluss verwiesen, der im Schrifttum berechtigte Kritik erfahren hat.[59]

Mit Recht können Menschen wie Parteien, die – unbeeindruckt von der nationalsozialistischen Willkürherrschaft – rechtsradikale Ansichten vertreten, auch mit harschen Worten im politischen Meinungskampf kritisiert werden. Doch dies gilt ebenso für Menschen oder Parteien, die die Sowjetunion Stalins oder die Herrschaft der Roten Khmer in Kambodscha rechtfertigen oder gar lobend hervorheben.[60] Die grundgesetzliche Ordnung kennt ein allgemeines antinationalsozialistisches Grundprinzip gerade nicht, was zwar auch der Wunsiedel-Beschluss korrekt feststellt,[61] dieser Feststellung aber dann nicht konsequent Folge leistet, indem er eine Ausnahme vom Verbot des Sonderrechts für das nationalsozialistische Regime gutheißende Äußerungen im Rahmen des Art. 5 Abs. 2 GG zulässt.[62]

---

54 So *van Ooyen*, RuP 2014, S. 127 (128).

55 So *Putzer*, DÖV 2015, S. 417 (421).

56 Wie hier im Ergebnis auch *Barczak*, NVwZ 2015, S. 1014 (1017).

57 BVerfGE 124, 300; kritisch auch *Butzer*, ZG 2015, S. 97 (115).

58 BVerfGE 136, 323 (337 Rn. 36); zur Bewertung des Wortes „Spinner" zutreffend auch *Butzer*, ZG 2015, S. 97 (112f.).

59 Vgl. nur *Schulze-Fielitz*, in: Dreier (Hrsg.), GG, Bd. I, 3. Aufl. 2013, Art. 5 Rn. 177; *Hillgruber*, in: Isensee/Kirchhof, Handbuch des Staatsrechts, Bd. IX, 3. Aufl. 2011, § 201 Rn. 26 mit Fn. 44; *Degenhart*, JZ 2010, S. 306; ähnlich *Barczak*, NVwZ 2015, S. 1014 (1020) jeweils m.w.N.

60 A.A. wohl *Barczak*, NVwZ 2015, S. 1014 (1020), der den weiten Gestaltungsspielraum des Bundespräsidenten auf Äußerungen beschränken will, die sich gegen neonazistische Parteien richten, und ihn im Übrigen dem Neutralitätsgebot unterwerfen will.

61 BVerfGE 124, 300 (330).

62 Vgl. BVerfGE 124, 300 (321ff.).

Festzuhalten ist daher, dass der Bundespräsident extremen und menschenverachtenden Auffassungen auch mit deutlich herabsetzenden Äußerungen begegnen darf, wenn dadurch die Grenze zur „Schmähkritik“ nicht überschritten wird.

b) Regierungsmitglieder

Anders als dem Bundespräsidenten billigt das Bundesverfassungsgericht Regierungsmitgliedern – soweit sie als Hoheitsträger auftreten – keinen Gestaltungsspielraum mit Blick auf negative Werturteile gegenüber politischen Parteien zu.

aa) Eine Ausnahme bilden die bereits erwähnten negativen Werturteile in den Verfassungsschutzberichten der Innenministerien.[63] Diese sind zulässig, soweit sie nicht auf sachfremden Erwägungen beruhen und damit den Anspruch der betroffenen Partei auf gleiche Wettbewerbschancen willkürlich beeinträchtigen.[64] Ähnliches gilt für die Beteiligung staatlicher Stellen an der öffentlichen Auseinandersetzung über die Einleitung eines Verbotsverfahrens gegen eine politische Partei.[65] Grundvoraussetzung für eine zulässige Äußerung ist jedoch immer die sachliche Zuständigkeit der jeweiligen Äußerungsperson bzw. staatlichen Stelle. Gewöhnlich beschränkt sich dies auf den Innenminister und die ihm unterstellten Behörden.

Demzufolge ist die hier erörterte Rechtsprechung zur Verfassungsmäßigkeit negativer Äußerungen von Amtsträgern gegenüber politischen Parteien nur im Ausnahmefall eine Frage von erlaubter staatlicher Informationstätigkeit und kein weiterer Anwendungsfall der „Glykol“- und „Osho“-Rechtsprechung.[66] Die Trennlinie verläuft vielmehr entlang der Rolle, die der jeweilige Amtsträger bei Abgabe seiner Äußerung einnimmt. Spricht ein Regierungsmitglied als solches, nimmt also die spezifische Autorität[67] seines Amtes in Anspruch, so ist eine negative Äußerung gegenüber einer politischen Partei im Regelfall verfassungswidrig. Spricht es indes als Parteipolitiker oder Privatperson, so ist die Äußerung – in den Grenzen der §§ 185 ff. StGB – grundsätzlich zulässig.

---

63 Siehe oben IV.1.
64 BVerfGE 40, 287 (291 ff.).
65 Vgl. BVerfG, Beschluss des Zweiten Senats vom 20. Februar 2013 – 2 BvE 11/12 –, NVwZ 2013, S. 568 (569).
66 So aber *Barczak*, NVwZ 2015, S. 1014 (1018).
67 Kritisch zum Autoritätsbegriff *Krüper*, JZ 2015, S. 414 (415).

So lässt auch das Bundesverfassungsgericht in Sachen *Schwesig* die Frage der regierungsinternen Zuständigkeit[68] bei Wahrnehmung der Aufgabe der Bundesregierung, die freiheitliche demokratische Grundordnung zu schützen, dahinstehen, da die Äußerung der Ministerin ohnehin die Grenzen eines erlaubten Informationshandelns überschreite, und kommt zu dem (vorläufigen) Ergebnis eines parteiergreifenden Einwirkens zulasten der NPD in den Landtagswahlkampf.[69]

bb) Im Übrigen verletzen negative Äußerungen von Regierungsmitgliedern, die diese unter Inanspruchnahme der spezifischen Autorität ihres Amtes gegenüber einer politischen Partei tätigen, das Recht auf Chancengleichheit der betroffenen Partei und das daraus folgende, gerichtlich voll nachprüfbare Neutralitätsgebot.[70]

Diese Einordnung ist verfassungsrechtlich überzeugend, da die Regierung und ihre Mitglieder ohnehin – willentlich oder unwillentlich – einen viel größeren Einfluss auf die öffentliche Meinungsbildung und damit einen natürlichen Wettbewerbsvorteil gegenüber allen Oppositionsparteien besitzen. Um diesen nicht weiter zu vergrößern und das demokratische Grundprinzip, dass die Minderheit zur Mehrheit werden kann, nicht ernsthaft zu gefährden, sind alle über diesen notwendigen Bereich hinausgehenden parteiergreifenden Äußerungen untersagt.[71]

Diese Pflicht zur Neutralität stellt auch keinen übermäßigen Eingriff in das Recht auf freie Meinungsäußerung von Regierungsmitgliedern dar, denn diesen sind negative Äußerungen gegenüber politischen Parteien oder Aufrufe zu deren Nichtwahl nicht generell untersagt. Sie dürfen diese nur nicht unter Rückgriff auf die spezifische Autorität oder die Ressourcen ihres Amtes tätigen. Soweit sie sich als Privatperson oder Parteipolitiker äußern, setzt das Neutralitätsgebot ihnen keine Grenzen. So kann die Bundeskanzlerin auf einer Wahlkampfveranstaltung

---

68 Die Zuständigkeit für entsprechende Äußerungen richtet sich nach dem Ressort des Ministers. Im vorliegenden Fall dürfte das Amt der Bundesministerin für Familie, Senioren, Frauen und Jugend eine Zuständigkeit für Warnungen vor rechtsextremen Parteien auf Landesebene nicht begründen, so auch *Barczak*, NVwZ 2015, S. 1014 (1017); *Butzer*, Frei von der Leber weg?, in: Kluth (Hrsg.), „Das wird man ja wohl noch sagen dürfen.“, 2015, S. 37 (44). *Mandelartz*, DÖV 2015, S. 326 (328), beklagt dennoch, dass das Bundesverfassungsgericht diese – recht eindeutige – Frage offengelassen habe.

69 BVerfGE 138, 102 (121 f. Rn. 66).

70 Generell zu staatlichen Neutralitätspflichten *Gusy*, NVwZ 2015, S. 700.

71 A.A. *Krüper*, JZ 2015, S. 414 (417), der den auf Machterhalt gerichteten Willen von politischen Parteien unterschätzt; ähnlich *Fuchs*, VBlBW 2015, S. 401 (406), der vor einer „Verrechtlichung des politischen Prozesses“ warnt, dem Recht auf Chancengleichheit politischer Parteien hierbei aber zu wenig Bedeutung beimisst.

ihrer Partei selbstverständlich zur Nichtwahl einer konkurrierenden Partei aufrufen. Untersagt ist ihr eine solche Äußerung lediglich dann, wenn sie sich zum Beispiel im Kanzleramt mit den Insignien ihres Amtes im Hintergrund und womöglich unter expliziter Bezugnahme auf dieses („Ich, als Bundeskanzlerin,...“) erklärt.

Zwar haben Regierungsmitglieder aufgrund ihres Amtes selbst dann eine größere Zugwirkung als Oppositionspolitiker, wenn sie lediglich als Privatperson oder Parteipolitiker auf Wahlkampfveranstaltungen auftreten. Dies ist jedoch eine natürliche Gegebenheit des politischen Meinungskampfes in einer Demokratie. Würde das Neutralitätsgebot unterschiedslos für alle Äußerungen von Regierungsmitgliedern Geltung beanspruchen, so wäre dies ein Eingriff in das Recht auf Chancengleichheit der Regierungsparteien, die im Wahlkampf nicht mehr auf ihre – häufig Regierungsämter bekleidenden – Führungspersonen zurückgreifen könnten.[72]

cc) Die dargestellten Grundsätze gelten nicht nur für Regierungsmitglieder, sondern für alle Träger herausgehobener öffentlicher Ämter, soweit diese sich negativ gegenüber politischen Parteien – insbesondere in Wahlkampfzeiten[73] – äußern. So sind auch Bürgermeister dem Neutralitätsgebot unterworfen, wenn sie sich nicht gerade im (eigenen) Wahlkampf befinden.[74] Der für den Bundespräsidenten geltende weite Gestaltungsspielraum ist auf diese mangels einer vergleichbaren Integrations- und Repräsentationsfunktion im Staatsgefüge nicht

---

72 BVerfGE 138, 102 (117 Rn. 52). Mit dem Hinweis auf das in Ämtern gebundene Führungspersonal einer (Regierungs-)Partei beantwortet sich auch die von *Krüper*, JZ 2015, S. 414 (417), aufgeworfene Frage, warum eine Beschränkung der Äußerungsbefugnisse von Regierungsmitgliedern auf die Chancengleichheit der Partei durchschlage.

73 Zum Äußerungszeitpunkt siehe unten IV.4.

74 So auch HessVGH, Beschluss vom 3. Mai 2013 – 8 A 772/13.Z –, juris; Beschluss vom 24. November 2014 – 8 A 1605/14 –, juris; *Kluth*, in: Epping/Hillgruber (Hrsg.) BeckOK-GG, Art. 21 Rn. 138.4; *Barczak*, NVwZ 2015, S. 1014 (1018 f.); *Putzer*, DÖV 2015, S. 417 (424 ff.); differenziert und ausführlich *von Hohenlohe*, VerwArch 2016, S. 62. Vgl. auch VG Düsseldorf, Beschluss vom 9. Januar 2015 – 1 L 54/15 –, BeckRS 2015, 40408, wobei dieser Fall insofern eine Besonderheit aufweist, als er das Ausschalten der Beleuchtung öffentlicher Gebäude auf Anordnung des Oberbürgermeisters als Zeichen gegen eine DÜGIDA-Veranstaltung betraf. Denn DÜGIDA konnte sich mangels Parteieigenschaft nicht auf das Recht auf Chancengleichheit aus Art. 21 Abs. 1 Satz 1 GG berufen, sondern lediglich auf Art. 5 und 8 GG – hierzu auch OVG Münster, Beschluss vom 12. Januar 2015 – 15 B 45/15 –, BeckRS 2015, 40521. Ob in einem solchen Fall das Neutralitätsgebot in gleichem Maße eingreift, ist umstritten, dafür *Barczak*, NVwZ 2015, S. 1014 (1019); *Butzer*, in: Kluth, a.a.O. (Fn. 68), S. 37 (47, Fn. 30); *von Hohenlohe*, VerwArch 2016, S. 62 (84); dagegen *Putzer*, DÖV 2015, S. 417 (425 f.).

übertragbar.[75] Dies gilt umso mehr, wenn ein Bürgermeister als zuständige Versammlungsbehörde abwertend Stellung gegenüber von Art. 8 GG geschützten Veranstaltungen einer politischen Partei bezieht und dadurch die ihm zugewiesene Aufgabe konterkariert.[76]

3. Äußerungssphäre

Von entscheidender Bedeutung für die Frage der Verfassungsmäßigkeit einer negativen Äußerung eines Amtsträgers gegenüber einer politischen Partei ist die Rolle, die dieser bei seiner Äußerung einnimmt, bzw. die Sphäre, in der er sich bewegt. Äußert er sich als Amtsträger, so ist die Äußerung regelmäßig ein Eingriff in das Recht auf Chancengleichheit der betroffenen Partei, äußert er sich hingegen als Privatperson oder Parteipolitiker, so ist er nicht an das Neutralitätsgebot gebunden.[77] Diese vom Amtsträger zu beachtende Rollentrennung ist gerichtlich voll überprüfbar und nach den Umständen des jeweiligen Einzelfalls zu beurteilen.[78] Im Schrifttum ist sie als künstlich und unpraktikabel kritisiert worden.[79] Im Folgenden soll jedoch gezeigt werden, dass sie – im Gegenteil – durch die Anwendung einfacher prozessualer Regeln leicht handhabbar ist und auch mit Blick auf die Rechtssicherheit von Amtsträgern keine Schwierigkeiten aufwirft.

Das Bundesverfassungsgericht trennt Äußerungen von Amtsträgern in drei grundsätzliche Kategorien: Weitestgehend unproblematisch sind dabei die ersten beiden Kategorien, wonach ein Handeln als Amtsträger vorliegt, wenn dieser

---

75 Hierzu bereits oben III.4.; a.A. offenbar *Putzer*, DÖV 2015, S. 417 (424 ff.), der eine dem Bundespräsidenten vergleichbare Sonderbehandlung zumindest in Erwägung zieht (dort Fn. 96); ähnlich *von Hohenlohe*, VerwArch 2016, S. 62 (79 ff.).

76 Ebenso *Barczak*, NVwZ 2015, S. 1014 (1019).

77 Der Bundespräsident ist dem Neutralitätsgebot per se nicht unterworfen, weshalb bei ihm eine solche – ohnehin kaum durchführbare (siehe oben IV.2.a) – Rollentrennung nicht erforderlich ist.

78 BVerfGE 138, 102 (118 Rn. 56).

79 Vgl. *Putzer*, DÖV 2015, S. 417 (423); *Krüper*, JZ 2015, S. 414 (415 f.); ähnlich wohl auch *Mandelartz*, DÖV 2015, S. 326 (329); wie hier hingegen *Barczak*, NVwZ 2015, S. 1014 (1016); *Fuchs*, VBlBW 2015, S. 401 (404). *Tanneberger/Nemeczek*, NVwZ 2015, S. 215 (216), sprechen von einer nicht notwendigen „Alles-Oder-Nichts-Lösung", die den Grenzverwischungen zwischen Staats- und Parteiämtern nicht gerecht werde. Diese Auffassung verkennt die primäre Absicht des Senats, Grenzverwischungen, die von Amtsträgern zum Teil bewusst für ein (verfassungswidriges) parteiergreifendes Einwirken auf den Wahlkampf ausgenutzt werden, durch die Trennung der verschiedenen Sphären gerade zu verhindern.

ausdrücklich auf sein Amt Bezug nimmt,[80] sein Geschäftsbereich inhaltlich betroffen ist, er sich durch amtliche Verlautbarungen (offizielle Publikationen, Pressemitteilungen, amtliche Homepage) erklärt, die äußeren Umstände (Amtsräume, Hoheitszeichen) einen spezifischen Amtsbezug ergeben, Sach- oder Finanzmittel[81] des Amtes äußerungsbezogen eingesetzt werden oder die Äußerung auf einer offiziellen Veranstaltung getätigt wird. Ein Handeln als Privatperson oder Parteipolitiker ist hingegen insbesondere dann anzunehmen, wenn ein Amtsträger im parteipolitischen Kontext – z. B. auf einem Parteitag – agiert. In die erste Kategorie fällt das Statement von Bundesministerin *Wanka* mit Blick auf die AfD-Veranstaltung, das in einer Pressemitteilung ihres Ministeriums auf dessen Homepage wiedergegeben wurde.[82] Es handelt sich hier um den geradezu typischen Fall einer Äußerung, die mit der spezifischen Autorität des Amtes unterlegt wird.[83]

Problematisch ist die Rollentrennung in der dritten Kategorie, die Veranstaltungen erfasst, die weder eindeutig als privat oder parteipolitisch noch als dienstlich eingestuft werden können. Hierzu gehören Talkrunden, Diskussionsforen und Interviews, in denen der Amtsträger traditionell sowohl als solcher, aber auch als Privatperson oder Parteipolitiker angesprochen sein kann.[84] Das Bundesverfassungsgericht will solche Veranstaltungen nicht einheitlich – unter Rückgriff auf den Schwerpunkt des Interviews oder der Talkrunde – behandeln, sondern die dort getätigten Aussagen ebenfalls danach trennen, ob der Amtsinhaber diese in spezifischer Weise mit der Autorität des Amtes unterlegt hat.

---

80 Es ist nicht bloß eine Frage des politischen Stils – wie *Krüper*, JZ 2015, S. 414 (417), meint –, sondern eine Frage des verfassungsrechtlich gewährleisteten Rechts auf Chancengleichheit, wenn eine negative Äußerung gegenüber einer Partei unter Bezugnahme auf das Hoheitsamt getätigt wird.

81 Zuzustimmen ist *Fuchs*, VBlBW 2015, S. 401 (405), soweit dieser auch den Einsatz von Personalmitteln in den Indizienkatalog aufnehmen will.

82 Dass die Ministerin in der Pressemitteilung selbst keinen Bezug auf ihr Amt nimmt, erscheint als eher schwaches Argument für eine „private" Äußerung, eingedenk des Umstands, dass es sich um eine ministerielle Pressemitteilung auf der Internetseite des Ministeriums handelt. Der Einwand dürfte als *protestatio facto contraria* zu behandeln sein (dazu sogleich im Text).

83 Dieser Fall zeigt auch, dass die Rechtsprechung des BVerfG nicht dazu führt, dass „am Ende immer doch alles irgendwie noch gerade zulässig ist", wie etwa *Krüper*, JZ 2015, S. 414 (416), meint.

84 Die Verwendung der Amtsbezeichnung ist hierbei noch kein Indiz für eine Inanspruchnahme von Amtsautorität, weil diese mit der Person untrennbar verbunden ist und von ihr auch außerdienstlich geführt werden darf.

Das Gericht räumt selber ein, dass eine strikte Trennung der Sphären des Amtsträgers und des Parteipolitikers bzw. der Privatperson nicht möglich ist.[85] Daran knüpft die Kritik im Schrifttum an und wirft dem Gericht vor, eine Abgrenzung einzufordern, die schon nach eigenem Dafürhalten unmöglich sei.[86] Hierbei wird allerdings übersehen, dass auch die nicht einer bestimmten Sphäre zuordnenbare Äußerung eine Rechtsfolge zeitigt: Äußert sich ein Amtsträger herablassend oder in anderer Weise wahlkampfbeeinflussend gegenüber einer politischen Partei, so ergreift er in diesem Moment Partei und verhält sich nicht mehr neutral. Er greift bewusst in den Rechtskreis Dritter ein, weshalb er dafür Sorge tragen muss, dass seine grundsätzlich verletzungsgeeignete Äußerung im konkreten Fall keine Rechtsverletzung bewirkt, sei es, weil er sie in einem Kontext tätigt, der nicht dem Neutralitätsgebot unterfällt, oder, dass sie aufgrund seiner Informations- oder Warnzuständigkeit verfassungsrechtlich gerechtfertigt ist.

Bewegt der Amtsträger sich also in einer Sphäre, die weder seiner offiziellen noch seiner privaten Rolle eindeutig zuzuordnen ist, so muss er klarstellen, dass er eine bestimmte (negative) Äußerung gegenüber einer politischen Partei als Parteipolitiker bzw. Privatperson tätigt und nicht als Amtsträger. Fehlt es an einer solchen Klarstellung und hilft auch der Äußerungszusammenhang bei der Einordnung nicht weiter, so ist zulasten des Amtsträgers davon auszugehen, dass er sich unter Rückgriff auf die spezifische Autorität seines Amtes geäußert und damit das Neutralitätsgebot verletzt hat. Von einer Verletzung des Neutralitätsgebots ist darüber hinaus auszugehen, wenn der Amtsträger zwar ausdrücklich erklärt, eine bestimmte Äußerung als Parteipolitiker oder Privatperson zu tätigen, der Äußerungszusammenhang dieser Erklärung aber vollkommen zuwiderläuft, der Amtsträger sich also im Sinne einer *protestatio facto contraria* verhält.

Diese Auslegung „im Zweifel gegen den Amtsträger“[87] benachteiligt diesen auch nicht in ungerechtfertigter Weise, da er derjenige ist, der sich „im Angriffsmodus“ befindet, das heißt Rechtspositionen Dritter beeinträchtigt. Es ist nicht zu viel verlangt, dass ein Amtsträger, der gegen politische Parteien agiert,

---

85 BVerfGE 138, 102 (118 Rn. 54), unter Hinweis auf BVerfGE 134, 141 (174 Rn. 98). Damit weicht es von seinem Urteil zur Öffentlichkeitsarbeit ab, das eine solche Trennung noch – im Unterschied zur abweichenden Meinung des Richters *Rottmann* – für möglich hielt, vgl. BVerfGE 44, 125 (141, 187).

86 *Putzer*, DÖV 2015, S. 417 (423); ähnlich kritisch *Krüper*, JZ 2015, S. 414 (415 f.); wohl auch *Mandelartz*, DÖV 2015, S. 326 (329).

87 Genau umgekehrt – unter Betonung der Meinungsfreiheit von Amtsträgern – VerfGH RP, Beschluss vom 21. Mai 2014 – VGH A 39/14 –, juris, Rn. 27; ebenso *Barczak*, NVwZ 2015, S. 1014 (1016); *Kluth*, a.a.O. (Fn. 74), Art. 21 Rn. 138.5. Noch weitergehend als hier hingegen *Tanneberger/Nemeczek*, NVwZ 2015, S. 214 (216), die die Darlegungslast auf den Amtsträger übertragen wollen.

sich vorher bewusst macht, mit welchen Mitteln er dies tut und danach sein Handeln ausrichtet. Dies führt auch keineswegs – wie zum Teil im Schrifttum behauptet – dazu, dass ein Amtsträger nicht mehr offen sprechen könne und ihm jede Rechtssicherheit genommen werde.[88] Diese Auffassung verkennt, dass die vorliegende Rechtsprechung lediglich negative Werturteile gegenüber politischen Parteien erfasst, die ein Amtsträger nicht leichtfertig im normalen politischen Diskurs tätigt, sondern als bewussten Angriff auf den politischen Gegner lanciert. Dies ist ihm zwar im politischen Meinungskampf ohne weiteres zuzugestehen, nicht aber unter Rückgriff auf die Möglichkeiten und Mittel seines Amtes.

Die im Schrifttum geäußerte Befürchtung, die vorliegende Rechtsprechung gefährde die parlamentarische Debattenkultur,[89] verkennt daher, dass inhaltliche Diskussionen im Parlament über ein Sachthema hiervon gar nicht erfasst werden. Es ist vielmehr zu unterscheiden, ob ein Regierungsmitglied eine Regierungserklärung abgibt – hier gilt das Neutralitätsgebot –, oder ob es zu einem Sachthema als Redner seiner Fraktion bzw. Partei auftritt – hier gilt das Neutralitätsgebot nicht.

Zu Recht trennt das Bundesverfassungsgericht in seinem *Schwesig*-Urteil die politische Veranstaltung, zu der die Ministerin (dienstlich) angereist war, von dem Interview, das sie – bei Gelegenheit – am Rande dieser Veranstaltung gegeben hat.[90] Der Umstand, dass die Reise einen offiziellen Anlass hatte, qualifiziert nicht sämtliche auf dieser Reise vorgenommene Handlungen oder abgegebene Äußerungen als dienstlich.[91] Für die streitbefangene Äußerung selbst gilt, dass die Ministerin die NPD zwar bewusst und gewollt angreift, diese aber im Zusammenhang mit einer Frage zur parteipolitischen Strategie steht, die sie als stellvertretende SPD-Parteivorsitzende ohne Bezugnahme auf ihr Regierungsamt beantwortet. Die Äußerung war also Teil des politischen Meinungskampfes, in dem

---

88 So aber *Putzer*, DÖV 2015, S. 417 (423); *Tanneberger/Nemeczek*, NVwZ 2015, S. 214 (216).

89 So bspw. *Tanneberger/Nemeczek*, NVwZ 2015, S. 214 (216). Vgl. auch *Fuchs*, VBlBW 2015, S. 401 (406), und hierzu Fn. 71.

90 A.A. *Mandelartz*, DÖV 2015, S. 326 (328f.). *Fuchs*, VBlBW 2015, S. 401 (406), versteht auch die Vorbereitung eines Interviews durch Bedienstete der jeweiligen Behörde als Rückgriff auf staatliche Ressourcen. Dies dürfte jedoch zum einen zu Schwierigkeiten bei der gerichtlichen Beweisführung führen, zum anderen die Kontrolle zu weit ins Vorfeld der Abgabe einer Äußerung verlagern.

91 Auch die Nutzung eines Dienstwagens ändert daran nichts. Dieser steht Regierungsmitgliedern gemäß § 14 Abs. 1 der Richtlinien für die Nutzung von Dienstkraftfahrzeugen in der Bundesverwaltung (DKfzR) vom 29. Juni 1993 (GMBl 1993 S. 398) auch für private Fahrten zur Verfügung, vgl. hierzu *Barczak*, NVwZ 2015, S. 1014 (1016); a.A. *Fuchs*, VBlBW 2015, S. 401 (405), was angesichts des Wortlauts der Vorschrift (Umkehrschluss aus § 14 Abs. 3) nicht nachvollziehbar ist.

Angriffe dieser Art vom politischen Gegner hinzunehmen sind und mit gleichen Mitteln bekämpft werden können.

4. Äußerungszeitpunkt

Schließlich ist auch der konkrete Zeitpunkt der Äußerung zu beachten. Unter Verweis auf seine Entscheidung zur Öffentlichkeitsarbeit stellt das Bundesverfassungsgericht fest, dass das Recht politischer Parteien auf Chancengleichheit im Wettbewerb nicht nur für den Wahlvorgang selbst, sondern auch für die Wahlvorbereitung gilt.[92] Die Geltung des Neutralitätsgebots wird also zunächst einmal auf Wahlkampfzeiten bezogen. Aus diesem Grund prüft das Gericht auch eine Verletzung von Art. 21 Abs. 1 Satz 1 GG in Verbindung mit Art. 38 Abs. 1 GG, soweit die Bundestagswahl betroffen ist, und in Verbindung mit Art. 28 Abs. 1 Satz 2 GG, soweit Landtags- oder Kommunalwahlen betroffen sind.[93]

Daraus folgt jedoch keineswegs, dass außerhalb von Wahlkampfzeiten regierungsamtliche Maßnahmen, die in parteiergreifender Weise auf den Wettbewerb zwischen den politischen Parteien einwirken, generell erlaubt wären.[94] Das Bundesverfassungsgericht musste zum einen in den Urteilen *Schwesig* und *Gauck* über diese Frage nicht entscheiden. Zum anderen formuliert es an späterer Stelle die Maßstäbe hinsichtlich des von der Regierung zu beachtenden Neutralitätsgebots ohne direkte Bezugnahme auf eine bevorstehende Wahl.

Richtig dürfte sein, dass dem Neutralitätsgebot in Wahlkampfzeiten[95] besondere Bedeutung zukommt und Amtsträger in dieser Zeit äußerste Zurückhaltung üben müssen, aber das Neutralitätsgebot bei besonders herabsetzenden oder aufgrund ihrer Verbreitung besonders intensiv wirkenden Äußerungen auch außerhalb von Wahlkämpfen verletzt sein kann. Als Faustregel gilt: Je größer die Nähe einer Äußerung zu bevorstehenden Wahlen ist, desto geringere Ansprüche sind an ihre Verletzungsgeeignetheit zu stellen.[96] An dieser Stelle ist anzumerken, dass in der Bundesrepublik eine wahlkampflose Zeit angesichts der nicht ein-

---

92 BVerfGE 138, 102 (110 Rn. 30); 44, 125 (146).

93 Vgl. BVerfGE 136, 323 (333 Rn. 28); 138, 102 (108 Rn. 25).

94 So auch *Barczak*, NVwZ 2015, S. 1014 (1019); anders wohl *Putzer*, DÖV 2015, S. 417 (422 f.).

95 *Barczak*, NVwZ 2015, S. 1014 (1019), schlägt einen Zeitraum von drei Monaten vor dem Wahltag vor (vgl. auch *Kluth*, a.a.O. [Fn. 74], Art. 21 Rn. 138.1). Näher dürfte es liegen, die Äußerung abhängig vom konkreten Einzelfall – ihrer Nähe zur Wahl, ihrer Bedeutung sowie ihrem Inhalt und ihrer Wirkungsbreite – zu beurteilen.

96 So auch *Barczak*, NVwZ 2015, S. 1014 (1019). *Butzer*, ZG 2015, S. 97 (114), will das Kriterium der Wahlkampfnähe auch beim Bundespräsidenten berücksichtigen.

heitlich terminierten Landtags-, Kommunal- und Europawahlen eher der Ausnahmefall ist.

Die Bedeutung des Rechts auf Chancengleichheit in Wahlkampfzeiten darf schließlich nicht darüber hinwegtäuschen, dass Art. 21 Abs. 1 Satz 1 GG auch in anderen Kontexten eine Verstärkung erfahren kann.[97] So deutet das Bundesverfassungsgericht mit seiner einstweiligen Anordnung in Sachen *Wanka* an, dass eine Verletzung des Neutralitätsgebots unabhängig von einer bestimmten Wahl auch in Bezug auf eine bevorstehende parteipolitische Veranstaltung verletzt sein kann, Art. 21 Abs. 1 Satz 1 GG also gleichsam durch Art. 8 GG verstärkt werden kann.[98]

Eine solche Rechtsprechung wäre zu begrüßen, da ein parteiergreifendes Einwirken auf die politische Willensbildung insbesondere auch dadurch erfolgen kann, dass Amtsträger Veranstaltungen einer politischen Partei diskreditieren, zu deren Boykott oder Gegendemonstrationen aufrufen, dadurch die politische Arbeit der betroffenen Partei bereits lange vor einem bestimmten Wahlkampf beeinträchtigen und das Aufkommen eines möglichen Konkurrenten „im Keim ersticken".[99] Der derart bekämpften Partei nutzt ihr Recht auf Chancengleichheit wenig, wenn sie sich auf dieses erst in Wahlkampfzeiten berufen kann, dies aber angesichts der gezielten Bekämpfung durch Staatsorgane zu spät kommt, um die bereits beeinträchtigte politische Willensbildung noch zu ihren Gunsten zu beeinflussen.

V. Fazit

Das Bundesverfassungsgericht hat mit seinen Entscheidungen zu Äußerungsbefugnissen des Bundespräsidenten und von Regierungsmitgliedern nachvollziehbare und handhabbare Maßstäbe für die verfassungsrechtliche Bewertung negativer Äußerungen von Amtsträgern gegenüber politischen Parteien aufgestellt und damit Licht in eine bislang eher dunkle, aber höchst aktuelle und verfah-

---

97 Ähnlich *Barczak*, NVwZ 2015, S. 1014 (1019).

98 Unter dem Gesichtspunkt eines anderen Äußerungsempfängers können selbstverständlich ganz andere Grundrechte als Art. 21 Abs. 1 GG betroffen sein, z. B. Art. 4 GG bei Äußerungen gegenüber Religionsgemeinschaften oder inländischen juristischen Personen mit entsprechender Zweckrichtung, vgl. Osho, BVerfGE 105, 279, und jüngst OVG Bremen, Beschluss vom 1. Dezember 2015 – OVG 1 B 95/15 –, NJW 2016, S. 823.

99 Vgl. hierzu die jüngste Entscheidung des Thüringer Verfassungsgerichtshofes (ThüVerfGH, Urteil vom 8. Juni 2016 – VerfGH 25/15 –, juris, Rn. 94).

rensträchtige[100] Materie gebracht. Wenn Amtsträger zukünftig – insbesondere im Wahlkampf oder in Bezug auf bestimmte Veranstaltungen – Äußerungen tätigen, die eine politische Partei herabsetzen oder in anderer Weise deren Recht auf Chancengleichheit im politischen Wettbewerb beeinträchtigen, so müssen sie darauf achten, hierbei nicht auf die spezifische Autorität oder Ressourcen ihres Amtes zurückzugreifen, um nicht das aus Art. 21 Abs. 1 Satz 1 GG folgende, gerichtlich voll nachprüfbare Neutralitätsgebot zu verletzen. Insoweit bestehende Zweifel gehen zu ihren Lasten. Diese Regeln gelten für sämtliche Hoheitsträger, die ein herausgehobenes öffentliches Amt bekleiden. Nicht dem Neutralitätsgebot unterliegt lediglich der Bundespräsident, der aufgrund seiner Sonderstellung im Staatsgefüge einen weiten Gestaltungsspielraum besitzt und dessen Äußerungen gerichtlich nur auf eine willkürliche Parteinahme hin überprüfbar sind.

100 Hier sei nur beispielhaft auf das laufende Organstreitverfahren AfD gegen *Wanka* vor dem Bundesverfassungsgericht (2 BvE 1/16) und das jüngste Urteil des Thüringer Verfassungsgerichtshofes verwiesen (Fn. 99).

Alexander Kees

Grundlagen und Grenzen der europäischen Integration

Leitentscheidungen des Bundesverfassungsgerichts

BVerfGE 37, 271 – Solange I
BVerfGE 73, 339 – Solange II
BVerfGE 89, 155 – Maastricht
BVerfGE 123, 267 – Lissabon
BVerfGE 126, 286 – Honeywell
BVerfGE 129, 124 – Griechenlandhilfe
BVerfGE 134, 366 – OMT-Vorlagebeschluss
BVerfGE 135, 317 – ESM
BVerfG, Beschluss des Zweiten Senats vom 15. Dezember 2015, 2 BvR 2735/14 – Identitätskontrolle
BVerfG, Urteil des Zweiten Senats vom 21. Juni 2016, 2 BvR 2728/13 u. a. – OMT-Urteil

Schrifttum

Dederer, Die Grenzen des Vorrangs des Unionsrechts – Zur Vereinheitlichung von Grundrechts-, Ultra-vires- und Identitätskontrolle, JZ 2014, S. 313 ff.; *Eifert/Gerberding*, Verfassungsbeschwerde und Unionsgewalt, JA 2016, S. 628 ff.; *Ingold*, Die verfassungsrechtliche Identität der Bundesrepublik Deutschland, AöR 140 (2015), S. 1 ff.; *Kees*, Bricht Völkerrecht Landesrecht?, Der Staat 54 (2015), S. 63 ff.; *Klement*, Der geldpolitische Kompetenzmechanismus, JZ 2015, S. 754 ff.; *Ludwigs*, Der Ultra-vires-Vorbehalt des BVerfG – Judikative Kompetenzanmaßung oder legitimes Korrektiv?, NVwZ 2015, S. 537 ff.; *Nettesheim*, Anmerkung, JZ 2016, S. 424 ff.; *ders.*, Die Integrationsverantwortung – Vorgaben des BVerfG und gesetzgeberische Umsetzung, NJW 2010, S. 177 ff.; *ders.*, „Integrationsverantwortung" – Verfassungsrechtliche Verklammerung politischer Räume, in: Pechstein (Hrsg.), Integrationsverantwortung, 2012, S. 11 ff.; *Pötters/Traut*, Die ultra-vires-Kontrolle des BVerfG nach „Honeywell" – Neues zum Kooperationsverhältnis von BVerfG und EuGH?, EuR 2011, S. 580 ff.; *Proelß*, Zur verfassungsgerichtlichen Kontrolle der Kompetenzmäßigkeit von Maßnahmen der Europäischen Union: Der „ausbrechende Rechtsakt" in der Praxis des BVerfG, EuR 2011, S. 241 ff.; *Sauer*, Doubtful it Stood...: Competence and Power in European Monetary and Constitutional Law in the Aftermath of the CJEU's OMT Judgment, GLJ 16 (2015), S. 971 ff.; *ders.*, „Solange" geht in Altersteilzeit – Der unbedingte Vorrang der Menschenwürde vor dem Unionsrecht, NJW 2016, S. 1134 ff.; *Schneider*, Der Ultra-vires-Maßstab im Außenverfassungsrecht, AöR 139 (2014), S. 196 ff.; *Steinbach*, Evidenz als Rechtskriterium, AöR 140 (2015), S. 367 ff.; *Wendel*, Kompetenzrechtliche Grenzgänge: Karlsruhes Ultra-vires-Vorlage an den EuGH, ZaöRV 2014, S. 615 ff.; *Wischmeyer*, Nationale Identität und Verfassungsidentität. Schutzgehalte, Instrumente, Perspektiven, AöR 140 (2015), S. 415 ff.

DOI 10.1515/9783110421866-018

Inhalt

I. Einleitung — 440
II. Grundgesetz und Unionsrecht — 441
III. Art. 79 Abs. 3 GG als Grenze des Anwendungsvorrangs — 443
1. Grundrechte — 443
a) Erosion der Solange-Formel — 443
b) Einzelfallprüfung zur Gewährleistung der Menschenwürde — 444
c) Menschenwürdebezug des unabdingbaren Grundrechtsschutzes — 445
2. Verfassungsidentität — 447
a) Grundsätze der Art. 1 und 20 GG — 447
b) Demokratische Selbstgestaltungsfähigkeit — 448
c) Grundgesetz als Maßstab für Unionsakte? — 449
3. Ultra-vires-Akte — 451
a) Demokratische Legitimation des Unionsrechts — 451
b) Voraussetzungen — 453
4. Wie viele Kontrollvorbehalte? — 455
IV. Verfassungsgerichtliche Durchsetzung — 456
1. Subjektivierung — 456
a) Organschaftliche Rechte — 456
b) Rechte Einzelner — 457
2. Verfahrensgegenstand — 459
a) Verhalten deutscher Hoheitsträger — 459
b) Integrationsverantwortung — 461
3. Kooperationsverhältnis — 463
a) Vorlagepflicht — 464
b) Methodische Zurückhaltung — 465
V. Fazit — 465

I. Einleitung

Die Rechtsprechung des Bundesverfassungsgerichts zum Unionsverfassungsrecht[1] unterliegt erhöhter Aufmerksamkeit. Sie ist von erheblicher politischer Bedeutung mit Blick auf das Verhältnis der Bundesrepublik zur Europäischen Union, zumal hier im Zuge der Finanzkrise seit 2008 eine zunehmende Aktivität des Gerichts zu verzeichnen ist. Im Kern dieser Rechtsprechung geht es darum, den vom Grundgesetz ermöglichten Anwendungsvorrang des Unionsrechts und die daraus folgende Zurücknahme seines eigenen Wirkungsanspruchs mit denjenigen Garantien in Ausgleich zu bringen, die ausweislich des Art. 23 Abs. 1 GG auch im Zuge der europäischen Integration nicht angetastet werden dürfen.

1 Zum Begriff *Grabenwarter*, in: von Bogdandy/Bast (Hrsg.), Europäisches Verfassungsrecht, 2. Aufl. 2009, S. 121 ff.

Diese Rechtsprechungslinie geht von den Solange-Beschlüssen (1974 und 1986)[2] aus und reicht bis zu den Entscheidungen über die Gewährleistung der Verfassungsidentität bei der Vollstreckung des Europäischen Haftbefehls (2015)[3] und über das OMT-Programm der Europäischen Zentralbank (2014 und 2016).[4] Sie steht seit Beginn vor der Herausforderung, für jenen Ausgleich überzeugende verfassungsrechtliche Instrumente zu entwickeln und das Verhältnis zum Gerichtshof der Europäischen Union auszutarieren. Seinen verfassungsrechtlichen Ausgangspunkt hat das Bundesverfassungsgericht weitgehend geklärt (dazu unter II.). Im Zentrum der Kontrollvorbehalte steht Art. 79 Abs. 3 GG, der nach Art. 23 Abs. 1 Satz 3 GG auch im Rahmen der europäischen Integration zu beachten ist (III.). Dies hat auch Auswirkungen darauf, wie die grundgesetzlichen Integrationsgrenzen gerichtlich durchgesetzt werden können (IV.).

II. Grundgesetz und Unionsrecht

Die Mitwirkung der Bundesrepublik bei der Entwicklung der Europäischen Union ist ein Verfassungsauftrag (Art. 23 Abs. 1 Satz 1 GG). Zentraler Baustein der rechtlichen Dimension dieser Mitwirkung ist die Ermächtigung, Kompetenzen auf die Union zu übertragen (vgl. auch Art. 1 Abs. 1, Art. 5 Abs. 2 Satz 1 EUV). Art. 23 GG ist prominenter Ausdruck der „offenen Staatlichkeit" (*Klaus Vogel*) des Grundgesetzes.[5] Unabhängig von der Frage, ob die durch den Kompetenztransfer geschaffene Unionsrechtsordnung als „autonom", d.h. als von den Rechtsordnungen der Mitgliedstaaten unabhängig verstanden wird,[6] oder man von einem Abhängigkeitsverhältnis zwischen unionaler und nationaler Rechtsordnung ausgeht,[7] sind die Kompetenzen der Union jedenfalls begrenzt. Zuständigkeiten, die der Union nicht übertragen wurden, darf sie nicht ausüben. Dennoch ergriffene Maßnahmen werden vom Gerichtshof der Europäischen Union für ungültig erklärt (Art. 264 Abs. 1 AEUV).[8] Unionsrechtlicher Ausdruck dieses Umstands ist das Prinzip der begrenzten Einzelermächtigung (Art. 5 Abs. 1 Satz 1, Abs. 2 EUV).

---

2 BVerfGE 37, 271; 73, 339.

3 BVerfG, Beschluss vom 15. Dezember 2015 – 2 BvR 2735/14 –, juris.

4 BVerfGE 134, 366; BVerfG, Urteil vom 21. Juni 2016 – 2 BvR 2728/13 u.a. –, juris.

5 Zur Offenheit des Grundgesetzes und ihren Grenzen siehe *Kees*, Der Staat 54 (2015), S. 63 ff.

6 Vgl. EuGH, Urteil vom 15. Juli 1964, Costa/E.N.E.L., Rs. 6/64, Slg. 1964, 1259 (1270).

7 Vgl. BVerfGE 123, 267 (348 f.).

8 Dies ist seit Gründung der Europäischen Gemeinschaften freilich erst vier Mal geschehen: EuGH, Urteil vom 23. April 1986, Rs. 294/83, Les Verts, Rn. 51 ff. (Wahlkampfkostenerstattung); Urteil vom 9. Juli 1987, Rs. 281, 283–285 und 287/85, Deutschland u.a./Kommission und

Aus der Perspektive des Grundgesetzes ist das Unionsrecht davon abhängig, dass die Mitgliedstaaten die Union kompetenziell ausstatten. Das nationale Verfassungsrecht entscheidet daher nicht nur über die Voraussetzungen dieser Ausstattung, sondern muss auch bei deren Umsetzung und Grenzen eine Rolle spielen.[9] Ferner folgt daraus, dass der Rücktritt des nationalen Rechts vor dem Unionsrecht auf einer Entscheidung der mitgliedstaatlichen Verfassung beruht, die damit den unionsrechtlichen Anforderungen zur Durchsetzung verhilft.[10]

Das normative Konzept, das dem Anwendungsvorrang des Unionsrechts und den daraus folgenden Konsequenzen für die verfassungsgerichtliche Kontrolle in der Rechtsprechung des Bundesverfassungsgerichts zugrunde liegt, ist zunächst im Dunkeln geblieben. Im Bereich der Grundrechtskontrolle, dem Ausgangspunkt der Kontrollvorbehalte, hatte das Gericht 1986 die grundsätzliche „Nichtausübung" seiner Gerichtsbarkeit ausgerufen.[11] Wie dies im Einzelnen zu erklären ist, ob es sich dabei wirklich, wie es terminologisch naheliegt (Nichtausübung der Gerichtsbarkeit, Zurückstellen der Zuständigkeit),[12] um einen prozessualen Aspekt handelt und wie der Einzelne Verletzungen seiner Grundrechte wirksam abwehren können soll, blieb offen. Das Maastricht- und das Lissabon-Urteil (1993 und 2009) präzisierten die Kontrollvorbehalte zwar. Erst seit dem Honeywell-Beschluss (2010) scheint das Bundesverfassungsgericht aber darum bemüht, einen übergreifenden verfassungsrechtlichen Ansatz zu entwickeln. Dieser setzt nicht an Zuständigkeiten oder der Subsidiarität verfassungsgerichtlicher Kontrolle an, sondern am materiellen Recht:

> Die Pflicht des Bundesverfassungsgerichts zur Wahrung des Grundgesetzes besteht gegenüber allen Maßnahmen der deutschen öffentlichen Gewalt, grundsätzlich auch solchen, die die innerstaatliche Geltung von Gemeinschafts- und Unionsrecht begründen (...), Gemeinschafts- und Unionsrecht umsetzen (...) oder vollziehen. Ob und inwieweit die Prüfung der Verfassungsmäßigkeit solcher Maßnahmen durch das Bundesverfassungsgericht beschränkt ist, ist eine Frage der Begründetheit der Verfassungsbeschwerde.[13]

Parlament, Rn. 9 ff., 36 (Mitteilungs- und Abstimmungsverfahren im Bereich der Migrationspolitik); Urteil vom 5. Oktober 2000, Rs. C-376/98, Deutschland/Parlament und Rat, Rn. 76 ff. (Tabakwerbung); Urteil vom 30. Mai 2006, Rs. C-317/04 und C-318/04, Parlament/Rat und Kommission, Rn. 67 (Übermittlung von Fluggastdaten).

9 Vgl. BVerfGE 126, 286 (302).

10 Vgl. BVerfG, Beschluss vom 15. Dezember 2015 (Fn. 3), Rn. 37 ff.; zum Anwendungsvorrang näher BVerfGE 73, 339 (375); 123, 267 (398); BVerfG, Beschluss der 3. Kammer des Zweiten Senats vom 4. November 2015 – 2 BvR 282/13 u. a. –, juris, Rn. 18 ff.

11 Vgl. BVerfGE 73, 339 (387); später BVerfGE 118, 79 (95); 129, 186 (199).

12 Siehe neben den eben genannten Nachweisen auch BVerfGE 123, 267 (339); vgl. *Eifert/Gerberding*, JA 2016, S. 628 (631); *Bäcker*, EuR 2011, S. 103 (104 ff.).

13 BVerfGE 126, 286 (298 f.).

Diese Reichweite der Prüfung der Verfassungsmäßigkeit hängt, so der Honeywell-Beschluss, davon ab, welche Grenzen das Grundgesetz dem Anwendungsvorrang des Unionsrechts setzt.[14] Sind diese überschritten, ist Unionsrecht in der deutschen Rechtsordnung unanwendbar. Dies gilt für alle Kontrollinstrumente, spricht der Senat doch allgemein von der „Wahrung des Grundgesetzes".

III. Art. 79 Abs. 3 GG als Grenze des Anwendungsvorrangs

Aus der Perspektive des Bundesverfassungsgerichts haben der Anwendungsvorrang des Unionsrechts, dessen Grenzen und das daraus folgende gerichtliche Prüfprogramm eine materiell-verfassungsrechtliche Grundlage: Die Kontrollinstrumente effektuieren die Grenzen des Anwendungsvorrangs des Unionsrechts.[15] Die jüngere Rechtsprechung führt diese Grenzen einheitlich auf Art. 23 Abs. 1 Satz 3 i.V.m. Art. 79 Abs. 3 GG zurück. Dies ist bei der Grundrechtskontrolle (1.) weniger eindeutig als bei der Identitätskontrolle (2.), gilt indes auch für die Ultra-vires-Kontrolle (3.).

1. Grundrechte

Am Beginn der Rechtsprechungsentwicklung zu den verfassungsrechtlichen Integrationsgrenzen steht die Gewährleistung eines unabdingbaren Niveaus an Grundrechtsschutz.

a) Erosion der Solange-Formel

Die „Solange"-Rechtsprechung[16] hat den „generellen" Grundrechtsschutz auf Unionsebene im Blick. Dieser muss „dem vom Grundgesetz als unabdingbar gebotenen Grundrechtsschutz im Wesentlichen gleich zu achten" sein. Solange dies der Fall ist, „wird das Bundesverfassungsgericht seine Gerichtsbarkeit (...) nicht mehr ausüben".[17] Gegen dieses Diktum sind substantielle Bedenken erhoben

14 Vgl. BVerfGE 126, 286 (302 ff.).
15 Ähnlich *Eifert/Gerberding*, JA 2016, S. 628 (629).
16 BVerfGE 37, 271 (277 ff.); 73, 339 (387); 102, 147 (161 ff.).
17 BVerfGE 73, 339 (387).

worden. Da es sich bei den Grundrechten um subjektive Rechte des Einzelnen handelt, die gemäß Art. 1 Abs. 3 GG ausnahmslos und im Einzelfall gelten, ist insbesondere hinterfragt worden, inwiefern die Hinnahme einzelner Grundrechtsverstöße so lange, bis von einer generellen Vernachlässigung ausgegangen werden kann, verfassungsrechtlich zu rechtfertigen sein soll, diejenige Grundrechtsverletzung, die das Maß vollmacht, dagegen nicht. Auch ist unklar, wie vielen Grundrechtsträgern eine Verletzung ihrer Rechte zugemutet werden muss, und was mit Blick auf die materiellen Gewährleistungen der Grundrechte der richtige Bezugspunkt ist: bestimmte Lebenssachverhalte, das jeweilige Grundrecht oder alle Grundrechte?[18]

Dieser strenge Maßstab erodiert seit 2005 zugunsten einer auf den Einzelfall abstellenden Betrachtungsweise. Im Urteil über das Europäische Haftbefehlsgesetz thematisierte der Zweite Senat den vom Grundgesetz gebotenen Grundrechtsschutz ohne Einschränkungen hinsichtlich dessen Maß oder seiner Durchsetzung im Einzelfall.[19] Im Lissabon-Urteil hieß es, eine verfassungsgerichtliche Kontrolle finde solange nicht statt, „wie die Europäische Union eine Grundrechtsgeltung gewährleistet, die nach Inhalt und Wirksamkeit dem Grundrechtsschutz, wie er nach dem Grundgesetz unabdingbar ist, im Wesentlichen gleichkommt“.[20] Auch der Erste Senat verzichtete im Jahr 2011 auf die früheren Einschränkungen.[21]

b) Einzelfallprüfung zur Gewährleistung der Menschenwürde

Im Beschluss vom 15. Dezember 2015 über die Gewährleistung der Verfassungsidentität bei der Vollstreckung des Europäischen Haftbefehls hat der Zweite Senat dieser generellen eine einzelfallbezogene Betrachtungsweise zur Seite gestellt. Sei die Menschenwürde betroffen, kontrolliere das Bundesverfassungsgericht stets den jeweiligen Einzelfall. Die durch Art. 23 Abs. 1 Satz 3 GG für integrationsfest erklärten Schutzgüter duldeten keine Relativierung. Zur durch Art. 79 Abs. 3 GG absolut geschützten Identität des Grundgesetzes gehörten auch „die Grundsätze

18 Vgl. etwa *Dederer*, JZ 2014, S. 313 (317 f.); *Westphal*, EuZW 2010, S. 494 (498); *Sauer*, Jurisdiktionskonflikte in Mehrebenensystemen, 2008, S. 295 f.; *Nettesheim*, NVwZ 2002, S. 932 (932 ff.).

19 Vgl. BVerfGE 113, 273 (304, 316).

20 BVerfGE 123, 267 (335).

21 Vgl. BVerfGE 129, 78 (100).

des Art. 1 GG".[22] Insofern hält das Bundesverfassungsgericht eine Nichtausübung seiner Gerichtsbarkeit für ausgeschlossen:

> Vor diesem Hintergrund gewährleistet das Bundesverfassungsgericht im Wege der Identitätskontrolle den gemäß Art. 23 Abs. 1 Satz 3 in Verbindung mit Art. 79 Abs. 3 und Art. 1 Abs. 1 GG unabdingbar gebotenen Grundrechtsschutz uneingeschränkt und im Einzelfall.[23]

Verletzungen der Menschenwürdegarantie geht der Senat im Rahmen der Identitätskontrolle nach (dazu sogleich unter 2.).[24] Deren Verhältnis zum Solange-Vorbehalt hat er indes offengelassen.[25] Einerseits stellt der Senat die um Art. 1 GG erweiterte Identitätskontrolle ausdrücklich neben den Solange-Vorbehalt,[26] andererseits distanziert er sich nicht nur im Ton,[27] sondern auch in der Sache von den bisherigen Maßstäben.

c) Menschenwürdebezug des unabdingbaren Grundrechtsschutzes

Unter diesem Blickwinkel stellt sich die Frage, inwiefern der unabdingbare Grundrechtsschutz im Übrigen Teil der Verfassungsidentität ist. Mit dem Verweis auf die in Art. 1 GG „niedergelegten Grundsätze" erfasst Art. 79 Abs. 3 GG nicht nur die Garantie der Menschenwürde (Art. 1 Abs. 1 GG), sondern auch das Bekenntnis zu den Menschenrechten (Art. 1 Abs. 2 GG) und die Verbindlichkeit der Grundrechte als unmittelbar geltendes Recht für die Staatsgewalt (Art. 1 Abs. 3 GG).

In Art. 1 GG trifft die Verfassung Kernaussagen zur Unabdingbarkeit eines effektiven Grundrechtsschutzes. Im Lissabon-Urteil verweist das Gericht auf „die für die Achtung der Menschwürde unentbehrliche Substanz elementarer Grundrechte in ihrer prinzipiellen Qualität".[28] Der damit aufgeworfene Gedanke individuellen Grundrechtsschutzes als solcher kommt auch in Art. 1 Abs. 2 GG zum

---

22 BVerfG, Beschluss vom 15. Dezember 2015 (Fn. 3), Rn. 48.

23 BVerfG, Beschluss vom 15. Dezember 2015 (Fn. 3), Rn. 49.

24 BVerfG, Beschluss vom 15. Dezember 2015 (Fn. 3), Rn. 34, 49.

25 Vgl. dazu *Sauer*, NJW 2016, S. 1134 (1135): der Solange-Ansatz sei „partiell verabschiedet" worden; *Nettesheim*, JZ 2016, S. 424 (428): „Das faktische Ende der Solange-Rechtsprechung"; *Eifert/Gerberding*, JA 2016, S. 628 (632): „Die Identitätskontrolle ergänzt (...) die generelle Kontrollbefugnis einer angemessenen grundsätzlichen Grundrechtskontrolle".

26 BVerfG, Beschluss vom 15. Dezember 2015 (Fn. 3), Rn. 43.

27 BVerfG, Beschluss vom 15. Dezember 2015 (Fn. 3), Rn. 34: nicht unbeschadet, sondern „ungeachtet der bisherigen Rechtsprechung".

28 BVerfGE 123, 267 (343).

Ausdruck.[29] In diese Richtung weisen Formulierungen des Bundesverfassungsgerichts, wonach gemäß Art. 79 Abs. 3 i.V.m. Art. 1 GG die Verbürgungen der Grundrechte insoweit für unantastbar erklärt würden, „als sie zur Aufrechterhaltung einer dem Art. 1 Abs. 1 und 2 GG entsprechenden Ordnung unverzichtbar sind".[30]

Wären die Grundrechte nicht nur insoweit Teil der Verfassungsidentität, als sich ihre Gewährleistungen mit der Menschenwürdegarantie überschneiden,[31] sondern wäre davon auch der „im wesentliche vergleichbare Grundrechtsschutz" i.S.d. Art. 23 Abs. 1 Satz 1 GG umfasst,[32] könnten sich daraus Argumente für die Zukunft der Solange-Formel ergeben. Nach der Absicht des verfassungsändernden Gesetzgebers wiederholt die Struktursicherungsklausel des Art. 23 Abs. 1 Satz 1 GG den Gehalt des Art. 79 Abs. 3 GG, wodurch auch die Solange-Rechtsprechung des Bundesverfassungsgerichts kodifiziert werden sollte.[33] Nach dieser Lesart wäre ein dem Grundgesetz im wesentlich entsprechender Grundrechtsschutz Teil der Verfassungsidentität. In der Tat hat das Bundesverfassungsgericht den „Grundrechtsteil des Grundgesetzes" im Solange I-Beschluss als unaufgebbares Element der Verfassungsidentität bezeichnet.[34] Entsprechendes hat es später für (offenbar weniger weitreichende) fundamentale Rechtsgrundsätze oder Rechtsprinzipien, die in den Grundrechten verankert seien oder diesen zugrundelägen, angenommen.[35] Nicht nur in der Rückschau, sondern auch perspektivisch lässt sich der Grundrechtsvorbehalt daher als Anwendungsfall der Verfassungsidentitätskontrolle deuten.

---

29 Vgl. *Dreier*, in: ders. (Hrsg.), GG, Bd. 1, 3. Aufl. 2013, Art. 1 II, Rn. 25; vgl. auch *Starck*, in: von Mangoldt/Klein/ders., GG, Bd. 1, 6. Aufl. 2010, Art. 1 Abs. 2 Rn. 12; siehe auch *Dederer*, JZ 2014, S. 313 (316); *Nettesheim*, JZ 2016, S. 424 (428).

30 BVerfGE 84, 90 (121); 94, 49 (102 f.); 109, 279 (310).

31 Zum umstrittenen Verhältnis der Grundrechte zur Menschenwürdegarantie *Dürig*, AöR 81 (1956), S. 117 (119 ff.); *Dreier*, in: ders. (Hrsg.), GG, Bd. 2, 3. Aufl. 2015, Art. 79 III Rn. 28 f.; *Hain*, in: von Mangoldt/Klein/Starck, GG, Bd. 2, 6. Aufl. 2010, Art. 79 Abs. 3 Rn. 63; vgl. zur nicht widerspruchsfreien Rechtsprechung BVerfGE 84, 90 (121); 93, 266 (293); 94, 12 (34); 94, 49 (103 f.); 107, 275 (284); 109, 279 (310); 112, 1, (27 f.).

32 Vgl. *Eifert/Gerberding*, JA 2016, S. 628 (632); *Bryde*, in: von Münch/Kunig, GG, Bd. 2, 6. Aufl. 2012, Art. 79 Rn. 36 f.

33 Vgl. BR-Drs. 501/92, S. 5, 12, 15.

34 BVerfGE 37, 271 (279 f.).

35 Vgl. BVerfGE 58, 1 (40); 73, 339 (375 f.).

2. Verfassungsidentität

Diese Kontrolle hat das Bundesverfassungsgericht auch außerhalb des Grundrechtsschutzes erheblich ausgebaut. Unter den Leitbegriff der Verfassungsidentität[36] fasst das Gericht alle Gewährleistungen des Art. 79 Abs. 3 GG. Ausgehend von der in Art. 23 Abs. 1 Satz 3 GG genannten Grenze, die für die Übertragung von Hoheitsrechten (Art. 23 Abs. 1 Satz 2 GG) gilt, hat es Maßstäbe für die Definition eines Kernbereichs materieller Substanz entwickelt, der auch im Zuge der europäischen Integration nicht preisgegeben werden darf.

a) Grundsätze der Art. 1 und 20 GG

Ausgangspunkt der Identitätskontrolle, die erstmals im Lissabon-Urteil als solche identifiziert wurde,[37] sind die Gewährleistungen des Art. 20 GG, zu denen später die weiteren in Art. 79 Abs. 3 GG genannten Strukturmerkmale hinzugekommen sind.[38] Außerdem sind erfasst „die Grundsätze des Art. 1 GG, also die Verpflichtung aller staatlichen Gewalt, die Würde des Menschen zu achten und zu schützen (Art. 1 Abs. 1 Satz 2 GG), aber auch der in der Menschenwürdegarantie des Art. 1 Abs. 1 GG verankerte Grundsatz, dass jede Strafe Schuld voraussetzt".[39] Benannt hat das Bundesverfassungsgericht auch aus Art. 1 und 20 GG abzuleitende „grundlegende(.) Gerechtigkeitspostulate".[40]

Wie die in Art. 79 Abs. 3 GG genannten Grundsätze im Einzelnen zu bestimmen sind, ist allerdings unklar. Sie sind jedenfalls nicht in ihrer vollen Ausprägung geschützt.[41] Der Funktion dieser Bestimmung dürfte am ehesten ein Verständnis gerecht werden, das ihr keinen eigenen materiellen Gehalt zuweist, sondern sie als absolute Schranke möglicher Beschränkungen der dort genannten Gewährleistungen begreift. Allgemein formuliert ist es demnach nicht nur unzulässig, diese Grundsätze in ihrer generellen Geltung zu beseitigen, sondern auch, sie im Einzelfall in einem nicht mehr hinnehmbaren Ausmaß einzuschränken.[42]

---

36 Kritisch zum Konzept der Verfassungsidentität *Ingold*, AöR 140 (2015), S. 1 ff.
37 BVerfGE 123, 267 (353 f.); vgl. bereits BVerfGE 89, 155 (182 ff., 207).
38 Vgl. BVerfGE 123, 267 (343); siehe auch BVerfGE 58, 1 (30); 84, 90 (121); 109, 279 (310).
39 BVerfG, Beschluss vom 15. Dezember 2015 (Fn. 3), Rn. 48.
40 BVerfGE 94, 12 (34): Grundsatz der Rechtsgleichheit und das Willkürverbot; vgl. auch BVerfGE 109, 279 (312 f.): unantastbarer Kernbereich privater Lebensführung.
41 Überschießend ist daher die Formulierung, das Demokratieprinzip sei nicht abwägungsfähig, sondern unantastbar, in BVerfGE 123, 267 (343); abmildernd BVerfGE 134, 366 (387 Rn. 29).
42 Vgl. BVerfGE 30, 1 (24); 84, 90 (121); 94, 12 (34); 94, 49 (103); 109, 279 (310 f.).

b) Demokratische Selbstgestaltungsfähigkeit

Praktisch spielt das Demokratieprinzip die größte Rolle. Im Zentrum steht die Erwägung, dass die durch den Wahlakt vermittelte demokratische Legitimation des Parlaments gleichsam ins Leere läuft, wenn diesem keine substantiellen Befugnisse mehr verbleiben:

> Die Wahl der Abgeordneten des Deutschen Bundestages durch das Volk erfüllt nur dann ihre tragende Rolle im System föderaler und supranationaler Herrschaftsverflechtung, wenn der das Volk repräsentierende Deutsche Bundestag und die von ihm getragene Bundesregierung einen gestaltenden Einfluss auf die politische Entwicklung in Deutschland behalten. Das ist dann der Fall, wenn der Deutsche Bundestag eigene Aufgaben und Befugnisse von substantiellem politischem Gewicht behält oder die ihm politisch verantwortliche Bundesregierung maßgeblichen Einfluss auf europäische Entscheidungsverfahren auszuüben vermag.[43]

Darauf aufbauend betont das Bundesverfassungsgericht ein Bündel an Gewährleistungen, die sich unter dem Gesichtspunkt der demokratischen Selbstgestaltungsfähigkeit zusammenfassen lassen. Leitgedanke ist die vom Grundgesetz als unantastbar angesehene Verknüpfung zwischen dem Volk als Träger der Staatsgewalt und der Ausübung dieser Gewalt: Der Bürger muss hinreichenden Einfluss auf die in Deutschland ausgeübte öffentliche Gewalt haben. Insofern ist zwischen der materiellen Sicherung hinreichender Befugnisse des Bundestags in bestimmten Sachbereichen und der formalen Rückführbarkeit öffentlicher Gewalt auf das Wahlvolk zu unterscheiden.[44]

Mit Blick auf den ersten dieser Aspekte – hinreichende Gestaltungsfähigkeit des Bundestags – hat das Bundesverfassungsgericht die aus dem Demokratieprinzip folgenden Gewährleistungen seit dem Maastricht-Urteil[45] näher konturiert.[46] Bei Weiterentwicklungen des Unionsrechts müssen dem Bundestag Aufgaben und Befugnisse von hinreichendem Gewicht verbleiben, um den Zusammenhang zwischen politischer Sachentscheidung und dem wahlkonstituierten Mehrheitswillen zu gewährleisten.[47] Insofern hat im Zuge der Finanzkrise das Budgetrecht besondere Bedeutung erlangt. Die Entscheidung über Einnahmen und Ausgaben der öffentlichen Hand ist maßgeblicher Bestandteil der de-

43 BVerfGE 123, 267 (356).
44 Vgl. BVerfGE 89, 155 (185); 123, 267 (358 f.; siehe auch 330 f.).
45 Vgl. BVerfGE 89, 155 (182 ff.).
46 Vgl. BVerfGE 123, 267 (344, 353 f.); 126, 286 (302); 129, 78 (100); 134, 366 (384 f. Rn. 27).
47 BVerfGE 89, 155 (184 ff.); 123, 267 (358 ff.).

mokratischen Selbstgestaltungsfähigkeit.[48] Der Bundestag muss dieses Kernrecht dauerhaft in eigener Verantwortung ausüben können.[49] Seine „haushaltspolitische Gesamtverantwortung"[50] verbietet es, dass er insofern von Willensentscheidungen Dritter abhängig ist.[51] Er darf keinem „Leistungsautomatismus" und keiner „Haftungsübernahme für fremde Willensentscheidungen" zustimmen.[52] Daneben hat das Bundesverfassungsgericht weitere Politikbereiche identifiziert, die „besonders sensibel für die demokratische Selbstgestaltungsfähigkeit eines Verfassungsstaates"[53] seien (etwa das militärische und polizeiliche Gewaltmonopol). Hinter dieser verfassungsrechtlich nur schwer festzumachenden Auswahl steht der Versuch, einen Mindestumfang an Befugnissen des Parlaments zu umreißen.

Jenseits dieser sachbereichsspezifischen Gewährleistungen enthält das Demokratieprinzip auch eine generell-formale Komponente: Jede öffentliche Gewalt muss prinzipiell auf die Wahlberechtigten zurückgeführt werden können. Kompetenzwidrigen Maßnahmen von Organen der Union fehlt dieser legitimatorische Zusammenhang, soweit sie sich eindeutig außerhalb des vom Zustimmungsgesetz (Art. 23 Abs. 1 Satz 2 GG) erfassten Integrationsprogramms bewegen. Sie berühren den Grundsatz der Volkssouveränität (Art. 20 Abs. 2 Satz 1 GG). Wegen des hier geltenden besonderen Maßstabs untersucht das Bundesverfassungsgericht diesen Aspekt des Demokratieprinzips allerdings nicht als Teil der Identitätskontrolle, sondern im Rahmen der Ultra-vires-Kontrolle (siehe dazu unter 3.).

c) Grundgesetz als Maßstab für Unionsakte?

Die Identitätskontrolle bezieht sich nicht nur auf den deutschen Übertragungsakt i.S.d. Art. 23 Abs. 1 Satz 2 GG („Lissabon-Konstellation"), sondern auch auf Akte der Union, insbesondere Sekundär- und Tertiärrecht („OMT-Konstellation").[54]

---

48 Vgl. BVerfGE 132, 195 (239 Rn. 106); 135, 317 (399 f. Rn. 161).
49 BVerfGE 123, 267 (361); 129, 124 (177); 132, 195 (239 Rn. 106); 135, 317 (399 f. Rn. 161).
50 BVerfGE 134, 366 (385 Rn. 28).
51 Vgl. BVerfGE 132, 195 (240 Rn. 109); 135, 317 (401 Rn. 164).
52 Vgl. BVerfGE 132, 195 (240 f. Rn. 109 f.).
53 BVerfGE 123, 267 (359).
54 Angedeutet bereits in BVerfGE 123, 267 (354); deutlicher in BVerfGE 126, 286 (302); eindeutig: BVerfGE 134, 366 (384 f. Rn. 27); BVerfG, Beschluss vom 15. Dezember 2015 (Fn. 3), Rn. 42; Urteil vom 21. Juni 2016 (Fn. 4), Rn. 136 ff.; ebenso *Schneider*, AöR 139 (2014), S. 196 (245 f.); ebenso *Randelzhofer*, in: Maunz/Dürig, GG, Art. 24 Rn. 137 f. (September 2015); *Benda/Klein*, Verfassungsprozessrecht, 3. Aufl. 2012, Rn. 88.

Auch Maßnahmen der Union und unionsrechtlich determinierte deutsche Maßnahmen, die wegen des Anwendungsvorrangs des Unionsrechts grundsätzlich ebenfalls nicht am Maßstab des Grundgesetzes zu messen sind,[55] sind geeignet, die in Art. 1 und 20 GG genannten Rechtsgüter zu berühren.

Dagegen wird eingewandt, dass das Grundgesetz kein Maßstab für das Unionsrecht sein könne.[56] Abgesehen davon, dass sich dieser Einwand konsequenterweise auch gegen die Grundrechtskontrolle richten müsste, die dem Grunde nach aber weitgehend unbestritten ist, beachtet er nicht, dass Adressaten der Identitätskontrolle allein deutsche Staatsorgane sind. Unionsrecht unterliegt ausschließlich dann und nur insoweit der – damit inzidenten – Kontrolle, als es Anknüpfungspunkt für ein Verhalten deutscher Staatsorgane ist (Vollzug, Durchführung etc.). Nur dieses Verhalten ist an das Grundgesetz gebunden und nur dieses ist Verfahrensgegenstand.[57] Der Unionsrechtsakt kann zwar – wie jedes nicht an das Grundgesetz gebundene Verhalten – verfassungsrechtlich geschützte Rechtsgüter tatsächlich berühren. Einen Verfassungsverstoß begeht aber nur der in Art. 1 Abs. 3, Art. 20 Abs. 3 GG angesprochene Adressatenkreis des Grundgesetzes, der ein solches Verhalten durchsetzt oder es pflichtwidrig nicht verhindert. Überschreitet Unionsrecht die Grenzen des Anwendungsvorrangs, fehlt deutschen Vollzugsakten die unionsrechtliche Grundlage.

Auf eine Kurzformel gebracht bedeutet das: Der Anwendungsvorrang reicht nicht weiter als die Befugnis des Integrationsgesetzgebers zur Kompetenzübertragung.[58] Dürfen der Union auf Grundlage des Art. 23 Abs. 1 Satz 2 GG keine Kompetenzen übertragen werden, die die durch Art. 23 Abs. 1 Satz 3 i.V.m. Art. 79 Abs. 3 GG geschützten Grundsätze berühren, untersagt das Grundgesetz erst recht die Ausübung von Zuständigkeiten, die überhaupt nicht übertragen worden sind. Ansonsten dürfte eine Kompetenz zwar nicht übertragen, aber ohne Übertragung ausgeübt werden. Solche Maßnahmen genießen keinen Anwendungsvorrang, sodass sich deutsche Staatsorgane daran nicht beteiligen dürfen.[59]

---

55 BVerfG, Beschluss vom 15. Dezember 2015 (Fn. 3), Rn. 36; Urteil vom 21. Juni 2016 (Fn. 4), Rn. 115.

56 *Sauer*, GLJ 16 (2015), S. 971 (996 f.); *Ingold*, AöR 140 (2015), S. 1 (11 f.).

57 Siehe im Einzelnen unten unter IV.2.

58 BVerfG, Beschluss vom 15. Dezember 2015 (Fn. 3), Rn. 42; diese Argumentation als „schlicht" bezeichnend *Sauer*, NJW 2016, S. 1134 (1136); kritisch auch *Ingold*, AöR 140 (2015), S. 1 (11 f.); *Schwerdtfeger*, EuR 2015, S. 290 (303).

59 Die Frage, ob aus landesrechtlicher Unzulässigkeit die unionsrechtliche Nichtigkeit folgt – vgl. *Sauer*, NJW 2016, S. 1134 (1136) –, trifft nach meinem Verständnis daher nicht den Kern des Problems.

Damit untersagt das Grundgesetz nicht nur die Übertragung bestimmter Kompetenzen, sondern auch und erst recht die einseitige, nicht konsentierte Beanspruchung von (beliebigen) Kompetenzen. Das Grundgesetz wird dadurch nicht zum Maßstab für das Unionsrecht. Es bleibt aber maßgeblich für die deutschen Staatsorgane, die nur so weit von Art. 1 Abs. 3 und Art. 20 Abs. 3 GG freigestellt sind, wie der Anwendungsvorrang des Unionsrechts reicht. Da dieser Vorrang aber grundsätzlich besteht, bedarf es eines Verfahrens, in dem seine Grenzen festgestellt werden.

3. Ultra-vires-Akte

Im Kern des Spannungsverhältnisses zwischen dem Anwendungsvorrang des Unionsrechts und der Gewährleistung eines unantastbaren Nukleus der Verfassung steht die Ultra-vires-Kontrolle. Dieses Kontrollinstrument überprüft, ob eine Maßnahme der Union auf einer primärrechtlichen Grundlage beruht.[60] Damit scheint das Bundesverfassungsgericht in die Zuständigkeit des Gerichtshofs der Europäischen Union überzugreifen, der gemäß Art. 19 Abs. 1 Satz 2 EUV für die verbindliche Auslegung des Unionsrechts zuständig ist und über die Gültigkeit von Akten der Union abschließend entscheidet.[61] Die Auslegung des Unionsrechts ist freilich schon wegen Art. 267 AEUV zwingende Aufgabe der nationalen Gerichte, die andernfalls die Möglichkeit und ggf. die Pflicht zur Vorlage nicht wahrnehmen könnten. Aus Sicht des Unionsrechts problematisch ist allein der Umstand, dass sich nationale Verfassungsgerichte hinsichtlich der Anwendbarkeit ein Letztentscheidungsrecht vorbehalten.[62]

a) Demokratische Legitimation des Unionsrechts

Ausgangspunkt der Ultra-vires-Kontrolle ist kein unionsrechtlicher, sondern ein verfassungsrechtlicher. Das Prinzip der begrenzten Einzelermächtigung (Art. 5 Abs. 1 Satz 1, Abs. 2 EUV) und das davon nicht zu trennende unionsrechtliche Gesetzmäßigkeitsprinzip[63] sind lediglich die supranationale Entsprechung der

60 BVerfGE 58, 1 (30 f.); 75, 223 (235, 242); 89, 155 (188); 123, 267 (353 ff.); 126, 286 (302 ff.); 134, 366 (382 ff. Rn. 23 ff.).

61 Kritisch daher *Ludwigs*, NVwZ 2015, S. 537 (539); *Proelß*, EuR 2011, S. 241 (247 f.).

62 Vgl. EuGH, Urteil vom 16. Juni 2015, Rs. C-62/14, Gauweiler, Rn. 15 f.

63 Vgl. nur EuGH, Urteil vom 22. März 1961, SNUPAT/Hohe Behörde, 42 und 49/59, Slg. 1961, S. 111 (172).

begrenzten Kompetenzübertragung durch die Mitgliedstaaten. Über ihre unionsrechtliche Bedeutung hinaus haben sie daher eine „Schnittstellenfunktion“[64] zum nationalen Verfassungsrecht. Sie garantieren die Rückführbarkeit unionaler Handlungen auf die wahlberechtigten Bürger. Diese Rückführbarkeit ist nach deutschem Verfassungsrecht durch das Demokratieprinzip, genauer durch den Grundsatz der Volkssouveränität (Art. 20 Abs. 2 Satz 1 GG) geschützt.[65] In seinem Kern – d.h. nicht notwendigerweise mit Blick auf das Maß demokratischer Legitimation,[66] sondern auf die Durchgängigkeit der „Legitimationskette“ – wird dieser Grundsatz durch Art. 79 Abs. 3 GG absolut geschützt.[67]

Ultra-vires-Akte verletzen das Demokratieprinzip. Maßnahmen, die sich außerhalb der Zuständigkeiten der Union bewegen, sind nicht demokratisch legitimiert. Die Ultra-vires-Kontrolle dient damit der Gewährleistung der demokratischen Legitimation unionalen Handelns.[68] Weil das aus Art. 20 Abs. 2 Satz 1 GG folgende Gebot eines legitimatorischen Zusammenhangs zwischen Regierung und Regierten als solches – d. h. als „Grundsatz“ – von Art. 79 Abs. 3 GG erfasst wird, kann auf diese prinzipielle Rückführbarkeit öffentlicher Gewalt auf den Einzelnen trotz des Anwendungsvorrangs des Unionsrechts nicht verzichtet werden.[69]

Diese normative Fundierung der Ultra-vires-Kontrolle hat das Bundesverfassungsgericht zunächst dadurch verschleiert, dass es mit den Topoi der Souveränität und der Staatlichkeit[70] argumentiert oder auf die unionsrechtlichen Prinzipien der Subsidiarität und der begrenzten Einzelermächtigung[71] verwiesen hat. Gleichzeitig wurde die Einhaltung des „Integrationsprogramms“ freilich stets mit der Rückführung supranationaler Gewalt auf den Bürger verbunden.[72] Diesen Zusammenhang hat der Zweite Senat im Urteil über die Griechenlandhilfe ausdrücklich benannt. Die strikte Beachtung der primärrechtlichen Kompetenzen gewährleiste, dass die Handlungen der Union über eine hinreichende demokra-

---

64 BVerfG, Urteil vom 21. Juni 2016 (Fn. 4), Rn. 186.

65 Vgl. *Böckenförde*, in: Isensee/Kirchhof, HStR II, 3. Aufl. 2004, § 24 Rn. 8; *Unger*, Das Verfassungsprinzip der Demokratie, 2008, S. 288.

66 Siehe allgemein zum hinreichenden Gehalt an demokratischer Legitimation BVerfGE 137, 185 (232 f. Rn. 131).

67 Vgl. BVerfG, Urteil vom 21. Juni 2016 (Fn. 4), Rn. 121 ff.

68 *Steinbach*, AöR 140 (2015), S. 367 (386); *Schneider*, AöR 139 (2014), S. 196 (210 f.); *Dederer*, JZ 2014, S. 313 (316); vgl. auch *Eifert/Gerberding*, JA 2016, S. 628 (629).

69 Vgl. *Morlok*, in: Dreier (Fn. 31), Art. 38 Rn. 61; *Dederer*, JZ 2014, S. 313 (315); *Schneider*, AöR 139 (2014), S. 196 (209 ff.).

70 Vgl. BVerfGE 75, 223 (242)

71 Vgl. BVerfGE 123, 267 (353 f.); 126, 286 (302).

72 Vgl. BVerfGE 89, 155 (187); 104, 151 (195); 121, 135 (157); 123, 267 (351).

tische Legitimation verfügten.[73] Im OMT-Vorlagebeschluss heißt es, die Ultra-vires-Kontrolle sei „im Hinblick auf Art. 20 Abs. 1 und 2 GG nicht verzichtbar“.[74] Diese dem Grundsatz der Volkssouveränität dienende Funktion der Ultra-vires-Kontrolle hat das Bundesverfassungsgericht im OMT-Urteil näher herausgearbeitet:

> Art. 20 Abs. 2 Satz 1 GG stellt den Zusammenhang zwischen dem Wahlrecht und der Ausübung der Staatsgewalt her. Jede in Deutschland ausgeübte öffentliche Gewalt muss danach auf den Bürger zurückführbar sein (...). Mit dem Grundsatz der Volkssouveränität (...) gewährleistet das Grundgesetz einen Anspruch aller Bürger auf freie und gleiche Teilhabe an der Legitimation und Beeinflussung der sie betreffenden Hoheitsgewalt. Dies schließt es aus, dass die Bürger einer politischen Gewalt unterworfen werden, der sie nicht ausweichen können und die sie nicht prinzipiell personell und sachlich zu gleichem Anteil in Freiheit zu bestimmen vermögen.[75]

Daher verletze auch die Ausübung öffentlicher Gewalt durch die Union den Grundsatz der Volkssouveränität, wenn sie nicht über eine hinreichende demokratische Legitimation durch das im Zustimmungsgesetz niedergelegte Integrationsprogramm verfüge.[76] Die Ultra-vires-Kontrolle stelle beim Vollzug des Unionsrechts ein hinreichendes demokratisches Legitimationsniveau sicher.[77]

b) Voraussetzungen

Nicht jeder unionsrechtswidrige Akt ist ultra vires in diesem Sinne. Ein solcher liegt nur bei einer hinreichend qualifizierten Kompetenzüberschreitung vor. Erst dieser fehlt die demokratische Legitimation.[78] Die Mitgliedstaaten haben der Union in Art. 19 Abs. 1 Satz 2 EUV auch die Kompetenz übertragen, die Kompetenzmäßigkeit der eigenen Handlungen zu beurteilen. Davon muss auch ein Spielraum bei der „Auslegung und Anwendung“ des Unionsrechts erfasst sein,[79] da andernfalls die Einräumung einer Entscheidungskompetenz keinen Sinn machte.[80] Innerhalb dieses Toleranzbereichs, d. h. bei „einfacher“ Rechtswidrigkeit gibt es daher keinen Ultra-vires-Akt.[81]

---

73 BVerfGE 129, 124 (181).
74 BVerfGE 134, 366 (384 Rn. 26).
75 BVerfG, Urteil vom 21. Juni 2016 (Fn. 4), Rn. 128.
76 BVerfG, Urteil vom 21. Juni 2016 (Fn. 4), Rn. 132.
77 BVerfG, Urteil vom 21. Juni 2016 (Fn. 4), Rn. 145.
78 BVerfG, Urteil vom 21. Juni 2016 (Fn. 4), Rn. 147.
79 Zu den Grenzen dieses Spielraums siehe unter IV.3.b).
80 *Steinbach*, AöR 140 (2015), S. 367 (386 f.). M. E. widerspricht dies freilich *Steinbachs* Ausgangspunkt, wonach auch nicht-evidente Kompetenzübertretungen verfassungswidrig sein sollen

Es bleibt allerdings schwierig, die erforderliche Schwere der Kompetenzübertretung abstrakt festzulegen. Nach der Rechtsprechung des Bundesverfassungsgerichts ist es erforderlich, dass der Kompetenzverstoß „offensichtlich ist und der angegriffene Akt im Kompetenzgefüge zwischen Mitgliedstaaten und Union im Hinblick auf das Prinzip der begrenzten Einzelermächtigung und die rechtsstaatliche Gesetzesbindung erheblich ins Gewicht fällt".[82] Im OMT-Vorlagebeschluss hat das Bundesverfassungsgericht eine offensichtliche Kompetenzübertretung bei einem aus Sicht des Gerichts zwar eindeutigen, aber erst nach eingehender Prüfung ermittelten Ergebnis angenommen.[83] Im OMT-Urteil hat es dies erläutert: Offensichtlich sei ein Umstand nicht nur dann, wenn er gleichsam ins Auge springe, sondern auch dann, wenn ein anderes Ergebnis unter keinem rechtlichen Gesichtspunkt zu begründen sei.[84]

Strukturell bedeutsam sind Kompetenzüberschreitungen insbesondere, aber nicht nur, wenn sie einen Bereich betreffen, der – ebenso wie der Grundsatz der Volkssouveränität – von Art. 79 Abs. 3 GG geschützt ist.[85] Relevant dürfte insoweit sein, ob es sich um ein zentrales Merkmal der Zuständigkeitsabgrenzung zwischen der Union und den Mitgliedstaaten handelt („Kernbereich der wirtschaftspolitischen Kompetenzen der Mitgliedsaaten",[86] „Währungsunion als Stabilitätsgemeinschaft"[87]) und welche Auswirkungen auf die innerstaatliche demokratische Struktur bestehen.[88] Im Übrigen kommt es darauf an, ob die kompetenziellen Grundlagen der Union verschoben werden.[89] Diese zirkuläre Voraussetzung dürfte in erster Linie dazu dienen, Bagatellfälle auszuschließen, insbesondere Einzelfälle, die keine einer Vertragsänderung gleichkommende Bedeutung haben.[90]

(a.a.O., S. 385 f.), weshalb dem Bundesverfassungsgericht „Kompetenzunterschreitung" (a.a.O., S. 403) vorzuwerfen sei.

81 Vgl. *Schneider*, AöR 139 (2014), S. 196 (220 f.); kritisch *Sauer*, GLJ 2015, S. 971 (985).

82 BVerfGE 126, 286 (304); vgl. auch BVerfGE 134, 366 (392 Rn. 37): offensichtliche und strukturell bedeutsame Kompetenzverschiebung zulasten der Mitgliedstaaten.

83 Vgl. BVerfGE 134, 366 (393 Rn. 39, 398 ff. Rn. 55 ff.). Dazu *Wendel*, ZaöRV 2014, S. 615 (631 f.) (zulässig sei lediglich eine „Willkürkontrolle"). Für eine auf Vertretbarkeit reduzierte „Methodenkontrolle" plädieren *Pötters/Traut*, EuR 2011, S. 580 (587); ähnlich *Klement*, JZ 2015, S. 754 (756 f.).

84 BVerfG, Urteil vom 21. Juni 2016 (Fn. 4), Rn. 149.

85 BVerfGE 134, 366 (392 Rn. 37); vgl. insoweit *Wischmeyer*, AöR 140 (2015), S. 415 (455 f.).

86 BVerfGE 134, 366 (393 Rn. 40).

87 BVerfGE 134, 366 (394 Rn. 43).

88 Vgl. BVerfGE 134, 366 (393 Rn. 40): „demokratischer Prozess in den Mitgliedstaaten" und (394 Rn. 43): „haushaltspolitische Gesamtverantwortung des Bundestages".

89 BVerfG, Urteil vom 21. Juni 2016 (Fn. 4), Rn. 151.

90 Vgl. BVerfG, Urteil vom 21. Juni 2016 (Fn. 4), Rn. 151.

4. Wie viele Kontrollvorbehalte?

Wurzeln die drei Kontrollvorbehalte – Grundrechts-, Identitäts- und Ultra-vires-Kontrolle – in Art. 79 Abs. 3 GG, dienen sie gemeinsam der Gewährleistung der Verfassungsidentität. Die Gefahr terminologischer Unklarheiten liegt auf der Hand. Gleichwohl hält das Bundesverfassungsgericht an der Unterscheidung der verschiedenen Kontrollinstrumente fest.[91]

Der Grundsatz der Volkssouveränität ist erst dann verletzt, wenn einer Maßnahme der Union die demokratische Legitimation deshalb fehlt, weil sie auf einer hinreichend qualifizierten Kompetenzübertretung beruht. Diese Voraussetzung enthält in weitaus stärkerem Maße Wertungselemente als die übrigen, vom Bundesverfassungsgericht als „absolute Grenzen"[92] bezeichneten Grundsätze der Art. 1 und 20 GG. Ein Ultra-vires-Akt ist in jedem Politikfeld denkbar. Findet eine Kompetenzübertretung allerdings im Bereich der Verfassungsidentität im Übrigen statt, ist etwa die Menschenwürde oder das Budgetrecht betroffen, liegt schon deshalb eine Identitätsverletzung vor. Auf die besonderen Voraussetzungen eines Ultra-vires-Akts (Offensichtlichkeit und strukturelle Bedeutsamkeit) kommt es dann nicht an. Dies erklärt die zirkelschlüssig anmutende Formulierung, ein Ultra-vires-Akt könne sich nicht nur „auf Sachbereiche erstrecken, die zur Verfassungsidentität (...) rechnen", ein solcher wöge dort aber besonders schwer.[93]

Vom einstweilen offenen Schicksal der Solange-Rechtsprechung abgesehen ist somit festzuhalten: Alle Kontrollvorbehalte bezwecken den Schutz der Verfassungsidentität.[94] Insofern gibt es – nur – eine verfassungsrechtliche Integrationsgrenze: Art. 23 Abs. 1 Satz 3 i.V.m. Art. 79 Abs. 3 GG. Die dort geschützten Grundsätze der Art. 1 und 20 GG werden im Rahmen der Identitätskontrolle gewährleistet. Für den Schutz des Grundsatzes der Volkssouveränität (Art. 20 Abs. 2 Satz 1 GG), soweit er die demokratische Legitimation der in der Bundesrepublik ausgeübten öffentlichen Gewalt betrifft, hält das Bundesverfassungsgericht mit der Ultra-vires-Kontrolle eine besondere Form der Identitätskontrolle bereit, was sich mit Blick auf deren besondere Voraussetzungen rechtfertigen lässt.[95]

---

91 Vgl. BVerfG, Urteil vom 21. Juni 2016 (Fn. 4), Rn. 153.

92 BVerfG, Urteil vom 21. Juni 2016 (Fn. 4), Rn. 153.

93 BVerfGE 134, 366 (383 Rn. 25).

94 So auch *Dederer*, JZ 2014, S. 313 (315 ff.); *Morlok* (Fn. 69), Art. 38 Rn. 61; *Eifert/Gerberding*, JA 2016, S. 628 (628), siehe aber ebd., S. 633; zweifelnd *P. M. Huber*, Verfassungsstaat und Finanzkrise, 2014, S. 16.

95 BVerfG, Urteil vom 21. Juni 2016 (Fn. 4), Rn. 153. Zum Verhältnis zwischen der Ultra-vires- und der Identitätskontrolle auch *Schneider*, AöR 139 (2014), S. 196 (245 f.).

IV. Verfassungsgerichtliche Durchsetzung

1. Subjektivierung

Die Kontrollvorbehalte betreffen zunächst objektiv-rechtliche Grenzen der Mitwirkung der Bundesrepublik an der Europäischen Union. Damit ist noch nichts darüber gesagt, inwiefern diese Grenzen in verfassungsgerichtlichen Verfahren geltend gemacht werden können, die der Durchsetzung subjektiver Rechte dienen. Das ist zwar für die den Einzelnen schützenden Gehalte des Art. 1 GG offensichtlich, nicht dagegen für die Staatsstrukturprinzipien und für verfahrensrechtliche Anforderungen, denen verfassungsändernder und Integrationsgesetzgeber unterliegen.

a) Organschaftliche Rechte

Machen Fraktion keine eigenen, aus ihrem Status (Art. 38 Abs. 1 Satz 2 GG) abgeleiteten Rechte geltend – gleichberechtigte Teilhabe an der parlamentarischen Willensbildung –,[96] wie dies im vorliegenden Kontext regelmäßig der Fall ist, kann es ihnen nur um die Durchsetzung von Rechten des Bundestags gehen. Das Demokratieprinzip als übergreifender Grundsatz ist indes kein subjektives Recht, auch nicht ein solches desjenigen Verfassungsorgans, das gleichsam die Grundlage aller demokratischen Legitimation ist.[97] Allerdings können einzelne Aspekte des Demokratieprinzips dem Bundestag als Rechtssubjekt zugeordnet werden. Dies hat das Bundesverfassungsgericht etwa bei aus dem wehrverfassungsrechtlichen Parlamentsvorbehalt folgenden Entscheidungsbefugnissen,[98] bei der haushaltspolitischen Gesamtverantwortung und dem Gesetzgebungsrecht aus Art. 23 Abs. 1 Satz 2 GG[99] getan. Mit diesen Rechten hängt auch die Integrationsverantwortung zusammen, die insbesondere bei der Übertragung von Hoheitsrechten und bei der Durchführung des Unionsrechts eine Rolle spielt.[100]

---

96 Vgl. BVerfGE 135, 318 (396 Rn. 153).

97 Zum objektiv-rechtlichen Charakter dieses Prinzips BVerfGE 123, 267 (339); 135, 317 (397 f. Rn. 156 f.).

98 BVerfGE 123, 267 (338).

99 BVerfGE 135, 317 (395); BVerfG, Urteil vom 21. Juni 2016 (Fn. 4), Rn. 110.

100 Siehe unten IV.2.b).

Diese organschaftlichen Rechtspositionen können von Fraktionen im Wege der Prozessstandschaft geltend gemacht werden.[101] Dieses in § 64 Abs. 1 BVerfGG normierte Rechtsinstitut akzeptiert das Bundesverfassungsgericht in mittlerweile gefestigter Rechtsprechung auch dann, wenn eine Fraktion die Rechtsstellung des Bundestags nicht gegen Eingriffe „von außen" schützen will, sondern gegen den Bundestag selbst in Stellung bringt, weil dessen – die Regierung stützende – Mehrheit seine Rechte nicht wahrnehmen will.[102] Das Bundesverfassungsgericht argumentiert insoweit mit der Kontrollfunktion des Parlaments und dem Minderheitenschutz. Es sieht die prozessuale Befugnis der Fraktionen, die Rechte des Bundestags in eigenem Namen geltend zu machen, unmittelbar durch deren verfassungsrechtlichen Status (Art. 38 Abs. 1 Satz 2 GG) geschützt.[103]

b) Rechte Einzelner

Seit dem Maastricht-Urteil gewährt das Bundesverfassungsgericht auch dem Einzelnen Rechtsschutz gegen Verletzungen der Verfassungsidentität im Zuge der europäischen Integration. Dies gilt für alle Kontrollvorbehalte – Grundrechts-, Identitäts- und Ultra-vires-Kontrolle – und nicht nur in Bezug auf deutsche Beteiligungsakte (Zustimmungsgesetz, legislative und exekutive Umsetzungs- oder Durchführungsmaßnahmen und Gerichtsentscheidungen), sondern auch in Bezug auf Unionsakte.

Diese Subjektivierung des Demokratieprinzips ist auf vehemente Kritik gestoßen, insbesondere soweit die Ultra-vires-Kontrolle betroffen ist.[104] Diesbezüglich leitet das Bundesverfassungsgericht subjektive Rechte aus dem Wahlrecht (Art. 38 Abs. 1 Satz 1 GG) ab. Dessen Gewährleistungsgehalt soll die Grundsätze des Demokratieprinzips im Sinne von Art. 20 Abs. 1 und 2 GG umfassen, die Art. 79 Abs. 3 GG als Identität der Verfassung schützt.[105] In Bezug auf das Demokratieprinzip deckt sich der Gewährleistungsgehalt des Wahlrechts danach mit der Verfassungsidentität. Dementsprechend kann auf Grundlage dieses Rechts nicht

101 Zur Integrationsverantwortung siehe BVerfGE 132, 195 (247 Rn. 125); 134, 366 (397 Rn. 54); BVerfG, Urteil vom 21. Juni 2016 (Fn. 4), Rn. 163 ff.

102 BVerfGE 123, 267 (338 f.); 132, 195 (247 Rn. 125); 134, 366 (397 Rn. 54); BVerfG, Urteil des Zweiten Senats vom 3. Mai 2016 – 2 BvE 4/14 –, juris, Rn. 67; BVerfG, Urteil vom 21. Juni 2016 (Fn. 4), Rn. 106.

103 BVerfG, Urteil vom 21. Juni 2016 (Fn. 4), Rn. 106.

104 Zustimmend *Morlok* (Fn. 69), Art. 38 Rn. 56, 59 ff., mit Nachweisen zur Kritik.

105 BVerfGE 132, 195 (238); 135, 317 (399).

nur die Identitätskontrolle eingefordert werden,[106] sondern auch die Ultra-vires-Kontrolle, die der Gewährleistung des Grundsatzes der Volkssouveränität dient und daher einem Teilaspekt der Verfassungsidentität.[107] Dem liegt die Überlegung zugrunde, dass dem Bürger ein Anspruch auf demokratische Selbstgestaltung zusteht, d.h. dass er auf politische Entscheidungen wirksam Einfluss nehmen können muss. Diese Einflussnahme ist ausgeschlossen, wenn der Bundestag zwar gewählt wird, in der Sache jedoch nichts mehr zu entscheiden hat, oder wenn öffentliche Gewalt ausgeübt wird, der der Bundestag nicht zugestimmt hat. Daraus folgt freilich, dass jeder Wahlberechtigte Verletzungen der Verfassungsidentität geltend machen kann.

Der Rückgriff auf Art. 38 Abs. 1 Satz 1 GG begegnet Einwänden. In der Konzeption des Bundesverfassungsgerichts ist eine Aktivierung dieses grundrechtsgleichen Rechts strukturfremd. Auch die Grundrechte des Grundgesetzes sind im Bereich des Anwendungsvorrangs des Unionsrechts unanwendbar.[108] Das Wahlrecht kann dem Unionsrecht daher nicht entgegengehalten werden. Zudem ist angesichts des Wortlauts des Art. 38 Abs. 1 Satz 1 GG und dessen systematischer Stellung zweifelhaft, ob der aufgezeigte materielle Gehalt dieser Bestimmung wirklich entnommen werden kann.

Bei näherer Betrachtung wird allerdings deutlich, dass es sich bei Art. 38 Abs. 1 Satz 1 GG lediglich um einen plakativen Aufhänger handelt, es in der Sache jedoch um die in Art. 1 Abs. 1 GG wurzelnde subjektive Dimension des Demokratieprinzips geht. Von Beginn an hat das Bundesverfassungsgericht die Auffassung vertreten, dass das Demokratieprinzip der Verwirklichung von Würde und Freiheit des Einzelnen dient.[109] Auch die Aktivierung des Wahlbürgers zur Durchsetzung des Art. 79 Abs. 3 GG beruht auf dem Menschenwürdebezug des Demokratieprinzips:

> Das Recht der Bürger, in Freiheit und Gleichheit durch Wahlen und Abstimmungen die öffentliche Gewalt personell und sachlich zu bestimmen, ist der elementare Bestandteil des Demokratieprinzips. Der Anspruch auf freie und gleiche Teilhabe an der öffentlichen Gewalt ist in der Würde des Menschen (Art. 1 Abs. 1 GG) verankert.[110]

106 BVerfGE 89, 155 (171 f.); 123, 267 (330 ff., 340 ff.); 129, 124 (167 ff.); 135, 317 (385 ff.).
107 Unklar noch BVerfGE 134, 366 (397 Rn. 53); deutlich BVerfG, Urteil vom 21. Juni 2016 (Fn. 4), Rn. 121 ff., 143 ff.
108 BVerfGE 73, 339 (387); 89, 155 (174 f.); 102, 147 (163 f.); BVerfG, Beschluss vom 15. Dezember 2015 (Fn. 3), Rn. 36, 38.
109 Vgl. BVerfGE 5, 85 (204 f.).
110 BVerfGE 123, 267 (341).

Dass der subjektivrechtliche Gehalt die Menschenwürdewurzel des Demokratieprinzips ist, wurde später bekräftigt:

> Das Grundgesetz geht vom Eigenwert und der Würde des zur Freiheit befähigten Menschen aus und verbürgt im Recht der Bürger, in Freiheit und Gleichheit durch Wahlen und Abstimmungen die sie betreffende öffentliche Gewalt personell und sachlich zu bestimmen, einen menschenrechtlichen Kern des Demokratieprinzips. Dieser ist in der Würde des Menschen verankert.[111]

Erst unter diesem Blickwinkel des Menschenwürdekerns des Wahlrechts, das die maßgebliche Verbindung der Rechte des Einzelnen mit dem Grundsatz der Volkssouveränität darstellt, fügt sich die Rügebefugnis des Bürgers in das vom Bundesverfassungsgericht entwickelte Konzept ein. Die Subjektivierung des Demokratieprinzips ist „strikt auf den in der Würde des Menschen wurzelnden Kern des Demokratieprinzips begrenzt (Art. 1 in Verbindung mit Art. 79 Abs. 3 GG)“, das daraus folgende subjektive Recht beschränkt sich „auf Strukturveränderungen im staatsorganisationsrechtlichen Gefüge, wie sie etwa bei der Übertragung von Hoheitsrechten auf die Europäische Union oder andere supranationale Einrichtungen eintreten können“.[112]

2. Verfahrensgegenstand

Daraus folgt indes nicht, dass Maßnahmen der Union vor dem Bundesverfassungsgericht unmittelbar angreifbar wären. Verfahrensgegenstand kann ausschließlich eine Maßnahme oder ein Unterlassen der deutschen öffentlichen Gewalt sein.

a) Verhalten deutscher Hoheitsträger

Die deutsche Verfassung richtet sich ausschließlich an deutsche Hoheitsträger. Art. 1 Abs. 3, Art. 20 Abs. 2 und 3 und Art. 93 Abs. 1 Nr. 4a GG binden nur die deutsche öffentliche Gewalt.[113] Weder ist die Union dem Grundgesetz verpflichtet,

111 BVerfG, Urteil vom 21. Juni 2016 (Fn. 4), Rn. 124; vgl. auch BVerfGE 129, 124 (169).

112 BVerfG, Urteil vom 21. Juni 2016 (Fn. 4), Rn. 126, auch zum vorangegangenen Zitat.

113 Dies dürfte der überwiegenden Meinung im Schrifttum entsprechen. Siehe etwa *Dreier* (Fn. 29), Art. 1 III Rn. 22; *Jarass*, in: ders./Pieroth, GG, 13. Aufl. 2014, Art. 1 Rn. 46; *Eifert/Gerberding*, JA 2016, S. 628 (634 ff.); a. A. *Nettesheim*, JZ 2016, S. 424 (425).

noch vermag das Bundesverfassungsgericht Maßnahmen von Organen der Union mit Wirkung diesen gegenüber oder gar erga omnes aufzuheben.

Aus insofern missverständlichen Formulierungen im Maastricht-Urteil[114] ist mitunter der Schluss gezogen worden, abgeleitetes Unionsrecht könne deutscher öffentlicher Gewalt i.S.d. Grundgesetzes gleichgesetzt werden.[115] Abgeleitetes Unionsrecht unterliegt aber nur insofern und soweit der Kontrolle des Bundesverfassungsgerichts, als es eine entscheidungserhebliche „Vorfrage“[116] für die Verfassungsmäßigkeit eines Verhaltens deutscher Staatsorgane ist. Dies ist der Fall, wenn es um die Umsetzung oder den Vollzug von Unionsrecht durch deutsche Maßnahmen und diese bestätigende Gerichtsentscheidungen geht. Bedarf es einer solchen Mitwirkung deutscher Stellen nicht, unterliegt das Unionsrecht nur insofern der verfassungsgerichtlichen Kontrolle, als es auf Grundlage der Integrationsverantwortung Reaktionspflichten deutscher Verfassungsorgane auslösen kann.[117] Isoliert, d. h. ohne dass es unmittelbar um die Verfassungsmäßigkeit eines Handelns oder eines Unterlassens deutscher Stellen geht, ist Unionsrecht kein tauglicher Verfahrensgegenstand.

Dies gilt nicht nur in den Verfahren der Verfassungsbeschwerde, des Organstreits und der abstrakten Normenkontrolle, sondern cum grano salis auch für Richtervorlagen. In Anlehnung an den „Rechtsgedanken“ des Art. 100 Abs. 1 GG beansprucht das Bundesverfassungsgericht ein Monopol für die Entscheidung, ob Unionsrecht für unanwendbar zu erklären ist.[118] Zwar ist Unionsrecht insofern Verfahrensgegenstand, als dieses ausschließlich die vorgelegte Rechtsfrage beantwortet. Jedoch handelt es sich um ein Zwischenverfahren des beim vorlegenden Gericht anhängigen Ausgangsverfahrens,[119] in dem wiederum eine dort entscheidungserhebliche Vorfrage beantwortet wird.

Damit übereinstimmend nimmt die Senatsrechtsprechung[120] seit Langem für sich in Anspruch, abgeleitetes Unionsrecht auf dessen Anwendbarkeit in der

---

114 Siehe BVerfGE 89, 155 (175). Die Unklarheit wurde dadurch verstärkt, dass das Gericht eine „Abweichung von BVerfGE 58, 1 (28)“ hervorhob, wo der Unterschied zwischen deutscher öffentlicher Gewalt und durch zwischenstaatliche Einrichtungen ausgeübter Gewalt betont wurde.

115 Siehe *Horn*, DVBl. 1995, S. 89 (92); *Benda/Klein* (Fn. 54), Rn. 538; ebenso für Richtervorlagen *Wollenschläger*, in: Dreier (Fn. 31), Art. 23 Rn. 170; *Dederer*, in: Maunz/Dürig (Fn. 54), Art. 100 Rn. 115.

116 BVerfG, Urteil vom 21. Juni 2016 (Fn. 4), Rn. 98.

117 Siehe dazu sogleich unter IV.2.b).

118 BVerfGE 123, 267 (354 f.).

119 *Dollinger*, in: Burkiczak/ders./Schorkopf (Hrsg.), BVerfGG, 2015, § 80 Rn. 16.

120 Teilweise abweichend dagegen einzelne Kammerentscheidungen: BVerfGK 8, 15 (18); 8, 61 (63); 8, 266 (268); 8, 325 (328); 16, 509 (513); 17, 266 (260); BVerfG, Beschluss der 4. Kammer

deutschen Rechtsordnung hin zu überprüfen,[121] lehnt es aber ab, „über die Gültigkeit von Gemeinschaftsrecht zu entscheiden, da es sich hierbei nicht um einen Akt deutscher Staatsgewalt handelt".[122] Abgeleitetes Unionsrecht wird nur „als Rechtsgrundlage für ein Verhalten deutscher Gerichte und Behörden im Hoheitsbereich der Bundesrepublik Deutschland"[123] kontrolliert. Im Urteil zur Griechenlandhilfe urteilte der Zweite Senat mit Blick auf Ankäufe von Staatsanleihen durch die Europäische Zentralbank, dass den Verfassungsbeschwerden insoweit keine tauglichen Beschwerdegegenstände zugrunde lägen, wies aber auf die Möglichkeit der Ultra-vires-Kontrolle hin.[124] Dementsprechend hieß es im OMT-Urteil, dass Maßnahmen der Union allgemein keine tauglichen Beschwerdegegenstände seien, vom Bundesverfassungsgericht aber als Grundlage von Handlungen deutscher Staatsorgane oder von aus der Integrationsverantwortung folgenden Reaktionspflichten deutscher Verfassungsorgane überprüft werden könnten.[125] Damit ist eine prinzipale Identitäts- und Ultra-vires-Rüge, die sich nicht gegen ein Verhalten deutscher Staatsorgane richtet, ausgeschlossen.

b) Integrationsverantwortung

Mit dieser verfassungsprozessualen Differenzierung hängt die Integrationsverantwortung eng zusammen. Nach dieser seit dem Lissabon-Urteil entwickelten Rechtsfigur tragen alle deutschen Verfassungsorgane eine dauerhafte Verantwortung für die Einhaltung des Integrationsprogramms.[126] Diese Verantwortung ist zunächst darauf gerichtet, dass bei der Übertragung von Hoheitsrechten die Anforderungen des Art. 23 Abs. 1 Satz 3 GG beachtet werden.[127] Sie erschöpft sich aber nicht in dem einmaligen Übertragungsvorgang, sondern erstreckt sich auch auf den weiteren Vollzug des Integrationsprogramms.[128] Damit hat die Integrationsverantwortung zwei Dimensionen.

---

des Zweiten Senats vom 4. April 2001 – 2 BvR 2368/99 –, NJW 2001, S. 2705. Erklärungsversuche dieser Abweichungen bei *Eifert/Gerberding*, JA 2016, S. 628 (636).

121 BVerfGE 73, 339 (287); 89, 155 (175); 102, 147 (163 f.); 126, 286 (302); 118, 79 (95).

122 BVerfGE 118, 79 (95).

123 BVerfGE 73, 339 (287).

124 BVerfGE 129, 124 (175 f.).

125 BVerfG, Urteil vom 21. Juni 2016 (Fn. 4), Rn. 97 ff.; vgl. bereits BVerfGE 134, 366 (382 Rn. 23).

126 Vgl. BVerfGE 123, 267 (352 ff., 389 ff., 413 ff.); 126, 286 (307); 129, 124 (181); 132, 195 (238 f. Rn. 105); 134, 366 (394 f. Rn. 47).

127 Vgl. BVerfGE 123, 267 (356).

128 Vgl. BVerfGE 123, 267 (435).

Zum einen folgt aus der Integrationsverantwortung die Pflicht, bei der Kompetenzausstattung der Union, bei der Ausgestaltung der europäischen Entscheidungsverfahren und bei der Mitwirkung am Zustandekommen und der Umsetzung von Unionsrecht dafür Sorge zu tragen, dass die verfassungsrechtlichen Integrationsgrenzen gewahrt bleiben.[129] Dies ist freilich bereits in Art. 20 Abs. 3, Art. 23 Abs. 1 und Art. 79 Abs. 3 GG angelegt. Diese auf die deutsche Mitwirkung gerichtete Dimension der Integrationsverantwortung hat zwar eine nicht unerhebliche Bedeutung mit Blick auf spezifische Begleitpflichten des Gesetzgebers.[130] Im Verhältnis zur Union deckt sie sich jedoch mit der Bindung an Recht und Gesetz.[131]

In diesem Verhältnis eigenständige Bedeutung erlangt die Integrationsverantwortung aber bei der Durchführung des Unionsrechts durch die Union selbst. Insofern sind die deutschen Verfassungsorgane verpflichtet, die Einhaltung der verfassungsrechtlichen Grenzen durch die Union kontinuierlich zu überwachen und die notwendigen Maßnahmen zu ergreifen, um dieser Verantwortung gerecht zu werden.[132] Dies hat das Bundesverfassungsgericht für die weitere Entwicklung der Verträge angenommen,[133] aber auch speziell für haushaltsbedeutsame Maßnahmen, bei denen sichergestellt sein muss, dass dauerhaft ein hinreichender parlamentarischer Einfluss auf die Art und Weise des Umgangs mit den zur Verfügung gestellten Mitteln besteht.[134] Insbesondere hat das Bundesverfassungsgericht eine aus der Integrationsverantwortung folgende Reaktionspflicht für Fälle angenommen, wo Primärrecht „erweiternd ausgelegt wird" oder sich die tatsächlichen Verhältnisse in einer verfassungsrechtlich relevanten Weise entwickeln.[135] An Ultra-vires-Akten dürfen deutsche Verfassungsorgane nicht nur nicht mitwirken, sie müssen auch konkret darauf reagieren, politisch oder rechtlich.[136] Im OMT-Vorlagebeschluss und im OMT-Urteil hat der Zweite Senat die aus seiner Sicht in Betracht kommenden Handlungsoptionen zusammengefasst und zugleich den – seinerseits Grenzen unterliegenden – Gestaltungsspielraum der Verfassungsorgane betont.[137]

---

129 Vgl. BVerfGE 89, 155 (188; 123, 267 (356); 126, 286 (302 ff.); 134, 366 (387 f. Rn. 30).
130 Dazu im Einzelnen *Nettesheim*, NJW 2010, S. 177 ff.
131 Vgl. BVerfG, Urteil vom 21. Juni 2016 (Fn. 4), Rn. 164.
132 Vgl. BVerfG, Urteil vom 21. Juni 2016 (Fn. 4), Rn. 164 m.w.N.
133 BVerfGE 123, 267 (351 ff., 434 f.).
134 BVerfGE 129, 124 (180 f.).
135 Siehe BVerfGE 123, 267 (352 f., 364 f., 389 f., 391 f., 413 f., 419 f.).
136 Etwas martialisch hat BVerfGE 123, 267 (365) in diesem Kontext sogar einen Austritt aus der Union ins Spiel gebracht.
137 BVerfGE 134, 366 (395 f. Rn. 49); BVerfG, Urteil vom 21. Juni 2016 (Fn. 4), Rn. 168 ff.

Die „dauerhafte Verantwortung für die Einhaltung des Integrationsprogramms“ durch die Union erfordert eine kontinuierliche Beobachtung des Vollzugs des Unionsrechts.[138] Diese Dimension der Integrationsverantwortung ist die notwendige Kehrseite des Umstands, dass Unionsrecht als solches vor dem Bundesverfassungsgericht nicht angegriffen werden kann. Gibt es keinen deutschen Beteiligungsakt, weil der Unionsakt auf weiteren Vollzug nicht angewiesen ist, kommt als Verfahrensgegenstand nur ein Unterlassen der Verfassungsorgane in Betracht, gegen diesen Unionsakt vorzugehen. Materiell-rechtliche Grundlage der damit geltend gemachten Handlungspflicht ist die Integrationsverantwortung.[139]

Aus der Perspektive des Bundesverfassungsgerichts konsequent ist, dass auch die Wahrnehmung der Integrationsverantwortung von Fraktionen und den Wahlberechtigten eingefordert werden kann. Die Fraktionen gehen im Wege der Prozessstandschaft vor, indem sie geltend machen, der Bundestag werde seiner Verantwortung nicht gerecht.[140] Der wahlberechtigte Bürger kann sich auf eine Gefahr für den Menschenwürdekern seines Wahlrechts berufen, sodass sich die Integrationsverantwortung aus seiner Warte als grundrechtliche Schutzpflicht darstellt.[141]

3. Kooperationsverhältnis

Soweit sich die Kontrollinstrumente auf das Unionsrecht beziehen, ist die Zuständigkeit des Gerichtshofs der Europäischen Union für die „Auslegung und Anwendung“ des Unionsrechts (Art. 19 Abs. 1 Satz 2 EUV) zu respektieren. Das Bundesverfassungsgericht bemüht sich, die hier bestehenden Spannungen auf Grundlage eines Kooperationsverhältnisses zu mindern, in dessen Rahmen dem Gerichtshof die Entscheidung über die Gültigkeit und die Auslegung eines Unionsakts obliege, dem Bundesverfassungsgericht dagegen die Gewährleistung der aus Art. 23 Abs. 1 Satz 3 i.V.m. Art. 79 Abs. 3 GG folgenden Integrationsgrenzen.[142] Dies hat verfahrensrechtliche und materiell-rechtliche Implikationen.

138 BVerfG, Urteil vom 21. Juni 2016 (Fn. 4), Rn. 165.
139 Vgl. BVerfGE 134, 366 (394 Rn. 46, 395 f. Rn. 49).
140 BVerfGE 134, 366 (397 f. Rn. 54); BVerfG, Urteil vom 21. Juni 2016 (Fn. 4), Rn. 110 ff.
141 BVerfGE 134, 366 (397 Rn. 53); BVerfG, Urteil vom 21. Juni 2016 (Fn. 4), Rn. 166 f.
142 Vgl. BVerfG, Urteil vom 21. Juni 2016 (Fn. 4), Rn. 157.

a) Vorlagepflicht

Aus dem Blickwinkel des Bundesverfassungsgerichts kann abgeleitetes Unionsrecht, das eines der durch Art. 79 Abs. 3 GG geschützten Rechtsgüter berührt, nicht auf einer wirksamen primärrechtlichen Grundlage beruhen. Auch der mit der Mehrheit des Art. 23 Abs. 1 Satz 3 GG i.V.m. Art. 79 Abs. 2 GG entscheidende Integrationsgesetzgeber kann der Union keine Hoheitsrechte übertragen, deren Inanspruchnahme die Verfassungsidentität berührt.[143] Der damit immer indizierte Primärrechtsverstoß legt nahe, den Gerichtshof im Wege des Vorabentscheidungsverfahrens (Art. 267 AEUV) zu befassen, bevor das Bundesverfassungsgericht die Unanwendbarkeit des Rechtsakts feststellt.

Während das Bundesverfassungsgericht dies in Bezug auf Ultra-vires-Akte schon länger annimmt,[144] hat es die beschriebenen Zusammenhänge im Übrigen zunächst allenfalls angedeutet.[145] Ein klares Bekenntnis zur Vorlagepflicht erfolgte im OMT-Vorlagebeschluss, freilich im Kontext der haushaltspolitischen Gesamtverantwortung des Bundestags.[146] Schließlich hat das Bundesverfassungsgericht klargestellt, dass der Gerichtshof vor jeder Feststellung eines Verstoßes gegen Art. 79 Abs. 3 GG zu befassen ist:

> Soweit erforderlich, legt [das Bundesverfassungsgericht] seiner Prüfung dabei die Maßnahme in der Auslegung zugrunde, die ihr in einem Vorabentscheidungsverfahren gemäß Art. 267 Abs. 3 AEUV durch den Gerichtshof der Europäischen Union gegeben wurde. Das gilt nicht nur im Rahmen der Ultra-vires-Kontrolle, sondern auch vor der Feststellung der Unanwendbarkeit einer Maßnahme von Organen, Einrichtungen oder sonstigen Stellen der Europäischen Union in Deutschland wegen einer Berührung der durch Art. 79 Abs. 3 in Verbindung mit Art. 1 und 20 GG geschützten Verfassungsidentität.[147]

Damit befindet das Bundesverfassungsgericht zugleich über eine Rechtsauffassung des Gerichtshofs.[148] Legt der Gerichtshof die beanstandete Maßnahme unionsrechtskonform und damit einschränkend aus, sodass ihr nicht die vom Bundesverfassungsgericht beigemessene Bedeutung zukommt, sondern eine solche, die sich im unionsrechtlichen Rahmen hält, ist der Konflikt beseitigt. Billigt der

---

143 BVerfGE 113, 273 (296); 123, 267 (348); 134, 366 (384 Rn. 27); BVerfG, Beschluss vom 15. Dezember 2015 (Fn. 3), Rn. 42; Urteil vom 21. Juni 2016 (Fn. 4), Rn. 137.
144 BVerfGE 126, 286 (304).
145 Vgl. BVerfGE 123, 267 (353): „Wenn Rechtsschutz auf Unionsebene nicht zu erlangen ist".
146 BVerfGE 134, 366 (385 Rn. 27).
147 BVerfG, Beschluss vom 15. Dezember 2015 (Fn. 3), Rn. 46; Urteil vom 21. Juni 2016 (Fn. 4), Rn. 156.
148 BVerfGE 126, 286 (307).

Gerichtshof dagegen die Maßnahme uneingeschränkt, muss dessen Urteil selbst als ultra vires angesehen werden.[149] Konsequenterweise kann das Vertragsgesetz nicht „nachträglich“ verfassungswidrig werden, weil die Auslegung des Primärrechts im Urteil des Gerichtshofs in der deutschen Rechtsordnung keine Wirkung entfaltet.[150]

b) Methodische Zurückhaltung

In materieller Hinsicht legt sich das Bundesverfassungsgericht methodische Zurückhaltung auf. Neben die Rücknahme der Prüfungsdichte, die mit den engen Voraussetzungen der Ultra-vires-Kontrolle einhergeht, tritt der Respekt vor der vom Mandat erfassten ausschließlichen Zuständigkeit des Gerichtshofs, bei der Rechtsfindung die „richtige“ Methodik festzulegen und anzuwenden. Es sei der Eigenart der Verträge und deren Zielen Rechnung zu tragen. Zudem sei jedes vom Gerichtshof gefundene Ergebnis zu akzeptieren, das sich innerhalb eines anerkannten methodischen Rahmens bewege.[151] Einzelne Aspekte dieses Rahmens hat das Bundesverfassungsgericht aus der Rechtsprechung des Gerichtshofs identifiziert.[152] Auch dies ist vom Kompetenzdenken geprägt: Rechtsfindung, die sich mit den anerkannten, in den Rechtsordnungen der Mitgliedstaaten verankerten methodischen Mitteln nicht erklären lässt, ist vom Mandat des Gerichtshofs nicht umfasst. Sie nimmt daher am Anwendungsvorrang nicht teil.

V. Fazit

Die Rechtsprechung des Bundesverfassungsgerichts zum Unionsverfassungsrecht befindet sich in einer Konsolidierungsphase. Sie ist geprägt von dem Bemühen, die ausgeübten Kontrollvorbehalte auf eine normative Grundlage zurückzuführen.

149 Vgl. BVerfGE 134, 366 (384 Rn. 27); BVerfG, Beschluss vom 15. Dezember 2015 (Fn. 3), Rn. 42, wo diese Situation verklausulierend als „Rechtsfortbildung zunächst verfassungsmäßiger Einzelermächtigungen“ durch „das Organ oder die Stelle der Europäischen Union“ umschrieben wird.

150 A. A. *Dederer*, in: Maunz/Dürig (Fn. 54), Art. 100 Rn. 133.

151 Vgl. BVerfGE 126, 286 (307); letzterer Aspekt wird dort unter dem Stichwort „Fehlertoleranz“ behandelt, auf die der Gerichtshof Anspruch habe; eine Formulierung, die die Akzeptanz des propagierten Kooperationsverhältnisses freilich nicht fördern dürfte. Siehe auch BVerfG, Urteil vom 21. Juni 2016 (Fn. 4), Rn. 149.

152 BVerfG, Urteil vom 21. Juni 2016 (Fn. 4), Rn. 159.

Das Bundesverfassungsgericht reagiert damit auf Vorwürfe, es entferne sich mit einem „partiturlosen und freihändigen Dirigat des politischen Prozesses“[153] vom Verfassungstext. Mit der Fokussierung auf Art. 79 Abs. 3 GG setzt das Bundesverfassungsgericht die in Art. 23 Abs. 1 GG benannten Integrationsgrenzen um. Dass die Sicherung des Kernbestands der Verfassung Aufgabe des Bundesverfassungsgerichts ist, auch im Verhältnis zur Europäischen Union, kann im Grundsatz nicht zweifelhaft sein.[154] Das Bundesverfassungsgericht bewegt sich so auf einer normativ festen Grundlage.

Damit verliert die etwas plakative Frage nach dem „letzten Wort“ erheblich an Bedeutung. Das Bundesverfassungsgericht achtet die diesbezügliche Kompetenz des Gerichtshofs der Europäischen Union aus Art. 19 Abs. 1 Satz 2 EUV. Mit Blick auf die durch Art. 79 Abs. 3 GG markierte äußerste Integrationsgrenze verbleiben allerdings Spannungslagen, die solange unvermeidlich sind, wie die Union aus souveränen Mitgliedstaaten besteht.[155] Durch die hohen Anforderungen an die Aktivierung der Kontrollvorbehalte werden diese Spannungen zwar auf ein Mindestmaß reduziert. Beseitigt werden können sie wegen der aus deutscher verfassungsrechtlicher Perspektive bestehenden Abhängigkeit der unionalen öffentlichen Gewalt vom Übertragungsakt (Art. 23 Abs. 1 Satz 2 GG) aber nicht.

Künftig wird es auch darum gehen müssen, die aus den verfassungsrechtlichen Maßstäben folgenden Bedingungen der Prüfungsbefugnisse des Bundesverfassungsgerichts näher zu konturieren. Zusammen mit einer konsequenten Inanspruchnahme der in Art. 267 AEUV vorgesehenen Option eines Dialogs der nationalen und supranationalen Ebenen, der in der Vergangenheit durchaus Früchte getragen hat,[156] kann dies dazu beitragen, dass sich die Karlsruher und die Luxemburger Rechtsprechung auf Grundlage einer „klaren Aufgabentrennung“[157] gegenseitig bereichern.

---

153 *Nettesheim*, in: Pechstein (Hrsg.), Integrationsverantwortung, 2012, S. 11 (51).

154 Dies wird auch allgemein zugestanden; vgl. *Ludwigs*, NVwZ 2015, S. 537 (539); *Proelß*, EuR 2011, 241 (249 f.); *Hirsch*, NJW 2000, S. 1817 (1819).

155 Vgl. BVerfGE 126, 286 (303).

156 Etwa mit Blick auf die Auswirkungen der Solange-Rechtsprechung auf die Grundrechtsentwicklung in der Union, aber auch hinsichtlich der Wirkungen, die der OMT-Vorlagebeschluss auf die Konzeption späterer Ankaufprogramme der Europäischen Zentralbank hatte, und schließlich auch den offenbaren Einfluss des Beschlusses vom 15. Dezember 2015 (Fn. 3) auf die Rechtsprechung des Gerichtshofs zur Berücksichtigung der Grundrechte der Betroffenen im europäischen Auslieferungsverkehr (vgl. EuGH, Urteil vom 5. April 2016, Aranyosi, C-404/15 u. a.).

157 EuGH, Gauweiler (Fn. 62), Rn. 15.

Kai Hamdorf

Auskunftsrechte des Deutschen Bundestages gegenüber der Bundesregierung

Leitentscheidungen des Bundesverfassungsgerichts

BVerfGE 13, 123 – Deutsche Friedens-Union
BVerfGE 67, 100 – Flick
BVerfGE 77, 1 – Neue Heimat
BVerfGE 110, 199 – Aktenvorlage durch die Landesregierung
BVerfGE 124, 161 – Geheimdienste
BVerfGE 137, 185 – Rüstungsexporte
BVerfGE 139, 194 – Bundespolizei

Schrifttum (Auswahl)

Brenner, Reichweite und Grenzen des parlamentarischen Fragerechts, 2009; *Glauben*, Der Schutz staatlicher und privater Geheimnisse im Spannungsfeld parlamentarischer Untersuchungen, DÖV 2007, S. 149 ff.; *ders.*, Umfang und Grenzen des parlamentarischen Informationsrechts, LKRZ 2015, S. 129 ff.; *Helbach*, Der gestufte Schutz von Betriebs- und Geschäftsgeheimnissen vor Parlament, Presse und jedermann, 2012; *Hölscheidt*, Frage und Antwort im Parlament, 1992; *Kissler*, Parlamentsöffentlichkeit: Transparenz und Artikulation, in: Schneider/Zeh (Hrsg.), Parlamentsrecht und Parlamentspraxis, 1989, § 36; *Lennartz/Kiefer*, Parlamentarische Anfragen im Spannungsfeld von Regierungskontrolle und Geheimhaltungsinteressen, DÖV 2006, S. 185 ff.; *Masing*, Parlamentarische Untersuchungen privater Sachverhalte – Art. 44 GG als staatsgerichtetes Kontrollrecht, 1998; *Polenz*, Betriebs- und Geschäftsgeheimnisse der öffentlichen Hand, DÖV 2010, S. 350 ff.; *Ritzel/Bücker/Schreiner*, Handbuch für die parlamentarische Praxis (November 2006); *J. Schmidt*, Die demokratische Legitimationsfunktion der parlamentarischen Kontrolle, 2007; *Siefken*, Parlamentarische Frageverfahren – Symbolpolitik oder wirksames Kontrollinstrument? ZParl 2010, S. 18 ff.; *Teuber*, Parlamentarische Informationsrechte, 2007; *Troßmann/Roll*, Parlamentsrecht des Deutschen Bundestages, Erg.-Bd., 1981; *Warg*, Die Grenzen parlamentarischer Kontrolle am Beispiel des Staatswohls, NVwZ 2014, S. 1263 ff.; *Wegener*, Der geheime Staat, 2006; *H. A. Wolff*, Der nachrichtendienstliche Geheimnisschutz und die parlamentarische Kontrolle, JZ 2010, S. 173 ff.

DOI 10.1515/9783110421866-019

Inhalt

I. Einleitung — 468
II. Grundlagen und Inhalt des Frage- und Informationsrechts — 470
1. Herleitung — 470
a) Allgemeines Informationsrecht — 470
b) Parlamentarische Kontrolle der Regierung — 471
aa) Regierungskontrolle als Element der Gewaltenteilung — 471
bb) Demokratische Legitimation der Regierung durch ihre Verantwortlichkeit gegenüber dem Parlament — 472
2. Umfang — 472
a) Pflicht zur fragestellerfreundlichen Auslegung — 473
b) Pflicht zur Beschaffung und Zusammenstellung der Informationen — 473
c) Pflicht zur zeitnahen Antwort — 474
III. Grenzen des parlamentarischen Frage- und Informationsrechts — 474
1. Verantwortungsbereich der Bundesregierung — 475
a) BVerfGE 124, 161 („Geheimdienste“) — 475
b) BVerfGE 139, 194 („Bundespolizei) — 475
2. Kernbereich exekutiver Eigenverantwortung — 477
3. Grundrechte Dritter — 480
4. Staatswohlbelange — 482
IV. Konkordanz zwischen Geheimhaltungsbedürfnis und Informationsinteresse — 483
1. Modifikation des Anspruchsinhalts — 483
a) Auskunftserteilung gegenüber Kontrollgremien — 483
b) Auskunftserteilung unter Anwendung der Geheimschutzordnung — 485
2. Pflicht zur Begründung der Antwortverweigerung — 487
V. Fazit und Ausblick — 488

I. Einleitung

Das Recht des Bundestages und seiner Abgeordneten, Fragen an die Regierung zu richten und von ihr Informationen zu verlangen, stellt ein wichtiges Mittel der Regierungskontrolle dar und wird vor allem durch die parlamentarische Opposition genutzt. Die Zahl der Kleinen Anfragen der Fraktionen und der schriftlichen Einzelfragen von Abgeordneten steigt ständig. Während in der ersten bis elften Wahlperiode zusammengenommen 6.144 Kleine Anfragen, 66.366 Fragen für die Fragestunden und 62.696 schriftliche Einzelfragen gestellt wurden,[1] waren es allein in der vergangenen 17. Wahlperiode 3.629 Kleine Anfragen, 6.057 mündliche Fragen und 20.141 schriftliche Fragen, wobei die ganz überwiegende Zahl der

1 *Hölscheidt*, Frage und Antwort im Parlament, 1992, S. 15.

Fragen und Anfragen von Oppositionsfraktionen oder den diesen zugehörigen Abgeordneten stammten.[2]

Das Frage- und Informationsrecht des Bundestages gegenüber der Bundesregierung wird in der Geschäftsordnung des Bundestages (GO-BT) in den §§ 100 ff. näher ausgestaltet.[3] In diesem Beitrag soll es aber um seine verfassungsrechtlichen Grundlagen gehen, die in der Rechtsprechung des Bundesverfassungsgerichts als fest verankert gelten dürfen. Das Gericht hat schon im Jahre 1961 festgestellt, dass dem Parlament ein Interpellationsrecht zusteht, das die Mitglieder der Bundesregierung verfassungsrechtlich verpflichtet, auf Fragen Rede und Antwort zu stehen.[4] In den folgenden Jahrzehnten standen eher die Auskunfts- und Untersuchungsrechte der Parlamentarischen Untersuchungsausschüsse im Vordergrund der verfassungsgerichtlichen Auseinandersetzungen.[5] In jüngerer Zeit hatte der Zweite Senat dann aber mehrfach Gelegenheit und Anlass, die Grundlagen des Frage- und Informationsrechts sowie vor allem dessen Umfang und Grenzen näher zu konturieren.

Angestoßen wurde diese Rechtsprechung durch Organstreitverfahren, die durch Oppositionsfraktionen und einzelne Abgeordnete angestrengt wurden. So ging es 2009 zunächst um Kleine Anfragen zur Sammlung, Speicherung und Weitergabe von Informationen über Abgeordnete durch Geheimdienste des Bundes, deren Beantwortung die Bundesregierung aus Gründen der Geheimhaltungsbedürftigkeit nachrichtendienstlicher Informationen verweigert hatte.[6] Im Vordergrund stand hier die Frage, ob der allgemeine Verweis auf die Gefährdung der Tätigkeit der Nachrichtendienste zur Begründung einer Antwortverweigerung ausreicht, oder ob die Bundesregierung die Gründe, aus denen sie die erbetenen Auskünfte verweigert, ausführlicher darlegen muss.[7] In seinem Urteil vom

2 Siehe die „Statistik der Parlamentarischen Kontrolltätigkeit – Überblick 17. Wahlperiode" auf www.bundestag.de, abgerufen am 09. 03. 2016. In der 17. Wahlperiode wurde die Regierung aus einer Koalition von CDU/CSU und FDP gebildet. Diese stellten lediglich 39 der 3.629 Kleinen Anfragen, 109 der 6.057 mündlichen Fragen und 1.282 der 20.141 schriftlichen Fragen. Für eine eingehendere empirische Betrachtung siehe *Siefken*, ZParl 2010, S. 18 ff.

3 Siehe hierzu die Kommentierung in *Ritzel/Bücker/Schreiner*, Handbuch für die parlamentarische Praxis, Bd. 2 (November 2006).

4 BVerfGE 13, 123 (125).

5 Siehe insbesondere die Entscheidungen zum Flick-Untersuchungsausschuss aus dem Jahre 1984, BVerfGE 67, 100, und zum Untersuchungsausschuss „Neue Heimat" aus dem Jahre 1987, BVerfGE 77, 1. Zum Enquêterecht und zum Untersuchungsrecht nach Art. 44 GG siehe *Masing*, Parlamentarische Untersuchungen privater Sachverhalte – Art. 44 GG als staatsgerichtetes Kontrollrecht, 1998.

6 BVerfGE 124, 161.

7 BVerfGE 124, 161 (189 f.).

21. Oktober 2014 zu parlamentarischen Anfragen in Bezug auf Entscheidungen des Bundessicherheitsrates über Rüstungsexporte hatte der Senat sich ebenfalls mit Belangen des Staatswohls, aber auch mit dem Kernbereich exekutiver Eigenverantwortung und den Grundrechten Dritter als Grenzen des Auskunftsrechts zu befassen.[8] Mit seinem Urteil vom 2. Juni 2015 grenzte der Zweite Senat schließlich den Verantwortungsbereich der Bundesregierung bei Fragen zu Unterstützungseinsätzen der Bundespolizei von dem Verantwortungsbereich der Länder für solche Einsätze ab.[9] Die wesentlichen Leitlinien dieser Rechtsprechung sollen hier im Überblick zusammenfassend dargestellt werden.[10]

II. Grundlagen und Inhalt des Frage- und Informationsrechts

1. Herleitung

Das Bundesverfassungsgericht leitet aus Art. 38 Abs. 1 Satz 2 und Art. 20 Abs. 2 Satz 2 GG in ständiger Rechtsprechung ein Frage- und Informationsrecht des Deutschen Bundestages gegenüber der Bundesregierung ab, an dem die einzelnen Abgeordneten und die Fraktionen als Zusammenschlüsse von Abgeordneten nach Maßgabe der Ausgestaltung in der Geschäftsordnung des Deutschen Bundestages teilhaben und dem grundsätzlich eine Antwortpflicht der Bundesregierung korrespondiert.[11] Dieses parlamentarische Frage- und Informationsrecht gegenüber der Bundesregierung hat vor allem zwei, sich nur teilweise überschneidende Funktionen.

a) Allgemeines Informationsrecht

Zum einen sollen die Antworten der Regierung der Informationsgewinnung durch das Parlament dienen, indem sie „dem einzelnen Abgeordneten die für seine Tätigkeit nötigen Informationen auf rasche und zuverlässige Weise verschaffen"[12]

---

8 BVerfGE 137, 185 (233 ff.).

9 BVerfG, Urteil des Zweiten Senats vom 2. Juni 2015 – 2 BvE 7/11 –, juris, Rn. 107 ff.

10 Einen guten Überblick unter Einbeziehung landesrechtlicher Regelungen gibt auch *Glauben*, LKRZ 2015, S. 129 ff.

11 BVerfGE 124, 161 (188); 137, 185 (230 f. Rn. 129); 139, 194 (223 Rn. 104).

12 BVerfGE 13, 123 (125). Zur Bedeutung der Informationen für die Wahrnehmung der einzelnen parlamentarischen Aufgaben siehe *Teuber*, Parlamentarische Informationsrechte, 2007, S. 41 ff.

und so „eine sachgerechte Arbeit innerhalb des Parlaments“[13] erst ermöglichen. Den Abgeordneten ist über das Informationsrecht gewährleistet, den für ihre parlamentarische Arbeit erforderlichen Informationsstand zu erhalten.[14]

b) Parlamentarische Kontrolle der Regierung

Zum anderen dient das Fragerecht der Verwirklichung der dem Parlament zukommenden Kontrollfunktion gegenüber der Regierung,[15] die zum einen den Grundsatz der Gewaltenteilung verwirklicht (aa) und zum anderen Ausdruck der aus dem Demokratieprinzip folgenden, demokratische Legitimation vermittelnden Verantwortlichkeit der Regierung gegenüber dem Parlament ist (bb).

aa) Regierungskontrolle als Element der Gewaltenteilung

Der Grundsatz der Gewaltenteilung stellt für das Grundgesetz ein tragendes Funktions- und Organisationsprinzip dar. Er zielt nicht auf eine vollständige Trennung der Funktionen der Staatsgewalt, sondern auf die politische Machtverteilung, das Ineinandergreifen der drei Gewalten und die daraus resultierende gegenseitige Kontrolle und Begrenzung mit der Folge der Mäßigung der Staatsgewalt.[16] Er gebietet gerade im Hinblick auf die starke Stellung der Regierung, zumal wegen mangelnder Eingriffsmöglichkeiten des Parlaments in den der Exekutive zukommenden Bereich unmittelbarer Handlungsinitiative und Gesetzesanwendung, eine Auslegung des Grundgesetzes dahin, dass parlamentarische Kontrolle auch tatsächlich wirksam werden kann. Ohne Beteiligung am Wissen der Regierung kann das Parlament sein Kontrollrecht gegenüber der Regierung nicht ausüben. Daher kommt dem parlamentarischen Informationsinteresse besonders hohes Gewicht zu, soweit es um die Aufdeckung möglicher Rechtsverstöße und vergleichbarer Missstände innerhalb von Regierung und Verwaltung geht.[17]

---

13 BVerfGE 137, 185 (230 f. Rn. 129); 139, 194 (223 Rn. 104), jeweils m.w.N.

14 BVerfGE 124, 161 (187); vgl. auch BVerfGE 67, 100 (129): „verfassungsrechtliche Pflicht der Bundesregierung ... den Abgeordneten die zur Ausübung ihres Mandates erforderlichen Informationen zu verschaffen“; BVerfGE 105, 252 (270); 105, 279 (306).

15 BVerfGE 137, 185 (231 Rn. 129); 139, 194 (223 f. Rn. 105), jeweils m.w.N.

16 Vgl. BVerfGE 3, 225 (247); 7, 183 (188); 9, 268 (279); 22, 106 (111); 34, 52 (59); 95, 1 (15); 137, 185 (231 Rn. 130); 139, 194 (223 f. Rn. 105).

17 Vgl. BVerfGE 67, 100 (130); 110, 199 (219, 222); 124, 78 (121); 137, 185 (231 f. Rn. 130); 139, 194 (223 f. Rn. 105).

bb) Demokratische Legitimation der Regierung durch ihre Verantwortlichkeit gegenüber dem Parlament

Verantwortung und parlamentarische Kontrolle bilden Grundelemente der demokratischen Verfassungsordnung der Bundesrepublik Deutschland.[18] Nach dem in Art. 20 Abs. 2 Satz 2 GG verankerten Grundsatz der Volkssouveränität übt das Volk die Staatsgewalt, deren Träger es ist, außer durch Wahlen und Abstimmungen durch besondere Organe der Gesetzgebung, der vollziehenden Gewalt und der Rechtsprechung aus. Das setzt voraus, dass das Volk einen effektiven Einfluss auf die Ausübung der Staatsgewalt durch diese Organe hat. Deren Akte müssen sich auf den Willen des Volkes zurückführen lassen und ihm gegenüber verantwortet werden.[19] In personeller Hinsicht ist eine hoheitliche Entscheidung demokratisch legitimiert, wenn sich die Bestellung desjenigen, der sie trifft, durch eine ununterbrochene Legitimationskette auf das Staatsvolk zurückführen lässt. Die sachlich-inhaltliche Legitimation wird durch Gesetzesbindung und Bindung an Aufträge und Weisungen der Regierung vermittelt. Letztere entfaltet Legitimationswirkung aufgrund der Verantwortlichkeit der Regierung gegenüber der Volksvertretung.[20] Insgesamt muss ein hinreichender Gehalt an demokratischer Legitimation erreicht werden, ein bestimmtes Legitimationsniveau.[21] Geheimhaltung gegenüber dem Parlament beschränkt die parlamentarischen Kontrollmöglichkeiten und kann deshalb den notwendigen demokratischen Legitimationszusammenhang beeinträchtigen oder unterbrechen.[22]

2. Umfang

Die Herleitung des Frage- und Informationsrechts aus der Kontrollfunktion des Parlaments und deren Bedeutung für die demokratische Legitimation des Handelns der Regierung und der ihr nachgeordneten Behörden weist diesem Recht des

---

18 *J. Schmidt*, Die demokratische Legitimationsfunktion der parlamentarischen Kontrolle, 2007, S. 121.

19 Vgl. BVerfGE 83, 60 (72); 93, 37 (66); 130, 76 (123); 137, 185 (232 Rn. 131); 139, 194 (224 Rn. 106).

20 Vgl. BVerfGE 93, 37 (67 f.); 107, 59 (87 f.); 130, 76 (124); 137, 185 (232 f. Rn. 131); 139, 194 (225 Rn. 107).

21 Vgl. BVerfGE 83, 60 (72); 93, 37 (67); 107, 59 (87); 130, 76 (124); 137, 185 (232 Rn. 131); 139, 194 (225 Rn. 107); *J. Schmidt*, Die demokratische Legitimationsfunktion der parlamentarischen Kontrolle, 2007, S. 122 f. weist allerdings nicht zu Unrecht darauf hin, dass die Aufgabe, die Voraussetzungen für einen effektiven Kontrollvorgang zu schaffen, in erster Linie dem Gesetzgeber obliegt.

22 BVerfGE 130, 76 (128); 137, 185 (233 Rn. 132).

Parlaments und der Antwortpflicht der Regierung einen hohen Rang zu. Zugleich lässt sich der Gedanke, dass demokratische Legitimation effektiv und praktisch wirksam sein muss, auch hier fruchtbar machen: die Regierung darf das Fragerecht durch ihre Antwortpraxis nicht faktisch entwerten.

a) Pflicht zur fragestellerfreundlichen Auslegung

So gelten zwar für die Auslegung einer parlamentarischen Anfrage grundsätzlich die allgemeinen Auslegungsregeln. Zunächst ist also insbesondere vom Wortlaut und vom Zusammenhang auszugehen, in den die Frage gestellt wurde.[23] Wo allerdings Ungenauigkeiten bei der Formulierung der Frage erkennbar aus einem Informationsdefizit des Fragestellers resultieren, ist bei der Beantwortung dem dahinter stehenden Informationsbedürfnis so weit wie möglich Rechnung zu tragen.[24]

b) Pflicht zur Beschaffung und Zusammenstellung der Informationen

Für parlamentarische Anfragen zur Tätigkeit nachgeordneter Bundesbehörden ist zudem geklärt, dass die Bundesregierung alle Informationen mitzuteilen hat, über die sie verfügt oder die sie mit zumutbarem Aufwand in Erfahrung bringen kann. Da sich der parlamentarische Informationsanspruch im Hinblick auf die mögliche politische Bedeutung auch länger zurückliegender Vorgänge auf Fragen erstreckt, die den Verantwortungsbereich früherer Bundesregierungen betreffen, können die Bundesregierung zudem im Rahmen des Zumutbaren Rekonstruktionspflichten treffen.[25]

---

23 Vgl. BVerfGE 110, 199 (213); 137, 185 (228 f. Rn. 124).

24 BVerfGE 137, 185 (228 f. Rn. 124). Vgl. zur fragestellerfreundlichen Auslegung („im Zweifel für den Fragesteller") auch *Ritzel/Bücker/Schreiner*, Handbuch für die parlamentarische Praxis, Vorbem. zu §§ 100 – 106, III 3. b) (November 2006); *Troßmann/Roll*, Parlamentsrecht des Deutschen Bundestages, Erg.-Bd., 1981, § 105 Rn. 16 a.E.

25 BVerfGE 124, 161 (197). Dies wird in der Entscheidung über parlamentarische Anfragen zu Unterstützungseinsätzen der Bundespolizei zwar nicht ausdrücklich wiederholt, aber ersichtlich vorausgesetzt, wenn es dort heißt, dass die Bundesregierung auf parlamentarische Fragen zu der Entscheidung über das Ersuchen eines Landes um Unterstützung durch die Bundespolizei zu antworten hat, und zwar unabhängig davon, ob die Entscheidung wie üblich durch das Bundespolizeipräsidium getroffen wurde oder durch das Bundesministerium des Innern, BVerfGE 139, 194 (227 f. Rn. 112).

c) Pflicht zur zeitnahen Antwort

Zwar hat sich der Zweite Senat bislang noch nicht mit der Frage befasst, ob die Bundesregierung verpflichtet ist, parlamentarische Anfragen zeitnah zu beantworten.[26] Allerdings kann die Regierung die Beantwortung einer Anfrage nicht mit dem bloßen Hinweis ablehnen, diese sei nicht innerhalb der in § 104 Abs. 2 Halbsatz 1 GO-BT vorgesehenen Frist von 14 Tagen möglich. Denn diese Frist kann im Benehmen mit den Fragestellern verlängert werden (§ 104 Abs. 2 Halbsatz 2 GO-BT).[27] Die Antwort kann daher allenfalls dann verweigert werden, wenn die Bundesregierung auf eine derartige Fristverlängerung hingewirkt hat und die Fragesteller nicht einverstanden waren.[28]

III. Grenzen des parlamentarischen Frage- und Informationsrechts

Der Auskunftsanspruch des Deutschen Bundestages gegenüber der Bundesregierung unterliegt verfassungsrechtlichen Grenzen.[29] In der Rechtsprechung des Bundesverfassungsgerichts wurden als solche Grenzen bislang ausdrücklich anerkannt der Verantwortungsbereich der Regierung, der zugleich Grund und Grenze des Fragerechts darstellt (1.), der nach dem Gewaltenteilungsgrundsatz geschützte Kernbereich exekutiver Eigenverantwortung, der einen grundsätzlich nicht ausforschbaren Initiativ-, Beratungs- und Handlungsbereich einschließt (2.), Grundrechte Dritter, die durch die Preisgabe geheimhaltungsbedürftiger Informationen betroffen sein können (3.), und das Staatswohl, also das Wohl des Bundes oder eines Landes (4.).[30]

---

26 Einige wenige Landesverfassungen sehen Fristen für die Beantwortung von Anfragen vor. So sind nach Art. 25 Abs. 2 Satz 2 der Verfassung der Freien und Hansestadt Hamburg Große Anfragen binnen vier Wochen und nach Abs. 3 Satz 2 Kleine Anfragen binnen acht Tagen schriftlich zu beantworten. Nach Art. 67 Abs. 1 der Thüringischen Landesverfassung hat die Landesregierung parlamentarische Anfragen „unverzüglich“ zu beantworten; zur Auslegung dieser Vorschrift siehe *Brenner*, Reichweite und Grenzen des parlamentarischen Fragerechts, 2009, S. 33.

27 BVerfGE 124, 161 (197); *Lennartz/Kiefer*, DÖV 2006, S. 185.

28 BVerfGE 124, 161 (197).

29 Vgl. BVerfGE 124, 161 (188).

30 Siehe zu allen genannten Grenzen BVerfGE 137, 185 (233 Rn. 134) zu 1., (233 ff. Rn. 135 ff. zu 2., (240 ff. Rn. 153 ff.) zu 3. und (243 f. Rn. 149 ff.) zu 4. sowie auch *Lennartz/Kiefer*, DÖV 2006, S. 185 (186 ff.).

1. Verantwortungsbereich der Bundesregierung

Da das Interpellationsrecht aus der Kontrollfunktion des Parlaments herrührt und dieses zugleich Ausdruck der aus dem Demokratieprinzip folgenden Verantwortlichkeit der Regierung gegenüber dem Parlament ist, kann sich der Informationsanspruch des Bundestages und der einzelnen Abgeordneten von vornherein nicht auf Angelegenheiten beziehen, die nicht in die Zuständigkeit der Bundesregierung fallen. Insoweit fehlt es an einer Verantwortlichkeit der Bundesregierung gegenüber dem Deutschen Bundestag.[31]

a) BVerfGE 124, 161 („Geheimdienste")

In seinem Beschluss zu Kleinen Anfragen hinsichtlich der nachrichtendienstlichen Tätigkeit des Bundes stellte der Zweite Senat fest, dass Fragen zur Tätigkeit von der Bundesregierung unmittelbar nachgeordneten Behörden und zum Kenntnisstand der Bundesregierung zu Aktivitäten anderer Geheimdienste bei unbefangener Würdigung die Sphäre und den Verantwortungsbereich der Bundesregierung betreffen.[32] Hinsichtlich des Verfassungsschutzes liege nicht auf der Hand, dass die Bundesregierung auf Auskünfte beschränkt sei, die die Koordinierungsfunktion des Bundesamtes für Verfassungsschutz beträfen, und sich deshalb nicht zur Tätigkeit der Landesverfassungsschutzbehörden zu äußern habe.[33] Vielmehr sprächen bereits die dem Bundesamt für Verfassungsschutz eröffnete Möglichkeit, Daten der Landesverfassungsschutzbehörden zu nutzen, sowie die gegenseitige Unterrichtung der Verfassungsschutzbehörden dafür, dass der Verantwortungsbereich der Bundesregierung berührt sein könne.[34]

b) BVerfGE 139, 194 („Bundespolizei")

In seinem Urteil zu parlamentarischen Anfragen bezüglich Unterstützungseinsätzen der Bundespolizei für die Polizei der Länder grenzte der Zweite Senat den Verantwortungsbereich des Bundes im föderalen Staatsaufbau von dem der Länder ab. Das Frage- und Auskunftsrecht des Deutschen Bundestages, seiner

31 Vgl. BVerfGE 124, 161 (189, 196); 137, 185 (233 Rn. 134); 139, 194 (225 Rn. 107).
32 Vgl. BVerfGE 124, 161 (196).
33 Vgl. BVerfGE 124, 161 (196).
34 Vgl. BVerfGE 124, 161 (196).

Abgeordneten und Fraktionen gegenüber der Bundesregierung kann sich danach hinsichtlich der Unterstützungseinsätze nach Art. 35 Abs. 2 Satz 1 GG nur auf Umstände beziehen, die nach der im Grundgesetz angelegten und im Gesetz über die Bundespolizei näher geregelten Verteilung der Zuständigkeiten in den Verantwortungsbereich des Bundes fallen.[35] Hierzu gehört die Entscheidung über das Ersuchen eines Landes um Unterstützung durch die Bundespolizei, gleich ob die Entscheidung wie üblich durch das Bundespolizeipräsidium getroffen wurde oder durch das Bundesministerium des Innern. Dabei sind gegebenenfalls auch Tatsachen mitzuteilen, die zwar aus dem Bereich des anfragenden Landes stammen, aber die Grundlage für die Entscheidung über das Ersuchen bildeten, also etwa die in der Anforderung angegebenen wesentlichen Merkmale des Einsatzauftrages, der Umfang der angefragten Kräfte oder spezielle Anforderungen an die Art der zu entsendenden Unterstützungskräfte oder deren Ausrüstung.[36]

Weiter sind Fragen zu beantworten, die sich auf Begleitumstände eines Unterstützungseinsatzes beziehen, für die eine Behörde des Bundes aufgrund ihrer Eigenschaft als Dienstherr der eingesetzten Beamten die Verantwortung trägt, z. B. Strafverfahren, die die Justizbehörden der Länder aufgrund eines solchen Verhaltens gegen Bundesbeamte eingeleitet haben.[37] Entsprechendes gilt für sonstige Aspekte des Unterstützungseinsatzes, die in den Verantwortungsbereich des Bundes fallen, wie etwa Fragen zu den einsatzbedingten Mehrkosten. Auch wenn diese letztlich vom Land zu tragen sind, ist die Berechnung der Kosten, die der Bund von dem unterstützten Land erstattet verlangt, ein Vorgang, der in die alleinige Zuständigkeit und Verantwortung des Bundes fällt.[38] Nehmen der Bund und das den Einsatz leitende Land oder die an dem Einsatz beteiligten Länder eine gemeinsame Auswertung des Einsatzes vor, so ist diese – etwa in Form eines gemeinsamen Abschlussberichts – auf Anfrage zu übermitteln, wenn nicht Geheimhaltungsgründe vorliegen. Nehmen Beamte des Bundes hingegen lediglich an einem durch das Land eingerichteten Gremium teil, das eine solche Aus- und Bewertung für das Land in dessen alleiniger Federführung vornimmt, so ist der Verantwortungsbereich der Bundesregierung und der ihr nachgeordneten Verwaltung des Bundes nicht betroffen und es besteht keine Antwortpflicht.[39]

Dies zeigt, dass der Senat den Verantwortungsbereich der Bundesregierung so versteht, dass hierunter auch Informationen Dritter – hier der Länder – fallen können, wenn und soweit sie für Entscheidungen oder sonstige Verwaltungs-

---

35 BVerfGE 139, 194 (227 Rn. 110).
36 BVerfGE 139, 194 (227 f., Rn. 112).
37 BVerfGE 139, 194 (228 Rn. 113).
38 BVerfGE 139, 194 (228 Rn. 114).
39 BVerfGE 139, 194 (231 Rn. 120).

vorgänge aus dem Verantwortungsbereich des Bundes relevant sind. Der in dem Verfahren von der Bundesregierung vertretenen Aufspaltung von Informationen in „Länderwissen" und „Bundeswissen"[40] ist der Senat nicht gefolgt.

2. Kernbereich exekutiver Eigenverantwortung

Weitere Grenzen des Auskunftsanspruchs ergeben sich nach der Rechtsprechung des Bundesverfassungsgerichts aus dem Gewaltenteilungsgrundsatz.[41] Das Gewaltenteilungsprinzip zielt auf Machtverteilung und die daraus sich ergebende Mäßigung der Staatsherrschaft.[42] In seiner grundgesetzlichen Ausformung als Gebot der Unterscheidung zwischen gesetzgebender, vollziehender und rechtsprechender Gewalt (Art. 20 Abs. 2 Satz 2 GG) dient es zugleich einer funktionsgerechten Zuordnung hoheitlicher Befugnisse zu unterschiedlichen, jeweils aufgabenspezifisch ausgeformten Trägern öffentlicher Gewalt und sichert die rechtliche Bindung aller Staatsgewalt (Art. 20 Abs. 3 GG).[43] Die Zweige der Staatsgewalt sind aufeinander bezogen und miteinander verschränkt, dürfen aber ihrer jeweiligen Eigenheit und ihrer spezifischen Aufgaben und Zuständigkeiten nicht beraubt werden. Das Gewaltenteilungsprinzip ist damit zugleich Grund und Grenze des Informationsanspruchs des Parlaments gegenüber der Regierung. Je weiter ein parlamentarisches Informationsbegehren in den inneren Bereich der Willensbildung der Regierung eindringt, desto gewichtiger muss es sein, um sich gegen ein von der Regierung geltend gemachtes Interesse an Vertraulichkeit durchsetzen zu können.[44]

Das Bundesverfassungsgericht hat sich mit dem Kernbereich exekutiver Eigenverantwortung als Grenze des parlamentarischen Frage- und Auskunftsrechts zuletzt ausführlich in der Entscheidung zu parlamentarischen Anfragen hinsichtlich der Beratungen und Entscheidungen des Bundessicherheitsrates über Rüstungsexportgenehmigungen auseinandergesetzt. Die Verantwortlichkeit der Regierung gegenüber Parlament und Volk setzt danach notwendigerweise einen Kernbereich exekutiver Eigenverantwortung voraus, der einen grundsätzlich nicht ausforschbaren Initiativ-, Beratungs- und Handlungsbereich einschließt. Dazu gehört zum Beispiel die Willensbildung der Regierung selbst, sowohl hinsichtlich

---

40 Vgl. BVerfGE 139, 194 (216 Rn. 82).

41 Vgl. BVerfGE 67, 100 (139); 110, 199 (215); 124, 78 (120); 131, 152 (206); 137, 185 (234 ff. Rn. 136 ff.).

42 BVerfGE 124, 78 (120).

43 BVerfGE 124, 78 (120); 137, 185 (234 Rn. 136).

44 Vgl. BVerfGE 110, 199 (222); 124, 78 (122 f.); 137, 185 (234 Rn. 136).

der Erörterungen im Kabinett als auch bei der Vorbereitung von Kabinetts- und Ressortentscheidungen, die sich vornehmlich in ressortübergreifenden und -internen Abstimmungsprozessen vollzieht.[45] Bei dem einer konkreten Positionierung vorgelagerten Willensbildungsprozess der Bundesregierung handelt es sich um einen von verschiedenen innen- und außenpolitischen sowie innerorganschaftlichen Belangen, Erwägungen und Entwicklungen abhängigen Vorgang, der den Bereich der Bundesregierung noch nicht verlässt und über den der Bundestag von Verfassungs wegen grundsätzlich (noch) nicht zu informieren ist.[46] Eine Pflicht der Regierung, parlamentarischen Informationswünschen zu entsprechen, besteht danach in der Regel nicht, wenn die Information zu einem Mitregieren Dritter bei Entscheidungen führen kann, die in der alleinigen Kompetenz der Regierung liegen.[47] Diese Gefahr besteht bei Informationen aus dem Bereich der Vorbereitung von Regierungsentscheidungen regelmäßig, solange die Entscheidung noch nicht getroffen ist.[48] So könnte ein so wesentlicher Teil einer politischen Entscheidung wie die Bestimmung des Zeitpunkts, zu dem sie fallen soll, der Regierung weitgehend aus der Hand genommen werden, wenn das Parlament schon vor diesem Zeitpunkt auf den Stand der Entscheidungsvorbereitung innerhalb der Regierung zugreifen könnte.[49] Die Kontrollkompetenz des Bundestages erstreckt sich demnach grundsätzlich nur auf bereits abgeschlossene Vorgänge; sie enthält nicht die Befugnis, in laufende Verhandlungen und Entscheidungsvorbereitungen einzugreifen.[50]

Der aus dem Gewaltenteilungsprinzip folgende Schutz vor informatorischen Eingriffen in den Bereich exekutiver Entscheidungsvorbereitung erschöpft sich jedoch nicht in dieser Abschirmung gegen unmittelbare Eingriffe in die autonome Kompetenzausübung der Regierung, sondern wirkt über den Zeitpunkt einer Entscheidung hinaus.[51] Zwar scheiden parlamentarische Informationsrechte in Bezug auf abgeschlossene Vorgänge nicht grundsätzlich immer dann aus, wenn es sich um Akten aus dem Bereich der Willensbildung der Regierung, einschließlich der vorbereitenden Willensbildung innerhalb der Ressorts und der Abstimmung

45 BVerfGE 137, 185 (234f. Rn. 137) mit Verweis auf BVerfGE 67, 100 (139); 110, 199 (214, 222); 124, 78 (120); 131, 152 (210).
46 BVerfG, a.a.O. mit Verweis auf BVerfGE 131, 152 (206).
47 BVerfG, a.a.O. mit Verweis auf BVerfGE 110, 199 (214); 124, 78 (120f.).
48 BVerfG, a.a.O. mit Verweis auf BVerfGE 110, 199 (214); 124, 78 (122).
49 BVerfG, a.a.O. mit Verweis auf BVerfGE 110, 199 (214f.).
50 BVerfGE 137, 185 (235, Rn. 138) mit Verweis auf BVerfGE 67, 100 (139); 110, 199 (215); 124, 78 (121).
51 BVerfG, a.a.O. mit Verweis auf BVerfGE 110, 199 (215).

zwischen ihnen handelt.[52] Dem parlamentarischen Zugriff können grundsätzlich auch Informationen aus dem Bereich der regierungsinternen Willensbildung unterliegen.[53]

Andererseits würde aber ein – sei es auch erst nach Abschluss des jeweiligen Entscheidungsprozesses einsetzender – schrankenloser parlamentarischer Anspruch auf Informationen aus diesem Bereich vor allem durch seine einengenden Vorwirkungen die Regierung in der selbstständigen Funktion beeinträchtigen, die das Gewaltenteilungsprinzip ihr zuweist.[54] Informationen aus dem Vorfeld von Regierungsentscheidungen sind daher zwar nach Abschluss der jeweiligen Entscheidung nicht mehr im selben Maße geschützt wie in der Phase, in der die Kenntnisnahme Dritter diesen einen unmittelbaren Einfluss auf die Entscheidung verschaffen würde.[55] Jedoch sind auch bei abgeschlossenen Vorgängen Fälle möglich, in denen die Regierung aus dem Kernbereich exekutiver Eigenverantwortung geheim zu haltende Tatsachen mitzuteilen nicht verpflichtet ist.[56] Die Grenzen des parlamentarischen Informationsanspruchs lassen sich in Bezug auf abgeschlossene Vorgänge nur unter Berücksichtigung der jeweiligen Umstände feststellen.[57] Die Notwendigkeit, hier zwischen gegenläufigen Belangen abzuwägen, entspricht der doppelten Funktion des Gewaltenteilungsgrundsatzes als Grund und Grenze parlamentarischer Kontrollrechte.[58] In ihr kommt zum Ausdruck, dass die parlamentarische Kontrolle der Regierung einerseits gerade dazu bestimmt ist, eine demokratischen und rechtsstaatlichen Grundsätzen entsprechende Ausübung der Regierungsfunktion sicherzustellen, andererseits aber diese Funktion auch stören kann und daher der Begrenzung auf ein funktionsverträgliches Maß bedarf.[59]

Als funktioneller Belang fällt bei abgeschlossenen Vorgängen nicht mehr die Entscheidungsautonomie der Regierung, sondern vor allem die Freiheit und Offenheit der Willensbildung innerhalb der Regierung ins Gewicht. Unter diesem Aspekt sind Informationen aus dem Bereich der Vorbereitung von Regierungs-

---

52 BVerfGE 110, 199 (219); 124, 78 (122); 137, 185 (249 f. Rn. 169).

53 BVerfGE 124, 78 (122); 137, 185 (249 f. Rn. 169). – Hiermit relativiert das Gericht wohl die ursprünglich recht strenge Abschirmung des Kernbereichs exekutiver Eigenverantwortung, vgl. *Emmenegger*, Die Stärkung des Parlaments in der neueren Rechtsprechung des Bundesverfassungsgerichts, in: dies./Wiedmann (Hrsg.), Linien der Rechtsprechung des Bundesverfassungsgerichts, Bd. II, 2011, S. 447 (455 ff.).

54 BVerfGE 110, 199 (215); 124, 78 (121); 137, 185 (Rn. 170).

55 Vgl. BVerfGE 110, 199 (215 f.).; 137, 185 (Rn. 170).

56 Vgl. BVerfGE 67, 100 (139); 110, 199 (216); 124, 78 (121).

57 Vgl. BVerfGE 110, 199 (219); 124, 78 (122); 137, 185 (Rn. 170).

58 BVerfGE 110, 199 (219); 124, 78 (122); 137, 185 (Rn. 170).

59 BVerfGE 110, 199 (219); 137, 185 (Rn. 170).

entscheidungen, die Aufschluss über den Prozess der Willensbildung geben, umso schutzwürdiger, je näher sie der gubernativen Entscheidung stehen.[60] So kommt den Erörterungen im Kabinett besonders hohe Schutzwürdigkeit zu.[61] Die vorgelagerten Beratungs- und Entscheidungsabläufe sind demgegenüber einer parlamentarischen Kontrolle in einem geringeren Maße entzogen.[62] Auf der anderen Seite ist das Gewicht des parlamentarischen Informationsinteresses in Anschlag zu bringen.[63] Je weiter ein parlamentarisches Informationsbegehren in diesen innersten Bereich eindringt, desto gewichtiger muss es daher sein, um sich gegen ein von der Regierung geltend gemachtes Interesse an Vertraulichkeit durchsetzen zu können.[64]

3. Grundrechte Dritter

Zu Grundrechten Dritter als Grenze des parlamentarischen Informationsanspruchs hat sich das Bundesverfassungsgericht zunächst im Kontext von Untersuchungsausschüssen geäußert und hierzu Maßstäbe entwickelt, die zum einen an die in Art. 44 Abs. 2 Satz 1 GG vorgesehene Anwendung der Vorschriften über den Strafprozess und damit des § 96 StPO[65] – unter den auch das Steuergeheimnis gefasst wird[66] –, zum anderen an die allgemeine Grundrechtsbindung der Untersuchungsausschüsse[67] anknüpfen. So kann die Geheimhaltung bestimmter steuerlicher Angaben und Verhältnisse, deren Weitergabe einen Bezug auf den Steuerpflichtigen oder private Dritte erkennbar werden lässt, durch eine Reihe grundrechtlicher Verbürgungen, insbesondere durch Art. 2 Abs. 1 in Verbindung mit Art. 1 Abs. 1 und Art. 14 GG, gegebenenfalls in Verbindung mit Art. 19 Abs. 3 GG, geboten sein.[68] Diese verbürgen ihren Trägern einen Schutz gegen unbegrenzte Erhebung, Speicherung, Verwendung oder Weitergabe der auf sie bezogenen, individualisierten oder individualisierbaren Daten.[69] Das Schutzinteresse ist mit

60 Vgl. BVerfGE 110, 199 (221); 124, 78 (122 f.); 137, 185 (Rn. 171).
61 Vgl. BVerfGE 110, 199 (221); 124, 78 (122).
62 BVerfGE 124, 78 (123). Siehe dort auch S. 137 f.: „Umgekehrt folgt daraus, dass die der Regierungsentscheidung vorgelagerten Abläufe umso geringeren Schutz genießen, je ferner sie der eigentlichen Regierungsentscheidung stehen".
63 BVerfGE 110, 199 (221).
64 Vgl. BVerfGE 110, 199 (222); siehe ferner BVerfGE 124, 78 (122 f.).
65 Vgl. BVerfGE 67, 100 (133).
66 BVerfGE 67, 100 (139).
67 Vgl. BVerfGE 67, 100 (142); 76, 363 (387); 124, 78 (125).
68 BVerfGE 67, 100 (142); vgl. auch BVerfGE 76, 363 (388); 77, 1 (46).
69 BVerfGE 67, 100 (143); 76, 363 (388), unter Verweis auf BVerfGE 65, 1 (43).

dem Interesse der Allgemeinheit an der Aufklärung des Untersuchungsgegenstandes unter Beachtung des Grundsatzes der Verhältnismäßigkeit abzuwägen.[70]

In jüngerer Zeit hat sich das Bundesverfassungsgericht mehrfach konkret mit der Offenlegung von Betriebs- und Geschäftsgeheimnissen[71] von Unternehmen durch staatliche Stellen befasst. Diese unterstehen dem Schutzbereich von Art. 12 Abs. 1 GG,[72] wie der Zweite Senat zuletzt in seinem Urteil vom 21. Oktober 2014 zu parlamentarischen Anfragen in Bezug auf Beratungen und Entscheidungen des Bundessicherheitsrates über Rüstungsexportgenehmigungen bestätigt hat.[73] Erfolgt die unternehmerische Berufstätigkeit nach den Grundsätzen des Wettbewerbs, wird die Reichweite des Freiheitsschutzes auch durch die rechtlichen Regeln mitbestimmt, die den Wettbewerb ermöglichen und begrenzen.[74] Behindert eine den Wettbewerb beeinflussende staatliche Maßnahme eine juristische Person in ihrer beruflichen Tätigkeit, so stellt dies eine Beschränkung ihres Freiheitsrechts aus Art. 12 Abs. 1 GG dar.[75] Denn dadurch kann die Ausschließlichkeit der Nutzung des betroffenen Wissens für den eigenen Erwerb beeinträchtigt werden.[76] Wird exklusives wettbewerbserhebliches Wissen den Konkurrenten zugänglich, mindert dies die Möglichkeit, die Berufsausübung unter Rückgriff auf dieses Wissen erfolgreich zu gestalten. So können unternehmerische Strategien durchkreuzt werden. Auch kann ein Anreiz zu innovativem unternehmerischen Handeln entfallen, weil die Investitionskosten nicht eingebracht werden können, während gleichzeitig Dritte unter Einsparung solcher Kosten das innovativ erzeugte Wissen

70 BVerfGE 76, 363 (388).

71 Dies sind nach BVerfGE 115, 205 (230 f.); 137, 185 (243 Rn. 153 und 255 Rn. 181): „...alle auf ein Unternehmen bezogenen Tatsachen, Umstände und Vorgänge, die nicht offenkundig, sondern nur einem begrenzten Personenkreis zugänglich sind und an deren Nichtverbreitung der Rechtsträger ein berechtigtes Interesse hat. Betriebsgeheimnisse umfassen im Wesentlichen technisches Wissen im weitesten Sinne; Geschäftsgeheimnisse betreffen vornehmlich kaufmännisches Wissen. Zu derartigen Geheimnissen zählen etwa Umsätze, Ertragslagen, Geschäftsbücher, Kundenlisten, Bezugsquellen, Konditionen, Marktstrategien, Unterlagen zur Kreditwürdigkeit, Kalkulationsunterlagen, Patentanmeldungen und sonstige Entwicklungs- und Forschungsprojekte, durch welche die wirtschaftlichen Verhältnisse eines Betriebs maßgeblich bestimmt werden können“.

72 BVerfGE 115, 205 (229); 128, 1 (56).

73 BVerfGE 137, 185 (255 ff. Rn. 180 ff.).

74 BVerfGE 105, 252 (265); 115, 205 (229); 137, 185 (243 Rn. 154).

75 BVerfGE 86, 28 (37); 115, 205 (230); 137, 185 (243 f. Rn. 154). Zu den Gewährleistungsgehalten der Art. 14 Abs. 1 und Art. 2 Abs. 1 GG hinsichtlich des Schutzes von Betriebs- und Geschäftsgeheimnissen siehe *Helbach*, Der gestufte Schutz von Betriebs- und Geschäftsgeheimnissen vor Parlament, Presse und jedermann, 2012, S. 42 ff.

76 Vgl. BVerfGE 115, 205 (230); 137, 185 (244 Rn. 155).

zur Grundlage ihres eigenen beruflichen Erfolgs in Konkurrenz mit dem Geheimnisträger nutzen.[77]

4. Staatswohlbelange

In seiner Entscheidung zu den Beratungen und Entscheidungen des Bundessicherheitsrates zu Rüstungsexporten hat sich der Zweite Senat jüngst ausführlich mit dem Staatswohl, d. h. dem Wohl des Bundes oder eines Landes, als Grenze des Frage- und Auskunftsrechts des Parlaments gegenüber der Regierung auseinandergesetzt.[78] Danach ist bei der Auslegung und Anwendung des Begriffs der Gefährdung des Staatswohls zu berücksichtigen, dass der Bundestag in der Geheimschutzordnung in detaillierter Weise die Voraussetzungen für die Wahrung von Dienstgeheimnissen bei der Aufgabenerfüllung des Bundestages festgelegt hat.[79] Diese Geheimschutzbestimmungen seien Ausdruck der Tatsache, dass das Parlament ohne eine Beteiligung am geheimen Wissen der Regierung weder das Gesetzgebungsrecht noch das Haushaltsrecht noch das parlamentarische Kontrollrecht gegenüber der Regierung auszuüben vermöchte.[80] Das Staatswohl sei im parlamentarischen Regierungssystem des Grundgesetzes nicht allein der Bundesregierung, sondern dem Bundestag und der Bundesregierung gemeinsam anvertraut. Das Parlament und seine Organe könnten nicht als Außenstehende behandelt werden, die zum Kreis derer gehören, vor denen Informationen zum Schutz des Staatswohls geheim zu halten sind. Mithin komme die Berufung auf das Wohl des Bundes gerade gegenüber dem Bundestag in aller Regel dann nicht in Betracht, wenn beiderseits wirksam Vorkehrungen gegen das Bekanntwerden von Dienstgeheimnissen getroffen wurden. Dass auch die Beachtung von Vorschriften zur Wahrung von Dienstgeheimnissen deren Bekanntwerden nicht ausschließt, stehe dem nicht entgegen, denn diese Tatsache betreffe alle drei Gewalten.[81]

Die Geheimschutzbestimmungen des Bundestages ließen allerdings die eigene, aus der ihr anvertrauten Regierungsgewalt herrührende Verantwortung der

77 BVerfGE 115, 205 (230); 137, 185 (244 Rn. 155). Zum Schutz von Betriebs- und Geschäftsgeheimnissen der öffentlichen Hand siehe *Polenz*, DÖV 2010, S. 350ff.

78 BVerfGE 137, 185 (240ff. Rn. 149ff.). Siehe hierzu auch *Warg*, NVwZ 2014, S. 1263ff. sowie speziell zum Geheimnisschutz in Bezug auf Nachrichtendienste *Wolff*, JZ 2010, S. 173ff.

79 Zu entsprechenden Vorkehrungen der Untersuchungsausschüsse siehe *Glauben*, DÖV 2007, S. 149ff.

80 BVerfGE 137, 185 (240f. Rn. 149).

81 BVerfGE 137, 185 (241 Rn. 149).

Bundesregierung für die Wahrung der Dienstgeheimnisse unberührt. Die Bundesregierung sei daher nicht verpflichtet, Verschlusssachen, die Dienstgeheimnisse enthalten, dem Bundestag vorzulegen, wenn dieser nicht den von der Bundesregierung für notwendig gehaltenen Geheimschutz gewährleiste.[82]

IV. Konkordanz zwischen Geheimhaltungsbedürfnis und Informationsinteresse

Sind damit die Grundlagen und der Umfang des Frage- und Informationsrechts einerseits und seine Grenzen andererseits im Sinne einer allgemeinen Maßstabsbildung einigermaßen klar konturiert, ist doch in Bezug auf jeden Einzelfall und auch in Bezug auf bestimmte Sachbereiche eine Abwägung zwischen den gegenläufigen Belangen der Geheimhaltungsbedürftigkeit auf Seiten der Regierung oder Dritter und dem Informationsinteresse des Parlaments und der Öffentlichkeit vorzunehmen.

1. Modifikation des Anspruchsinhalts

Das Erfordernis, die konfligierenden Belange zu einem schonenden Ausgleich zu bringen, kann dazu führen, dass der Anspruch auf Auskunfterteilung zu modifizieren ist.

a) Auskunftserteilung gegenüber Kontrollgremien

Denkbar ist zum einen die Beschränkung der Auskunftspflicht der Regierung auf ein parlamentarisches Untergremium. Die Übernahme von Aufgaben des Plenums durch solche Gremien ist in bestimmten Fällen möglich,[83] allerdings muss dies auf wenige Ausnahmen mit eng begrenztem Anwendungsbereich beschränkt bleiben und zwingend erforderlich sein.[84]

---

82 BVerfGE 137, 185 (241 Rn. 150).

83 Vgl. BVerfGE 70, 324 (364); 130, 318 (359 ff.).

84 Vgl. BVerfGE 130, 318 (360 ff.), wonach ein solcher Ausnahmefall etwa vorliegen kann bei „militärischen Geheimnissen oder sonstigen aus Gründen des Staatsschutzes geheim zu haltenden Informationen“ sowie bei Maßnahmen, „bei denen nicht nur der Inhalt der Beratung, sondern

In seinem Urteil zu Auskünften in Bezug auf Beratungen des Bundessicherheitsrates über geplante Rüstungsexportgeschäfte kam der Zweite Senat zu dem Ergebnis, dass der Konflikt zwischen dem Fragerecht der Abgeordneten auf der einen und dem Schutz des Kernbereichs exekutiver Eigenverantwortung, dem Staatswohl und der Berufsfreiheit der Kriegswaffen ausführenden Unternehmen auf der anderen Seite nicht durch Maßnahmen des Geheimnisschutzes auf Seiten des Parlaments aufgelöst werden kann.[85]

Zwar würde durch die Einrichtung eines Sondergremiums für die parlamentarische Kontrolle der Tätigkeit des Bundessicherheitsrates bei Anwendung der Geheimschutzordnung des Bundestages ein Maß an Geheimhaltung praktisch ermöglicht, das zum Ausgleich der konfligierenden Interessen führen könnte. Die Beschränkung der Wahrnehmung der Beteiligungsrechte des Bundestages auf parlamentarische Untergremien griffe aber ihrerseits in die Rechte der in dem Sondergremium nicht vertretenen Abgeordneten aus Art. 38 Abs. 1 Satz 2 GG ein, über eine Angelegenheit des Deutschen Bundestages zu beraten, zu ihr zu reden, das Frage- und Informationsrecht des Parlaments auszuüben und schließlich darüber abzustimmen. Bei einer solchen Beschränkung der Statusrechte der Abgeordneten sei der Grundsatz der Verhältnismäßigkeit zu wahren und ein angemessener Ausgleich zwischen der Funktionsfähigkeit des Deutschen Bundestages und den Statusrechten der Abgeordneten sicherzustellen. Erfolge die Delegation von Beteiligungsrechten im Interesse besonderer Vertraulichkeit, müsse sie deshalb auf wenige Ausnahmen mit begrenztem Anwendungsbereich beschränkt bleiben und zwingend erforderlich sein.[86]

Dies sei in Bezug auf Genehmigungsentscheidungen nach Art. 26 Abs. 2 Satz 1 GG nicht der Fall. Zwar könnte ein der Geheimhaltung unterliegendes Sondergremium umfassender unterrichtet werden. Diesem Erhalt zusätzlicher Informationen stünde aber eine erhebliche Beschränkung der parlamentarischen Kontrolle und der Statusrechte der nicht im Gremium vertretenen Abgeordneten gegenüber. Zudem entfiele dadurch, dass die Kontrolle der Parlamentsöffentlichkeit entzogen würde, auch die Kontrolle durch die Bürger, die der effektiven Verantwortlichkeit des Parlaments gegenüber dem Wähler diene.[87] Die Steigerung der Kontrolltiefe, die mit der Information eines Sondergremiums über Ablehnungsentscheidungen und über die Gründe der Entscheidungen des Bundessicherheitsrates erreicht würde, stehe in keinem Verhältnis zu den Einbußen für die

auch die Tatsache der Beratung und der Beschlussfassung an sich geheim gehalten werden müssen, um den Erfolg einer Maßnahme nicht von vornherein unmöglich zu machen".

85 BVerfGE 137, 185 (261 f. Rn. 193).

86 BVerfGE 137, 185 (261 f. Rn. 194 f.) unter Bezugnahme auf BVerfGE 130, 318.

87 BVerfGE 137, 185 (262 f. Rn. 196).

Funktion der Kontrolle, die durch eine öffentliche Kontrolle vermittelte Legitimation des staatlichen Handelns und die Statusrechte der nicht in dem Gremium vertretenen Abgeordneten, die die weit überwiegende Mehrheit des Deutschen Bundestages darstellten.[88]

b) Auskunftserteilung unter Anwendung der Geheimschutzordnung

Auch die Beantwortung parlamentarischer Anfragen unter Anwendung der Geheimschutzordnung kann geeignet sein, einen angemessenen Ausgleich zwischen dem Fragerecht der Abgeordneten und berechtigten Geheimhaltungsinteressen zu schaffen.[89] Die Anwendung der Geheimschutzordnung konfligiert allerdings mit der Öffentlichkeitsfunktion des Parlaments.[90]

Der parlamentarische Informationsanspruch ist auf Beantwortung gestellter Fragen in der Öffentlichkeit hin angelegt.[91] Verhandeln von Argument und Gegenargument, öffentliche Debatte und öffentliche Diskussion sind wesentliche Elemente des demokratischen Parlamentarismus.[92] Es besteht die Gefahr, dass es bei exzessiver Anwendung der Geheimschutzordnung zu einer „Rearkanisierung" des parlamentarischen Verfahrens kommt.[93] Die Öffentlichkeitsfunktion des Parlaments gilt als „Herzstück" des „modernen Parlamentarismus".[94]

Das im parlamentarischen Verfahren gewährleistete Maß an Öffentlichkeit der Auseinandersetzung und Entscheidungssuche eröffnet nicht nur Möglichkeiten eines Ausgleichs widerstreitender Interessen, die bei einem weniger transparenten Verfahren sich so nicht ergäben.[95] Der Grundsatz der Parlamentsöffentlichkeit ermöglicht auch die Kontrolle durch die Bürger und dient damit der effektiven Verantwortlichkeit des Parlaments gegenüber dem Wähler.[96] Mittelbar gilt dies auch für die Exekutive, welche über die Gesetzgebungs- und Kontrollfunktion des

88 BVerfGE, a.a.O.
89 Vgl. BVerfGE 67, 100 (135); 70, 324 (359); 124, 78 (124 f.); 130, 318 (362); 131, 152 (208); 137, 185 (264 Rn. 199).
90 Hierzu näher *Kissler*, in: Schneider/Zeh (Hrsg.), Parlamentsrecht und Parlamentspraxis, 1989, § 36.
91 Vgl. BVerfGE 124, 161 (193).
92 BVerfGE 70, 324 (355); vgl. auch BVerfGE 130, 318 (344); siehe ferner BVerfGE 84, 304 (329).
93 *Wegener*, Der geheime Staat, 2006, S. 241, 247 f.
94 *Kissler*, in: Schneider/Zeh (Hrsg.), Parlamentsrecht und Parlamentspraxis, 1989, § 36 Rn. 1.
95 Vgl. BVerfGE 70, 324 (355), unter Verweis auf BVerfGE 40, 237 (249).
96 Vgl. BVerfGE 125, 104 (124); 130, 318 (344).

Parlaments sachlich-inhaltliche Programmierung oder Rückbindung erfährt.[97] Diese parlamentarische Verantwortung gegenüber den Wählern ist ein zentraler Mechanismus des effektiven Einflusses des Volkes auf die Ausübung der Staatsgewalt, welchen Art. 20 Abs. 2 Satz 2 GG voraussetzt.[98] Eine verantwortliche Teilhabe der Bürger an der politischen Willensbildung des Volkes erfordert, dass der Einzelne von den zu entscheidenden Sachfragen, von den durch die verfassten Staatsorgane getroffenen Entscheidungen, Maßnahmen und Lösungsvorschlägen genügend weiß, um sie zu beurteilen, billigen oder verwerfen zu können.[99]

Die Frage der Öffentlichkeit parlamentarischer Kontrolle steht daher in einem Spannungsverhältnis zwischen der Publizitätsfunktion parlamentarischer Debatte auf der einen und Geheimhaltungsbelangen insbesondere der Exekutive auf der anderen Seite.[100] Gegebenenfalls sind Formen der Informationsvermittlung zu suchen, die geeignet sind, das Informationsinteresse des Parlaments unter Wahrung berechtigter Geheimhaltungsinteressen der Regierung zu befriedigen.[101] Auch Grundrechte Betroffener können die Prüfung gebieten, ob eine öffentliche Erörterung gerechtfertigt ist oder ob die Grundrechte bestimmte Vorkehrungen parlamentarischer Geheimhaltung erfordern.[102]

In seinem Urteil zu Auskünften in Bezug auf Rüstungsexportgeschäfte kam der Zweite Senat daher zu dem Ergebnis, dass der Konflikt zwischen dem Fragerecht der Abgeordneten und konfligierenden Rechtsgütern nicht durch eine Information des Deutschen Bundestages über Belange des Bundessicherheitsrates nach Maßgabe der Geheimschutzordnung aufgelöst werden kann.[103] Die Öffentlichkeit der Beratungen nach Art. 42 Abs. 1 GG sei für die parlamentarische Entscheidungsfindung grundsätzlich unverzichtbar. Die Informationsrechte des Parlaments dürften nicht dazu führen, dass sich über den parlamentarischen Geheimnisschutz die Arbeits- und Funktionsweise des Parlaments in den wichtigen Bereichen grundlegend verschiebe und diese spezifische Öffentlichkeitsfunktion ausgeblendet werde.[104]

Eine unter Bedingungen der Geheimschutzordnung erlangte Information könnten die Parlamentarier nicht in den öffentlichen Meinungsbildungsprozess

---

97 Vgl. zur Kontrollfunktion des Parlaments der Sache nach BVerfGE 110, 199 (218 f.); 124, 78 (121).
98 Vgl. BVerfGE 83, 60 (71 f.); 93, 37 (66).
99 BVerfGE 44, 125 (147).
100 Vgl. *Wegener*, Der geheime Staat, 2006, S. 240.
101 Vgl. BVerfGE 124, 161 (193).
102 Vgl. BVerfGE 77, 1 (47); 124, 78 (125).
103 BVerfGE 137, 185 (263 ff. Rn. 197 ff.).
104 BVerfGE 137, 185 (264, Rn. 199).

überspielen. Wenn das Parlament unter Anwendung der Geheimschutzordnung informiert werde, sei daher zwar formal der Zurechnungszusammenhang zwischen Regierung und Parlament gewahrt, der weitere Verantwortungszusammenhang zum Volk jedoch insoweit unterbrochen. Der Wahlvorgang sichere die Kontrolle des Volkes über die Benutzung der Macht durch die politische Mehrheit. Ohne die entsprechende Information könne die Wählerschaft weder das Handeln der Regierung noch die parlamentarische Reaktion auf die erlangte Information zur Kenntnis nehmen und bewerten. Beides sei aber für die demokratische Legitimation durch den Wahlakt essentiell.[105]

Auch im Verhältnis zwischen Regierung und Parlament werde der Kontrollzusammenhang durch die Anwendung der Geheimschutzordnung abgeschwächt. Öffentlichkeit sei essentiell für die Ausübung der Kontrollfunktion des Parlaments. Während die zur Vorbereitung von Gesetzgebung begehrten Informationen dem Parlament auch dann den gewünschten Sachverstand verschafften und damit ihren Zweck erfüllten, wenn sie nicht öffentlich seien, verhalte es sich mit Informationen zum Zweck der politischen oder der Rechtskontrolle anders. In der politischen Realität sei das Fragerecht in seiner Kontrolldimension ganz überwiegend ein Mittel der Opposition, welches zu seiner Wirksamkeit grundsätzlich auf Öffentlichkeit angewiesen sei. Falle das Öffentlichkeitselement weg, so scheide in der Praxis zumindest eine sanktionierende Kontrolle aus.[106]

2. Pflicht zur Begründung der Antwortverweigerung

Das Erfordernis der Abwägung gegenläufiger Belange hat auch Auswirkungen auf die Begründungspflicht der Bundesregierung bei der Ablehnung der Beantwortung parlamentarischer Anfragen.

Aus der grundsätzlichen verfassungsrechtlichen Pflicht der Bundesregierung, Informationsansprüche des Deutschen Bundestages zu erfüllen, folgt, dass sie die Gründe darlegen muss, aus denen sie die erbetenen Auskünfte verweigert. Die Bundesregierung muss – auch im Hinblick auf das Gebot gegenseitiger Rücksichtnahme im Verhältnis zwischen Verfassungsorganen – den Bundestag in die Lage versetzen, seine Aufgabe der parlamentarischen Kontrolle des Regierungshandelns effektiv wahrzunehmen. Abgesehen von Fällen evidenter Geheimhaltungsbedürftigkeit kann das Parlament nur anhand einer der jeweiligen Problemlage angemessen ausführlichen Begründung beurteilen und entscheiden, ob

105 BVerfGE 137, 185 (264, Rn. 200).
106 BVerfGE 137, 185 (264f. Rn. 201).

es die Verweigerung der Antwort akzeptiert oder welche weiteren Schritte es unternimmt, sein Auskunftsverlangen ganz oder zumindest teilweise durchzusetzen. Der Bundestag muss Abwägungen betroffener Belange, die zur Versagung von Auskünften geführt haben, auf ihre Plausibilität und Nachvollziehbarkeit überprüfen können.[107]

In seiner Entscheidung zu parlamentarischen Anfragen zu Unterstützungseinsätzen der Bundespolizei hat der Zweite Senat die Anforderungen an die Begründung der Antwortverweigerung in Bezug auf den Verantwortungsbereich der Bundesregierung als Grenze der ihr obliegenden Antwortpflicht konkretisiert. Verweigert die Bundesregierung die Antwort auf eine parlamentarische Anfrage zu einem Unterstützungseinsatz der Bundespolizei für die Polizei eines Landes aufgrund fehlender eigener Verantwortlichkeit, so genügt zur Begründung der Verweis auf die Zuständigkeit des Landes. Diese Angabe versetzt den Fragesteller in die Lage, für die jeweilige Frage zu prüfen, ob die Umstände in den Verantwortlichkeitsbereich des Landes oder des Bundes fallen.[108] Einer ausführlicheren Begründung bedarf es hingegen, wenn die Bundesregierung Auskünfte zu Umständen aus ihrem Verantwortungsbereich verweigern will, etwa weil es sich um einen Vorgang aus dem Kernbereich exekutiver Eigenverantwortung handelt oder weil in seltenen Ausnahmefällen Gründe des Staatswohls der Auskunfterteilung entgegenstehen. In diesen Fällen bedarf der Fragesteller näherer Angaben, um die Abwägung zwischen dem parlamentarischen Informationsrecht einerseits und den betroffenen Belangen, die zur Versagung der Auskünfte geführt haben, andererseits auf ihre Plausibilität hin überprüfen zu können.[109]

V. Fazit und Ausblick

Das Frage- und Auskunftsrecht des Parlaments gegenüber der Regierung mag auch heute noch bisweilen zur „schlichten" Informationsbeschaffung genutzt werden, etwa als Grundlage für die Erarbeitung eines Gesetzgebungsvorschlags, in erster Linie ist es aber zu einem Instrument der Regierungskontrolle geworden.[110] Die parlamentarische Opposition kann durch geeignete Fragen die Regierung zwingen, sich und die Tätigkeit ihrer nachgeordneten Behörden öffentlich

107 Vgl. BVerfGE 124, 161 (193); 137, 185 (244 f. Rn. 157); 139, 194 (231 f. Rn. 121).
108 BVerfGE 139, 194 (232 Rn. 122).
109 BVerfGE 139, 194 (232 Rn. 123).
110 So auch die Eigenwahrnehmung des Deutschen Bundestages in der Übersicht „Die Anfrage – ein wichtiges Recht der Parlamentarier", abrufbar unter http://www.bundestag.de/dokumente/textarchiv/2011/37215383_kw52_instrumente_bundestag/207296, abgerufen am 09.03.2016.

zu erklären und zu verantworten. Es ist daher zu erwarten, dass das Bundesverfassungsgericht auch in Zukunft noch reichlich Gelegenheit haben wird, die genaue Reichweite und die Grenzen des Frage- und Auskunftsrechts weiter zu konturieren.

Als Hauptlinie der bisherigen Entscheidungen des Bundesverfassungsgerichts zu den Frage- und Informationsrechten lässt sich festhalten, dass die Bundesregierung das Parlament in einer Weise zu informieren und einzubinden hat, die eine effektive Kontrolle durch die Opposition ermöglicht.

Andrea Diehl

Parlamentarische Minderheiten- und Oppositionsrechte

Leitentscheidungen des Bundesverfassungsgerichts

BVerfGE 2, 1 – SRP-Verbot
BVerfGE 2, 143 – EVG-Vertrag
BVerfGE 5, 85 – KPD-Verbot
BVerfGE 10, 4 – Redezeitbegrenzung
BVerfGE 44, 308 – Beschlussfähigkeit des Bundestages
BVerfGE 49, 70 – Untersuchungsausschuss Schleswig-Holstein
BVerfGE 67, 100 – Flick-Untersuchungsausschuss
BVerfGE 70, 324 – Haushaltskontrolle der Geheimdienste
BVerfGE 90, 286 – Auslandseinsätze der Bundeswehr
BVerfGE 105, 197 – Parteispenden-Untersuchungsausschuss
BVerfGE 117, 359 – Tornado-Einsatz
BVerfGE 123, 267 – Lissabon-Vertrag
BVerfGE 124, 78 – BND-Untersuchungsausschuss
BVerfGE 129, 300 – Fünf-Prozent-Sperrklausel Europawahlgesetz
BVerfG, Urteil des Zweiten Senats vom 3. Mai 2016 – 2 BvE 4/14 –, juris – Minderheiten- und Oppositionsrechte

Schrifttum (Auszug)

Cancik, Parlamentarische Opposition in den Landesverfassungen, 2000; *dies.*, Wirkungsmöglichkeiten parlamentarischer Opposition im Falle einer qualifizierten Großen Koalition. Anforderungen des Grundgesetzes, Kurzgutachten, 16. Oktober 2013, vgl. NVwZ 2014, S. 18 ff.; *Emmenegger*, Die Stärkung des Parlaments in der neueren Rechtsprechung des Bundesverfassungsgerichts, in: dies./Wiedmann (Hrsg.), Linien der Rechtsprechung des Bundesverfassungsgerichts, Bd. 2, 2011, S. 447 ff.; *Gehrig*, Parlament – Regierung – Opposition. Dualismus als Voraussetzung für eine parlamentarische Kontrolle der Regierung, 1969; *Haberland*, Die verfassungsrechtliche Bedeutung der Opposition nach dem Grundgesetz, 1995; *H. Hofmann/Dreier*, Repräsentation, Mehrheitsprinzip und Minderheitenschutz, in: Schneider/Zeh (Hrsg.), Parlamentsrecht und Parlamentspraxis in der Bundesrepublik Deutschland, 1989, § 5; *P. M. Huber*, Regierung und Opposition, in: Isensee/Kirchhof (Hrsg.), HStR III, 3. Aufl. 2005, § 47; *Ingold*, Das Recht der Oppositionen. Verfassungsbegriff – Verfassungsdogmatik – Verfassungstheorie, 2015; *Kelsen*, Vom Wesen und Wert der Demokratie (1919), in: Jestaedt (Hrsg.), Hans Kelsen Werke, Bd. IV, 2013, S. 176 ff.; *Poscher*, Die Opposition als Rechtsbegriff, AöR 122 (1997), S. 444 ff.; *H.-P. Schneider*, Die parlamentarische Opposition im Verfassungsrecht der Bundesrepublik Deutschland, 1974; *ders.*, Verfassungsrechtliche Bedeutung und politische Praxis der parlamentarischen Opposition, in: ders./Zeh (Hrsg.), Parlamentsrecht und Parlamentspraxis in der Bundesrepublik Deutschland, 1989, § 38; *Steffani*, Formen, Verfahren und Wirkungen der parlamentarischen Kontrolle, in:

DOI 10.1515/9783110421866-020

Schneider/Zeh (Hrsg.), Parlamentsrecht und Parlamentspraxis in der Bundesrepublik Deutschland, 1989, § 49; *Stüwe*, Die Opposition im Bundestag und das Bundesverfassungsgericht. Das verfassungsgerichtliche Verfahren als Kontrollinstrument der parlamentarischen Minderheit, 1997; *ders.*, Bundesverfassungsgericht und Opposition, in: van Ooyen/Möllers (Hrsg.), Handbuch Bundesverfassungsgericht im politischen System, 2. Aufl. 2015, S. 349 ff.; *Voßkuhle*, Opposition im Europäischen Parlament, in: Becker/Hatje et al. (Hrsg.), Verfassung und Verwaltung in Europa, Festschrift für Jürgen Schwarze zum 70. Geburtstag, 2014, S. 283 ff.; *ders.* Verfassung und Parlamentarismus, BayVBl. 2016, S. 289 ff.

Inhalt

I. Einleitung — 493
II. Minderheiten- und Oppositionsrechte im Spiegel der Rechtsprechungslinien — 494
 1. Der allgemeine verfassungsrechtliche Grundsatz effektiver Opposition — 494
  a) Zur „Pflicht der Opposition, verfassungsrechtliche Bedenken geltend zu machen“ (BVerfGE 2, 143) — 495
  b) Zum „Recht auf verfassungsmäßige Bildung und Ausübung der Opposition“ — 496
   aa) Als Prinzip der freiheitlichen demokratischen Grundordnung (BVerfGE 2, 1) — 496
   bb) Als „Recht auf organisierte politische Opposition“ (BVerfGE 5, 85; 123, 267) — 497
   cc) Als „Gebot, parlamentarische Minderheiten zu schützen“ und nicht zu behindern (BVerfGE 44, 308; 123, 267) — 498
   dd) Jedoch kein Schutz der Minderheit vor Sachentscheidungen der Mehrheit (BVerfGE 70, 324) — 499
  c) „Recht auf Chancengleichheit der Opposition mit der Regierung“? (BVerfGE 10, 4) — 500
  d) Gewaltenteilung im parlamentarischen Regierungssystem: Zur besonderen Kontrollfunktion der Opposition (BVerfGE 49, 70; 129, 300; 135, 259) — 501
  e) Wirksamkeit der parlamentarischen Kontrolle durch die Minderheit (BVerfGE 49, 70; 105, 197; 124, 78) — 503
  f) Auslegungsgebot in Richtung wirksamer parlamentarischer Kontrolle (BVerfGE 67, 100) — 505
  g) Rolle der „Oppositionsfraktionen als organisierte parlamentarische Minderheit“ – Folgerungen für das Verfassungsprozessrecht (BVerfGE 90, 286; 117, 359) — 506
 2. Zwischenergebnis: Oppositionelle Kontrolltätigkeit durch Minderheitenrechte der Abgeordneten — 508
III. Spannungsverhältnis zwischen dem Grundsatz effektiver Opposition und den grundgesetzlichen Quoren für die Ausübung von Minderheitenrechten — 509
IV. Möglichkeiten und Grenzen der Oppositionsertüchtigung — 510
 1. Materielle Vorgaben — 511
 2. Fragen des Regelungsrangs — 513
  a) Verfassungsänderungen — 513
  b) Isolierte Gesetzes- und Geschäftsordnungsänderungen — 514
V. Ausblick — 516

I. Einleitung

Die Rechte der parlamentarischen Minderheiten und die Bedeutung der parlamentarischen Opposition waren in der Vergangenheit vielfach Gegenstand verfassungsgerichtlicher Entscheidungen. Die Opposition wurde als natürlicher Gegenspieler von Regierung und der sie tragenden Mehrheit identifiziert und damit ein realistisches Parlamentsverständnis anerkannt, wonach die parlamentarische Kontrolle der Regierung weniger vom Parlament als Ganzem ausgeübt wird, sondern vielmehr die parlamentarische Opposition die Regierung und die Parlamentsmehrheit kontrolliert. Zugleich wurde die Bedeutung effektiver Minderheitenrechte für die parlamentarische Kontrollfunktion betont. Insofern lassen sich zahlreiche Entscheidungen des Bundesverfassungsgerichts zur Stärkung der parlamentarischen Minderheiten – und damit in der Regel der parlamentarischen Opposition – als Stärkung des Parlaments verstehen.[1] Das Verhältnis von Minderheitenrechten und parlamentarischer Opposition blieb jedoch bis zum Urteil des Zweiten Senats des Bundesverfassungsgerichts vom 3. Mai 2016 zu den Minderheiten- und Oppositionsrechten[2] klärungsbedürftig. Erst der von der Fraktion DIE LINKE im 18. Deutschen Bundestag angestrengte Organstreit, im Rahmen dessen spezifische Oppositions(fraktions)rechte eingefordert wurden, weil die Opposition die Quoren für die Ausübung von Minderheitenrechten[3] nicht erreichte,[4] hat hier Gewissheit gebracht.

Die nachfolgende Analyse dieses Urteils im Spiegel der Linien der Rechtsprechung des Bundesverfassungsgerichts zeigt, dass der darin entwickelte „allgemeine verfassungsrechtliche Grundsatz effektiver Opposition“[5] mit seinen Ausprägungen wie Grenzen in der Rechtsprechung bereits deutlich angelegt ist (II.). Das zwischen dem Grundsatz effektiver Opposition und den grundgesetzlichen Quoren bestehende Spannungsverhältnis (III.) gibt sodann Anlass, den Blick

1 Vgl. *Emmenegger*, a.a.O., S. 447 (450 ff.); vgl. auch *Hamdorf*, Auskunftsrechte des Deutschen Bundestages gegenüber der Bundesregierung, S. 467 ff. in diesem Band.

2 BVerfG, Urteil des Zweiten Senats vom 3. Mai 2016 – 2 BvE 4/14 –, juris – Minderheiten- und Oppositionsrechte.

3 Ein Viertel der Mitglieder des Bundestages bei Art. 23 Abs. 1a Satz 2 (Subsidiaritätsklage), Art. 44 Abs. 1 Satz 1 (Untersuchungsausschuss), Art. 45a Abs. 2 Satz 2 (Verteidigungsausschuss als Untersuchungsausschuss) und Art. 93 Abs. 1 Nr. 2 GG (abstrakte Normenkontrolle), ein Drittel der Mitglieder des Bundestages bei Art. 39 Abs. 3 Satz 3 GG (Einberufung des Bundestages).

4 Die nicht die Bundesregierung tragenden Fraktionen (Oppositionsfraktionen) – die Antragstellerin sowie die Fraktion BÜNDNIS 90/DIE GRÜNEN – konnten lediglich 127 der 630 Sitze auf sich vereinen; vgl. BVerfG (Fn. 2), juris, Rn. 2.

5 BVerfG (Fn. 2), juris, Ls. 1 und Rn. 85 ff.

auf die verfassungsrechtlichen Möglichkeiten und Grenzen der Oppositionsertüchtigung (IV.) zu richten.

II. Minderheiten- und Oppositionsrechte im Spiegel der Rechtsprechungslinien

Der im Urteil vom 3. Mai 2016 entwickelte „allgemeine verfassungsrechtliche Grundsatz effektiver Opposition"[6] ist Schlussstein der Rechtsprechungslinien des Bundesverfassungsgerichts zur Stellung der Opposition und zu parlamentarischen Minderheitenrechten innerhalb der demokratischen und gewaltengegliederten Ordnung des Grundgesetzes. Das Bundesverfassungsgericht spricht daher treffend von dem im Grundgesetz enthaltenen *„und durch die Rechtsprechung des Bundesverfassungsgerichts konkretisierten* allgemeinen verfassungsrechtlichen Grundsatz effektiver Opposition".[7] Dieser Schlussstein vollendet – um im Bild zu bleiben – ein Gewölbe von grundgesetzlichen und verfassungsgerichtlichen Aussagen im Kontext der parlamentarischen Minderheiten und Opposition.

1. Der allgemeine verfassungsrechtliche Grundsatz effektiver Opposition

Die besondere Bedeutung der parlamentarischen Opposition unter der Ordnung des Grundgesetzes liegt in der maßgeblichen Ausübung der parlamentarischen *Kontrolle* gegenüber der Regierung und der sie tragenden Mehrheit, in der *Kritik* der Parlamentsmehrheit und in der Verkörperung der politischen *Alternative* für die Zukunft.[8] In seinem Urteil vom 3. Mai 2016 verortet das Bundesverfassungsgericht den Verfassungsgrundsatz effektiver Opposition sowohl im Demokratieprinzip[9] als auch im (im Rechtsstaatsprinzip verankerten) Grundsatz der Gewal-

---

6 BVerfG (Fn. 2), juris, Ls. 1 und Rn. 85 ff.

7 BVerfG (Fn. 2), juris, Rn. 85 (Hervorhebung hinzugefügt).

8 In Rn. 103 f. des Urteils vom 3. Mai 2016 (Fn. 2) wird auf die „klassische Funktionentrias" der Opposition rekurriert – herkömmlich beschrieben als Kritik, Kontrolle und Formulierung von Alternativen; vgl. *Cancik*, a.a.O., 2000, S. 150 ff.; *Haberland*, a.a.O., S. 40 ff.; *Poscher*, a.a.O., S. 444 (454 f.); *Schneider*, a.a.O., 1974, S. 99; *Voßkuhle*, a.a.O., 2014, S. 283 (285 ff.); zuletzt *ders.*, BayVBl. 2016, S. 289 (291); zur Kritik und Kontrolle als die „für die demokratische Ordnung wesentliche Aufgabe" der Opposition vgl. *Hesse*, Grundzüge des Verfassungsrechts der Bundesrepublik Deutschland, 20. Aufl. 1995, Rn. 590.

9 Vgl. BVerfG (Fn. 2), juris, Rn. 86.

tenteilung.[10] Die zentrale Rolle der Opposition bei der Ausübung der parlamentarischen Kontrolle werde darüber hinaus im verfassungsrechtlichen Rechtsschutzsystem gespiegelt.[11] Schließlich ergebe sich das individuelle Recht zum – sowohl strukturellen als auch situativen – parlamentarischen Opponieren aus der Freiheit und Gleichheit der Abgeordneten (Art. 38 Abs. 1 Satz 2 GG).[12]

a) Zur „Pflicht der Opposition, verfassungsrechtliche Bedenken geltend zu machen" (BVerfGE 2, 143)

Bereits in der Entscheidung des Zweiten Senats vom 7. März 1953 zum EVG-Vertrag thematisierte das Bundesverfassungsgericht die Rolle der parlamentarischen Opposition. Dass diesem frühen Ausspruch zu Rechten und Pflichten der parlamentarischen Opposition in der Folgezeit keine größere Beachtung zuteilwurde, liegt wohl daran, dass sein Inhalt inzwischen als Selbstverständlichkeit gilt. In dieser Entscheidung heißt es:

> „Es ist nicht nur das Recht der Opposition, außer ihren politischen auch ihre verfassungsrechtlichen Bedenken geltend zu machen, sondern im parlamentarisch-demokratischen Staat geradezu ihre Pflicht."[13]

Zum Hintergrund: Antragsteller des zugrunde liegenden Organstreitverfahrens waren die drei Koalitionsfraktionen – bestehend aus den Fraktionen CDU/CSU, FDP und Deutsche Partei (DP) – sowie die Bundestagsmehrheit. Diese hatten gegenüber der Oppositionsfraktion SPD sowie deren an der Abstimmung teilnehmenden Abgeordneten die Feststellung begehrt, sie verstießen dadurch gegen das Grundgesetz, dass sie dem Deutschen Bundestag und der antragstellenden Mehrheit das Recht bestritten, die Gesetze über den Deutschlandvertrag und den EVG-Vertrag mit der in Art. 42 Abs. 2 Satz 1 GG vorgeschriebenen Mehrheit zu verabschieden. Weiter begehrten die Antragsteller die Feststellung, dass der Deutsche Bundestag berechtigt sei, diese Gesetze mit der in Art. 42 Abs. 2 Satz 1 GG vorgeschriebenen Mehrheit zu verabschieden.[14]

Die Regierungsmehrheit sah sich bei der Stimmabgabe für die Vertragsgesetze durch den von der Opposition erhobenen Vorwurf des Verfassungsbruches unter

---

10 Vgl. BVerfG (Fn. 2), juris, Rn. 87.
11 Vgl. BVerfG (Fn. 2), juris, Rn. 88.
12 Vgl. BVerfG (Fn. 2), juris, Rn. 89.
13 BVerfGE 2, 143 (170 f.).
14 Vgl. BVerfGE 2, 143 (147 f.).

„moralischen Druck“ gesetzt und daher in der freien Ausübung ihres Mandats gehindert.[15] Dem erteilte das Bundesverfassungsgericht mit dem oben zitierten Ausspruch eine klare Absage. Auch unter Hinweis darauf, dass sich tatsächlich keiner der regierungstragenden Abgeordneten durch die Kundgabe der oppositionellen Rechtsauffassung von der Stimmabgabe hatte abhalten lassen, bekräftigte es einerseits die Geltung des Mehrheitsprinzips aus Art. 42 Abs. 2 Satz 1 GG und unterstrich andererseits die Bedeutung der oppositionellen Kritikfunktion im freien politischen Meinungskampf.

b) Zum „Recht auf verfassungsmäßige Bildung und Ausübung der Opposition“

Das ebenfalls in einer der ersten Entscheidungen des Bundesverfassungsgerichts erstmals erwähnte „Recht auf verfassungsmäßige Bildung und Ausübung der Opposition“ wurde nicht nur in Folgeentscheidungen weiter ausgeformt, sondern hat darüber hinaus auch in das politische Strafrecht Eingang gefunden (vgl. § 92 Abs. 2 Nr. 3 StGB).

aa) Als Prinzip der freiheitlichen demokratischen Grundordnung (BVerfGE 2, 1)

Im Urteil zum SRP-Verbot vom 23. Oktober 1952 definierte der Zweite Senat die freiheitliche demokratische Grundordnung als eine Ordnung, die unter Ausschluss jeglicher Gewalt- und Willkürherrschaft eine rechtsstaatliche Herrschaftsordnung auf der Grundlage der Selbstbestimmung des Volkes nach dem Willen der jeweiligen Mehrheit und der Freiheit und Gleichheit darstellt.[16] Zu den grundlegenden Prinzipien dieser Ordnung seien mindestens zu rechnen: die Achtung vor den im Grundgesetz konkretisierten Menschenrechten, vor allem vor dem Recht der Persönlichkeit auf Leben und freie Entfaltung, die Volkssouveränität, die Gewaltenteilung, die Verantwortlichkeit der Regierung, die Gesetzmäßigkeit der Verwaltung, die Unabhängigkeit der Gerichte,

> „das Mehrparteienprinzip und die Chancengleichheit für alle politischen Parteien mit[17] dem Recht auf verfassungsmäßige[18] Bildung und Ausübung der Opposition.“[19]

---

15 Vgl. auch zum Folgenden BVerfGE 2, 143 (170 ff.).

16 Vgl. auch zum Folgenden BVerfGE 2, 1 (12 f.).

17 Die in Folgeentscheidungen entfallene Verknüpfung („mit“) des „Rechts auf verfassungsmäßige Bildung und Ausübung der Opposition“ mit der „Chancengleichheit für alle politischen Parteien“ dürfte sich aus dem spezifischen Verfahrensanlass – dem Verbot verfassungswidriger (Bildung und Betätigung von) Parteien – erklären.

Der Konnex zwischen der Bildung und Ausübung einer Opposition einerseits und der freiheitlichen demokratischen Grundordnung andererseits wird auch im Urteil vom 3. Mai 2016 hergestellt: In dem – den Grundsatz effektiver Opposition im Demokratieprinzip verortenden – Passus heißt es, die „Bildung und Ausübung einer organisierten politischen Opposition" sei „konstitutiv" für die freiheitliche demokratische Grundordnung.[20]

bb) Als „Recht auf organisierte politische Opposition" (BVerfGE 5, 85; 123, 267)

In der wenige Jahre nach dem SRP-Urteil getroffenen Entscheidung zum KPD-Verbot vom 17. August 1956 knüpfte der Erste Senat an die freiheitliche demokratische Grundordnung an. Veranlasst durch die Befassung mit der marxistisch-leninistischen Kampfpartei reicherte er das Konzept weiter an, und zwar mit den Gedanken des Mehrparteienprinzips, der politischen Meinungs- und Diskussionsfreiheit, der Kritik- und Alternativfunktion der Opposition, der influenzierenden Wirkung der Minderheit auf die Mehrheitsentscheidung[21] und der realen Chance der Opposition auf Regierungsübernahme.[22]

> „Im Zentrum politischer Machtbildung und Machtbehauptung steht in der Demokratie die Entscheidung des Volkes: Jede demokratische Regierung kennt die Furcht vor dem Machtverlust durch Abwahl. Das Bundesverfassungsgericht hat Demokratie in seinem Urteil zum Verbot der Kommunistischen Partei Deutschlands im Jahr 1956 als den verfahrensrechtlich geregelten „Kampf um die politische Macht" beschrieben, der um die Erringung der Mehrheit geführt wird. Es gehe dabei um den Willen der tatsächlichen Mehrheit des Volkes, der in sorgfältig geregelten Verfahren ermittelt werde und dem eine freie Diskussion vorausgehe. Dass die Mehrheit „immer wechseln kann", dass ein Mehrparteiensystem und das Recht „auf

18 Bemerkenswert ist der – das Recht auf Bildung und Ausübung der Opposition ergänzende – Zusatz der Verfassungsmäßigkeit („verfassungsmäßige Bildung"). Grammatikalisch ist diese Wendung wohl weniger im Sinne eines „in der Verfassung verbürgten Rechts" zu verstehen (in diesem Fall müsste es vielmehr lauten: „verfassungsmäßiges Recht auf..."), als vielmehr im Sinne von „in den Schranken der Verfassung sich haltende" oder „verfassungsgemäße" Bildung und Ausübung der Opposition. Mit diesem Verständnis wäre unmittelbar mit der Postulierung dieses Rechts auch dessen Beschränktheit artikuliert. Zwar ist diese Schranke verfassungsgemäßer Wahrnehmung von Rechten selbstverständlich; gleichwohl war es dem Gericht offenbar eine besondere Hervorhebung wert, welche es etwa bei der vorgenannten persönlichen Entfaltungsfreiheit nicht für erforderlich gehalten hat (parallel hätte es geheißen: „Recht der Persönlichkeit auf Leben und verfassungsmäßige freie Entfaltung").

19 BVerfGE 2, 1 (13).

20 Vgl. BVerfG (Fn. 2), juris, Rn. 86.

21 Zur Opposition als einflussnehmende politische Kraft vgl. auch *Steffani*, a.a.O., § 49 Rn. 88.

22 Vgl. BVerfGE 5, 85 (198 f.).

organisierte politische Opposition“ bestehen, wurde als konstitutiv für die demokratische Organisation von Staatsgewalt angesehen (vgl. BVerfGE 5, 85 <198 f.>).“

Die vorstehende Zusammenfassung entstammt dem ein halbes Jahrhundert später ergangenen Lissabon-Urteil des Zweiten Senats vom 30. Juni 2009.[23]

cc) Als „Gebot, parlamentarische Minderheiten zu schützen“ und nicht zu behindern (BVerfGE 44, 308; 123, 267)

Das „Recht auf verfassungsmäßige Bildung und Ausübung der Opposition“ wurde sodann mit einem Schutzaspekt und der Idee des möglichst offenen politischen Meinungskampfes verknüpft:

Nach der Entscheidung des Zweiten Senats vom 10. Mai 1977 zur Beschlussfähigkeit des Bundestages laufe die entsprechende Regelung in dessen Geschäftsordnung (ehemals § 49 GO-BT, heute § 45 GO-BT[24]) dem „Gebot, parlamentarische Minderheiten zu schützen“, nicht zuwider. Das Recht auf verfassungsmäßige Bildung und Ausübung der Opposition umfasse den Anspruch der oppositionellen Minderheit, ihre eigenen politischen Ansichten im Plenum vorzutragen und die Vorstellungen der Mehrheit zu kritisieren. Dieses Recht werde durch die Regelung über die Beschlussfähigkeit des Bundestages nicht berührt.[25]

Im Lissabon-Urteil vom 30. Juni 2009 wurde akzentuiert, dass der freie politische Meinungskampf die Abwesenheit von Behinderung der Opposition voraussetzt.[26] Resümiert wird dieser Aspekt im Urteil vom 3. Mai 2016 als „die Idee eines – inner- wie außerparlamentarischen – offenen Wettbewerbs der unterschiedlichen politischen Kräfte, welcher namentlich voraussetzt, dass die Opposition nicht behindert wird“.[27]

---

23 BVerfGE 123, 267 (367); vgl. auch BVerfG (Fn. 2), juris, Rn. 86.

24 § 45 Abs. 1 GO-BT lautet: „Der Bundestag ist beschlussfähig, wenn mehr als die Hälfte seiner Mitglieder im Sitzungssaal anwesend ist“.

25 Vgl. BVerfGE 44, 308 (321).

26 BVerfGE 123, 267 (341 f.): „Die Ausübung öffentlicher Gewalt unterliegt dem Mehrheitsprinzip mit regulärer Bildung von verantwortlicher Regierung und einer unbehinderten Opposition, die die Chance auf Regierungsübernahme hat“.

27 BVerfG (Fn. 2), juris, Rn. 86; zum Minderheitenschutz als notwendiges Korrelat des Mehrheitsprinzips vgl. nur *H. Hofmann/Dreier*, a.a.O., § 5 Rn. 68; vgl. bereits *Kelsen*, a.a.O., S. 176 ff. (196): „die für die Demokratie so charakteristische Herrschaft der Majorität unterscheidet sich von jeder anderen Herrschaft dadurch, dass sie eine Opposition – die Minorität – ihrem innersten Wesen nach nicht nur begrifflich voraussetzt, sondern auch politisch anerkennt“.

dd) Jedoch kein Schutz der Minderheit vor Sachentscheidungen der Mehrheit (BVerfGE 70, 324)

Hieran anknüpfend sind der Entscheidung des Zweiten Senats zur Haushaltskontrolle der Geheimdienste vom 14. Januar 1986 gleich zwei wichtige Konkretisierungen zu entnehmen:

> „Das Gebot, parlamentarische Minderheiten zu schützen, sowie das Recht auf verfassungsmäßige Bildung und Ausübung der Opposition wurzeln im demokratischen Prinzip (Art. 20 Abs. 1 und 2; vgl. BVerfGE 2, 1 <13>; 44, 308 <321>). Dieser Schutz geht nicht dahin, die Minderheit vor Sachentscheidungen der Mehrheit zu bewahren (Art. 42 Abs. 2 GG), wohl aber dahin, der Minderheit zu ermöglichen, ihren Standpunkt in den Willensbildungsprozeß des Parlaments einzubringen."[28]

Erstens wurde das „Gebot, parlamentarische Minderheiten zu schützen", neben das „Recht auf verfassungsmäßige Bildung und Ausübung der Opposition" gestellt, was als Hinweis auf die Unterscheidung von Minderheiten und Opposition verstanden werden kann. Dass parlamentarische Minderheitenrechte und Rechte der parlamentarischen Opposition nicht kongruent sind, stellt das Bundesverfassungsgericht im Urteil vom 3. Mai 2016 klar, indem es zwar die besondere Bedeutung der parlamentarischen Opposition anerkennt, jedoch konstatiert, dass sich die Ausgestaltung von Rechten der parlamentarischen Opposition innerhalb der Ordnung des Grundgesetzes über die Rechte der parlamentarischen Minderheiten vollzieht.[29]

Zweitens wurden Grenzen des Minderheitenschutzes aufgezeigt, wonach dieser nicht dahin gehe, die Minderheit vor Sachentscheidungen der Mehrheit zu bewahren. Im Urteil vom 3. Mai 2016 wird diesbezüglich konkretisiert, dass die parlamentarischen Minderheitenrechte eine von der Verfassung vorgesehene *punktuelle Durchbrechung* des Mehrheitsprinzips darstellen, und zwar in den Fällen, in denen die parlamentarische Minderheit bestimmte Maßnahmen gegen den Willen der Mehrheit durchzusetzen im Stande sein soll.[30] Aus dem Mehrheitsprinzip nach Art. 42 Abs. 2 GG und den parlamentarischen Minderheitenrechten folgten somit „der Respekt vor der Sachentscheidung der parlamentarischen Mehrheit" und „die Gewährleistung einer realistischen Chance der parlamentarischen Minderheit, zur Mehrheit zu werden".[31]

28 BVerfGE 70, 324 (363); vgl. auch BVerfG (Fn. 2), juris, Rn. 86.

29 Vgl. BVerfG (Fn. 2), juris, Rn. 92; vgl. unten, II.2.

30 Vgl. BVerfG (Fn. 2), juris, Rn. 86 und 92 (Hervorhebung hinzugefügt).

31 BVerfG (Fn. 2), juris, Rn. 86; vgl. zur Geltung des Mehrheitsprinzips und Bedeutung oppositioneller Kritik auch die eingangs zitierte Entscheidung BVerfGE 2, 143 – EVG-Vertrag (oben, II.1.a).

c) „Recht auf Chancengleichheit der Opposition mit der Regierung“? (BVerfGE 10, 4)

Von dem Recht *auf* Opposition prinzipiell unterscheidbar ist die Frage nach Rechten *der* Opposition.[32] Letztere wurde in der Entscheidung des Zweiten Senats vom 14. Juli 1959 zur Redezeitbeschränkung noch ausdrücklich offen gelassen. Ob „ein Recht der Opposition auf Chancengleichheit mit der Regierung“ bestehe, könne dahinstehen, da seine Verletzung jedenfalls nicht zugleich eine Verletzung der Rechte des einzelnen Abgeordneten aus Art. 38 GG darstellen würde, um die es in diesem Verfahren ausschließlich gehe, hieß es in der Entscheidung, die auf einen Antrag von 32 Mitgliedern des Bundestages zurückgeht.[33]

Im Anschluss an diese Entscheidung war lebhaft umstritten, *woraus* ein „Recht der Opposition auf Chancengleichheit mit der Regierung“ abzuleiten wäre (aus dem Grundgesetz *de constitutione lata*[34] – oder erst aus besonderen Bestimmungen,[35] wie sie sich in vielen Landesverfassungen finden[36]), *wem gegenüber* dieses Recht bestehen könnte (lediglich gegenüber der Regierung – oder auch gegenüber der parlamentarischen Regierungsmehrheit[37]) und vor allem: *was* genau es beinhalten könnte (eine bloße Entsprechung der formalen Abgeordneten- und Fraktionsgleichheit im Sinne der Abwesenheit von Benachteiligung aufgrund politischer Anschauung[38] – oder eine Art Nachteilsausgleich gegenüber der strukturell privilegierten Regierung und Regierungsmehrheit[39]).

Im Urteil vom 3. Mai 2016 werden diese Fragen – jedenfalls, soweit es sich um parlamentarische Kontrollrechte handelt[40] – beantwortet: Erstens wird die „Gewährleistung einer realistischen Chance der parlamentarischen Minderheit, zur Mehrheit zu werden“, als Element des allgemeinen verfassungsrechtlichen

---

32 Vgl. *Schneider,* a.a.O., 1974, S. 11.

33 Vgl. BVerfGE 10, 4 (16 f.)

34 Vgl. etwa *Haberland,* a.a.O., S. 69 ff., 167.

35 Vgl. etwa *Poscher,* a.a.O., S. 444 (453).

36 Vgl. etwa Art. 78 Abs. 2 Landesverfassung der Freien Hansestadt Bremen: „Oppositionsfraktionen haben das Recht auf politische Chancengleichheit sowie Anspruch auf eine zur Erfüllung ihrer besonderen Aufgaben erforderliche Ausstattung“; vgl. zu dieser Vorschrift das Urteil des Staatsgerichtshofs der Freien Hansestadt Bremen vom 5. November 2004 – St 3/03 –, juris.

37 Vgl. etwa *Voßkuhle,* a.a.O., 2014, S. 283 (289 f.).

38 Vgl. etwa *Cancik,* a.a.O., 2000, S. 160 ff., 191.

39 Vgl. etwa *Poscher,* a.a.O., S. 444 (450, 453): Sonderzahlungen an Oppositionsfraktionen; *Haberland,* a.a.O., S. 167; jedenfalls für eine entsprechende Verfassungsänderung *Schneider,* a.a.O., § 38 Rn. 38.

40 Zur prozessstandschaftlichen Aufhängung des Organstreits vgl. BVerfG (Fn. 2), juris, Rn. 69; vgl. darüber hinaus Rn. 104 zur Redezeitverteilung und Rn. 105 zum Oppositionszuschlag.

Grundsatzes der Opposition anerkannt.[41] Hierin kommt dessen verfassungsrechtliche Verankerung bereits *de constitutione lata* zum Ausdruck. Zweitens wird im Rahmen der Ableitung des Grundsatzes effektiver Opposition auch aus dem im Rechtsstaatsprinzip verankerten Grundsatz der Gewaltenteilung der „neue Dualismus“[42] anerkannt. Hieraus folgt, dass die chancengleiche Opposition nicht nur der Regierung, sondern ebenso der regierungstragenden Parlamentsmehrheit gegenübersteht. Drittens wird deutlich, dass die „realistische Chance der parlamentarischen Minderheit, zur Mehrheit zu werden“, inhaltlich im Zusammenhang mit der Idee des offenen politischen Wettbewerbs und der Abwesenheit von Behinderung der Opposition steht[43] und damit hinsichtlich der verfassungsrechtlichen Gebotenheit[44] der Ausstattung mit Kontrollrechten nicht über den bereits genannten Schutzaspekt der Abwesenheit von Behinderung hinausreicht. Auch die Betonung der Gleichheit der Abgeordneten und ihrer Zusammenschlüsse in der Entscheidung im Übrigen[45] legt nahe, dass die „Chancengleichheit der Opposition“ bereits aus dem Grundsatz der Gleichheit nach Art. 38 Abs. 1 Satz 2 GG folgt, der auf Abgeordnete und Fraktionen Anwendung findet.[46]

d) Gewaltenteilung im parlamentarischen Regierungssystem: Zur besonderen Kontrollfunktion der Opposition (BVerfGE 49, 70; 129, 300; 135, 259)

Eine wichtige Grundlegung erfuhr die erwähnte Anerkennung des „neuen Dualismus“[47] bereits in der Entscheidung des Zweiten Senats vom 2. August 1978 – Untersuchungsausschuss Schleswig-Holstein – zu den Rechten der sogenannten Minderheiten-Enquête. Die parlamentarische Kontrolle sei nur gewährleistet, wenn zwischen Parlament und Regierung ein politisches Spannungsverhältnis bestehe. Ein Untersuchungsverfahren, das nicht von dieser Spannung ausgelöst

---

41 Vgl. BVerfG (Fn. 2), juris, Rn. 86.

42 Vgl. BVerfG (Fn. 2), juris, Rn. 87; hierzu näher sogleich (II.1.d).

43 Vgl. BVerfG (Fn. 2), juris, Rn. 86; vgl. bereits das Lissabon-Urteil BVerfGE 123, 267 (341 f.).

44 Von der Frage der verfassungsrechtlichen Gebotenheit zu unterscheiden ist freilich die Frage der möglichen verfassungsrechtlichen Rechtfertigung von Privilegierungen der Opposition; zum Stichwort „Entscheidungen unter Knappheitsbedingungen“ vgl. BVerfG (Fn. 2), juris, Rn. 104 und unten, IV.1.

45 Vgl. BVerfG (Fn. 2), juris, Rn. 87.

46 Vgl. BVerfG (Fn. 2), juris, Rn. 96 f.

47 Vgl. *Gehrig*, a.a.O., insb. S. 94 m.w.N.; *Poscher*, a.a.O., S. 444 (452 ff.); *Huber*, a.a.O., § 47 Rn. 29; *Patzelt*, Der Bundestag, in: Gabriel/Holtmann (Hrsg.), Handbuch Politisches System der Bundesrepublik Deutschland, 3. Aufl. 2005, S. 194 m.w.N.; *Ingold*, a.a.O., S. 239 f.; „innerparlamentarischer Dualismus“ etwa *Brocker*, DÖV 2014, S. 475 (475).

und in Gang gehalten werde, könne seinem Zweck nicht gerecht werden. In der Sicherstellung dieser Kontrolle liege die verfassungsrechtliche Bedeutung des Minderheitenrechts.[48] Mit der Feststellung des politischen Grenzverlaufs „quer durch das Parlament“[49] konstatierte das Bundesverfassungsgericht die besondere Bedeutung der parlamentarischen Opposition für den Gewaltenteilungsgrundsatz im parlamentarischen Regierungssystem:

> „Das ursprüngliche Spannungsverhältnis zwischen Parlament und Regierung, wie es in der konstitutionellen Monarchie bestand, hat sich in der parlamentarischen Demokratie, deren Parlamentsmehrheit regelmäßig die Regierung trägt, gewandelt. Es wird nun vornehmlich geprägt durch das politische Spannungsverhältnis zwischen der Regierung und den sie tragenden Parlamentsfraktionen einerseits und der Opposition andererseits. Im parlamentarischen Regierungssystem überwacht daher in erster Linie nicht die Mehrheit die Regierung, sondern diese Aufgabe wird vorwiegend von der Opposition – und damit in der Regel von einer Minderheit – wahrgenommen.“[50]

In den Entscheidungen des Zweiten Senats vom 9. November 2011 zur Fünf-Prozent-Sperrklausel und vom 26. Februar 2014 zur Drei-Prozent-Sperrklausel des Europawahlgesetzes ist insofern auch die Rede von einer (auf nationaler Ebene bestehenden)

> „antagonistischen Profilierung von Regierung und Opposition [...], wo die Bildung einer stabilen Mehrheit für die Wahl einer handlungsfähigen Regierung und deren fortlaufende Unterstützung nötig ist.“[51]

Dies wird im Urteil vom 3. Mai 2016 dahingehend zusammengefasst, dass die parlamentarische Kontrolle der Regierung nicht nur dem Parlament als Ganzem obliege,

> „sondern insbesondere und gerade auch den Abgeordneten und Fraktionen, die nicht die Regierung tragen. Als parlamentarische Opposition stellen sie die natürlichen Gegenspieler

---

48 Vgl. BVerfGE 49, 70 (85), im Original „Minderheitsrechts“.
49 Vgl. BVerfGE 102, 224 (236).
50 BVerfGE 49, 70 (85 f.); daher dürfe das durch die Verfassung garantierte Recht der Minderheit auf Einsetzung eines Untersuchungsausschusses, soll vor diesem Hintergrund die parlamentarische Kontrolle ihren Sinn noch erfüllen können, nicht angetastet werden.
51 BVerfGE 135, 259 (293 f.) im Anschluss an BVerfGE 129, 300 (331); vgl. auch BVerfGE 102, 224 (236): „Regierung und die sie unterstützende Parlamentsmehrheit bilden gegenüber der Opposition politisch eine Einheit.“; vgl. auch *Krause,* ZParl 1999, S. 534 (545): „Aktionseinheit von Regierung und Parlamentsmehrheit“.

von Regierung und regierungstragender Mehrheit dar (sogenannter neuer oder innerparlamentarischer Dualismus [...]).“[52]

e) Wirksamkeit der parlamentarischen Kontrolle durch die Minderheit (BVerfGE 49, 70; 105, 197; 124, 78)

Im bereits erwähnten Urteil des Zweiten Senats vom 2. August 1978 und einer Reihe weiterer Entscheidungen zur parlamentarischen Minderheiten-Enquête[53] hat das Bundesverfassungsgericht einen Effektivitätsgrundsatz entwickelt, der im „allgemeinen verfassungsrechtlichen Grundsatz effektiver Opposition“ aufgegangen ist.[54]

Das Recht auf Einsetzung eines Untersuchungsausschusses in seiner Ausprägung als Minderheiten-Enquête, deren Untersuchungsgegenstand nicht gegen den Willen der Minderheit verändert oder erweitert werden dürfe (siehe heute § 2 und § 3 PUAG), wurde in der Entscheidung vom 2. August 1978 als Ausprägung des verfassungsrechtlich verankerten Minderheitenrechts aus Art. 44 Abs. 1 Satz 1 GG ans Licht gehoben, um explizit die „Wirksamkeit der parlamentarischen Kontrolle“ zu sichern:

> „Für eine solche Ausprägung des Rechts der Minderheit spricht, dass jede Ausdehnung des Untersuchungsgegenstandes die Notwendigkeit zusätzlicher Aufklärung mit sich bringt und die Arbeit des Untersuchungsausschusses vermehrt. Mit ihr könnte unschwer die Untersuchung blockiert, zumindest aber erheblich verzögert werden. [...] In der Tat kann schon eine bloße Verzögerung die Wirksamkeit der parlamentarischen Kontrolle entscheidend in Frage stellen.“[55]

Zugleich stellte das Bundesverfassungsgericht klar, dass die Minderheit nicht auf das Wohlwollen der Mehrheit angewiesen sein dürfe, da andernfalls die Gefahr bestünde, dass die Minderheit von der Ausübung der ihr an die Hand gegebenen Minderheitenrechte absehe.[56] Dies greift das Bundesverfassungsgericht im Urteil vom 3. Mai 2016 auf, indem es betont, dass die Kontrollbefugnisse der parlamentarischen Opposition „nicht nur in ihrem eigenen Interesse, sondern in erster

52 BVerfG (Fn. 2), juris, Rn. 87 unter Verweis auf BVerfGE 49, 70 (85 f.); 129, 300 (331); 135, 259 (293 f.).
53 Zum Minderheitenrecht im Recht der Untersuchungsausschüsse als deutsche Besonderheit vgl. *Steffani*, a.a.O., § 49 Rn. 31.
54 Vgl. BVerfG (Fn. 2), juris, Rn. 90.
55 BVerfGE 49, 70 (86).
56 Vgl. BVerfGE 49, 70 (87).

Linie im Interesse des demokratischen, gewaltengegliederten Staates – nämlich zur öffentlichen Kontrolle der von der Mehrheit gestützten Regierung und ihrer Exekutivorgane – in die Hand gegeben" seien.[57] Hiermit verknüpft es die Rechtsprechungslinie zur Wirksamkeit von Minderheitenrechten mit dem Grundsatz effektiver Opposition.

Auch verfassungshistorisch wurde das Mitgestaltungsrecht der qualifizierten Minderheit im parlamentarischen Untersuchungsverfahren in der Entscheidung des Bundesverfassungsgerichts vom 8. April 2002 zum Parteispenden-Untersuchungsausschuss begründet.[58] Eine bedeutsame Weitung der Minderheitenrechte im Untersuchungsausschuss liegt zudem darin, dass die Verfahrensrechte der Minderheit aus Art. 44 Abs. 1 Satz 1 GG auch der „potenziell einsetzungsberechtigten Minderheit" im Rahmen einer Mehrheitsenquête zugesprochen wurden,[59] und zwar selbst dann, wenn diese zunächst ausdrücklich gegen die Einsetzung des Untersuchungsausschusses gestimmt hatte.[60]

In der Entscheidung des Bundesverfassungsgerichts vom 17. Juni 2009 zum BND-Untersuchungsausschuss erkannte der Zweite Senat anhand der Vorschrift des § 18 Abs. 3 PUAG die Situationsgebundenheit der Minderheitenkonstituierung an.[61] Auch diese Entscheidung ebnete den Weg für die im Urteil vom 3. Mai 2016 konstatierte Inkongruenz zwischen Oppositions- und Minderheitenrechten:[62] Darin heißt es, das Bundesverfassungsgericht habe bereits mehrfach betont,

> „dass sich die quorengebundenen parlamentarischen Minderheitenrechte durch jede sich situativ bildende Minderheit ausüben lassen – ohne Ansehung ihrer Zusammensetzung und ihres Zustandekommens und ohne Rücksicht auf Partei- oder Fraktionszugehörigkeit der mitwirkenden Abgeordneten".[63]

---

57 BVerfG (Fn. 2), juris, Rn. 90.

58 Vgl. BVerfGE 105, 197 (223 f.), namentlich sowohl hinsichtlich des „Ob" eines Minderheitenrechts (auf Einsetzung und Mitgestaltung, Stichwort Beweiserhebung) als auch des „Wie" (Höhe des Quorums).

59 Vgl. BVerfGE 105, 197 (224 f.).

60 Vgl. BVerfGE 105, 197 (225).

61 Vgl. BVerfGE 124, 78 (107); zudem wurde in der Entscheidung des Ersten Senats vom 20. Dezember 1966 zur Deutschen Friedensunion festgestellt (BVerfGE 21, 52 [53]; Hervorhebung hinzugefügt): „Das Recht, eine abstrakte Normenkontrolle zu beantragen, hat das Grundgesetz nur der Bundesregierung, einer Landesregierung oder einem Drittel der *Mitglieder des Bundestages (ohne Rücksicht auf Partei- oder Fraktionszugehörigkeit)* verliehen (Art. 93 Abs. 1 Nr. 2 GG)".

62 Vgl. BVerfG (Fn. 2), juris, Rn. 92; vgl. unten, II.2.

63 BVerfG (Fn. 2), juris, Rn. 102 unter Verweis auf BVerfGE 21, 52 (53); 124, 78 (107).

Im Urteil vom 3. Mai 2016 wird denn auch an die „verhaltensbezogen-prozedurale Oppositionsmöglichkeit" eines jeden einzelnen Abgeordneten aus Art. 38 Abs. 1 Satz 2 GG erinnert:[64] Ungeachtet politischer Präferenzen und Parteizugehörigkeit trage er – der einzelne Abgeordnete – allein die Verantwortung für sein Abstimmungsverhalten und Auftreten im Parlament.[65]

f) Auslegungsgebot in Richtung wirksamer parlamentarischer Kontrolle (BVerfGE 67, 100)

Methodisch abgesichert wurde die Rechtsprechungslinie zur Effektivität der parlamentarischen Kontrollfunktion mit dem in der Entscheidung des Zweiten Senats vom 17. Juli 1984 zum Flick-Untersuchungsausschuss etablierten Auslegungsgebot:

> „Das parlamentarische Regierungssystem wird grundlegend auch durch die Kontrollfunktion des Parlaments geprägt. Der Grundsatz der Gewaltenteilung, der zu den tragenden Organisationsprinzipien des Grundgesetzes gehört und dessen Bedeutung in der politischen Machtverteilung, dem Ineinandergreifen der drei Gewalten und der daraus resultierenden Mäßigung der Staatsgewalt liegt (vgl. BVerfGE 3, 225 <247>; 34, 52 <59>), gebietet gerade im Hinblick auf die starke Stellung der Regierung, zumal wegen mangelnder Eingriffsmöglichkeiten des Parlaments in den der Exekutive zukommenden Bereich unmittelbarer Handlungsinitiative und Gesetzesanwendung, eine Auslegung des Grundgesetzes dahin, dass parlamentarische Kontrolle wirksam sein kann."[66]

Im Urteil vom 3. Mai 2016 wird auf diese Rechtsprechungslinie Bezug genommen und dabei wiederum Minderheitenrechte und oppositionelles Wirken verknüpft: Damit die Opposition ihre parlamentarische Kontrollfunktion erfüllen könne, müssten die im Grundgesetz vorgesehenen Minderheitenrechte auf Wirksamkeit hin ausgelegt werden. Es gelte der Grundsatz effektiver Opposition. Der Grundsatz der Gewaltenteilung im parlamentarischen Regierungssystem gewährleiste die praktische Ausübbarkeit der parlamentarischen Kontrolle „gerade auch durch die parlamentarische Opposition".[67]

---

64 BVerfG (Fn. 2), juris, Rn. 102 unter Verweis auf *Ingold*, a.a.O., S. 434; vgl. auch *Haberland*, a.a.O., S. 181.

65 Vgl. BVerfG (Fn. 2), juris, Rn. 102, siehe auch II.2.

66 BVerfGE 67, 100 (130); vgl. auch BVerfGE 124, 78 (114, 121); vgl. *Emmenegger*, a.a.O., S. 447 (451).

67 BVerfG (Fn. 2), juris, Rn. 90.

g) Rolle der „Oppositionsfraktionen als organisierte parlamentarische Minderheit" – Folgerungen für das Verfassungsprozessrecht (BVerfGE 90, 286; 117, 359)

Auch die im Urteil vom 3. Mai 2016 herausgearbeiteten verfassungsprozessualen Möglichkeiten der Oppositionsfraktionen[68] als parlamentarischer Gegenspieler der Regierungsmehrheit fußen auf einer Reihe früherer Entscheidungen.

In der Entscheidung vom 12. Juli 1994 zu Auslandseinsätzen der Bundeswehr (Luftraumüberwachung durch AWACS-Flugzeuge) etwa verwies der Zweite Senat auf die ständige Rechtsprechung des Bundesverfassungsgerichts zur prozessstandschaftlichen Geltendmachung der Rechte des Bundestages – gerade – durch die Oppositionsfraktionen und begründete dies mit dem realistischen[69] Parlamentsverständnis des neuen Dualismus sowie verfassungshistorisch;[70] dies wird folgendermaßen zusammengefasst in der Entscheidung vom 12. März 2007 über den Tornado-Einsatz in Afghanistan:

> „Dies ist vor dem Hintergrund der weitgehenden Übereinstimmung von Regierung und der sie tragenden Parlamentsmehrheit im parlamentarischen Regierungssystem zu sehen und soll nach der Vorstellung des Parlamentarischen Rates vor allem dazu dienen, Oppositionsfraktionen und damit der organisierten parlamentarischen Minderheit als dem Gegenspieler der Regierungsmehrheit den Rechtsweg zum Bundesverfassungsgericht zu eröffnen, um somit die tatsächliche Geltendmachung der dem Parlament im Verfassungsgefüge zukommenden Rechte zu ermöglichen".[71]

Im Anschluss an die bereits mit dem Lissabon-Urteil vom 30. Juni 2009 begonnene Rechtsprechungslinie wird mit dem Urteil vom 3. Mai 2016 zudem gefestigt, dass der prozessstandschaftlichen Geltendmachung von Rechten des Bundestages durch eine (Oppositions-)Fraktion nicht entgegensteht, dass es sich beim Bundestag zugleich um den Antragsgegner handelt.[72] Angeknüpft wird insoweit zum einen an Entscheidungen, wonach der prozessstandschaftlichen Geltendmachung der Rechte des Bundestages nicht entgegenstehe, dass dieser die angegriffene

68 Vgl. BVerfG (Fn. 2), juris, Rn. 66 und 88. Daneben sei auf die Anerkennung (auch oppositioneller) politischer Parteien als Antragsteller im Organstreitverfahren für die Geltendmachung einer Verletzung ihres verfassungsrechtlichen Status hingewiesen; vgl. BVerfGE 4, 27; 82, 322 (335); 84, 290 (298 f.); 85, 264 (283); stRspr.

69 Vgl. auch *Morlok*, VVDStRL 62 (2003), S. 39 (64 ff.).

70 Vgl. BVerfGE 90, 286 (343 f.).

71 BVerfGE 117, 359 (367 f.) unter Verweis auf BVerfGE 90, 286 (344) mit Nachweisen zur Debatte im Parlamentarischen Rat.

72 Vgl. BVerfG (Fn. 2), juris, Rn. 67.

Maßnahme oder Unterlassung gebilligt hat,[73] zum anderen an Entscheidungen, wonach es sich beim Bundestag zugleich um den Antragsgegner handeln könne.[74] Denn die in § 64 Abs. 1 BVerfGG vorgesehene Prozessstandschaft stelle den Organstreit in die Wirklichkeit des politischen Kräftespiels, in der sich Gewaltenteilung über die klassische Gegenüberstellung der geschlossenen Gewaltträger hinaus in erster Linie in der Einrichtung von Minderheitenrechten verwirkliche.

> „Daher liegen Sinn und Zweck der Prozessstandschaft darin, der Parlamentsminderheit die Befugnis zur Geltendmachung der Rechte des Bundestages nicht nur dann zu erhalten, wenn dieser seine Rechte, vor allem im Verhältnis zu der von ihm getragenen Bundesregierung, nicht wahrnehmen will (vgl. BVerfGE 1, 351 <359>; 45, 1 <29 f.>; 121, 135 <151>), sondern auch dann, wenn die Parlamentsminderheit Rechte des Bundestages gegen die die Bundesregierung politisch stützende Parlamentsmehrheit geltend macht (vgl. BVerfGE 123, 267 <338 f.>)."[75]

Mit der erneuten Anerkennung der Prozessstandschaft der (Oppositions-)Fraktionen hinsichtlich der Rechte des Bundestages im Organstreitverfahren – gerade auch, wenn es sich beim Antragsgegner um den Bundestag handelt –, wurde das Parlamentsverständnis des „neuen Dualismus" im parlamentarischen Regierungssystem konsequent ins Verfassungsprozessrecht gespiegelt.[76]

Missverstanden ist diese Passage des Urteils vom 3. Mai 2016 allerdings, wenn aus diesem erneuten Bekenntnis zur Wirklichkeit des politischen Kräftespiels und zum gewissermaßen „zulässigen Insichprozess"[77] eine allgemeine (oppositions-) fraktionelle Klagemöglichkeit gegen Gesetze im Wege des Organstreits abgeleitet wird.[78] Dies findet im Urteil keine Stütze. Der Organstreit steht Fraktionen im Wege prozessstandschaftlicher Geltendmachung von Rechten des Bundestages weiterhin lediglich dann offen, wenn tatsächlich Rechte des Bundestages in Rede stehen; vorliegend war dies in Gestalt der parlamentarischen Kontrollrechte der Fall.[79] Es dürfte allerdings einen empirischen Ausnahmefall darstellen, dass eine

---

73 Vgl. BVerfG (Fn. 2), juris, Rn. 67 unter Verweis auf BVerfGE 1, 351 (359); 45, 1 (29 f.).

74 Vgl. BVerfG (Fn. 2), juris, Rn. 67 unter Verweis auf BVerfGE 123, 267 (338 f.); 132, 195 (247); 134, 366 (397).

75 BVerfG (Fn. 2), juris, Rn. 67.

76 Von einem „Spiegeln" spricht auch die Entscheidung, vgl. BVerfG (Fn. 2), juris, Rn. 88.

77 Vgl. BVerfG (Fn. 2), juris, Rn. 31 zur Position der Antragstellerin.

78 Vgl. zum Interview des ehemaligen Parteivorsitzenden der Antragstellerin im Anschluss an die Urteilsverkündung etwa *Hipp*, Spiegel-Online vom 3. Mai 2016 „Linke vor Verfassungsgericht: Gysis krachende Niederlage", http://www.spiegel.de/politik/deutschland/oppositionsrechte-linke-scheitert-in-karlsruhe-a-1090661.html (12. Juni 2016).

79 Vgl. BVerfG (Fn. 2), juris, Rn. 69: „Bei dem vorliegend prozessstandschaftlich geltend gemachten Recht des Bundestages handelt es sich um parlamentarische Kontrollrechte, welche

Fraktion behaupten kann, der Bundestag habe seine Rechte – etwa durch ein von ihm beschlossenes Gesetz – selbst verletzt.

2. Zwischenergebnis: Oppositionelle Kontrolltätigkeit durch Minderheitenrechte der Abgeordneten

Im Verfassungsgrundsatz effektiver Opposition werden die Rechtsprechungslinien zur besonderen Bedeutung der Opposition für die parlamentarische Kontrolltätigkeit einerseits und zur Effektivität der in der Verfassung garantierten Minderheitenrechte andererseits zusammengeführt. Hierbei werden die Begriffe der Minderheiten und der Opposition allerdings nicht gleichgesetzt. Die parlamentarische Opposition verkörpert die parlamentarische Minderheit vielmehr nur „in der Regel".[80]

Gemeinsam ist der parlamentarischen Opposition wie der parlamentarischen Minderheiten zwar deren potenzielle Vielfalt: Die parlamentarische Opposition stelle in sich, ebenso wie die parlamentarische Mehrheit, nicht notwendig eine homogene Einheit dar, sondern könne in eine Mehrzahl oder sogar in eine Vielzahl von Gruppierungen – Fraktionen oder auch Fraktionsstärke nicht erreichende Gruppen und einzelne Abgeordnete – aufgespalten sein.[81] Dieser Facettenreichtum kommt sprachlich durch die Begriffswahl „Minderheitenrechte" – als die Rechte der *Minderheiten* – zum Ausdruck, welche ein pluralistisches Verständnis nahelegt und damit der Vorstellung von *der einen* Minderheit eine Absage erteilt.

Die Ausübung der parlamentarischen Kontrollrechte wird durch das Grundgesetz aber nie an Oppositionsfraktionen, sondern an Minderheitenrechte geknüpft, die allen Abgeordneten offenstehen.[82] Hiermit ist zum einen davon Abstand genommen worden, die Opposition zu institutionalisieren und als Träger spezifischer Rechte anzuerkennen.[83] Hierin liegt zum anderen eine Stärkung der Rolle – wie der Verantwortung – der einzelnen Abgeordneten: Art. 38 Abs. 1 Satz 2 GG gewährleiste jedem einzelnen Abgeordneten eine „verhaltensbezogen-prozedurale Oppositionsmöglichkeit";[84] ungeachtet politischer Präferenzen und Par-

---

strukturell maßgeblich von Ausübungsmöglichkeiten durch die parlamentarische Opposition abhängig sind".

80 BVerfG (Fn. 2), juris, Rn. 93.

81 Vgl. BVerfG (Fn. 2), juris, Rn. 93 unter Verweis auf BVerfGE 70, 324 (363 f.).

82 Vgl. BVerfG (Fn. 2), juris, Rn. 102.

83 Anders als in mancher Landesverfassung; vgl. BVerfG (Fn. 2), juris, Rn. 64; vgl. auch Fn. 36.

84 Vgl. BVerfG (Fn. 2), juris, Rn. 102 unter Verweis auf *Ingold*, a.a.O., S. 434 und *Haberland*, a.a.O., S. 181.

teizugehörigkeit trage er allein die Verantwortung für sein Abstimmungsverhalten und Auftreten im Parlament.

Die parlamentarische Opposition ist demnach mehr als Funktion denn als Institution zu verstehen. Funktional ist sie allerdings insofern gestärkt worden, als der Verfassungsgrundsatz effektiver Opposition darauf angelegt ist, dass die als Minderheitenrechte ausgestalteten Kontrollrechte von der parlamentarischen Opposition ausgeübt werden können: „Die parlamentarische Kontrolle ist umso effektiver, je stärker die der parlamentarischen Opposition zur Verfügung stehenden Minderheitenrechte sind.“[85]

III. Spannungsverhältnis zwischen dem Grundsatz effektiver Opposition und den grundgesetzlichen Quoren für die Ausübung von Minderheitenrechten

Da das Bundesverfassungsgericht jedoch an die im Grundgesetz unmissverständlich geregelten Quoren für die Ausübung der Minderheitenrechte gebunden ist,[86] blieb dem Senat nichts anderes, als im Fall der zahlenmäßig besonders kleinen Opposition der 18. Wahlperiode ein „Spannungsverhältnis“ zwischen dem Grundsatz effektiver Opposition und den grundgesetzlichen Quoren für die Ausübung der Minderheitenrechte zu konstatieren.[87]

Dieses aus der Inkongruenz von Opposition und Minderheiten erwachsende Spannungsverhältnis ist verfassungsimmanent. Das Grundgesetz enthält freilich unzählige Spannungsverhältnisse; man denke nur an Grundrechtskollisionen. Die Besonderheit des im Urteil vom 3. Mai 2016 konstatierten Spannungsverhältnisses ist, dass beide Belange – der Grundsatz effektiver Opposition und die quorengebundenen Minderheitenrechte – nicht eigentlich konfligieren, sondern sogar in dieselbe Richtung weisen; allerdings mit – derzeit – unterschiedlicher Reichweite,

85 BVerfG (Fn. 2), juris, Rn. 69.

86 Vgl. BVerfG (Fn. 2), juris, Rn. 107 bis 118.

87 Vgl. BVerfG (Fn. 2), juris, Rn. 108 (vorsichtig: „Zwar mögen die grundgesetzlichen Quoren für die Ausübung von Minderheitenrechten in einem Spannungsverhältnis zum allgemeinen verfassungsrechtlichen Grundsatz effektiver Opposition stehen.“) und Rn. 111 (deutlich: „Die umstrittene Rechtsfigur verfassungswidrigen Verfassungsrechts vermag zur Lösung des Spannungsverhältnisses zwischen den Quoren für die Ausübung der parlamentarischen Minderheitenrechte und dem allgemeinen verfassungsrechtlichen Grundsatz effektiver Opposition ebenfalls nichts beizutragen.“).

wodurch sich die Belange zu widersprechen scheinen, wie die Situation der „entrechteten“[88] Opposition der 18. Wahlperiode illustriert.

Dieses Spannungsverhältnis lässt sich mit der Regel *„lex specialis derogat leges generalis“* auflösen: Danach geht das spezielle Gesetz – die grundgesetzlichen Quorenregelungen – dem allgemeinen Gesetz – dem Grundsatz effektiver Opposition – vor. Diese Auslegungsregel, die sich auf die Vermutung stützt, der Verfassungsgeber wolle keinen Rechtssatz schaffen, der über keinen praktischen Anwendungsfall verfügt, führt dazu, dass die Quorenbestimmungen wegen Verkürzung des Grundsatzes effektiver Opposition nicht etwa verfassungswidriges Verfassungsrecht darstellen. Vielmehr verstellt der Verfassungsgeber einen Rückgriff auf den allgemeinen verfassungsrechtlichen Grundsatz effektiver Opposition dadurch, dass er bestimmte Kontrollrechte abschließend geregelt hat.

Das Bundesverfassungsgericht formuliert in diese Richtung, indem es feststellt: „Die in den Text der Verfassung aufgenommenen Quoren stellen [...] die vom Verfassungsgeber und vom verfassungsändernden Gesetzgeber gewollte Konkretisierung des Grundsatzes dar.“[89] Die Frage, wie sich der Grundsatz effektiver Opposition durch Minderheitenrechte auch in Zeiten einer selbst Viertelquoren nicht erreichenden Opposition verwirklichen und nicht wie derzeit – verfassungskonform – kupieren lässt, verweist auf die im Folgenden zu beleuchtenden Möglichkeiten und Grenzen der Oppositionsertüchtigung.

IV. Möglichkeiten und Grenzen der Oppositionsertüchtigung

Hier lassen sich dem Regelungsrang nach Optionen des verfassungsändernden Gesetzgebers von schlichten parlamentarischen Handlungsmöglichkeiten unterscheiden (2.). Ungeachtet der Regelungsebene[90] sind in materieller Hinsicht die Vorgaben des Art. 38 Abs. 1 Satz 2 GG zu beachten (1.).

---

88 Vgl. BVerfG (Fn. 2), juris, Rn. 101 unter Anspielung auf den Vortrag der Antragstellerin.
89 BVerfG (Fn. 2), juris, Rn. 114.
90 Dass die Beschränkung durch Art. 38 Abs. 1 Satz 2 GG über Art. 79 Abs. 3 GG auch für den verfassungsändernden Gesetzgeber gilt, geht aus deren Erörterung im Rahmen der Prüfung des – auf Verfassungsänderung zielenden – Antrags zu 1 hervor; vgl. BVerfG (Fn. 2), juris, Rn. 83 ff., 95 ff.

1. Materielle Vorgaben

Das Bundesverfassungsgericht steckt die materiellen Grenzen für eine Oppositionsertüchtigung klar ab: Die Einführung spezifischer Oppositionsrechte wäre derzeit nicht nur ein Fremdkörper, denn das Grundgesetz schweige bereits über den Begriff der Opposition.[91] Vor allem aber stünde einer Einführung spezifischer Oppositionsrechte Art. 38 Abs. 1 Satz 2 GG entgegen: Exklusiv den Oppositionsfraktionen zur Verfügung stehende Rechte stellten eine nicht zu rechtfertigende Durchbrechung des Grundsatzes der Gleichheit der Abgeordneten und ihrer Zusammenschlüsse aus Art. 38 Abs. 1 Satz 2 GG dar.[92]

Denn die Gleichheit der Abgeordneten und ihrer Zusammenschlüsse verbiete eine Privilegierung einzelner Abgeordneter außerhalb besonderer Gründe.[93] Hierbei legt das Bundesverfassungsgericht zunächst insofern einen strengen Maßstab an, als der den regierungstragenden Abgeordneten mögliche Rückgriff auf ein bestehen bleibendes Minderheitenrecht die in der Einführung eines spezifischen Oppositionsrechts liegende Ungleichbehandlung nicht wettmache.[94] Gründe, die die Privilegierung rechtfertigen können, ließen sich – zulasten der Vergleichsgruppe der regierungstragenden Abgeordneten – in Bezug auf knappe Ressourcen (Redezeit und Ausstattung) ausnahmsweise annehmen, weil die Besserstellung der einen eine Schlechterstellung der anderen Vergleichsgruppe impliziere.[95] Eine Ungleichbehandlung sei jedoch nicht auch dann gerechtfertigt, wenn – wie bei der Frage der Rechteausstattung – zur Besserstellung der einen Vergleichsgruppe eine Schlechterstellung der anderen Gruppe gar nicht zwingend nötig sei. Mit den Worten der Verhältnismäßigkeitsdogmatik sind Einschnitte in der Rechteausstattung zur Erreichung des Ziels der Oppositionsertüchtigung eben

---

91 Vgl. BVerfG (Fn. 2), juris, Rn. 92. Indes erlegt es sich keine Denkverbote auf: Zum einen hält das Gericht es (im Rahmen der Ausführungen zur Zulässigkeit des Antrags zu 3) nicht für von vornherein ausgeschlossen, dass die Antragstellerin in ihren (eigenen) Rechten verletzt ist, indem ihr durch Einfügung des § 126a GO-BT nicht Rechte in einem Umfang eingeräumt worden sind, wie sie von Verfassungs wegen geboten gewesen wären – unter Hinweis auf einige Landesverfassungen, die nicht die Regierung tragende Fraktionen als Oppositionsträger anerkennen und bestimmte Gewährleistungen an diesen Status knüpfen (Rn. 64 unter Verweis auf *Cancik*, a.a.O., 2000, S. 80 ff.). Zum anderen weist es auf die Diskussionen der Gemeinsamen Verfassungskommission nach der Wiedervereinigung zur Aufnahme der Oppositionsfraktionen in das Grundgesetz hin (Rn. 92).

92 Vgl. BVerfG (Fn. 2), juris, Rn. 95 bis 106.

93 Vgl. BVerfG (Fn. 2), juris, Rn. 98 unter Verweis auf die stRspr.

94 Vgl. BVerfG (Fn. 2), juris, Rn. 124 f.

95 Zu „Entscheidungen unter Knappheitsbedingungen“ vgl. BVerfG (Fn. 2), juris, Rn. 104.

nicht erforderlich. Oppositionsertüchtigung per Rechtezuweisung[96] lässt sich vielmehr auch gleichheitsneutral erzielen.

Auf welche Weise sich oppositionelle Wirkungsmöglichkeiten über – gleichheitsneutrale – Minderheitenrechte konkret ins Werk setzen lassen, stellt das Bundesverfassungsgericht anhand konkreter Negativ- wie Positivbeispiele dar:

Als Negativexempel dient der als gleichheitswidrig beurteilte Änderungsvorschlag hinsichtlich § 5 Abs. 4 ESMFinG.[97] Anstelle der avisierten gleichheitswidrigen Anknüpfung neuer Rechte allein an „Fraktionen, die nicht die Bundesregierung tragen", könnten Rechte für eine Gruppierung mit einer Anzahl vorgesehen werden, welche die Abgeordneten der Oppositionsfraktionen (im Plenum oder im Ausschuss) erreichen können.[98]

Als Beispiel gelungener gleichheitsneutraler Oppositionsertüchtigung weist das Gericht auf die in § 126a Abs. 1 Nr. 1, 3 bis 6 und 11 GO-BT geregelten Minderheitenrechte im Bundestagsplenum hin, bei denen mit der Berechtigung einer – auch von der gegenwärtigen Opposition erreichbaren – absoluten Zahl an Mitgliedern des Bundestages operiert wurde (vorliegend: „120 Abgeordnete").[99] Diese Regelungsweise ist regelungstechnisch nicht auf das Plenum beschränkt, sondern lässt sich auch für Ausschüsse umsetzen.[100]

Diese Regelungsmöglichkeiten zeigen: Im positiven Effekt zugunsten der Opposition stellen die materiellen Vorgaben keinerlei Einschränkung dar. Die Inkongruenz von Opposition und Minderheiten muss somit kein Hemmschuh für effektive Opposition sein. Das Ziel effektiver Oppositionsermöglichung – und damit eine Effektivierung der parlamentarischen Kontrollfunktion – lässt sich vielmehr durch hinreichend niederschwellige Minderheitenrechte voll erreichen.

---

96 Bei denen es sich im Umkehrschluss *nicht* um Entscheidungen unter Knappheitsbedingungen handelt.

97 Vgl. BVerfG (Fn. 2), juris, Rn. 122 ff.

98 Entsprechend wären künftige Organstreitigkeiten von Seiten einzelner regierungstragender Abgeordneter gegen die in § 126a Abs. 1 GO-BT enthaltenen exklusiv der Opposition zur Verfügung stehenden Rechte (im Ausschuss) denkbar, namentlich Nr. 2 und 7 bis 10. Angesichts der in der 18. Wahlperiode besonders starken Großen Koalition, deren außergewöhnliche Machtstellung sich durch § 126a GO-BT nicht gefährdet sieht, würden sie damit allerdings die – mit dem in Rn. 24 des Urteils vom 3. Mai 2016 (Fn. 2) gewürdigten Passus des Koalitionsvertrags – erworbenen demokratischen Meriten der Großen, aber im besten Sinne machtbewussten Koalition unnötig gefährden.

99 Vgl. BVerfG (Fn. 2), juris, Rn. 127.

100 Dies ließe sich sogar mühelos abstrakt – ohne präzise Festlegung der Ausschussgröße – formulieren, etwa wie folgt: „eine Zahl von Mitgliedern im Ausschuss, welche auch von den Mitgliedern aller nicht die Regierung tragenden Fraktionen im Ausschuss erreicht werden kann".

2. Fragen des Regelungsrangs

a) Verfassungsänderungen

Die Betonung des Umstands, dass das Bundesverfassungsgericht die bewusste Entscheidung des Verfassungsgebers für die bestehenden Quoren zu respektieren habe,[101] mag zugleich als Aufruf verstanden werden: Wenn auch nicht an die Adresse der in den Bundestag eingezogenen Parteien, bei der Koalitionsbildung künftig Regierungsmehrheiten ab zwei Dritteln oder jedenfalls drei Vierteln der Abgeordneten zu vermeiden, so doch an die Adresse des verfassungsändernden Gesetzgebers. Dieser könnte dem Grundsatz effektiver Opposition zur Durchsetzung verhelfen – durch Absenkung der betroffenen grundgesetzlichen Quoren auf ein Maß, das auch eine zahlenmäßig schwache Opposition erreichen kann. Auf Verfassungsebene ließen sich die Quoren für die Ausübung von Minderheitenrechten mit dem Grundsatz effektiver Opposition – bei gleichzeitiger Wahrung der Gleichheit der Abgeordneten und ihrer Zusammenschlüsse – versöhnen.[102]

Das Spannungsverhältnis zum Grundsatz effektiver Opposition besteht allerdings ausweislich des Bundesverfassungsgerichts nicht zwingend für sämtliche quorengebundene Rechte, die der Opposition in der 18. Wahlperiode nicht aus eigener Kraft offenstehen. Insoweit führt das Bundesverfassungsgericht im Urteil vom 3. Mai 2016 eine bedeutsame Unterscheidung ein: In einem Spannungsverhältnis stehen danach lediglich diejenigen Minderheitenrechte, die „gemessen am Maßstab des allgemeinen verfassungsrechtlichen Grundsatzes effektiver Opposition im Einzelnen überhaupt essentielle Rechte der parlamentarischen Opposition darstellen".[103] Für welche Rechte der Grundsatz effektiver Opposition eingreift – und entsprechend nur ein Spannungsverhältnis mit den bestehenden Quoren konstatiert werden muss –, lässt das Gericht zwar ausdrücklich offen, gibt allerdings wichtige Anhaltspunkte:[104] Ob die fünf der parlamentarischen Opposition im 18. Deutschen Bundestag von Verfassungs wegen nicht zur Verfügung stehenden Rechte[105] solch essentielle Rechte der parlamentarischen Opposition darstellen, sei insbesondere für die Antragsberechtigung für die abstrakte Normenkontrolle nach Art. 93 Abs. 1 Nr. 2 GG umstritten. Anders – mithin bejahend – beurteilt das Gericht die essentielle Bedeutung der Minderheiten-Enquête nach

---

101 Vgl. BVerfG (Fn. 2), juris, Rn. 107.
102 Vgl. BVerfG (Fn. 2), juris, Rn. 107.
103 BVerfG (Fn. 2), juris, Rn. 108.
104 Vgl. BVerfG (Fn. 2), juris, Rn. 108.
105 Vgl. Fn. 3.

Art. 44 Abs. 1 Satz 1 GG für eine effektive Opposition.[106] Die exemplarische Nennung zeigt auf, dass das Gericht über das Antragsrecht auf Einsetzung eines Untersuchungsausschusses hinaus weitere essentielle Rechte sieht, wozu – wegen dessen funktionaler Nähe zu Art. 44 Abs. 1 Satz 1 GG – jedenfalls das Antragsrecht auf Tätigwerden des Verteidigungsausschusses als Untersuchungsausschuss nach Art. 45a Abs. 2 Satz 2 GG zählen dürfte.

Den Spielraum des verfassungsändernden Gesetzgebers hat das Bundesverfassungsgericht – über die Vorgaben des Art. 38 Abs. 1 Satz 2 GG hinaus[107] – nicht eingeengt. Es hat lediglich die in Betracht zu ziehenden und gegeneinander abzuwägenden Belange benannt: den Minderheitenschutz auf der einen und die Gefahr des Missbrauchs von Minderheitenrechten auf der anderen Seite.[108] Die Frage, inwiefern die Ewigkeitsklausel des Art. 79 Abs. 3 GG bei der Neujustierung der Quoren für die Ausübung parlamentarischer Minderheitenrechte einschlägig ist – namentlich, ob der allgemeine verfassungsrechtliche Grundsatz effektiver Opposition zu den in den Artikeln 1 und 20 niedergelegten Grundsätzen im Sinne von Art. 79 Abs. 3 GG zählt –, hat das Bundesverfassungsgericht zwar aufgeworfen,[109] sich jedoch nicht abschließend positioniert.[110]

b) Isolierte Gesetzes- und Geschäftsordnungsänderungen

Zwar hat das Bundesverfassungsgericht die Gebotenheit effektiver Opposition – das heißt: die Gebotenheit effektiver Oppositionsermöglichung durch hinreichend niederschwellige Minderheitenrechte – im Urteil vom 3. Mai 2016 im Grundsatz bejaht. Ob eine solche Oppositionsertüchtigung indes unterhalb der Verfassung – in einfachen Gesetzen oder der Geschäftsordnung – möglich ist, während das

106 BVerfG (Fn. 2), juris, Rn. 108.

107 Vgl. Fn. 90.

108 Vgl. BVerfG (Fn. 2), juris, Rn. 116 unter Verweis auf vgl. BVerfGE 105, 197 (224) m.w.N. zur Diskussion im Parlamentarischen Rat.

109 Vgl. BVerfG (Fn. 2), juris, Rn. 112.

110 Dafür spricht, dass das Gericht die Bildung und Ausübung einer organisierten politischen Opposition als konstitutiv für die freiheitliche demokratische Grundordnung erklärt und den Verfassungsgrundsatz effektiver Opposition insgesamt im Demokratieprinzip nach Art. 20 Abs. 1, Abs. 2 und Art. 28 Abs. 1 Satz 1 GG verwurzelt sieht, vgl. BVerfG (Fn. 2), juris, Rn. 86. Bejahendenfalls würde dies freilich eher für als gegen eine Quorenabsenkung sprechen; allerdings dürfte auch das – ebenfalls im Demokratieprinzip wurzelnde – Mehrheitsprinzip nach Art. 42 Abs. 2 Satz 1 GG zu berücksichtigen sein, welches bei Inkaufnahme von – mit zu niederschwelligen Minderheitenrechten einhergehenden – Missbrauchsgefahren zu stark eingeschränkt würde.

Grundgesetz selbst die höheren Quoren vorsieht, hat das Gericht nicht ausdrücklich behandelt. Die Antwort ergibt sich jedoch aus der Entscheidung:

Erstens: Prüfungsmaßstab des Bundesverfassungsgerichts im Organstreit ist allein das Grundgesetz, wohingegen nicht jede der in Ausübung der Geschäftsordnungsautonomie des Bundestages nach Art. 40 Abs. 1 Satz 2 GG getroffene Regelung der GO-BT von Verfassungs wegen geboten sein muss. Vor dem Bundesverfassungsgericht sind vielmehr nur jene Rechte einklagbar, die sich auf ein entsprechendes Verfassungsgebot zurückführen lassen (vgl. § 64 Abs. 1 und 2 BVerfGG). Allein in der GO-BT gewährleistete Rechte hingegen sind verfassungsrechtlich nicht einklagbar.[111] Zweitens: Der Verfassungsgeber und der verfassungsändernde Gesetzgeber haben den Grundsatz effektiver Opposition durch die Quoren bewusst konkretisiert.[112] Drittens: Da aber – wie es an anderer Stelle heißt – das Grundgesetz nur als Einheit begriffen werden kann,[113] sind untergesetzliche Abweichungen von den grundgesetzlichen Quorenbestimmungen nicht nur nicht geboten, sondern sogar verfassungswidrig. Mit dem konstatierten Spannungsverhältnis ist daher nicht etwa ein Intermediat, eine Zwischenform innerhalb des Verfassungsrechts eingeführt worden, ein Zustand verfassungsrechtlicher Gebotenheit bei fehlender Einklagbarkeit.

Von der Opposition verfassungsprozessual einklagbare Minderheitenrechte kann es daher nur entweder unmittelbar aus – entsprechend angepassten – grundgesetzlichen Minderheitenrechten geben oder aber (jedenfalls theoretisch) aus auf Gesetzes- und Geschäftsordnungsebene eingeräumten essentiellen Rechten, soweit dem Durchschlagen des allgemeinen Verfassungsgrundsatzes effektiver Opposition entgegenstehende konkrete grundgesetzliche Quoren nicht mehr im Wege stehen. Für beide Wege ist zunächst ein Tätigwerden des verfassungsändernden Gesetzgebers nötig. Quorenanpassungen unterhalb der Verfassung können daher bisweilen lediglich die Parlamentspraxis anleiten.

---

111 Vgl. BVerfG (Fn. 2), juris, Rn. 79.

112 Vgl. BVerfG (Fn. 2), juris, Rn. 114.

113 Vgl. BVerfG (Fn. 2), juris, Rn. 111 unter Verweis auf BVerfGE 1, 14 (32), stRspr, ferner *Hesse*, Grundzüge des Verfassungsrechts der Bundesrepublik Deutschland, 20. Aufl. 1995, Rn. 20.

V. Ausblick

Vor dem Hintergrund, dass – mit Goethe[114] – gerade die Einschränkung die Opposition nötigt, geistreich zu sein, dies aber zugleich von Vorteil sein kann, sei zuletzt an die vorhandenen Möglichkeiten oppositionellen Wirkens erinnert. Nicht nur wurde durch das Urteil vom 3. Mai 2016 die Rechtsprechungslinie zur prozessstandschaftlichen Geltendmachung von Rechten des Bundestages durch Fraktionen im Rahmen des Organstreits gefestigt.[115] Daneben stehen der Opposition nicht zuletzt[116] die häufig unterschätzten Möglichkeiten offen, die die „föderative Kontrolle"[117] einerseits und der Faktor Zeit andererseits eröffnen:

Eine Schwächung des Gegenspielers Opposition auf Bundesebene kann ein Stück weit über oppositionelle Handlungsmöglichkeiten im föderalen Staatsaufbau aufgefangen werden.[118] Neben der Mitwirkung an der Gesetzgebung im Bundesrat (Art. 50 GG), in dem sich aus Bundesperspektive eine derzeit starke und weiter erstarkende Opposition befindet, steht der Opposition – statistisch bedeutsam[119] – auch die abstrakte Normenkontrolle über die Antragstellerin „Landesregierung" offen. In den „der Opposition im Bunde nahestehenden Landesregierungen"[120] können die oppositionellen Parteien auf ihren jeweiligen Koalitionspartner ein- und somit auf eine Antragstellung hinwirken.

Durch die Zeitabhängigkeit der politischen Rollen und Interessen und der Auswirkungen auf die Antragsteller des abstrakten Normenkontrollverfahrens besteht – auch ohne Weitung der Antragsberechtigung der abstrakten Normen-

---

114 Zit. nach *Eckermann*, Gespräche mit Goethe in den letzten Jahren seines Lebens 1823 – 1832, Erster Theil, 1836, S. 369: „Eine Opposition, die keine Grenzen hat, wird platt. Die Einschränkung aber nöthigt sie geistreich zu seyn, und dieß ist ein sehr großer Vortheil".

115 Vgl. oben, II.1.g); erneut bestätigt durch das OMT-Urteil des Zweiten Senats vom 21. Juni 2016 – 2 BvR 2728/13 u. a. –, juris, Rn. 106.

116 Vgl. etwa zu den drei Typen oppositioneller Organklagen (durch Abgeordnete, durch Fraktionen und durch politische Parteien) *Stüwe*, a.a.O., 2015, S. 349 (353 f.), zur Unterstützung von Verfassungsbeschwerden ebd. (S. 361); vgl. zudem Fn. 68.

117 BVerfG (Fn. 2), juris, Rn. 88 unter Verweis auf *Stüwe*, a.a.O., 1997, S. 40 ff.

118 Vgl. *Huber*, a.a.O., § 47 Rn. 63, wonach sogar „weniger die spezifischen Informations- und Kontrollrechte der Oppositionsfraktionen im Parlament als die föderalistische Brechung des demokratischen Prinzips und der Mehrheitsherrschaft" als „wichtigster Faktor für eine (zu) effektive Opposition" erscheine.

119 Vgl. *Stüwe*, a.a.O., 2015, S. 349 (356 ff.); die parlamentarische Opposition hingegen sei gerade einmal in 10 % aller Anträge (über das quorengebundene parlamentarische Minderheitenrecht) als Antragstellerin der abstrakten Normenkontrolle aufgetreten (bei 14 von 135 Normenkontrollen bis 2013).

120 BVerfGE 12, 205 (256).

kontrolle[121] – nicht unerhebliches Klagepotenzial, wie etwa das Normenkontrollverfahren gegen das Betreuungsgeld[122] eindrucksvoll gezeigt hat.[123] Da das Verfahren der abstrakten Normenkontrolle nicht fristgebunden ist, kann mitunter sogar die Bundesregierung „funktionale Opposition"[124] sein, indem sie Gesetze ihrer (politisch konträren) Vorgängerregierung auf deren Verfassungsmäßigkeit hin kontrollieren lässt.[125]

---

121 Zu verfassungspolitischen Gegenargumenten vgl. etwa *Stüwe,* a.a.O., 2015, S. 349 (355, 365).

122 Vgl. BVerfGE 140, 65 – Betreuungsgeld.

123 Hierbei hatte sich eine „konforme" Landesregierung gegen Gesetze des jetzigen Koalitionspartners auf Bundesebene aus einer vorigen Legislaturperiode gewendet, während der sie noch die Oppositionsrolle auf Bundesebene innehatte; die entsprechende Antragsschrift vom 20. Februar 2013 wurde eingereicht, als der Hamburger Senat sogar ausschließlich mit Mitgliedern der SPD (bzw. Parteilosen) – und nicht wie bei der Urteilsverkündung auch mit Mitgliedern der auf Bundesebene opponierenden GRÜNEN – besetzt war.

124 Zur zeitabhängigen Rollenzuschreibung am Beispiel des Enquêterechts vgl. *Mohr,* ZParl, Heft 3/2004, S. 468 (480): „formale" Oppositionsrolle (je nach den aktuellen Mehrheitsverhältnissen im Parlament) sowie „funktionale" Oppositionsrolle bei der Ausübung des Minderheitenrechts (je nach Untersuchungsinteresse, welches sich auch auf vergangene Wahlperioden beziehen kann).

125 So wurde der Antrag zwischen 1951 und 1995 in immerhin 6 % der Fälle von einer Bundesregierung gestellt; vgl. *Stüwe,* a.a.O., 1997, S. 181 (Tabelle 3).

Autorenverzeichnis

Barczak, Tristan, Dr. iur., LL.M., Akademischer Rat a. Z. und Habilitand am Institut für Öffentliches Recht und Politik (Prof. Dr. Fabian Wittreck) an der Westfälischen Wilhelms-Universität Münster, seit Oktober 2014 wissenschaftlicher Mitarbeiter am Bundesverfassungsgericht bei Bundesverfassungsrichter Prof. Dr. Johannes Masing.

Bechler, Lars, Dr. iur., Richter am Oberverwaltungsgericht Magdeburg, wissenschaftlicher Mitarbeiter am Bundesverfassungsgericht bei Bundesverfassungsrichter Dr. Michael Gerhardt von November 2011 bis Juli 2014 und bei Bundesverfassungsrichter Dr. Ulrich Maidowski von Juli 2014 bis Oktober 2014.

Berthold, Christof, Dr. iur., Vizepräsident des Verwaltungsgerichts Mainz, wissenschaftlicher Mitarbeiter am Bundesverfassungsgericht bei Präsident Prof. Dr. Andreas Voßkuhle von Dezember 2013 bis Dezember 2015, zuvor Richter am Oberverwaltungsgericht Rheinland-Pfalz (seit 2009).

Burmeister, Christoph, Richter am Amtsgericht Mainz, wissenschaftlicher Mitarbeiter am Bundesverfassungsgericht bei Bundesverfassungsrichterin Prof. Dr. Gabriele Britz seit Juni 2014.

Diehl, Andrea, Dr. iur., M.J.I., Assessorin, wissenschaftliche Mitarbeiterin am Bundesverfassungsgericht bei Präsident Prof. Dr. Andreas Voßkuhle seit November 2014; zuvor Rechtsreferendarin am Bundesverfassungsgericht bei Bundesverfassungsrichterin Prof. Dr. Gabriele Britz.

Diehm, Dirk, Dr. iur. utr., LL.M. Eur., Richter am Landgericht Würzburg, wissenschaftlicher Mitarbeiter am Bundesverfassungsgericht bei Bundesverfassungsrichter Prof. Dr. Peter M. Huber vom Februar 2011 bis September 2015, zuvor Staatsanwalt bei der Staatsanwaltschaft Würzburg.

Hamdorf, Kai, Dr. iur., J.M. (Uppsala), Richter am Bundesgerichtshof, von Februar 2014 bis August 2016 wissenschaftlicher Mitarbeiter am Bundesverfassungsgericht bei Präsident Prof. Dr. Andreas Voßkuhle, ab Januar 2016 zugleich persönlicher Referent des Präsidenten; zuvor Richter am Schleswig-Holsteinischen Oberlandesgericht in Schleswig.

DOI 10.1515/9783110426441-020

Hunsmann, Daniel, Dr. iur., Vorsitzender Richter am Landgericht Aurich, wissenschaftlicher Mitarbeiter am Bundesverfassungsgericht bei Bundesverfassungsrichterin Dr. Sibylle Kessal-Wulf von Februar 2014 bis Januar 2016.

Jerxsen, Markus, Richter am Verwaltungsgericht Karlsruhe, wissenschaftlicher Mitarbeiter am Bundesverfassungsgericht bei Präsident Prof. Dr. Andreas Voßkuhle seit Januar 2014, zuvor abgeordnet an das Bundesverwaltungsgericht.

Käßner, Anne, Dr. iur., Richterin am Verwaltungsgericht Karlsruhe, wissenschaftliche Mitarbeiterin am Bundesverfassungsgericht bei Bundesverfassungsrichter Dr. h.c. Wilhelm Schluckebier von Januar 2012 bis Juni 2015.

Kees, Alexander, Dr. iur., Maître en droit, Regierungsdirektor (Justizministerium Baden-Württemberg), wissenschaftlicher Mitarbeiter am Bundesverfassungsgericht bei Bundesverfassungsrichter Prof. Dr. Peter M. Huber seit April 2015.

Kliegel, Thomas, Dr. iur., Richter am Landgericht Essen, wissenschaftlicher Mitarbeiter am Bundesverfassungsgericht bei Bundesverfassungsrichter Peter Müller von April 2013 bis Mai 2016.

Mayer, Marco, Erster Staatsanwalt bei der Staatsanwaltschaft Karlsruhe / Zweigstelle Pforzheim, wissenschaftlicher Mitarbeiter am Bundesverfassungsgericht bei Bundesverfassungsrichterin Dr. Sibylle Kessal-Wulf von November 2013 bis Dezember 2015.

Misol, Arne, Richter am Landgericht Saarbrücken, wissenschaftlicher Mitarbeiter am Bundesverfassungsgericht bei Bundesverfassungsrichter Peter Müller seit August 2014.

Otto, Roland, Dr. iur., Richter am Landgericht Göttingen, wissenschaftlicher Mitarbeiter am Bundesverfassungsgericht bei Bundesverfassungsrichter Prof. Dr. Andreas L. Paulus von Juni 2012 bis Juli 2015.

Röcker, Isabel, Dr. iur., Richterin am Verwaltungsgericht Karlsruhe, zuvor wissenschaftliche Mitarbeiterin am Max-Planck-Institut für ausländisches öffentliches Recht und Völkerrecht, seit Dezember 2013 wissenschaftliche Mitarbeiterin am Bundesverfassungsgericht bei Bundesverfassungsrichter Prof. Dr. Michael Eichberger.

Schäder, Birgit, Richterin am Amtsgericht Tempelhof-Kreuzberg (Berlin), wissenschaftliche Mitarbeiterin am Bundesverfassungsgericht bei Bundesverfassungsrichterin Prof. Dr. Gabriele Britz seit Dezember 2014.

Scheffczyk, Fabian, Dr. iur., Regierungsdirektor im Bundesministerium der Justiz und für Verbraucherschutz, wissenschaftlicher Mitarbeiter am Bundesverfassungsgericht bei Bundesverfassungsrichter Prof. Dr. Reinhard Gaier von Januar 2014 bis Juni 2016.

Schulenberg, Sebastian, Dr. iur., LL.M. (Cambridge), Richter am Verwaltungsgericht Bremen, wissenschaftlicher Mitarbeiter am Bundesverfassungsgericht bei Bundesverfassungsrichter Prof. Dr. Johannes Masing von Mai 2014 bis Oktober 2016.

Schweitzer, Sonja, Dr. iur., Oberregierungsrätin im Bayerischen Staatsministerium des Innern, für Bau und Verkehr, wissenschaftliche Mitarbeiterin am Bundesverfassungsgericht bei Bundesverfassungsrichter Prof. Dr. Reinhard Gaier von September 2013 bis Mai 2015, zuvor Richterin am Verwaltungsgericht Koblenz.

Wolter, Kathleen, Dr. iur., Richterin in Berlin, derzeit am Amtsgericht Mitte, wissenschaftliche Mitarbeiterin am Bundesverfassungsgericht bei Bundesverfassungsrichter Peter Müller von September 2013 bis Februar 2016.

Sachregister

Abgeordnete 10
Abgeordnetendiäten 399
Abgeordnetenmitarbeiter 395
Ablehnungsgesuch 23
Abstandsgebot 177, 180
abstrakte Gefahr 279
Achtungsanspruch 126, 170 f.
AfD 414, 419
Alimentation 344
Alimentationsprinzip 334, 337, 345
Altersdiskriminierung 317, 342
Altersgrenzen 317–319, 323–325, 327–332, 335 f., 340–342
Altersversorgung 336 f.
Amtsträger 237
– Äußerungsbefugnisse 414
Anhörung der Eltern 275 f.
Anhörung des Kindes 275, 280, 284
Anhörungsrüge 43, 45–61, 216
Anhörungsrügeverfahren 43, 49, 51, 55, 57 f.
Antwortverweigerung 469, 487 f.
Anwendungsvorrang 374
Art. 103 Abs. 1 GG 44–49, 51, 53, 57 f.
Aufopferung 313
Äußerungsbefugnisse von Amtsträgern 413
ausgeschlossen von der Mitwirkung 40
Auslegungsfehler 284
Ausschluss des Umgangs 277, 282 f., 285, 289

Baulandumlegung 294, 298–300, 302 f., 306, 310, 313
Beamtenversorgung 332, 335 f.
Befangenheit 18
Befristung des Umgangsausschlusses 280, 283, 285
begleiteter Umgang 274, 277, 279, 286
Begründungsanforderungen 188
Begründungstiefe 206, 214
Berichterstatter 21
Berufsfreiheit 324, 326, 332
Berufswahl 323, 327
Berufswahlfreiheit 323
Beschleunigungseffekt 36
Beschleunigungsgebot 207, 210 f., 216
Beschlussunfähigkeit 14
Besetzungsrüge 13
besondere Mittel der Datenerhebung 153, 167
besonders gewichtige Grundrechtsverletzung 73, 78
besonders schwerer Nachteil 68, 70 f., 74, 76 f., 80–83
Besorgnis der Befangenheit 18
Beteiligungsrechte 484
Betriebs- und Geschäftsgeheimnisse 481
Bewerbungsgespräch 21
biologischer Vater 267
Bundespolizei 467, 470, 473, 475, 488
Bundespräsident
– Äußerungsbefugnisse 415, 425
– Repräsentations- und Integrationsaufgaben 415, 426 f., 431
Bundesregierung
– Informations- und Warntätigkeit 414, 417, 425, 429
– Öffentlichkeitsarbeit 414, 417
Bundessicherheitsrat 477, 481, 484, 486
Bürgermeister 423

Chancengleichheit politischer Parteien 414

Darlegungs- und Beweislast 404
Darlegungsanforderungen 404
dauerhafte Gefährdungssituation 279
Demokratieprinzip 471, 475
demokratische Legitimation 471, 487
dienstliche Stellungnahme 24
Direktwahlakt 361, 365, 373–376
Dokumentation 243
Dreierausschuss 66
Dringlichkeitszulosung 14
Durchsetzungsannahme 68–70, 77 f., 81

E-Mail-Beschlagnahme 142
effektive Strafverfolgung 231, 235

Effektivität von Ermittlungs- und Strafverfolgungsmaßnahmen 240
Eingriffsintensität 272, 276
Einschränkung des elterlichen Umgangsrechts 270
Einstellungsbegründung 243
Einstellungshöchstaltersgrenzen 317 f., 320 f., 324 – 328, 332 f., 335 – 341
Einzelrichter 35
elterliches Umgangsrecht 265, 268, 270 f., 281 – 283
Eltern-Kind-Beziehung 266, 278, 281 f., 288
Enteignung 291 – 313
Entfremdung 281 f.
Entlastung des Bundesverfassungsgerichts 64
Entscheidung „in eigener Sache" 397
Erfolgsgleichheit 373, 379 f., 382
Erfolgswertgleichheit 359, 366, 380, 386
Erinnerung 35
Eröffnungsbeschluss 219
erste Schutzstufe 129, 138, 140
Erziehungsfähigkeit 286
Erziehungspflichten 289
Europäische Menschenrechtskonvention 178, 199
Europäischer Gerichtshof für Menschenrechte 177, 182
Europawahl 359, 368, 373 – 378, 382, 385 f.
Evidenzkontrolle 346
existenzielle Bedeutung 70, 73 – 77, 75 f., 80

fachrichterlicher Wertungsspielraum 120
Familiengericht 250, 253, 262
Feststellung und Würdigung des Sachverhalts 277 f., 284
Folgenabwägung 285
Frage- und Informationsrecht 469 f., 472, 484
Freiheitliche demokratische Grundordnung 421, 425, 427, 430
Freiheitsgrundrecht 175
Fremdunterbringung 247, 249, 251, 253 f., 256, 259, 261 f., 273, 283, 285, 287 f.

Garzweiler 293
Gebot der bestmöglichen Sachaufklärung 192
Gebühr im Rechtssinne 34
Gefahr für Leib und Leben 278 f.
Gefahrenbegriff 274, 278
Gegenleistung 34
Geheimdienste 475
Geheimschutz 483
Geheimschutzordnung 484 – 487
Gehörsrüge 31
Gehörsverletzung 48, 50 f., 53, 55 – 58
Generalklausel 103
Gerichtskosten 31, 33
Gerichtskostengesetz 31
Geschäftsordnung des Bundesverfassungsgerichts 27
Geschäftsordnung des Deutschen Bundestages 470
Gesetzesvorbehalt 317 f., 321 f., 324, 326, 330, 334
Gesetzgebungsverfahren 11
Gestaltungsspielraum
– Bundespräsident 429
gestörte Vertragsparität 101
Gewaltenteilung 471, 477 f.
Gewaltmonopol 227
Gleichbehandlung
– formale 394
Gleichheitssätze 115
Grundrechtsbeeinträchtigung 276, 282
Grundsatz der Gleichheit der Wahl 379
Grundsatzannahme 68 f.
grundsätzliche verfassungsrechtliche Bedeutung 68, 70, 73 f., 77 f., 83
Gruppenprivileg 6
Gutachten 20
Güterbeschaffung 291, 293, 296, 298 f., 301 – 305, 307, 309 – 314
Güterbeschaffungsvorgang 294, 296, 299 – 302, 304, 306 – 309, 311 – 313

Haftbefehl 217
Haftbeschwerde 214
Haftfortdauerentscheidung 211 f., 216, 220
Haftprüfung 207
Haftprüfungsbeschluss 217

Haushaltsgesetz 393
Haushaltsplan 393
Heck'sche Formel 268, 271
Herkunftsfamilie 282, 285 f., 288 f.
Hessischer Verwaltungsgerichtshof 423
Hilfen nach SGB VIII 287
Höchstaltersgrenze 317, 319, 324, 329 f., 339

Inhalts- und Schrankenbestimmung 292 f., 295 – 299, 301 – 303, 307 – 310, 312 – 314
Inhaltsbestimmung 294
Inobhutnahme 273, 283
intensivierte Nachprüfung 272, 281
Interpellationsrecht 469, 475

Jugendamt 247 f., 253, 261, 276, 284 ff., 288

„Kartellparteien“ 407
Kernbereich exekutiver Eigenverantwortung 474, 477, 479, 484, 488
Kernbereichsprognose 129, 132 f., 135, 150, 170
Kindeswille 279
Kindeswohl 248, 263, 269, 273, 281 f., 286, 288
Kindeswohlgefährdung 269, 273, 278 – 281, 283 f., 286
Kleine Anfragen 468, 474
konkrete Gefahr 273 f., 277, 279
konkrete Gefährdung 282
Konstitutionalisierung 95
Kontrollbefugnis 268
Kontrolldichte 267, 276, 281, 285
Kontrolldichte, gerichtliche 406
Kontrolle 493
Kostenansatz 35, 39
Kostenbeamter 35, 39
Kostenfreiheit 34
Kostengrundentscheidung 37, 39
kostenrechtliche Erinnerung 35, 37

Lauschangriff 126, 131, 134 – 136, 141 f., 145 f., 149 f., 152, 164 f., 168 f.
Lebenszeitprinzip 334, 337
Legalitätsprinzip 225
Lehrer 319 f., 330 f., 341
Löschung 131, 139, 152, 155, 157 f., 160 f., 164 f.
Löschungspflichten 146, 157, 159
Losverfahren 27
Loyalitätskonflikt 277
Lüth-Urteil 103

Mehrheitswahl 379 – 381
Meinungsfreiheit
– Amtsträger 414
Menschenwürde 125 – 127, 128 f., 131, 136, 153, 156, 169 f.
mildere Mittel 286
Minderheiten 493
Mischgespräch 133, 138 f., 149, 162 f., 167
missbräuchliche Inanspruchnahme 34
Missbrauchsgebühr 9, 13, 30
mittelbare Drittwirkung der Grundrechte 103
Mitwirkung im Gesetzgebungsverfahren 10
Mitwirkungsausschluss 5
Mutwillensgebühr 64

Nachmotz 39
nachträgliche Sicherungsverwahrung 176
Nassauskiesungsbeschluss 292 – 294, 304, 312
Nebenentscheidung 31
Neutralitätsgebot 414, 417, 430
Nichtanfechtbarkeit 39
normgeprägtes Grundrecht 100
NPD 414, 420 – 423
Nutzungsbeschränkung 293, 307, 309, 313

Öffentlichkeit 485 – 487
Offizialmaxime 225
Online-Durchsuchung 137 f., 140, 142, 144, 147, 152, 159, 163, 168 f.
Opposition 468, 487 – 489, 493
Ordnungsmittel 274
Organstreitverfahren 469
originäre Kammerentscheidung 39

pädophile Neigungen 277 f.
Parlament 493
parlamentarische Kontrolle 471 f., 487

Parlamentarische Untersuchungsausschüsse 469
Parlamentsfraktion 395
Parteien
- Chancengleichheit 413
Parteienfinanzierung 390
Persönlichkeitsrecht des Kindes 280 f., 289
Pflegeeinrichtung 267, 272, 287
Pflegefamilie 267, 272, 282 f., 287 f.
Pflegekinder 272, 282 f., 290
Pflegekinderdienst 285 f., 288
Pflegestelle 267, 272, 282 f., 288 f.
Politikfinanzierung, allgemeine 401
politische Äußerungen 22
politischer Meinungskampf 417, 419, 424, 428, 431, 435
Pressemitteilung 419
Privatautonomie 97
Privatisierung 100
Privatrechtswirkung der Grundrechte 102
Prognoseentscheidung 130, 133, 136, 140 f., 148, 162, 171
Prozesshandlung 32
Prüfungsintensität 268 f., 276, 284 f., 289
Prüfungsmaßstäbe 265, 267 f., 270, 273, 281 f., 285, 287
psychische Störung 183 – 185, 191

Recht auf Chancengleichheit im politischen Wettbewerb 394
rechtliches Gehör 31, 44 – 46, 56 – 59
rechtsextreme Szene 279
Rechtsschutzgarantie 224
Rechtssicherheit 288
Rechtsweg 31, 45, 53, 55, 59
Rechtswegerschöpfung 43, 50, 52, 54
Reformgesetzgebung 293
richterliche Rechtsfortbildung 105
Rückführung des Kindes 285 f., 288
Rückwirkungsverbot 177
Ruhestandsgrenzen 327, 329, 335, 337
Rüstungsexporte 467, 470, 482

Sachverständigengutachten 192, 275 f., 280
Sanktionscharakter 34
Schiedsfunktion 271, 281, 289
Schmähkritik 416
Schriftverkehr nach Abschluss eines Verfahrens 39, 41
Schutz des Kindes 268, 281
Schutzpflicht 104, 227
schwerer und unabwendbarer Nachteil 66 f., 70
Schwesig 416
sekundäre Gehörsrüge 52, 56, 58
Selbstablehnung 25
Sicherungsverwahrung 173 – 204
Sorgerecht 251 f., 259, 262 f.
Sperrklausel 359 – 361, 363, 365, 367 – 379, 381 – 386
spezifische Fürsorge- und Obhutspflicht 236
„Spinner“ 415
Staatswohl 482, 484
Stiftungen, parteinahe 395
Strafverfolgung 225
subjektiver Anspruch auf effektive Strafverfolgung 235
Subsidiarität 47 – 49, 55 f., 60 f., 203
Substantiierungspflichten 200

Teilenteignung 293
Telekommunikationsüberwachung 135 f., 143 – 145, 147, 152, 159 f., 162 f., 165, 167, 169
Theorie des öffentlichen Forums 114
Therapieunterbringungsgesetz 191
Thüringer Verfassungsgerichtshof 422
Totalentwertung 293
Trennungs- und Scheidungskinder 277, 284, 286
Trennungstheorie 294, 296, 305

Überprüfungsfrist 185, 195
Umgang 265 – 267, 278 f., 283, 287, 290
Umgangsausschluss 265, 268, 271 f., 274, 276, 280 f., 283, 286 f., 289
Umgangsbegleitung 276, 287
Umgangseinschränkung 271, 278, 281, 286
Umgangsentscheidung 267 f., 272
Umgangspflegschaft 274
Umgangsrecht 265 – 272, 274, 277, 280 – 285, 289
Umgangsregelung 267, 270, 289

Umgangsverfahren 269, 275
unabhängige Stelle 132, 134, 136, 142, 150 f., 154, 156 – 158, 160, 164 – 167
Unanfechtbarkeit 32
unbegleitete Umgänge 277 f.
unbestimmte Rechtsbegriffe 103
Unparteilichkeit 18
Unschuldsvermutung 241
Unterbringung
– einstweilige 215
Untersuchungsausschuss 22, 480
Urteilsverfassungsbeschwerde 119

Verantwortungsbereich der Bundesregierung 475, 488
Verbeamtung 319, 339, 341 f.
verfahrens- und organisationsrechtliche Funktion der Grundrechte 118
Verfahrensbeistand 275
Verfahrensgestaltung 276, 284
Verfahrensregister 41
Verfassungsbeschwerde 43, 45 – 51, 53 – 61
Verfassungsfeindlichkeit
– Parteien 418, 425
verfassungsgerichtliche Kontrolle 279, 281, 284
Verfassungsgerichtshof des Saarlandes 421
Verfassungsgerichtshof Rheinland-Pfalz 420
Verhältnismäßigkeit 115, 269, 274, 283, 285, 384, 386
Verhältnismäßigkeitsprüfung 286
Verhältniswahl 362 f., 365 f., 373, 375, 379 – 382, 386
Vermittlungsausschuss 16
Versammlungsbehörde 423
Versammlungsfreiheit 420
Versorgungsrecht 337
Vertragsfreiheit 100, 115
Vertrauensschutzgebot 181
Vertretbarkeitskontrolle 277
Verwaltungsgericht 32
Verwaltungsrechtsweg 30
Verwertungsverbot 146, 150, 157, 171
Volkssouveränität 472
Vollstreckung 33
Vollstreckungsabwehrklage 33
Vorbefassung 8, 33
Vorbehalt des Gesetzes 106, 108
vorbehaltene Sicherungsverwahrung 176, 179
Vorprüfungsausschüsse 66

Wächteramt 281
Wahl 359 f., 362, 365 – 367, 369, 378, 380, 382, 384, 386
Wahlaufruf 418
Wahlgleichheit 362, 366 – 368, 377, 382 f.
Wahlkampf 416, 422, 424, 430 f., 436 – 438
Wahlrecht 359, 361 f., 367, 377
Wahlvorbereitung 436
Wesentlichkeitslehre 109, 321, 342
Wille des Kindes 280, 283
Willkürkontrolle 268, 270 f.
wissenschaftliche Meinungsäußerung 12
Wohl des Kindes 268, 274
Wohnraumüberwachung 125 ff., 131 – 135, 138, 140, 142, 147, 150 – 152, 155 – 157, 159 f., 162, 164, 166, 168
„writ of certiorari“-Verfahren 65
Wunsiedel-Beschluss 428
Wüppesahl-Urteil 396

Zulosung 27
Zumutbarkeit 48, 55
Zurückhaltung 12
zweistufiger Kernbereichsschutz 126, 128, 131 f., 134, 136 f., 139 f., 141 f., 144 – 146, 150, 152, 159, 161, 169 f.
zwingender Grund 383
Zwischenentscheidung 15
Zwischenverfahren 220